직업기초능력평가

KB016651

고시넷 NCS

국민건강
보험공단

기출예상모의고사

[행정직/요양직/기술직]

PSAT형 응용모듈_60문항/6회분 수록

의사소통능력/수리능력/문제해결능력

gosi*net*
(주)고시넷

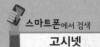

스마트폰에서 검색
고시넷

www.gosinet.co.kr

최고 강사진의
동영상 강의

03:47 / 10:00

수강생 만족도 1위

류준상 선생님

• 서울대학교 졸업
• 정답이 보이는 문제풀이 스킬 최다 보유
• 수포자도 만족하는 친절하고 상세한 설명

고시넷 취업강의 수강 인원 1위

김지영 선생님

• 성균관대학교 졸업
• 빠른 지문 분석 능력을 길러 주는 강의
• 초단기 언어 영역 완성을 위한 강의
• 언어 영역의 자신감을 심어 주는 강의

고시넷 한국사 대표 강사

유남훈 선생님

• 동국대학교 졸업
• 1강으로 정리하는 한국사 만족도 만점
• 시험에 나올 문제만 콕콕 짚어 주는 강의
• 시험 결과로 증명하는 강의력
• EBS 직업 취업 강의

공부의 神

양광현 선생님

• 서울대학교 졸업
• 초심자부터 심화 과정까지 완벽한 이해를 돕는 쉬운 설명
• EBS 직업 취업 강의(공기업 NCS)
• 칭화대 의사소통 대회 우승
• 공신닷컴 멘토

정오표 및 **학습 질의** 안내

정오표 확인 방법

고시넷은 오류 없는 책을 만들기 위해 최선을 다합니다. 그러나 편집에서 미처 잡지 못한 실수가 뒤늦게 나오는 경우가 있습니다. 고시넷은 이런 잘못을 바로잡기 위해 정오표를 실시간으로 제공합니다. 감사하는 마음으로 끝까지 책임을 다하겠습니다.

| 고시넷 홈페이지 접속 | 〉 | 고시넷 출판-커뮤니티 | 〉 | 정오표 |

🌐 www.gosinet.co.kr

 모바일폰에서 QR코드로 실시간 정오표를 확인할 수 있습니다.

학습 질의 안내

학습과 교재선택 관련 문의를 받습니다. 적절한 교재선택에 관한 조언이나 고시넷 교재 학습 중 의문 사항은 아래 주소로 메일을 주시면 성실히 답변드리겠습니다.

이메일주소 ✉ passgosi2004@hanmail.net

차례

파트 1 국민건강보험공단 기출예상모의고사

파트 **2** **인성검사**

파트 **3** **면접가이드**

책속의 책

파트 **1** **국민건강보험공단 기출예상모의고사 정답과 해설**

구성과 활용

1 채용기업 소개 & 채용 절차

국민건강보험공단의 미션, 비전, 핵심가치, 전략목표,
인재상 등을 수록하였으며 최근 채용 현황 및
채용 절차 등을 쉽고 빠르게 확인할 수 있도록
구성하였습니다.

2 국민건강보험공단 기출 유형분석

최근 기출문제 유형을 분석하여 최신 출제 경향을
한눈에 파악할 수 있도록 하였습니다.

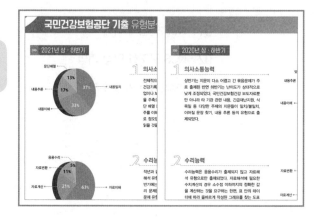

3 기출예상문제로 실전 연습 & 실력 UP!!

총 6회의 기출예상문제로 자신의 실력을 점검하고
완벽한 실전 준비가 가능하도록 구성하였습니다.

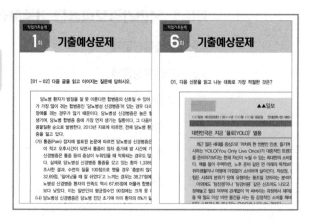

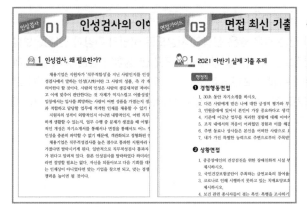

4 인성검사 & 면접으로 마무리까지 OK!!!

최근 채용 시험에서 점점 중시되고 있는 인성검사와 면접 질문들을 수록하여 마무리까지 완벽하게 대비할 수 있도록 하였습니다.

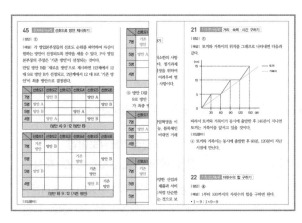

5 상세한 해설과 오답풀이가 수록된 정답과 해설

기출예상문제의 상세한 해설을 수록하였고 오답풀이 및 보충 사항들을 수록하여 문제풀이 과정에서의 학습 효과가 극대화될 수 있도록 구성하였습니다.

국민건강보험공단 소개

CI

Happiness is in your heart

하트를 감싸 안은 붉은 원은 신뢰와 사랑으로 국민의 건강과 안녕을 보살 피는 국민건강보험의 역할을 상징하며, 건강한 생활과 높은 삶의 질로 확 산되는 행복의 복합적 표현이고, 손가락으로 원을 그린 듯 하나의 획으로 권위적인 공기관이 아닌 따뜻한 커뮤니케이션으로 국민과 소통의 거리가 밀접한 새로운 공단의 모습을 나타낸다.

캐릭터

무병장수를 상징하는 해태를 모티브로 하여 국민건강 지킴이 '건이'와 건강요정 '강이'를 형상 화였다. 해태는 천제의 사신, 수호신, 자손창성, 천화태평, 수명연장 등의 의미를 가지고 있다.

미션

국민보건과 사회보장 증진으로 국민 삶의 질 향상

국민건강보험법	노인장기요양보험법
법률 제5854호, 1999. 2. 8. 제정	법률 제8403호, 2007. 4. 27. 제정
국민의 질병 · 부상에 대한 예방 · 진단 · 치료 · 재활과 출산 · 사망 및 건강증진에 대하여 보험급여 실시	일상생활을 혼자서 수행하기 어려운 노인에게 신체활동 또는 가사활동 지원 등의 요양급여 실시

비전

평생건강 · 국민행복 · 글로벌 건강보장 리더

저부담–저급여 체계에서 향후 적정부담–적정급여의 더 나은 평생건강서비스 체계로 전환하여	〉	모든 국민이 더 건강하고 행복한 삶의 누릴 수 있는 나라를 만들고,	〉	한국형 건강보장으로 세계표준을 선도하는 글로벌 리더가 되자는 의미

핵심가치

Happiness(희망과 행복)
평생건강서비스를 강화하여 국민에게 한줄기 빛과 같은 희망을 주고, 행복한 삶을 영위할 수 있도록 건강의 가치를 나누어 가자는 의미

Harmony(소통과 화합)
내외부 이해관계자와 신뢰를 바탕으로 소통과 화합을 통해 건강보험제도의 지속가능한 발전과 보건의료체계 전반의 도약을 추구해 나가자는 의미

Challenge(변화와 도전)
기존의 제도와 틀에 안주하지 않고 변화와 혁신을 통해 제도의 미래가치를 창출할 수 있도록 도전해 나가자는 의미

Creativity(창의와 전문성)
창의적인 사고와 최고의 전문역량을 함양하여 글로벌 Top 건강보장제도로 도약할 수 있도록 혁신을 주도하는 전문가를 지향하자는 의미

전략목표

- 건강보험 하나로 의료비를 해결하는 건강보장체계
- 생명 · 안전 가치 기반의 건강수명 향상 및 의료이용안전을 위한 맞춤형 건강관리
- 노후 삶의 질 향상을 위한 품격 높은 장기요양보험
- 보험자 역량강화로 글로벌 표준이 되는 K-건강보험제도
- 자율과 혁신으로 생동감과 자긍심 넘치는 공단

인재상

"국민의 평생건강을 지키는 건강보장 전문인재 양성"

Nation-oriented 국민을 위하는 인재	Honest 정직으로 신뢰받는 인재	Innovative 혁신을 추구하는 인재	Specialized 전문성 있는 인재
• 국민의 희망과 행복을 위해 봉사, 책임을 다하는 행복 전도사 • 공공기관의 가치를 이해하고 국민과 소통하는 커뮤니케이터	• 공직자 사명감을 바탕으로 매사 정직하게 업무를 처리하는 공단인 • 높은 청렴도와 윤리의식을 겸비하여 국민으로부터 신뢰받는 공직자	• 더 나은 가치를 창출하기 위해 열정을 쏟는 도전가 • 열린 마음과 유연한 사고를 바탕으로 조직 혁신을 위한 선도자	• 우수성, 전문성을 갖추기 위해 평생학습하고 성장하는 주도자 • 새로운 시각을 기반으로 창의적 정책을 제시하는 탐색자

모집공고 및 채용 절차

최근 채용 현황

구분		채용 인원	공고일	접수기간	서류발표	필기시험	필기발표	면접시험	최종발표
2019	상반기 신규직원	512명	2019.04.04.	2019.04.04. ~ 04.19.	2019.05.09.	2019.05.18.	2019.05.28.	2019.06.03. ~ 06.12.	2019.07.04.
	하반기 신규직원	423명	2019.08.21.	2019.08.21. ~ 09.05.	2019.09.26.	2019.10.05.	2019.10.14.	2019.10.16. ~ 10.25.	2019.11.14.
2020	상반기 신규직원	393명	2020.04.02.	2020.04.02. ~ 04.16.	2020.05.08.	2020.05.16.	2020.05.25.	2020.05.27. ~ 06.05.	2020.06.26.
	하반기 신규직원	415명	2020.08.13.	2020.08.13. ~ 08.27.	2020.09.18.	2020.09.26.	2020.10.07.	2020.10.21. ~ 10.30.	2020.11.20.
2021	상반기 신규직원	460명	2021.04.01.	2021.04.01. ~ 04.15.	2021.05.07.	2021.05.15.	2021.05.24.	2021.05.31. ~ 06.11.	2021.07.01.
	하반기 신규직원	452명	2021.08.31.	2021.08.31. ~ 09.14.	2021.10.01.	2021.10.10.	2021.10.15.	2021.10.25. ~ 11.05.	2021.11.18.

채용 절차

※ 2021년 하반기 모집공고 기준

서류전형 ▷ 필기시험 ▷ 온라인 인성검사 ▷ 증빙서류 등록·심사 ▷ 면접시험 ▷ 최종 합격 (수습 임용)

- 각 전형별 합격자에 한하여 다음 단계 지원 자격을 부여함.
- 보훈전형 지원자는 필기시험 없이 온라인 인성검사 진행

■ 필기시험

과목	직렬	시험내용
1과목(60분) NCS기반 직업기초능력	행정직 건강직 요양직 기술직	• 직업기초능력 응용모듈 60문항 (의사소통 20문항, 수리 20문항, 문제해결 20문항)
	전산직	• 직업기초능력 응용모듈 15문항 (의사소통 5문항, 수리 5문항, 문제해결 5문항) • 전산개발 기초능력(C언어, JAVA, SQL) 35문항
2과목(20분) 직무시험 (법률)	행정직 건강직 전산직 기술직	• 국민건강보험법(시행령, 시행규칙 제외) 20문항
	요양직	• 노인장기요양보험법(시행령, 시행규칙 제외) 20문항

- 제1과목(NCS기반 직업기초능력) 이후 제2과목(직무시험) 준비시간 10분이 주어짐.
- 공단 인사규정 시행규칙 제14조(필기시험)에 따라 필기시험의 합격자는 과목당 40% 이상, 전 과목 총점의 60% 이상을 득점한 사람 중 고득점자 순으로 선발함.

■ 온라인 인성검사

- 필기시험 이후 온라인으로 진행되며 기간 내에 응시해야 함.
- 온라인 인성검사를 미실시한 경우 면접전형 응시 불가
- 일반전형 필기시험 합격자, 보훈전형 서류전형 합격자를 대상으로 함.

■ 면접전형

- 전체분야 인성검사 실시자 및 증빙서류 제출 완료자를 대상으로 함.
- 2021 상반기 : 다대다 구술면접인 경험행동면접(BEI) 60%, 토론면접(GD) 40%
- 2021 하반기 : 다대일 구술면접인 경험행동면접(BEI)과 상황면접(SI)을 함께 진행
- 상반기는 BEI 1인당 9분, 1조당 50분으로, 하반기는 BEI와 SI를 합쳐 1인당 15분으로 진행
※ 소요시간 및 조 인원은 면접 운영에 따라 변경될 수 있음.

■ 접수 유의사항

- 인터넷 접수(24시간) 외 방문, 우편, 이메일 등의 접수방법은 인정하지 않음.
- 입사지원서는 1회만 접수할 수 있으며 전형, 직렬, 지역을 달리하거나 동일분야에 중복 지원한 것이 확인될 시 '자격미달' 처리함.
- 최종제출 후 기재내용을 수정 또는 삭제할 수 없으며, 이를 이유로 지원서를 이중 제출한 경우도 중복 지원으로 간주함.
- 입사지원서 기재내용의 착오 또는 누락으로 인한 불이익은 모두 지원자 본인의 책임으로 입사지원서의 성명과 생일이 신분증과 상이할 경우 추후 전형이 응시할 수 없음
- 입사지원서 불성실 기재자는 '자격미달' 처리하고, 허위 기재자는 '부정한 행위를 한 자'로 간주함.

■ 이전지역(강원)인재 채용목표제

- 적용대상 : 이전지역(강원)이 포함된 모집권역 중 모집단위별 선발인원이 6명 이상인 분야
- 운영방법 : 각 전형단계별 이전 지역인재의 합격비율이 일정 비율(27%, 2021년 기준)이 되도록 하고, 채용비율에 미달할 경우 해당 비율 이상이 될 때까지 선발예정인원을 초과하여 추가합격 처리함.
- 단, 채용비율 미달에 따른 추가합격시 추가합격자는 합격선 –5점 이내의 사람 중 고득점자 순으로 선발하고, 채용목표인원 계산 시 소수점이 나올 경우 올림한 인원 수 이상으로 함.

국민건강보험공단 기출 유형분석

>>> 2021년 상·하반기

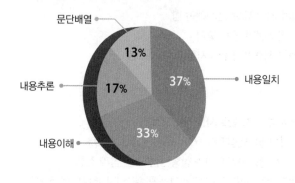

1 의사소통능력

전체적으로 지문의 길이가 길고, 문제 주제들은 건강기록 앱, 보건의료협약 등 건강보험 관련 사업이나 보도자료들과 같은 건강보험 관련 지문들을 주축으로 삭제해야 할 문단, 소주제 찾기, 문단 배열 등의 문제유형으로 출제되었다. 또한 각 주를 이해해야 풀 수 있는 문제나 단어 하나 차이로 정오답이 갈리는 등 지문과 문제를 세밀하게 읽을 것을 요구하였다.

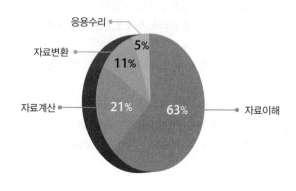

2 수리능력

작년과 같이 도표이해와 수치 계산 중심의 자료해석 유형의 문제들이 출제되는 한편 2021년 하반기에는 나무심기 등 평이한 난이도의 응용수리 문제들이 함께 출제되었다. 도표이해에서의 문제 유형은 일반적으로 출제되는 수치 계산, 증감추세, 크기 비교 등의 문제가 출제되었다.

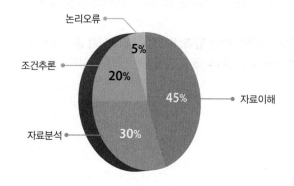

3 문제해결능력

작년과 같이 자원관리능력과 유사한 계산문제와 대안문제 등의 자료해석이 중심이 되어 출제하였다. 다만 AI 프로그램이나 정책평가, 환전, 통관서류 등 실제 문제풀이의 난이도에 비해 다소 난해한 자료들을 묶음문제 중심으로 구성하여 난이도를 상향하였다.

1 의사소통능력

상반기는 지문이 다소 어렵고 긴 묶음문제가 주로 출제된 반면 하반기는 난이도가 상대적으로 낮게 조정되었다. 국민건강보험건강 보도자료뿐만 아니라 타 기관 관련 내용, 긴급재난지원, 식목일 등 다양한 주제의 지문들이 일치/불일치, 이어질 문장 찾기, 내용 추론 등의 유형으로 출제되었다.

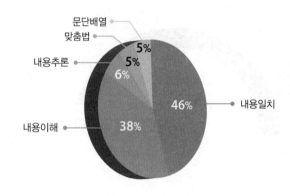

2 수리능력

수리능력은 응용수리가 출제되지 않고 자료해석 유형으로만 출제되었다. 자료해석에 필요한 수치계산의 경우 소수점 이하까지의 정확한 값을 계산하는 것을 요구하는 한편, 표 안의 데이터에 따라 올바르게 작성된 그래프를 찾는 도표작성문제 등 도표 관련 유형들이 다양하게 출제되었다.

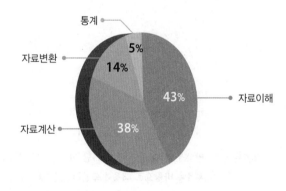

3 문제해결능력

명제 문제보다는 자료해석 중심으로 출제되었으며 자료에 포함된 주석까지 모두 파악해야 문제를 풀 수 있도록 하여 더욱 세심하게 자료를 분석해나가는 능력을 요구하였다. 문제의 내용 역시 국가유공자 선정, 세미나실 예약, 요금제 등 자원관리영역과 유사한 자료분석 문제들이 출제되었다.

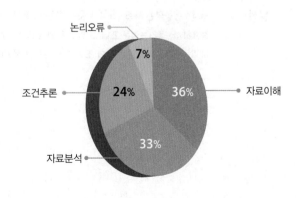

국민건강보험공단 NCS

분석 ⫸⫸⫸   의사소통능력은 사회, 과학 지문은 물론 다양한 기업 관련 지문이 제시되므로 평상시에 많은 글을 접해보는 것이
            중요하다. 수리능력은 표나 그래프를 빠르게 분석하는 능력, 변환한 그래프를 파악하는 능력 등이 요구된다. 문제
            해결능력은 규정, 공고 등의 조건을 적용하는 문제가 출제되므로 제시된 조건을 잘 살펴야 한다.

국민건강보험공단

파트 1 기출예상모의고사

NCS란? 산업 현장에서 직무를 수행하기 위해 요구되는 각종 지식, 기술, 태도 등의 내용을 국가가 체계화한 것을 의미한다.

[01 ~ 02] 다음 글을 읽고 이어지는 질문에 답하시오.

당뇨병 환자가 밤잠을 잘 못 이룬다면 합병증의 신호일 수 있어 주의를 해야 한다. 당뇨병 환자가 가장 많이 겪는 합병증인 '당뇨병성 신경병증'이 있는 경우 다리 화끈거림 등의 증상으로 수면장애를 겪는 경우가 많기 때문이다. 당뇨병성 신경병증은 높은 혈당에 의해 말초신경이 손상돼 생기며, 당뇨병 합병증 중에 가장 먼저 생기는 질환이다. 그 다음이 당뇨병성 망막병증, 당뇨병성 콩팥질환 순으로 발병한다. 2013년 자료에 따르면, 전체 당뇨병 환자의 14.4%가 당뇨병성 신경병증을 앓고 있다.

(가) 통증(Pain) 잡지에 발표된 논문에 따르면 당뇨병성 신경병증은 일반적으로 아침에 가장 통증이 적고 오후시간이 되면서 통증이 점차 증가해 밤 시간에 가장 극심해진다. 또한 당뇨병성 신경병증은 통증 등의 증상이 누워있을 때 악화되는 경우도 많아 수면의 질에 큰 영향을 미친다. 실제로 당뇨병성 신경병증 통증을 갖고 있는 환자 1,338명을 대상으로 수면장애 정도를 조사한 결과, 수면의 질을 100점으로 했을 경우 '충분히 많이 잠을 잤다'고 느끼는 경우는 32.69점, '일어났을 때 잘 쉬었다'고 느끼는 경우는 38.27점에 머물렀다. '삶의 질'에 대한 당뇨병성 신경병증 환자의 만족도 역시 67.65점에 머물러 합병증이 없는 당뇨병 환자 74.29점보다 낮았다. 이는 일반인의 평균점수인 90점에는 크게 못 미치는 결과이다.

(나) 당뇨병성 신경병증은 당뇨병 진단 초기에 이미 환자의 6%가 앓고 있을 정도로 흔하다. 당뇨병 진단 10년 후에는 20%까지 증가하고, 25년 후에는 50%에 달해 당뇨병 유병기간이 길수록 당뇨병성 신경병증에 걸릴 확률이 크게 높아진다. 따라서 당뇨병을 오래 앓고 있는 사람은 당뇨병성 신경병증의 신호를 잘 살펴야 한다. 당뇨병 진단을 처음 받았거나 혈당 관리를 꾸준히 잘 해온 환자 역시 당뇨병성 신경병증 위험이 있으므로 증상을 잘 살펴야 한다.

(다) 당뇨병성 신경병증의 4대 증상은 찌르는 듯한 통증, 스멀거리고 가려운 이상감각, 화끈거리는 듯한 작열감, 저리거나 무딘 무감각증이다. 환자에 따라 '화끈거린다', '전기자극을 받는 것 같다', '칼로 베거나 찌르는 듯하다', '얼어버린 것 같다'는 등의 증상을 호소하는 경우가 많다. 당뇨병성 신경병증의 가장 큰 문제는 피부 감각이 둔해져 상처를 입어도 잘 모르는데다, 상처를 입으면 치유가 잘 되지 않아 궤양, 감염이 잘 생긴다는 것이다. 특히 발에 궤양, 감염이 잘 생기는데, 심하면 발을 절단해야 하는 상황에까지 이르게 된다. 실제로 족부 절단 원인의 절반은 당뇨병으로 인한 것이라는 연구 결과도 있다. 따라서 당뇨병 환자는 진단받은 시점부터 정기적으로 감각신경 · 운동신경 검사를 받아야 한다.

(라) 모든 당뇨병 합병증과 마찬가지로 당뇨병성 신경병증 또한 혈당조절을 기본으로 한다. 혈당 조절은 당뇨병성 신경병증의 예방뿐만 아니라 당뇨병성 망막병증 같은 눈의 합병증, 당뇨병성 콩팥질환 같은 콩팥 합병증이 생기는 것도 막을 수 있다. 그러나 이미 신경병증으로 인해 통증이 심한 환자의 경우에는 통증에 대한 약물 치료가 필요한 경우도 있다. 치료제로는 삼환계항우울제, 항경련제, 선택적 세로토닌/노르아드레날린 재흡수억제제, 아편유사제, 국소도포제 등이 처방되고 있다. 다만 약제 선택 시 통증 이외에도 수면장애 등 동반되는 증상까지 고려하고, 다른 약물과의 상호작용이 적은 약제를 선택해야 한다. 말초 혈액순환을 원활하게 하는 것도 중요하다. 그래야 말초 신경 손상이 악화되는 것을 예방할 수 있다. 말초 혈액순환을 원활히 하기 위해서는 금연이 중요하다. 당뇨병 환자가 금연을 하면 당뇨병성 신경병증이 악화되는 것은 물론, 눈·콩팥 등 다른 합병증도 예방할 수 있다.

01. 윗글의 (가) ~ (라) 중 다음 〈보기〉의 글이 삽입되기에 가장 적절한 단락은?

보기

대다수가 앓고 있는 제2형 당뇨병의 경우는 발병 시점이 명확하지 않기 때문에 당뇨병을 얼마나 앓았는지 모르는 경우가 많다. 당장 당뇨병성 신경병증이 없더라도 대한당뇨병학회는 당뇨병 환자라면 매년 한 번씩 진찰을 받으라고 권하고 있다.

① (가)
② (나)
③ (다)
④ (라)

02. 다음 중 윗글의 논지 전개 방식으로 올바른 것은?

① 특정 환자들의 사례를 구체적으로 제시하여 논리의 근거를 마련하였다.
② 각 증상별 차이를 비교 분석하여 질환의 정도를 설명하였다.
③ 해당 병증을 앓고 있는 환자들의 통계를 분석하여 일반화된 정보를 추출하였다.
④ 의학 전문가의 소견을 참고로 논리를 정당화시켰다.

[03 ~ 04] 다음 글을 읽고 이어지는 질문에 답하시오.

(가) 한편 경제학적으로 인구고령화는 생산가능인구가 줄어듦에 따라 노동 공급의 하락을 유발한다. ㉠또한 비중이 늘어난 고령층의 평균소비성향에 따라 소비지출행태가 변화할 수 있으며 총 저축과 투자에도 영향을 미칠 수 있다. 최근에 통계청이 발표한 우리나라의 장래인구추계에 따르면 2015년 기준 65세 이상 고령층 인구는 12.8%에서 2035년 28.7%, 2065년에는 42.5%로 인구의 절반 수준에 근접할 것으로 예상된다.

(나) 이에 따라 15세 이상 64세 이하의 생산가능인구는 2016년을 정점으로 연평균 30만 명 이상씩 급감하여 2065년에는 2015년의 55.1% 수준인 2,062만 명 수준에 이를 것으로 예상되며 총 인구 대비 비중은 2015년 73.4%에서 2035년 60%, 2065년에는 47.9%로 인구의 절반 이하로 줄어들 전망이다. ㉡연령대별로는 생산가능인구 중 25 ~ 49세의 비중이 2015년 52.8%에서 2065년 49.2%로 감소하는 가운데 50 ~ 64세 비중이 29.1%에서 36%로 증가할 것으로 예상된다.

(다) 인구고령화는 인구학적으로 출산율과 사망률이 동시에 낮아지면서 고연령층이 인구에서 차지하는 비중이 상대적으로 높아지는 현상으로 설명된다. 이와 함께 인구가 감소하는 현상도 수반된다. ㉢일반적으로 고령화 정도는 총인구 대비 65세 이상 인구의 비중인 고령인구비중을 기준으로 판단한다. 우리나라의 통계청이 2006, 2011, 2016년에 발표한 인구추계의 중위값을 보면 대체로 2030년대를 정점으로 인구가 감소하는 것으로 예상된다. 다만 5년마다 고위 및 저위 시나리오 범위 내에서 조정되고 있으나 대체로 중위 시나리오를 기준으로 소폭의 상향조정이 관찰된다. ㉣이는 예측의 오차에 주로 기인하지만 또한 외국인근로자 유입, 인구추계가 발표될 때마다 이에 대응한 인구대책의 효과 등이 반영되었기 때문인 것으로 보인다.

(라) 이와 같이 생산가능인구가 감소하는 가운데 저축과 투자가 줄어들게 되면 장기적으로 경제성장이 둔화될 가능성이 있다. 나아가 생산가능인구의 감소로 세입기반이 축소되는 가운데 연금, 의료비 등에 대한 공공지출이 늘어나면서 재정이 악화되어 가족, 육아지원 등에 소요되는 예산의 균등한 집행이 어려워지고, 젊은 세대가 고령인구를 부양해야 하는 세대 간 부담의 이전이 확대되는 결과를 가져올 수 있다. 이와 같은 인구구조 변화에 따른 문제점을 고려할 때 고령화의 원인과 특징을 전반적으로 이해하고 근본적인 대응방안을 마련할 필요가 있다.

03. 윗글의 문단 (가) ~ (라)를 문맥에 맞게 바르게 나열한 것은?

① (나) – (가) – (라) – (다)　　　　② (다) – (나) – (가) – (라)

③ (라) – (다) – (가) – (나)　　　　④ (다) – (가) – (나) – (라)

04. 윗글의 밑줄 친 ㉠ ~ ㉢ 중 글 내용의 흐름상 가장 불필요한 문장은?

① ㉠　　　　　　　　　　　② ㉡

③ ㉢　　　　　　　　　　　④ ㉣

05. 다음 글을 통한 추론으로 올바르지 않은 것은?

뚜렛 증후군의 역사는 오래됐지만 정식으로 의학적 기술이 이뤄진 것은 그리 오래되지 않는다. 1885년 프랑스의 젊은 신경과 의사 조르주 질 드라 뚜렛은 9명의 환자들에서 공통으로 관찰되는 증상을 토대로 새로운 질병을 정의해야 한다고 주장했다. 환자들은 얼굴, 목, 어깨, 몸통 등 신체 일부분을 반복적으로 움직이거나 이상한 소리를 내는 모습을 보였다. 훗날 이런 증상이 나타나는 질환을 그의 이름을 따서 뚜렛 증후군으로 부르게 됐다.

최근의 기준에 따르면 뚜렛 증후군은 여러 가지 근육 틱과 한 가지 이상의 음성 틱이 1년 이상 지속될 때 진단 가능한 틱장애의 일종이다. 그런데 '틱(tic)'이란 무엇일까? 틱은 근육의 불수의적(不隨意的) 움직임으로 정의되는데, 쉽게 말해 내 의지와는 상관없이 신체의 일부분을 빠르게 반복적으로 움직이거나 이상한 소리를 내는 것을 의미한다. 한 마디로 뚜렛 증후군 환자는 '내 맘 같지 않은 내 몸'으로 힘들어 하는 것이다.

일상생활에서 큰 불편을 초래할 수도 있는 뚜렛 증후군의 원인은 무엇일까? 20세기 초반 한때 뚜렛의 동료였던 프로이트에 의해 정신 분석, 정신 치료가 정신 의학의 주된 흐름이 되면서 20세기 중반까지 뚜렛 증후군의 원인은 심리적인 것으로 여겨졌다. 예를 들면 해결되지 않는 심리적 갈등이나 성적 충동이 신체로 표현되는 식으로 말이다.

하지만 1960년대 할로페리돌이란 약물이 틱을 효과적으로 억제하는 것으로 밝혀지면서 원인을 찾는 흐름은 생물학적인 영역으로 바뀌었다. 그 결과 현재는 뇌의 피질-기저핵-시상피질 회로(CSTC)의 이상이 뚜렛 증후군의 원인으로 여겨지고 있다. 구체적으로 이 회로의 운동 경로가 과도하게 활성화한 반면 조절 영역은 활동이 감소했기에 틱이 통제되지 않고 반복적으로 나타나는 것으로 설명된다.

또한 틱이 전조 충동에 대한 반응으로 설명되기도 한다. 전조 충동이란 뚜렛 증후군 환자가 틱을 하기 전에 느끼는 불편감을 뜻하는 것으로 뭔가 해야만 할 것 같은 기분이나 조이는 느낌 등으로 나타날 수 있다. 즉 뚜렛 증후군 환자가 틱을 하면 불편감이 사라지고 후련한 느낌이 들기 때문에 틱을 하게 되는 것이다. 틱을 할 때 뇌의 감정 중추가 활성화되는 것은 심리적 불편감 혹은 안도를 시사하는 것으로 여겨진다.

뚜렛 증후군 환자는 틱을 하기 전에 전조 충동을 느끼기 때문에 어느 정도까지는 틱을 억제할 수 있다. 이런 특성은 주변 사람들의 틱에 대한 오해로 이어지기도 한다. 즉 뚜렛 증후군 환자가 참을 수 있는데도 굳이 참지 않고 틱을 하는 것으로 여겨 무조건 틱을 하지 말라고 윽박지르게 되는 것이다. 이렇게 다그치면 환자가 스트레스를 받아 틱이 오히려 악화될 수 있으므로 주의가 필요하다.

지금까지 살펴 본 측면만 따져보면 틱은 명백하게 단점으로 보인다. 하지만 역설적으로 틱이 장점이 될 수도 있다. 컬럼비아 대학교 신경정신과 올리버 색스 교수는 그의 책 '아내를 모자로 착각한 남자'에서 충동성과 불규칙한 틱을 이용해 드럼을 탁월하게 연주하던 '레이'를 소개한 바 있다. 뚜렛 증후군 운동선수도 제법 있다. 2014 브라질 월드컵에서 놀라운 선방으로 미국의 골문을 지킨 '팀 하워드' 역시 자신이 빠르게 움직일 수 있는 이유를 뚜렛 증후군에서 찾았다.

물론 아직까지 뚜렛 증후군 환자가 일반인보다 운동 능력이 뛰어난지 여부는 불명확하다. 하지만 적어도 일부 과제에 있어서는 뚜렛 증후군 환자가 더 뛰어난 것으로 알려져 있다. 시각을 이용한 문제 풀기, 문법에서 오류 찾기, 시간을 인식하고 조절하기처럼 인지 기능을 요하는 과제가 바로 그 예이다. 이는 틱이 어느 정도 억제가 가능한 만큼 증상이 심할수록 틱을 더 많이 줄이려 노력한 결과, 움직임을 통제하는 인지 기능과 연관된 뇌 영역이 발달했기 때문으로 여겨진다.

그러나 아무리 질환의 장점을 언급해도 건강한 것에는 미치지 못 한다. 특히 뚜렛 증후군은 어린 나이에 시작되고 집중력결핍 과잉행동장애(ADHD)나 강박장애가 동반되는 경우가 많아 환자가 겪는 심리적 고통이 매우 크다. 하지만 긍정적인 부분은 청소년기를 지나면서 대부분 증상이 사라진다는 점이다. 또한 약물 치료, 정신 치료, 인지행동 치료로도 증상의 많은 호전을 기대할 수 있다.

오히려 우려되는 것은 뚜렛 증후군에 대한 사회의 오해와 편견이다. 특히 '다름'을 '틀림'으로 인식하는 우리 사회에서 일반인도 쉽게 알아챌 수 있는 뚜렛 증후군은 자칫 환자에 대한 부정적 태도로 이어질 수 있다. 그러나 틱도 엄연히 증상인 만큼 뚜렛 증후군에 대한 올바른 이해를 바탕으로 사려 깊게 환자를 배려하는 것이 필요하다.

① 뚜렛 증후군은 사춘기를 지나 청소년 후기, 성인기에 접어들면 증상이 대부분 사라지거나 크게 호전된다.

② 뚜렛 증후군의 형태는 반복적인 소리를 내는 음성 틱과 반복적인 행동을 하는 근육 틱으로 구분할 수 있다.

③ 틱 증상이 심하면 심할수록 전조 충동에 대한 억제 능력이 현저히 떨어지게 되며 이때의 틱 행위로 심리적 불편감이 더 크게 해소된다.

④ 뚜렛 증후군 환자의 운동 능력이 일반인보다 뛰어나다고 단정할 수는 없으나, 일부 인지 기능을 요하는 분야에서는 일반인보다 나은 결과를 낳기도 한다.

www.gosinet.co.kr gosinet

1회 기출예상
2회 기출예상
3회 기출예상
4회 기출예상
5회 기출예상
6회 기출예상
인성검사
면접가이드

[06 ~ 07] 다음 글을 읽고 이어지는 질문에 답하시오.

기온과 습도가 우리 몸에 ㉠미치는 영향은 결코 적지 않다. 기온과 습도가 높은 날이 며칠간 이어지면 짜증스럽고 공격적인 성향이 두드러지게 되는데 이렇게 뜨겁고 끈적끈적한 사우나 같은 날씨가 불쾌지수를 높이고 수면을 방해해 예민한 상태가 되도록 만들기 때문이다. 심리적 불쾌감만 높아지는 게 아니다. 실질적으로 건강에도 영향을 미친다. 체온이 40℃를 넘어서는 열사병은 기온이 높은 곳에서 과도한 운동이나 업무를 하는 과정에서 열이 체내에서 충분히 빠져나가지 못하면서 일어나는 현상이다. 구토, 정신 착란, 과호흡, 빠른 심박동수, 두통 등의 증상이 나타나며 즉시 치료받지 않으면 사망에 이를 확률이 매우 높아지기 때문에 재빨리 응급실을 찾는 것이 좋다.

이와 반대로 추운 곳에서는 체온이 35℃ 아래로 떨어지는 저체온증이 나타날 수 있다. 이때 가열기구로 몸을 직접적으로 덥혀서는 안 된다. 가열 등으로 직접 열을 가하면 피부 손상을 입거나 심장이 불규칙하게 뛰는 증상 등이 나타날 수 있다. 그보다는 젖은 옷을 벗고 두꺼운 담요로 몸을 감싸고 따뜻한 음료를 마시는 방법이 보다 좋다. 천식처럼 특정한 건강상 이슈가 있는 사람도 영하 10℃ 이하의 날씨는 조심해야 한다. 이처럼 기온이 낮을 때 야외운동을 하면 차갑고 건조한 공기가 들어오면서 기도가 좁아지고 운동으로 촉발되는 천식의 증상이 심해진다. 기침이 나고 쌕쌕거리며 가슴에서 통증이 느껴지고 호흡하기 어렵다.

관절염이 있는 사람은 비오는 날이나 흐린 날, 몸이 쑤신다는 얘길 하는데 이는 사실일까. 이 역시 어느 정도 일리가 있는 얘기다. 관절은 저기압의 영향을 받기 때문이다. 비오는 날에는 기압이 떨어지게 되는데, 이때 몸으로 가해지는 압력이 증가하면서 통증이 커지게 된다. 비가 오거나 습한 날은 두통이 심해질 수도 있다. 지나치게 덥거나 추운 날 역시 편두통을 일으키거나 이를 심화시킨다는 보고가 있다. 그런데 알레르기 환자에게는 흐리고 비오는 날이 오히려 도움이 될 수도 있다. 알레르기 반응은 덥고 화창한 날씨에 더욱 심해지는 경향이 있기 때문이다. 알레르기 반응을 일으키는 꽃가루가 따뜻하고 건조하고 선선한 바람이 부는 요즘 같은 날씨에 주로 이동하기 때문이다. 꽃가루가 날릴 때 야외활동을 하게 되면 눈물과 콧물이 계속 흐르고 가렵고 재채기가 나는 등의 증상이 나타난다.

살을 뺄 때는 더운 날씨보다 추운 날씨가 유리하다. 추위를 막기 위해 열을 발산하는 과정에서 칼로리 소모량이 증가하기 때문이다. 습하고 더운 날엔 실제 활동량 역시 줄어든다. 신체노출로 체중관리에 관심이 가는 계절이지만, 아이러니하게 운동량은 줄어든다는 점에서 식단관리에 보다 주의를 기울여야 한다는 게 전문가들의 조언이다.

06. 윗글의 내용을 일상생활에 적용한 것으로 올바르지 않은 것을 고르면?

① 빙어 축제에서 낚시를 하다가 물에 빠진 사람이라면 젖은 옷을 벗게 하고 담요를 둘러 체온 유지를 돕는다.

② 다이어트를 하는 사람이 밖에서 매일 같은 강도로 운동을 한다면 여름보다 겨울에 체중 감량의 효과가 크다.

③ 삼복더위에는 반드시 기온을 체크해 야외에서 일할 때 열이 체내에서 충분히 빠져나갈 수 있도록 조치해야 한다.

④ 천식으로 고생하는 사람이 아침 일찍 야외 운동을 하면 겨울보다는 여름에 득보다 실이 더 많다.

07. 다음 밑줄 친 단어들 중 윗글의 '㉠ 미치다'와 그 의미가 가장 가까운 것은?

① 우리 편 선수는 결승점에 못 <u>미쳐서</u> 넘어지고 말았다.

② 선생님이 지목한 아이들의 실력에 내 성적은 못 <u>미쳤다</u>.

③ 사퇴하라는 압력이 그에게 <u>미쳤다</u>.

④ 한번 그쪽으로 생각이 <u>미치자</u> 영화의 마음은 갑작스레 불안하고 다급해졌다.

[08 ~ 09] 다음 글을 보고 이어지는 질문에 답하시오.

사람의 몸속에서는 약 2kg의 세균이 살고 있으며, 그 중 80%는 장에서 서식하는 것으로 알려져 있다. 다만 모든 세균이 다 사람에 유해한 것은 아니며, 그 중에는 사람의 건강과 면역기능에 도움을 주는 유익균이 존재한다. 프로바이오틱스(Probiotics)는 장내 미생물의 균형을 개선하여 건강에 유익한 작용을 하는 균을 총칭하는 것이다. 균주들 중 장 건강에 대한 기능성 원료로 고시된 것들로는 당분을 분해하고 젖산을 만드는 유산균(Lactobacillus), 비피더스균(Bifidobacterium), 엔테로콕쿠스(Enterococcus) 등을 포함하여 총 19종이 있다. 최근 이 프로바이오틱스가 장 건강 이외의 다양한 기능성을 인정받으면서 이에 관한 제품시장이 급속도로 성장하고 있는 추세이다. 2019년 프로바이오틱스 관련 시장의 생산 실적은 약 4,594억 원으로 2년 전에 비해 2배 이상 성장한 것으로 조사되었다.

프로바이오틱스는 장내 유익균을 증식시키고, 유해균을 억제시키는 역할을 하며, 특히 식이습관이나 환경적 요인으로 장내 유익균과 유해균의 균형이 무너져 장 건강 등의 문제를 가진 사람에게 도움이 된다. 그 외에도 면역과민반응에 의한 피부 및 코 상태 개선, 갱년기 여성 건강 보조, 질내 유익균 증식 및 유해균 억제, 체지방 감소 등에 도움을 주는 것으로 알려졌다.

프로바이오틱스는 연령층과 상관없이 누구나 섭취할 수 있다. 다만 식약처는 어린이·임산부·노약자인 경우, 장 질환이 있는 경우, 항생제 등의 약물을 복용하고 있는 중이라면 의사·약사 등 전문가와의 상의 후에 섭취하는 것을 권장하고 있다. 특히 항생제와 함께 섭취할 경우 유익균이 사멸할 수 있으므로 병용 섭취는 피해야 한다. 그러나 항생제 복용이 끝난 후 프로바이오틱스를 섭취하는 것은 항생제 섭취로 인해 유해균과 함께 사멸한 유익균의 회복에 도움이 될 수 있다.

프로바이오틱스의 섭취량은 건강 및 영향 상태 등의 편차가 크기 때문에 획일적인 섭취 시간과 기간을 정하기 어렵다. 대부분의 프로바이오틱스 제품은 일일 섭취량을 1억 ~ 100억 CFU*로 정해져 있으므로 과량 섭취하지 않도록 주의해야 하며, 특히 면역력이 약한 유아, 임산부, 고령층은 설사나 복통 등의 이상사례가 발생할 수 있다. 그 외에도 개인의 건강상태 및 체질에 따라 프로바이오틱스의 효능이 달라질 수 있으므로 만일 섭취 후 설사나 불편감, 발진 등의 이상증상이 발생하면 즉시 섭취를 중단해야 한다.

프로바이오틱스가 장까지 생존하여 도달하게 하기 위해서는 위산이 중화된 식후에 섭취하는 것이 가장 좋다. 이 때문에 일부 제품은 프로바이오틱스가 위산에 잘 견딜 수 있도록 제조되기도 한다. 프로바이오틱스는 꾸준히 섭취해야만 기능성을 기대할 수 있으며, 만일 장기간 섭취하였음에도 장 기능 개선에 도움이 되지 않거나 불편한 증상을 느낀다면 섭취를 중단하거나, 다른 제품으로 바꾸어 섭취하는 것이 좋다.

* CFU(Colony Forming Unit) : 미생물 집락수

08. 다음 중 윗글을 통해 알 수 있는 내용이 아닌 것은?

① 프로바이오틱스의 종류와 기능
② 프로바이오틱스의 올바른 섭취법
③ 프로바이오틱스가 많이 함유된 식품
④ 프로바이오틱스를 섭취할 때의 주의사항

09. 다음 보충 자료를 참고하여 추론할 수 있는 내용으로 적절하지 않은 것은?

> 사람이 음식으로 에너지를 얻는 것처럼 프로바이오틱스도 장 내에서 활동하기 위해서는 먹이가 필요하다. 프리바이오틱스(Prebiotics)는 프로바이오틱스의 먹이가 되는 물질로, 사람이 잘 소화하지 못하는 일부 식이섬유나 난소화성 탄수화물인 프락토올리고당 등이 여기에 해당한다. 프로바이오틱스가 위치해있는 장에 프리바이오틱스가 도달하면 프로바이오틱스는 이를 분해하여 영양분을 섭취하게 된다. 최근에는 프리바이오틱스의 중요성이 대두되면서 프로바이오틱스와 프리바이오틱스를 함께 섭취할 수 있도록 두 가지를 하나의 캡슐에 담은 신바이오틱스(Synbiotics) 제품이 등장하였다.

① 프로바이오틱스를 효과적으로 섭취하기 위해 프리바이오틱스가 다량 함유된 채소를 같이 섭취하는 것이 좋다.
② 만일 프로바이오틱스를 장기간 섭취하였음에도 장 기능 개선에 별다른 도움이 안 된다면 프리바이오틱스를 함께 섭취할 수 있는 제품으로 바꾸는 것을 고려해볼 수 있다.
③ 프리바이오틱스 역시 프로바이오틱스와 같이 지속적으로 섭취하는 것이 가장 바람직하다.
④ 신바이오틱스 제품은 위산에 약한 프리바이오틱스를 프로바이오틱스와 함께 보호하기 위해 이를 캡슐 형태로 섭취할 수 있도록 제조된다.

1회 기출예상
2회 기출예상
3회 기출예상
4회 기출예상
5회 기출예상
6회 기출예상
인성검사
면접가이드

10. 다음 기사를 참고하여 유추할 수 있는 내용으로 적절하지 않은 것은?

택배물류업이 코로나19 여파로 인한 '언택트(비대면)' 라이프스타일 및 소비트렌드의 확산과 최근 '스마트 물류센터 인증제' 도입 법안 의결로 인해 장기적으로 지속 성장할 것이란 전망이 나왔다.

글로벌 부동산종합서비스회사 체스터톤스코리아는 13일 "온라인 시장 거래액이 꾸준히 증가하고 있는 가운데 코로나바이러스 확산으로 기업들 역시 언택트 트렌드에 맞는 비즈니스 서비스를 시장에 내놓는 등 전자상거래, 특히 모바일 거래의 급증에 따라 택배업 또한 지속 성장할 것"이라고 전망했다. 또, 체스터톤스코리아는 "지난 3월 스마트 물류센터 인증제를 도입하는 내용이 담긴 '물류시설의 개발 및 운영에 관한 법률' 일부 개정 법률안이 의결되어 택배업에 효율성과 안전성을 확보하는 제도적 인프라가 마련될 것"이라고 설명했다. 체스터톤스코리아는 2019년 4분기 '물류 시장 보고서'에서 2019년 온라인 시장 거래액은 약 37조 2천억 원으로 전분기 대비 18.42% 증가한 것으로 분석했다. 이 중 인터넷쇼핑몰의 거래액은 약 12조 8천억원, 모바일쇼핑몰 거래액은 약 24조 3천억 원이다.

인터넷쇼핑몰 거래액 성장률은 둔화되었으며 모바일 쇼핑몰의 거래액은 꾸준히 증가하는 양상을 보이고 있다. 특히 의류 및 잡화시장, 음·식료품 및 농축수산물, 가전 및 전자통신기기 시장에서 거래가 많았으며 음식서비스 거래액의 성장률이 가장 가파른 것으로 나타났다. 2016년부터 2019년까지 온라인 시장 거래액은 분기별로 약 5.93% 상승하는 추이를 보여 주고 있다. 온라인 시장 확대에 따라 택배시장도 꾸준히 성장세를 보여 주고 있는데, 2018년 전체 매출은 5조 4000억 원이었고, 2019년은 6조 1000억 원에 달할 것으로 추정된다.

평균 택배 단가가 약간 낮아졌음에도 불구하고 매출이 올라 택배업 자체의 규모가 더욱 커졌음을 보여 준다. 뿐만 아니라 전자상거래의 확산에 따라 물류창고는 더 이상 단순 보관시설이 아닌, 소비자의 물류 수요와 물품별 특성에 따라 입고에서부터 출고까지 물류 전 과정을 효율적으로 수행할 수 있어야 하는 필요성이 대두되었으며, 효율성, 안전성 등이 우수한 물류창고를 스마트물류센터로 인증할 수 있는 제도적 발판이 마련되어 앞으로 택배 물류시설 인프라의 혁신이 기대를 모으고 있다.

---

① 모바일 활용의 증가와 언택트 소비행태의 집중으로 택배물류업의 성장은 지속될 것이다.

② 코로나바이러스 확산으로 인해 택배단가가 낮아졌지만 택배업 자체의 매출규모는 성장하였다.

③ 2019년 4분기 온라인 시장 거래액 중 인터넷 쇼핑몰의 거래액보다 모바일 쇼핑몰의 거래액이 월등히 더 높다.

④ 전자상거래의 확산으로 물류창고는 기존의 보관시설적인 개념보다 다양한 기능을 수행하는 혁신적인 변화가 일어날 것이다.

11. 다음 글을 통해 알 수 있는 사실로 적절한 것은?

19세기 후반 독일의 복지 제도를 주도한 비스마르크는 보수파였다. 그는 노령연금과 의료보험 정책을 통해 근대 유럽 복지 제도의 기반을 조성하였는데 이 정책의 일차적 목표는 당시 노동자를 대변하는 사회주의자들을 견제하면서 독일 노동자들이 미국으로 이탈하는 것을 방지하는 데 있었다. 그의 복지 정책은 노동자뿐 아니라 노인과 약자 등 사회의 다양한 계층으로부터 광범위한 지지를 얻을 수 있었지만, 이러한 정책을 실행하는 과정에서 각 정파들 간에 논쟁과 갈등이 발생했다.

복지 제도는 모든 국민에게 그들의 공과와는 관계없이 일정 수준 이상의 삶을 영위할 수 있도록 사회적 최소치를 보장하는 것이고 이를 위해선 지속적인 재원이 필요했다. 그런데 그 재원을 확보하고자 국가가 세금과 같은 방법을 동원할 경우 그 비용을 강제로 부담하고 있다고 생각하는 국민들의 불만은 말할 것도 없고, 실제 제공되는 복지 수준이 기대치와 다를 경우 그 수혜자들로부터도 불만을 살 우려가 있었다.

공동체적 가치를 중요시해 온 독일의 사회주의자들이나 보수주의자들은 복지 정책을 입안하고 그 집행과 관련된 각종 조세 정책을 수립하는 데에 적극적이었다. 이들은 보편적 복지를 시행하기 위한 재원을 국가가 직접 나서서 마련하는 데 찬성했다. 반면 개인주의에 기초하여 외부로부터 간섭받지 않을 권리와 자유를 최상의 가치로 간주하는 독일 자유주의자들은 여기에 소극적이었다.

독일의 자유주의자들은 모두를 위한 기본적인 복지보다는 개인의 사유재산권이나 절차상의 공정성을 강조하였다. 이들은 장애인이나 가난한 이들에 대한 복지를 구휼 정책이라고 간주해 찬성하지 않았다. 이들에 따르면 누군가가 선천적인 장애나 사고로 인해 매우 어려운 상황에 처해 있다고 내가 그 사람을 도와야 할 의무는 없는 것이다. 따라서 자신이 원하지도 않는 상황에서 다른 사람을 돕는다는 명목으로 국가가 강제로 개인에게 세금을 거두고자 한다면 이는 자유의 침해이자 강요된 노동이 될 수 있었다. 물론 독일 자유주의자들은 개인이 자발적으로 사회적 약자들을 돕는 것에는 반대하지 않고 적극 권장하는 입장을 취했다.

19세기 후반 독일의 보수파를 통해 도입된 복지 정책들은 이후 유럽 각국의 복지 제도 확립에 영향을 미쳤다. 그렇지만 개인의 자율성을 강조하는 자유주의자들과의 갈등들은 현재까지도 지속되고 있다.

① 공동체적 가치를 강조하는 사회주의적 전통이 확립될수록 복지 정책에 대한 독일 국민들의 불만은 완화되었다.
② 독일 자유주의자들은 구휼 정책에는 반대했지만 개인적 자선 활동에는 찬성하였다.
③ 독일 사회주의자들이 제안한 노동자를 위한 사회보장 정책은 독일 보수주의자들에 의해 전 국민에게로 확대되었다.
④ 독일 보수주의자들이 집권한 당시 독일 국민의 노동 강도는 높아졌고 개인의 자율성은 침해되었다.

[12 ~ 13] 다음 글을 읽고 이어지는 질문에 답하시오.

보건복지부는 지난 18일에 '치매 국가책임제 대국민 보고 대회'를 열고 치매 국가책임제 추진 계획을 발표했다. 치매 환자는 2016년 말 약 69만 명으로 추산되며, 인구 고령화로 2030년에는 약 127만 명으로 증가할 것으로 전망된다.

이번에 발표된 치매 국가책임제는 그동안 추진된 치매 관련 정책의 미비점을 보완하고, 치매 조기 진단부터 예방, 상담, 관리 등 종합 치매 지원 체계를 구축한다는 내용이다. 세부 내용으로 맞춤형 사례 관리, 장기요양서비스 확대, 치매 환자 의료 지원 강화, 치매 의료비 및 요양비 부담 완화, 치매 예방 및 치매 친화적 환경 조성, 치매 연구 개발, 치매 관련 정책 및 행정체계 정비 등의 내용을 담고 있다.

맞춤형 사례 관리는 올해 12월부터 전국 252개 보건소에 치매안심센터를 설치, 통합 지원 서비스를 제공한다는 내용이다. 치매안심센터에서는 1:1 맞춤형 상담, 검진, 관리를 받을 수 있다. 또한 '치매 노인 등록 관리 시스템'을 구축하여 전국 어디서든 유기적인 연계 서비스를 받을 수 있게 한다. 이외에 치매안심센터가 문을 닫는 야간에도 치매 관련 상담을 받을 수 있도록 치매상담콜센터를 설치·운영한다.

장기요양서비스 확대는 경증 치매 환자도 장기요양보험의 대상자가 될 수 있도록 한다는 내용이다. 현재 장기요양등급은 신체 기능을 중심으로 판단하기 때문에 신체 기능이 양호한 경증 치매 환자는 등급 판정에서 탈락했었다. 새롭게 등급을 받는 경증 치매 환자에게는 신체 기능 유지, 증상 악화 방지를 위한 인지 활동 프로그램과 복약 지도 등을 위한 간호사 방문 서비스가 제공된다. 또한 치매 환자에 특화된 치매 안심형 시설도 확충된다. 치매 안심형 시설은 요양보호사가 추가로 배치되고 치매 맞춤형 프로그램을 제공하는 시설이다. 경증 치매 환자를 위한 치매 안심형 주야간 보호시설과, 중증 치매 환자를 위한 치매 안심형 입소시설도 2022년까지 단계적으로 확충된다. 이외에도 장기요양시설 지정 갱신제 도입, 장기요양 종사자 처우 개선 등을 통해 서비스 질 관리와 종사자 전문성 강화도 추진된다.

국민건강보험 확대를 통한 치매에 대한 의료비 부담도 줄어든다. 이미 국민건강보험 보장성 강화 대책을 통해 중증 치매 환자의 의료비 본인부담률이 올해 10월부터 10%로 인하될 예정이다. 또 치매 진단 검사에도 올해 하반기부터 순차적으로 국민건강보험이 적용된다. 이외에도 중위 소득 50% 이하 수급자에게 적용되던 장기요양 본인부담금 경감 혜택도 대상을 늘려갈 계획이다. 또 식재료비와 기저귀 등도 지원하는 방안이 검토된다.

치매 예방 및 치매 친화적 환경 조성을 위해 전국 350여 개 노인복지관에서 치매 예방 프로그램이 제공된다. 또 국가 건강 검진에서 66세 이상 국민에게 실시하는 인지기능 검사도 검사 주기를 4년에서 2년으로 단축하고, 검사 항목도 확대한다. 이외에도 치매 가족 휴가제, 실종 예방 사업, 공공 후견 제도 등의 사회환경 개선 사업도 추진된다.

12. 다음 중 윗글의 치매 국가책임제에 대한 내용으로 옳지 않은 것은?

① 개인별 맞춤형 사례 서비스 제공

　– 치매 노인 등록 관리 시스템을 구축하여 전국적으로 유기적 연계 서비스 제공

② 장기요양서비스 확대

　– 치매 안심형 시설을 치매 안심 공립 요양 병원으로 변경

③ 치매 비용 지원

　– 치매 진단 검사에 국민건강보험 적용

④ 치매 예방 및 치매 친화적 환경 조성

　– 전국 350여 개 노인복지관에서 치매 예방 프로그램 제공

13. 다음은 치매안심센터의 업무체계에 관한 자료의 일부이다. 윗글을 참고하여 치매 안심형 시설에 관한 추가 보도자료를 작성하고자 할 때 적절하지 않은 것은?

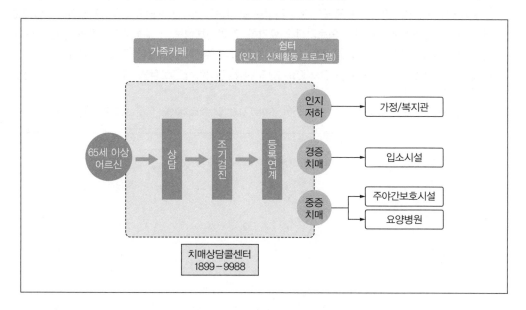

① 쉼터에서 제공하는 인지활동과 신체활동 프로그램을 제시한다.

② 경증 치매 환자가 이용할 수 있는 이용시간을 따로 확인하여 작성한다.

③ 중증 치매 환자 부분에 간호사 방문 서비스를 추가한다.

④ 중증 치매 환자를 대상으로 하는 주야간보호시설과 요양병원 정보 등을 확인할 수 있는 인터넷 사이트를 제시한다.

1회 기출예상 / 2회 기출예상 / 3회 기출예상 / 4회 기출예상 / 5회 기출예상 / 6회 기출예상 / 인성검사 / 면접가이드

[14 ~ 15] 다음 보건복지부 보도자료를 보고 이어지는 질문에 답하시오.

보건복지부와 한국보건의료정보원은 '나의 건강기록' 앱 편의성 개선 및 서비스 활성화를 위해 6월 30일 카카오, 네이버와 업무협약을 체결한다고 밝혔다. 정부는 지난 2월 24일 마이 헬스웨이 (의료분야 마이데이터) 도입 방안을 통해 마이 헬스웨이 플랫폼 기반 의료 분야 마이데이터 생태계를 조성할 계획이라고 발표하였으며, 마이 헬스웨이 플랫폼 구축 전에도 국민이 의료분야 마이데이터를 실제 피부로 체감할 수 있도록 공공기관 건강정보*를 스마트폰으로 조회, 저장, 활용할 수 있는 '나의 건강기록' 앱(안드로이드)을 2월 24일 출시한 바가 있다.

'나의 건강기록' 앱 출시 이후 국민들의 앱 사용 후기에 따르면 '나의 건강기록' 앱을 본인 건강관리에 적극적으로 활용하면서 큰 도움이 되었다는 의견도 많았지만, 편의성 측면에서 추가적으로 보완이 필요하다는 일부 의견도 있었다. 이에 보건복지부의 한국보건의료정보원은 '나의 건강기록' 앱의 불편함을 해소하고 서비스를 활성화하기 위해 카카오, 네이버와 업무협약을 체결하고 상호 협력하여 앱 개선 방안을 모색하기로 하였다.

특히 국민들이 일상에서 사용 중인 카카오 아이디나 네이버 아이디를 통해서도 '나의 건강기록' 앱에 쉽게 로그인할 수 있도록 2021년 9월까지 개선해 나갈 계획이다. 또한 국민들의 개선 요청사항을 반영하여 2021년 중 아이폰 버전 출시, 사용자 기능 개선(UI/UX 등)도 병행하여 추진할 계획이다.

보건복지부는 "이번 업무협약을 계기로 국민들에게 익숙한 민간서비스를 공공서비스에 접목함으로써 국민이 더욱 편리하게 공공기관 건강정보를 활용할 수 있게 되었다."라고 말하며, "앞으로 공공기관 건강정보뿐만 아니라 의료기관 진료기록, 개인신체정보**(Lifelog)까지 활용할 수 있도록 마이 의료데이터 생태계 조성을 2022년까지 차질없이 추진해나가겠다."라고 밝혔다.

* 공공기관 건강정보 : 국민건강보험공단의 진료이력과 건강검진이력, 건강보험심사평가원의 투약 이력, 질병관리청의 예방접종이력 등

** 개인신체정보 : 혈압, 혈당, 운동량 등 개인이 스마트기기 및 의료기기를 통해 스스로 측정한 정보

14. 다음 '나의 건강기록' 앱 홍보 자료를 읽고 각 기관과 그들이 보유한 앱 이용자에 관한 건강정보가 잘못 연결된 것을 고르면?

○ 하나의 앱에서 개인 건강정보를 한 번에 확인할 수 있습니다.
 – 병원 진료이력 : 성명, 진료일, 병원명, 방문(입원)일수
 – 투약 이력 : 제조약국명, 약이름, 성분함량, 투약량 등
 – 예방접종 내역 : 백신명, 차수(1차, 2차, 3차), 접종일, 병원명
 – 건강검진이력 : 검진명, 검진병원, 판정, 판정일, 판정의사, 소견
○ 갑작스러운 상황으로 응급실에 가게 될 경우, 의료진에게 나의 건강정보를 미리 제공하여 적절한 의료조치가 가능합니다.
○ 내 예방접종 내역이 기억나지 않아도 앱을 통해 한 번에 조회가 가능합니다.
○ 10년간의 건강검진이력을 한 눈에 확인하여 나의 건강변화를 알 수 있습니다.

① 국민건강보험공단 – 작년에 받은 건강검진에 따른 의사 소견서
② 건강보험심사평가원 – 앱 이용자가 제조받은 의약품의 제조약국명
③ 질병관리청 – 앱 이용자가 현재 입원해 있는 응급실의 병원명
④ 질병관리청 – 앱 이용자의 COVID-19 백신 접종 일자 및 접종 병원명

15. 윗글과 다음 '나의 건강기록' 앱 활용 후기를 참고하여 유추할 수 있는 '나의 건강기록' 앱의 향후 개선안으로 적절하지 않은 것은?

〈'나의 건강기록' 앱 활용 후기〉

• 건강검진결과정보, 병원 진료일자, 약국이용 내역 등 모든 정보를 모아서 정보가 제공되니 너무 편리하고 좋습니다.
• 일일이 기록하고 기억하지 않아도 내 건강진료 정보를 한 눈에 볼 수 있게 되었네요.
• 회원가입하고 본인인증 마치고 지문등록이나 패턴등록 등을 선택할 때 "앱 권한 설정 허용 후 이용 바랍니다."가 뜨면서 다음으로 넘어가지 않아요. 몇 번을 해도 마찬가지네요.

① '나의 건강기록' 앱을 통해 카카오나 네이버에 간편하게 가입할 수 있도록 하는 아이디 연동기능을 제공한다.
② 앱 사용자 본인의 혈압, 혈당을 직접 측정한 기록을 저장하고 관리할 수 있는 기능을 추가한다.
③ 회원가입 후 권한 설정 단계에서 발생하는 실행 오류 문제를 해결한 버전으로 업데이트한다.
④ 건강검진 관련 정보와 예방접종이력을 열람하는 화면 디자인의 접근 편의성을 개선한다.

16. 다음 글의 문단 (가)~(라) 중 문맥상 전체 글의 내용과 부합하지 않는 것은?

달 상주를 추진 중인 미국항공우주국(NASA)이 달에 있는 재료만으로 물을 만들어 쓸 수 있는 화학적 과정의 일부를 입증했다. 고다드 센터의 오렌탈 터커 박사는 달에서 물의 성분인 수산기(水酸基) 분자가 만들어지는 화학적 과정에 대한 컴퓨터 시뮬레이션 결과를 공개했다.

(가) 태양에서 전하를 가진 하전입자를 대규모로 방출하는 이른바 태양풍이 초속 450km로 달 표면에 도달하면 이 중 양성자가 달에 있던 전자와 상호작용하며 수소(H) 원자를 만든다. 이 수소 원자는 달의 토양을 구성하는 이산화규소나 표토의 기타 분자가 갖고 있던 산소(O)와 결합해 물의 주요한 구성 성분인 수산기(OH) 분자를 형성하는 것으로 나타났다. 태양풍은 또 달의 토양을 구성하는 주요 성분인 규소와 철, 산소 원자의 결합력을 와해시켜 산소 원자가 표면으로 흘러든 수소 원자와 결합하게 하는 작용도 하는 것으로 분석됐다.

(나) 그러나 수산기 분자에서 어떻게 물을 만들지는 더 연구가 필요한 것으로 지적됐다. 달에 수소나 수산기 등 물의 성분은 물론 얼음 형태의 물이 존재한다는 것은 딥 임팩트나 찬드라얀-1호 등을 통해 이미 확인된 사실이다. 그러나 물이나 물의 성분이 어떻게 생겨나 얼마나 있는지는 여전히 연구대상이 돼 왔다. 혜성 충돌에 따른 화학작용의 결과라는 주장과 태양풍이 시발점이라는 설이 맞서왔는데 이번 시뮬레이션 결과는 후자 쪽에 무게를 싣는 것이다.

(다) 이 물 분자들은 표토 알갱이에 단단히 붙어 있다가 한낮에 표면 온도가 절정에 달할 즈음 열로 인해 떨어져 나와 분자 형태를 유지할 수 있는 인근의 온도가 낮은 다른 알갱이를 찾아 움직여 그 분포는 매일 다르게 나타난다. 물 분자는 온도가 내려가면 다시 표토 알갱이에 붙게 된다. 이는 달의 물이 극지 충돌구의 햇빛이 닿지 않는 곳에서 얼음 형태로만 존재할 것으로 생각되던 것과는 차이가 있다.

(라) 이번 연구는 또 그간 달에서 측정된 수소의 양이 지역별로 차이를 보이는 이유도 규명했다. 달의 적도처럼 온도가 높은 곳에서는 수소가 태양 에너지를 받아 외기권으로 빠르게 빠져나가 덜 축적되는 반면 기온이 낮은 극지 인근에서는 그 반대로 외기권으로 빠져나가는 속도가 느려 더 많은 수소가 존재하게 되는 것으로 나타났다. 연구팀은 우주인을 달에 보내 상주시키려면 달에 얼마만큼의 물과 물 성분이 있는지를 이해하는 것이 중요하다고 강조했다. 달에서 수소의 역학을 이해함으로써 "어디에서 수소를 구할 수 있는지를 알게 됐다"고 말했다.

고다드 센터의 플라스마 물리학자 윌리엄 패럴 박사는 "우주의 모든 암석은 태양풍에 노출된 뒤에 물을 만들 수 있는 잠재력을 갖게 된다."고 이번 연구결과에 대해 확대된 의미를 부여했다. 태양풍은 태양계 끝까지 뻗어나가며, 암석에서 작은 먼지 알갱이에 이르기까지 이산화규소 성분을 가진 것이라면 잠재적으로 수산기를 형성해 물을 만들 수 있는 화학 공장이 될 수 있다는 것이다.

① (가)　　　　② (나)　　　　③ (다)　　　　④ (라)

17. 다음 글의 문단 (가)~(라)에 해당하는 소제목으로 가장 적절하지 않은 것은?

보건복지부는 제10차 사회관계장관회의에서 향후 5년간 국가건강검진의 추진방향과 과제를 담은 「제3차 국가건강검진종합계획」을 오는 9일 발표하였다. 이번 제3차 종합계획은 관계부처와 각 분야 전문가, 유관기관 전문가 등의 다양한 의견을 수렴하여 '평생 건강을 위한 국민건강 길라잡이'로서의 국가건강검진의 도약을 비전으로 하여, 국가건강검진의 신뢰성과 검진결과 활용성 향상이라는 목표 달성을 위한 총 37개 과제로 구성되었다.

(가) 이번 제3차 종합계획에는 수요자의 편의성과 안전성을 최우선으로 하는 국가건강검진 인프라 개선을 포함하고 있다. 구체적인 내용으로는 건강검진 수검자의 수검행태 실태조사를 실시하여 특히 의료급여대상자, 장애인 등의 취약계층의 수검 장애요인을 파악 및 개선하여 수검률을 높이고, 요양시설 입소자 등 의료기관 방문이 곤란한 수검자의 수검 기회 보장을 위해 출장검진 기준을 개선하여 건강검진의 사각지대를 해소하기로 하였다. 이와 함께 건강검진 접근성이 취약한 도서벽지 거주자 등을 대상으로 하는 대장암검진 검체 채취 우편이송 및 픽업 서비스 시범사업을 추진하기로 하였다.

(나) 다음으로 건강검진항목 재평가와 타당성 검토를 수행하는 전문연구센터를 지정하기로 합의하였다. 해당 기관은 검진 항목에 대한 주기적인 재평가를 실시하고 신규 항목과 기존 항목에 대한 근거 연구를 수행한다. 또한 검진기관 평가 시 검진기관의 질 관리 정도를 평가하는 항목을 중심으로 가산기준을 마련하는 등 검진기관의 평가항목을 개선하고, 우수 검진기관 중 상위 10%를 최우수기관으로 선정하고 이를 홍보에 활용할 수 있도록 할 방침이다.

(다) 그리고 건강검진 마이데이터 체계 구축 등 개인 건강정보를 활용한 자가 건강관리 여건 조성과 지원을 강화하기로 하였다. 검진결과 등의 빅데이터를 활용한 「The 건강보험」 앱의 건강보험 제공서비스를 다양화하고, 마이 헬스웨이 플랫폼을 통한 생애주기별 국가검진 이력정보를 국민이 직접 조회·활용할 수 있도록 지원한다. 또한 건강검진결과 건강위험군(비만, 혈압 및 혈당주의군) 등을 대상으로 건강생활 실천 노력과 건강개선 결과에 따른 인센티브를 제공하는 건강생활실천지원금제 시범사업을 추진하여 국민의 건강관리를 직접 지원할 방침이다.

(라) 이외에도 국가건강검진위원회 범부처 총괄 조정 기능 효율화를 위한 관련 조직 정비와 운영방식 개선을 통해 관계부처 협업과 소통 기반을 강화하기 위한 복지부 내 사무국을 신설하고, 국가건강검진위원회 참여기관을 여성가족부 및 질병관리청 등 국가건강검진을 주관하는 모든 부처로 확대하기로 하였다. 또한 국가건강검진제도 운영과 개선 과정에서 국민의 눈높이에 맞는 정책을 구현하기 위해 정책 수요자가 직접 의견을 제시할 수 있는 대국민 의견 수렴 채널을 마련할 계획이다.

① (가) 편리한 건강검진을 위한 건강검진의 접근성 향상
② (나) 건강검진의 신뢰성 제고를 위한 건강검진 홍보매체 확대
③ (다) 검진결과를 활용한 건강생활실천으로 이끄는 건강검진제도
④ (라) 국가건강검진 관리기반 강화를 통한 관리체계의 효율화

1회 기출예상 · 2회 기출예상 · 3회 기출예상 · 4회 기출예상 · 5회 기출예상 · 6회 기출예상 · 인성검사 · 면접가이드

[18 ~ 20] ○○기업 갑 사원은 보호종료아동 관련 서비스에 대한 보도자료를 작성하고 있다. 다음을 참고하여 이어지는 질문에 답하시오.

보호종료아동 자립수당과 주거지원 통합서비스 대상 확대, 지금 바로 신청하세요!

△△부는 올해 1월부터 보호종료아동*에게 자립수당과 주거지원통합서비스를 확대 지원한다고 밝혔다.

* 아동양육시설, 공동생활가정, 가정위탁에서 연령 제한으로 보호가 종료된 아동

우선 보호종료아동에게 매월 30만 원의 자립수당을 지급하여 경제적 부담을 완화하고 안정적으로 사회에 정착할 수 있도록 지원하는 지원수당의 지급대상을 보호종료 2년에서 3년 이내 아동으로 확대하고, 아동일시보호시설, 아동보호치료시설 보호종료아동도 포함한다. 지급대상 확대로 인해 지원을 받게 되는 아동은 지난해 5,000여 명에서 올해 7,800여 명으로 2,800여 명 늘어나게 된다. 또한, 전세임대주택 임대료 지원과 함께 전문 사례관리사를 통해 개인별 맞춤형 사례관리서비스를 제공하여 보호종료아동의 주거 및 경제적 부담을 덜어주는 주거지원 통합서비스 지원 물량을 지난해 240호에서 올해 360호로 늘리고, 시행 지역도 7개 시 · 도에서 10개 시 · 도**로 확대한다.

** 서울, 부산, 인천(신규), 광주, 대전, 충북(신규), 충남, 전북, 전남, 경남(신규)

자립수당은 보호종료아동 본인이나 그 대리인이 아동 주민등록 주소지 읍 · 면 · 동 주민센터를 방문하여 신청할 수 있다. 보호종료 예정 아동의 경우에는 보호종료 30일 전부터 사전신청이 가능하며, 아동양육시설 · 공동생활가정 시설 종사자가 시설 관할 읍 · 면 · 동 주민센터에 신청서를 제출하면 된다. 해외 견습 중인 경우 등 직접 방문 신청이 제한되는 경우에는 우편 · 팩스로 신청이 가능하며 제한 사유 증빙서류를 첨부해야 한다. 주거지원 통합서비스는 ▲▲공사 매입임대주택 또는 전세임대주택에 거주 중인 보호종료 5년 이내 아동이 거주를 원하는 지역의 담당 수행기관에 방문 또는 우편으로 신청할 수 있다.

〈보호종료아동 주거지원 통합서비스〉

□ 지원내용
- 보호종료아동에게 ▲▲공사 매입임대주택 또는 전세임대주택 임대료 지원으로 주거 부담 · 경제적 부담 완화
- 매월 20만 원 상당의 사례관리비를 지원하며 전문 사례관리사를 통해 개인 맞춤형 사례관리 서비스 제공 및 정서적 지지체계 지원, 복지급여 연계
- (지원 대상) 아동양육시설, 공동생활가정, 가정위탁 보호종료 5년 이내 또는 전세임대주택에 거주 중이며 계약 잔여기간이 최소 1년 이상인 자

<보호종료아동 자립수당>

□ 지원내용
  - 보호종료아동에게 아동 본인 명의 계좌로 매월 20일, 30만 원의 자립수당을 지원하여 경제적 어려움을 완화하고 안정적으로 사회에 정착할 수 있도록 지원
  - (지원대상) 아동복지시설***, 가정위탁 보호종료 3년 이내 아동
    *** 아동양육시설, 공동생활가정, 아동일시보호시설, 아동보호치료시설
  - 만 18세 이후 보호종료된 아동 중 보호종료일로부터 과거 2년 이상 아동양육시설 등에서 계속하여 보호를 받은 아동
□ 기대효과
  - 보호종료아동의 안정적인 사회 정착 및 자립 성공을 제고

18. 갑 사원이 작성한 보도자료를 이해한 내용으로 적절한 것은?

① 자립수당과 주거지원 통합서비스의 지원을 확대하여 보호종료아동의 경제적 부담을 완화하고자 한다.

② 보호종료 5년 이내 아동은 주거지원 통합서비스와 자립수당의 지원대상에 해당한다.

③ 자립수당의 지급대상 확대로 인해 지난해보다 7,800여 명 더 많은 보호종료아동이 자립수당을 지원받을 수 있다.

④ 자립수당과 주거지원 통합서비스는 본인이나 대리인이 시설 관할 읍·면·동 주민센터를 방문해야만 신청이 가능하다.

19. 윗글을 읽고 ○○기업 고객게시판에 올라온 다음 문의 중 적절하지 않은 질문을 고르면?

① 올해 주거지원 통합서비스 시행이 확대된 3개 지역은 어디인가요?

② 올해 보호종료아동 자립수당 지급 경쟁률은 어떻게 되나요?

③ 보호종료아동 자립수당의 기대효과는 무엇인가요?

④ 보호종료아동 자립수당과 주거지원 통합서비스는 어떤 걸 지원하는 건가요?

1회 기출예상

2회 기출예상

3회 기출예상

4회 기출예상

5회 기출예상

6회 기출예상

인성검사

면접가이드

20. 갑 사원은 보도자료를 검토하다가 수정이 필요한 부분을 발견하였다. 다음 중 갑 사원이 수정해야 할 사항으로 적절하지 않은 것은?

① 자립수당 신청을 위한 보호종료아동의 대리인의 조건을 정확하게 표기해야 한다.

② 자립수당과 주거지원 통합서비스의 지원 확대에 대한 내용을 구체적으로 추가해야 한다.

③ 자립수당과 주거지원 통합서비스의 신청서류 관련 내용이 빠져 있으므로 추가해야 한다.

④ 제도에 대한 자세한 정보를 확인할 수 있는 홈페이지 주소와 문의 방법을 제시해야 한다.

21. ○○시에서 근무하는 직장인 2,000명을 대상으로 직장인 주거 생활에 관한 설문조사를 실시하였다. 자가를 제외한 전·월세 또는 지인과 동거라고 응답한 사람 중 25%가 향후 2년 내에 내 집 마련 계획이 있다고 했다면, 향후 2년 내에 내 집 마련 계획이 있다고 응답한 사람은 모두 몇 명인가?

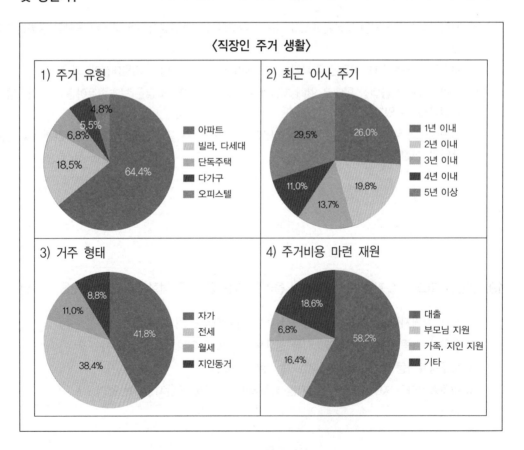

① 291명

② 294명

③ 297명

④ 300명

22. 다음 그림과 같은 2km 길이의 원형 트랙이 있다. A, B가 각자의 위치에서 A는 반시계방향으로, B는 시계방향으로 달리기를 시작했다. A는 한 바퀴 도는 데 12분, B는 8분이 걸릴 때, 두 명이 처음 만나는 데까지 걸리는 시간이 3분 36초라면 A와 B가 출발할 때 서로 떨어져 있던 거리는? (단, A와 B가 출발 시 떨어져 있었던 거리는 작은 값으로 한다)

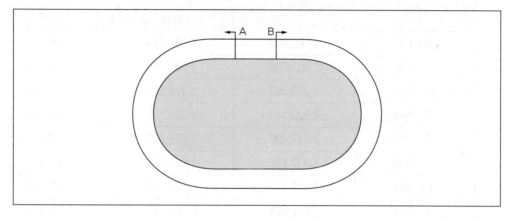

① 230m
② 330m
③ 420m
④ 500m

23. 다음 그림과 같이 가장자리에 총 56개의 의자를 배치하고 200명 이상이 의자에 앉을 수 있도록 할 때, 가로 한 줄에 배치할 수 있는 의자의 최대 개수는?

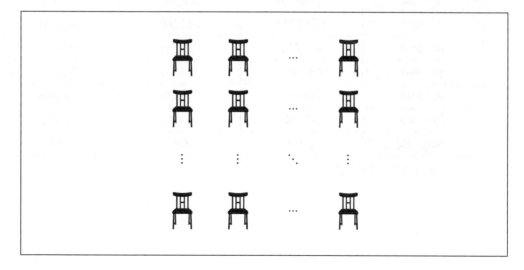

① 14개
② 16개
③ 18개
④ 20개

1회 기출예상
2회 기출예상
3회 기출예상
4회 기출예상
5회 기출예상
6회 기출예상
인성검사
면접가이드

24. 다음은 우리나라의 연령별 인구를 나타낸 자료이다. 이에 대한 설명으로 옳지 않은 것을 〈보기〉에서 모두 고르면?

(단위 : 명)

구분	총인구	남성	여성
0~4세	2,102,959	1,077,714	1,025,245
5~9세	2,303,030	1,185,280	1,117,750
10~14세	2,276,763	1,178,964	1,097,799
15~19세	2,922,140	1,523,741	1,398,399
20~24세	3,517,690	1,872,652	1,645,038
25~29세	3,407,757	1,815,686	1,592,071
30~34세	3,447,773	1,804,860	1,642,913
35~39세	4,070,681	2,100,211	1,970,470
40~44세	4,037,048	2,060,634	1,976,414
45~49세	4,532,957	2,295,736	2,237,221
50~54세	4,122,551	2,082,358	2,040,193
55~59세	4,258,232	2,120,781	2,137,451
60~64세	3,251,699	1,596,954	1,654,745
65~69세	2,315,195	1,113,374	1,201,821
70~74세	1,756,166	802,127	954,039
75~79세	1,543,849	643,508	900,341
80~84세	943,418	335,345	608,073
85~89세	434,947	119,540	315,407
90~94세	141,555	31,590	109,965
95~99세	32,154	6,435	25,719
100세 이상	3,943	565	3,378

※ 성비 : 여성 100명에 대한 남성의 수

1회 기출예상

2회 기출예상

3회 기출예상

4회 기출예상

5회 기출예상

6회 기출예상

인성검사

면접가이드

보기

㉠ 15세 미만 총인구는 55세 이상 총인구보다 많다.

㉡ 각 연령대별 성비는 20대가 가장 높다.

㉢ 각 연령대별 성비는 100세 이상 연령에서 가장 낮게 나타난다.

㉣ 남성과 여성 모두 전체 인구 중 40대가 차지하는 비율이 가장 높다.

㉤ 5단위 연령별 분포에서 0세에서 50대까지의 연령에서는 남성의 비율이 높고, 60대에서 100세 이상의 연령에서는 여성의 비율이 높다.

① ㉠, ㉤   ② ㉠, ㉢

③ ㉡, ㉣   ④ ㉣, ㉤

25. 다음은 우리나라의 막걸리 출하량 추이를 나타낸 자료이다. 이에 대한 설명으로 옳지 않은 것은?

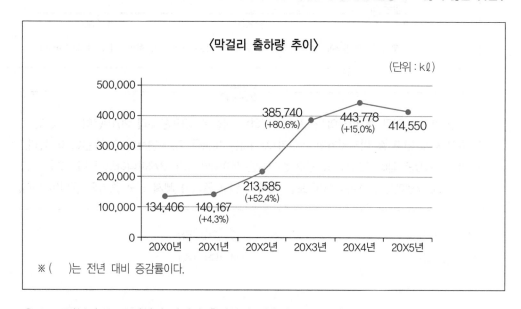

〈막걸리 출하량 추이〉

(단위 : kℓ)

① 20X0년부터 20X3년까지 막걸리 출하량이 지속적으로 증가했다.

② 20X4년 막걸리 출하량은 20X1년 막걸리 출하량의 약 3.3배이다.

③ 20X1 ~ 20X4년 중 전년 대비 막걸리 출하량의 증감률이 가장 큰 해는 20X3년이다.

④ 20X0 ~ 20X5년 중 막걸리 출하량이 가장 많았던 해는 20X4년, 가장 적었던 해는 20X0년이다.

26. 다음은 대륙별 장래의 인구 전망을 나타내는 자료이다. 이에 대한 올바른 설명을 〈보기〉에서 모두 고른 것은?

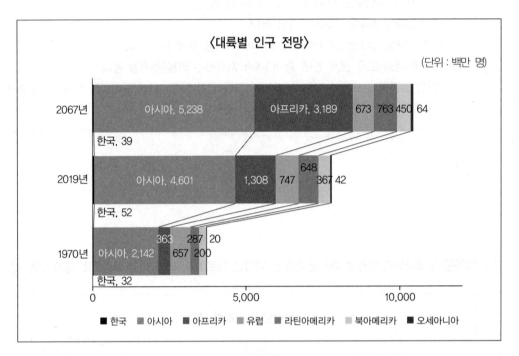

〈대륙별 인구 전망〉

(단위 : 백만 명)

| 보기 |

(가) 아시아 인구 중 한국의 인구가 차지하는 비중은 1970년보다 2019년이 더 낮다.
(나) 세계 인구 중 아프리카의 인구가 차지하는 비중은 2019년보다 2067년이 더 높다.
(다) 1970년 대비 2067년의 인구 증가율은 북아메리카가 오세아니아보다 더 크다.
(라) 2067년에는 2019년 대비 모든 대륙의 인구 증가가 세계 인구 증가의 원인이 된다.

① (가), (나)　　　　　　　　② (가), (라)
③ (나), (다)　　　　　　　　④ (다), (라)

27. 다음 자료를 참고하였을 때 아래 그래프의 (A) 추이선이 의미하는 것은?

〈장기공공임대주택 거주가구 비율〉

(단위 : 천 가구, 천 호, %)

구분	20X0	20X1	20X2	20X3	20X4	20X5	20X6	20X7	20X8	20X9
전체 가구 수	16,364	16,619	16,862	17,339	17,719	18,057	18,408	18,773	19,561	19,838
임대주택	1,304	1,342	1,311	1,399	1,460	1,487	1,616	1,709	1,938	2,273
	(8.0)	(8.1)	(7.8)	(8.1)	(8.2)	(8.2)	(8.8)	(9.1)	(9.9)	(11.5)
공공 임대주택	825	876	865	924	1,019	1,038	1,125	1,177	1,257	1,358
	(5.0)	(5.3)	(5.1)	(5.3)	(5.8)	(5.7)	(6.1)	(6.3)	(6.4)	(6.8)
장기공공 임대주택	526	578	691	806	890	931	1,016	1,069	1,163	1,256
	(3.2)	(3.5)	(4.1)	(4.6)	(5.0)	(5.2)	(5.5)	(5.7)	(5.9)	(6.3)

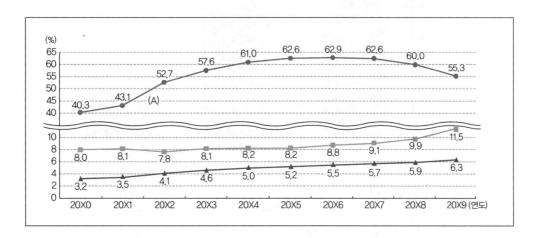

① 임대주택 대비 공공임대주택의 비중

② 임대주택 대비 장기공공임대주택의 비중

③ 공공임대주택 대비 장기공공임대주택의 비중

④ 전체 가구 수 대비 임대주택＋공공임대주택＋장기공공임대주택의 비중

28. 다음 자료에 대한 설명으로 올바른 것은?

〈성별 흡연 및 음주 인구 비율〉

(단위 : %)

구분	흡연			음주		
	계	남성	여성	계	남성	여성
20X6년	20.8	39.1	3.1	65.4	79.0	52.3
20X8년	20.3	37.7	3.5	65.2	77.4	53.4

〈건강평가 및 연도별 흡연/음주 인구 비율〉

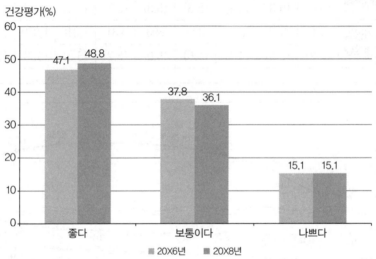

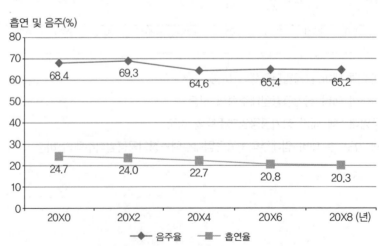

① 20X8년의 건강상태가 '보통' 이상인 사람들의 비중은 2년 전과 동일하다.

② 20X0년 이후부터 매 2년 단위로 음주율과 흡연율은 모두 조금씩 감소하였다.

③ 20X4년 여성의 음주율은 적어도 50% 이상이다.

④ 20X8년의 8년 전 대비 음주율의 감소율은 흡연율의 감소율보다 더 크다.

29. 다음은 20X0 ～ 20X9년 A국의 수출입액 현황을 나타낸 자료이다. 이에 대한 설명으로 옳지 않은 것은?

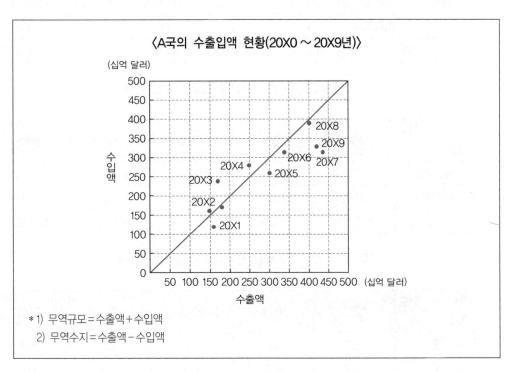

〈A국의 수출입액 현황(20X0 ～ 20X9년)〉

* 1) 무역규모＝수출액＋수입액
  2) 무역수지＝수출액－수입액

① 무역규모가 가장 큰 해는 20X8년이고, 가장 작은 해는 20X1년이다.

② 수출액 대비 수입액의 비율이 가장 높은 해는 20X3년이다.

③ 무역수지 적자폭이 가장 큰 해는 20X3년이며, 흑자폭이 가장 큰 해는 20X7년이다.

④ 20X1년 이후 전년 대비 무역규모가 감소한 해는 수출액도 감소하였다.

1회 기출예상

2회 기출예상

3회 기출예상

4회 기출예상

5회 기출예상

6회 기출예상

인성검사

면접가이드

30. 다음은 20X1 ~ 20X5년 A ~ E국의 건강보험 진료비에 대한 자료이다. 이에 대한 〈보기〉의 설명 중 옳은 것을 모두 고르면?

〈표 1〉 A국의 건강보험 진료비 발생 현황

(단위 : 억 원)

구분	연도	20X1	20X2	20X3	20X4	20X5
의료기관	소계	341,410	360,439	390,807	419,353	448,749
	입원	158,365	160,791	178,911	190,426	207,214
	외래	183,045	199,648	211,896	228,927	241,534
약국	소계	120,969	117,953	118,745	124,897	130,844
	처방	120,892	117,881	118,678	124,831	130,775
	직접조제	77	72	66	66	69
계		462,379	478,392	509,552	544,250	579,593

〈표 2〉 A국의 건강보험 진료비 부담 현황

(단위 : 억 원)

구분	연도	20X1	20X2	20X3	20X4	20X5
공단부담		345,652	357,146	381,244	407,900	433,448
본인부담		116,727	121,246	128,308	136,350	146,145
계		462,379	478,392	509,552	544,250	579,593

〈표 3〉 국가별 건강보험 진료비의 전년대비 증가율

(단위 : %)

국가	연도	20X1	20X2	20X3	20X4	20X5
B		16.3	3.6	5.2	4.5	5.2
C		10.2	8.6	7.8	12.1	7.3
D		4.5	3.5	1.8	0.3	2.2
E		5.4	−0.6	7.6	6.3	5.5

보기

ㄱ. 20X4년 건강보험 진료비의 전년대비 증가율은 A국이 C국보다 크다.

ㄴ. 20X2 ~ 20X5년 동안 A국의 건강보험 진료비 중 약국의 직접조제 진료비가 차지하는 비중은 전년대비 매년 감소한다.

ㄷ. 20X1 ~ 20X5년 동안 A국 의료기관의 입원진료비 중 공단부담 금액은 매년 3조 8천억 원 이상이다.

ㄹ. B국의 20X0년 대비 20X2년 건강보험 진료비의 비율은 1.2 이상이다.

① ㄱ, ㄴ   ② ㄴ, ㄷ   ③ ㄱ, ㄴ, ㄹ   ④ ㄴ, ㄷ, ㄹ

31. 다음은 건강보험료 산정 방법에 대한 안내문이다. 이에 대한 설명으로 옳은 것은?

〈직장가입자 건강보험료 산정 안내〉

○ 건강보험료율 : 6%

구분	계	가입자부담	사용자부담	국가부담
근로자	6%	3%	3%	–
공무원	6%	3%	–	3%
사립학교 교직원	6%	3%	2%	1%

○ 가입자부담(50%) 건강보험료 산정＝보수월액×보험료율(3%)

  □ 보수월액(월평균보수)＝연간 총보수액÷근무월수

  □ 1인 총 건강보험료＝가입자부담 건강보험료(10원 미만 단수 버림)×2

보수월액 범위	보험료율(가입자부담)	월보험료 산정
28만 원 미만	3%	28만 원×3%
28만 원 이상 ~ 6,500만 원 이하	3%	보수월액×3%
6,500만 원 초과	3%	6,500만 원×3%

① 보수월액이 8,000만 원인 근로자 A의 총 건강보험료는 240만 원이다.

② 보수월액이 300만 원인 공립학교 교직원 B에 대해 국가가 부담하는 건강보험료는 3만 원이다.

③ 30만 원을 건강보험료로 납부하는 근로자 C의 보수월액은 1,000만 원이다.

④ 12만 원을 건강보험료로 납부하는 사립학교 교직원 D에 대해 학교에서 부담하는 건강보험료는 12만 원이다.

1회 기출예상 | 2회 기출예상 | 3회 기출예상 | 4회 기출예상 | 5회 기출예상 | 6회 기출예상 | 인성검사 | 면접가이드

[32 ~ 33] 다음 자료를 보고 이어지는 질문에 답하시오.

〈연령별 중·장년층 인구〉

(단위 : 천 명, %)

구분	20X1년		20X2년	
		비중		비중
총인구(내국인)	49,856	100.0	49,943	100.0
중·장년층 인구	19,518	39.1	19,664	39.4
40~44세	4,032	8.1	3,916	7.8
45~49세	4,370	8.8	4,404	8.8
50~54세	4,031	8.1	4,001	8.0
55~59세	4,075	8.2	4,168	8.3
60~64세	3,010	6.0	3,175	6.4

〈주요 시도별 중·장년층 인구〉

(단위 : 천 명, %)

구분	20X1년			20X2년		
	총인구	중·장년층	비중	총인구	중·장년층	비중
전국	49,856	19,518	39.1	49,943	19,664	39.4
서울	9,470	3,671	38.8	9,398	3,644	38.8
부산	3,394	1,378	40.6	3,368	1,363	40.5
인천	2,841	1,141	40.2	2,847	1,151	40.4
경기	12,199	4,792	39.3	12,355	4,897	39.6

〈주요시도별 중·장년층 등록취업자 수〉

(단위 : 천 명)

구분	등록취업자 수	
	20X1년	20X2년
전국	11,828	12,088
서울	2,195	2,211
부산	805	808
인천	698	715
경기	3,014	3,125

www.gosinet.co.kr gosinet

1회 기출예상

2회 기출예상

3회 기출예상

4회 기출예상

5회 기출예상

6회 기출예상

인성검사

면접가이드

32. 다음 중 위의 자료에 대한 설명으로 올바르지 않은 것은?

① 20X1년과 20X2년의 중·장년층 인구수의 연령대별 순위는 동일하지 않다.

② 20X1년과 20X2년 모두 서울과 경기 지역의 중·장년층 인구수는 각각 전국의 60 ~ 64세 인구수보다 더 많다.

③ 4개 주요시도 이외의 지역 중·장년층 인구수는 전년보다 소폭 감소하였다.

④ 등록취업자 수가 중·장년층 인구에서 차지하는 비중은 4개 주요시도 모두 전년보다 증가하였다.

33. 다음 중 20X1년 대비 20X2년의 등록취업자 수 증가율이 높은 지역부터 올바르게 나열한 것은?

① 경기>인천>서울>부산

② 경기>서울>인천>부산

③ 서울>경기>부산>인천

④ 서울>부산>경기>인천

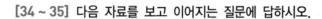

[34 ~ 35] 다음 자료를 보고 이어지는 질문에 답하시오.

〈시·군별 실업률 상위 지역〉

(단위 : %)

구분	상위 지역	20X1년 하반기	20X2년 하반기
시 지역 (77개)	경남 거제시	6.6	7.1
	경남 통영시	5.8	6.0
	경기 과천시	4.8	5.5
	경기 안산시	5.3	5.3
	경기 동두천시	5.1	5.1
군 지역 (77개)	경북 칠곡군	3.2	3.4
	경북 울진군	1.9	3.2
	충북 음성군	3.4	3.1
	경기 연천군	1.7	2.5
	충남 홍성군	2.4	2.5

〈도별 실업률 상위 지역〉

(단위 : %)

지역(시군 수)	상위 지역	20X1년 하반기	20X2년 하반기
경기 (31)	과천시	4.8	5.5
강원 (18)	원주시	4.4	2.8
충북 (11)	음성군	3.4	3.1
충남 (15)	천안시	2.9	3.1
전북 (14)	군산시	2.5	3.2
전남 (22)	나주시	1.4	2.5
경북 (23)	구미시	4.3	4.6
경남 (18)	거제시	6.6	7.1
제주 (2)	제주시	2.0	2.9

1회 기출예상
2회 기출예상
3회 기출예상
4회 기출예상
5회 기출예상
6회 기출예상
인성검사
면접가이드

〈20X2년 하반기 도별 고용률 상·하위 지역〉

(단위 : %)

지역(시군 수)	상위 지역	고용률	하위 지역	고용률
경기 (31)	이천시	65.2	과천시	52.3
강원 (18)	인제군	68.6	삼척시	57.2
충북 (11)	진천군	70.0	청주시	60.2
충남 (15)	청양군	75.8	홍성군	61.7
전북 (14)	장수군	76.2	군산시	53.1
전남 (22)	신안군	79.7	목포시	54.9
경북 (23)	울릉군	82.7	영주시	57.4
경남 (18)	하동군	70.8	진주시	55.9
제주 (2)	서귀포시	71.0	제주시	66.6

34. 위의 자료를 근거로 한 다음 의견의 빈칸 (A) ~ (D)에 들어갈 지역이 순서대로 올바르게 나열된 것은?

• (A)와(과) (B)의 20X2년 하반기의 실업률은 전년 동기 대비 각각 0.7%p씩 상승 하였다. 이들은 도별 고용률 하위 지역 중 가장 낮은 고용률을 보이는 두 지역이기도 하며, 그 중에서 (A)는(은) (B)보다 고용률이 더 낮아 (B)가(이) (A)보다 더 양 호한 수치를 보이고 있다.

• 고용률은 실업률과 달리 전업주부, 학생, 노동력이 없는 노인이나 장애인, 구직단념자 등의 비경제활동인구를 포함하여 계산하므로, 실업률이 가장 높은 도시가 반드시 고용률 역시 가장 낮게 기록되는 것은 아니다. 예를 들어 20X2년 하반기 도별 실업률에서 가장 높은 실업률을 기록한 (C)가 위치한 지역에서의 고용률이 가장 낮은 지역은 (C)가 아 닌 (D)이다. 이를 통해 (D)의 낮은 고용률은 지역 내 비경제활동인구의 높은 비중 에 원인이 있다는 것을 추측할 수 있다.

	(A)	(B)	(C)	(D)		(A)	(B)	(C)	(D)
①	청주시	홍성군	구미시	영주시	②	삼척시	청주시	음성군	청주시
③	군산시	과천시	원주시	삼척시	④	과천시	군산시	거제시	진주시

35. 다음 중 위의 자료에 대한 설명으로 올바르지 않은 것은?

① 20X2년 시·군별 실업률 상위 각 5개 지역 중 전년 동기 대비 실업률이 하락한 지역은 1곳이다.

② 20X1년과 20X2년 하반기 도별 실업률 상위 지역 중 가장 높은 실업률을 보이는 3개 지역은 동일하다.

③ 도별 고용률 상·하위 지역 간의 고용률 편차가 가장 큰 3개 도는 전북, 전남, 경북이다.

④ 20X2년 하반기 강원도의 모든 시군 지역보다 더 높은 실업률을 보이는 경기도의 시 지역은 3개 이상이다.

[36 ~ 37] 다음은 '갑'구(區)의 10개 동에 대한 각 연도별 공영주차장 현황을 나타낸 자료이다. 이를 보고 이어지는 질문에 답하시오.

〈연도별 공영주차장 설치 현황〉

(단위 : 개소, 면)

구분	20X1		20X2		20X3		20X4	
	개소	주차면수	개소	주차면수	개소	주차면수	개소	주차면수
계	89	3,951	113	3,970	115	3,859	130	3,727
A동	6	339	7	329	6	324	8	324
B동	9	377	11	340	11	335	11	318
C동	9	390	17	454	16	436	18	426
D동	7	572	9	561	9	543	14	534
E동	10	377	10	367	10	352	15	341
F동	5	423	11	420	11	384	13	382
G동	8	386	9	397	11	385	11	361
H동	16	455	18	464	19	476	22	450
I동	8	326	10	330	10	326	9	310
J동	11	306	11	308	12	298	9	281

36. 다음 중 위의 자료에 대한 설명으로 올바르지 않은 것은?

① 매 시기 공영주차장의 개수가 증가한 동은 1개이다.

② 20X4년 주차면수가 가장 많은 동의 공영주차장 1개소 당 평균 주차면수는 매 시기 감소하였다.

③ 20X1년 대비 20X4년 '갑'구 전체의 공영주차장 1개소 당 평균 주차면수는 40% 이상 감소하였다.

④ H동의 공영주차장 개수는 매 시기 '갑'구 전체의 15% 이상이다.

37. 다음은 '갑'구의 연도별 주차면수 증감 내역이다. 위의 자료를 참고할 때, 빈칸 ㉠, ㉡에 들어갈 값으로 올바르게 짝지어진 것은?

〈'갑'구 연도별 공영주차장 주차면수 증감 내역〉

(단위 : 면)

구분	20X1	20X2	20X3	20X4
증설	193	320	177	(㉠)
감소	424	301	288	(㉡)

	㉠	㉡			㉠	㉡
①	148	273		②	148	274
③	146	275		④	144	276

1회 기출예상

2회 기출예상

3회 기출예상

4회 기출예상

5회 기출예상

6회 기출예상

인성검사

면접가이드

[38 ~ 40] 다음 자료를 보고 이어지는 질문에 답하시오.

〈서울시의 인구수 상위 10개 행정구 현황〉

구분	면적 (km²)	행정동 (개)	세대수 (세대)	인구(명)		
				합계	남	여
서울시 계	605.24	424	4,327,605	9,729,107	4,744,059	4,985,048
P구	33.87	27	278,711	675,961	327,164	348,797
S구	41.44	20	262,708	591,796	286,563	305,233
N구	39.50	22	232,981	545,169	260,806	284,363
W구	35.44	19	216,966	532,905	257,923	274,982
G구	29.57	21	268,559	500,094	251,009	249,085
E구	29.71	16	207,681	480,032	231,528	248,504
Y구	17.41	18	177,256	458,165	225,186	232,979
B구	24.57	20	192,592	442,650	214,437	228,213
K구	24.59	18	183,390	436,067	215,335	220,732
C구	46.98	18	173,199	430,826	206,039	224,787

※ 인구밀도(명/km²)=인구수÷면적

38. 다음 중 서울시의 인구수 상위 10개 행정구의 1개 구당 평균 행정동의 개수는?

① 19.2개   ② 19.9개

③ 20.4개   ④ 20.8개

39. 위 자료에 대한 설명으로 적절하지 않은 것은?

① 세대수 상위 3개 지역은 행정동 수 상위 3개 지역과 동일하다.

② P구는 S구보다 인구밀도가 더 높다.

③ 상위 10개 행정구 중 1개 지역을 제외한 모든 지역에서 여자 인구가 남자 인구보다 더 많다.

④ 서울시에는 km²당 평균 16,000명 이상이 거주한다.

40. 다음 중 서울시의 인구수 상위 10개 행정구의 인구밀도를 비교한 그래프로 적절한 것은? (단, 모든 그래프의 단위는 명/km²이다)

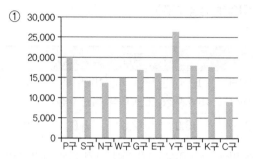

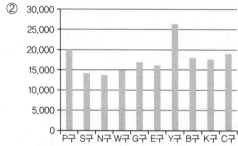

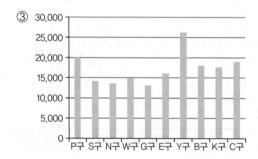

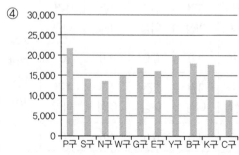

1회 기출예상

2회 기출예상

3회 기출예상

4회 기출예상

5회 기출예상

6회 기출예상

인성검사

면접가이드

[41 ~ 42] 다음은 S 공사의 입찰 관련 자료이다. 이를 읽고 이어지는 질문에 답하시오.

〈입찰 관련 낙찰업체 선정 기준〉

1. 1차 평가 : 책임건축사의 경력 및 실적(50점)

구분	배점	등급				
[책임건축사 경력] 책임건축사의 전문분야 신축 "건축설계" 경력기간 합산 평가	20점	20년 이상	20년 미만 18년 이상	18년 미만 16년 이상	16년 미만 14년 이상	14년 미만
		20.0	16.0	12.0	8.0	0
[책임건축사 유사용역 수행실적] 공고일 기준 최근 10년간 책임건축사 업무시설 신축 "건축설계" 수행실적	30점	4건 이상	3건 이상	2건 이상	1건 이상	1건 미만
		30.0	25.0	20.0	15.0	0

2. 2차 평가 : 유사용역 수행실적(50점)

   1) 계약회사(건축설계) 30점

구분		배점	등급				
[건축회사 유사용역 수행실적] 공고일 기준 최근 10년간 건축회사의 업무시설 신축 "건축설계 수행실적"	건수	15점	4건 이상	3건 이상	2건 이상	1건 이상	1건 미만
			15.0	12.0	9.0	6.0	0
	면적	15점	8만m^2 이상	8만m^2 미만 6만m^2 이상	6만m^2 미만 4만m^2 이상	4만m^2 미만 2만m^2 이상	2만m^2 미만
			15.0	12.0	9.0	6.0	0

   2) 협력회사(정비계획, 지하 공간 등) 20점

구분	배점	등급					비고
[정비계획 유사용역 수행실적] 도시환경정비구역 내 정비계획(변경) 실적(착수~고시완료)	10점	4건 이상	3건 이상	2건 이상	1건 이상	1건 미만	전문 분야 특수성 고려
		10.0	8.0	6.0	4.0	0	
[지하 공간 유사용역 수행실적] 지하철출입구 등 지하공공보행통로 설계 실적(착수~고시완료)	10점	4건 이상	3건 이상	2건 이상	1건 이상	1건 미만	
		10.0	8.0	6.0	4.0	0	
소계		100점					

3. 환산점수 : 해당 회사 점수 합계÷100×20

   ■ 환산점수 20점과 입찰 가격 80점을 합하여 100점 만점에 최고 득점 업체로 선정함.

41. 다음 중 위의 낙찰업체 선정기준에 대한 설명으로 올바르지 않은 것은?

① 책임건축사와 건축회사가 모두 경력이 많을수록 낙찰될 확률이 높다.

② 책임건축사의 경력기간이 10년인 업체와 15년인 업체와의 환산점수는 8점의 차이가 난다.

③ 협력회사의 수행실적은 착수 단계에서 고시가 완료된 단계까지가 포함된 것을 인정한다.

④ 계약회사의 수행 실적과 경력이 협력회사의 수행 실적과 경력보다 더 중요한 판단기준이다.

42. 1, 2차 평가를 거쳐 비교 대상이 된 다음 두 업체의 환산점수는 각각 몇 점인가?

구분		A 업체	B 업체
책임건축사	경력기간	18년	16년
	실적	3건	4건
계약회사	건수	3건	2건
	면적	4.5만m^2	6만m^2
협력회사	정비계획	4건	3건
	지하 공간	2건	3건

① 15.5점, 15.5점

② 15.8점, 15.6점

③ 15.3점, 15.6점

④ 15.6점, 15.8점

43. 다음은 코로나19 감염병 환자치료 및 관리에 관한 안내사항이다. 이에 대한 설명으로 적절한 것은?

〈관리대상자〉

• 확진환자 : 임상양상에 관계없이 진단을 위한 검사기준에 따라 감염병 병원체 감염이 확인된 자

• 의사환자 : 확진환자와 접촉한 후 14일 이내에 코로나19 임상증상이 나타난 자

• 조사대상 유증상자

① 의사의 소견에 따라 코로나19 임상증상으로 코로나19가 의심되는 자

② 해외 방문력이 있으며 귀국 후 14일 이내에 코로나19 임상증상이 나타난 자

③ 코로나19 국내 집단발생과 역학적 연관성이 있으며, 14일 이내 코로나19 임상증상이 나타난 자

〈선별진료소 방문 및 검사〉

의사환자일 경우, 선별진료소(보건소 또는 의료기관)의 격리 공간 또는 독립된 공간으로 이동하여 검체 채취가 진행됩니다. 검사결과가 음성일 경우에는 격리기간 유지(최종 접촉일 기준 14일) 후 격리가 해제되며, 검사결과가 양성일 경우에는 증상에 따라 적절한 치료를 받습니다.

조사대상 유증상자의 경우도 의사환자와 동일하게 격리 공간 또는 독립된 공간으로 이동하여 검체 채취가 진행되며, 검사결과가 양성일 경우 증상에 따라 적절한 치료를 받습니다. 다만, 검사결과가 음성일 경우에는 보건교육(외출 금지, 대중교통 이용 금지, 가족과 동선 겹치지 않기 등)을 받고 증상발현일 이후 14일까지 보건교육 내용을 준수할 것을 권고합니다.

〈확진환자 치료 및 지원〉

한국 정부는 환자를 중증도에 따라 분류하고 중증환자에게는 입원 치료를 우선 제공하고, 입원이 필요하지 않은 확진자에 대해서는 생활치료센터에서 의료서비스 지원 및 증상 모니터링 등을 진행하고 있습니다. 먼저, 보건소에서 확진자를 확인하고, 시도별로 구성된 환자관리반 의료진이 확진자 중증도를 4가지(경증 · 중등도 · 중증 · 최중증)로 분류합니다. 중등도 · 중증 · 최중증 환자 등은 환자 상태에 따라 감염병 전담병원, 국가지정 입원 치료기관 등에 치료 병상을 배정하여 신속히 입원 치료하게 됩니다.

생활치료센터는 입원환자 중 임상증상이 호전되어 퇴원 후 시설 입소가 가능할 것으로 의사가 판단한 경우 또는 확진환자 중 중증도 분류에 따라 병원 치료가 필요하지 않다고 분류된 경우에 입소하는 시설입니다. 이 시설에서는 의료진이 1일 2회 이상 모니터링을 실시하고 증상 악화 시에는 의료기관으로 신속 이송하며, 증상 완화 시에는 격리해제 기준에 따라 퇴소하게 됩니다. 정부는 국민들이 감염 예방에 적극 협조하고 생계에 지장을 받지 않도록, 확진환자 입원 · 치료비, 의심환자 등의 진단 검사비는 전액 건강보험 또는 국비로 지원합니다(단, 담당의 · 지자체의 지시에 협조하지 않는 경우 격리입원치료비 지원이 제한).

1회 기출예상

2회 기출예상

3회 기출예상

4회 기출예상

5회 기출예상

6회 기출예상

인성검사

면접가이드

〈격리해제〉

• 확진환자는 임상경과기준 또는 검사기준이 충족되면 격리해제 됩니다.

• 확진환자 중 증상이 있는 환자의 경우

임상경과기준은 발병 후 10일 경과, 그리고 그 후 최소 72시간 동안 해열제를 복용하지
않고 발열이 없어야 하며 임상증상이 호전되는 추세를 보여야 합니다. 검사기준은 발병 후
7일 경과, 그리고 해열제를 복용하지 않고 발열이 없어야 하며, 임상증상이 호전되는 추세
여야 합니다. 그 후 PCR 검사 결과 24시간 이상의 간격으로 2회 연속 음성이 확인되어야
합니다.

• 확진환자 중 증상이 없는 환자의 경우

임상경과기준은 확진일로부터 10일 경과, 그리고 이 기간 동안 임상증상이 발생하지 않아
야 합니다. 검사기준은 확진 후 7일 경과, 그리고 PCR 검사 결과 24시간 이상의 간격으로
연속 2회 음성이 확인되어야 합니다.

① 코로나19 임상증상이 나타나더라도 확진환자와 접촉하지 않았을 경우, 관리대상자에 포함되지
않는다.

② 의사환자와 조사대상 유증상자의 검사결과가 모두 음성일 경우, 동일한 조치사항이 적용된다.

③ 생활치료센터에 입소하여 치료를 받는 모든 확진자는 중등도 이상의 중증도를 경험하지 않은
사람들이다.

④ 확진환자가 격리해제 되기 위한 검사기준에는 증상 발현 유무에 관계없이 24시간 이상 간격의
PCR 검사 결과가 2회 연속 음성이어야 한다는 점이 포함된다.

44. 다음은 D시에서 마련한 지역 내 공영주차장의 주차요금 관련 규정이다. 이에 대한 설명으로 옳지 않은 것은?

〈요금안내〉

구분			1회 주차요금(원)		1일 주차요금(원)	월 정기주차요금(원)		
			최초 30분	이후 매 10분		주	야	주야
1급지	승용		500	200	6,000	60,000	50,000	85,000
	승합 및 화물	소형	500	200	6,000	60,000	50,000	85,000
		대형	1,000	400	12,000	90,000	80,000	130,000
2급지	승용		300	100	3,000	30,000	25,000	45,000
	승합 및 화물	소형	300	100	3,000	30,000	25,000	45,000
		대형	500	200	6,000	50,000	40,000	70,000

〈요금 감면제도〉

구분	1급지	2급지
장애인/국가유공자/고엽제 후유증 환자	80% 감면	3시간 면제 후 80% 감면
승용차 요일제	–	30% 감면
경차/저공해 차량	50% 감면	
다둥이 행복카드 소지자	2자녀 30%, 3자녀 50% 감면	
5.18 민주유공 부상자	최초 1시간 면제 후 50% 감면(정기권은 50% 감면)	
성실납세자 차량	성실납세 표지 발행일 1년 간 주차요금 면제	

* 2개 이상의 감면 사유에 해당 시, 감면율이 높은 1개만 적용됨.

① 30일 동안 주차할 경우의 주차 요금은 1회보다 1일, 1일보다 1개월 정기권이 더 경제적이다.

② 주차시간이 동일하고 요금 감면제도를 적용하지 않는다면 동일한 요금제를 사용하는 1급지에서의 주차보다 2급지에서 주차하는 것이 더 저렴하다.

③ 3자녀 다둥이 행복카드 소지자가 저공해 차량을 주차할 경우 감면 혜택이 추가된다.

④ 5.18 민주유공 부상자가 1회 주차요금으로 대형 승합차를 1급지에 8시간동안 주차하였다면 주차 요금은 8,000원이 넘는다.

45. 다음 상황을 참고할 때, P사의 영업본부장이 자신의 주장을 관철시키기 위해 취해야 할 전략으로 적절한 것은?

S시에서는 세제 개편을 앞두고 세부 방안을 논의하기 위해 관할 지역 내 21개 기업들의 영업본부장들을 불러 의견을 청취하고 있다. 각 기업들은 자신들의 회사에 유리한 방안이 선정될 수 있도록 의견을 개진해야 한다.

한 자리에 모인 기업 중 K사의 영업본부장은 방안 A가 선정되어야 한다고 주장하고 있으나, P사의 영업본부장은 시 당국에서 계획하고 있는 '기존 방안'이 선정되어야 한다고 주장한다. 만일 P사의 영업본부장이 '새로운 방안'을 제시하면 다음과 같은 단계에 의해 최종 방안이 결정된다.

1단계 : 방안 A와 '새로운 방안' 중 21명 영업본부장들의 다수결 투표로 최종 방안을 결정
2단계 : 1단계에서 결정된 방안과 '기존 방안'대로 진행하는 안 중 다수결 투표로 최종 방안을 결정

반면, P사의 영업본부장이 '새로운 방안'을 제시하지 않으면 다음과 같이 최종 방안이 결정된다.

방안 A와 '기존 방안' 중 다수결 투표로 최종 방안 결정

논의를 위해 모인 21명의 영업본부장들은 아래와 같은 선호를 지니고 있다. (선호도의 숫자가 낮을수록 선호도가 높은 것을 의미함)

구분	선호도1	선호도2	선호도3	선호도4	선호도5	선호도6
7명	기존 방안	방안 B	방안 C	방안 D	방안 A	방안 E
5명	방안 A	방안 E	방안 D	기존 방안	방안 C	방안 B
5명	방안 B	방안 E	방안 D	방안 A	기존 방안	방안 C
4명	방안 E	방안 A	방안 C	방안 D	방안 B	기존 방안

① 방안 B를 '새로운 방안'으로 제시한다.
② 방안 C를 '새로운 방안'으로 제시한다.
③ 방안 D를 '새로운 방안'으로 제시한다.
④ '새로운 방안'을 제시하지 않는다.

1회 기출예상
2회 기출예상
3회 기출예상
4회 기출예상
5회 기출예상
6회 기출예상
인성검사
면접가이드

[46 ~ 47] 다음은 S 문화센터에서 개최하는 문화강좌 프로그램에 대한 세부 내역이다. 이어지는 질문에 답하시오.

구분	프로그램	과정	수강료(원) (3개월)	요일	강의시간	강의내용
외국어	영어 회화	초급	40,000	월, 수	13 : 00 ~ 14 : 50	영어 듣고 말하기
		중급 A	45,000	월, 수	10 : 00 ~ 11 : 50	관광, 생활영어 듣고 말하기
		중급 B	45,000	화, 목	10 : 00 ~ 11 : 50	
	중국어 회화	초급	40,000	월, 수	13 : 00 ~ 14 : 50	일상생활 중국어 기초 배우기
		중급 A	45,000	월, 수	10 : 00 ~ 11 : 50	관광, 생활중국어 배우기
		중급 B	45,000	화, 목	10 : 00 ~ 11 : 50	
		야간/초급	45,000	화, 목	19 : 00 ~ 20 : 50	일상생활 중국어 기초 배우기
컴퓨터	컴퓨터	초급	40,000	화, 목	13 : 00 ~ 14 : 50	기초, 한글, 인터넷활용
		중급 A	45,000	수, 금	10 : 00 ~ 11 : 50	동영상편집, 포토샵, 디카활용
		중급 B	45,000	화, 목	10 : 00 ~ 11 : 50	
		일반	45,000	수, 금	13 : 00 ~ 14 : 50	파워포인트, 엑셀, 고급한글
		야간/초급	45,000	화, 목	19 : 00 ~ 20 : 50	기초, 한글2010, 인터넷활용
		주말반	45,000	토	10 : 00 ~ 12 : 00	파워포인트, 엑셀, 고급한글
음악	하모니카	초급	30,000	월	10 : 00 ~ 11 : 50	하모니카 기초 배우기
		중급 A	30,000	화	10 : 00 ~ 11 : 50	하모니카 응용곡 배우기
		중급 B	30,000	월	16 : 00 ~ 17 : 50	가요 등 연주
	오카리나	초급	30,000	목	10 : 00 ~ 11 : 50	운지법 등 기초 배우기
		중급 A	30,000	금	10 : 00 ~ 11 : 50	반음운지법 및 응용곡 배우기
		중급 B	30,000	금	13 : 00 ~ 14 : 50	가요 등 연주
	통기타	초급	30,000	목	15 : 00 ~ 16 : 50	기타를 통한 음악의 접근
		중급	30,000	월	15 : 30 ~ 17 : 20	

www.gosinet.co.kr **gosinet**

1회 기출예상

2회 기출예상

3회 기출예상

4회 기출예상

5회 기출예상

6회 기출예상

인성검사

면접가이드

46. 다음 A, B, C가 나눈 대화의 밑줄 친 ㉠ ~ ㉣ 중 위의 프로그램 세부 내역에 부합하지 않는 것은?

> A : 우리 애는 이번에 중국어를 배우려고 해요. 그래서 일상생활 중국어 기초반을 수강하려고 하는데 ㉠시간이 목요일밖에 안 돼서 어쩔 수 없이 저녁시간에 보내야할 것 같아요.
>
> B : 저는 엑셀을 좀 배우고 싶었는데, 토요일 시간이 좋을 것 같아서 토요일 오전 강의를 수강 하려고 해요.
>
> A : 그러시군요. 저는 컴퓨터나 음악 중에 금요일 아무 시간이나 가능한 것을 좀 들어보려고 해요.
>
> B : 저하고 엑셀을 같이 배우시면 좋을 텐데, 제가 ㉡시간을 금요일로 바꿔도 엑셀 강좌가 없으니 안 되겠군요.
>
> C : 저는 다음 달부터 월요일과 수요일에 영어, 중국어회화를 하려고 해요. 중국어는 예전에 좀 배워서 중급을 듣고 영어는 초급을 들으려 합니다.
>
> A : 그럼 ㉢오전에는 중국어, 오후에는 영어를 들으시겠네요.
>
> C : ㉣수강료가 3개월에 85,000원이면 그리 비싼 것 같진 않아서 2개 강좌를 수강하게 됐어 요.

① ㉠   ② ㉡

③ ㉢   ④ ㉣

47. 다음 중 화요일과 목요일 중 하루를 할애하여 오전과 오후에 각각 1개씩 문화강좌 프로그램을 수강하고자 할 때, 수강이 가능한 조합으로 짝지어진 것은?

	오전	오후
①	중국어 중급(관광 중국어)	오카리나(운지법 및 기초 배우기)
②	영어(관광 영어 듣고 말하기)	하모니카(응용곡 배우기)
③	컴퓨터(동영상편집)	통기타(기타를 통한 음악의 접근)
④	중국어(일상생활 중국어 기초 배우기)	컴퓨터(인터넷 활용)

[48 ~ 49] ○○공사의 기획예산부서에서는 2021년도 예산을 편성하기 위해 2020년에 시행되었던 정책에 대한 평가를 실시하여 다음과 같은 결과를 얻었다. 이어지는 질문에 답하시오.

〈정책 평가 결과〉

(단위 : 점)

정책	계획의 충실성	계획 대비 실적	성과지표 달성도
A	96	95	76
B	93	83	81
C	94	96	82
D	98	82	75
E	95	92	79
F	95	90	85

• 정책 평가 영역과 각 영역별 기준 점수는 다음과 같다.
  – 계획의 충실성 : 기준 점수 90점
  – 계획 대비 실적 : 기준 점수 85점
  – 성과지표 달성도 : 기준 점수 80점
• 평가 점수가 해당 영역의 기준 점수 이상인 경우 '통과'로 판단하고 기준 점수 미만인 경우 '미통과'로 판단한다.
• 모든 영역이 통과로 판단된 정책에는 전년과 동일한 금액을 편성하며, 2개 영역이 통과로 판단된 정책에는 전년 대비 10% 감액, 1개 영역만 통과로 판단된 정책에는 15% 감액하여 편성한다. 다만 '계획 대비 실적' 영역이 미통과인 경우 위 기준과 상관없이 15% 감액하여 편성한다.
• 2020년도 기획예산부서의 A ~ F 정책 예산은 각각 20억 원으로 총 120억 원이었다.

48. 전년도와 동일한 금액의 예산을 편성해야 하는 정책은 모두 몇 개인가?

① 2개
② 3개
③ 4개
④ 5개

49. 다음 중 '성과지표 달성도' 영역에서 '통과'로 판단된 경우에도 예산을 감액해야 하는 정책은?

① A
② B
③ C
④ F

www.gosinet.co.kr gosinet

1회 기출예상
2회 기출예상
3회 기출예상
4회 기출예상
5회 기출예상
6회 기출예상
인성검사
면접가이드

50. 다음 〈조건〉을 바탕으로 〈보기〉에서 옳은 것을 모두 고르면?

조건

- 인공지능 컴퓨터와 대결할 때마다 사람은 A, B, C 전략 중 하나를 선택할 수 있다.
- 대결에서 무승부는 일어나지 않는다.
- 각각의 전략을 사용한 횟수에 따라 각 대결에서 사람이 승리할 확률은 아래와 같다.

〈전략별 사용횟수에 따른 사람의 승률〉

(단위 : %)

전략종류 \ 전략별 사용횟수	1회	2회	3회	4회
A 전략	60	50	40	0
B 전략	70	30	20	0
C 전략	90	40	10	0

보기

ㄱ. 사람이 총 3번의 대결을 하면서 각 대결에서 승리할 확률이 가장 높은 전략부터 순서대로 선택한다면 3가지 전략을 각각 1회씩 사용해야 한다.

ㄴ. 사람이 총 5번의 대결을 하면서 각 대결에서 승리할 확률이 가장 높은 전략을 순서대로 선택한다면 5번째 대결에서는 B 전략을 사용해야 한다.

ㄷ. 사람이 1개의 전략만을 사용하여 총 3번의 대결을 하면서 3번 모두 승리할 확률을 높이려면 A 전략을 선택해야 한다.

ㄹ. 사람이 1개의 전략만을 사용하여 총 2번의 대결을 하면서 2번 모두 패배할 확률을 가장 낮추려면 A 전략을 선택해야 한다.

① ㄱ, ㄴ
② ㄱ, ㄷ
③ ㄴ, ㄹ
④ ㄱ, ㄷ, ㄹ

[51 ~ 52] 다음은 P 경영컨설팅업체의 프로젝트 일정에 대한 자료이다. 이어지는 질문에 답하시오.

〈프로젝트별 참여자와 업무보고 담당자〉

구분	프로젝트 가	프로젝트 나	프로젝트 다	프로젝트 라
카테고리	경영전략	합병	합병	경영전략
참여자	A 과장, C 주임	B 대리, C 주임, D 주임, E 사원	D 주임, E 사원	A 과장, B 대리
업무보고 담당자	C 주임	E 사원	E 사원	B 대리

〈12월 첫째 주 ~ 둘째 주 일정〉

구분			내용	장소	프로젝트명
첫째 주	1일(월)	10:00 ~ 12:00	업무분담 회의	P 경영컨설팅	다
		15:00 ~ 18:00	컨설팅 방향 설정 회의	P 경영컨설팅	나
	2일(화)	14:00 ~ 17:00	고객사 제품 분석	P 경영컨설팅	라
	3일(수)	14:00 ~ 15:00	프로젝트 해당 분야 소비 트렌드 분석 회의	P 경영컨설팅	가
		16:00 ~ 17:00	고객사 제품 매출 증대 방안 프레젠테이션	고객사	라
	4일(목)	14:00 ~ 16:00	고객사 1차 미팅	P 경영컨설팅	다
		16:00 ~ 17:00	컨설팅 방향 수정 회의	P 경영컨설팅	나
	5일(금)	15:00 ~ 17:00	고객사 파트별 합병 전략 회의	고객사	다
둘째 주	8일(월)	14:00 ~ 16:00	고객사 요구에 따른 컨설팅안 보고	P 경영컨설팅	다
	9일(화)	09:00 ~ 11:00	경쟁업체 분석에 따른 컨설팅안 보고	P 경영컨설팅	라
		15:00 ~ 17:00	고객사 1차 미팅	고객사	나
	10일(수)	11:00 ~ 13:00	트렌드에 맞춘 고객사 제품 홍보 전략 회의	고객사	라
		09:00 ~ 11:30	고객사 제품의 특징 분석	고객사	라
	11일(목)	09:00 ~ 11:00	구조조정 필요 부서 회의	P 경영컨설팅	나
	12일(금)	11:00 ~ 13:00	고객사 2차 화상회의	P 경영컨설팅	다
		14:00 ~ 17:00	전략 회의안 검토	P 경영컨설팅	가

※ 각 프로젝트 업무 일정에는 해당 담당자가 모두 참석해야 한다.
※ 업무시간은 오전 9시부터 오후 6시까지이며, 점심시간은 오후 1시부터 오후 2시까지이다.

51. P 경영컨설팅업체의 경영전략 프로젝트 담당자들은 12월 첫째 주 오후에 2시간 동안 회의를 진행하려고 한다. 다음 중 가장 빠른 회의 가능 날짜와 시간으로 적절한 것은?

① 1일 14:00 ～ 16:00

② 2일 14:00 ～ 16:00

③ 4일 14:00 ～ 16:00

④ 4일 16:00 ～ 18:00

52. P 경영컨설팅업체의 E 사원은 〈프로젝트 업무보고 기준〉을 참고하여 상사에게 업무보고를 하려고 한다. 다음 중 E 사원이 업무보고를 할 수 있는 날짜와 시간으로 적절한 것은?

〈프로젝트 업무보고 기준〉
• 일정 진행 장소가 고객사일 경우에만 업무보고를 한다.
• 프로젝트별 업무보고 담당자는 해당 일정 종료 후 각 프로젝트의 최고 상급자에게 업무보고를 해야 한다.
• 업무보고는 해당 일정 종료 후 다음 날부터 할 수 있으며 최대 이틀을 넘겨서는 안 된다.
• 직급은 사원－주임－대리－과장－차장－부장 순이다.

① 10일 12:00

② 11일 10:00

③ 11일 12:00

④ 12일 10:00

[53 ~ 54] 다음 자료를 읽고 이어지는 질문에 답하시오.

〈공사입찰공고〉

1. 입찰내용
    가. 공사명 : 사옥 배관교체공사
    나. 공사개요
        − 추정가격 : ₩21,500,000(부가세 별도) / 예비가격기초금액 : ₩23,650,000(부가세 포함)
        − 공사기간 : 착공일로부터 25일 이내 / 공사내용 : 폐수처리설비의 일부 부식취약부 배관
          재질 변경
2. 입찰참가가격
    가. 건설산업기준법에 의한 기계설비공사업 면허를 보유한 업체
    나. 조달청 나라장터(G2B) 시스템 이용자 등록을 필한 자이어야 합니다. 입찰참가자격을 등록
        하지 않은 자는 국가종합전자조달시스템 입찰자격등록규정에 따라 개찰일 전일까지 조달청
        에 입찰참가자격 등록을 해 주시기 바랍니다.
3. 입찰일정

구분	일정	입찰 및 개찰 장소
전자입찰서 접수개시	2021. 05. 21. 10 : 00	국가종합전자조달시스템
전자입찰서 접수마감	2021. 05. 30. 10 : 00	(https://www.g2b.go.kr)
전자입찰서 개찰	2021. 06. 01. 11 : 00	입찰담당관 PC (낙찰자 결정 직후 온라인 게시)

4. 낙찰자 결정방법
    가. 본 입찰은 최저가 낙찰제로서 나라장터 국가종합전자조달시스템 예가작성 프로그램에 의한
        예정가격 이하의 입찰자 중에서 개찰 시 최저가격으로 입찰한 자를 낙찰자로 결정합니다.
5. 입찰보증금 및 귀속
    가. 모든 입찰자의 입찰보증금은 전자입찰서상의 지급각서로 갈음합니다.
    나. 낙찰자로 선정된 입찰자가 정당한 이유 없이 소정의 기일 내에 계약을 체결하지 않을 시
        입찰보증금(입찰금액의 5%)은 우리 공사에 귀속됩니다.
6. 입찰의 무효
    가. 조달청 입찰참가등록증상의 상호 또는 법인의 명칭 및 대표자(수명이 대표인 경우 대표자
        전원의 성명을 모두 등재, 각자 대표도 해당)가 법인등기부등본(개인사업자의 경우 사업자
        등록증)의 상호 또는 법인의 명칭 및 대표자와 다른 경우에는 입찰참가등록증을 변경등록하
        고 입찰에 참여하여야 하며, 변경등록하지 않고 참여한 입찰은 무효임을 알려드리니 유의하
        시기 바랍니다.

53. △△기업 건축사업 기획팀에서는 위의 입찰을 신청하기 위하여 준비 회의를 하려고 한다. 회의에 참가하기 전 공고문을 제대로 이해하지 못한 직원은?

> • 사원 A : 우리 회사 공사팀이 폐수처리설비 배관 공사를 25일 동안에 완료할 수 있는지 회의 전에 미리 확인해 봐야겠어.
> • 과장 B : 조달청 입찰참가자격 등록을 6월 1일까지는 해야 한다는 점을 기억해야지.
> • 사원 C : 입찰참가자격 등록을 할 때 혹시 우리 회사 법인의 명칭과 대표가 법인등기부등본과 다르지 않은지, 변경해야 하는지 점검해 보는 것이 좋겠어.
> • 대리 D : 모든 입찰자는 입찰등록 시 입찰보증금을 ○○공사에 예치해야 하므로 입찰금액의 5%를 미리 준비해야 한다는 점을 말해 줘야지.

① A, B
② A, C
③ B, C
④ B, D

54. 위 입찰공고를 낸 ○○공사의 직원 E는 위의 공고문을 바탕으로 해당 사업에 대한 질문에 답변을 해야 한다. 다음 중 E가 답변할 수 없는 질문은?

① 기계설비공사업 면허가 있으면 어떤 회사든지 참가할 수 있는 건가요?
② 우리 회사가 낙찰될 경우 낙찰 여부를 언제 알 수 있습니까?
③ 이번 공사의 추정가격이 어느 정도인가요?
④ 만약 우리 회사가 낙찰되었다면 며칠부터 공사를 시작해야 하나요?

1회 기출예상
2회 기출예상
3회 기출예상
4회 기출예상
5회 기출예상
6회 기출예상
인성검사
면접가이드

[55 ~ 56] 다음 자료를 보고 이어지는 질문에 답하시오.

〈참가기업 모집 공고〉

1. 사업개요
   가. 사업명 : 해외 원조 ○○사업 입찰 참가기업 모집 공고
   　　　　　[세부사업명 : 해외 의약 실험실 기구 납품 사업]
   나. 사업규모 : 약 650만 불($6,532,603.66)
   다. 세부품목 : 실험실 진단용 시약(Laboratory Reagents) 등
   　　• 상세 품목은 〈붙임 2〉 조달예정 품목 목록을 참고하되, 입찰공고 과정에서 일부 품목 변동가능

2. 참가자격
   가. 참가신청서 접수 마감일까지 「국가종합전자조달시스템 입찰참가자격등록규정」에 의하여 반드시 나라장터(G2B)에 입찰참가 등록한 자(기존 등록자는 생략함)

3. 참가신청서 접수
   가. 접수 기간 : 공고 게시일부터 202X. 09. 07. (금) 18:00까지
   나. 신청 및 접수 방법 : 해외조달정보센터(http://www.pps.go.kr/gpass/) 접속＞'사업신청'＞'국내지원사업'에서 신청
   　　※ 상기 방법으로 신청 불가 시 직접 또는 우편접수 가능. 단, 접수 마감 일시까지 도착분에 한함.
   다. 제출서류 : 참가신청서 〈붙임 1〉과 참가자격 확인서류 및 신청기업 기초자료와 관련 증빙서류 일체(〈붙임 2〉 표2 참고)
   　　※ 제출서류가 접수 기한 내에 제출되지 않은 경우 참가신청은 무효 처리됩니다.
   　　※ 제출하는 서류가 사본일 경우에는 "사실과 상위 없음"을 확인 · 날인하여 제출하시기 바랍니다.

4. 선정절차
   가. 추진기업 선정규모 : 10개사 이내 선정
   나. 평가기준 : 별첨 2 '분야별 심사항목 및 배점기준' 참고
   다. 선정발표 : 개별 통보

5. 유의사항
   가. 조달예정인 세부품목은 〈붙임 2〉에 의하며, 신청일 기준으로 세부품목 목록에 대한 납품이 가능해야 합니다.
   나. 신청서류를 위조 · 변조하거나 허위서류를 제출한 경우가 확인된 경우 선정된 이후라도 취소의 조치를 받을 수 있습니다.
   다. 영어로 된 제품 설명 카탈로그를 필수로 첨부해야 하며, 해당 제품의 해외수출 실적을 신청 시에 반드시 밝혀야 합니다(참가신청서 〈붙임 1〉 참조).

www.gosinet.co.kr

1회 기출예상

2회 기출예상

3회 기출예상

4회 기출예상

5회 기출예상

6회 기출예상

인성검사

면접가이드

55. △△기업에서 위의 공고문을 바탕으로 해당 사업에 참가하기 위하여 회의를 준비하고 있다. 적절한 의견이 아닌 것은?

① A : 우리 회사 제품이 해당 공고와 얼마나 관련이 있는지 조달예정 품목의 목록을 검토해야지.

② B : 제품을 소개하는 영문 자료를 만들어 두어야 한다는 점을 강조해야겠다.

③ C : 우리 회사는 기존에 나라장터에 입찰참가 등록한 적이 있으니 참가신청서를 다시 제출할 필요는 없군.

④ D : 어떤 기준을 충족하면 입찰에 더 유리한지를 따져봐야 하니 미리 평가기준 자료를 추가로 준비해두어야지.

56. 조달청의 담당 직원 P 씨는 이 공고문을 바탕으로 참가 문의를 하는 민원에 응대해야 한다. 다음 중 P 씨가 응대한 내용으로 가장 적절하지 않은 것은?

> 민원 1 : 참가신청을 하고 싶습니다. 그런데 저희는 신청서를 인터넷으로 제출하기가 어려운데 다른 방법은 없나요?
>
> 민원 2 : 서류 준비 중에 질문이 있어 연락드립니다. 제품의 품질보증 증명서를 제출하려는데 서류 원본을 제출해야 합니까?
>
> 민원 3 : 진단용 시약을 전문적으로 생산하는 업체입니다. 선정되고 나면 언제부터 해당 물품을 납품해야 하는지 궁금합니다.
>
> 민원 4 : 제가 깜빡하고 제출하지 못한 서류가 있어요. 접수 마감 기간 내에 추가로 미비서류를 제출해도 인정되나요?

① 응답 1 : 인터넷 접수 외에도 직접 방문 또는 우편도 가능합니다. 단 접수 마감 일시까지 도착하셔서 접수를 완료하셔야 합니다.

② 응답 2 : 참가 신청서와 함께 제출하실 하는 서류는 반드시 원본으로 제출하셔야 합니다.

③ 응답 3 : 납품일자는 아직 구체적으로 정해지지 않았지만, 신청일 기준으로 납품이 가능해야 합니다.

④ 응답 4 : 관련 서류는 신청 기한 내에 제출하시면 됩니다. 하지만 접수가 마감된 이후에 제출한 서류는 일절 인정되지 않으니 유의 바랍니다.

57. 다음은 ○○배 대학생 모의투자대회와 해당 수상자들의 상금내역이다. 이를 참고한 〈대회 결과 추론〉 중 옳은 것을 모두 고른 것은?

제△△회 ○○배 대학생 모의투자대회

▷ 신청기간 : 202X년 2월 1일 ~ 2월 20일

▷ 대회기간 : 202X년 3월 11일 ~ 4월 10일

▷ 참가대상 : 대학(원)생 및 휴학생

▷ 성적순위별 상금내역

순위	상금(만 원)	순위	상금(만 원)
1위	300	5위	100
2위	250	6위	70
3위	200	7위	70
4위	150		

※ 순위에 따라 상금이 지급되며, 공동순위는 없다.

▷ 부문별 상금내역(특별상)

부문	상금(만 원)
수	100
우	50
미	30
양	20

※ 순위별 상금수상자 7명 중 주최사가 구분한 부문별로 한 명씩 특별상 수상자를 추가 신청예정(단, 수상자가 선정되지 않거나 한 명이 여러 부문에 선정될 수 있음)

▷ 수상자별 총 상금내역

수상자	상금(만 원)	수상자	상금(만 원)
가	350	마	100
나	350	바	70
다	( )	사	70
라	( )		

※ 7명에게 지급된 상금은 총 1,320만 원이다.

대회 결과 추론	
(a)	성적순위 2위는 가 또는 나에 있다.
(b)	성적순위 5위는 마이고, 7위는 사이다.
(c)	다가 성적순위에서 4위를 했을 가능성은 없다.
(d)	'미' 부문의 특별상을 나가 수상하였다면, '양' 부문을 수상한 사람은 없다.
(e)	'우' 부문을 받은 사람이 다른 특별상을 중복하여 수상한 경우가 있다.

① (a)　　　　　　　　　　　　　　② (c)

③ (b), (e)　　　　　　　　　　　　④ (d), (e)

[58 ~ 60] 직원 R은 ○○부에서 운영하는 영사콜센터 서비스를 살펴보고 있다. 이어지는 질문에 답하시오.

영사콜센터

영사콜센터는 해외에서 사건·사고 또는 긴급한 상황에 처한 우리 국민들에게 도움을 드리기 위해 연중무휴 24시간 상담서비스를 제공하고 있습니다.

 신속해외송금서비스　　 긴급 통역서비스　　 로밍문자서비스　　 장애인문자상담

신속해외송금서비스란?

신속해외송금서비스는 해외에서 우리 국민이 소지품 분실, 도난 등 예상치 못한 사고로 일시적으로 궁핍한 상황에 처하여 현금이 필요할 경우 국내 지인이 외교부 계좌로 입금하면 현지 대사관 및 총영사관에서 해외여행객에게 긴급 경비를 현지화로 전달하는 제도입니다.

지원 대상

• 해외여행 중 현금, 신용카드 등을 분실하거나 도난당한 경우
• 교통사고 등 갑작스러운 사고를 당하거나 질병을 앓게 된 경우
• 불가피하게 해외 여행기간을 연장하게 된 경우, 기타 자연재해 등 긴급상황이 발생한 경우
• 마약, 도박 등 불법 또는 탈법 목적, 상업적 목적, 정기적 송금 목적의 지원은 불가

1회 기출예상
2회 기출예상
3회 기출예상
4회 기출예상
5회 기출예상
6회 기출예상
인성검사
면접가이드

지원 절차	
↓	여행자는 현지 재외공관에 긴급 경비 지원 신청
	재외공관은 신청 승인 및 송금 절차 안내
	재외공관 승인을 받은 여행자는 국내 연고자에게 송금 절차를 영사콜센터에 문의하도록 연락
	국내 연고자는 영사콜센터에 송금 절차 문의
	영사콜센터는 국내 연고자에게 입금 계좌정보 및 입금액 안내
	국내 연고자는 해당 금액(긴급 경비 외 수수료)을 외교부 협력은행(우리은행, 농협, 수협) 계좌로 입금
	국내 연고자는 영사콜센터로 입금 사실 통보
	영사콜센터는 은행 입금 사실 확인
	영사콜센터는 재외공관에 입금 사실 통보
	재외공관은 여행자에게 해당 금액 지급(근무시간 중 직접 방문 수령)

※ 지급통화는 달러화, 엔화, 유로화, 파운드화를 원칙으로 하되, 불가피한 경우 현지화 지급 가능

58. 다음 중 직원 R이 제시된 자료를 이해한 것으로 가장 적절하지 않은 것은?

① 해외에서 긴급한 상황에 처하면 영사콜센터를 통해 통역서비스를 지원받을 수 있다.
② 여행자는 현금을 수령하기 위해 재외공관을 방문해야 한다.
③ 신속해외송금서비스를 통해 영사콜센터에서 24시간 연중무휴 돈을 수령할 수 있다.
④ 영사콜센터의 신속해외송금서비스를 이용하기 위해서는 국내에 있는 지인의 도움이 필요하다.

59. 다음 〈보기〉에서 신속해외송금서비스를 이용할 수 없는 경우를 모두 고른 것은?

보기

㉠ 해외에서 유학 중인 아들에게 매달 생활비를 지급해 주는 A 씨
㉡ 여행 중 지갑을 도난당해 급전이 필요한 B 씨
㉢ 태풍으로 인해 항공편이 모두 결항되어 해외에 체류하게 된 C 씨
㉣ 도박을 위해 돈이 필요해진 D 씨
㉤ 해외에서 악재를 겪은 자신의 사업을 복구하기 위해 돈이 필요한 E 씨

---

① ㉠, ㉣   ② ㉡, ㉤   ③ ㉠, ㉣, ㉤   ④ ㉡, ㉢, ㉣

60. 〈보기〉는 신속해외송금서비스의 지원절차를 나타낸 모식도이다. 다음 중 모식도의 ⓐ ~ ⓓ에 들어갈 내용으로 가장 적절한 것은?

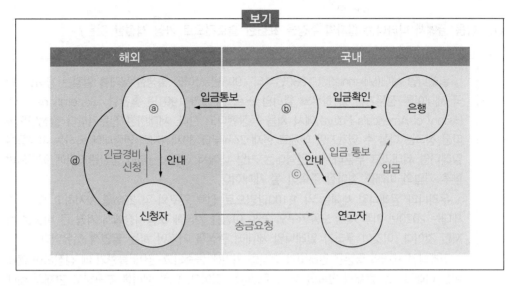

① ⓐ-영사콜센터

② ⓑ-재외공관

③ ⓒ-송금 절차 문의

④ ⓓ-입금 여부 확인

1회 기출예상

2회 기출예상

3회 기출예상

4회 기출예상

5회 기출예상

6회 기출예상

인성검사

면접가이드

2회 기출예상문제

▶ 정답과 해설 17쪽

01. 다음 글에서 나타나는 필자의 주장을 표현한 슬로건으로 가장 적절한 것은?

밀레니얼 세대(Millennial)란 1980년부터 1995년 사이에 출생한 세대를 일컫는 용어로, 미국 세대이론 전문가인 닐 하우와 윌리엄 스트라우스가 1991년 출간한 『Generations : The History of America's Future』에서 처음 등장했다고 한다. 세대이론 전문가마다 출생연도에 따른 정의는 다를 수 있겠지만 대체로 현재 24세부터 39세까지의 연령대에 속하는 사람들을 밀레니얼 세대라고 부른다. 이 연령대는 기업 내에서 신입사원부터 중간관리자에 해당되며 향후 기업의 미래를 짊어질 주축이 될 세대이다.

우리나라 밀레니얼 세대는 약 1,100만명으로 전체 인구의 약 22%를 차지하고 있다. 이 세대는 2020년 이후 세계 노동인구의 35% 이상을 차지해 노동시장에서 가장 큰 비중을 차지할 것이다. 이것이 우리가 밀레니얼 세대에 관심을 가져야 하는 필연적 이유이다.

밀레니얼 세대의 특징은 인터넷과 디지털 기기에 능숙하고, 경제 불황기 때 성장하여 불확실한 미래보다는 현재의 만족을 더 추구한다는 점이다. 또한 재미를 추구하고 현재의 삶에 충실하다는 것도 이 세대의 특징이다. 현재 우리나라 밀레니얼 세대를 특징짓는 용어는 'N포세대(연애, 결혼, 출산 등 N가지를 포기한 세대)', '욜로족(You Only Live Once, 미래보다는 현재의 삶을 중시)', '워라밸(Work-Life-Balance, 일과 삶의 균형을 중시)', '소확행(작지만 확실한 행복)', '가심비(가격 대비 마음의 만족을 추구하는 소비 형태)', '나나랜드(세상의 중심은 '나')', '혼밥(혼자 먹는 밥)' 등 다양하며 이에는 부정적 의미와 긍정적 의미가 혼재되어 있다.

밀레니얼 세대 직장인의 특징은 기성세대에 비해 개인주의 성향이 강해 조직 충성도가 낮고, 금전적 보상보다 일의 가치와 의미를 더 중요하게 생각하며, 상명하복의 수직적인 의사소통보다 쌍방향의 수평적이고 자유로운 의사소통에 익숙하고, 여러 일을 동시에 진행하는 멀티태스킹 능력이 뛰어나다는 점이다. 이 세대는 기성세대와 달리 높은 연봉을 받고 임원이 되는 것이 행복의 전부가 아니라고 생각하며 건강한 인간관계가 동반되는 의미 있는 삶을 지향한다.

그러나 이 세대는 기성세대와 전혀 다른 가치관을 가지고 있어 세대 간 갈등을 조장한다는 비판을 받기도 한다. 많은 기업들은 밀레니얼 세대를 포용하기 위해 유연한 근무 환경 조성, 자유로운 복장 규정, 개방형 사무 공간 등 다각도로 노력 중이지만 근본적인 조직 구조를 바꾸지는 않아 여전히 과거의 가치관과 환경에 머물러 있다. 기업들은 밀레니얼 세대가 어떻게 생각하는지는 고려하지 않고 구시대의 인사관리를 고수하고 있다. 하지만 이들은 더 많은 책임과 권한을 가지고자 하며 더 빨리 발전하길 원한다. 또한 자신을 꾸준히 자극하고 성장할 수 있게 도와줄 리더와 동료를 원하며, 열심히 일하고 발전할 수 있는 동기를 부여해 줄 비전을 원하고 있다.

① 노동시장의 주축이 될 밀레니얼 세대가 직장으로 밀려들어오고 있다!
② 밀레니얼 세대를 포용하는 능력, 성공적인 조직 관리의 핵심
③ YOLO족, 밀레니얼 세대가 추구하는 미래보다 안정된 현재의 삶
④ 밀레니얼 세대, 세대 간 조화를 원한다면 보수적인 기성세대의 가치관을 따라라

02. △△공사 직원 김 대리는 태국 출장이 예정되어 있다. 다음 글을 읽고 김 대리가 해야 할 일로 적절하지 않은 것은?

- 질병관리청은 최근 태국 여행력이 있는 홍역 환자가 지속 발생함에 따라 태국 여행 계획이 있는 경우 홍역 예방접종력이 없거나 확인되지 않았다면 접종 후 출국할 것을 당부하였다.

- 질병관리청은 홍역은 예방접종으로 충분히 예방 가능하므로 일정에 맞춰 예방접종을 완료하는 것이 가장 중요하다면서, 태국 등 해외 방문 전 MMR(홍역(Measles), 볼거리(Mumps), 풍진(Rubella) 혼합백신) 백신을 2회 모두 접종완료 하였는지 확인할 것을 권고하였다. 특히 국내 홍역 확진자 중 해외여행에서 귀국한 20 ~ 30대 환자 발생이 계속되고 있어, 면역의 증거[1]가 없는 경우 출국 전에 최소 1회의 홍역(MMR) 예방접종을 권고하며, 12개월보다 어린 생후 6 ~ 11개월 영아[2]라도 1회 접종 후 출국하는 것이 필요하다.

  1) 면역의 증거 : 다음 중 하나에 해당 ① 실험실 검사를 통해 확인된 홍역 병력, ② 홍역 2회 예방접종기록, ③ 홍역 항체 검사 양성
  2) 6 ~ 11개월 접종 시 생후 12개월 이후 1회 재접종이 필요하며, 2차 접종은 권장 접종 일정(만 4 ~ 6세)에 접종 완료할 것

- 또한 해외여행 중에는 손 씻기 및 기침 예절 지키기 등 개인 위생 수칙을 준수하고 태국, 베트남, 필리핀 등의 국가를 방문한 후 입국 시 발열, 발진 증상이 있을 경우 국립검역소 검역관에게 신고하며 귀국 후 홍역(잠복기 7 ~ 21일) 의심 증상(발열, 발진 등)이 나타날 경우, 의료 기관 내 전파 방지를 위해 먼저 관할 보건소에 문의하여 안내를 받은 후 마스크 착용 등으로 다른 사람과의 접촉을 최소화하고 보건소 또는 의료기관을 방문하도록 당부하였다.

- 아울러, 국내에 홍역 환자가 유입된 후에는 조기 발견이 중요하므로 의료기관에서는 발열, 발진 환자 진료 시 홍역 가능성을 주의 깊게 관찰하고, 홍역이 의심되면 관할 보건소에 신고해 줄 것을 요청하였다.

---

① 만약 귀국 후 21일 이내에 발열이 나타난다면 지체없이 의료기관에 방문하여 질병 전파를 방지해야겠어.

② 면역의 증거가 없다면 MMR 백신 2회를 받을 시간적 여유가 없으므로 최소 1회라도 백신을 접종하고 출국하는 것이 맞겠어.

③ 홍역에 걸린 적이 없고 MMR 백신 2회 접종도 받지 않았으므로 홍역 항체 검사를 받아 홍역 면역의 증거를 확인할 필요가 있겠어.

④ 동반 출장 인원들에게도 홍역 유행 정보를 공유하고 필요한 직원들은 사전에 백신을 접종할 수 있도록 말해줘야겠어.

1회 기출예상 2회 기출예상 3회 기출예상 4회 기출예상 5회 기출예상 6회 기출예상 인성검사 면접가이드

03. 다음 중 아래 글에 대한 보충 자료로 적절하지 않은 것은?

이제 막 탄생한 비트코인의 미래를 얘기하는 것은 마치 점쟁이가 갓난아기의 미래를 점치는 것만큼이나 막연하고 불확실한 예단이 될 위험성이 높다. 그러나 이미 글로벌한 인터넷상에서 광풍을 몰고 온 마당이니 그 미래에 대해 어떻게든 추정하고 대비해야 할 필요는 있다.

세계적으로도 광풍을 일으켰지만 한국은 그 가운데서도 그 광풍의 진원지인 양 요란해 외신을 탈 정도였으니 그 투기성에 경각심을 갖는 이들이 많다. 그럼에도 불구하고 비트코인을 4차 산업혁명의 상징적 코드로 보는 시각 또한 존재하기 때문에 정부가 행여 그 불씨를 아예 꺼버리는 것이 미래산업으로 가는 길을 어둡게 하는 건 아닌지 염려하는 목소리도 나온다.

초기 금융거래는 상업 분야에서 단순한 민간거래로 시작하였지만 결국 국가가 그 통제권을 획득함으로써 공익성까지는 아니어도 적어도 공공적 가치에 순응하도록 이끌었으며, 그럼으로써 그 시장의 수명을 늘려왔다. 금융정책 속에 순응시키거나 통제 불가능한 경우 도태시켜 버리는 방향으로 금융산업이 발전해 왔듯 비트코인 또한 그런 제도적 통제권 안에 들어올 수 있는지 여부로 그 존폐를 결정하는 것이 바람직하다.

문제는 이미 출발부터 글로벌 시장 영역에서 국경을 넘어 돈 거래가 되고 있는 상황에서 과연 국가 단위의 통제가 가능할 것인지, 익명거래를 실명화 시킬 방안이 찾아질 것인지 가늠하기가 어렵다. 한국 정부가 한마디 던져놓은 것처럼 거래소 폐쇄까지 고려하는 게 현재로선 일견 적절해 보이기도 하지만 한편으로는 아직 그 미래가 불확실한 시장을 미리 방어적으로만 대응하는 게 옳은지도 쉽게 판단하기 어렵다.

자칫 국내 거래소 폐쇄가 해외 거래소로의 자금 유출을 부르며 미국 시장을 한국 자금의 블랙홀로 만들 위험은 없는지도 검증해 봐야 한다. 또 4차 산업혁명은 차치하고라도 미래 금융산업의 주도권에서 확실하게 밀려날 위험이 없는지도 살펴봐야 한다. 물론 경제 관련법 제정이 법무부 단독으로 가능한 것이 아니니 관계 기관 간의 많은 협의가 있겠지만 매사 너무 신중한 것도, 너무 성급한 것도 다 바람직하지는 않다.

① 비트코인 관련법의 필요성이 제기되고 있는 가운데 한국 정부는 비트코인 거래소 자체를 폐쇄시키는 방향으로 대응을 모색하고 있는 듯하다. 그런 정부 대응에 대한 반응은 엇갈리고 있다.

② 실물경제가 세계 어느 구석에서도 이렇다 할 활황 기미를 별로 보이지 않는 상황에서 투자자금들은 구석구석 뭉쳐져 활로를 찾고 있고 그렇게 새로 뚫은 길의 하나가 비트코인이라면 그 광풍은 쉬이 가라앉지는 않을 수 있다.

③ 암호화폐의 신규계좌 개설이 막힌다는 뉴스가 나오자 모든 암호화폐가 패닉으로 급락하는 상황이 발생했다. 이는 대한민국 내에서 총 계좌 숫자를 제약하고, 학생이나 주부, 무직자 등 별도의 수입원이 없는 경우는 계좌를 주지 않겠다는 등 무분별한 신규유입을 막고 기존 이용자들의 풀로 만든다는 것을 의미한다. 즉, 기존 이용자들이 암호화폐가 가치가 있고, 투자라고 여긴다면 저런 패닉이 일어날 이유가 없다.

④ 문제는 그렇게 유동하는 자금들이 산업자본을 일으키는 데 사용되느냐 아니면 단순히 투자자들끼리의 이른바 '돈 놓고 돈 먹기'판으로만 계속 가느냐다. 현재로서 비트코인 시장은 후자의 성향이 강하다.

04. 다음은 ○○기업 신입사원 교육 자료의 일부이다. '넛지 마케팅'의 성공 사례들에 대한 발표 내용으로 가장 적절하지 않은 사원은?

〈넛지 마케팅〉

행동경제학의 일환으로 경제적 인간(Homo Economicus) 개념을 가정하지 않고 만들어졌다. 처음에는 행동주의 심리학에서 개발되었으나 곧 경제학으로, 이후 사회학과 행정학으로 확대되어 큰 호응을 얻으면서 다학제 간 연구 주제가 되었다.

인간을 유도하는 방법으로는 크게 당근과 채찍이 있다. 즉 인간은 기본적으로 보상이 있다면 뛰어들고 처벌이 있다면 꺼린다. 그러나 그 외에 이 넛지를 활용할 수도 있는데 간단히 설명하면 넛지는 사람들이 어려워하는 것을 은연 중에 좋은 방향으로 이끌어 주는 것이다.

환자에게 의사가 수술로 살아날 확률이 90%라고 말했을 때와 수술로 죽을 확률이 10%라고 말했을 때, 두 상황에서 죽을 확률이 10%라고 말했을 경우에는 대다수의 환자가 수술을 거부한다고 한다. 긍정적인 메시지를 던질 때의 힘이 크다는 것이다.

네덜란드 암스테르담의 스히폴 공항에서 남자 소변기 중앙에 파리 그림을 그려놓았는데, 파리를 보고 소변을 볼 때의 집중력이 올라가 변기 밖으로 튀는 소변의 양이 80% 정도 줄었다고 한다. 이와 같이 넛지 마케팅은 소비자 가까이에 다가가 소비자가 올바른 선택을 하여 구매하도록 유도하는 방법을 말한다. 똑똑해진 현대의 소비자들에게 마케팅 전략의 일환으로 느껴지게끔 다가가는 것이 아니라 옆구리를 슬쩍 찌르듯이 가까이 다가가 기업이나 상품에 대한 긍정적인 이미지를 갖게 만들어 구매 행동을 유도하는 것이다.

---

① A 사원 : 서울 지하철 내 의자 밑바닥을 보면 나란히 모아져 있는 발 모양 스티커가 붙어져 있다. 다리를 오므리고 앉도록 유도하는 '쩍벌 방지' 넛지로 볼 수 있다.

② B 사원 : 에스컬레이터 옆에 피아노 계단을 설치, 이용자들이 계단을 오를 때마다 아름다운 피아노 소리가 나도록 하여 더 걷기를 유도하는 것도 넛지이다.

③ C 사원 : 아이들의 자발적 손씻기를 유도하고 질병을 예방하기 위해 투명한 비누 안에 장난감을 넣어 두었고, 비누 속 장난감을 얻기 위해 아이들이 손을 자주 씻게 되면서 질병 발병이 70% 감소하게 된 것은 넛지의 효과이다.

④ D 사원 : 흡연으로 인한 질병 예방을 위해 담뱃갑 겉면에 흡연으로 인한 폐해를 담은 경고 그림을 크게 삽입하여 흡연률을 낮추는 것도 넛지의 하나이다.

1회 기출예상 2회 기출예상 3회 기출예상 4회 기출예상 5회 기출예상 6회 기출예상 인성검사 면접가이드

05. K 대리는 질문 게시판의 질문을 보고 수정할 사항을 메모하였다. 다음 중 질문 해결에 적절하지 않은 메모는?

〈지원금 하이패스 단말기〉

• 용어 정리

① 하이패스 : 단말기(OBU)에 하이패스 카드를 삽입한 후 무선통신(적외선 또는 주파수)을 이용하여 하이패스 차로를 30km/h 이하로 무정차 주행하면서 통행료를 지불하는 최첨단 전자요금 수납시스템

② 지원금 단말기 : △△기업에서 단말기별 보조금*을 제조사에 지급하여 고객이 보다 저렴하게 구매할 수 있도록 하는 실용적 단말기

* 전기·수소차, 비상자동제동장치 장착 차량 단말기 : 1만 원, 화물자동차 단말기 : 1.5만 원, 감면자동차 단말기 : 6만 원

• 사업 목표

20X2년 지원금 단말기 보급계획에 의거, 선정된 제조사의 단말기를 20X2년 12월말까지 10만 대 보급

유형별	보조금 적용 구입가 (대당)
전기·수소차 (친환경)	약 2.5만 원
비상자동제동장치 장착차량 (AEBS)	약 2.5만 원
화물자동차 (4.5톤 이상)	약 2.5만 원
감면자동차 (장애인, 국가유공자 등)	약 3.5만 원

※ 단, 감면단말기 지원금 사업기간(20X1. 8 ~ 현재까지)중 기 지원자는 지원 혜택 제한 → 구입가 확인 필요

• 참여 기관

지원금 단말기 사업 참여 제조사(6개사) : (주)A사, (주)B사 (주)C사, (주)D사, (주)E사, (주)F사

- 지원금 단말기 구입방법
  - 전기 · 수소차, 비상자동제동장치 장착 차량, 화물차(4.5톤 이상)용 단말기 구매
    ① 온라인 구매 : K숍, L마켓, ○○번가 등 대부분의 온라인 쇼핑몰에서 구매 가능
    ② S 편의점 구매 : 5,000여 개소 일부 편의점에서 구매 가능
    ③ 제조사 오프라인 대리점 방문 : 제조사, 총판 전화문의를 통하여 대리점에서 구매 가능
  - 감면자동차용 단말기 구매
    ① 단말기 제조사 전화문의 또는 홈페이지 접속 후 구매 가능

- 단말기 특판장 운영현황
  총 195개소(영업소 : 53, 하이패스 센터 : 20, 휴게소 : 122)
  20X2년 12월 말까지 운영 예정
  운영시간 : 09 : 00 ~ 18 : 00
  ☞ 감면 단말기는 영업소 특판장 일부에서만 판매되오니, 지역별 연락처로 사전 문의 후 방문하시기 바랍니다.
  ☞ 현장판매 여건에 따라 운영 장소(시간) 및 판매 모델의 종류가 제한될 수 있사오니 양해하여 주시기 바랍니다.

질문 게시판	메모
감면단말기 지원금 기 지원자는 어떤 지원 혜택을 받을 수 있나요?	① 사업 목표 하단에 기 지원자의 감면단말기 구입가에 따른 혜택에 대한 표를 첨부한다.
화물자동차용 감면단말기 중에 적외선 무선통신을 활용한 모델이 있나요?	② 지원금 단말기 항목을 새로 만들고 차량분류에 따른 감면단말기 구매 가능 모델명과 모델 개수를 첨부한다.
감면자동차용 단말기 구매방법에 대해 알고 싶습니다.	③ 참여 기관 하단에 단말기 제조사의 주소와 연락처, 인터넷 홈페이지를 첨부한다.
죽전 휴게소에서도 감면단말기를 파나요?	④ 단말기 특판장 운영현황에 운영 장소(시간)와 지역별 연락처가 적힌 표를 추가한다.

1회 기출예상 2회 기출예상 3회 기출예상 4회 기출예상 5회 기출예상 6회 기출예상 인성검사 면접가이드

06. 다음 약관과 관련된 법률의 일부를 참고할 때, 기존의 제2조와 개정 및 신설된 제20조의3에 대한 L의 추론으로 가장 적절하지 않은 것은?

앱 개발회사의 법무팀에서 근무하는 L은 자사 앱을 판매하는 플랫폼 약관 관련 일을 담당하고 있다.

■ A사 심사지침

□ 앱 내 구입

- 앱 내에서 기능을 잠금 해제하려는 경우(예 구독, 게임 내 화폐, 게임 단계, 프리미엄 콘텐츠에 접근하거나 전체 버전 잠금 해제) 앱 내 구입을 사용해야 합니다. 앱 내에서 고객이 디지털 콘텐츠 제공자에게 '사례'할 수 있도록 앱에서 앱 내 구입용 화폐를 사용할 수 있습니다. 앱 및 메타데이터에 고객을 앱 내 구입 이외의 구입 메커니즘으로 안내하는 버튼, 외부 링크나 다른 동작 호출이 있으면 안 됩니다.
- 앱 내 구입을 통해 구입한 크레딧이나 게임 내 화폐는 사용 기한이 없어야 하며, 모든 앱 내 구입에 대한 복원 메커니즘을 반드시 갖추고 있어야 합니다.
- 올바른 구입 가능 유형이 유지되지 않으면 앱이 거부될 수 있습니다.

■ P사 개발자 정책센터

□ 인앱 구매

- 스토어 내 구매 : 개발자는 P사에서 판매되는 앱 다운로드와 앱 내 콘텐츠에 대한 액세스와 관련해 사용자에게 요금을 청구하려면 P사 결제 시스템을 사용해야 합니다.
- P사를 통해 다운로드되는 다른 앱 카테고리 내에서 제품을 제공하려는 개발자는 다음 경우를 제외하고 결제 수단으로 P사 인앱 결제를 사용해야 합니다.
  - 실제 상품(식료품, 의류, 청소 서비스, 교통 서비스 등)에 대해서 결제가 이뤄지는 경우
  - 일회성 또는 반복적 회비(헬스장 이용료, 멤버십 프로그램, 경매, 기부 등)
  - 앱 외부에서 사용할 수 있는 디지털 콘텐츠에 대한 결제인 경우(다른 음악 플레이어에서 재생할 수 있는 노래)

■ 모바일 인앱(In-App) 결제의 계약관계

- (계약법적 특수성) 모바일 인앱 결제의 경우 전형적인 3면 계약관계를 갖고 있습니다.
  - 앱마켓 사업자, 앱 개발사, 소비자의 세 주체가 계약과정에 개입되어 있다. 대체적으로 앱 개발사와 소비자 간 계약이 체결되면 앱 개발사는 상세거래조건과 청약철회조건을 고지하고 소비자가 대금을 앱마켓 사업자에게 지급합니다.
  - 앱마켓 사업자는 지급받은 대금에서 수수료를 제외한 금액을 앱 개발사에게 배분한다. 통상적으로 앱마켓 사업자들은 소비자가 인앱 결제를 통해 결제한 금액의 30%를 그 수수료로 공제하고 70%를 판매자인 개발사에게 지급하는 것으로 알려져 있습니다.

– 소비자들은 취소·환급 사유가 발생할 경우 판매자인 앱 개발사에게 연락을 취하는 경우가 많으나, 다수의 앱 개발사들은 취소·환급에 대한 직접적인 권한이 없어 앱마켓 사업자에게 재요청할 것을 안내하고 이로 인한 환급 지연이 발생합니다.

〈전자상거래 등에서의 소비자 보호에 관한 법률〉

제2조(정의)
② "통신판매"란 우편·전기통신으로 재화 또는 용역의 판매에 관한 정보를 제공하고 소비자의 청약을 받아 재화 또는 용역을 판매하는 것을 말한다.
③ "통신판매업자"란 통신판매를 업(業)으로 하는 자 또는 그와의 약정에 따라 통신판매업무를 수행하는 자를 말한다.
④ "통신판매중개"란 자신의 이름을 표시하여 통신판매에 관한 정보의 제공이나 청약의 접수 등 통신판매의 일부를 수행하기 위해 법으로 정하는 방법으로 거래 당사자 간의 통신판매를 알선하는 행위를 말한다.

제20조의3(통신판매의 중요한 일부 업무를 수행하는 통신판매중개업자의 책임)
통신판매에 관한 거래과정에서 통신판매중개업자는 통신판매업자가 다음의 경우에 고지의무를 이행하지 아니할 때 이를 대신하여 이행하여야 한다.
1. 청약의 접수를 받는 경우
2. 재화 등의 대금을 지급받는 경우

① 앱 개발사는 동법에 따라 전기통신을 활용하여 유료 콘텐츠를 판매하고 있으므로 "통신판매업자"라고 볼 수 있군.
② 앱마켓 사업자의 경우 개발사들이 소비자와 거래를 할 수 있도록 장을 제공하고 통신판매에 관한 정보의 제공 등 통신판매의 일부를 수행하므로 유료 앱에 대해서는 "통신판매중개업"을 한다고 볼 수 있군.
③ 제20조의3에서 통신판매중개업자의 고지의무에는 청약접수 시 상세한 거래조건에 대한 내용과 대금지급 시 청약철회에 대한 안내에 대한 내용이 포함되겠군.
④ 직접 콘텐츠를 제작·판매를 하더라도 통신판매중개업자가 이행하지 않는 의무를 통신판매업자가 대신 이행하도록 책임을 강화하는 목적이라고 봐야 하겠군.

[07 ~ 09] 다음 자료를 보고 이어지는 질문에 답하시오.

직원 A는 아프리카 돼지열병과 관련된 신규 연구과제 공모사업 안내를 열람하고 있다.

〈신규 연구과제 – 아프리카 돼지열병 원격감시 예찰 시스템 개발 공모사업〉

□ 추진배경

최근 국내에서 발생한 아프리카 돼지열병(ASF ; African Swine Fever)은 바이러스성 출혈성 제1종 법정 가축전염병으로, 전염성이 높고 감염 시 치사율이 100%에 달함. 그러나 백신 또는 치료제가 전무하여 확산방지를 위해 조기 감지가 무엇보다 중요한 상황이며, 이를 위해 다양한 첨단기술을 활용하여 원격으로도 감염 여부를 신속하게 모니터링할 수 있는 예찰 시스템 개발이 필요함.

□ 연구목표

• 다양한 기술(센서)를 활용하여 사육돼지 체온, 사료 섭취량, 음수량, 운동성 등에 대한 데이터를 원격으로 수집하는 기술 개발
 – 기 개발된 상용제품 활용 또는 보유제품의 고도화 등을 통해 측정 가능한 데이터 항목 및 측정방법 개발
 – 수집된 데이터를 기반으로 ASF 바이러스 감염돈군과 정상돈군의 비교를 통한 기준 데이터베이스 구축
 ※ BL3 실험실 내 ASF 바이러스 공격접종을 통한 DB 구축
• 수집된 데이터 및 현재 농장 관련 데이터를 통합 분석하여 ASF 감염 의심 여부를 감지(판단)하고 알람을 생성하는 기술
 – ASF 감염 의심 여부 판단을 위한 융·복합적 분석 및 감지 기술 개발
 ※ 원치 않는 알람을 필터링할 수 있는 룰(rule) 설정 기술 개발 포함
• 농가 및 관리자(농장 전담 수의사, 방역기관 등)에게 ASF 감염 의심 여부를 알려주고 관련 데이터 분석 결과를 제공하는 웹/앱 서비스 개발
 ※ 감염 의심 상황 전파를 위한 사용자(농가, 관리자)별 메시지 생성 및 전달 기술 개발
• 아프리카 돼지열병 원격 감시 예찰 시스템 시험 운영 및 검증
 – 수요기관과의 협의를 통해 실제 질병상황에서의 융·복합적 감지 알고리즘 검증
 ※ BL3 실험실 내 ASF 바이러스 공격접종 실시 → ASF 바이러스 감염돈군, 대조 바이러스 감염돈군(CSF 등), 정상돈군과의 감지 구분 여부 검증
 – 개발 시스템을 실제 양돈장 등에 설치하고 시범운영 및 시스템 정상동작 여부 검증

□ 성과목표
• 양돈장 사육돼지의 이상 징후(ASF 감염 의심) 측정을 위한 데이터 항목 및 측정방법
• 사육돼지의 건강 지표(체온 등)를 측정, 수집하는 원격 시스템

- 사육돼지의 이상 징후(ASF 감염 의심) 측정을 위한 융·복합적 분석 및 감지 시스템
- ASF 감염 의심 데이터 분석 결과를 제공하는 웹/앱 서비스
- 개발 시스템에 대한 사용자 및 운영자 매뉴얼
- 개발 시스템 양돈농장 현장 구축 및 실증 실험 결과 보고서

□ 특이사항

- 연구계획서에 개발 시스템의 목표 및 기능, 성능수준, 기 운영하고 있는 시스템과의 확장 가능성, 유지관리의 용이성 등 제품의 수준 및 사양 제시
  - 6개월 이상의 양돈현장 시험 운영계획을 반드시 포함하고, 최종 결과물에 대한 검증방법 제시
- 본 과제는 수요기관의 현안사항 해결을 위해 제안된 과제로, 수요기관의 요청 또는 협의를 통하여 수요기관이 활용할 수 있는 성과물을 개발
  - 공격접종은 과제 선정 이후 수요기관(농림축산검역본부 등)과의 협의를 통해 실시
  ※ ASF 바이러스 공격접종을 통한 DB 구축 및 개발한 융·복합적 감지 알고리즘 검증을 위해 해당 바이러스 보유 및 BL3 시설을 구축하고 있는 농림축산검역본부 참여를 권고
  - 과제 선정 이후 수요기관(농림축산검역본부 등)과의 협의를 통해 연구(성과)목표, 연구내용 및 실증계획 등이 변경될 수 있음.
- 동 연구개발을 위해 수의학과 ICT 간 융합연구가 가능하도록 추진체계 마련
- 연구과제는 총괄 또는 단위과제 형식으로 구성하며, 관련기술 개발 또는 제품화(사업화) 실적이 있는 기업 참여 권장
- 총 연구기간 : 20개월 / 총 연구비 : 5억 원   *10개월(2.1억 원)+10개월(2.9억 원)
  ※ 공격접종을 통한 DB 구축 및 개발한 감지 알고리즘 검증 연구 포함(1억 원 내외)
- 연차점검 후 계속지원 여부를 결정하고, 점검 결과에 따라 연구기간, 연구예산 및 연구내용은 변경될 수 있음.

07. 다음 중 제시된 자료를 통해 직원 A가 이해한 내용으로 가장 적절하지 않은 것은?

① 본 예찰 시스템은 ASF 감염의 확산을 방지하는 것이 목표이다.

② 본 연구과제를 개발하게 된 연구소는 과제 개발 시, 농림축산검역본부와만 협의해야 한다.

③ BL3 실험실에서 감염돈과 정상돈의 비교분석을 통해 감염 의심 상태에 대한 기준을 구축한다.

④ 센서를 활용해 돼지의 체온, 사료 섭취량, 음수량, 운동성 등을 원격으로 수집하는 기술을 개발하려고 한다.

1회 기출예상 / 2회 기출예상 / 3회 기출예상 / 4회 기출예상 / 5회 기출예상 / 6회 기출예상 / 인성검사 / 면접가이드

08. 제시된 자료를 통해 직원 A가 추론한 내용으로 가장 적절하지 않은 것은?

① 본 신규 연구과제를 수행하게 될 연구기관은 연차점검을 받을 것이다.

② 과제 수행 연구기관은 10개월 이상의 양돈현장 시험 운영계획서를 제출할 것이다.

③ 연구과제 성과물로 개발될 ASF 감염 의심 알람 생성 기술에는 알람 필터링 기능도 포함될 것이다.

④ 연구기관은 ASF 원격감시 예찰 시스템을 적용할 수 있는 시스템을 운영하고 있는 기업이 주로 참여할 것으로 예상된다.

09. 직원 A가 〈보기〉와 같이 ASF 원격감시 예찰 시스템 개발 공모사업에 대한 문의에 대해 답변을 작성했을 때, 다음 중 답변 내용으로 적절한 것은?

> **보기**
>
> Q : 연구비는 어떤 식으로 지급되나요?
>
> A : ① 1년마다 지급되며, 처음에는 2.1억 원, 두 번째 지급 때는 2.9억 원이 지급됩니다.
>
> Q : 연구계획서에 반드시 포함되어야 하는 항목이 있나요?
>
> A : ② 본 연구의 추진배경과 ASF의 정의 및 발생 현황에 대한 통계자료가 포함되어야 합니다.
>
> Q : ASF 감염 의심 여부를 감지하는 알고리즘을 검증하기 위해 필요한 연구비는 대략 어느 정도인가요?
>
> A : ③ 총 연구비에 포함되어 있으며 ④ 공격접종을 통한 DB 구축과 별개로 최대 1억 원까지 지급됩니다.

10. 비고츠키가 주장한 바에 따른 비계설정의 사례로 가장 적절하지 않은 것은?

장 피아제(Jean Piaget)는 아동이 단계별 인지발달 과정에 따라 조직화와 적응을 통해 능동적으로 지식을 구성하는 어린 과학자와 같다고 보았다. 피아제가 정리한 인지발달의 단계는 다음과 같이 나누어진다.

우선 감각운동기(0 ~ 2세)에서 영아는 행동도식으로 세상과 상호작용한다. 이 시기에 영아는 순환반응, 대상 영속성 등을 획득하고 지연 모방을 할 수 있게 된다. 전조작기(2 ~ 7세)에서는 상징적 사고를 할 수 있게 되어 가상놀이를 통해 세상과 상호작용한다. 아직 직관적 사고에 머물며 자아중심적 사고의 특징을 띤다. 피아제는 혼잣말을 이 자아중심적 사고의 대표적 사례로 보았다. 구체적 조작기(7 ~ 11세)에 들어서면 이러한 사고 능력들이 발달되지만 여전히 구체적인 대상이나 익숙한 상황에 한해 사고가 가능하다. 형식적 조작기(11세 이후)에서 청소년은 가장 높은 수준의 사고가 가능해져 가설적, 조건적, 조합적 사고를 할 수 있고 변인의 구분과 통제도 가능하다. 따라서 과학과 수학적 문제 해결 및 추상적 아이디어에 논리적 추론과정을 적용할 수 있게 된다.

반면, 레프 비고츠키(Lev Vygotsky)는 인지발달의 근원을 사회적 상호작용에 두고, 타인의 중재를 통해 타인의 인지기능이나 기술이 아동에게 점차 내면화 된다고 보았다. 아동이 비형식적인 대화나 정규 교육을 통해 사회·문화에 따른 언어나 상징, 개념 및 공식 등의 인지적 도구를 내면화하는 문화 전수자와 같다고 생각했다. 그는 언어와 사고가 생애 초기에는 분리되어 있지만 나이가 들어감에 따라 점차 상호의존하게 된다고 주장하였다.

그에 따르면 언어는 사고에 필요한 개념과 범주를 제공하는 의미의 표상이다. 아동은 성장하면서 비개념적 언어와 비언어적 사고로 언어와 사고가 별개의 독립적인 기능을 수행하던 시기를 벗어나고 이 둘이 만나는 언어적 사고를 시작하게 된다. 이는 아동이 특정한 명칭이 지닌 개념을 습득하기 시작했다는 것을 의미한다. 이때 앞서 피아제가 주장했던 것과는 달리, 비고츠키는 아동이 사고의 도구로서 혼잣말을 사용한다고 보았다. 이어서 그는 아동의 인지발달은 도전적인 과제, 즉 근접발달영역 과제의 수행을 통해 이루어진다고 주장하였다. 이 근접발달영역 과제를 수행하기 위해서는 성인이나 유능한 또래의 도움이 필요한데 이 도움을 비계설정이라고 한다. 비계설정은 학습 초기에는 많은 도움을 제공하다가 숙달 정도에 따라 도움을 줄여가며 최종적으로는 혼자 수행을 마칠 수 있도록 돕는 것을 말한다.

① 수학이 어려웠던 A는 짝꿍의 노트 필기를 전체적으로 보고 쓰면서 학습을 하였고 이를 통해 괜찮은 성적을 받을 수 있었다.

② B는 담임선생님이 가르쳐 주는 '잘 틀리는 맞춤법 5가지'를 참고하여 혼자서 열심히 맞춤법 공부를 한 결과, 받아쓰기에서 100점을 받을 수 있었다.

③ 평소 피아노를 잘 치던 C는 고난도의 연주에 도전하기 위해 피아노 선생님에게 몇 번 추가 레슨을 받았고 그 이후로 새롭고 어려운 연주도 잘 해낼 수 있게 되었다.

④ D는 동생에게 자전거 타는 법을 알려주면서 처음에는 뒷부분을 잡아주었으나 나중에는 동생 몰래 손을 떼고 동생이 혼자 자전거를 타보도록 했다.

1회 기출예상
2회 기출예상
3회 기출예상
4회 기출예상
5회 기출예상
6회 기출예상
인성검사
면접가이드

[11 ~ 12] 다음 글을 읽고 이어지는 질문에 답하시오.

"우리가 꿈꾸는 곳에는 마술 지팡이가 있어서 아이들이 음식과 물을 충분히 먹는지, 한 사람도 빠짐없이 학교에 가서 공부를 하는지, 보호받고 존중받는지 지켜보고 있어요."

유엔아동권리협약을 풀어쓴 그림책 〈어린이의 권리를 선언합니다〉에 나온 문장이다. 아동이 신체적, 지적, 정신적, 도덕적, 사회적 발달에 맞는 생활수준을 누릴 권리를 가짐을 인정한다는 제27조에 대한 설명인데, 요즘 마술 지팡이는 아이들의 무엇을 보고 있을까.

재난이 닥쳐오면 약자들이 가장 먼저, 제일 많이 고통 받는다. 그중엔 아이들이 있다. 5년 전 9월 세 살 알란 쿠르디는 터키 남서부 해변에서 엎드려 숨진 ⓐ채 발견됐다. 내전을 피해 배를 타고 지중해를 건너 그리스로 향하던 중이었다. 고향으로 돌아가 쿠르디를 땅에 묻은 아버지는 다시는 그 땅을 떠나지 않겠다고 했다. 아픔의 땅을 떠나지도, 떠나지 않을 수도 없는 아버지와 세상에 없는 아들을 남긴 비극이었다. 그로부터 4년 뒤 미국과 멕시코 접경의 리우그란데 강에선 25세 아빠와 23개월 된 딸의 시신이 떠올랐다. 엘살바도르에서 아메리칸 드림을 꿈꾸던 가족은 국경 검문검색을 피해 강을 건너다 변을 당했다. 아빠의 검은색 티셔츠 안에 몸을 숨긴 딸은 덜 무섭고 덜 외로웠을까.

수개월째 일상과도 같아진 코로나19도 아이들의 숨통을 ⓑ죄어 온다. 국제아동구호개발 NGO 세이브더칠드런이 지난 10일 공개한 보고서를 보면 전 세계 37개국 2만 5,000명의 아동과 보호자를 대상으로 조사한 결과, 아이들이 가정 폭력을 신고한 가정 가운데 19%는 코로나19로 인해 수입이 줄어든 것으로 나타났다. 여기에다 학교까지 문을 닫으면서 아이들은 더 힘들어졌다. 조사 대상의 3분의 2가 선생님을 전혀 만난 적이 없으며 학교가 문을 닫은 동안 아이들을 향한 가정 폭력은 학교를 열었을 때(8%)보다 2배 넘게(17%) 증가한 것으로 나타났다. 일자리를 잃은 어른들의 고통은 아이들에게 폭력이라는 흔적을 더했다. 비대면 수업을 한다지만 아예 컴퓨터가 없거나, 인터넷을 사용할 수 없는 경우 혹은 원격 수업을 들을 공간 자체가 존재하지 않는 환경에 처한 아이들도 많다. 그렇다보니 국내외를 ⓒ막론하고 비대면 수업으로 학력의 빈부격차가 발생하고 있다는 조사결과가 나오기 시작했다. 내전이나 불법 이민과 같은 극단적 상황, 코로나19 팬데믹과 같은 예외적인 상황 탓이 아니다. 학대받다 숨지거나 다치고, 한 끼를 어떻게 먹을지 고민하고, 생리대 가격이 부담스러운 아이들과 청소년이 여전히 존재한다.

〈아이들의 계급투쟁〉의 작가 브래디 미카코는 영국 최악의 빈곤 지역 무료 탁아소에서의 경험을 묘사했다. 탁아소가 끝날 시간이 훨씬 지나도 아이를 찾으러 오지 않는 엄마, 유일한 보호자인 엄마가 자신을 포기할까 불안해서 모래만 발로 차던 네 살짜리 딜런. 소리도 없이 울던 아이에게 선생님이 말한다. "울지 마. 울지 말고 화를 내. ⓓ번번히 우는 건 포기했다는 뜻이야. 그러니까 우리는 항상 화를 내지 않으면 안 돼."

울지도 못하는, 울어도 울음소리가 세상 밖으로 들리지 않는 아이들이 수없이 많다. 가려진 아이들에게 귀 기울이고 지켜봐야 하는 건 마술 지팡이가 아니라 우리의 공동체여야 하지 않을까.

11. 윗글의 전개 방식으로 가장 적절한 것은?

① 독자의 감정을 자극하는 사례를 들어 본인의 의견에 대한 공감을 이끌어 내고 있다.

② 코로나19에 따른 빈부격차를 해소하기 위한 대책을 마련하기를 촉구하고 있다.

③ 전쟁이 아이들에게 어떤 비극을 가져오는지에 관한 주제로 글을 전개하고 있다.

④ 아동폭력에 따른 생존의 위협이 여전히 남아 있음을 주장하기 위해 글을 전개하고 있다.

12. 밑줄 친 ㉠ ~ ㉣ 중 잘못된 맞춤법이 사용된 것은?

① ㉠ 채   ② ㉡ 죄어

③ ㉢ 막론   ④ ㉣ 번번히

[13 ~ 14] 다음 글을 읽고 이어지는 질문에 답하시오.

코로나19 사태로 온 가족이 사실상의 가택연금 상태에 묶인 지 한 달이 넘었다. 코로나19 사태 초기엔 마스크를 쓰고 밖에 나온 동양인에게 "아픈 사람이 왜 밖에 나왔냐"며 힐난했던 미국인들이었지만 이제 식료품점에 가려면 마스크 착용이 필수가 됐다.

(가) 트럼프 대통령은 미국의 코로나19 사태를 최악으로 키웠다는 비판을 받고 있지만 정작 그는 자신의 판단은 옳았으며 미국 정부의 대처는 '100점'이라고 강변한다. 트럼프 대통령의 '정신 승리' 추구는 기후변화의 위협에 대한 대처법에 그대로 포개진다.

(나) 트럼프 대통령은 신종 바이러스의 위험성을 경고하는 목소리가 쏟아지던 지난 2월 28일 야당과 언론이 '새로운 거짓말'을 들고 나왔다고 비난했다. 기후학자들이 만장일치로 경고하는 기후변화의 위험을 '중국의 거짓말'이라고 일축하고 있는 것과 겹친다. 트럼프 대통령의 대처법과는 별개로 신종 바이러스와 기후변화가 지구상에 살고 있는 모든 이들을 위협하지만 가난하고 힘없는 이들이 상대적으로 더 피해를 입는다는 점에서도 동일하다.

(다) 물론 차이점도 있다. 코로나19의 재앙은 눈 깜짝할 새 펼쳐졌지만 기후변화는 서서히 진행된다. 코로나19는 타인과의 접촉을 자제하는 것으로 피할 수 있지만 기후변화는 '집콕'으로 대처하기엔 역부족이다. 코로나19와 달리 기후변화로 인한 온도 상승과 해수면 상승 등은 한번 진행되면 되돌리는 게 거의 불가능하다.

(라) 암울한 시기여서 그런지 봄은 더욱 찬란해 보인다. 벚꽃이 지면서 며칠째 '꽃비'가 내리더니 이제는 대지에 뿌리를 박고 있는 모든 생명체가 맹렬한 생명력을 내뿜는다. 우리는 코로나19의 위험을 무시한 미국이 치르는 혹독한 대가를 목격하고 있지만 기후변화에 대한 경고를 무시한 대가는 전 인류가 치를 수밖에 없다. 4월 22일은 '지구의 날'이다.

13. 윗글 (가) ~ (라)의 중심내용으로 적절하지 않은 것은?

① (가) : 코로나19 사태에 대한 미국 정부의 대처 방법

② (나) : 코로나19 사태와 세계의 기후변화를 대하는 트럼프 대통령의 태도

③ (다) : 코로나19 사태와 세계의 기후변화가 가진 차이점

④ (라) : 환경의 변화를 무시함에 따라 인류가 치를 대가에 대한 경고

14. 윗글에 대한 보충 자료로 적절하지 않은 것은?

① 미국의 코로나19 확진자는 80만 명에 육박하고, 유명을 달리한 이도 4만 2,000여명에 달한다. 잔인하고 암울한 시절이다. 도널드 트럼프 미국 대통령은 미국의 사망자가 5만 ~ 6만 명에서 그칠 수 있다는 전망을 내놓았다.

② 코로나19 위기가 닥쳐오고 있는데 마스크 등 의료장비를 수출하고 검사 기준을 느슨하게 설정한 것은 환경 관련 규제들을 줄줄이 풀고 있는 것을 연상시킨다. 방역 최일선에 있는 세계보건기구(WHO)에 대한 지원을 중단시킨 것 역시 전 세계가 기후변화를 억제하기 위해 마련한 '파리 기후변화협약'에서 탈퇴 절차를 밟고 있는 것과 닮았다.

③ 코로나19가 전 세계적으로 확산되면서 대기 오염 물질과 온실가스 배출량이 급격히 감소하고 있다. 세계 최대 에너지 소비국인 중국의 에너지 소비량이 크게 줄었고, 미국 뉴욕주에서는 주로 자동차에서 나오는 일산화탄소 배출량이 절반 가까이 감소했다.

④ 트럼프 대통령은 정작 '무오류'의 신화에 빠져 있다. 불과 두 달 전 신종 코로나 바이러스를 계절성 독감에 비유하면서 "날이 따뜻해지면 거짓말처럼 사라질 것"이라고 장담한 사실이 그러하다.

[15 ~ 16] 마취제의 유래에 관한 다음 글을 읽고 이어지는 질문에 답하시오.

옛날에 마취제가 없던 시절의 외과수술은 참으로 끔찍한 일이었을 것이다. 대마나 아편과 같은 자연산 마약이 고통을 덜기 위하여 쓰이기는 하였고, 알코올 함량이 높은 독한 술을 마셔서 정신을 못 차리게 만드는 방법도 있기는 하였으나 그다지 우수한 마취제 구실을 하지는 못하였다. 수술 도중 환자가 고통을 이기지 못하고 쇼크로 죽는 경우도 많았고, 수술을 하기도 전에 "저런 고통을 당할 바에야 차라리 죽어 버리는 게 낫겠다."는 식의 생각을 하는 사람도 적지 않았다.

영국의 과학자 험프리 데이비는 여러 기체의 특성에 관해 연구하던 중 웃음가스로 알려진 아산 화질소에 관심을 갖게 되었다. 스스로 이 기체를 마셔본 결과, 기분이 좋아지고 술에 취한 듯 몽롱 해지고 일시적으로 의식을 잃는 경우도 있다는 사실을 발견하고 이를 학회에 발표하였다. 다른 학자가 어느 젊은 부인에게 그것을 마셔 보도록 시험한 결과, 품위 있고 점잖기만 하던 부인이 갑자기 콧노래를 흥얼거리며 집 밖으로 뛰쳐나가 길가를 뛰어다니는 등 평소와는 너무 다른 행동을 서슴지 않아서 주위사람들을 놀라게 하였다. 그 후 웃음가스는 오락용으로 자주 이용되었다.

미국 코네티컷 주에서 치과의사로 일하던 웰즈는 여러 사람들과 함께 웃음가스 아산화질소를 마시는 장난을 하였는데, 한 청년이 들떠서 소란을 피우다가 넘어지는 바람에 다리에 부상을 입게 되었다. 그런데 그 청년은 상당한 피를 흘렸음에도 불구하고 통증을 느끼지 못하다가, 웃음가스의 효과가 다한 후에야 비로소 통증을 느끼는 것 같았다. 이것을 본 웰즈는 치과의사답게 발치(拔齒) 시에 이 기체를 이용하면 통증 없이 쉽게 할 수 있지 않을까 생각하게 되었고 자신의 충치를 통증 없이 뽑은 웰즈는 한 종합병원에서 이 실험을 공개적으로 실시하기도 하였다. 그 실험을 지켜 본 다른 치과의사 모튼은 마취제를 이용하여 발치하는 연구를 계속 하였고, 친구의 조언을 듣고 아산 화질소 대신 에테르를 마취제로 이용하였다. 1846년 9월 30일, 모튼은 에테르를 사용하여 환자에 게 통증을 느끼게 하지 않고 발치하는 데에 성공하였고, 목의 종양을 제거하는 수술에도 에테르를 사용하여 마취하는 공개 실험을 통해 검증을 받았다. 그 후 에테르는 우수한 마취제로 소문이 나 큰 외과수술을 할 경우에도 널리 이용되었다.

에테르를 이용한 수술법은 영국에도 전파되었는데, 외과의사였던 심프슨은 에테르를 이용하여 여성들이 고통 없이 분만할 수 있는 방법을 연구해 보기로 하였다. 그러나 에테르에는 적지 않은 부작용이 있었기 때문에 그는 부작용이 덜하면서도 우수한 효과를 지닌 다른 마취용 물질을 찾기 위해 여러 물질들을 시험해 보았는데, 그 결과 클로로포름이 좋은 마취효과가 있다는 사실을 발견 하게 되었다. 심프슨은 왕립병원에서 이를 시험하여 클로로포름으로 마취하는 외과수술을 성공리 에 마쳤고, 이것을 발전시켜서 클로로포름을 이용한 무통분만법을 제시하였다.

처음에는 파티의 흥을 돋우어 주는 엉뚱한 장난으로 이용하였던 마취작용 물질들이 수술 시에 통증을 없애 주는 귀중한 물품으로 자리 잡게 된 것이다. 마취제의 이용과 더불어 의학기술 역시 큰 발전을 이루게 되었고, 마취제는 인류의 은인으로서 오늘날에도 크고 작은 수술에 널리 이용되 고 있다.

15. 다음 중 마취용 물질과 그것이 사용된 용도가 바르게 연결되지 않은 것은?

① 에테르 – 발치
② 아산화질소 – 파티의 흥을 돋우는 오락용
③ 클로로포름 – 무통분만
④ 클로로포름 – 종양 제거

16. 다음 중 윗글에 대한 이해로 적절하지 않은 것은?

① 에테르는 마취 효과가 뛰어났지만 부작용이 심한 단점이 있었다.
② 마취제의 시초인 아산화질소는 의사가 아닌 과학자에 의해 발견되었다.
③ 마취제로 쓰인 물질은 아산화질소 – 에테르 – 클로로포름의 순으로 바뀌어왔다.
④ 웃음가스는 처음부터 의료에 쓰일 목적으로 학자들 사이에서 연구되기 시작하였다.

www.gosinet.co.kr gosinet

1회 기출예상
2회 기출예상
3회 기출예상
4회 기출예상
5회 기출예상
6회 기출예상
인성검사
면접가이드

[17 ~ 18] 다음 글을 읽고 이어지는 질문에 답하시오.

5월 25일 오후 4시 20분(현지 시간). 뉴질랜드 북섬의 마히아 반도의 해안가에서 희뿌연 연기가 피어올랐다. 곧이어 연기 위로 검은색 로켓이 하늘로 솟아올랐다. 뉴질랜드에서 발사된 최초의 전기모터 우주발사체가 우주를 향해 날아오르는 순간이었다. '로켓랩'이라는 회사가 개발한 '일렉트론'이라는 이름의 이 로켓은 길이가 17m에 불과한 2단 로켓이다. 우리나라가 2013년 발사에 성공한 나로호의 절반밖에 안 된다. 그럼에도 불구하고 이 로켓의 시험발사가 관심을 모은 이유는 (㉠   ) 로켓이기 때문이다.

현재 우주발사체 엔진은 액체연료를 쓴다. 액체 상태의 연료를 높은 압력으로 연소기에 뿜어준 뒤 불을 붙여서 그 폭발력으로 로켓을 추진시키는 것이다. 예를 들어 나로호는 액체 산소와 케로신(등유)을 산화제와 연료로 썼다. 이때 연소기에 주입된 연료의 압력이 높아야 연소기를 작고 가볍게 만들면서도 강한 추진력을 낼 수 있다. 이를 위해 연료통의 압력을 높이면 될 것 같지만, 그만한 압력을 견디려면 연료통이 훨씬 두꺼워야 한다. 결국 로켓이 더 무거워지는 문제가 생긴다. 현재 사용 중인 대부분의 우주로켓은 연료통과 연소기 사이에 터보펌프를 장착하는 것으로 그 문제를 해결하고 있다. 연료통의 압력을 3기압 정도로 유지하고, 터보펌프로 압력을 100 ~ 200기압으로 높여서 연소기에 주입하는 것이다. 하지만 터보펌프를 써도 펌프를 비롯해 이를 작동시키기 위한 여러 장치들을 설치해야 하기 때문에 어쩔 수 없이 로켓의 무게가 무거워진다. 게다가 설비가 복잡해질수록 오작동을 일으킬 가능성도 높아진다.

전기모터는 이런 문제점을 해결해주는 기술이다. 터보펌프 대신 전기의 힘으로 모터를 돌려서 연료를 연소실에 높은 압력으로 보내주는 것이다. 이런 방식으로 작동하는 로켓엔진을 전기모터 엔진이라고 부른다. 전기모터를 쓰면 터보펌프를 쓰는 것보다 단순한 구조로 로켓을 만들 수 있어서 오작동 가능성이 낮다. 또 엔진을 끄고 켜거나 추진력을 조절하기도 쉽다. 게다가 터보펌프를 작동시키기 위해 투입된 연료가 다 연소되지 못해서 생기는 그을음이 없어서 친환경적이며, 엔진을 재활용하는 것도 상대적으로 쉽다. 그럼에도 지금까지 전기모터와 배터리를 장착한 엔진이 나오지 못했던 가장 큰 이유는 배터리의 에너지밀도 때문이다. 작은 부피에 충분한 양의 에너지를 저장할 만한 기술이 뒷받침되지 못했다. 하지만 최근 스마트폰과 전기자동차 등의 기술이 발전하면서 배터리의 효율이 빠르게 개선됐고, 로켓랩이 최초의 전기모터 엔진을 개발했다. 로켓랩은 원자핵을 발견한 뉴질랜드 출신의 물리학자 어니스트 러더퍼드의 이름을 따서 전기모터 엔진에 '러더퍼드'라는 이름을 붙였다.

러더퍼드 엔진에 적용된 또 하나의 신기술은 바로 3D프린터다. 로켓랩은 엔진의 주요 부품인 연소실과 연료 분사기, 펌프, 추진체 밸브 등을 24시간 안에 출력해서 3일이면 엔진 하나를 만들 수 있다고 밝혔다. 이 말이 사실이라면 로켓 개발 역사에 획을 그을 만한 혁신적인 성과. 한국항공우주연구원에서 로켓엔진을 개발 중인 전문가에 따르면 연소실 하나를 만드는 데 보통 5 ~ 6개월이 걸린다. 로켓 개발비의 대부분이 인건비인 만큼 제작 기간을 단축하면 비용을 획기적으로 줄일 수 있는 것이다. 하지만 3D프린터로 출력한 부품이 과연 기계로 제작한 부품만큼 안정적으로 작동할지에 대해서는 검증이 필요하다. 실제로 이번 발사에서 일렉트론은 목표로 한 궤도에 도달하지는 못했는데, 엔진에 문제가 있었을 가능성도 배제할 수 없다.

로켓랩은 올해 시험발사를 몇 차례 더 한 뒤 본격적으로 상업발사를 할 계획이다. 1회 발사 비용은 약 55억 원(490만 달러)으로 책정했다. 인공위성을 최대한 많이 실었다고 가정하면(225kg), 1kg당 발사 비용은 약 2,460만 원 정도가 된다. 영화 '아이언맨'의 모델로 알려진 일론 머스크가 세운 민간우주기업 스페이스X의 저궤도 위성 발사 비용과 비교하면 약 8배 정도 비싼 편이지만, 스페이스X는 100 ~ 500kg급의 소형 위성은 발사하지 않는다. 소형 저궤도 위성만 전문적으로 발사하는 시장에서는 경쟁력이 있는 가격이다. 특히 최근 들어 큰 위성보다는 작은 위성 여러 개를 군집비행 시키는 방식으로 개발 추세가 변하고 있어 소형 저궤도 위성 발사 시장이 커질 것으로 전망된다. 로켓랩은 올해 안에 일렉트론 로켓을 달로 쏘아 보낼 계획이다. 올해 1월 구글의 민간 달 탐사 후원 공모전인 '구글 루나X 프라이즈'에서 선정된 '문 익스프레스' 팀이 일렉트론에 탐사선을 실어 보내기로 했기 때문이다. 구글은 선정된 다섯 팀 중에서 올해 안에 탐사선을 달에 가장 먼저 착륙시킨 뒤 500m 이상 이동시키면서 사진과 동영상을 촬영한 팀에게 약 226억 원(2,000만 달러)을 상금으로 줄 계획이다.

이처럼 전기모터 엔진 기술이 빠르게 발전하고 있지만, 현재 상용화된 터보펌프 엔진과 동등한 수준의 성능을 내려면 아직은 갈 길이 멀다. 전문가들은 전기모터를 구동하는 배터리의 에너지 밀도가 1.5 ~ 2배 정도 더 향상돼야 한다고 설명한다. 현재 기술 발전 속도로 봤을 때 앞으로 10년 이내로 전기모터와 배터리가 액체 엔진의 터빈과 구동 부품들을 대체할 수준이 될 수 있다는 전망이다.

17. 다음 중 윗글의 ㉠에 들어갈 가장 적절한 말은?

① 3D프린터를 이용하여 3일 만에 엔진을 만든 세계 최초의
② 연료통의 압력을 높여 출력을 획기적으로 향상시킨
③ 오작동의 위험 요소를 없애고 에너지 밀도가 높은 배터리를 사용한
④ 전기모터와 배터리, 3D프린터로 출력한 부품으로 엔진을 만든 최초의

18. 윗글의 내용을 바탕으로 추론할 수 없는 것은?

① 3D프린터로 출력한 엔진 부품은 곧 양산 체제에 들어가게 될 것이다.
② 전기모터 엔진은 로켓엔진, 모터와 배터리 등 첨단기술과 만나 새롭게 도약할 수 있을 것이다.
③ '일렉트론'과 같은 시험발사가 이어지게 되면 3D프린터 시장도 급성장을 이루게 될 것이다.
④ 전기에너지의 힘으로 우주 탐사가 가능하게 되면 환경 및 전력 산업에 큰 변화가 일어날 것이다.

[19 ~ 20] 다음 글을 읽고 이어지는 질문에 답하시오.

샐러던트(Saladent) 네 음절이 회자되고 있다. 급여생활자인 샐러리맨(Salaried man)과 학생인 스튜던트(Student)가 합성된 이 신조어는 '공부하는 직장인'을 일컫는다. 직장인이 하는 공부는 크게 업무 역량 강화를 위한 공부와 자기계발 및 개인적인 목표를 위한 공부로 나눌 수 있다. 회사 업무를 위해 필요한 공부로는 업무 전문성을 높이기 위한 공부가 대표적이다. 이는 연령별로 조금 차이가 있다. 20 ~ 30대의 젊은 직장인은 주로 승진이나 이직에 유리한 어학 공부와 업무 전문성을 높이기 위한 공부에 매진한다. 또한 실무와 관련된 공부로는 경제 · 경영학이 주를 이룬다. 한국표준협회에 따르면 지난해 서적이나 인터넷 동영상 강좌를 통해 경제 · 경영 분야를 공부한 직장인은 2016년에 비해 무려 300% 가까이 증가했다. 중년층 직장인의 경우 조직을 이끄는 부서장인 경우가 많다. 넓은 식견과 통찰력이 요구되는 이들은 프로젝트를 성공적으로 수행하기 위해 변화하는 사회, 경제, 문화 전반의 트렌드에 민감하게 반응한다. 회사 내에 마련된 교육 프로그램을 통해 새로운 정보들을 흡수하고, 부족한 부분은 외부 강연을 통해 보충한다. 또 사고의 폭을 넓히고 효과적인 조직 관리를 위해 인문학 서적과 자기계발서를 탐독하는 이들도 많다.

자기계발과 개인적인 목표를 위한 공부로는 여가와 취미, 재테크, 노후 대비 등을 들 수 있다. 이들 분야는 배우는 내용이나 학습 목표는 다르지만, '더 나은 삶, 더 즐거운 삶'이라는 공통분모를 가지고 있다. 중년층이 가장 관심 갖는 공부는 자격증 취득 공부다. 전직, 고용 불안으로 인한 실직이나 은퇴 후를 대비한 '제2의 직업', '평생직장'을 얻기 위한 것으로, 주로 공인중개사, 사회복지사, 사회조사 분석사, 주택관리사, 직업상담사 자격증 등이 있다. 젊은 층의 관심 분야는 좀 더 폭이 넓다. 자격증 시험은 물론 영어나 중국어 같은 외국어 공부, 재테크 공부에도 시간을 투자한다. 이들이 공부하는 방법은 주로 '독학'이다. 한 취업포털 사이트가 20 ~ 30대 직장인 708명을 대상으로 한 설문 조사에 따르면 '독학'으로 공부하는 직장인이 43.3%로 가장 많았다. 그 다음을 '인터넷 강의(29.9%)'가 차지했고, 대학원 및 사이버대학 등에 '진학'을 한다는 직장인은 10.7%였다. 이어 '학원 수강(7.9%)', '스터디 그룹 활동(3.1%)', '개인 과외(2.7%)' 등의 순이었다.

공부하는 직장인이 늘면서 재미있는 현상도 나타난다. 예를 들면 피아노나 그림처럼 어렸을 때 경험한 예체능 활동을 다시 시작하는 경우다. 이는 어린 시절의 향수를 그리워하는 키덜트 문화가 자기계발 분야로 확대된 것으로, 교육부에 따르면 성인 대상 예능(미술 · 음악 · 무용 등) 학원 수강자는 2013년 4만 2,462명에서 2016년 19만 3,258명으로 급증했다. 이에 맞춰 예체능 학원들은 직장인 맞춤형 수업을 잇따라 내놓고 있다.

퇴근시간에 맞춰 일대일 개인 수업을 열거나 하루 동안 미리 수업을 받아보는 체험 수업을 진행한다. 학습지 교사가 집으로 방문하는 방문 학습지를 이용하는 직장인도 증가 했다. 학원에 다닐 시간 여유가 없는 경우도 있지만, 교사가 집으로 방문해 수업 내용을 지도해주는 옛날 방식이 효과적이라고 생각해 신청하는 경우다. 주로 외국어를 배우며 일주일에 한두 번 교사가 방문하면 수업 내용을 체크하고, 이해되지 않는 내용을 골라 설명해주는 방식으로 진행된다. 백화점 문화센터를 찾는 경우도 있다. 전문성을 띠는 학원보다 좀 더 편하게 배울 수 있다는 이유에서다. 백화점 문화센터는 '주부들의 놀이터'로 여겨졌지만 최근 20 ~ 30대 직장인이 늘면서 악기 연주, 요가, 홈트레이닝 같은 다양한 수업을 진행하고 있다. '쿡방'과 '집밥'이 큰 인기를 끌면서 요리를 본격적으로 배우려는 직장인도 크게 늘었다. 특히 일만큼이나 가정을 중시하는 문화가 정착되고, 매주 한 번 가족과 시간을 보낼 수 있는 '패밀리데이'를 시행하는 기업이 늘면서 남성 직장인들의 요리수업 참여도가 눈에 띄게 늘었다. 남성들의 교육 참여가 증가한 곳이 또 있다. 바로 육아교육이다. 육아 휴직의 확대와 동등한 육아 분담에 대한 사회 분위기가 무르익으면서 남성들이 육아 교육 프로그램을 찾고 있다. 이들은 교육을 통해 출산 직후의 육아는 물론 아이의 성장과정을 함께 돌보는 양육 교육에까지 관심을 보이고 있다.

회사 생활과 공부를 병행하기는 그리 녹록하지 않다. 효과적이고 성공적인 공부를 위해 전문가들은 두 가지를 강조한다. 하나는 일주일 동안 공부할 총 시간을 미리 정해놓고 이를 맞추려고 노력하는 것이다. 불규칙한 퇴근시간으로 하루 공부량을 채우지 못했다면 밀린 공부는 주말을 이용해야 한다. 다른 하나는 자투리 시간을 최대한 활용하는 것이다. 하루에 점심시간을 30분만 아껴도 일년에 무려 130시간이라는 계산이 나온다. 짧은 시간 동안 집중력을 끌어올려 학습 효과를 극대화할 수 있는 자투리 시간을 활용하는 것이 좋은 방법이다. 공부는 책상 위에서 하는 것만을 가리키지 않는다. 앞서 살펴본 것처럼 다양한 취미 활동 역시 내 삶을 풍요롭게 만드는 공부다. '최고의 능력자는 공부하는 자'라는 괴테의 말처럼 더 나은 삶, 더 즐거운 삶을 위한 자양분은 공부에서 비롯한다.

– '공부로 여는 인생 2막, 샐러던트로 사는 즐거움'/이채훈

19. 다음 중 윗글을 바르게 이해하지 못한 사람은?

① A : 업무 관련 공부의 경우에는 연령에 따라 상이한 경향을 보이고 있어.
② B : 직장인들의 공부 목적은 크게 두 가지로 나뉘는군.
③ C : 직장인 과반수가 연령대와 상관없이 독학을 선호하네.
④ D : 최근 직장인들은 다양한 장소에서 여러 방식으로 배움을 시도하고 있어.

20. 필자가 윗글에서 정보나 주장을 전달하기 위해서 사용한 방법이 아닌 것은?

① 새로운 사회변화를 설명하였다.
② 미래지향적인 방향을 제안하였다.
③ 수치를 통한 정보를 전달하였다.
④ 대상에 대한 다양한 접근방법을 제시하였다.

21. 다음은 20X0년 분기별 가계신용에 관한 자료이다. 이에 대한 설명으로 옳지 않은 것은?

(단위 : 십억 원)

구분			1분기	2분기	3분기	4분기
가계신용			1,539,900.4	1,556,726.5	1,572,540.9	1,600,132.2
	가계대출		1,451,722.5	1,468,022.6	1,481,449.1	1,504,436.3
		주택담보대출	812,261.6	820,709.9	830,259.0	842,878.0
		기타대출	639,460.9	647,312.7	651,190.1	661,558.3
		예금취급기관	1,035,954.4	1,049,758.6	1,066,472.0	1,083,982.0
		주택담보대출	608,003.8	614,818.2	625,423.3	633,745.4
		기타대출	427,950.6	434,940.4	441,048.7	450,236.6
		예금은행	718,745.1	732,050.7	750,704.1	767,718.7
		주택담보대출	501,292.6	510,274.6	523,288.6	533,966.4
		기타대출	217,452.5	221,776.1	227,415.5	233,752.3
		비은행예금취급기관	317,209.3	317,707.9	315,767.9	316,263.2
		주택담보대출	106,711.2	104,543.6	102,134.7	99,778.9
		기타대출	210,498.1	213,164.3	213,633.2	216,484.3
		상호저축은행	23,790.1	24,575.0	25,288.3	26,045.5
		신용협동조합	36,023.7	36,134.4	35,844.3	35,661.8
		상호금융	187,729.0	188,914.3	188,136.5	188,520.0
		새마을금고	68,240.5	66,687.0	65,164.1	64,637.5
		우체국 등	1,426.0	1,397.2	1,334.8	1,398.4
		기타금융기관 등	415,768.1	418,264.0	414,977.1	420,454.3
		주택담보대출	204,257.8	205,891.7	204,835.7	209,132.6
		기타대출	211,510.3	212,372.3	210,141.4	211,321.7
		보험회사	118,633.2	119,077.3	118,293.1	119,086.3
		연금기금	14,765.0	14,715.9	14,648.8	14,806.8
		여신전문회사	64,396.0	65,146.7	65,510.5	66,163.9
		공적금융기관	39,065.7	40,416.9	40,891.1	41,634.2
		기타금융중개회사	166,145.0	166,679.9	163,061.2	166,678.1
		기타	12,763.1	12,227.3	12,572.4	12,085.0
	판매신용		88,177.9	88,703.9	91,091.7	95,695.9
		여신전문회사	87,334.2	87,834.7	90,256.1	94,860.2
		판매회사	843.7	869.2	835.6	835.7

① 20X0년 2 ～ 4분기의 전분기 대비 가계대출 증감 방향은 '비은행예금취급기관 중 상호금융'과 '기타금융기관 등 중 주택담보대출'이 같다.

② 판매신용은 매분기 가계신용의 5% 이상을 차지한다.

③ 20X0년 1분기 대비 4분기 예금은행의 주택담보대출 증가율은 예금은행의 기타대출 증가율보다 크다.

④ 가계대출 중 기타대출 금액은 매분기 여신전문회사의 가계대출 금액의 10배 미만이었다.

22. 다음 〈재산세 산정 요령〉을 이해한 것으로 옳지 않은 것은?

〈재산세 산정 요령〉

1. 재산세 : 과세표준에 세율을 곱하여 계산한다.

2. 재산세 과세표준
   - 시가표준액(주택공시가격)에 공정시장가액비율을 곱하여 계산한다.
   - 공정시장가액비율은 50%이다.

3. 재산세 세율

과세대상	과세표준	세율
주택	6,000만 원 이하	0.3%
	6,000만 원 초과 15,000만 원 이하	60,000원 +60,000,000원 초과금액의 0.15%
	15,000만 원 초과 30,000만 원 이하	195,000원 +150,000,000원 초과금액의 0.25%
	30,000만 원 초과	570,000원 +300,000,000원 초과금액의 0.45%

4. 지방교육세 : 재산세액에 20%를 곱하여 계산한다.

5. 재산세 도시지역분 : 재산세 과세표준에 0.14%를 곱하여 계산한다.

6. 총 납부할 세금 : 재산세 및 지방교육세, 도시지역분을 모두 합친 금액이다.

① 주택공시가격이 11,000만 원일 때 총 납부할 세금은 275,000원이다.

② 재산세 과세표준이 15,200만 원일 때 지방교육세는 45,000원이다.

③ 지방교육세가 20,400원이고 세율 0.3%가 적용되었다면 주택공시가격은 5,000만 원 이상일 것이다.

④ 도시지역분이 268,800원이라면 재산세 산정에 적용된 실질적인 세율은 약 0.16%이다.

1회 기출예상 / 2회 기출예상 / 3회 기출예상 / 4회 기출예상 / 5회 기출예상 / 6회 기출예상 / 인성검사 / 면접가이드

23. 다음은 20X0년 ~ 20X2년의 세계 주요 석탄 수출국에 관한 자료이다. 이에 대한 설명으로 옳지 않은 것은?

〈주요 석탄 수출국 현황〉

(단위 : 백만 톤)

구분	20X0년	20X1년	20X2년	20X1년 대비 20X2년 증감률
호주	375.0	392.3	389.3	−0.8
	(27.39)	(29.99)	(29.19)	
인도네시아	409.2	366.7	369.9	0.9
	(29.88)	(28.03)	(27.74)	
러시아	155.5	155.2	171.1	10.2
	(11.36)	(11.86)	(12.83)	
콜롬비아	81.2	77.8	83.3	7.1
	(5.93)	(5.95)	(6.25)	
남아공	69.0	75.5	76.5	1.3
	(5.04)	(5.77)	(5.74)	
미국	88.2	67.1	54.7	−18.5
	(6.44)	(5.13)	(4.10)	
네덜란드	31.3	36.6	40.6	10.9
	(2.29)	(2.80)	(3.04)	
캐나다	34.5	30.5	30.3	−0.7
	(2.52)	(2.33)	(2.27)	
몽골	19.8	14.5	25.8	77.9
	(1.45)	(1.11)	(1.93)	
카자흐스탄	30.9	31.2	25.7	−17.6
	(2.26)	(2.39)	(1.93)	
기타	74.7	60.7	66.3	9.2
	(5.46)	(4.64)	(4.97)	
세계 전체	1,369.3	1,308.1	1,333.5	1.9
	(100.0)	(100.0)	(100.0)	

*( )는 석탄 수출량의 세계 전체 대비 비중(%)

① 20X2년 세계 주요 석탄 생산국의 수출 규모는 1,333.5백만 톤으로 20X1년 대비 증가하였다.

② 러시아는 20X2년 1억 7,110만 톤을 수출하며 석탄 수출량 3위에 머물렀다.

③ 20X0 ~ 20X2년 동안 매년 호주와 인도네시아의 석탄 수출량 합은 세계 석탄 수출량의 55% 미만이다.

④ 20X2년에 남아공, 콜롬비아, 몽골의 석탄 수출량은 각각 전년 대비 증가한 반면, 미국의 석탄 수출량은 감소하였다.

24. 다음 자료에 대한 해석으로 옳은 것은?

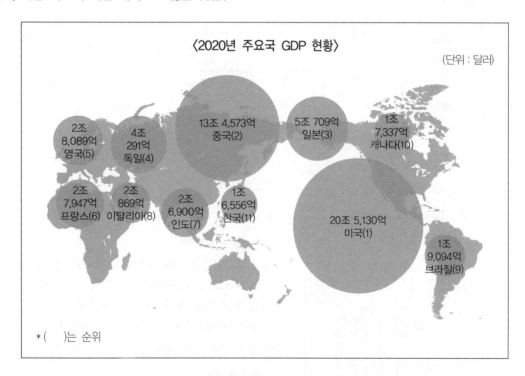

① 모든 대륙에서 최소 한 개국의 GDP가 제시되어 있다.

② 유럽 국가 가운데 가장 많은 GDP를 기록한 나라는 영국이다.

③ 이 자료는 전 세계 GDP 순위 1 ~ 11위의 지표를 제시하고 있다.

④ 한국과 브라질의 GDP 차이는 독일과 일본의 GDP 차이보다 크다.

25. 다음은 2020년 우리나라의 지역별 도서(島嶼) 현황을 나타낸 자료이다. 제시된 조건에 따라 빈칸을 채워 아래의 퍼즐을 완성한다고 할 때, A×B−C+D의 값을 구하면?

〈2020년 우리나라의 지역별 도서 현황〉

구분	도서 수(개)			도서 인구밀도 (명/km²)	도서 면적 (km²)
	합	유인도서	무인도서		
부산	45	3	42	3,613.8	41.90
인천	150	39	111	351.2	119.95
울산	3	0	3	0.0	0.03
경기	46	5	41	168.5	4.65
강원	32	0	32	0.0	0.24
충남	255	34	221	102.5	164.26
전북				159.1	37.00
전남	2,219	296	1,923	104.2	867.10
경북	49	4	45		73.00
경남	537	76	461	110.4	125.91
제주	63	8	55	300.5	15.56
전국		490	3,012	−	1,449.60

※ 도서 인구밀도 = $\dfrac{\text{도서 인구}}{\text{도서 면적}}$

※ 제시되지 않은 지역은 도서가 없다.

〈가로열쇠〉

㉠ 경북지역 도서 인구가 10,702명이라고 할 때, 경북지역의 도서 인구밀도는 □□□.□명/km²이다 (소수점 아래 둘째 자리에서 반올림).

㉡ 전북지역의 도서 수는 총 □□□개이다.

㉣ 전국 도서 수의 총합은 □,□□□개이다.

〈세로열쇠〉

㉠ 부산지역의 도서 인구는 약 □,□□□백 명이다(소수점 아래 첫째 자리에서 반올림).

㉢ 충남지역의 도서당 평균 면적은 0.□□□□km²이다(소수점 아래 다섯째 자리에서 반올림).

㉠	A			
				㉢
㉡		B		
				C
	㉣	D		

① 12   ② 13   ③ 14   ④ 15

26. 다음은 영업팀의 지역(담당자)별 매출 비율을 나타낸 그래프이다. 이에 대한 설명으로 옳은 것을 〈보기〉에서 모두 고르면?

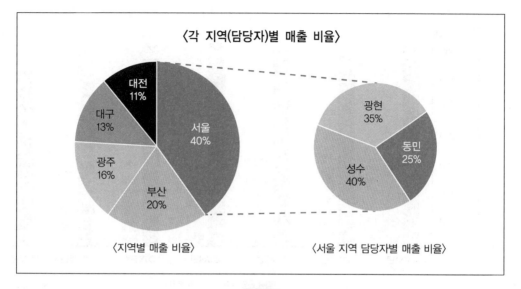

〈각 지역(담당자)별 매출 비율〉

〈지역별 매출 비율〉　　〈서울 지역 담당자별 매출 비율〉

보기

ㄱ. 전체 매출 중 광현이가 차지하는 비중은 13% 미만이다.
ㄴ. 전체 매출 중 동민이가 차지하는 비중은 10% 이상이다.
ㄷ. 전체 매출 중 광현와 동민이가 차지하는 비중은 대구와 대전의 매출 비중의 합보다 작다.
ㄹ. 전체 매출 중 성수가 차지하는 비중은 대구보다 많다.

① ㄱ, ㄴ　　　　　　　　　　② ㄴ, ㄷ
③ ㄴ, ㄹ　　　　　　　　　　④ ㄷ, ㄹ

27. 다음은 20X1 ~ 20X7년의 혼인건수와 이혼건수 추이를 나타낸 것이다. 전년 대비 혼인건수의 변화가 가장 큰 해는 언제인가?

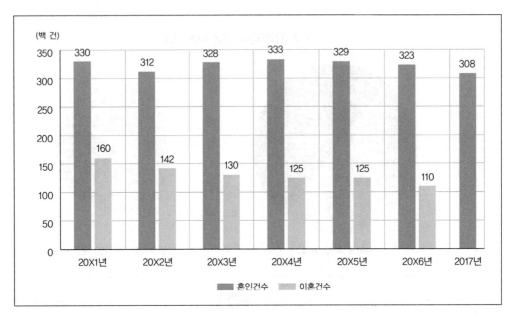

① 20X2년
② 20X3년
③ 20X4년
④ 20X5년

[28 ~ 29] 다음은 연도별 및 지역별 전기차 등록 현황에 대한 그래프이다. 이어지는 질문에 답하시오.

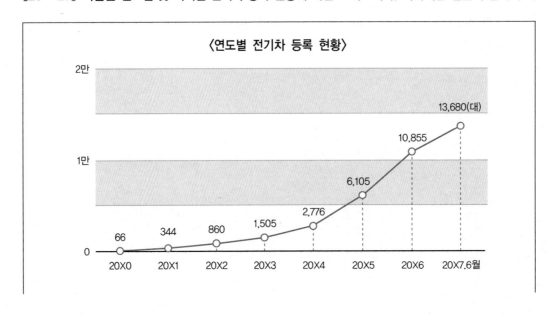

〈연도별 전기차 등록 현황〉

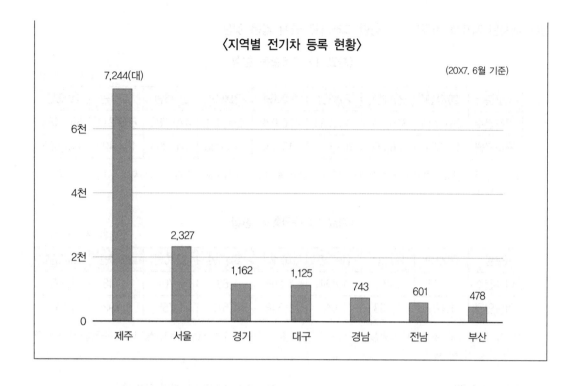

〈지역별 전기차 등록 현황〉

7,244(대)

(20X7. 6월 기준)

6천

4천

2천

2,327

1,162

1,125

743

601

478

0

제주　서울　경기　대구　경남　전남　부산

28. 현재가 20X7년 6월이라고 가정했을 때, 다음 중 옳지 않은 것은?

① 경기와 대구의 전기차 등록 수의 합은 서울의 전기차 등록 수보다 적다.

② 대구의 전기차 등록 수는 부산의 전기차 등록 수의 3배보다 적다.

③ 현재 전체 전기차 등록 수 대비 제주의 전기차 등록 수의 비는 50% 이하이다.

④ 전기차 등록 수가 1,000대가 안 되는 지역의 전기차 등록 수 평균은 600대보다 많다.

29. 전년도 대비 20X5년도 전기차 등록 증가율과 전년도 대비 20X3년도 전기차 등록 증가율의 차이는? (단, 모든 계산은 소수점 아래 첫째 자리에서 반올림한다)

① 30%p
② 35%p
③ 40%p
④ 45%p

30. 제시된 자료를 바탕으로 작성한 그래프로 옳지 않은 것은?

〈자료 1〉 구조활동 현황

(단위 : 건, 명)

구분	20X1년	20X2년	20X3년	20X4년	20X5년	20X6년	20X7년	20X8년
구조건수	281,743	316,776	427,735	400,089	451,051	479,786	609,211	655,485
구조인원	92,391	106,660	102,787	110,133	115,038	120,393	134,428	115,595

※ 구조활동 : 전국 소방관서 상황실에서 119신고 접수 후, 119구조대(구조대원)에게 출동지령을 내려 구조활동을 한 통계

〈자료 2〉 구급활동 현황

(단위 : 천 건, 천 명)

구분	20X1년	20X2년	20X3년	20X4년	20X5년	20X6년	20X7년	20X8년
이송건수	1,148	1,405	1,494	1,504	1,631	1,707	1,748	1,777
이송인원	1,481	1,483	1,546	1,548	1,678	1,755	1,793	1,817

※ 구급활동 : 전국 소방관서 상황실에서 119신고 접수 후, 안전센터 구급대로 출동지령을 내려 구급활동(응급처치 및 이송)을 한 통계

① 〈구조인원〉

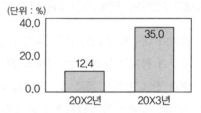

② 〈구조건수(전년 대비 증가율)〉

③ 〈이송인원〉

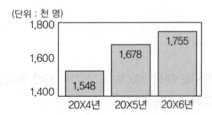

④ 〈이송건수(전년 대비 증가율)〉

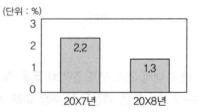

31. A 도시에서는 환경보호를 위한 이산화탄소 감축활동의 장려를 위해 〈정보〉와 같은 기준으로 포인트를 지급하기로 하였다. 봄이네가 획득한 포인트와 그 포인트에 해당하는 금액은?

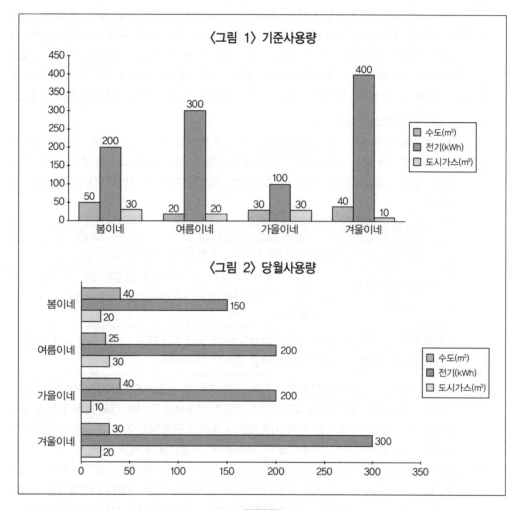

〈그림 1〉 기준사용량

〈그림 2〉 당월사용량

정보

- 수도 $1m^3$를 절약할 때마다 이산화탄소 300g이 감소된다.
- 전기 1kWh를 절약할 때마다 이산화탄소 400g이 감소된다.
- 도시가스 $1m^3$를 절약할 때마다 이산화탄소 3,000g이 감소된다.
- 이산화탄소 10g을 감소시킬 때마다 1포인트를 지급하고, 1포인트당 3원을 지급한다.
- 각 가정에서 사용하는 에너지 사용량이 기준사용량보다 적을 경우에만 포인트를 지급한다.
- 에너지 사용량 초과에 따른 포인트 차감은 없다.

① 5,100포인트, 15,300원
② 5,200포인트, 15,600원
③ 5,300포인트, 15,900원
④ 5,400포인트, 16,200원

32. 자료와 관련된 그래프를 추가하고자 할 때 다음 중 적절한 것은?

러시아 동물의약품 시장은 진단용, 치료용, 백신(예방)으로 구분하고 있다. 러시아 동물의약품 시장은 수입의존도가 여전히 높고 고품질 제품과 백신 제품 시장 세그먼트 발전도가 유럽 수준에 미치지 못하고 있다. 그러나 최근 러시아 동물의약품 시장은 최근 빠른 속도로 발전하고 있다. 이와 관련 축산 및 낙농업 발전 인프라 프로젝트 참여, 수의학 인력 교류 및 기술 협력, 동물의약품 현지화 프로그램 참여 등으로 진출 방법을 다변화할 필요가 있다.

• 러시아 동물의약품 일반 개요

대표적인 동물의약품으로는 살충제, 복용 및 주사 백신약, 항생제를 포함한 치료제 등이 있다. RNC(러시아 동물의약 전문분석기관)에 따르면 2019년 기준 러시아 동물의약품 판매 규모는 206억 루블(약 3억 2,000만 달러)이며, 패키지 기준으로 1억 1,000만 패키지가 판매됐다.

구분	설명
살충제	동물의 체내외에 기생하는 곤충을 죽이기 위한 살충제
수의학 백신 및 주사제	백신의 범위는 소, 돼지, 토끼, 말 등의 각종 질병에 대한 대항성분 포함 주사는 렙토스피라병, 대장균속, 파라티푸스열, 단독(erysipelas) 등의 예방을 목적으로 사용
항생제 함유 약품	동물 및 조류용 항바이러스제 및 동물 체내외 사용을 위해 동물조직에서 추출된 생리활성제를 함유한 생물제제
일정투여량 의약품	

러시아 관구별로 동물의약품의 최대 도매 유통 지역은 중앙시베리아이며 2018년 5월 ~ 2019년 4월 57억 루블(약 9,040만 달러) 규모로 유통됐고 러시아 전체 도매 유통의 38%를 차지하고 있다. 러시아 전 지역 기준으로 살충제와 구충제가 가장 큰 규모로 유통되고 있으나 극동 지역은 백신 판매 규모가 살충제 및 구충제를 앞서고 있다.

최근 러시아 루블화 가치 절하로 수입의존도가 높은 상품은 가격이 오르거나 시장 규모가 축소됐으나 축산업 의약품 시장 규모는 오히려 증가했다. 다만 애완동물용 의약품 시장은 2020년 상반기 동안 전년 동기 대비 21% 감소했다. 축산업 의약품 시장은 해당 기간 4.2% 성장했고 수입은 축산업과 애완동물용 모두 증가했다.

• 러시아 동물의약품 수입 분석

러시아 동물의약품 수입 품목 중 2019년 수입이 크게 증가한 품목은 동물 백신류로 증가율은 25.39%였다. 2020년 1 ~ 5월 수입국 중 점유율이 가장 큰 국가는 네덜란드로 26.82%의 비중을 보였다. 두 번째 점유 국가는 미국(14.09%)이고 한국은 1.02%로 순위는 14위였다. 다만 한국의 전년 동기 대비 수입 증가율은 212.79%를 기록했다. 동물 치료제와 복용 의약품의 한국 수입은 매우 미미한 수준으로 2020년 1 ~ 5월 동안 수입국 순위는 24위와 49위였다. 그러나 동물 치료제 수입 증가율은 23.86%로 러시아 전체 수입이 33.34% 감소했다는 점에서 긍정적 수치를 보였다.

러시아 동물의약품 시장 특성

• 축산업 생산성 제고와 애완동물 시장 확대를 기반으로 최근 빠른 속도로 성장 중
• 수차례의 팬데믹 경험으로 백신 수요 급증
• 수요 대비 러시아 동물의약품 시장의 백신 개발은 다소 부진한 상황
• 조류 혈우병 및 빈혈 전염병 백신, 양돈 위축비염 백신, 돼지 유행성 폐렴 백신, 돼지 장독소혈증 예방 백신, 젖소 유방염 백신 등은 현지에서 생산 불가
• 애완동물 관리 및 치료를 매우 중요시하는 러시아 문화

---

① 〈2020년 1 ~ 5월 수입액 상위 5개국 점유율〉

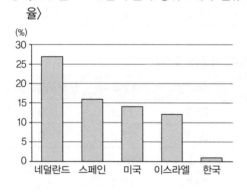

② 〈동물 백신류 수입액 비중〉

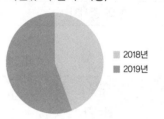

■ 2018년
■ 2019년

③ 〈한국의 동물 백신류 수입액 비중〉

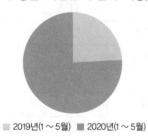

■ 2019년(1 ~ 5월)   ■ 2020년(1 ~ 5월)

④ 〈2020년 1 ~ 5월 전년 동기 대비 러시아의 백신류 수입액 증가율〉

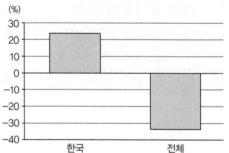

[33 ~ 34] 다음은 개인보호장비 착용의 필요성에 대한 인식 조사 결과이다. 이어지는 질문에 답하시오.

〈종사상 지위별 개인보호장비 착용의 필요성〉

구분	사례수(명)	그렇다(%)	아니다(%)	모름/무응답(%)
고용원이 없는 자영업자	7,709	30.7	69.2	0.1
고용원이 있는 자영업자/사업주	2,998	32.6	67.3	0.1
임금근로자(피고용자)	37,132	28.7	71.2	0
무급가족종사자	2,162	36.6	63.3	0.1
그 외 종사자	204	27.4	69.6	3.1

〈직업별 개인보호장비 착용의 필요성〉

구분	사례수(명)	그렇다(%)	아니다(%)	모름/무응답(%)
관리자	291	25.1	74.9	0
전문가 및 관련종사자	10,027	22.1	77.9	0
사무종사자	9,496	8.3	91.7	0.1
서비스종사자	6,020	29.6	70.3	0.2
판매종사자	6,623	9.1	90.8	0.1
농림어업 숙련종사자	2,725	58.5	41.4	0
기능원 및 관련기능종사자	4,870	62.9	37.1	0.1
장치, 기계조작 및 조립종사자	5,381	48.4	51.6	0
단순노무종사자	4,653	44.7	55.3	0
군인	119	54	46	0

33. 자료에 대한 설명으로 옳지 않은 것은?

① 전체 응답자 수는 50,205명이다.

② 종사상 지위별 개인보호장비 착용의 필요성에 긍정하는 답을 한 응답자 비율은 10%p 이내에서 큰 격차를 보이지 않았다.

③ '그렇다'라고 답한 응답자 비율이 가장 낮은 직업과 가장 높은 직업에서 '그렇다'라고 답한 응답자 수의 차이는 2,600명 이상이다.

④ 서비스종사자 중 '그렇다'라고 답한 응답자는 약 1,782명, '아니다'라고 답한 응답자는 약 4,232명이다.

34. 다음의 ㉠ ~ ㉢에 해당하는 값의 크기를 올바르게 비교한 것은? (단, 모든 계산은 소수점 아래 첫째 자리에서 반올림한다)

㉠ 단순노무종사자가 모두 임금근로자로 분류될 경우, 긍정 응답을 한 임금근로자 중 단순노무종사자의 비율(%)

㉡ 서비스종사자와 판매종사자 두 직업에서 긍정 응답을 한 응답자의 비율(%)

㉢ 무급가족종사자의 50%가 사무종사자로 분류될 경우, 사무종사자 중 부정 응답을 한 무급가족종사자 비율의 최댓값(%)

① ㉠ > ㉡ > ㉢

② ㉠ = ㉡ > ㉢

③ ㉠ > ㉡ = ㉢

④ ㉡ > ㉠ > ㉢

1회 기출예상
2회 기출예상
3회 기출예상
4회 기출예상
5회 기출예상
6회 기출예상
인성검사
면접가이드

[35 ~ 36] 다음은 재난적 의료비 지원제도에 관한 설명이다. 이어지는 질문에 답하시오.

- 재난적 의료비 지원제도란?
  소득수준 대비 과도한 의료비 지출로 경제적 어려움을 겪는 가구의 의료비 부담을 덜기 위해 본인
  부담의료비 총액이 아래 표에 제시된 의료비 부담수준 초과 시 의료비의 일부를 지원하는 제도

- 소득 및 재산 기준
  - (대상) 기준중위소득 100% 이하(소득하위 50%) 대상
  - (소득) 가구원수(동일 주민등록주소)별 건강보험료를 기준으로 적합 여부 판정
  ※ 기준 미충족 시 지원대상에서 제외됨.

- 의료비 부담수준   (단위 : 원)

소득구간	인원수	소득액	보험료			의료비 부담수준
			직장	지역	혼합	
기초생활수급자, 차상위계층						1,000,000
50% 이하	1인	933,000	32,110	7,060	33,300	2,000,000
	2인	1,520,000	52,310	11,070	52,600	
	3인	1,938,000	66,670	22,600	66,850	
	4인	2,396,000	82,440	50,930	83,250	
	5인 이상	2,823,000	97,130	81,380	98,210	
50% 초과 70% 이하	1인	1,260,000	43,350	9,800	44,220	2,200,000
	2인	2,096,000	72,130	31,550	72,910	3,700,000
	3인	2,721,000	93,650	73,960	94,610	
	4인	3,350,000	115,300	107,530	116,530	
	5인 이상	3,940,000	135,600	129,930	137,250	
70% 초과 85% 이하	1인	1,520,000	52,310	11,070	52,600	2,700,000
	2인	2,566,000	88,310	63,780	89,180	4,600,000
	3인	3,310,000	113,920	107,530	115,300	
	4인	4,039,000	138,990	134,280	140,580	
	5인 이상	4,797,000	165,070	166,370	166,900	
85% 초과 100% 이하	1인	1,764,000	60,680	13,990	61,260	3,100,000
	2인	2,994,000	103,050	93,350	104,040	5,300,000
	3인	3,891,000	133,900	128,090	135,600	
	4인	4,797,000	165,070	166,370	166,900	
	5인 이상	5,669,000	195,110	203,130	198,310	

㉠ 기준중위소득 100%에 해당하는 1인 가구 직장가입자의 월 건강보험료가 60,680원 이하이고 본인부담의료비가 310만 원 초과 발생 시 지원대상

㉡ 기초생활수급자, 차상위계층은 월 건강보험료에 관계없이 본인부담의료비가 100만 원 초과 발생 시 지원대상

• 지원내용
　－ 지원일수 : 질환별 입원진료 일수와 외래진료 일수의 합이 연간 180일 이내
　－ 지원금액 : 연간 2천만 원 내에서 본인부담상한제 적용을 받지 않는 본인부담금의 50%

> 지원금액 =
> (본인부담의료비 － 국가·지방자치단체 지원금, 민간보험금(정액·실손), 민간후원금 등) × 50%

구분	가구원수	소득액	가구별 건강보험료	본인부담 의료비	외부(국가·지방자치단체 지원금, 민간보험금, 민간후원금 등) 지원금	비고
A	1인	60만 원	(지역) 6천 원	95만 원	30만 원	기초생활수급자
B	2인	200만 원	(직장) 8만 원	650만 원	15만 원	
C	1인	170만 원	(직장) 4만 원	450만 원	10만 원	
D	3인	350만 원	(직장) 11만 원	550만 원	60만 원	

35. A ～ D 중 재난적 의료비 지원금액이 가장 많은 사람은? (단, 표에 제시되지 않은 정보는 고려하지 않는다)

① A ② B
③ C ④ D

36. (35와 이어짐) 재난적 의료비 지원금액이 가장 많은 사람이 지원 이후 최종적으로 부담해야 하는 의료비는 얼마인가?

① 3,175,000원 ② 2,600,000원
③ 2,450,000원 ④ 2,200,000원

[37 ~ 38] 유통전문회사인 한 대형마트 전략팀에서 PB 제품에 대한 소비자 인식 평가를 조사하고 있다. 이어지는 질문에 답하시오.

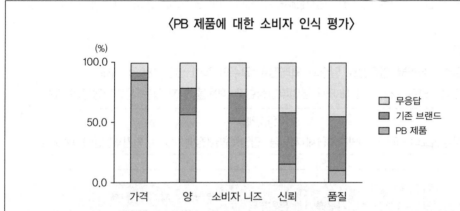

〈PB 제품에 대한 소비자 인식 평가〉

※ 기존 브랜드와 PB 제품을 대비하여 더 선호하는 쪽을 선택하도록 함.

〈PB 제품 구매 현황〉

   PB 제품을 가장 많이 구입하는 장소는 대형할인마트(84.6%, 중복응답)이고 편의점(28.6%)과 대형슈퍼(22.5%)의 PB 제품 구입도 적지 않은 편이었다. 다만 모든 연령대가 고른 대형할인마트(20대 77%, 30대 81.2%, 40대 91.4%, 50대 85.5%)와는 달리 편의점은 20대의 비중이 확연하게 높았다(20대 55.6%, 30대 33.2%, 40대 13.7%, 50대 14%). 유통채널에 상관없이 소비자들이 주로 찾는 PB 제품은 대체로 비슷하였다. 대형할인마트에서 구매가 많은 PB 제품은 과자류(41%, 중복응답), 유제품(38.5%), 생활용품(31.2%), 라면류(30.6%), 생수(29.3%) 순이었다. 편의점은 과자류(34.8%, 중복응답)의 구입 비중이 매우 높고 유제품(32.9%)과 생활용품(30.2%), 라면류(27.8%), 생수(26.2%)의 구입이 많은 것은 비슷했다. 대형슈퍼에서도 유제품(43.5%, 중복응답)과 과자류(41.8%), 생활용품(33.3%), 생수(32.2%), 라면류(30.5%) 등을 많이 찾았다.

〈PB 제품 개선 필요사항(중복응답)〉

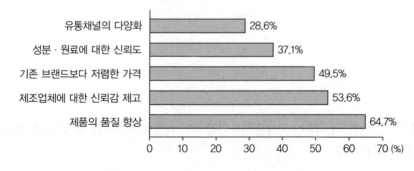

37. 다음은 조사 결과를 보고 전략팀 사원들이 나눈 대화이다. 옳게 설명한 사람을 모두 고르면?

A : PB 제품의 제조업체에 대한 신뢰도가 개선되어야 한다고 응답한 사람은 전체 응답자의 절반 이상입니다.

B : 대형할인마트가 전체 PB 제품 판매량의 80% 이상을 차지할 정도로 편중된 유통채널을 보다 확충하는 것도 PB 제품 활성화를 위해 중요합니다.

C : PB 제품이 기존 브랜드에 비해 경제성 측면에서 선호되지만 여전히 가격이 현재보다 개선될 필요가 있다고 대답한 응답자도 절반을 넘었습니다.

D : 품질은 PB 제품 개선 필요 부분에서 1위일 뿐만 아니라 고객들이 기존 브랜드를 선호하는 가장 중요한 이유이므로 경쟁력 제고를 위해 반드시 개선되어야 합니다.

① A, B
② A, D
③ B, C
④ B, D

38. 보고서를 작성하기 위하여 〈PB 제품 구매 현황 자료〉를 활용하여 만든 그래프 중 옳지 않은 것은?

① 〈대형할인마트 연령별 PB 제품 구매율〉

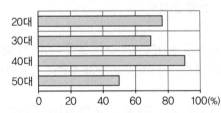

② 〈편의점 연령별 PB 제품 구매율〉

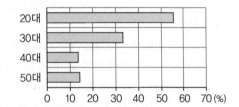

③ 〈대형할인마트 품목별 PB 제품 구매율〉

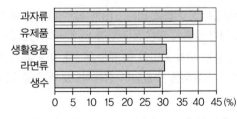

④ 〈편의점 품목별 PB 제품 구매율〉

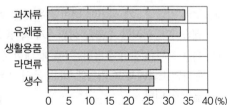

[39 ~ 40] 다음 상황을 보고 이어지는 질문에 답하시오.

A 국가 X 기업과 B 국가 Y 기업은 석유제품을 수출하는 기업으로 각 기업 모두 7개 국가와 무역활동을 하고 있다. X 기업에 입사한 P 사원과 Y 기업에 입사한 R 사원은 자신이 속한 기업과 상대 기업의 석유제품 수출 현황을 분석하고 있다.

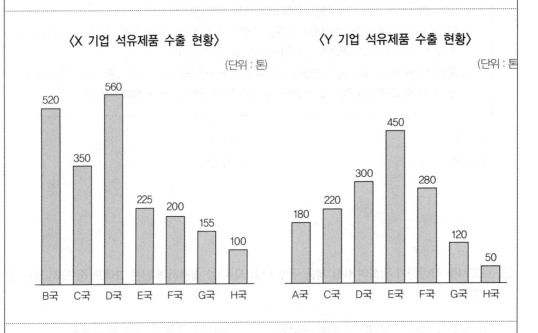

〈X 기업 석유제품 수출 현황〉   〈Y 기업 석유제품 수출 현황〉

(단위 : 톤)

〈석유제품 수출 현황 분석〉

- **P 사원**
  ㉠ 우리 기업의 7개 국가에 대한 석유제품 수출량은 총 2,110톤입니다. 수출량 상위 3개 국가는 B국, C국, D국이며 이들 국가에 대한 수출량의 합은 1,430톤으로 전체 수출량 합의 70%에 조금 못 미치는 것으로 나타났습니다.
  ㉡ Y 기업의 석유제품은 우리나라와의 무역에서 340억 달러 적자를 내고 있습니다. 그리고 우리 기업에 비해 E국과 G국에 대한 수출량이 더 많은 것으로 나타났습니다.

- **R 사원**
  ㉢ 우리 기업의 7개 국가에 대한 석유제품 수출량은 X 기업에 비해 510톤 적은 1,600톤을 기록 했습니다. 하지만 수출량 상위 3개 국가에 대한 수출량 합은 X 기업에 비해서 더 많았습니다.
  ㉣ 최근 경제 성장이 주목되는 E국에 대한 수출량은 우리 기업이 더 많았습니다. 이 추세가 지속 된다면 E국에서 X 기업에 비해 우리 기업의 석유제품 수출량이 상대적으로 우위를 점하게 될 것입니다.

39. P 사원과 R 사원이 분석한 〈석유제품 수출 현황 분석〉에서 옳은 내용을 모두 고르면?

① ㉠, ㉡

② ㉠, ㉣

③ ㉡, ㉣

④ ㉢, ㉣

40. P 사원은 X 기업이 Y 기업보다 석유제품 수출량의 우위를 점하고 있음을 보여주기 위하여 상대적 우위에 있는 국가들을 대상으로 수출량 점유율을 그래프로 정리하였다. 다음 중 옳은 것은? (단, 각국은 X 기업과 Y 기업의 제품만을 수입한다고 가정한다)

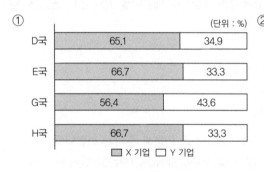

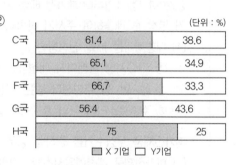

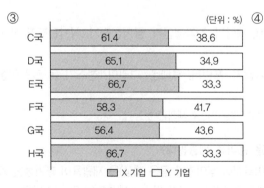

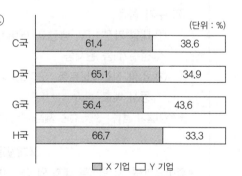

41. 다음은 재활용 쓰레기 배출방법과 관련하여 ○○공사 관사 건물에 내려온 지침이다. 지침에 따라 쓰레기를 바르게 배출한 직원은?

<재활용 쓰레기 배출방법>

- 유리병 : 병뚜껑 제거 후 내용물을 비우고 배출
- 형광등, 건전지 : 별도 수거함에 배출
- 플라스틱류 : 내용물을 비우고 부착상표 제거 후 압착하여 배출
- 스티로폼류 : 이물질 제거 후 배출, 컵라면과 생선받침용 색깔 스티로폼은 종량제 봉투에 담아 배출
- 비닐류 : 이물질을 씻은 후 봉투에 담아서 배출
- 캔, 고철류 : 내용물을 비우고 압축 후 배출

※ 단, 부탄가스, 살충제 용기는 구멍을 뚫은 후 배출

<폐가전 배출 방법>

- 2020년 1월 1일부터 폐가전 배출 시 수수료가 부과되어 배출번호 기재 또는 폐기물 스티커 부착 후 배출하여 주시기 바랍니다.
  (1) 대형폐기물 배출 신청방법
  ① ○○시청 홈페이지 대형폐기물 배출 신청
  ② 읍, 면, 동 주민센터 방문 신청
  ③ 수수료스티커 구입 후 전화 접수

- 폐가전제품 무상수거를 원하실 경우 아래의 서비스를 이용해 주시기 바랍니다.
  (1) 폐가전제품 배출예약시스템 : 전화 문의 및 홈페이지(www.15990903.or.kr) 접수
  (2) 수거 품목
  ① 대형 가전 : TV, 냉장고, 에어컨, 세탁기, 전자레인지, 공기청정기, 식기건조기, 냉온 정수기 등 완제품
  ② 소형 가전 : 노트북, 오디오, 가습기, 프린터, 휴대폰, 다리미, 청소기 등 5개 이상 동시 배출
  ※ 수거불가 품목 : 원형 훼손 제품, 주방기구, 러닝머신을 제외한 운동기구 등

<재활용 종이류 배출안내>

- 종이류 배출 시 협잡물(폐지 외 다른 이물질이 섞이거나 묻은 제품)은 재활용이 불가능한 품목으로 수거가 거부되오니 재활용품 배출 시 각별히 신경 써 분리배출하여 주시기 바랍니다.
- 배출금지 협잡물은 종량제봉투에 버려주시기 바랍니다. (도배지, 스티커, 화장지, 물티슈, 코팅종이, 영수증, 테이프 붙은 종이 등)

<분리수거 시간>

- 일요일 7시 ~ 15시 30분(단, 전날 18시 이후로 쓰레기를 문 앞에 내놓는 행위는 가능)

① 주영 : 사용한 부탄가스의 내용물을 비우고 압축한 후 그대로 갖다버렸어.

② 선호 : 냉장고를 무상으로 버리기 위해 시청에 전화해서 무상수거를 신청했어.

③ 다솜 : 토요일 밤 10시에 배출할 쓰레기를 문 앞에 내놨고 일요일 오후 3시에 갖다버렸어.

④ 지호 : 노트북, 오디오, 가습기, 휴대폰, 덤벨을 동시에 배출하는 경우에 www.15990903.or.kr 에 신청하면 무상으로 수거가 가능하겠구나.

42. 다음은 어느 기업 직원 명단의 일부이다. 직원 명단과 〈정보〉를 바탕으로 추론할 때 적절하지 않은 것은?

영업팀(8)		재무팀(7)		홍보팀(5)	
이름/직급	사원번호	이름/직급	사원번호	이름/직급	사원번호
최◇◇/팀장	S09001	박◇◇/팀장	F08001	김◇◇/팀장	P08001
이◇◇/과장	S14002	이◇◇/과장	F13002	유◇◇/과장	P13002
방◇◇/대리	S17003	장◇◇/대리	F16003	정◇◇/사원	P18003
민◇◇/사원	S18004	이◇◇/사원	F18004	최◇◇/사원	P19004
조◇◇/사원	S19005	서◇◇/사원	F19005	문◇◇/사원	P20005
김◇◇/사원	S19006	권◇◇/사원	F20006		

정보

• 재무팀 팀장과 홍보팀 팀장의 입사년도는 같다.

• 홍보팀 문 사원은 가장 최근에 입사했다.

• 가장 최근에 입사한 직원은 총 4명이다.

• 사원번호는 팀별 순차적으로 부여받는다.

① 사원 직급이 가장 많은 팀은 영업팀이다.

② 영업팀의 가장 뒷번호를 받은 직원의 사원번호는 S190008이다.

③ 2018년에 입사한 직원은 총 3명이다.

④ 재무팀의 남은 직원의 사원번호는 F20007이다.

43. 영업부 직원인 홍길동은 회의실을 예약하라는 상사의 지시를 받았다. 〈회의실 예약 조건〉과 〈회의실 예약 현황〉이 다음과 같을 때, 홍길동이 예약할 회의실의 요일과 시간으로 옳은 것은?

〈회의실 예약 조건〉

- 12 : 00 ~ 14 : 00은 점심시간으로 회의 불가
- 회의 시간은 3시간이 걸릴 것으로 예상되며 회의는 끊기지 않고 지속하여야 함.
- 회의에는 김 부장, 유 과장, 이 대리, 박 대리, 최 사원 중 3명 이상이 참여해야 함(단, 가능한 날짜와 시간이 여러 개라면 가장 많은 사람이 참여할 수 있는 시간을 선택)
- 김 부장 : 월요일 재택근무, 목요일 휴가
- 유 과장 : 월요일부터 수요일까지 휴가
- 박 대리 : 화요일부터 금요일까지 출장
- 최 사원 : 수요일부터 목요일까지 출장
- 금요일 오후는 직원 전체 워크숍으로 회의 진행 불가

〈회의실 예약 현황〉

- 월요일 14 : 00 ~ 16 : 00, 화요일 09 : 00 ~ 11 : 00, 목요일 10 : 00 ~ 12 : 00 총무팀 예약
- 화요일 오후 ~ 수요일 오전에 회의실 공사

(단, 오전은 09 : 00 ~ 12 : 00, 오후는 14 : 00 ~ 18 : 00을 의미한다)

	월	화	수	목	금
09 : 00 ~ 10 : 00					
10 : 00 ~ 11 : 00					
11 : 00 ~ 12 : 00					
12 : 00 ~ 13 : 00					
13 : 00 ~ 14 : 00					
14 : 00 ~ 15 : 00					
15 : 00 ~ 16 : 00					
16 : 00 ~ 17 : 00					
17 : 00 ~ 18 : 00					

① 월요일 9 : 00 ~ 12 : 00
② 수요일 15 : 00 ~ 18 : 00
③ 목요일 14 : 00 ~ 17 : 00
④ 금요일 9 : 00 ~ 12 : 00

44. 다음은 원자력발전소 방사선 비상조치 및 대응조치에 관한 매뉴얼이다. 자료를 읽고 Q&A를 진행할 때 질문에 대한 대답으로 가장 적절하지 않은 것은?

구분	정의	대응조치
백색비상	• 방사성물질의 밀봉상태에서의 손상 또는 원자력 시설의 안전상태 유지를 위한 전원공급기능에 손상이 발생하거나 발생할 우려가 있는 등의 사고 • 방사선 영향이 원자력 시설 건물 내에 국한될 것으로 예상되는 비상사태	• 비상발령보고, 상황전파 • 사고확대방지응급조치 • 원자력사업자 비상대응 시설의 운영 • 지역방재대책본부 발족운영(상황실 및 연합 정보센터)
청색비상	• 백색비상에서 안전상태로의 복구기능의 저하로 원자력 시설의 주요 안전기능에 손상이 발생하거나 발생할 우려가 있는 사고 • 방사선 영향이 원자력 시설 부지 내에 국한될 것으로 예상되는 비상사태	• 백색비상 대응조치 수행 • 원자력사업자 비상대책 본부 발족 운영 • 중앙방사능방재대책본부 발족 운영 • 현장방사능방재지휘센터 발족 운영 • 기술 및 의료 지원 조직 운영 • 지역방재대책본부 확대 운영
적색비상	• 노심의 손상 또는 용융 등으로 원자력 시설의 최후방벽에 손상이 발생하거나 발생할 우려가 있는 사고 • 방사선 영향이 원자력 시설 부지 밖에도 미칠 것으로 예상되는 비상상태	• 청색비상 대응조치 수행 • 방사능재난 발생 선포 검토 • 원자력 시설 주변 주민에 대한 보호조치 실시

Q : 지진이 발생하여 방사성물질의 밀봉상태가 손상되는 사고가 발생할 것이 우려된다면 어떤 조치를 내려야 할까요?

A : ① 우선 백색비상 조치를 발령하고 상황을 알려야 합니다. 또한 사고가 확대되지 않도록 방지하는 응급조치가 필요합니다. ② 이 경우 상황실과 연합 정보센터를 구축하여 지역방재대책본부를 운영하는 것이 급선무입니다.

Q : 이 상태에서 안전상태로의 복구기능이 저하되어 원자력 시설의 주요 안전기능에 큰 손상이 추가적으로 발생한다면 어떠한 조치가 필요할까요?

A : ③ 원자력사업자 비상대응 시설을 운영하고 원자력사업자 비상대책본부를 발족하여 운영해야 합니다. 또한 중앙방사능방재대책본부와 현장방사능방재지휘센터를 발족하여 운영합니다. ④ 더불어 원자력 시설 주변 주민에 대한 보호조치를 실시하여 주민들을 보호하는 데 힘써야 합니다.

45. 서울과 대구에 지사를 두고 있는 T 회사 총무팀에서 근무하는 Y 사원은 두 지사에서 워크숍과 출장에 필요한 교통편 예약 및 지불 업무를 담당하고 있다. 다음 내용에 따른 출장 기간 동안 S 과장의 총 운임 비용은? (단, 다른 요구 사항이 없을 경우 항공편은 이코노미석으로 예약한다)

〈국내선 항공 운임표〉

(단위 : 원)

구분 노선	이코노미석		비즈니스석	
	할인	기본	할인	기본
김포 - 제주	82,000	95,000	142,000	155,000
부산 - 제주	64,000	73,000	124,000	133,000
광주 - 제주	56,000	65,000	116,000	125,000
청주/대전 - 제주	72,000	83,000	132,000	143,000
대구 - 제주	70,000	81,000	130,000	141,000
울산 - 제주	69,000	79,000	129,000	139,000
여수/순천 - 제주	57,000	66,000	117,000	126,000
김포 - 부산	70,000	81,000	130,000	141,000
김포 - 울산	69,000	79,000	129,000	139,000
김포 - 여수/순천	70,000	82,000	130,000	142,000
김포 - 포항	65,000	75,000	125,000	135,000
광주 - 김포	61,000	70,000	121,000	130,000
인천 - 제주	111,000	111,000	171,000	171,000
인천 - 대구	79,000	79,000	139,000	139,000

※ 성인 1인 편도 운임 기준(유류 할증료 및 공항 이용료 포함)

※ 할인 운임은 월 ~ 목요일, 기본 운임은 금 ~ 일요일에 적용

※ 부가가치세 10% 미포함 가격임.

〈울산 터미널 광주행 시간/운임표〉

출발지	도착지	경유지	운행 회사
울산	광주	직행 (DIRECT)	△△고속, ○○고속, ☆☆고속

출발 시간
07 : 40, 08 : 30, 09 : 20, 10 : 10, 11 : 00, 11 : 40, 12 : 20, 13 : 00, 13 : 40, 14 : 20, 15 : 00, 15 : 40, 16 : 20, 17 : 00, 17 : 40, 18 : 20, 19 : 00, 19 : 40(심야 노선 23 : 40, 24 : 40)

요금				
도착지	일반	중고생	초등생	보훈
광주	21,100원	14,800원	10,600원	14,800원

심야 요금				
도착지	일반	중고생	초등생	보훈
광주	23,200원	16,900원	11,600원	16,200원

S 과장 : 안녕하세요. Y씨. 제가 내일 급하게 울산에 출장을 가게 되어서 비행기와 버스 예약 좀 부탁할게요.

Y 사원 : 네, 알겠습니다. 비행기는 어디서 몇 시에 출발하는 걸로 예약할까요?

S 과장 : 김포 공항에서 출발하거든요. 아침 9시에서 10시 사이에 울산으로 출발하는 비행기를 예약해 주세요.

Y 사원 : 네. 그럼 내일 울산에서 하루 숙박하고 오시는 건가요?

S 과장 : 아니요, 모레 광주에서 거래처 직원과 만나기로 약속을 해서, 울산 공장에서 일 마치는 대로 고속버스를 타고 광주로 이동했다가 광주에서 김포로 비행기를 타고 올 예정입니다.

Y 사원 : 일정이 빡빡하네요. 그럼 울산에서 늦게 출발하시는 거 아니에요?

S 과장 : 아무래도 그럴 것 같은데, 울산 터미널에 알아보니 밤 11시 40분에 떠나는 버스가 있다고 해서 그걸 타고 가려고 합니다.

Y 사원 : 아, 힘드시겠어요. 그럼 광주에서 김포로 오는 비행기 시간은 어떻게 할까요?

S 과장 : 저녁 6시쯤 출발하는 비행기로 부탁드립니다.

Y 사원 : 알겠습니다. 그럼 이제 출장 다녀오신 다음 날인 목요일에나 뵙겠네요.

S 과장 : 그렇겠네요. 고마워요.

① 158,500원
② 166,200원
③ 171,200원
④ 180,700원

46. 문제해결의 관점에서 (가), (나), (다)를 분석한 것으로 적절한 것은?

(가) 내가 만난 크리에이터 모두에게 유튜브는 새로운 기회를 주는 문이었고, 무한한 기회의 장이었다. 그러나 이들 중 누구도 어릴 적 꿈이 유튜버였던 사람은 없다. 그럴 수밖에 없는 것이 유튜브가 한국어 서비스를 시작한 때가 2008년이고, 한국에서 인기를 끌기 시작한 것은 불과 3～5년도 채 되지 않았기 때문이다. 말 그대로 유튜버란 직업 자체가 모두에게 생소했다. 이들에게 뛰어난 엔터테이너적 재능이나 영상 편집 실력이 있는 것은 아니었다. 평범한 사람들과 다를 바 없었던 이들이 유튜브에서 크게 성공할 수 있었던 이유는 어쩌면 일찍이 유튜브라는 기회를 알아본 통찰력과 도전하는 용기가 있었기 때문이지 않을까?

(중략)

(나) 유튜브는 10분 이상의 영상 중간에 유튜버가 자유롭게 광고를 붙일 수 있게 해 준다. 광고의 개수는 유튜버가 직접 정할 수 있으며 당연히 광고가 많이 붙으면 조회 수 1,000회당 노출 비용을 뜻하는 CPM이 높을 수밖에 없다.

　유튜버 [△△야 놀자]는 말했다. "가능하면 재미있고 길게 만들어야죠. 아이들은 평균 영상 시청 시간이 3～4분이라고 하는데, 예전에 작심하고 재미있게 15분짜리 영상을 만든 적이 있어요. 그랬더니 시청 시간이 9분까지 나오더라고요. 조회 수 1회당 수익이 5원까지 나왔어요. 그래서 수익을 높이려면 조회 수가 안 나오더라도 영상을 길게 만들 필요하다는 것을 알았어요." 영상에 광고를 삽입할 때는 10분짜리 영상을 기준으로, 건너뛸 수 없는 광고를 1개 붙이거나 건너뛸 수 있는 광고를 2개 정도 붙이는 것이 적당하다. 지나친 광고는 시청자를 이탈하게 만든다는 사실을 기억해야 한다.

(중략)

(다) 특히 유튜브는 유행의 주기가 일주일 정도로 매우 짧아 일주일만 지나도 사람들이 지난 키워드에 대해 검색을 하지 않는다. 트렌드 변화 속도가 엄청나게 빠른 것이다. 예를 들어, 오늘 인기 있는 주제로 영상을 찍었는데 2～3주 있다가 올리면 그 영상은 묻히고 만다. 가급적이면 오늘 찍어 내일 올리는 시스템이 트렌드 검색에 가장 활발하게 노출될 수 있다.

---

① (가)에서는 문제와 핵심어를 나열하고 있다.

② (가)에서는 문제를 인식하며 해결해야 하는 문제를 규정하고 있다.

③ (나)에서는 문제에 대한 답변을 제시하며, '시청자 유인 요인'에 관한 내용을 다루고 있다.

④ (다)에서는 문제에 대한 답변을 제시하며, '시기'에 관한 내용이 중심이다.

[47 ~ 48] 주주총회 기념품을 준비하라는 업무를 받은 L 씨는 4개의 업체로부터 견적 내용을 받았다. 주어진 내용을 바탕으로 이어지는 질문에 답하시오.

〈품목별 권장소비자가격〉

품목	USB	열쇠고리	볼펜
단가	9,000원	5,000원	4,000원

〈업체별 판매금액〉

업체 \ 품목	USB	열쇠고리	볼펜	추가할인
A	8,100원	4,500원	3,600원	USB 5% 할인
B	9,000원	4,000원	3,600원	열쇠고리 5% 할인
C	7,200원	4,500원	4,000원	볼펜 5% 할인
D	8,100원	4,500원	3,200원	개당 100원 할인

〈기념품 준비 사항〉

• 모든 기념품은 같은 업체에서 준비해야 한다.
• USB 10개, 열쇠고리 20개, 볼펜 10개를 준비해야 한다.
• 추가할인은 업체별 판매금액을 기준으로 적용한다.

47. 다음 중 전체 할인율이 가장 높은 업체는?

① A ② B
③ C ④ D

48. 가장 높은 할인율을 가지기 위해 B 업체가 선택할 조건으로 올바른 것은?

① 볼펜 5% 할인을 추가한다.
② USB 4% 할인을 추가한다.
③ 열쇠고리 할인율을 8%로 올린다.
④ 열쇠고리 할인을 없애고 개당 150원 할인을 적용한다.

[49 ~ 50] 다음 〈시설 공사계획〉을 보고 이어지는 질문에 답하시오.

〈시설 공사계획〉

1. 산림공원 내 시설 확장
   - 차량 진·출입을 원활히 하도록 각 출입문 도로 확장 및 주차장 배치
   - 공원 출입구 주변에 관리사무소 및 진입광장을 배치하여 이용객 안내 및 만남의 장소 제공
   - 산림공원 내부에 국악 공연장, 동상, 자연박물관을 적정 위치에 배치
   - 공원 동쪽에 있는 기존의 대나무 숲 최대한 보존
   - 화장실, 벤치, 그늘막 등의 이용객을 위한 공원 내 편의시설을 적절한 위치에 배치

2. 한지체험박물관 건설
   - 청소년과 지역 주민들이 쉽게 접근할 수 있도록 주거지역과 인접한 곳에 건설
   - 박물관 혹은 기념관과 프로그램 연계를 위해 간접 지역에 건설
   - 산림공원 이용객이 접근하기 쉽도록 산림공원의 대나무 숲과 연결도로 확장
   - 산림공원 연결로를 통한 산림공원 내차 주차장 공동 이용
   - 한지 공장에서 물품 공수를 위해 이용도로 확장

3. 도시 외곽 체육시설 건설
   - 강변 운영으로 수영장과 수상 스포츠 시설 시공
   - 원활한 차량 출입을 위해 순환도로와 연결된 출입로를 확장하고 주차장 배치
   - 인접 산의 암벽 지역에 자연 암벽장 시공
   - 암벽장 내에 강의용 건물을 적정 배치하고 내부에 강의용 인공 암벽장 배치
   - 자연 암벽장의 이용에 불편점이 없도록 공간 확보
   - 이용객들의 휴식을 위해 수변 공원 및 편의시설 배치

---

49. 본 공사계획에는 각각 다른 건설사가 각 사업을 진행한다. 〈건설사 시공 가능내역〉을 참고하였을 때 다음 중 참여하지 않을 건설사는?

〈건설사 시공 가능내역〉

건설사	주차장	도로 확장	공용 편의시설	수상스포츠 시공	암벽장	건축물
갑	X	O	X	O	X	X
을	O	O	X	X	O	O
병	O	O	O	X	X	O
정	O	O	O	O	O	O

① 갑　　　　　　　　　　② 을
③ 병　　　　　　　　　　④ 정

50. 다음은 건설 부지 명단과 입지 여건이다. 〈시설 공사계획〉과 입지 여건을 참고하여 우선순위가 가장 낮은 부지끼리 짝지어 진 것은?

	입지 여건
A 부지	• 동쪽으로 일반 주거 지역과 역사박물관이 있으며, 서쪽으로 산림 공원과 맞닿음. • 북쪽으로 청소년 수련원 및 골프연습장이 위치함.
B 부지	• 자연녹지 지역으로 폭 12m 도로와 접하고 있으며, 산림 공원 내 위치함. • 서쪽에 스쿨존이, 남쪽에는 주거 지역 및 상업 지역과 인접해 있음. • 동쪽으로 대나무 숲이 위치함.
C 부지	• 자연녹지 지역이며 일반 주거 지역 내부에 있음. • 외곽 순환 도로와 접해 있음. • 서쪽과 남쪽에 강을 따라 농장 및 논과 밭이 있음.
D 부지	• 일반 주거 지역 내부에 있으며, 서쪽에 고등학교, 중학교, 한지 공장이 있음. • 강변에 위치하여 순환 도로와 접해 있음. • 서쪽에 대나무 숲이 위치함.
E 부지	• 도시 외곽에 위치한 자연 녹지 지역으로 서쪽으로 순환도로가 있음. • 남쪽으로 절이 위치하며, 북쪽으로 강이 흐르고 있음. • 부지 동남쪽으로 △△산 자연 암벽 지형이 있음. • 부지 내에 공터 및 주차장이 조성되어 있음.

① A, B　　　　　　　　　② A, C
③ C, D　　　　　　　　　④ D, E

[51 ~ 52] 다음 자료를 바탕으로 이어지는 질문에 답하시오.

○○공사에 근무하는 박 사원은 사업장 현장 안전실태 점검 관련 업무를 담당하고 있다.

〈자료 1〉 사업장 현장 안전실태 점검 대상 목록

사업장	점검 가능 시간대	비고	사업장	점검 가능 시간대	비고
A	종일		H	오후	3시 이전
B	오전	11시 이전	I	종일	
C	오전		J	종일	
D	오후	4시 이후	K	오후	
E	오후		L	오후	
F	오후	2시 이전	M	오후	3시 이전
G	오전		N	오후	

〈자료 2〉 사업장 위치 지도

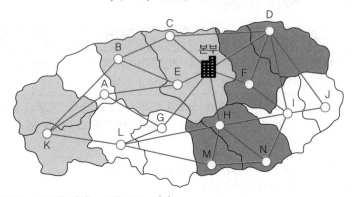

※ 사업장을 연결하는 도로의 길이는 모두 20km이다.

〈자료 3〉 사업장 안전실태 점검 담당지역

사원	담당지역(음영)
윤 사원	
이 사원	
전 사원	

51. 박 사원은 사업장 안전실태 점검 일정을 정리하고 있다. 제시된 자료를 모두 참고하였을 때 가장 바르게 작성된 일정은?

① 이 사원 : E-K-B-C
② 이 사원 : C-E-B-K-G
③ 전 사원 : A-G-L-I-J
④ 전 사원 : L-G-A-F-I-J

52. 박 사원은 〈출장 여비 지급지준〉을 참고하여 윤 사원에게 지급할 여비를 계산하려고 한다. 윤 사원이 연비가 20km/L인 자동차를 이용하여 60km/h의 속력으로 본부에서 출발하여 모든 해당 사업장을 둘러보고 본부로 돌아왔다면, 윤 사원이 받게 될 출장 여비는 얼마인가? (단, 사업장별로 안전실태 점검에 걸리는 시간은 10분이며, 이동 시에는 가장 짧은 경로를 이용한다)

〈출장 여비 지급기준〉

1. 식대
   점심시간(11시 30분 ~ 12시 30분)에 해당하는 시간에 출장 업무를 수행해야만 하는 경우
   1인당 식대 7,000원을 지급한다.

2. 유류비
   리터당 1,500원의 유류비를 지급한다.

---

① 10,500원
② 13,500원
③ 17,500원
④ 20,500원

[53 ~ 54] GH 보험사의 보험 상품 설계팀은 보험 상품의 다각화를 위하여 반려견과 반려묘 대상의 신규 상품을 개발하여 출시하였다. 다음 자료를 바탕으로 이어지는 질문에 답하시오.

1. 상품 특징 : 반려견 및 반려묘의 질병·상해로 인한 입원, 통원 치료 등과 같은 목적으로 보호자가 전국 모든 동물병원에서 부담한 비용의 실비 보상
2. 가입 대상 : 최초 가입은 생후 91일 이후부터이며 만 8세 이하의 반려견과 반려묘만 가입 가능. 재가입의 경우 만 10세 이하의 반려견과 반려묘만 가입 가능
3. 보험가입기간 : 가입 후 3년마다 자동으로 계약갱신 가능하며 최장 20년 동안 보장
4. 보험 유형

유형	보장 내역	보험금 지급액	월 납부액
A	– 통원 의료비 보장(실속형) – 입원 의료비 보장	1일 10만 원 한도	18,000원
A	– 3대 질환 관련 수술* 의료비 보장(기본형)	1회 100만 원 한도 (연 최대 350만 원 한도)	18,000원
B	– 통원 의료비(기본형) – 입원 의료비 보장	1일 15만 원 한도	21,000원
B	– 모든 수술 의료비 보상(고급형)	1회 150만 원 한도 (연 최대 450만 원 한도)	21,000원
B	– 배상 책임**(기본형)	1건 500만 원 한도	21,000원
C	– 통원 의료비 보장(기본형) – 입원 의료비 보장	1일 20만 원 한도	24,000원
C	– 모든 수술 의료비 보장(고급형)	1회 180만 원 한도 (연 최대 600만 원 한도)	24,000원
C	– 배상 책임(고급형)	1건 800만 원 한도	24,000원
C	– 장례비 지원***	15만 원 한도	24,000원

* 3대 질환 관련 수술 : 반려견의 경우 구강 질환, 슬개골 및 고관절 관련 질환, 반려묘의 경우 신장 및 비뇨기 질환, 장 질환, 소화기계 질환을 대상으로 함
** 배상 책임 : 보험에 가입한 반려견 및 반려묘가 다른 동물 및 사람의 신체에 손해를 끼쳤을 경우, 보호자가 부담해야 할 실제 손해 금액을 보장
*** 장례비 지원 : 보험에 가입한 반려견 및 반려묘가 보험가입 후에 사망한 경우(단, 자연사, 질병으로 인한 사망, 수의사가 적법하게 시행한 안락사는 지원이 가능하나 학대행위로 사망한 경우는 지원하지 않음)

※ 유의사항
 – 보험금 지급을 위하여 동물병원 진료 직후 또는 등록 당일에 보험 가입된 반려견 또는 반려묘의 코 근접사진을 3장 촬영하여 GH 보험사에 제출하여야 함(제출기한 : 진료 당일 포함 3일 이내) 단, 보험가입 시 동물등록증 인증 방식으로 가입된 경우 제외
 – 통원 및 입원(모든 수술 포함) 의료비와 반려견 및 반려묘의 배상 책임으로 발생한 사고 비용의 경우, 한도금액 내에서 실비 지급을 원칙으로 하며 책정된 정액을 지급함
 – 모든 유형의 보험에서 보험금 지급 시 해당 건 이외의 자기 부담금은 고려하지 않음

53. GH 보험사 보험 상품 설계팀 신입사원 P가 반려견 및 반려묘 보험 상품을 이해한 내용으로 가장 적절한 것은?

① 최초 가입 시 만 2세였던 반려견이 보험기간 종료 후 노환으로 사망하더라도 월 18,000원의 보험료를 납부했다면, 장례비용 최대 150,000원을 지급받을 수 있다.

② 월 납입액 21,000원 상품에 가입한 반려묘가 슬개골 및 고관절 관련 질환 수술을 받는다면, 1회 최대 1,000,000원의 보험금을 지급받을 수 있다.

③ 동물등록증 없이 신규 보험상품에 가입한 반려묘가 피부질환으로 3월 5일부터 통원치료를 받았다면, 보호자는 3월 7일까지 반려묘의 코 근접사진 3장을 자사에 제출하여야 보험금을 지급받을 수 있다.

④ 월 납입액 21,000원 상품에 가입한 반려견이 산책 중 자사의 보험 상품에 가입하지 않은 다른 반려견에게 물리는 경우에도 1회 5,000,000원 한도에서 배상책임으로 보험금을 지급받을 수 있다.

54. GH 보험사 보험금 지급 담당자인 W에게 신규 보험 상품에 가입한 고객들이 다음과 같은 문제 상황에서 지급받을 수 있는 보험금을 문의해 왔다. 각 고객에게 지급될 보험금이 적절하게 짝지어진 것은?

> • 고객 갑 : 반려묘 '야옹'이가 7월 3일자로 생후 130일이 지나서 A 유형 보험에 가입했습니다. 그런데 지난 7월 8일부터 자꾸 밥을 먹지 않아 근처 동물병원에 데리고 갔더니 제가 모르는 사이에 털뭉치 장난감의 털을 조금 삼켰다고 합니다. 병원에서는 당분간 자극적인 음식을 피하고 위장을 보호해야 하기 때문에 3일 동안 통원치료를 권유했고, 진료비와 약값으로 매일 50,000원을 지출했습니다. 보험가입 당시 동물등록증으로 가입하지 못하여 7월 9일에 '야옹'의 코 근접사진 3장을 보험 담당자 메일로 발송하였습니다. 그리고 통원 치료 중에 동물병원에서 '야옹'이가 평소 좋아하는 사료를 할인하여 70,000원어치 구매하였는데 보험금을 총 얼마 받을 수 있나요?
>
> • 고객 을 : 반려견 '사랑'이가 3살이 되는 날 C 유형 보험에 가입하였습니다. 우리 '사랑'이는 하얀 말티즈인데 지난 9월 6일 강아지 유치원에 갔다가 다른 강아지 '피스'와 싸웠습니다. '사랑'이는 다치지 않았지만 '피스'를 물어서 '피스'의 복부에 상처가 났습니다. 첫 의료비로 200,000원이 청구되었고 두 번째 의료비로 300,000원이 나왔다고 합니다. '피스' 치료비와 몸에 좋은 보양식을 100,000원어치 구입하여 위로금과 함께 보내려고 합니다. 보험금은 얼마나 받을 수 있을까요?

	고객 갑	고객 을		고객 갑	고객 을
①	50,000원	200,000원	①	100,000원	300,000원
③	130,000원	300,000원	③	150,000원	500,000원

55. 다음 ○○전자의 보증기간 산정기준 및 유무상 수리기준을 참고하여 제품의 보증기간 산정기준에 따라 무상수리가 불가능한 경우는? (단, 정상적인 상태에서 자연발생한 품질, 성능, 기능 하자인 경우로 가정한다)

■ 제품의 보증기간

1. 제품의 보증기간은 제조사 또는 제품 판매자가 소비자에게 정상적인 상태에서 자연발생한 품질, 성능, 기능 하자에 대하여 무료수리를 해주겠다고 약속한 기간을 말한다.

2. 제품의 보증기간은 구입일자를 기준으로 산정하며, 구입일자의 확인은 제품 보증서(구입 영수증 포함)에 의해서 한다. 단, 보증서가 없는 경우는 동 제품의 생산 당시 회사가 발행한 보증서 내용에 준하여 보증 조건을 결정하며, 생산연월에 3개월 감안(유통기한 반영)하여 구입일자를 적용하여 보증기간을 산정한다.

3. 다음의 경우는 보증기간이 정상적인 경우의 절반($\frac{1}{2}$)으로 단축 적용한다.

   ① 영업용도로 영업장에서 사용할 경우(단, 영업용 제품은 제외)
      ㉖ 비디오(비디오 SHOP), 세탁기(세탁소)
   ② 일반적인 환경이 아닌 곳에서 사용할 경우
      ㉖ 차량, 선박 등
   ③ 제품사용 빈도가 극히 많은 공공장소에 설치, 사용할 경우
   ④ 기타 생산 활동 등 가정용 이외의 용도로 사용될 경우
      ㉖ 공장, 기숙사 등

〈품목별 보증기간〉

구분	보증기간	관련 제품	참고
일반제품	1년	전제품 공통(단, 복사기는 6개월 또는 1년 적용)	복사기는 인쇄 매수에 따라 단축될 수 있음.
계절성 제품	2년	에어컨, 선풍기, 온풍기, 로터리난로, 팬난로	

〈핵심부품 무상기간〉

구분	보증기간	관련제품	참고
핵심부품	2년	• PDP 패널(PDP, DID) • LCD 패널(LTV, LCD 모니터, DID, 일체형 PC) • 메인보드(PC)	노트북 LCD 패널은 제외
	3년	• 콤프레셔(냉장고, 김치냉장고) • 일반모터(세탁기), 헤드드럼(VTR/CAM), 버너(로터리/팬히터), 마그네트론(전자레인지)	

4. 중고품(전파상 구입, 모조품)의 보증기간은 적용되지 않으며, 수리불가의 경우 피해 보상의 책임을 지지 않는다.

5. 당사와 별도 계약에 한하여 납품되는 제품의 보증은 그 계약내용을 기준으로 한다.

　※ 예외사항

　　① 영업용의 경우 보증기간의 $\frac{1}{2}$ 적용

　　② 잉크, 토너, 현상기, 드럼 등의 경우, 중량 및 권장 인쇄량 등을 확인하여 보증서의 품질 보증기간과 기준을 적용

　　③ 휴대폰 소모성 악세서리(이어폰, 유선충전기, USB케이블)는 유상수리 후 2개월 품질보증

■ 부품의 보증기간

1. 부품보증은 제품을 구성하는 각 부품에 대한 품질 보증을 말하며 그 기간은 다음과 같다.

2. 유상으로 수리한 경우, 수리한 날부터 1년 이내에 정상적으로 제품을 사용하는 과정에서 종전과 동일한 부품 고장이 재발한 경우 무상수리(일반적 소비자분쟁해결 기준 및 내규)가 가능하다.

〈품목별 품질보증기간 및 부품보유기간과 내용연수〉

품명	품질 보증 기간	부품보유기간		내용연수	
		2016.10.25. 이전 구입	2016.10.26. 이후 구입	2016.10.25. 이전 구입	2016.10.26. 이후 구입
TV, 냉장고	1년	8년	9년	7년	사업자가 품질보증서에 표시한 부품보유 기간으로 함.
에어컨, 시스템 에어컨	2년	7년	8년	7년	
세탁기, 전자레인지, 정수기, 가습기, 진공청소기	1년	6년	7년	5년	
비디오플레이어, DVD플레이어, 전기(가스)오븐, 전기압력밥솥, 가스레인지, 유무선 전화기, 믹서기, 전기온수기, 냉온수기, 캠코더, 홈시어터, 비데	1년	6년	좌동	6년	
내비게이션, 카메라	1년	5년	좌동	5년	
컴퓨터, 프린터, 모니터, 태블릿	1년	4년	좌동	3년	
스마트폰, 휴대폰	*1년	4년	좌동	3년	

전기면도기, 전기조리기기(전기냄비, 전기프라이팬, 토스터, 튀김기, 다용도 식품조리기 등)	1년	3년	좌동	3년	
복사기	6개월	5년	좌동	5년	

* 휴대폰/스마트폰의 품질보증기간은 2020년 1월 1일 이후 구입제품부터 2년을 적용함(이전 구입 제품은 1년 적용)

■ 유·무상 수리기준
  • 무상수리
    − 품질보증 기간 이내에 정상적인 사용 상태에서 발생한 성능, 기능상의 고장인 경우
    − CS프로(엔지니어)가 수리 후 정상적으로 제품을 사용하는 과정에서 12개월 이내에 동일한 부품이 재고장 발생 시
    − 단, 무상수리 기간이 기본적으로 연장 적용되는 핵심부품은 제외(제품 구입기준 핵심부품의 무상수리 기간 종료 시 유상수리 적용)
  • 유상수리
    − 타사 제품(소프트웨어 포함)으로 인한 고장 시
    − 사용설명서 내의 주의사항을 지키지 않아 고장 발생 시
    − 당사에서 지정하지 않은 소모품이나 옵션품으로 발생한 고장의 경우
    − 서비스센터 CS프로(엔지니어)가 아닌 사람이 수리하고 고장이 발생한 경우
    − 떨어뜨림 등 외부 충격에 의한 고장, 손상 발생 시
    − 소모성 부품의 수명이 다한 경우(배터리, 형광등, 헤드, 필터류, 램프류, 토너, 잉크 등)
    − 보증기간이 경과한 제품 및 인터넷, 안테나, 유선신호 등 외부환경 문제 시
    − 구입제품의 초기 설치 이후, 추가로 제품을 연결하거나 재연결을 하는 경우
    − 홈쇼핑, 인터넷 등에서 제품 구입 후 설치를 추가 요청하는 경우
    − 제품의 이동, 이사 등으로 인한 설치 변경 시

① 가정집 거실에 놓여 있는 구매한지 20개월 된 선풍기의 하자
② 선박에 탑재하여 사용 중인 구매한지 18주 된 냉장고의 하자
③ 기숙사 복도에 놓인 구매한지 1년 2개월 된 에어컨의 하자
④ 치킨전문점에서 사용 중인 구매한지 5개월 된 TV의 하자

[56 ~ 58] 다음은 A 컴퓨터 업체의 A/S 관련 규정이다. 이어지는 질문에 답하시오.

〈A/S 규정〉

1. 제품의 보증기간
   - 제품의 보증기간은 제품 구매일을 기준으로 하며, 구매일을 증명할 수 있는 자료(구매영수증, 제품보증서 등)가 없을 경우에는 제품 생산일을 기준으로 산정한다.
   - 단, 보증기간(1년 이내) 중 소비자 취급주의, 부적절한 설치, 자가 수리 또는 개조로 인한 고장 발생 및 천재지변(화재 및 수해, 낙뢰 등)으로 인한 손상 또는 파손된 경우에는 보증기간 기준을 제외한다.

2. A/S 처리기준
   - 제품보증기간 1년 이내 무상 A/S를 실시한다.
   - 초기불량 및 파손의 경우를 제외한, 사용 이후의 불량은 각 제품의 제조사 또는 판매자가 처리함을 원칙으로 한다.
   - 당사는 제품의 미개봉 판매를 원칙으로 하며, 모든 사후처리는 당사 A/S 규정과 원칙에 준한다.

3. 교환 및 환불 배송 정책
   - A/S에 관련된 운송비는 제품 초기불량일 경우에만 당사에서 부담한다.
   - 당사의 교환 및 환불 정책은 수령한 날짜로부터 7일 이내 상품이 초기불량 및 파손일 경우에 한하며, 그 외의 경우에는 복구비용을 소비자가 부담해야 한다.
   - 당사에서 판매한 제품의 환불은 소비자법 시행령 제12조에 준한 사후처리를 원칙으로 한다.
   - 제품의 온전한 상태를 기준으로 하며, 수령 후 제품을 사용하였을 경우에는 환불이 불가능하다.

〈서비스 처리 비용〉

구성	수리조치 사항		비용(원)
수리 및 점검	OS 포맷 및 펌웨어 업그레이드 설치		20,000
	하드디스크 포맷 및 기능점검		10,000
	메인보드 파손(수리)		50,000
	네트워크 연결 불량		20,000
부품 교체 및 추가 장착	메인보드 교체(제품 구매비 별도)		10,000
	메모리카드 추가 장착	8G	30,000
		16G	60,000
	SSD 카드(250G) 추가 장착		50,000
	주변기기	HDMI 선	5,000
		마우스	5,000
		키보드	5,000
		모니터	1인치당 10,000

1회 기출예상 2회 기출예상 3회 기출예상 4회 기출예상 5회 기출예상 6회 기출예상 인성검사 면접가이드

56. A 컴퓨터 업체에서 물품을 구매한 고객이 A/S 규정을 읽고 바르게 이해하지 못한 것은?

① 만약 문제가 발생한다면 운송비를 제외한 복구 시 발생되는 모든 비용을 부담헤야 한다.

② A 컴퓨터 업체는 모든 제품을 미개봉 상태에서 판매하며, 온전한 제품을 수령한 후 사용하였을 때는 환불이 불가능하다.

③ 제품을 수령한 날로부터 7일 이내 초기불량 및 파손이 있을 경우 교환 또는 환불이 가능하다.

④ 제품 구입일로부터 1년간 무상 A/S가 제공되나 영수증이나 보증서를 분실했을 경우에는 제품 생산일 기준으로 산정된다.

57. 다음 문의내용에서 고객이 지불해야 할 A/S 비용은 얼마인가? (단, 운송비는 제외한다)

> 재작년 A 컴퓨터에서 컴퓨터를 구매했습니다. 며칠 전 이사하고 나서 컴퓨터를 설치했는데 이사 도중 문제가 생겼는지 네트워크 연결이 잘되지 않습니다. 또한 충격으로 인해 모니터가 망가져서 27인치 모니터로 새로 구매하고 싶습니다. 방문하는 김에 하드디스크 기능점검도 함께 진행하고 250G SSD 카드 추가 장착도 하고 싶습니다. 8월 23일 13시에 방문할 예정이니 예약 부탁드립니다.

① 320,000원　　　　　　　　② 330,000원
③ 340,000원　　　　　　　　④ 350,000원

58. 다음은 수리기사가 보내온 A/S 점검 결과 내역이다. 고객에게 청구해야 할 비용은 얼마인가? (단, 운송비는 제외한다)

대상 제품		M2380D model(주변기기 포함)
컴퓨터 본체	메인보드	파손 교체(제품비 85,000원)
	메모리카드	8G 메모리카드 교체
주변기기	HDMI 선	접촉 불량, 교체
	마우스	마우스 휠 수리(비용 X)

① 120,000원　　　　　　　　② 125,000원
③ 130,000원　　　　　　　　④ 135,000원

[59 ~ 60] 다음은 XX전자의 가전제품, TV/휴대폰에 대한 〈분쟁해결기준〉이다. 이를 읽고 이어지는 질문에 답하시오.

분쟁 유형	해결기준
1. 구입 후 10일 이내에 정상적인 사용상태에서 발생한 성능·기능상의 하자로 중요한 수리를 요할 때	– 제품 교환 또는 구입가 환급
2. 구입 후 1개월 이내에 정상적인 사용상태에서 발생한 성능·기능상의 하자로 중요한 수리를 요할 때	– 제품 교환 또는 무상수리
3. 품질보증기간 이내에 정상적인 사용상태에서 발생한 성능·기능상의 하자	
1) 하자 발생 시	– 무상수리
2) 수리 불가능 시	– 제품 교환 또는 구입가 환급
3) 교환 불가능 시	– 구입가 환급
4) 동일 하자에 대하여 3회차 수리 시	– 교환 또는 구입가 환급
5) 여러 부위의 고장으로 5회차 수리 시	– 교환 또는 구입가 환급
6) 교환된 제품이 1개월 이내에 중요한 수리를 요할 때	– 구입가 환급
4. 소비자가 수리 의뢰한 제품을 사업자가 분실한 경우	
1) 품질보증기간 이내	– 교환 또는 구입가 환급
2) 품질보증기간 경과 후	– 정액감가상각 금액에 10% 가산하여 환급 (최고한도 : 구입가격)
5. 부품보유기간 이내에 수리용 부품을 보유하고 있지 않아 발생한 피해	
1) 품질보증기간 이내	
– 정상 사용 중 성능·기능상의 하자로 인해 발생된 경우	– 제품 교환 또는 구입가 환급
– 소비자의 고의·과실로 인한 고장인 경우	– 유상수리에 해당하는 금액 징수 후 제품 교환
2) 품질보증기간 경과 후	
– 2011년 12월 28일 이전 구입 제품	– 정액감가상각한 금액에 100분의 10을 더하여 환급
– 2011년 12월 28일 이후 구입 제품	– 정액감가상각한 잔여 금액에 구입가의 5%를 가산하여 환급 (감가상각한 잔여금액 < 0 이면, 0으로 계산)
– 2011년 12월 28일 이후 구입 제품	– 정액감가상각한 잔여 금액에 구입가의 5%를 가산하여 환급 (감가상각한 잔여금액 < 0 이면, 0으로 계산)
– 2016년 10월 26일 이후 구입 제품	– 정액감가상각한 잔여 금액에 구입가의 5%를 가산하여 환급

– 2018년 2월 28일 이후 구입 제품	– 정액감가상각한 잔여 금액에 구입가의 10%를 가산하여 환급
6. 제품 구입시 운송과정에서 발생된 피해	– 제품 교환
7. 사업자가 제품 설치 중 발생된 피해	– 제품 교환
비고	

- ■ 가전제품, TV
  - – 품질보증기간 이내에 동일하자에 대해 2회까지 수리하였으나 하자가 재발하는 경우 또는 여러 부위 하자에 대해 4회까지 수리하였으나 하자가 재발하는 경우는 수리 불가능한 것으로 봄.
- ■ 휴대폰
  - – 품질보증기간 중 최근 1년(수리접수일 기준) 이내의 동일 하자에 대해 2회까지 수리하였으나 하자가 재발하는 경우 또는 여러 부위 하자에 대해 4회까지 수리하였으나 하자가 재발하는 경우는 수리가 불가능한 경우로 봄.
    - ※ 리퍼폰 교환은 무상수리로 봄.
  - – 품질보증기간 중 최근 1년(수리접수일 기준) 이내에 발생한 정상 사용에 따른 하자로 인해 동일인이 4회까지 리퍼폰으로 교환하였으나 또 다시 리퍼폰 교환 사유가 발생하는 경우는 수리 또는 리퍼폰 교환이 불가능한 경우로 봄.
- ■ 공통
  - • 감가상각비 계산은 (사용연수/내용연수)×구입가
  - • 감가상각 잔여금의 계산은 (구입가－감가상각비)
    - – 제조사가 리퍼부품을 활용하여 수리한 경우, 수리한 날로부터 1년 이내에 소비자가 정상적으로 사용하는 과정에서 그 수리한 부분에 고장이 재발하면 무상으로 수리함.
    - ※ 리퍼부품 : 기존제품에서 회수된 부품으로서 일정한 가공 과정 등을 거침으로써 성능과 품질이 새 부품과 동등한 상태로 개선된 부품

59. ⟨분쟁해결기준⟩을 읽고 파악한 내용으로 적절하지 않은 것은? (단, 특별한 언급이 없는 경우 품질보증기간을 충족하였다고 가정하며 현재는 4월 11일이다)

① 지수 : 3월 15일에 산 TV를 잘 쓰고 있었는데 갑자기 전원이 나간 이후로 전원이 안 들어와. 이 경우 중요한 수리가 요구된다고 판정되면 제품 교환이 가능하겠어.

② 이나 : 6개월 전에 산 노트북을 잘 쓰다가 배터리가 방전되는 문제가 발생해서 이미 두 번이나 수리를 받았는데 똑같은 문제가 또 발생했어. 또 수리를 받는다면 무상수리가 가능하겠구나.

③ 미준 : 두 달 전에 80만 원 주고 산 스마트폰 액정에 문제가 생겨서 보름 전에 동일한 다른 제품으로 교환받았는데 또 액정이 말썽이네. 이 경우 중요한 수리가 요구된다고 판정되면 80만 원을 환불받을 수 있겠어.

④ 수빈 : 3개월 전에 리퍼 스피커로 스마트폰 스피커를 수리받았는데 리퍼 스피커가 또 고장났어. 이 경우엔 무상으로 수리받을 수 있겠어.

60. 다음은 품목별 부품보유기간 및 내용연수 규정이다. 위의 〈분쟁해결기준〉과 아래의 규정을 보고 〈보기〉의 라임이가 환급받을 수 있는 금액은?

품목	품질보증기간	부품보유기간	내용연수
TV, 냉장고	1년	8년	7년
에어컨	2년	7년	7년
제/가습기, 냉온풍기, 스테레오, 전자레인지	1년	7년	7년
세탁기	1년	6년	5년
홈시어터, 캠코더, 가스오븐, 비디오, 밥솥	1년	6년	6년
난로, 선풍기, 식기세척기, 컴퓨터 주변기기, 팩시밀리, 셋톱박스, 스캐너	1년	5년	5년
컴퓨터, 프린터, 복합기, 모니터	1년	4년	4년
휴대전화, 스마트폰	1년	4년	3년

- 휴대전화/스마트폰의 품질보증기간은 2020년 1월 1일 이후 구입제품부터 2년 적용함.
  (2019년 12월 31일까지 품질보증기간 1년임)
- 부품보유기간의 기산점은 해당제품의 제조일자를 기산점으로 한다.
  (제조연도 또는 제조연월일만 기재된 경우 제조연도 또는 제조월의 말일을 제조일자로 봄)

보기

　　라임이는 2019년 1월 27일에 72만 원을 주고 XX전자의 S모델 스마트폰을 구매하였다. 구매한 스마트폰의 제조월은 2017년 3월 31일이라고 기재되어 있었다. 스마트폰을 잘 쓰고 있던 도중에 실수로 스마트폰을 떨어뜨려 액정이 고장나는 바람에 2020년 4월 17일(현재)에 XX전자 서비스 센터에 방문하였다. 그러나 XX전자 서비스 센터는 S 모델이 단종되어 더 이상 액정을 보유하고 있지 않아 수리가 불가능하다고 답변하였다(단, 사용연수는 1년으로 본다).

① 31만 2천 원　　　　　　　　② 51만 6천 원
③ 52만 8천 원　　　　　　　　④ 55만 2천 원

3회 기출예상문제

▶ 정답과 해설 29쪽

01. BC 항공 승무원 S는 위기상황 발생 시 관계 기관 협조지침서를 읽고 있다. 협조지침서에 대해 이해한 내용으로 적절하지 않은 것은?

- 승무원은 탑승객의 신속한 대피를 돕기 위해 비상 대피용 미끄럼틀 이용법에 대한 훈련을 받는다. 소방 요원이 도착했을 때 대피용 미끄럼틀이 불에 닿아 손상을 입지 않았으면 그대로 사용하도록 놓아두고, 그렇지 않을 경우 소방 요원이 제공한 사다리 혹은 비상계단을 신속히 활용할 수 있도록 적소에 놓아둔다. 항공기의 날개와 지상의 거리가 먼 경우엔 대피계단이 날개를 벗어난 곳에 놓이는 것이 좋다.
- 항공기 사고처리 요원은 미끄럼틀의 끝에 대기하여 사람이 내려올 때 도와줘야 하며 현장에서 안전한 곳으로 대피하도록 안내한다. 날개 위의 출구로 대피하는 대피자는 날개 후미 끝에서 미끄러져 내려오거나 보조날개(펴져 있을 경우)로 내려온다. 이때 인명 구조 및 화재 진압 요원은 다리 부상이 생기지 않도록 도와주어야 하며 사고지역에서 안전거리를 유지하도록 지시한다.
- 일반적인 대피로는 날개 위 비상 창문과 출입문이 있다. 항공기가 정상 위치에서 기어가 걸려있지 않을 때 날개 위 비상 창문을 이용하는 것은 위험하다. 비행기 날개 표면에서 지상까지의 거리가 너무 멀 경우 대피 중에 심한 부상을 입을 수 있다. 화재로 인하여 날개의 트레일링 끝으로 정상적인 대피가 어려울 경우 날개 끝에서 대피하는 방법도 생각할 수 있다. 직접적으로 생명의 안전에 별 문제가 없는 경우에는 계단이나 미끄럼틀이 있는 항공기 문을 사용하는 것이 바람직하다.
- 승무원이 화재경보 표시기를 정확하게 판단할 수 없을 때가 있으므로 항공기를 정지 위치로 옮겨야 한다. 화재로 인해 다른 항공기와 건물에 피해를 줄 수 있는 계류장에 주기하기 전에 소방 요원으로 하여금 화재 지역을 검사하도록 하는 것이 바람직하다. 소방 요원은 우선 항공기 출입문을 열지 않고 육안으로 연기나 열을 점검한다.
- 항공기 승무원과 인명 구조 및 화재 진압 요원 사이에는 교신이 필요하므로 각 책임자들은 직접 교신을 할 수 있는 조치를 취하여야 한다. 직접적인 교신을 할 수 있는 방법으로는 라디오(무전기)가 있다. 대부분의 인명 구조 및 화재 진압 장비는 고정된 무선 주파수를 갖고 있으며 관제탑과 협력하여 항공기의 주파수가 변경되도록 요청할 수 있다. 조종사와 통화할 수 있는 무선 주파수로는 항공사에서 사용하는 회사(Company) 주파수가 있다.
- 인명 구조 및 화재 진압 요원에 비하여 승무원이 항공기 비상 절차에 대하여 폭넓은 훈련을 받기 때문에 승무원이 항공기 대피 결정에 더 주도적인 위치에 있다. 착륙 전에 승무원은 소방 요원에게 소방 활동과 관련된 정보를 주어야 한다.

---

① 사고 관련 교신과 피해 상황에 따라 통신 장비의 주파수를 변경한다.

② 항공기의 날개와 지상의 거리가 먼 경우엔 날개 위 비상 창문에 대피계단을 놓는다.

③ 다른 곳으로 화재가 번질 수 있으므로 소방 요원은 출입문을 무분별하게 열지 않는다.

④ 승무원은 착륙 전에 소방 요원에게 연료의 양, 탑승객의 수, 선실의 구성, 탑승자의 위치 등과 같은 소방 활동 관련 정보를 전달한다.

02. 다음 글을 참고할 때, 정부가 에너지 빈곤층을 위해 취해야 할 정책은?

연일 최고 기온을 경신하는 폭염으로 전국이 재난상황에 이른 가운데 에너지 빈곤층을 위한 냉방지원 등 여름철 에너지복지제도가 확대되어야 한다는 주장이 제기됐다.

에너지시민연대는 2018년 여름철 에너지 빈곤층 실태조사를 조사한 결과 폭염으로 인해 어지러움과 두통을 경험한 가구가 58%에 이르고 실신한 경험이 있다고 밝힌 가구도 3가구나 된다고 밝히며, 겨울철 난방지원에만 집중된 에너지복지제도를 여름철 냉방지원까지 확대해야 한다고 주장했다. 이번 실태조사는 지난 6월 25일부터 7월 4일까지 10일간 서울을 비롯한 광주, 대구, 경기 안산, 강원 춘천 등 8개 시·도의 취약계층 총 521가구를 직접 현장 방문해 일대일 대면 면접조사 방식으로 진행됐다. 조사 결과 응답자의 월평균 가구소득은 약 50만 원이었고, 이 가운데 전기요금과 가스요금 등 한 달 평균 광열비는 4만 8,000원 정도로 수입 대비 9.4%로 조사됐다. 이를 통해 조사대상의 64%가 에너지바우처를 비롯한 에너지복지제도를 지원받았음에도 불구하고 에너지 사용료의 지출 비중이 높았음을 알 수 있다.

여름철 가장 필요한 냉방시설에 대해 조사한 결과 81%인 423가구가 선풍기라고 답했다. 에어컨이 있는 가구는 17%인 89가구에 불과했으며 특히 선풍기나 에어컨 없이 부채로만 냉방을 한다는 가구도 9가구나 있는 것으로 파악됐다.

희망하는 에너지복지정책에 대해 조사한 결과 가격할인이나 감면보다는 쿠폰이나 바우처 지급을 더 선호하는 것으로 나타났다. 응답자 중 27%인 140가구가 쿠폰이나 바우처 지급을 선호했으며, 가격할인이나 감면을 선호하는 가구는 18%, 수혜대상 확대 및 자격완화를 요구하는 가구도 17%나 되는 것으로 나타났다. 실태조사 결과에서도 알 수 있듯이 에너지 빈곤층에 대한 지원은 절실한 것으로 나타나고 있지만 조사대상 가구 중 36%인 185가구는 아예 에너지복지제도 지원을 받지 못하는 것으로 나타났다.

그러나 부양가족·자녀가 있어서 지원받지 못한다고 응답한 경우는 지난해 11월 부양의무자 제도 폐지를 인지하지 못한 것으로 보여 저소득층 대상의 변경된 지원제도에 대한 홍보와 안내가 필요해 보인다.

에너지시민연대 한 관계자는 "겨울철 난방지원에만 집중된 에너지복지제도를 여름철 냉방지원까지 확대가 필요하다"며 "지역별 에너지 취약계층 실정과 사각지대 발굴을 위한 지자체의 전수조사가 실시되어야 하고, 이를 바탕으로 지역별, 가구별, 에너지원별 특성에 맞는 세심한 지원정책이 추진되어야 한다"고 밝혔다.

① 에너지 빈곤층을 대상으로 에너지요금 할인이나 감면 등의 정책을 실시한다.
② 소득에서 차지하는 에너지 사용료의 지출 비중을 낮춰주기 위해 소득을 늘려주어야 한다.
③ 에너지바우처를 통하여 에너지 외의 생필품도 구입할 수 있게 해 주어야 한다.
④ 에너지 빈곤층을 대상으로 여름철에도 에너지바우처를 지원하는 정책을 실시한다.

03. 다음 글을 참고할 때, 보험료 환급금 관련 민원인의 문의사항에 대한 적절한 응대가 아닌 것은?

건강보험공단은 국민이 찾아가지 않은 건강보험과 국민연금 과오납 보험료 374억 원을 돌려주기 위해 13일까지 집중 안내 기간을 운영한다. 보험료 환급금은 사업장이 가입자의 입·퇴사 신고를 늦게 하거나 가입자가 재산변동 신고를 제때 하지 않아 발생한 것이다.

과오납 환급금이란 이중납부, 자격의 소급상실, 보험료의 소급조정 등의 사유로 납부의무자에게 반환하여야 할 금액을 말한다. 사회보험 통합징수포털에서 지역가입자의 건강(요양)보험료 또는 연금보험료의 과오납 환급금 내역을 조회하고, 환급금액이 있는 경우 원하는 계좌로 지급을 신청할 수 있다.

지난 5월 기준 찾아가지 않은 환급금은 건강보험료 156억 원, 국민연금보험료 218억 원이다. 건보공단의 전화나 우편 안내를 받은 경우 인터넷, 'M 건강보험' 앱, 고객센터를 통해 즉시 환급금을 확인하고 신청하면 된다.

과오납 환급금 신청 안내문이 우편으로 오게 되면 인적사항과 계좌번호를 기재하여 우편으로 다시 환송하는 방법도 있지만 요즘에는 인터넷과 핸드폰만 있으면 간단하게 신청할 수 있다. 스마트폰으로 앱을 받아 설치한 후 공인인증서가 있으면 바로 신청이 가능하다.

우선 건강보험공단 홈페이지에 접속한다. 첫 화면의 민원신청 메뉴에서 '미지급 환급금 통합조회 및 신청'을 클릭한다. 다음으로 화면 좌측에 '보험료 과오납금 환급 신청'을 누른다. 과오납으로 인해 환급받을 금액이 있는 경우 자신이 환급받을 부분에 내역이 존재한다고 되어 있는 걸 확인할 수 있다. 확인에 이상이 없을 경우 계좌번호와 인적사항을 기재하고 '계좌확인'을 누르면 신청이 완료된다.

① "과오납은 계산상의 착오라기보다 신분 변동상의 신고 기일이 맞지 않아 발생하는 경우가 대부분입니다."

② "과오납 건이 있을 경우, 고객님의 요청이 있지 않으면 저희 임의대로 환급해 드릴 수가 없는 점 양해 바랍니다."

③ "환급 신청 시에는 인적사항 확인이 완료되면 해당 사업장에서 사용하고 계시는 계좌로 자동 송금 처리됩니다."

④ "고객님께서 과오납으로 정산받으실 금액이 있으신 경우, 그 내역을 건강보험공단 홈페이지에서 확인하실 수 있습니다."

04. 다음 사물놀이를 바라보는 시각에 대한 이해로 옳은 것은?

전통 예술의 현대화나 민족 예술의 세계화라는 명제와 관련하여 흔히 사물놀이를 모범 사례로 든다. 전통의 풍물놀이(농악)를 무대 연주음악으로 탈바꿈시킨 사물놀이는 짧은 역사에도 불구하고 한국 현대예술에서 당당히 한 자리를 잡은 가운데 우리 전통음악의 신명을 세계에 전하는 구실을 하고 있다. 그렇지만 사물놀이의 예술적 정체성 및 성과, 향후 전망에 대해서는 시각이 엇갈리고 있다.

사물놀이의 옹호자들은 사물놀이가 풍물이나 무악(巫樂)과 같은 전통음악의 어법을 창조적으로 계승했음을 강조한다. 기본 장단의 구성이나 느린 박자에서 빠른 박자로 전개되는 점층적 가속(加速)의 구성 등을 이어받는 한편 치고 달고 맺고 푸는 일련의 과정에서의 극적 변화를 통하여 미적 감흥을 극대화하였다는 것이다. 징·꽹과리의 쇳소리와 북·장구가 내는 가죽 소리의 절묘한 어울림을 통해 음양(陰陽) 조화의 원리를 구현했다고도 한다. 사물(四物)의 가능성을 새롭게 발견한 결과이고 음악에 역량을 집중한 데 따른 성과다.

춤과 발림, 소리가 한데 어우러지는 열린 마당에서 벗어나 무대에서의 '앉은 공연'을 선택한 결단 또한 성공적이었다고 평가된다. 현대적인 공연의 방식을 취함으로써 사물놀이는 무대 공연물 관람에 익숙한 대중에게 효과적으로 다가설 수 있었다는 것이다. 그러한 변신은 사물놀이와 현대음악의 만남의 길을 활짝 열어주는 효과를 낳기도 하였다. 국내 피아니스트 및 대중 가수, 교향악단과의 협연은 물론 국외 음악인들과의 거듭된 협연을 통해 사물놀이는 그 음악성을 널리 인정받을 수 있었던 것이다. 사물놀이와 협연했던 세계적인 재즈 그룹의 한 연주자는 이렇게 말한다. "완전함과 통일성을 갖춘 사물놀이의 음악을 들었을 때 클래식만을 고귀하게 여기는 유럽인들의 생각이 얼마나 잘못된 것인가를 느꼈다. 서양의 소리와 동양의 소리의 만남을 통해 나는 형식과 전통을 뛰어넘어 많은 깨우침을 얻는다."

그러나 문화계 일각에서는 사물놀이에 대한 비판적 관점도 제기되고 있다. 특히 전통 풍물을 살리기 위한 노력을 전개하는 쪽에서 적지 않은 우려를 나타내고 있다. 그들은 무엇보다도 사물놀이가 풍물놀이의 굿 정신을 잃었거나 또는 잃어가고 있다는 데 주목한다. 풍물놀이는 흔히 풍물굿으로 불리는 것으로서 모두가 마당에서 함께 어울리는 가운데 춤·기예(技藝)와 더불어 신명 나는 소리를 펼쳐내는 것이 본질적 특성인데, 사물놀이는 리듬악이라는 좁은 세계에 안착함으로써 풍물놀이 본래의 예술적 다양성과 생동성을 약화시켰다는 것이다. 사물놀이에 의해 풍물놀이가 대체되는 흐름은 우리 민족 예술의 정체성 위기로까지도 이어질 수 있다는 의견이다.

사물놀이에 대한 우려는 그것이 창조적 발전을 거듭하지 못한 채 타성에 젖어들고 있다는 측면에서도 제기된다. 많은 사물놀이 패가 새로 생겨났지만, 사물놀이의 창안자들이 애초에 이룩한 음악 어법이나 수준을 넘어서서 새로운 발전을 이루어내지 못한 채 그 예술적 성과와 대중적 인기에 안주하고 있다는 것이다. 이는 사물놀이가 민족 예술로서의 정체성을 뚜렷이 갖추지 못한 데 따른 결과로 분석되기도 한다. 이런 맥락에서 비판자들은 혹시라도 사물놀이가 대중의 일시적인 기호에 영합하는 방향으로 흘러갈 경우 머지않아 위기를 맞게 될지도 모른다고 경고하고 있다.

① 사물놀이는 징·꽹과리의 가죽 소리와 북·장구가 내는 쇳소리의 절묘한 어울림을 통해 음양 조화의 원리를 구현했다고 평가받는다.

② 사물놀이는 현재까지도 춤과 발림, 소리가 한데 어우러지는 열린 마당에서만 펼쳐진다.

③ 사물놀이는 리듬악이라는 좁은 세계에 안착함으로써 풍물놀이 본래의 예술적 다양성과 생동성을 강화시켰다.

④ 사물놀이는 창조적 발전을 거듭하지 못한 채 타성에 젖어들고 있다는 측면에서 우려가 제기되고 있다.

05. 다음 글에서 나타난 전개방식으로 적절하지 않은 것은?

얼마 전 초등학생 아들이 어머니를 구타하는 아버지를 살해하는 사건이 있었다. 이 사건은 가정폭력으로 벌어진 비극으로 현재 한국 가정 내 실태를 보여 준다고 할 수 있다. 한국 사회에서는 부모가 자녀를 학대하거나 체벌하다 아이가 사망하는 사건이 자주 발생한다. 근래에는 성범죄와 노인범죄가 늘어나고 있으며 부모와 자식 간 효도계약서라는 것도 등장했다. 무엇이 우리 가정과 사회의 갈등을 야기하고 있는 것일까. 지금 우리에게 필요한 것은 무엇일까. 필자는 수신제가치국평천하(修身齊家治國平天下)를 다시 생각해 보라고 말하고 싶다.

수신(修身)은 자신의 심신을 갈고 닦아 자신의 가치를 발견하는 것이고, 제가(齊家)는 가정을 돌보는 것이다. 치국(治國)은 나라를 다스리는 것이며, 평천하(平天下)는 천하를 평정하는 것 말하며, 천하를 평정한다는 것은 인간이 지구를 아름답게 가꾸어서 평화롭게 공존하는 것을 말한다. 수신은 자기 몸을 잘 관리하여 성장해 가는 것이다. 자기 몸을 통해서 남에게 피해를 주지 않는 것이고 자기 몸에 대해서 자기가 책임지는 것, 그것이 수신(修身)이다. 자신의 가치가 더욱 커지고 나면 가정을 관리할 수 있다. 자기를 관리하지 못하면 가정을 관리할 수가 없다. 가정을 관리할 수 있을 때 사회를 관리하고 나라를 관리하는 사람이 되는 것이다.

물질문명의 시대에서 정신문명의 시대로 넘어가는 시점에서 끊임없이 제기되고 있는 것이 인성회복이다. 때로는 양심이 있느냐 없느냐, 마음에 물어보라고 하기도 한다. 즉 수신(修身)의 시작은 '인성(人性)'이며 곧 양심이다. 우리 사회의 전반적인 현상은 '인성의 부재'라 다시 말하고 싶다. 인성은 인간의 가치를 바르게 알고 본래의 성품, 감각을 회복하는 것을 말한다. 인간은 '내가 누구인지'를 정확하게 아는 것이 필요하다. 내가 누구인지를 안다는 것은 나의 정체성을 제대로 아는 것이며 그것이 자신의 가치를 결정짓는 중요한 요소가 되는 것이다. 중요한 것은 마음에서 결정되는 것이며 어떤 일에 대해 자신의 마음을 통해 옳고 그름을 생각할 때 감각이 회복되었다 또는 양심이 살아 있다고도 말한다.

인성의 실현단계 첫 번째는 효(孝)이다. 가정에서부터 부모와 자식 간의 효를 생활화하고 실천할 수 있도록 하는 바탕이 인성이며 곧 양심이다. 효(孝)가 이뤄지면 그 마음이 커지고 의식이 성장하여 충(忠)이 된다. 나라에 대한 애국심이 있는 사람은 평화를 생각하게 되고 큰 가치와 의식이 성장할 때 평화를 창조하게 되는 것이다. 지구라는 큰 의식에서 바라볼 때 모두가 좋은 세상을 위해 생각하고 행동하게 될 때 비로소 평천하가 이루어진다.

인성 회복은 개인에서부터 시작되어야 한다. 자신의 참가치를 알고 긍지를 가질 때 인간의 가치를 알 수 있으며 그 가치가 가정에서 국가로 커져 나갈 수 있다. 지식의 습득이나 도덕적, 윤리적인 차원이 아닌 인간 내면에 있는 자연적이고 고유한 능력을 스스로 찾고 회복하는 것이 인성 회복이고 진정한 의미의 수신(修身)이다. 자신의 신뢰를 회복하여 평화의 마음이 우러러 나올 수 있을 때 조화와 상생으로 발전될 수 있다. 지금 대한민국의 인성 회복이 필요한 때라 생각한다.

① 구체적인 사례를 들어 독자들의 집중력을 환기시킨다.

② 하나의 개념이 형성되기까지의 역사적인 과정을 결과부터 역순으로 설명한다.

③ 어떤 개념에 대해 정의하고 의미를 서술한다.

④ 어떤 결과에 도달할 수 있는 과정을 순차적으로 설명한다.

06. 다음 글을 바탕으로 개요를 작성할 때, 적절하지 않은 것은?

판매점에 제공하는 판매 촉진품은 각각의 목적에 따라 크게 세 항목으로 나뉜다.

첫째, 진열 장식품은 일정량 이상의 수주를 한 점포에 배포하는 것이다. 진열 장식품에는 가게 앞을 장식하는 특대 진열대를 비롯해 당사 상품 코너를 만들 때 사용하는 작은 진열대, 점포용 포스터를 포함하며 이것들은 모두 점포 내에서 고객이 당사 상품을 주목할 수 있도록 한다.

둘째, 예약구입자 특전은 예약 판매를 하는 점포에 배포하는 것으로, 예약 구매한 사람이 제품을 받을 때 별도의 선물을 주는 것을 뜻한다. 보통 볼펜이나 포스터 등 비교적 저렴한 것이 많지만 예약 특별판 등을 마련해 정가를 올리고 특전 상품을 첨부하는 경우도 있다.

셋째, 첫 회 구입자 특전은 첫 회 수주로 일정량 이상의 수주를 했던 점포에 배포하는 것이다. 품목은 예약 구입자 특전에 가깝지만 첫 회 생산품 모두에 첨부하여 첫 회 매출을 신장하는 것이 목적이다.

진열 장식품의 효과에 대해서는 한마디로 정리할 수 없겠지만, 제품 라인업이 많은 경우 특정 회사 제품의 진열대를 따로 설치한다면 고객의 눈길을 끌기 쉽다. 그래서인지 한 회사의 신제품 발매 시에는 구제품 전체의 매출도 신장되는 경향이 다소 눈에 띈다.

예약구입자 특전과 첫 회 구입자 특전은 비슷한 것으로 보이지만 예약구입자는 도시에 집중되어 있다. 따라서 지방에서는 예약구입자 이점이 거의 없고 판매점에서는 첫 회 구입자 특전을 선호하는 경향이 있는 것으로 판단된다.

실제로 지방 점포는 초기 수주가 적은 편으로 인기 제품은 쉽게 품절되기 때문에 예약판매제도가 지방 점포에 뿌리내리도록 해야 한다. 따라서 지방 점포에 예약판매의 이점을 적극적으로 홍보하여 지방 점포의 판매력을 강화해야 할 것이다. 단, 예약판매를 전혀 하지 않는 점포도 있으므로 같은 판매 촉진품이라도 예약구입자 특전으로 취급할지, 첫 회 구입자 특전으로 취급할지를 점포가 선택하도록 할 수 있다.

〈개요〉

제목 : 판매 촉진품의 효과와 향후 계획

1. 판매 촉진의 종류 ·· ①
  1-1. 진열 장식품
  1-2. 예약구입자 특전
  1-3. 첫 회 구입자 특전
2. 판매 촉진품의 효과
  2-1. 신/구제품의 매출 신장 ··················· ②
  2-2. 예약구입자 특전과 첫 회 구입자 특전의 효과 비교 ··········· ③
3. 향후 계획
  3-1. 지방 점포 대상 예약판매제도 홍보
  3-2. 예약판매 신규적용 점포에 대해 예약구입자 특전 방식 적용 ······· ④

07. 다음은 공단 빅데이터 운영실에서 파악한 조현병에 대한 보고서이다. 이를 보고 유추할 수 있는 내용으로 적절하지 않은 것은?

> 국민건강보험공단이 2013 ~ 2017년의 건강보험 진료비 빅데이터를 분석한 결과, 조현병 질환으로 진료받은 인원은 2013년 100,980명에서 2017년 107,662명으로 늘어나 2013년 대비 약 7% 증가하였다. 다른 정신 질환 환자들이 같은 기간에 평균 3% 증가한 것을 보면 비교적 큰 수치로 증가했음을 알 수 있다. 성별로 살펴보면 남성은 2013년 48,751명에서 2017년 50,129명으로 1,378명 증가하였고, 여성은 2013년 52,229명에서 2017년 57,533명으로 5,304명 증가한 것으로 나타났다.
>
> 국민건강보험 일산병원 정신건강의학과 이○○ 교수는 조현병 환자가 증가하는 이유에 대해 "조현병의 유병률은 지리, 문화적 차이와 관계없이 전 세계적으로 인구의 1% 정도로 일정하게 나타나고 있으며, 이를 통해 우리나라에서도 약 50만 명 정도의 환자가 있을 것으로 예상된다. 조현병 환자가 2013년 100,980명에서 2017년 107,662명으로 늘어났지만 50만 명에 비하면 드러난 숫자는 턱없이 적은 편이다. 건강보험 통계상 조현병 환자가 증가한 것은 의료기관에서 치료받는 환자가 늘어난 것으로 보아야 할 것이다."라고 설명하였다.
>
> 인구 10만 명당 기준으로 보면 2013년부터 2017년까지 지속적으로 매년 여성이 남성에 비해 많았으며, 여성은 2013년 212명에서 2017년 227명, 남성은 2013년 195명에서 2017년 196명, 최근 5년 동안 각각 1.1배 증가하여 큰 변화는 없었다. 2017년 인구 10만 명당 진료인원 성별 분포를 살펴보면 40대까지 비슷하던 남녀의 비율이 50대 이상에서는 남성에 비해 여성이 더 많았다.
>
> 이○○ 교수는 중년 40대에서 조현병 발병률이 가장 많은 이유에 대해 "40대 이후에 조현병이 처음 발병하는 경우는 쉽게 보기 힘들다. 현재 통계상 40대 환자가 가장 많이 보이는 것은 40대 이전에 조현병이 발병한 환자들이 이후에도 계속 치료를 받으면서 축적된 결과로 생각된다. 또한 조현병 환자들은 정상인에 비해 15년 정도 기대수명이 짧은 것으로 알려져 있으며 이로 인해 고령층에서 조현병 환자가 적은 것으로 보인다."고 설명하였다. 또한 이○○ 교수는 조현병 치료에 대해 "일반적인 생각과는 달리 조현병은 조기에 진단해서 치료를 받으면 별다른 장애 없이 사회로 복귀가 가능한 질병이다."라고 밝혔다.

① 조현병을 조기에 치료받지 못하면 사회로 복귀하는 데에 어려움을 겪을 수도 있다.

② 고령층에서 40대보다 조현병 환자가 적은 것은 조현병으로 인한 수명 단축이 원인일 수 있다.

③ 특별한 이유가 발생하지 않는 한 조현병 환자의 수는 향후에도 큰 변동이 없을 것이다.

④ 2013년 대비 2017년의 조현병 환자의 수는 미미한 차이로 증가하였으므로 2013년과 2017년의 상황이 같다고 판단할 수 있다.

08. 다음 중 추간판 탈출증에 대한 설명으로 옳은 것은?

> 추간판 탈출증의 치료 방법과 그 경과는 다음과 같으며 치료 방법은 증상의 지속 기간, 횟수 및 강도와 함께 환자의 직업, 나이 등을 고려하여 실시하여야 한다.
>
> 1) 보존적 치료
>
> 보존적인 요법으로는 소염 진통제의 복용, 경막 외 부신피질 호르몬 주사와 같은 약물 치료와 골반 견인, 열 치료, 초음파 치료, 피하 신경 전기 자극, 마사지, 코르셋이나 보조기의 착용, 복근 강화 운동 등과 같은 물리적 치료가 있다.
>
> 급성 증상이 있는 경우 일주일이 넘지 않는 범위 내에서 절대 안정을 취하면 도움이 될 수 있다. 골반 견인은 침상 안정의 효과를 통하여 추간판에 가해지는 압력을 감소시킨다. 급성 동통이 사라지는 대로 코르셋을 착용하여 보행을 시작하는 것이 효과적이지만 코르셋의 장기간 착용 시에는 근육 위축을 방지하기 위해 복근 및 등 근육 운동을 병행하는 것이 바람직하다.
>
> 2) 수술적 치료
>
> 수술적 요법은 일정 기간 보존적인 치료를 실시했음에도 불구하고 참기 힘든 통증이 지속되거나 하지 마비 등의 장애가 진행되는 경우, 대소변 장애가 발생되거나 동통이 자주 재발하여 정상적인 생활 유지가 어렵다고 판단되는 경우 시행한다. 수술 전 주된 증상이 신경근 자극에 의한 하지 방사통이 아니라 요통일 때에는 수술적 요법을 시행하여도 요통은 크게 호전되지 않는다.
>
> 수술적 방법으로는 절개 후 수술하는 고전적 방법과 최소 침습적 수술이 있으며, 최소 침습적 수술로는 수술 현미경, 내시경, 레이저를 이용한 수핵 절제술, 자동 경피적 수핵 절제술, 약물을 수핵 내에 주사하는 화학적 수핵 용해술이 있다.
>
> 3) 경과
>
> 추간판 탈출증에 의한 요통 및 방사통은 시간이 경과함에 따라 대부분 저절로 좋아진다. 그 이유는 점차 염증 반응이 소실되고 수핵의 수분이 흡수되어 수핵의 크기가 작아지기 때문이다. 또한 지속적으로 눌려 있는 신경근은 눌린 부위를 중심으로 유연성이 증가하며 길이가 길어지는 생체적 특성 때문이기도 하다. 따라서 자연적인 증상의 소멸 시점까지 환자가 얼마나 편안하게 생활하는가가 치료의 중요한 요건이 된다.
>
> 급성 증상이 사라지면 근력 강화 운동을 통한 재발 방지에 만전을 기하여야 하며, 수술적 치료는 참기 힘든 통증이 수반되는 경우에만 시행해야 한다는 개념이 중요하다.

① 추간판 탈출증의 통증은 시간이 지남에 따라 자연 감소한다.

② 수술 전 주된 증상이 요통일 경우 수술적 치료로 요통이 크게 호전될 수 있다.

③ 급성의 경우 수술적 치료를 하기 전까지 절대 안정을 취하는 것이 좋다.

④ 허리 근육의 안정을 위해 장기간 보조기를 착용하는 것이 중요하다.

09. 다음은 서울시의 코로나19 무증상 감염자 대상 무료 선제검사에 관한 설명이다. 이를 참고할 때, Q&A의 내용 중 적절하지 않은 것은?

서울시에서는 오늘부터 코로나19 무증상 감염자를 대상으로 무료 선제검사를 실시합니다. 기존에는 의사의 진단을 받았거나 검사 결과 양성 판정이 나와야 검사비가 무료이고 무증상 상태에서 검사를 실시해 결과가 음성으로 나오면 본인이 비용(약 8만 원)을 부담해야 했지만 신종 코로나바이러스 감염증(코로나19) 무증상 감염자를 비롯해 감염경로가 불분명한 산발적 감염이 늘고 있어 지역사회 집단감염을 사전에 차단하기 위해 코로나19 선제검사를 실시합니다. 적극적인 선제검사를 통해 '조용한 전파자'를 찾아내려는 취지입니다.

서울시 홈페이지를 통해 신청을 받아 한 주당 선착순 1,000명을 검사대상자로 선정합니다. 선정된 대상자는 증상이 없는 일반 시민을 대상으로 검사가 이루어지는 것이기 때문에 보건소, 선별진료소가 아닌 지정된 시립병원으로 방문해 무료로 검사를 받을 수 있습니다.

■ 사업기간 : 2020년 6 ~ 12월(24주)

■ 검사장소 : 서울시 시립병원 7개소
　– 어린이병원, 은평병원, 서북병원, 서울의료원, 보라매병원, 동부병원, 서남병원

■ 검사대상 : 서울시에 주소를 둔 거주자 중 코로나19 무증상자

■ 선제검사 제외 대상
아래와 같은 조사대상은 관할 보건소 선별진료소를 이용할 수 있습니다.
　– 의사의 소견에 따라 코로나19가 의심되는 자
　– 확진 환자 접촉 후 14일 이내에 발열(37.5도 이상) 또는 호흡기증상(기침, 호흡곤란 등)이 나타난 자
　– 해외 방문력이 있으며 귀국 후 14일 이내에 발열(37.5도 이상) 또는 호흡기증상(기침, 호흡곤란 등)이 나타난 자
　– 코로나19 국내 집단발생과 역학적 연관성이 있으며, 14일 이내 발열(37.5도 이상) 또는 호흡기증상(기침, 호흡곤란 등)이 나타난 자

■ 운영방법
검사를 원하는 시민이 서울시 홈페이지를 통해 선제검사를 신청하면 서울시가 선착순으로 대상자를 선정하여 신청자에게 안내문자를 보냅니다. 이 안내문자를 받은 검사 대상자는 신분증을 소지하고 지정 시립병원에 직접 방문해 검사를 받고, 검사 결과는 문자로 확인하게 됩니다.

시민		서울시 담당부서		시립병원		서울시 담당부서
홈페이지에서 코로나19 선제검사 신청	➡	신청자에게 검사 안내문자 발송	➡	안내문자, 신분증 확인 후 검사	➡	검사 결과 문자 통보, 양성자 발생 시 신속대응 조치

■ 유의사항

- 서울시 코로나19 선제검사는 주당 최대 1,000명 실시하며, 신청 접수는 선착순 마감됩니다.

  *해당 주에 접수가 마감되면, 그 다음주 월요일에 신청 가능

- 서울시 코로나19 선제검사는 1인 1회만 가능합니다.
- 방문 희망하는 의료기관은 최소 2개소 이상 선택하셔야 하며, 병원별 검사 수용 가능 규모를 고려하여 검사 병원을 지정해 드립니다.
- 검사병원 및 검사일자는 검사 실시 3일 전까지 안내드립니다.

①	Q : 어제 홈페이지에서 코로나19 선제검사를 신청했는데요. 이번 주 일정이 빡빡해서 그러는데 내일 바로 희망하는 시립병원에서 검사를 받을 수 있을까요?
	A : 선착순 안으로 접수하신 경우 서울시 담당부서에서 검사 안내문자를 신청자에게 발송합니다. 이때 지정된 병원과 검사일자가 안내되며 병원에서 안내문자를 확인받은 후에 검사가 가능하므로 내일 바로 방문 희망하는 병원에서 검사를 받으시긴 어렵습니다.
②	Q : 특별히 코로나바이러스 증상은 없는 것 같은데, 집단감염이 곳곳에서 발생한다는 뉴스를 보니 불안하네요. 미리 검사받고 싶은데 검사 결과와 관계없이 제가 검사비를 부담하지 않아도 되는 것이 맞나요?
	A : 기존에는 의사의 진단을 받았거나 검사 결과 양성 판정이 나온 경우에 한해 검사비가 면제되었지만 지역사회 집단감염을 사전에 차단하기 위한 취지에서 검사 결과와 무관하게 1인 1회에 한해 무료로 검사받을 수 있게 되었습니다.
③	Q : 3주 전 해외에서 귀국한 친구와 만났는데요. 그 친구가 어제 코로나바이러스 검사 결과 양성 진단을 받았다고 하네요. 저도 갑자기 감기 기운이 있어 어제 병원에 가서 단순한 감기로 진단을 받았지만 불안해서 검사를 받아보고 싶습니다. 어디로 가면 될까요?
	A : 해외 방문력이 있는 확진자와 접촉한 경우이기 때문에 코로나19 선제검사 대상에 해당되지 않습니다. 따라서 서울시 시립병원 7개소가 아닌 관할 보건소 선별진료소를 이용하셔야 합니다.
④	Q : 코로나바이러스 감염 증상은 없지만 미리 검사를 받고 싶은데요. 어제 홈페이지에 들어가봤더니 이미 이번 주 신청 접수는 마감되었더라고요. 언제 다시 접수할 수 있을까요?
	A : 코로나19 선제검사는 선착순 접수로 이번 주 접수가 이미 마감되었기에 다음주 월요일에 다시 신청하시면 됩니다.

[10 ~ 11] 다음 글을 읽고 이어지는 질문에 답하시오.

아마 재활용이 필요하다는 주장은 일상생활 어디에서나 접할 수 있을 것이다. 하지만 사용한 모든 것이 재활용을 위해 수집되어야 한다는 움직임도 아직은 부족하거니와 재활용 시설도 미비하고 재활용에 대한 구체적이고 명확한 설명도 충분치 않다. 게다가 트럭으로 실어가는 병이나 캔은 '재활용'이라는 말뜻에 그리 충실하지도 않다. 그것들은 말 그대로 재사용에 쓰이기보다 다른 산업의 생산원료로 가공되고 있다. 재가공된 생산원료가 사용 뒤 어떤 가치 있는 무언가로 변모할 경우는 별로 없다. 그래서 플라스틱 제품은 석유에서 추출하지만 재가공 과정에서 벽돌이 되기도 하는데 벽돌은 다른 원료로도 생산이 가능하다. 이런 모든 생산 공정은 순환적인 성격과는 거리가 멀다. 재활용지의 경우는 매립하는 것보다 낫지만 재활용지가 애당초 사용되었던 만큼의 몫을 해내진 못한다. 그래서 아예 종이 사용을 가급적 줄이는 편이 낫다. 재활용에는 대부분 뚜렷한 제약이 있다. 플라스틱과 같은 제품은 다른 복잡한 논의를 거칠 필요 없이 금지되는 편이 맞다. 이런 종류의 제품은 제한적으로만 활용될 수 있는 반면, 그 해악은 그리 제한적이지 않다. 그러므로 꼭 필요한 경우가 아니라면 애당초 생산 자체를 줄이는 편이 좋은 방안이다. 그러므로 몇 번 쓰고 버려지는 제품의 생산을 규제하는 엄격한 규율과 함께 오래도록, 적어도 몇십 년 이상은 사용할 만한 견고한 제품 생산이 필요하다. 생산되는 제품의 원료는 가급적이면 소비되는 지역 내에서 구할 수 있는 것이면 좋다. 또한 재사용 과정이 까다롭고 어려운 제품은 꼭 필요한 경우에만 판매할 수 있도록 제한할 필요도 있다.

결국 재활용은 윤리적 이슈라고 할 수 있다. 엄격하게 말해, 자신이 비윤리적인 행동을 하고 있다는 자각 없이는 일회용품을 사용해선 안 되겠지만 이처럼 높은 윤리적 기준에 모두가 따를 수는 없다. 그러나 나 스스로 하나의 사례를 만든다는 생각으로 실천하며, 환경을 파괴하는 데 일조하고 자원을 낭비하는 소비문화에 주변 사람들의 경각심을 일깨울 수 있다면 그 자체로 변화를 위한 하나의 진전이 될 수 있다.

완전한 재활용 사회를 만드는 첫걸음은 지속성 있는 제품을 생산하는 것이다. 신발과 모자는 20년 이상, 셔츠나 바지는 10년 이상 신고 입을 수 있어야 한다. 탁자, 의자, 자기그릇, 냄비, 펜 등도 디자인이 잘 되고 잘만 만들어진다면 지금보다 한결 오래 사용할 수 있을 것이다. 일회용 펜을 규제하고, 잉크 등을 재사용할 수 있는 펜만 허용해야 한다. 이것이 가능해지려면 근본적으로 두 가지 변화가 필요하다.

첫째로 중고시장과 기부문화를 활성화해야 한다. 예를 들어 옷이나 가구 등의 중고시장은 모든 이들의 수요가 있어야 한다. 이런 중고제품을 구매하는 일은 가난 등으로 인한 수요이기보다 환경을 위한 윤리적 행동이다. 지속성 있는 제품을 생산할 때 필요한 다른 한 가지라면, 제품의 가치를 20년 정도 줄잡아 매기는 일이다. 신발 한 켤레가 20년 정도 신을 수 있게 만들어졌고 다른 것보다 가격이 비싸다면 소액금융재단을 통해 구매 시에는 합리적 가격을 지불하고 이후 그 신발을 신는 동안 소액결제로 나머지 금액을 채우는 식으로 처리할 수 있을 것이다. 이런 금융재단의 운용은 어렵지 않게 이루어져야 하고 은행의 이익보다 소비자들이 적정한 가격에 좋은 제품을 장기적 안목으로 구매하는 데 역점을 두어야 한다. 분실이나 손상에 따른 스트레스를 받지 않도록 소액보험도 이런 시스템에 필요할 것이다. 물론 많은 사람이 우산이나 신발 등을 쉽게 버리곤 하지만, 이건

우산이나 신발의 문제가 아니라 문화의 문제다. 우리가 새로운 문화를 일궈낼 수 있다면 보존을 우선적이고 윤리적으로 보는 새로운 습속과 가치를 만들어 낼 것이며 사람들은 소유물을 소중히 여기고 관리하는 법을 배워 십 년 혹은 이십 년 동안 그것들을 보존하려 할 것이다. 우리는 소비의 문화를 넘어 보존의 문화로 나아가야 한다. 이런 변화는 '보수적'이란 어휘에 담긴 정직한 의미를 실천하는 문화를 이뤄낼 것이다.

10. 글쓴이의 주장을 바르게 이해한 내용이 아닌 것은?

① 재활용을 할수록 자원의 가치가 줄어든다.

② 고쳐 사용할 수 없는 것이라면 음식, 의약품을 포함한 모든 새로운 제품의 생산을 금지해야 한다.

③ 일회용품의 생산 자체를 줄이고 내구성 높은 물건을 생산해야 한다.

④ 재활용보다는 재사용, 중고제품 사용, 기부 등의 활용도를 높이는 것이 옳다.

11. 글쓴이가 주장하는 환경보호를 위한 행동의 예시를 모두 고르면?

㉮ 플라스틱과 같은 일회용 물건 사용을 금지한다.

㉯ 금방 자라는 아기용 양말은 튼튼한 섬유로 생산해서 아이가 크면 중고시장에서 판매한다.

㉰ 빈 캔은 종류별로 잘 분류하고 수거해서 재활용한다.

㉱ 가전제품의 부품을 규격화해서 고장이 났을 때 수리가 용이하도록 해야 한다.

㉲ 지속성이 높지만 고가의 제품인 경우 판매가의 일부만 지불해서 구매한 후 10년간 다달이 할부로 나누어 지불하는 식의 할부 판매를 활성화한다.

① ㉮, ㉯, ㉰   ② ㉮, ㉰, ㉲

③ ㉮, ㉯, ㉱, ㉲   ④ ㉯, ㉰, ㉱, ㉲

1회 기출예상 2회 기출예상 3회 기출예상 4회 기출예상 5회 기출예상 6회 기출예상 인성검사 면접가이드

[12 ~ 13] ○○공단 총무팀의 복리후생 및 비상계획 담당자 A 씨는 뉴스 기사를 토대로 응급상황 대처 교육자료를 제작하려고 한다. 이어지는 질문에 답하시오.

○○위원회는 장애인 거주시설에서 의사표현이 어려운 지적장애인에게 응급상황이 발생하였으나 응급조치를 미흡하게 취해 피해자가 다음날 사망에 이른 사건과 관련하여 지적장애인은 자신의 증상을 제대로 표현할 수 없으니 유사한 사건이 언제든지 발생할 수 있으므로 대응 체계를 충실히 갖추고 적용하는 것은 시설 운영자의 기본적인 보호 의무에 포함된다고 판단하였다.

○○위원회는 피해자 김 모(지적장애 1급) 씨에 대한 부검이 이루어지지 않아 응급이송이 늦어진 것이 피해자의 사망원인이라고 인정하기 어려우나 이로 인해 피해자가 적시에 진료받을 기회를 상실했으므로 향후 유사 사례가 발생하지 않도록 시설장에게 응급상황 발생에 대하여 대응지침을 마련하고, 종사자와 거주인들이 지침을 숙지할 수 있도록 교육을 강화할 것을 권고했다.

피해자의 유가족인 김 모 씨는 피해자가 거주하던 장애인 거주시설이 피해자에 대한 응급조치를 미흡하게 하여 피해자가 사망하였다고 ○○위원회에 진정을 제기하였다.

㉠ 응급실 도착 당시 피해자는 맥박이 190까지 올라가 의료진이 지속적으로 약을 투여하였으나 효과가 없었으며 이후 피해자의 심장 박동이 느려져 심폐소생술을 실시하였으나 소생 가능성이 없어 피해자 가족에게 연락을 하였다. 가족이 병원에 도착한 후 같은 날 오전 9시에 사망하였다.

㉡ 피진정시설 측은 피해자가 평소에도 소리 지르는 경우가 있었고, 전날 낮에 진료한 결과 특이한 소견이 없어 응급상황으로 생각하지 않았으며 119를 부르는 것보다 직접 병원으로 이송하는 것이 빠르다고 판단하였다는 설명이다.

㉢ ○○위원회의 조사 결과, 피해자는 사건 당일 오전부터 창백한 얼굴로 소리를 지르는 등의 행동을 보여 같은 날 주간에 병원진료를 받았으나 혈압, 혈액, 소변, X-ray 검사 결과 별다른 이상 소견을 보이지 않았고, 이상증세 발생 시 응급실을 방문하라는 의사 당부를 받고 시설로 복귀하였다.

㉣ 같은 날 22시부터 피해자는 다시 이상증세를 보여 안정제를 먹였으나 나아지지 않아 다음 날 새벽 1시경 생활지도교사가 피해자를 개인 차량에 태워 병원에 도착하였다.

그러나 당시 피진정시설은 중증지적장애인 거주시설 특성에 맞는 응급상황 지침이 없었으며 피해자 사망 전뿐 아니라 사망 후에도 종사자와 거주인 대상의 응급상황 대응지침 마련이나 이에 대한 교육이 전혀 없었던 것으로 확인되었다.

12. 교육자료를 읽고 보인 동료들의 반응 중 글의 주제에 해당하는 것은?

① "장애인의 진료받을 기회가 사회적으로 보장되어야 해."

② "장애인 거주시설은 지적 장애인을 위한 응급체계를 마련해야 해."

③ "장애인 응급실의 미흡한 처치로 장애인이 자주 숨진 것은 안타까워."

④ "응급 이송 중 사망에 따른 보상금 지급체계가 가장 시급히 개선되어야 할 문제야."

13. 담당자 A 씨는 교육자료를 검토하던 중 글의 순서가 바뀐 것을 발견하였다. ㉠ ~ ㉣을 흐름에 따라 바르게 정렬한 것은?

① ㉢ – ㉣ – ㉠ – ㉡

② ㉡ – ㉢ – ㉣ – ㉠

③ ㉡ – ㉣ – ㉢ – ㉠

④ ㉢ – ㉡ – ㉣ – ㉠

[14 ~ 15] 다음 자료를 보고 이어지는 질문에 답하시오.

□□공사의 직원 P는 홈페이지에 게재할 보도자료를 작성하고 있다.

□□공사는 지난 12일 방글라데시 교량청(이하 BBA)과 「파드마대교 운영, 유지관리사업」을 위한 상호협력 양해각서(MOU)를 체결했다고 밝혔다.

이번 협약은 지난해 국토교통부가 BBA에 파드마대교의 운영·유지관리 사업자로 □□공사를 공식 추천해 진행됐으며, 협약에 따라 □□공사에서 사업제안서를 제출하면 사업 수주를 위한 협상이 본격적으로 진행되어 빠르면 올해 말 계약 체결이 가능할 것으로 보인다.

<**방글라데시 파드마대교 개요**>

※ 건설사업 개요
- 사업명 : 파드마 다목적 교량 건설사업
- 사업비 및 재원 : 3조 원, 방글라데시 재정사업
- 발주처 : 방글라데시 교량청
- 사업내용 : 복층트러스교 6.15km(상층 4차로 도로, 하층 철도) 접속교 1.68km, 제방 13.5km
- 시공회사 : 중국사(교량부 : 차이나 메이저브릿지, 제방부 : 시노하이드로)
- 공사진행 : 2019년 8월 말 기준 74.8%(교량 89.6%, 제방 60.0%)

※ 감리사업 개요
- 용역명 : 파드마 다목적 교량 건설사업 시공감리
- 용역비 및 기간 : 753억 원, 2014년 12월부터 61개월간
- 참여구도 : □□공사(주간사) 23.9%, 평화 17.4%, 한종 8.4%, 선진 3.4%＋현지업체 n%

해당 사업을 수주하게 되면 영업소 요금징수, 도로·구조물 유지보수, 순찰 및 재난관리 등 파드마대교 운영·유지관리에 필요한 종합적인 업무를 수행하게 되며, 향후 10년간 약 1천억 원 규모의 사업이 될 것으로 예상된다.

방글라데시 최대 특수교량인 파드마대교(연장 6.15km)는 상층부 도로(4차로)와 하층부 철도로 구성된 복층트러스교량으로, 2014년 건설공사가 시작됐으며 총 사업비 3조 원 규모의 방글라데시 최대 토목사업이다. 시공은 중국건설사에서 담당하고, □□공사는 건설현장 시공·감리용역을 수행하고 있다.

특히 발주청인 BBA는 □□공사에 대해, 깊이 110m 이상의 연약지반 환경과 우기 시 강이 범람하는 등의 열악한 조건을 극복하고 공정추진을 원활히 이끌고 있는 점을 높게 평가했다.

□□공사 해외사업처장은 "우리 공사의 고속도로 건설 및 운영 경험이 방글라데시 교통 인프라 사업 추진에 도움이 되기를 바란다."며, "앞으로도 국내기업의 해외진출 확대를 돕고, 정부의 해외 건설 활성화 정책을 적극 뒷받침 하겠다."고 말했다.

14. 다음 중 직원 P가 자료를 이해한 내용으로 적절한 것은?

① 시공은 차이나 메이저브릿지가 단독으로 담당한다.

② □□공사와 BBA는 □□공사의 사업제안서에 따라 계약을 체결했다.

③ BBA는 □□공사가 주간사로서 악조건을 극복하고 공정추진을 원활히 이끄는 점을 높게 평가한다.

④ 3조 원 규모의 사업에는 영업소 요금징수, 도로, 구조물 유지보수, 순찰 및 재난관리가 포함된다.

15. 다음 중 직원 P가 보도자료를 배포하고자 하는 목적은?

① 새로운 사업을 수주할 필요성을 설파하기 위해

② 국내 건설기업의 해외진출 확대를 활성화하기 위해

③ 해외 건설사업에서 발생한 어려움을 해결하기 위해

④ 정식 계약을 맺기 이전에 타결된 사전협약의 내용을 알리기 위해

[16 ~ 17] 다음 글을 읽고 이어지는 질문에 답하시오.

"우리나라는 민주주의 국가이고 민주주의는 대화와 토론을 통해 문제를 해결하려는 합리적인 관용과 타협의 정신을 지닌 다수에 의한 지배이다."

어릴 적부터 많이 들어온 말이다. 그러나 작금의 사회에서 민주적 과정과 그 가치에 대한 존중을 찾아보기란 쉽지 않다. 여의도에도 캠퍼스에도 대화보다는 대립이 난무하다. 대립을 전제로 한 대화로 어찌 상대를 이해하려 하는가. 그렇다면 진정한 대화란 무엇인가. 대화란 '말을 하는 것'이 아니라 '듣는 것'이라 한다.

'듣는 것'에는 다섯 가지가 있다.

첫 번째는 '무시하기'로 가정에서 아버지들이 자주 취하는 자세다. 아이들이 호기심을 갖고 아버지에게 말을 건네면 대체로 무시하고 듣지 않는다. 남의 이야기를 전혀 듣지 않는 것이다. (가)

두 번째는 '듣는 척하기'다. 마치 듣는 것처럼 행동하지만 상대가 말하는 내용 중 10% 정도만 듣는다. 부부간 대화에서 남편이 종종 취하는 자세. 부인이 수다를 떨며 대화를 건네면 마치 듣는 것처럼 행동하지만 거의 안 듣는 것이다.

세 번째는 '선택적 듣기'다. 이는 상사가 부하의 말을 들을 때 취하는 자세로 어떤 것은 듣고 어떤 것은 안 듣는 자세다. 민주적 리더십보다는 전제적 리더십을 발휘하는 사람일수록 이런 경험이 강하다. 상대가 말하는 내용 중 30% 정도를 듣는 셈이다. (나)

네 번째는 '적극적 듣기'다. 이는 그나마 바람직한 자세라고 할 수 있다. 상대가 말을 하면 손짓 발짓 해 가며 맞장구를 쳐주고 적극적으로 듣는 것이다. 그러나 귀로만 듣기 때문에 상대가 말한 내용 중 70% 정도만 듣는 데 그친다. (다)

다섯 번째는 ⊙'공감적 듣기'다. 귀와 눈 그리고 마음으로 듣는 가장 바람직한 자세. 상대의 말을 거의 90% 이상 듣는다. 연애할 때를 회상해보라. 상대가 말하는 내용을 자신의 이야기처럼 마음을 열고 들었던 기억이 있을 것이다.

우리 주변 대화에서 '공감적 듣기'를 발견하기란 여간 어려운 것이 아니다. 모든 일이 잘 이뤄지기 위해서는 자신의 주장을 피력하기보다 듣는 것부터 잘 해야 한다. 모든 대인 관계는 대화로 시작한다. 그러나 대화를 하다보면 남의 말을 듣기보다 자신의 말을 하는 데 주력하는 경우가 많다. (라)

이러한 것을 모르는 것인지 아니면 알면서도 간과하는 것인지, 유독 우리 사회에는 고집과 자존심을 혼동해 고집을 앞세워 상대의 말에 귀 기울이지 않는 이가 많다. 고집과 자존심은 전혀 다른 개념이다. 고집은 스스로의 발전을 막는 우둔한 자의 선택이고, 자존심은 자신의 마음을 지키는 수단이기 때문이다.

자존심을 간직하되 고집을 버리고 인간관계에서 또는 대화에서 '듣는 것'에 집중한다면 한국사회가 좀 더 합리적인 단계로 발전하지 않을까.

"말을 배우는 데는 2년, 침묵을 배우는 데는 60년이 걸린다."고 했다. 상대가 누구든지 대화에서 가장 중요한 것은 유창한 '말하기'보다 '듣기'다. 들을 청(聽)은 '耳, 王, 十, 目, 一, 心'으로 구성돼 있다. 어쩌면 이것은 왕(王)처럼 큰 귀(耳)로, 열 개(十)의 눈(目)을 갖고 하나(一)된 마음(心)으로 들으라는 의미는 아닐까.

16. 다음 중 ⊙의 사례에 해당하는 것은?

① 오 대리는 신입사원이 점심메뉴로 김치찌개가 어떠냐는 제안을 듣고 자신도 좋아한다며 적극적으로 의사를 밝혔다.

② 박 대리는 회식 자리에서 직장 상사의 비위를 맞추기 위해 듣기 싫은 이야기도 고개를 끄덕이고 맞장구를 치며 열심히 들었다.

③ 송 대리는 신입사원과 대화를 하는 중 자신에게 불리한 내용은 반응하지 않고 자신에게 유리한 내용에는 적극적으로 반응하며 들었다.

④ 강 대리는 여자친구와 헤어져 힘들어 하는 신입사원의 이야기를 듣고 얼마나 힘든지, 아픈 곳은 없는지 묻고 걱정된다고 이야기했다.

17. (가) ~ (라) 중 문맥상 다음 내용이 들어갈 가장 적절한 위치는?

> 이러한 경우 대화가 원활히 이뤄지기 어렵다. 효과적인 대화를 하려면 우선 잘 들어주는, 경청하는 자세가 중요하다. 상대의 말을 잘 들어주는 사람을 싫어할 리 없고 이런 사람은 주변으로부터 신뢰를 받는다.

① (가)　　　　　　　　　② (나)

③ (다)　　　　　　　　　④ (라)

1회 기출예상　2회 기출예상　3회 기출예상　4회 기출예상　5회 기출예상　6회 기출예상　인성검사　면접가이드

[18 ~ 20] 다음 지문을 읽고 이어지는 질문에 답하시오.

도서관에 있는 책은 옆면에 각각의 이름표를 달고 있다. 숫자와 문자가 혼합되어 언뜻 복잡해 보이지만 원리를 알면 놀라움 그 자체다. 먼저 각 책장에는 앞자리가 비슷한 책이 한데 모여 있지만 그 의미는 엄연한 차이가 ⓐ난다. 특히 맨 앞자리 숫자는 지구상의 모든 자료를 0에서 9까지 10개의 '주류'로 나눈 것이다. (ㄱ)이들은 인류의 역사와 비슷한 구조를 갖추고 있다.

000은 태초의 인간과 자연이 혼돈에서 출발한다는 의미에서 특정 학문이나 주제에 속하지 않는 분야를 모았다. 100은 혼돈에서 질서를 찾기 위한 이성의 노력을 담은 철학을, 200에서는 유한한 인간이 절대적인 신을 숭배한다는 뜻에서 종교를 담았다. 300에는 인간이 가족과 사회, 국가를 형성하는 데 필요한 사회학을, 400에는 사회가 서로 소통하기 위해 필요한 언어학을 모았다. 500에는 상황에 필요한 과학적 지식인 자연과학을 담고, 600에는 지식이 기술로 발전된 기술과학을 담았다. 생활수준이 높아지면서 예술(700)이 나타나고 정신을 풍요롭게 하는 문학(800)도 나타난다. 마지막으로 900에는 이 모든 것을 기록한 역사를 모았다.

이렇게 책을 나누는 방법은 1876년 미국의 멜빌 듀이(Malvil Dewey)가 개발한 듀이십진분류법(DDC)이라고 한다. 듀이는 미국 애미스트칼리지의 도서관에서 일하면서 불편하게 느낀 점을 고쳐 새로운 분류법을 만들었다. 십진분류법이라는 말은 주류를 10개로 나눈 것처럼 세부 분류도 다시 30개의 숫자로 분류하는 방식을 뜻한다. 현재 이 방법은 세계에서 가장 널리 쓰이고 있다. (ㄴ)미국에서 가장 많이 쓰는 의회도서관분류법(LDC)은 자료를 A부터 Z까지 21개의 알파벳으로 분류한다.

우리나라의 대학 도서관에서는 DDC를 많이 쓴다. 하지만 한글로 된 책이 많은 공공도서관에서는 DDC를 우리나라의 특징에 맞게 고친 한국십진분류법(KDC)을 사용한다. 세계 각국에서 쓰는 DDC는 언어학을 400에 두지만 우리나라에서 개발한 KDC는 언어를 뒤로 700에 놓았다. 또한 종교(200)에서 불교의 비중을 높이고, 문학(800)에서 한국 소설이나 시와 같은 분류 항목도 늘렸다. (ㄷ)공공도서관에서 쉽게 볼 수 있는 KDC의 원리에 대해 자세히 알아보자.

책의 이름표이자 주소와도 같은 청구기호는 숫자와 문자를 조합해 만든다. 청구기호는 이 책이 어떤 책인지 미리 알 수 있는 비밀이 담겨 있다. 예를 들어 415번의 책은 어떤 책일까? 맨 앞자리가 4인 걸 보면 자연과학 분야의 책이라는 걸 알 수 있다. 400번 대에서 둘째 자리가 1인 것은 수학이다. 수학은 자연과학 중에서 으뜸가는 학문이라는 뜻에서 1번을 차지한다. 세 번째 자리는 수학의 세부 분류를 뜻하는데, 기하학은 함수, 대수학, 확률과 통계, 해석학에 이어 5번에 해당한다. (ㄹ)즉, 도서관에서 415번 대의 책장에 꽂힌 책은 제목을 보지 않아도 기하학과 관련된 책이라는 것을 알 수 있다.

세 자리 숫자 다음에 나타나는 소수점 아래 숫자는 더 구체적인 분류를 나타낸다. KDC 분류표에서는 소수점 뒷자리를 분류하는 방법이 자세하게 나타난다. 학문이 끝없이 발전하고 새로운 분야가 계속 나타나기 때문에 분류표도 7 ~ 8년에 한 번씩 개정을 한다.

18. 윗글의 내용과 일치하지 않는 것은?

① 도서관의 모든 책의 청구기호 맨 앞자리는 0부터 9까지 10개로 되어 있다.

② 책을 분류하는 방법은 멜빌 듀이가 개발했기 때문에 듀이십진법(DDC)이라고 한다.

③ 한글로 된 책이 많은 우리나라 공공도서관에서는 듀이십진법(DDC)을 변형한 한국십진분류법 (KDC)을 쓰고 있다.

④ 우리나라의 대학 도서관과 미국에서는 의회도서관분류법(LCC)이 가장 많이 쓰이는데, 이것은 자료를 A부터 Z까지 21개의 알파벳으로 분류한다.

19. (ㄱ) ~ (ㄹ) 중 본문의 내용에 적합하지 않은 문장은?

① (ㄱ)   ② (ㄴ)

③ (ㄷ)   ④ (ㄹ)

20. 다음 밑줄 친 부분 중 ⓐ의 문맥상 의미와 가장 가까운 것은?

① 이제야 광고 효과가 <u>나기</u> 시작했다.

② 신문에 합격자 발표가 <u>나지</u> 않아 걱정이다.

③ 따뜻한 남쪽 지방에서 겨울을 <u>나고</u> 돌아왔다.

④ 언덕 쪽으로 길이 <u>나면</u> 읍내로 가는 시간이 줄어든다.

1회 기출예상

2회 기출예상

3회 기출예상

4회 기출예상

5회 기출예상

6회 기출예상

인성검사

면접가이드

21. ○○공사 신·재생에너지사업처 K 대리는 신재생에너지 보급 동향에 대한 다음 표를 분석하여 관련 보고서를 작성할 예정이다. K 대리가 분석한 내용으로 옳지 않은 것은?

〈신재생에너지 보급 동향〉

(단위 : 천toe)

구분	2018년	2019년	2020년
태양열에너지	27.4	28.5	28.0
바이오에너지	344.5	547.4	649.0
폐기물에너지	1534.5	2522.0	2705.0
수력에너지	6502.1	6904.7	8436.0
풍력에너지	682.2	581.2	454.0
지열에너지	242.4	241.8	283.0
수소에너지, 연료전지	87.6	108.5	230.0
해양에너지	122.4	158.4	230.0

* toe(ton of equivalent) : 석유, 가스, 전기 등 각각 다른 종류의 에너지원들을 원유 1ton의 발열량인 1,000만 kcal를 기준으로 표준화한 단위

① 태양열에너지는 2018년부터 2020년까지 지속적으로 증가하였다.

② 주어진 기간동안 신재생에너지의 전체 공급량은 매년 증가하였다.

③ 2019년 신재생에너지 에너지원별 점유율을 살펴보면 수력에너지가 가장 많은 비중을 차지하였다.

④ 2020년 신재생에너지 중 폐기물에너지가 두 번째로 높은 비중을 차지한다.

22. 다음은 H 회사 직원 350명을 대상으로 차량 크기별 보유현황 및 교통비용을 조사한 자료이다. 이에 대한 분석으로 옳은 것은?

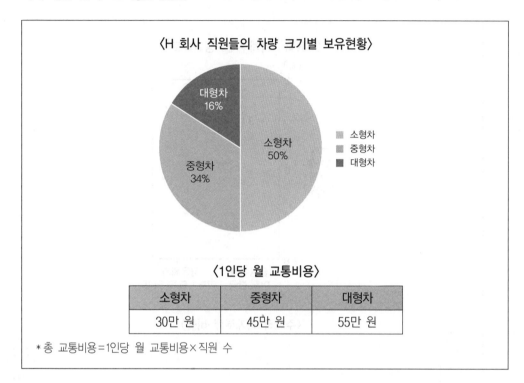

〈H 회사 직원들의 차량 크기별 보유현황〉

대형차
16%

소형차
50%

중형차
34%

■ 소형차
■ 중형차
■ 대형차

〈1인당 월 교통비용〉

소형차	중형차	대형차
30만 원	45만 원	55만 원

＊총 교통비용＝1인당 월 교통비용×직원 수

ㄱ. 중형차를 보유하고 있는 직원은 100명 이상이다.
ㄴ. 소형차를 보유하고 있는 직원들의 총 교통비용은 5천만 원 이하이다.
ㄷ. 보유하고 있는 차량의 크기가 큰 집단일수록 총 교통비용이 많다.

① ㄱ
② ㄴ
③ ㄱ, ㄴ
④ ㄴ, ㄷ

23. 다음은 주요 국가들의 가계부채 증가속도 및 취약차주의 대출 규모 및 비중을 나타낸 자료이다. 자료를 읽고 파악한 내용으로 적절하지 않은 것은?

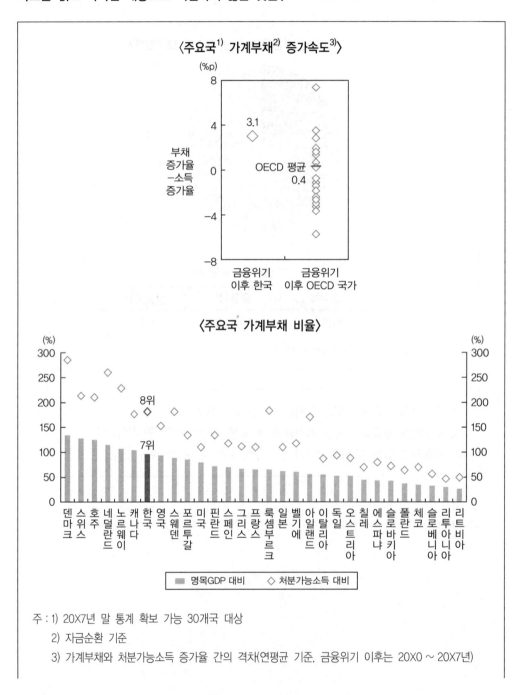

〈주요국[1] 가계부채[2] 증가속도[3]〉

〈주요국 가계부채 비율〉

주 : 1) 20X7년 말 통계 확보 가능 30개국 대상
2) 자금순환 기준
3) 가계부채와 처분가능소득 증가율 간의 격차(연평균 기준, 금융위기 이후는 20X0 ∼ 20X7년)

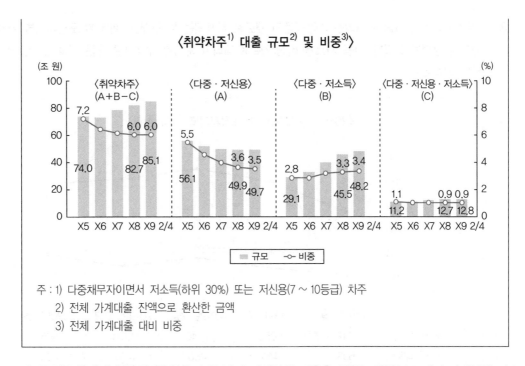

〈취약차주[1] 대출 규모[2] 및 비중[3]〉

주 : 1) 다중채무자이면서 저소득(하위 30%) 또는 저신용(7 ~ 10등급) 차주
2) 전체 가계대출 잔액으로 환산한 금액
3) 전체 가계대출 대비 비중

① 주요국 중에서 한국의 처분가능소득 대비 가계부채 비율은 8위를, 명목GDP 대비 가계부채 비율은 7위를 기록하였다.

② 20X0 ~ 20X7년 한국의 가계부채와 처분가능소득 증가율 간의 격차는 OECD 평균의 7배 이상을 기록하였다.

③ 다중채무자이면서 저신용 차주의 전체 가계대출 대비 차지하는 비중은 20X5 ~ 20X8년에 지속적으로 감소하고 있다.

④ 20X9년 2분기 다중채무자이면서 저신용이고 저소득인 차주의 대출 규모가 취약차주 대출 규모에서 차지하는 비중은 14% 이하이다.

24. (주)AF 식품 구매팀 K 대리는 가공식품의 재료로 사용되는 쌀 구매를 위해 쌀 포장시기별 가격 현황을 살펴보고 있다. 다음 자료를 바탕으로 K 대리가 분석한 내용으로 옳은 것을 〈보기〉에서 모두 고르면?

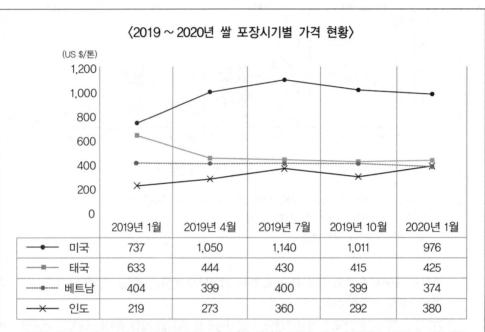

〈2019 ~ 2020년 쌀 포장시기별 가격 현황〉

(US $/톤)

	2019년 1월	2019년 4월	2019년 7월	2019년 10월	2020년 1월
미국	737	1,050	1,140	1,011	976
태국	633	444	430	415	425
베트남	404	399	400	399	374
인도	219	273	360	292	380

* 미국산 중립종 1등급, 태국산 장립종 1등급, 베트남산 장립종 2등급, 인도산 장립종 3등급에 대한 항목
* 2020년 1월 국내산 단립종 1등급 가격은 $1,270/톤
　2020년 1월 중국산 단립종 1등급 가격은 $1,030/톤

〈2019년도 쌀 현황 분석〉

• 태국
　– 전체 생산량 : 전년과 동일한 20.5백만 톤
　– 전체 쌀 수출량 : 전년 대비 9.7% 증가한 11.3백만 톤으로 세계 쌀 수출 1위
　– 전체 쌀 재고량 : 11백만 톤
　※ 2018년 쌀 가격은 보합세를 유지하다가 2019년 4월 이후로 다시 약보합세 유지

• 인도
　– 전체 쌀 생산량 : 전년 대비 4.3% 감소한 102백만 톤
　– 전체 쌀 수출량 : 전년 대비 19.5% 감소한 8.7백만 톤
　– 전체 쌀 재고량 : 전년 대비 30.5% 감소한 6.8백만 톤

1회 기출예상

2회 기출예상

3회 기출예상

4회 기출예상

5회 기출예상

6회 기출예상

인성검사

면접가이드

> **보기**
>
> ㉠ 그래프에 주어진 국가 중 2019년 분기마다 가장 가격 경쟁력이 있는 쌀은 인도산 쌀이다.
>
> ㉡ 2020년 현재 태국은 세계 쌀 수출 1위 및 쌀 생산량 1위가 예상된다.
>
> ㉢ 2019년 1분기에 태국에서 일시적인 쌀 가격 변동을 이끈 원인이 있었을 것이라고 추측된다.
>
> ㉣ 2020년 현재 인도 정부는 전년 대비 쌀 수출량을 늘리기 위해 태국과 MOU(양해각서)를 체결할 것이다.
>
> ㉤ 2020년 1월 포장된 국내산 쌀의 수출 경쟁력을 높이기 위해서 품종과 등급 외에 다른 강점을 부각해야 할 것이다.

① ㉠, ㉡   ② ㉠, ㉢

③ ㉠, ㉤   ④ ㉡, ㉣

25. 다음은 북미지역의 특허권 등록 건수에 대해 조사한 자료이다. 이에 대한 설명으로 옳은 것은?

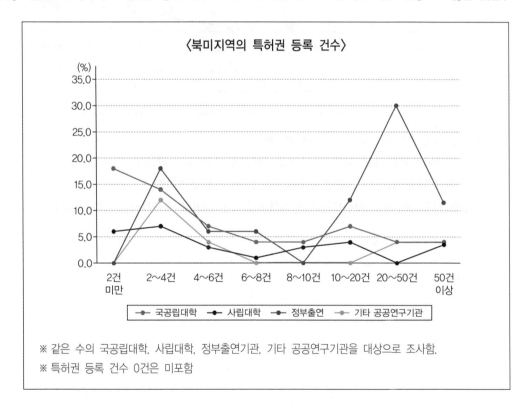

〈북미지역의 특허권 등록 건수〉

※ 같은 수의 국공립대학, 사립대학, 정부출연기관, 기타 공공연구기관을 대상으로 조사함.
※ 특허권 등록 건수 0건은 미포함

① 국공립대학 중에서는 특허권을 2 ~ 4건 등록한 대학의 비율이 가장 높다.

② 사립대학 중에서는 특허권을 10 ~ 20건 등록한 대학의 비율이 가장 높다.

③ 정부출연기관 중에서는 특허권을 2 ~ 4건 등록한 기관의 비율이 가장 높다.

④ 특허권을 10 ~ 20건 등록한 기관 중 비율이 가장 높은 것은 정부출연기관이다.

26. 다음은 우리나라의 코로나19 바이러스 확진자 추이이다. 이에 대한 설명으로 옳지 않은 것은?
(단, 완치자는 바로 퇴원했다고 가정한다)

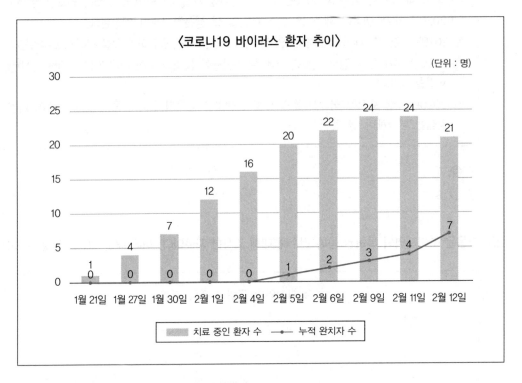

① 2월 12일까지 총 28명의 환자가 발생했다.

② 2월 9일과 2월 11일 사이에는 추가로 확진자가 발생하지 않았다.

③ 확진 판정을 받고 치료 중인 환자는 2월 12일 기준 21명이다.

④ 2월 11일까지 누적 확진자는 28명이며 다음날은 추가로 확진자가 발생하지 않았다.

27. 다음은 국내 무연탄 수급을 나타낸 표이다. 이를 작성한 그래프로 틀린 것은?

〈국내 무연탄 수급〉

(단위 : 천 톤)

구분		2017년	2018년	2019년	2020년
생산		2,084	2,084	2,094	1,815
소비	연탄용	2,698	2,365	2,424	2,240
	발전용	1,859	1,822	1,833	1,917
재고		1,953	1,720	1,628	1,457
정부 비축		1,308	1,142	1,080	924

① 〈연도별 생산량〉

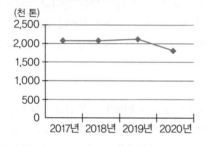

② 〈2019년 소비용도별 비율〉

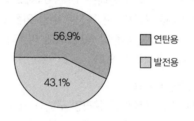

③ 〈전년 대비 정부 비축량 변화〉

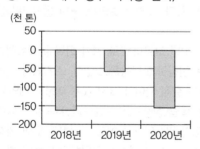

④ 〈연도별 발전용 소비량〉

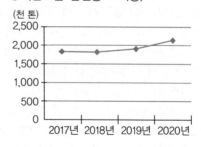

28. 자료의 내용과 관련된 그래프를 추가하고자 할 때, 다음 중 적절하지 않은 것은?

〈자료 1〉

러시아의 화장품 시장의 매출 규모는 세계 시장의 약 3%를 차지하고 있다. 최근 러시아 화장품 시장은 유럽 지역에서 영국, 독일, 프랑스 다음으로 네 번째로 큰 규모로 알려져 있다. 2019년 기준 스킨케어 제품 시장이 2,080억 루블(약 29억 2,000만 달러)이며 패키지 단위로는 24억 개에 달했다. 해당 수치는 7년 전 대비 2배가 성장한 것이다.

러시아 화장품 시장을 세분화한다면 스킨케어 제품이 19%를 차지하고 있고 향수가 18%, 색조화장품이 15%, 헤어 제품이 15%, 샤워 제품이 9%, 바디케어 제품이 5%이다.

- **헤어 제품**

2019년 기준 러시아 헤어 제품 시장규모는 1억 7,694만 달러로 전년 대비 4.61% 상승했다. 주요 소비 연령대는 15 ~ 64세로 다른 유형의 제품보다 범위가 넓은 편이다. 러시아 헤어 제품 시장의 큰 특징은 수입 의존도가 뷰티제품군 중 가장 낮다는 점인데 2017년 기준 현지 제품 비중이 68.22%에 이른다. 모발염색 제품 시장이 가장 빠른 속도로 성장할 것으로 예상하고 있다.

- **스킨케어 제품**

러시아 미용제품 중 온라인 구매가 가장 활발한 제품이 바로 스킨케어 제품이다. 러시아 소비자들은 SNS를 통해 스킨케어 방법, 다양한 가격 세그먼트 제품 리뷰, 브랜드 리뷰 등의 정보를 얻고 있기 때문이다. 다만 소득 감소로 인해 구매력이 지난 2년 동안 저하됐으나 2018년부터 소폭 상승했다. 2019년부터 저가 대중 브랜드 선호도가 뚜렷해졌는데 특히 클렌저, 핸드크림 등이 저가 세그먼트에 집중되기 시작했다. 그러나 보습제, 노화 방지 제품은 여전히 프리미엄 브랜드가 인기를 유지 중이다.

경기 침체를 차츰 극복하기 시작했던 러시아가 2020년 코로나19로 경기 회복 불확실성이 가중되면서 러시아 화장품 소비자들은 가격에 더욱 민감하게 반응하고 있다. 스킨케어 제품이 할인된 가격에서 구매가 높아지고 있고 저가로도 질적 차이가 크지 않은 제품군(세안제, 핸드크림 등)과 고가 프리미엄 제품군이 병행되는 복합 절충 소비트렌드가 지속될 전망이다. 한편 페이스 마스크는 단위 가격이 저렴하고 이미 러시아 시장에도 다변화돼 있어 가장 대중적인 스킨케어 제품으로 부상 중이다. 페이스 마스크는 사용법도 간단하기 때문에 현대 여성들의 선호도가 더욱 커지고 있다.

- **네일아트 제품**

시장분석기관에 따르면 2019년 기준 러시아 매니큐어 및 페디큐어 제품 시장규모는 전년 대비 1.6% 성장한 58억 루블(약 9,000만 달러)을 기록했다. 시장 매출은 꾸준히 증가세를 보이고 있는데 이는 다양한 가격 세그먼트 형성 때문인 것으로 파악된다. 네일아트 시장은 수입 의존도가 74%로 매우 높은 편이다. 중국 수입 점유율이 2019년 기준 15.1%에 이르며 현지 최대 제조사는 G사이다. 러시아는 네일아트 제품을 수출하고 있으며 B사가 45% 이상을 점유하고 있고 최대 바이어는 E사 (수출의 5.2% 점유)이다. 시장분석기관에 따르면

2019년 기준 러시아 네일아트 제품의 온라인 구매가 전년 대비 12%가 증가했고 러시아 여성고객의 25.5%가 6개월에 한 번씩 네일아트 서비스를 받는다고 한다.

〈자료 2〉

코로나19 이후의 러시아 홈 뷰티 시장 트렌드

- 자가격리 시행과 많은 화장품 및 향수 소매점의 폐업으로 화장품 구매에 대한 관심이 크게 감소함. 그러나 온라인 거래는 52.6% 증가해 코스메틱에 대한 관심이 회복되고 있으며 온라인 스토어가 주된 역할을 하고 있음.
- 전문가들은 매출의 대부분이 온라인 스토어로 이동하고 있으며 매출은 15 ~ 20배 성장할 것으로 예상하고 있음. 기업은 블로거, TV광고, 카우지 샵이 향후 업계에서 큰 역할을 할 것으로 확신함.
- 가장 인기있는 제품은 최대 100루블의 배송비로 저렴하게 배송가능한 100 ~ 250루블의 저가 코스메틱일 것이며, 최소 세 개 한세트로 판매될 것임. 동시에 1,000루블이 넘는 코스메틱은 향후 1년 6개월 동안 수요가 없을 것으로 예상됨.
- 시장 기업들은 고가 살균제의 인기가 곧 끝날 것이며 살균제 생산으로 인한 막대한 이익은 발생하지 않겠지만 항균효과가 있는 코스메틱이 성장할 것으로 전망함.

① 〈러시아 네일아트 시장구조〉

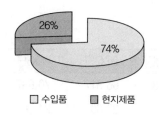

② 〈2017 ~ 2024년 러시아 모발염색 제품 시장〉

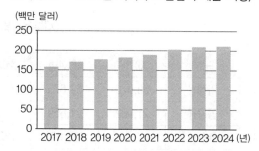

③ 〈러시아 향수 및 화장품 시장 부문별 점유율〉

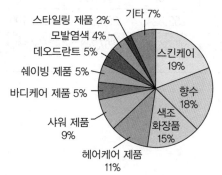

④ 〈스킨케어 제품 수입국 비중〉

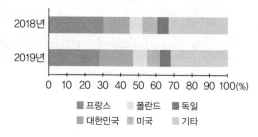

[29 ~ 30] 다음은 20X3년 ~ 20X8년의 전력 판매량 추이를 나타낸 자료이다. 이어지는 질문에 답하시오(단, 전력 판매량은 아래 주어진 6가지 용도로만 구성된다).

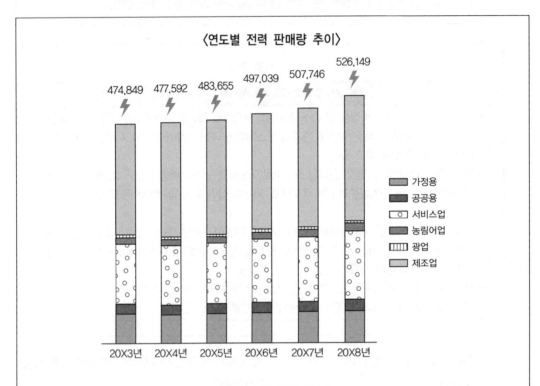

〈연도별 전력 판매량 추이〉

〈세부용도별 변화 추이〉

(단위 : Gwh)

구분	20X3년	20X4년	20X5년	20X6년	20X7년	20X8년
가정용	63,970	62,675	63,794	66,173	66,517	70,687
공공용	21,982	21,669	22,179	22,908	23,605	24,569
서비스업	132,055	128,630	132,049	137,982	140,952	147,189
농림어업	13,062	13,556	14,645	15,397	15,981	17,126
광업	1,478	1,571	1,631	1,755	1,746	1,478
제조업	242,301	249,490	249,357	252,824	258,945	265,100
합계	474,849	477,592	483,655	497,039	507,746	526,149

29. 다음 중 위 자료에 대한 해석으로 잘못된 것은?

① 20X3년부터 20X8년까지 전체 전력 판매량은 매년 증가해왔다.

② 전체 전력 판매량 중 차지하는 비율이 가장 큰 세부용도는 20X3년부터 20X8년까지 매년 제조 업이다.

③ 20X3년부터 20X8년까지 전력 판매량이 매년 증가한 세부용도는 없다.

④ 세부용도 중, 20X8년에 전력 판매량이 가장 큰 폭으로 증가한 용도는 서비스업이다.

30. 20X3 ~ 20X8년 중 전체 전력 판매량의 전년 대비 증가율이 가장 높은 해에, 전력 판매량의 전년 대비 증가율이 가장 높은 세부용도는?

① 가정용   ② 공공용

③ 서비스업   ④ 농림어업

[31 ~ 32] 다음 자료를 보고 이어지는 질문에 답하시오.

〈생활체육 참여율〉

(단위 : %)

구분		참여함	규칙적	매일	주 4~5회	주 2~3회	주 1회	월 2~3회	전혀 안함
2018년		65.6	56.0	9.6	12.6	23.2	10.6	9.6	34.4
2019년		70.5	59.5	5.6	14.5	29.2	10.2	11.0	29.5
2020년		71.1	59.2	5.9	15.1	27.2	11.1	11.9	28.9
	남자	75.1	60.1	6.8	15.5	23.4	14.5	15.0	24.9
	여자	67.2	58.4	5.1	14.7	31.0	7.7	8.8	32.8
	10대	70.0	60.4	2.9	12.2	30.1	15.2	9.6	30.0
	20대	70.1	55.2	3.3	15.7	27.4	8.7	14.9	29.9
	30대	71.2	60.7	4.0	15.5	31.5	9.6	10.5	28.8
	40대	74.5	60.4	4.3	16.0	27.5	12.6	14.1	25.5
	50대	76.1	60.4	5.5	15.2	26.4	13.2	15.8	23.9
	60대	71.9	61.7	9.9	16.0	26.2	9.6	10.2	28.1
	70대 이상	58.2	54.6	18.3	14.4	16.1	5.8	3.6	41.8

31. 밑줄 친 내용 중 위 자료에 대한 분석으로 적절하지 않은 것은?

> 2020년 우리나라 국민들의 생활체육 참여율은 ①71.1%로 전년보다 0.6%p 증가하였고, 생활체육에 참여하는 사람들은 계속 늘어났다. 생활체육에 참여하는 사람들 중 주 1회 이상 규칙적으로 참여한 사람들은 59.2%이며, 이 중에는 ②주 2 ~ 3회가 27.2%로 가장 많고 그 다음은 주 4 ~ 5회 참여가 많았다. ③생활체육 참여율은 남자가 여자보다 7.9%p 높고, 남자와 여자 모두 주 2 ~ 3회 정도 참여하는 사람이 가장 많았다. 연령별로는 70대 이상을 제외한 모든 연령대의 생활체육 참여율은 70% 이상이며, 이중 50대의 참여율이 76.1%로 가장 높았다. ④생활체육에 매일 참여하는 사람은 연령대가 높아져도 참여율이 높아지지 않으나, 70대 이상은 18.3%로 가장 높았다.

32. 위 자료에서 10대의 생활체육 참여율을 그래프로 표현하려 한다. 다음 중 적절하지 않은 그래프 종류는?

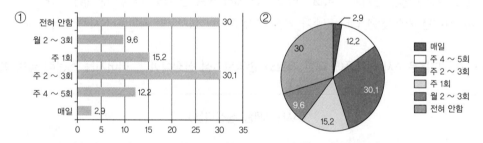

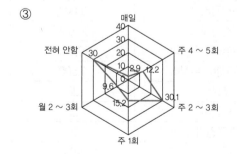

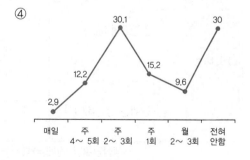

33. 다음 특허 심사청구 및 처리 관련 자료에 대한 설명으로 옳지 않은 것은?

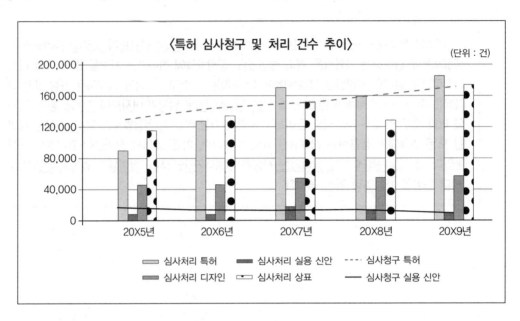

〈특허 심사청구 및 처리 건수 추이〉 (단위 : 건)

범례:
- 심사처리 특허
- 심사처리 디자인
- 심사처리 실용 신안
- 심사처리 상표
- ----- 심사청구 특허
- —— 심사청구 실용 신안

① 조사기간 동안 심사청구 특허 건수는 매년 증가하고 있다.

② 조사기간 동안 심사청구 특허 건수와 심사처리 특허 건수의 증감추이는 동일하다.

③ 조사기간 동안 심사처리 특허 건수와 심사처리 상표 건수의 증감추이는 동일하다.

④ 20X7년 기준 전년 대비 건수가 가장 많이 증가한 심사처리 사안은 심사처리 특허이다.

[34 ~ 36] 다음은 A사 신제품에 대한 자료와 손익분기점 산정식이다. 이어지는 질문에 답하시오.

〈A사 신제품 생산비용〉

(단위 : 천 원)

소요비용	연간고정비(F)	직접인건비	10,000
		안전관리비	6,000
		공장임대료	30,000
		새 기계설비 구입비	20,000
		새 기계설비 유지비	1,500
	생산단위당 연동비(V)	재료비	20
		인건비	20
		제조경비	10
생산단위당 판매금액(P)			100

※ 손익분기점 판매 수량(Q) : $Q = \dfrac{F}{P-V}$

※ 손익분기점 매출액(PQ) : $PQ = \dfrac{F}{\dfrac{P-V}{P}} = \dfrac{F}{1-\dfrac{V}{P}}$

34. A사 신제품의 연간 손익분기점 매출액과 손익분기점 판매 수량은?

	손익분기점 매출액	손익분기점 판매 수량
①	135,000원	1,350개
②	140,000원	1,400개
③	135,000,000원	1,350개
④	140,000,000원	1,400개

35. 월간 목표 매출액이 3천만 원일 때, 월간 손익분기점 판매 수량보다 몇 개 더 판매해야 목표 매출액을 달성할 수 있는가?

① 300개   ② 212개

③ 188개   ④ 113개

36. 새 기계설비를 구매하는 대신 1일당 임대료가 5만 원인 B사 기계설비를 임대하려 할 때, 설비를 구입하는 것이 비용 측면에서 더 유리해지는 시점은 임대 설비를 며칠 사용했을 때부터인가? (단, 구입 시 기계설비 유지비용은 일 단위로 나눠 산정하고 임대 시 기계 유지비용은 없다. 1년은 365일로 계산한다)

① 436일   ② 415일

③ 365일   ④ 362일

[37 ~ 38] 다음은 현재일 기준 우리나라의 환율 정보이다. 이어지는 질문에 답하시오(단, 거래는 현재일 시점으로 이루어지며, 거래 시 원 단위 절사 및 수수료 등은 무시한다).

구분	매매기준율 (월)	전일 대비 (원)	등락률 (%)	현찰(원)		송금(원)	
				살 때	팔 때	보낼 때	받을 때
미국 USD	1,119.6	▲ 0.60	+0.05	1,139.19	1,100.01	1,130.50	1,108.70
일본 JPY	㉠	▲ 0.01	+0.0	1,004.80	970.24	997.24	977.85
유럽연합 EUR	1,304.50	▲ 2.94	+0.23	1,330.45	1,278.55	1,317.54	1,291.46
중국 CNY	168.23	▼ 0.11	㉡	176.64	159.82	169.91	166.55
호주 AUD	858.45	▼ 0.11	-0.01	875.36	841.54	831.59	815.13
캐나다 CAD	883.59	▲ 2.42	+0.27	900.99	866.19	892.42	874.76
뉴질랜드 NZD	777.51	㉢	-0.2	792.82	762.20	785.28	769.74

37. 표에서 ㉡에 들어갈 알맞은 값은? (단, 소수점 아래 셋째 자리에서 반올림한다)

① -0.13 ② +0.07
③ -0.13 ④ -0.07

38. A는 캐나다를 여행하고 남은 350달러를 원화로 환전해서 절반의 금액을 호주에 있는 C에게 송금하고자 한다. C가 받게 될 금액은 얼마인가? (단, 소수점 아래 첫째 자리에서 반올림한다)

① AUD $ 198 ② AUD $ 182
③ AUD $ 178 ④ AUD $ 165

[39 ~ 40] 다음은 장애인의 일상생활 동작을 장애 정도별로 나타낸 자료이다. 이어지는 질문에 답하시오.

(단위 : %)

구분	완전자립			부분도움			완전도움		
	소계	중증	경증	소계	중증	경증	소계	중증	경증
옷 벗고 입기	81.4	61.4	94.2	15.0	30.1	5.2	3.6	8.4	0.6
세수하기	89.6	76.7	97.9	7.2	16.0	1.7	3.2	7.4	0.5
양치질하기	89.4	76.0	98.0	7.5	16.8	1.5	3.1	7.1	0.5
목욕하기	76.0	54.5	89.8	17.7	31.2	8.9	6.3	14.2	1.3
식사하기	88.7	75.2	97.4	9.2	20.1	2.2	2.1	4.7	0.3
체위 변경하기	93.0	86.2	97.4	5.2	9.7	2.3	1.8	4.1	0.3
일어나 앉기	91.1	83.7	95.9	6.8	11.6	3.8	2.1	4.7	0.4
옮겨 앉기	88.6	79.1	94.7	8.8	14.9	4.9	2.6	5.9	0.4
방 밖으로 나가기	83.7	71.5	91.5	12.7	20.5	7.6	3.6	8.0	0.8
화장실 사용하기	87.7	74.7	96.1	8.5	18.1	2.4	3.8	7.2	1.5
대변 조절하기	93.4	86.7	97.7	3.2	7.0	0.8	3.4	6.3	1.5
소변 조절하기	93.2	86.2	97.7	3.7	7.4	1.3	3.1	6.4	1.0

39. 다음 중 위의 자료에 대해 바르게 설명한 것은?

① 중증, 경증 장애인 모두 목욕하기에서 가장 낮은 완전자립도를 나타낸다.
② 중증 장애인의 완전자립도가 가장 높은 동작은 체위 변경하기와 소변 조절하기이다.
③ 경증 장애인은 세수나 양치질보다 식사하는 동작에서 부분도움이 필요한 사람의 비율이 더 낮다.
④ 중증 장애인에게 부분도움이나 완전도움이 가장 필요한 동작은 옷 벗고 입기이다.

40. 위의 자료에서 보호자나 간병인의 도움이 필요한 중증 장애인의 비율이 가장 낮은 동작부터 순서 대로 나열한 것은?

① 목욕하기, 대변 조절하기, 체위 변경하기
② 방밖으로 나가기, 대변 조절하기, 목욕하기
③ 대변 조절하기, 소변 조절하기, 체위 변경하기
④ 대변 조절하기, 옷 벗고 입기, 목욕하기

1회 기출예상 2회 기출예상 3회 기출예상 4회 기출예상 5회 기출예상 6회 기출예상 인성검사 면접가이드

41. Gagoole사는 각 부서의 의견을 반영하여 자사 포털 사이트의 메인화면을 개편하고자 한다. 사이트 개편 태스크 포스팀 김 대리가 다음 의견에 따라 수정한 항목으로 적절하지 않은 것을 모두 고르면?

〈메인화면 개편을 위한 부서별 의견〉

• A 부서 : 회사 로고는 페이지 좌측 상단에 위치해야 합니다. 검색창은 회사 로고 우측에 위치해야 하며, 로고의 글씨와 비슷한 크기로 검색창이 설정될 필요가 있습니다. 또한, 지금의 로고는 회사의 특색을 부각하지 못하고 있기 때문에 빅데이터를 활용하여 다시 디자인을 해야 합니다.

• B 부서 : 검색창 하단에는 메일, 카페, 블로그, 지식 채널과 더불어 자사에서 주력하고 있는 GO−TV를 배치하여 포털사이트 이용자들이 GO−TV를 메인화면에서 바로 클릭할 수 있도록 한다면 GO−TV 이용자들을 확보하는 데 더욱 효과적일 것으로 예상합니다. 또한 GO−TV가 제공하고 있는 실시간 인기 영상을 '로그인 / 회원가입' 탭 하단에 지속적으로 노출할 필요가 있습니다.

• C 부서 : 우리 회사는 광고 수익이 가장 중요한 수입원이므로, 사이트 개편을 통해서 수익성 광고가 메인화면에 나타날 필요가 있습니다. 메인 상단 탭(메일, 카페, 블로그, 지식 채널 등)과 종합 뉴스 기사 탭 사이에 수익성 광고를 배치해야 합니다. 또한, GO−TV 실시간 인기 영상 하단에 빅테이터를 기반으로 메인 화면 특성에 맞추어 보여주는 광고를 배치하는 형태로 변경하는 것을 제안합니다.

• D 부서 : 뉴스 탭의 경우 현재 '가, 나, 다' 순으로 언론사가 나열되어 이용자들이 불편을 겪고 있습니다. 이번 개편을 통해 뉴스 탭에서 이용자들이 주로 선호하는 언론사를 상단에 위치할 수 있도록 개편할 필요가 있습니다.

• E 부서 : 메인 페이지 하단에는 단순히 가입자 수가 많은 카페와 블로그를 나열하는 것보다 이용자들이 관심을 가질만한 Best 정보성 게시글(일정 이상의 조회 수나 공유 횟수 달성)을 제공하도록 개선할 필요가 있습니다. 지난 3분기 조사에 따르면 정보성 게시글이 메인에 오를 경우 이용자들이 카페와 블로그 서비스를 이용할 확률이 10% 증가한 것으로 밝혀졌음을 참고해 주십시오.

〈개편 후의 메인화면〉

ⓐ **Gagoole** ▼

카페 블로그 지식채널 ⓒGO-TV 사전 증권 지도 웹툰	실시간 검색어	
수익성 광고	ⓒGO-TV 지난 주간 영상	
ⓔ종합뉴스〈언론사〉 인기순 정렬 Sㅇㅇ뉴스 Hㅇㅇ일보 Lㅇㅇ데일리 B매거진 W경제뉴스 Nㅇㅇ뉴스 Gㅇㅇ일보 Kㅇㅇ경제 Zㅇㅇ뉴스 Jㅇㅇ신문	ID ☐ PW ☐ 로그인/비밀번호 찾기 회원가입	
주제별 일간 BEST 카페/블로그 게시글	ⓜ주제별 주간 BEST 카페/블로그 게시글	빅데이터 기반 맞춤형 광고

① ㉠, ㉢

② ㉡

③ ㉢

④ ㉣, ㉤

42. K 관광여행 기획팀 Q 사원은 신규 관광 사업 활성화 방안에 대한 보고서를 작성하는 중에 다음 과 같이 SWOT 분석을 하였다. Q 사원의 분석과 아래 관광 관련 기사를 바탕으로 기획팀 팀원들 이 회의를 할 때, 그 내용으로 적절하지 않은 것은?

<표>
〈K 관광여행 SWOT 분석〉

장점(Strength)	단점(Weakness)
– 글로벌 관광마케팅 전문인력 및 노하우 보유 – 국내 · 외 네트워크를 활용한 현장 밀착 사업 수행 경험 풍부 – 국내 · 외 SNS 홍보 강화로 인한 20 ～ 30대 고객 이용률 증가 추세	– 최근 3년간 신규 관광 상품 개발 실적 없음. – 관광 상품의 지역 불균형(국내 관광 상품의 비중이 70% 이상 차지)
기회(Opportunity)	위험(Threat)
– PIT(개별 외국인 관광객) 및 저비용항공사 증가 – 남북 화해 분위기를 통한 동북아 관광시장 개편 분위기 조성	– 경기침체 및 소득 양극화에 따른 국내 관광 위축 – 일부 해외관광 산업의 위축

○○관광일보	202X년 관광 트렌드....? 동남아로 눈길 돌리는 사람들	202X. 9. 3.(수)

(전략)

　○○공사에서는 지난 7월과 8월 해외 출국자 수를 조사한 결과에 따르면 말레이시아와 인도네 시아, 베트남 등 동남아 국가의 방문객 수가 작년에 비하여 2.5배 이상 증가하였다. 최근 일본 관광객의 수가 감소하고 동남아 여행에 대한 관심이 증가하면서 국내 여행사들은 동남아 직항 노 선 확대를 위해 저비용항공사와 공동으로 마케팅을 추진하고 있다. (하략)

① 동북아 관광시장의 변화 흐름이 심상치 않네요. 국외 네트워크를 활용하여 다른 업체보다 먼저 관광 상품을 준비할 수 있도록 현장 실사를 진행하는 것이 좋겠어요.

② 기존의 관광 상품보다 저렴한 가격으로 일본 관광 상품을 기획하여 우리 회사의 관광 상품 불균형 을 해소하는 것이 급선무 아닐까요?

③ 지난해 MOU 체결을 맺은 대만의 관광 마케팅 전문기관을 활용하여 현지인들에게 우리 회사의 국내 관광 상품을 적극 홍보하면 위축된 국내 관광 산업이 활력을 찾을 겁니다.

④ 단체관광을 이용하지 않는 외국인 관광객의 국내 관광 선호 성향을 조사하여 회사의 기존 상품 에 변화를 모색하는 것이 좋겠어요.

43. 최달성 씨는 업무 특성상 날씨에 민감하여 도움을 받을 기상정보 제공업체를 선정하려고 한다. 아래의 〈선정기준표〉와 〈업체정보〉를 참고하였을 때 적절하지 않은 것은?(단, 업체를 선정할 때에는 모든 기준의 총점이 가장 높은 업체를 선정한다)

〈선정기준표〉

기존 DB(25)	기상정보 종류(12)	10개 이상	7 ~ 9개	4 ~ 6개	1 ~ 3개	0개
		12	9	6	3	0
	수집기간 (15)	10년 이상	7 ~ 9년	4 ~ 6년	1 ~ 3년	1년 미만
		15	10	7	4	1
관측기술(25)		상		중		하
		25		15		5
재난대응정책(20)		상		중		하
		20		10		5
관측정확도(35)		상		중		하
		35		20		5

〈업체정보〉

구분		A	B	C	D
기존 DB	기상정보 종류	6개	12개	5개	2개
	수집기간	2년	4년	10년	7개월
관측기술		중	하	중	상
재난대응정책		중	하	상	중
관측정확도		상	중	하	중

① 2순위 업체의 순위가 더 오르기 위해서는 「기상정보 종류」를 5개 더 늘려야 한다.

② 4순위 업체는 관측기술을 한 단계 더 올려도 1순위 업계가 될 수 없다.

③ 2순위 업체와 3순위 업체의 관측정확도 점수가 바뀌면 1순위 업체가 변경된다.

④ 재난대응정책 항목이 제외하면 순위는 변동된다.

44. 전동킥보드 대여업체 A사는 전동킥보드 생산업체 M의 요구사항을 반영해 사용 및 관리 주의사항 페이지를 만들고자 한다. 다음은 A사의 Q 사원이 작성한 전동킥보드 사용 및 관리 주의사항이다. 다음 중 이에 대한 설명으로 적절하지 않은 것은?

〈전동킥보드 생산업체 M의 요구사항〉

전동킥보드 사용 및 관리 주의사항과 관련하여 작성되어야 할 카테고리와 포함할 내용을 아래와 같이 첨부하오니, 이를 참고하시어 주의사항 페이지를 제작하여 주시기 바랍니다.

1. 주행 전 점검사항 : 타이어 공기압 관리하라는 내용과 적정 공기압 수치 포함
　　　　　　　　　　　 브레이크가 정상인지 확인하라는 내용 포함
2. 관리 및 유지보수 : 세척 방법 및 사용금지 약품 표기
3. 주행 전 확인사항 : 보호장구 착용에 관한 내용 포함
4. 충전 시 주의사항 : 충전 이후 보관 방법에 대한 내용 포함
5. 사용자의 이해를 돕기 위한 그림 포함

〈전동킥보드 대여업체 A사의 전동킥보드 사용 및 관리 주의사항〉

• 주행 전 점검사항
  − 전원 ON/OFF : 전원의 공급이 정상적인지, 배터리 잔량은 충분한지 확인
  − 브레이크 동작 확인 : 제품을 앞뒤로 움직여 정상적인지 확인
  − 타이어 공기압 및 펑크 확인, 주기적 관리 필요
  − 타이어 적정 공기압 : 타이어에 표기된 최대 공기압의 85%
  − 주요 고정부 확인 : 볼트 및 너트의 풀림 여부를 주기적 확인 필요
  − 기타 모터부 소음, 앞/뒤 라이트 점등 등 확인

• 관리 및 유지보수
  − 모든 전동제품은 특성상 물에 약하므로, 물을 주의해 주시고 젖은 상태로 두지 마십시오.
  − 장시간 사용하지 않을 경우 배터리를 최소한 2개월마다 충전하여 배터리가 방전되어 수명이 짧아지지 않도록 하십시오.
  − 배터리를 적절치 못한 방법으로 사용 시에는 화재, 폭발 등의 위험이 있으므로 제품설명서의 배터리 규정을 반드시 지키셔야 안전하고 오래 사용하실 수 있습니다.
  − 배터리는 임의로 분해할 수 없으며, 배터리에 관한 사항은 당사 고객센터에 문의하여 전문 서비스를 받으시기 바랍니다.
  − 제품과 함께 제공되는 규격충전기를 사용하여 주시고, 재구매 시에는 구입처에서 정확한 제원의 충전기를 구매해 주시기 바랍니다.

- 세척을 원할 경우 젖은 헝겊으로 닦아야 하며 세제, 가솔린, 솔벤트 또는 기타 화학 약품은 절대 사용하지 마십시오.
- 튜브 타이어를 사용하는 제품은 주행 전 공기압 상태를 꼭 확인하시고 적정 공기압으로 관리를 해주십시오.

• 주행 전 확인사항

도로교통법을 준수해 주세요.	헬멧 등 보호장구를 반드시 착용해 주세요.	사용자매뉴얼을 꼭 숙지하세요.	물을 주의해 주세요.
25km/h 이하 주행(법정속도제한)	항상 주변을 살피세요.	음주운전 절대 금지	주행 중 핸드폰 사용을 자제해 주세요.

• 겨울철 전동제품 관리
- 겨울철은 리튬이온배터리 사용 적정 온도보다 낮은 기온입니다. 배터리 성능이 감소하여 제품의 주행거리가 낮게 나타나고 브레이크 밀림, 제동거리가 길어지게 됩니다.
- 고출력은 배터리에 많은 무리가 갈 수 있으므로 급출발, 급제동은 자제해 주세요.
- 추운 곳에서 주행한 후 따뜻한 실내로 들어왔을 경우 온도차로 인해 내부 결로가 발생할 수 있으니 바로 충전하지 마시고 온도차를 줄여 충전해 주세요.

• 충전 시 주의사항
- 지정된 충전기 사용하기
- 보이는 곳에서 충전하기
- 충전 후 분리하여 보관하기
- 제품이 젖은 상태에서 충전 금지

① 사용자의 이해를 돕기 위해 그림은 전동킥보드 법정속도에 관한 내용을 포함한다.
② Q 사원은 M 업체가 요구한 카테고리만을 반영해 주의사항 페이지를 작성하였다.
③ 장기간 사용하지 않을 시 주의할 사항도 찾아볼 수 있다.
④ 주행 전 점검사항 부분에는 전원, 주요 고정부, 모터부 등에 관한 내용도 추가로 포함되었다.

1회 기출예상
2회 기출예상
3회 기출예상
4회 기출예상
5회 기출예상
6회 기출예상
인성검사
면접가이드

[45 ~ 46] 다음은 ○○공사의 2021년 신입사원 채용공고이다. 이어지는 질문에 답하시오.

〈○○공사 신입사원 채용공고〉

1. 모집부문

구분	일반모집							지역전문	합계
	사무	기술							
		전기	ICT	토목	건축	기계	화학		
인원(명)	31	61	16	6	8	3	2	19	146

2. 채용조건

4(나)직급 5등급 채용 [대졸수준] / 3개월 수습 후 정규임용

구분	주요내용
학력·전공	• 사무 : 학력 및 전공 제한 없음 • 전기 / ICT / 토목 / 건축 / 기계 – 해당 분야 전공자 또는 해당 분야 기사 이상* 자격증 보유자 *단, 전기 분야는 산업기사 이상
외국어	• 대상 : 영어 등 8개 외국어 • 자격기준 : 700점 이상(TOEIC 기준) *외국어성적 환산기준 : 붙임 3 참조 • 유효성적 : 2019.11.18.이후 응시하고 접수 마감일(2021.10.14.)까지 발표한 국내 정기시험 성적만 인정 *고급자격증 보유자는 외국어성적 면제 *해외학위자도 외국어 유효성적을 보유해야 지원 가능
연령	• 제한없음 (단, 공사 정년에 도달한 자는 지원 불가)
병역	• 병역법 제76조에서 정한 병역의무 불이행 사실이 없는 자
기타	• 광주전남권 지원 시 해당권역 내 소재 학교(대학까지의 최종학력 기준, 대학원 이상 제외) 졸업(예정)·중퇴한 자 또는 재학·휴학중인 자만 지원 가능 • 지원서 접수마감일 현재 자사 4직급 직원으로 재직 중이지 않은 자 • 당사 인사관리규정 제11조 신규채용자의 ㉠ 결격사유가 없는 자 • 2021년 12월 이후 즉시 근무 가능한 자

3. 전형절차

구분	전형단계	평가기준	배점	선발배수	동점자 처리기준
1차	서류전형	외국어성적	100	사무 100배수 전기 20배수 기타 30배수	① 자격증 ② 어학
		자격증가점	사무20, 기술40		
		자기소개서	적·부		
2차	직무능력검사 인성검사	직무능력검사 점수 인성검사 결과	100 적·부	사무·전기 3배수 기타 5배수	전원합격
3차	직무면접	직무면접 점수 2차 직무능력검사 점수	100 50	사무·전기 1.5배수 기타 2배수	① 국가유공자 ② 장애인 ③ 직무면접 ④ 직무능력검사
4차	종합면접	종합면접 점수	100	모집무관 1배수	① 국가유공자 ② 장애인 ③ 3차전형 ④ 2차전형 ⑤ 1차전형
최종	신체검사 신원조사		적·부		

4. 채용 시 우대제도

구분	우대내용
고급자격증 보유자	• 1차전형 면제, 2차전형 5% 가점
비수도권 및 본사이전지역 인재	• 비수도권 : 1차전형 2% 가점 • 이전지역 : 1차전형 3% 가점
취업지원대상자(국가보훈)	• 1차전형 면제, 이후 단계별 5%/10% 가점
장애인	• 1차전형 면제, 이후 단계별 10% 가점
기초생활수급자	• 1차전형 면제
양성평등	• 1차전형 합격자의 20% 선발
자사 체험형 청년인턴	• 1차전형 5% / 10% 가점
자사 시간선택제 근로자	• 1차전형 10% 가점 (현재 재직자에 한함)
정규직 전환 대상직무 ＊기간제 근로자 ＊사용전점검, 활선안전관리	• 1차전형 면제, 2차전형 10% 가점
정규직 전환 비대상직무 기간제 근로자	• 1차전형 5% / 10% 가점 – 대상 : 2019. 7. 20. 이후 계약종료(예정) 기간제 근로자

1회 기출예상 2회 기출예상 3회 기출예상 4회 기출예상 5회 기출예상 6회 기출예상 인성검사 면접가이드

※ 1차전형 면제자도 다른 지원자들과 동일하게 지원서 및 자기소개서를 작성하여야 함.

※ 1차전형 면제 등 모든 우대 혜택은 외국어성적 등 기본 지원자격 요건 구비 조건
   (단, 고급자격증 보유자는 외국어성적 면제)

※ 우대내용이 중복되는 경우 최상위 1개만 인정

※ 국가유공자 가점은 모집인원 4명 이상인 분야에 한정되며, 각 단계별 점수가 만점의 40%
   미만인 경우 가점 제외됨.

※ 정규직 전환 대상직무 기간제 근로자 : 2020. 4. 12.로부터 3년 이내 지원 횟수제한 없음.

※ 정규직 전환 비대상직무 기간제 근로자 : 계약종료일로부터 3년 이내 1회 한해 우대
   – ○○공사에서 근무한 자로, 근무기간이 6개월 이상인 자에 한함.
   – 6개월 이상 ~ 1년 미만 근무 : 5%, 1년 이상 근무자 : 10%
      (근무기간 계산은 지원서 접수마감일 기준)

45. ○○공사의 신입사원 채용공고에 대한 설명으로 옳지 않은 것은?

① ○○공사의 정규직 전환 대상직무의 기간제 근로자가 전년도 ○○공사에서 채용 우대를 받은
   경우라도 이번 채용에서 또 우대받을 수 있다.

② 복수의 우대사항이 존재하는 경우라도 해당되는 항목의 가점을 모두 합산하여 받을 수는 없다.

③ 출신 지역 덕분에 면접단계에서 다른 지원자들보다 혜택을 누리는 지원자가 존재할 수 있다.

④ 지원 기준 외국어 성적을 보유하지 못한 지원자라도 서류전형을 통과할 수 있다.

46. 다음은 위 채용공고 중 ㉠에 관한 내용이다. ○○공사의 신규채용자 결격사유에 해당하지 않
는 것은?

신규채용자의 결격사유(당사 인사관리규정 제11조)
1. 피성년후견인 또는 피한정후견인
2. 파산(破産)선고를 받고 복권되지 아니한 자
3. 금고(禁錮) 이상의 실형을 선고받고 그 집행이 종료되거나 집행을 받지 아니하기로 확정된
   후 5년이 지나지 아니한 자
4. 금고(禁錮) 이상의 형을 선고받고 그 집행유예기간이 끝난 날로부터 2년이 지나지 아니한
   자
5. 금고(禁錮) 이상의 형의 선고유예를 받은 경우에 그 선고유예 기간 중에 있는 자

6. 징계(懲戒)에 의하여 해임의 처분을 받은 때로부터 5년이 지나지 아니한 자

7. 법원의 판결 또는 법률에 의하여 자격이 상실 또는 정지된 자

8. 공무원 또는 공공기관의 운영에 관한 법률에서 정한 공공기관의 임직원으로 재직 중 직무와 관련하여 형법 제355조(횡령, 배임) 및 제356조(업무상의 횡령과 배임)에 규정된 죄를 범한 자로서 300만 원 이상의 벌금형을 선고받고 그 형이 확정된 후 2년이 지나지 아니한 자

9. 병역법 제76조에서 정한 병역의무 불이행자

10. 입사제출서류에 허위사실이 발견된 자

11. 신체검사 결과 불합격으로 판정된 자

12. 「부패방지 및 국민권익위원회의 설치와 운영에 관한 법률」 제82조에 따른 비위면직자 등의 취업제한적용을 받는 자

13. 공공기관에 부정하게 채용된 사실이 적발되어 채용이 취소된 날로부터 5년이 지나지 아니한 자

14. 「성폭력범죄의 처벌 등에 관한 특례법」 제2조에 규정된 죄를 범한 자로서 100만 원 이상의 벌금형을 선고받고 그 형이 확정된 후 3년이 지나지 아니한 자

15. 미성년자에 대하여 다음 각 목의 어느 하나에 해당하는 죄를 저질러 파면·해임되거나 형 또는 치료감호를 선고받아 그 형 또는 치료감호가 확정된 자(집행유예를 선고받은 후 그 집행유예기간이 경과한 자를 포함한다)
    가. 「성폭력범죄의 처벌 등에 관한 특례법」 제2조에 따른 성폭력 범죄
    나. 「아동·청소년의 성보호에 관한 법률」 제2조 제2호에 따른 아동·청소년 대상 성범죄

① 미성년자 대상으로 성추행을 저질러 집행유예 1년을 선고받고 1년이 경과한 경우

② 과거 B시에서 공무원으로 재직하던 중 예산을 횡령해 벌금 500만 원을 선고받고 형이 확정된 후 1년이 지난 경우

③ 이전 직장인 ☆☆공단에서 채용과 관련해 부정청탁이 밝혀져 채용이 취소되고 2년간 직장을 구하지 못했던 경우

④ 고등학교 재학 중 학교폭력 사건과 관련하여 전학처분을 받았던 경우

47. 甲과 乙은 아래의 〈조건〉에 따라 게임을 하고 있다. 다음 중 옳지 않은 것은?

0	6	:	1	6

> **조건**
>
> • 위와 같은 디지털시계를 이용하여 甲과 乙이 각자 기상했을 때, 시계에 표시된 4개의 숫자를 합산하여 합산된 숫자의 값이 더 큰 사람이 이긴다. 숫자의 합이 동일할 때는 그 합이 10 미만인 경우 甲이, 그 합이 10 이상인 경우 乙이 이긴다.
> • 위의 시각의 경우 게임의 조건을 따르면 합산된 숫자는 6+1+6=13이다.
> • 甲의 기상시각은 매일 오전 5시에서 오전 5시 59분 사이이다.
> • 乙의 기상시각은 매일 오전 6시에서 오전 6시 59분 사이이다.

① 甲이 오전 5시 정각에 기상하면 반드시 甲이 진다.

② 乙이 오전 6시 59분에 기상하면 반드시 乙이 이긴다.

③ 甲이 오전 5시 30분에 기상하고 乙이 오전 6시 30분 이전에 기상하면 누가 이길지는 불분명하다.

④ 甲과 乙이 정확히 32분 간격으로 기상하면 반드시 甲이 이긴다.

48. A 회사는 다음과 같이 본점 인원을 지점으로 파견하였다. 이에 대한 설명 중 옳은 것은 몇 개인가?

본점＼지점	K 지점	B 지점	J 지점
영업본부	12	15	10
회계본부	6	8	5
지원본부	10	10	8

> ㉠ 가장 많은 인원 이동이 있는 본점의 부서는 영업본부이다.
> ㉡ 본부별 파견 인원 대비 B 지점에 가장 높은 비율로 인원을 파견한 본부는 영업본부이다.
> ㉢ 파견된 직원 중 영업본부 출신 직원 비율이 가장 높은 지점은 J 지점이다.
> ㉣ K 지점으로 파견을 간 총 인원은 지원본부에서 이동한 직원 수와 같다.
> ㉤ B 지점으로 파견을 간 사람들은 전체 파견인원의 약 33%이다.
> ㉥ J 지점으로 파견된 직원 중에서 회계본부 출신 직원이 차지하는 비율은 영업본부 출신 파견 직원 중 J 지점으로 파견된 직원이 차지하는 비율보다 낮다.

① 2개　　　　② 3개　　　　③ 4개　　　　④ 5개

49. 다음 중 부서회의가 열릴 수 없는 날은?

○○기업은 20XX년 2월 부서회의를 진행하려고 한다. 부서회의는 기획부, 재무부, 영업부, 홍보부 총 4개 부서의 부서장이 참여하도록 되어 있고 각 부서의 업무일정을 고려하여 회의 날짜를 정하되 최소 세 개 이상의 부서가 참여해야 한다. 부서회의는 주말에도 진행할 수 있다.

〈2월 회의 안건 및 관련 사항〉

20XX년 2월 회의 안건	진행 순위	회의 기한	필수 참여 부서
고객상담 대응 매뉴얼 수정	1	2월 8일까지	영업부, 홍보부
신제품 제조업체 선정	2	2월 15일까지	기획부, 재무부, 영업부
A사 제품 광고계약	3	2월 23일까지	재무부, 홍보부

* 회의 기한 당일까지 회의가 진행될 수 있다.
* 제시된 회의 안건은 진행 순위 순서대로 각각 1회씩 이루어져야 한다.

〈각 부서별 주요 업무일정〉

기획부	• 2/8 ~ 2/13 : 신제품 디자인 • 2/19 ~ 2/20 : ○○기업 정규공채 지원자 면접관
재무부	• 2/1 ~ 2/5 : 사내 법인카드 사용내역 감사 • 2/17 ~ 2/20 : ○○기업 2/4분기 예산 수립 및 결재
영업부	• 2/3 ~ 2/8 : 외국 B 업체 계약 관련 해외출장 • 2/21 ~ 2/24 : 1/4분기 영업실적 집계 및 보고
홍보부	• 2/13 ~ 2/16 : 직업박람회 출장 • 2/18 ~ 2/19 : 제품 광고 문구 선정

* 각 부서의 주요 업무일정 기간에 해당 부서는 부서회의에 참석하지 못한다.
　⑩ 홍보부는 2월 19일 회의에 참석하지 못하고, 2월 20일부터는 회의에 참석할 수 있다.

〈2월 달력〉

일	월	화	수	목	금	토
	1	2	3	4	5	6
7	8	9	10	11	12	13
14	15	16	17	18	19	20
21	22	23	24	25	26	27
28						

① 2월 14일 　② 2월 16일 　③ 2월 21일 　④ 2월 23일

50. A사는 전자 광고판에 공기를 입력하는 키 스캐너(Key Scanner)를 제작하려 한다. 아래 〈규칙〉에 따라 알고리즘을 구현할 때 옳지 않은 것은?

〈규칙〉

키(Key)값 입력에 사용하는 부호체계에는 한글 코드와 영문을 표현하는 아스키(ASCII) 코드가 있다. 한글 데이터는 2바이트에 폰트 크기가 아스키 코드의 두 배이고, 아스키 코드의 데이터는 1바이트이다. 한글과 영어를 구분하지 않으면 글자가 깨져서 출력되는 문제가 발생한다. 이를 해결하기 위해서는 먼저 입력 받은 글자가 한글 코드인지 아스키 코드인지 구분한 후 코드에 맞는 데이터를 설정해야 한다. 글자 수와 반복 횟수를 파악한 후 같을 경우 한글은 2개의 데이터를, 아스키 코드는 1개의 데이터를 지운다. 다를 경우 처음 단계로 들어가 코드를 구분한다.

〈Key Scanner 알고리즘〉

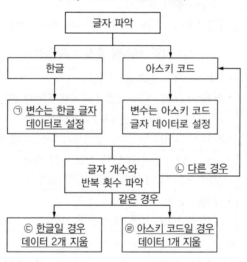

① ⑤

② ⑥

③ ⑦

④ ⑧

[51 ~ 52] 다음은 세미나 강의실 이용 시간표 중 일부 자료이다. 이어지는 질문에 답하시오 (단, 강의는 1시간으로 모두 동일하다).

강의실 A	시간	강의실 B
10：00, 13：00, 18：00	월	11：30, 15：00, 17：30
9：00, 10：30, 11：20, 14：00, 17：30, 19：00	화	10：00, 11：30, 13：00, 14：00, 15：00
9：00, 12：00, 15：00, 18：00	수	9：30, 10：30, 12：00, 13：30, 18：00
10：30, 14：00, 17：30, 19：30	목	9：00, 11：30, 14：00, 16：30, 19：00
10：00, 15：00, 18：30	금	10：30, 13：30, 15：00, 19：00

51. 다음 중 강의실 B에서 열리는 세미나 수가 강의실 A에서 열리는 세미나 수보다 처음으로 많아지기 시작하는 요일은 언제인가?

① 화요일   ② 수요일
③ 목요일   ④ 금요일

52. 다음 중 강의실 B에서 일정한 간격으로 세미나가 열리는 요일은 언제인가?

① 월요일   ② 화요일
③ 수요일   ④ 목요일

1회 기출예상 2회 기출예상 3회 기출예상 4회 기출예상 5회 기출예상 6회 기출예상 인성검사 면접가이드

[53 ~ 54] 다음은 A 기업의 임직원 평가항목과 평가점수 분석이다. 아래 자료와 〈조건〉을 바탕으로 이어지는 질문에 답하시오.

〈평가항목〉

가	포용력
나	판단력
다	기획 및 창의력
라	추진력
마	책임감
바	대인관계
사	외국어 능력

〈평가점수 분석표〉

1차 평가 점수 ↑	5점					나
	4점			◉		
	3점					
	2점					
	1점					
		1점	2점	3점	4점	5점
					2차 평가점수 →	

조건

- 각 평가항목은 평가점수 분석표에서 중복되지 않는다.
- 각 과제별 1차 평가점수 총합은 28점이고, 2차 평가점수의 총합은 25점이다.
- 2차 평가점수 5점 만점을 받은 과제는 1항목이며, 1차 평가점수 5점 만점을 받은 항목은 '책임감'을 포함하여 2항목이다.
- 1차 평가점수와 2차 평가점수가 같은 점수를 받은 평가항목은 총 3항목이다.
- '대인관계'는 2차 평가에서 유일하게 가장 낮은 점수 2점을 받았다.
- 1차 평가점수가 2차 평가점수보다 높은 평가항목은 '책임감', '기획 및 창의력', '대인관계'이다.
- 1차 평가점수에서 3점 미만으로 받은 평가항목은 없다.
- 2차 평가 점수를 3점을 받은 평가항목은 2항목이다.

53. 다음 중 ◉에 들어갈 수 있는 과제로 가장 적절한 것은?

① 판단력
② 추진력
③ 외국어 능력
④ 기획 및 창의력

54. '판단력'과 '대인관계'의 1차 평가점수의 합은?

① 5점
② 7점
③ 9점
④ 11점

www.gosinet.co.kr gosinet

1회 기출예상
2회 기출예상
3회 기출예상
4회 기출예상
5회 기출예상
6회 기출예상
인성검사
면접가이드

[55 ~ 56] 다음 지문을 읽고 이어지는 질문에 답하시오.

공인중개사 사무소에 근무하는 A 씨는 근처 원룸 월세방 거래를 담당하고 있다. A 씨는 고객들이 주로 찾는 정보들을 토대로 아래와 같이 표를 만들었다.

〈B 공인중개사 사무소 원룸 월세방 목록〉

번호	보증금	월세	관리비	구조	신축	층	면적	거리간	주차	E/V	에어컨	냉장고	세탁기	가스렌지	전자렌지	인덕션	책상	책장	침대	옷장	신발장	싱크대
1	500	40	5	오픈	○	3	6	3	유	유	○	○	○	○			○	○	○	○	○	○
2	200	27	3	분리		1	8	3	무	무	○	○	○	○			○			○	○	
3	500	40	5	분리	○	3	6	3	유	유	○	○	○			○	○	○	○	○	○	○
4	500	40	5	오픈	○	3	6	3	유	유	○	○	○	○			○	○	○	○	○	○
5	400	40	5	분리		3	6	3	유	무	○	○	○	○			○			○	○	○
6	500	33	5	오픈		3	7	1	무	무	○	○	○	○	○		○			○	○	○
7	300	30	3	오픈		-1	9	2	무	무	○	○	○	○			○			○		○
8	500	30	5	오픈		3	8	2	무	무	○	○	○	○			○			○	○	○
9	300	30	5	오픈	○	-2	6	2	유	유	○	○	○		○	○	○	○	○	○	○	○
10	300	27	3	오픈		1	7	2	무	유	○	○	○	○			○			○	○	○
11	500	30	5	오픈		5	7	2	무	유	○	○	○	○			○			○	○	
12	500	32	3	분리		3	8	2	유	유	○	○	○	○						○	○	○
13	500	40	5	분리	○	2	6	2	유	유	○	○	○	○	○		○			○	○	○
14	500	35	3	분리		2	6	2	유	무	○	○	○				○	○	○	○	○	○
15	500	40	5	오픈	○	2	6	2	무	무	○	○	○							○	○	○
16	500	38	3	오픈		3	5	2	무	무	○	○	○			○	○			○	○	○
17	500	35	3	분리		2	8	1	유	무	○	○	○			○	○			○	○	○
18	500	43	3	오픈	○	1	7	2	유	무	○	○	○			○	○			○	○	○
19	500	40	5	오픈		2	8	2	유	유	○	○	○			○	○			○	○	○
20	300	30	5	오픈		-1	6	3	무	무	○	○	○	○			○	○		○	○	○

* -1층은 반지하를 의미

* 거리 간 점수가 높을수록 지하철의 접근성이 좋음을 의미

* 분리형 구조는 부엌과 생활공간이 문으로 분리됨.

* 보증금, 월세, 관리비 단위는 만 원

55. 다음 중 K 씨의 요구에 가장 적합한 방 번호는?

> • 여성 직장인 K 씨
> • 옵션은 많을수록 좋음.
> • 책상, 침대는 반드시 있어야 함.
> • 요리를 즐겨 생활공간과 분리된 주방 필요
> • 안전을 중요하게 생각함.
> • 소음에 민감한 편이라 거리소음 없는 2층 이상을 원함.

① 2번 ② 6번
③ 14번 ④ 19번

56. 다음 중 H 씨의 상황에 가장 적합한 방 번호는?

> • 인근 대학교 신입생 H 씨
> • 졸업할 때까지 거주할 예정이며(4년), 매년 지급받는 정부지원금 1,000만 원으로 거주할 수 있어야 함.
> • 지하철역과 가까운 곳 선호함.
> • 부모님이 차량으로 자주 방문하실 예정임.

① 5번 ② 9번
③ 13번 ④ 17번

[57 ~ 58] 다음은 사회통합프로그램과 관련된 글이다. 이어지는 질문에 답하시오.

사회통합프로그램이란 국내 이민자가 법무부장관이 정하는 소정의 교육과정을 이수하도록 하여 건전한 사회구성원으로 적응, 자립할 수 있도록 지원하고 국적취득, 체류허가 등에 있어서 편의를 주는 제도이다.

프로그램의 참여대상은 대한민국에 체류하고 있는 결혼이민자 및 일반이민자(동포, 외국인 근로자, 유학생, 난민 등)이다. 사회통합프로그램의 교육과정은 한국어 과정과 한국사회의 이해 과정으로 구성된다. 신청자는 우선 한국어 능력에 대한 사전평가를 받고, 그 평가점수에 따라 한국어 과정 또는 한국사회의 이해 과정에 배정된다. 일반이민자로서 참여를 신청한 자는 사전평가 점수에 의해 배정된 단계로부터 6단계까지 순차적으로 교육과정을 이수하여야 하며, 결혼이민자와 유학생의 경우에는 결혼이민자 면제제도 및 유학생 단기 거주 제도가 실행되고 있다.

결혼이민자로서 참여를 신청한 자는 4 ~ 5단계를 면제받는다. 예를 들어, 한국어 단계 2단계를 배정받은 결혼이민자는 3단계까지 완료한 후 바로 6단계로 진입한다. 또한, 일반이민자 중 유학생은 30세 미만의 학생 또는 2년 이상 국내에 거주할 경우 점수와 상관없이 한국 사회의 이해 과정을 생략할 수 있다.

<과정 및 이수시간>

구분		1단계	2단계	3단계	4단계	5단계	6단계
과정		한국어					한국 사회의 이해
		기초	초급1	초급2	중급1	중급2	
이수시간		15시간	50시간	50시간	150시간	150시간	50시간
사전평가점수	일반이민자	0 ~ 10점	11 ~ 29점	30 ~ 49점	50 ~ 69점	70 ~ 89점	90 ~ 100점
	결혼이민자	0 ~ 10점	11 ~ 49점	50 ~ 69점	면제		70 ~ 100점

57. 다음 중 글을 근거로 추론할 수 있는 내용으로 올바른 것은?

① 결혼이민자로 참여하기 위해서는 한국인과 결혼 후 3년이 지나야 한다.

② 사회통합프로그램 사전평가는 한국어와 한국사회의 이해 과목으로 나뉜다.

③ 결혼이민자와 유학생에 모두 해당되는 경우 사전평가에 자신 있다면 유학생 기준을 선호할 것이다.

④ 대한민국 국적취득을 위해서는 사회통합프로그램 6단계까지 이수해야 한다.

58. 다음 이민자 A ~ F가 이수해야 할 교육시간은 총 몇 시간인가?

구분	A	B	C	D	E	F
나이	21세	38세	30세	42세	37세	25세
체류 목적	유학	동포	유학	난민	외국인 근로자	유학
사전 평가 점수	65점	70점	90점	45점	100점	90점
한국인과의 결혼 여부	X	O	X	X	X	O
국내 거주기간	2년	3년	1년	2년	7년	1년

① 850시간

② 900시간

③ 950시간

④ 1,000시간

[59 ~ 60] 다음은 상속에 관한 글이다. 글을 읽고 이어지는 질문에 답하시오.

상속이란 사람(피상속인)이 사망함에 따라 일정한 범위의 친족(상속인) 혹은 유언에 의하여 그와 같은 지위에 있게 된 자(포괄적 수유자)에게 채권, 채무가 포괄적으로 승계되는 것을 말한다. 상속은 피상속인의 사망과 상속인의 생존을 요건으로 하며 상속은 피상속인의 사망과 동시에 이뤄진다. 현행법은 위와 같은 재산상속만을 인정하고 있으나 호주제 하에서는 호주상속 또는 호주승계도 인정되고 있었다. 또한 상속은 사망과 같은 효력을 갖는 법률요건(실종선고, 부재선고)에 인해서도 그 법적 효력이 개시된다. 상속인의 순위는 다음과 같은 기준으로 결정된다.

1. 피상속인의 직계비속
2. 피상속인의 직계존속
3. 피상속인의 형제자매
4. 피상속인의 4촌 이내의 방계혈족

만일 동순위의 상속인이 수인인 때에는 최근친을 선순위로 하고 동친 등의 상속인이 수인인 때에는 공동상속인이 된다. 태아는 상속순위에 관해서는 이미 출생한 것으로 본다. 피상속인의 배우자는 위의 첫 번째와 두 번째에서 규정한 상속인이 있는 경우에 그 상속인과 동순위로 공동상속인이 되고 그 상속인이 없는 때에는 단독상속인이 된다. 상속인이 없어 위의 모든 경우에 해당되지 않을 경우 피상속인의 유산은 국고로 귀속된다. 또한, 다음 중 어느 하나에 해당한 자는 상속인이 되지 못한다.

1. 고의로 직계존속, 피상속인, 그 배우자 또는 상속의 선순위나 동순위에 있는 자를 살해하거나 살해하려한 자
2. 고의로 직계존속, 피상속인과 그 배우자에게 상해를 가하여 사망에 이르게 한 자
3. 사기 또는 강박으로 피상속인의 상속에 관한 유언 또는 유언의 철회를 방해한 자
4. 사기 또는 강박으로 피상속인의 상속에 관한 유언을 하게 한 자
5. 피상속인의 상속에 관한 유언서를 위조 · 변조 · 파기 또는 은닉한 자

법정 상속분은 모든 피상속인에게 균등하게 상속하되 피상속인의 배우자에게는 균등하게 분할된 상속분의 5할을 가산하게 된다.

이러한 상속은 상속이 개시되었다고 해서 누가 상속인인지 바로 확정되는 것이 아니며 상속의 승인(단순승인, 한정승인)이 있어야 비로소 상속인이 확정된다.

59. 다음 중 상속에 대한 설명으로 옳지 않은 것은?

① 태어나지 않은 태아에게도 상속인의 권리가 주어진다.

② 피상속인이 사망한 즉시 상속인이 정해지는 것은 아니다.

③ 가장 우선순위 상속인이 피상속인의 유언 작성을 방해하였을 경우 상속인이 될 수 없다.

④ 피상속인의 배우자는 직계비속보다 후순위, 직계존속과 형제자매보다는 선순위에 해당한다.

60. 다음 중 상속 순위가 높은 사람부터 바르게 나열한 것은?

(ㄱ) 피상속인의 외조모	(ㄴ) 피상속인 아버지의 형제
(ㄷ) 피상속인의 배우자	(ㄹ) 피상속인의 미취학아동인 막냇동생

① (ㄱ) > (ㄴ) > (ㄷ) > (ㄹ)　　　② (ㄱ) > (ㄷ) > (ㄹ) > (ㄴ)

③ (ㄱ) = (ㄷ) > (ㄹ) > (ㄴ)　　　④ (ㄱ) > (ㄷ) = (ㄹ) > (ㄴ)

01. 다음 글의 ㉠에 공통으로 들어갈 수 있는 단어는?

한 해 동안 전 세계에서 새로 발생하는 당뇨병 환자 중 14%(320만 명)가 초미세먼지 때문에 당뇨에 걸린다는 연구 결과가 나왔다. 초미세먼지가 심혈관 질환이나 알레르기성 질환의 발병 위험을 높인다는 연구는 많았지만 당뇨병의 위험을 구체적으로 밝힌 대규모 연구는 이번이 처음이다. 특히 세계보건기구(WHO)나 미국 환경청(EPA) 등이 권고한 '안전한' 환경 기준보다 낮은 농도에서도 당뇨병 발병 위험이 높아지는 것으로 드러났다. 환경 초미세먼지 농도를 보다 엄격하게 관리해야 한다는 주장에 힘이 실리고 있다.

벤저민 보위 미국 워싱턴대 의대 연구원팀은 미국 퇴역군인 중 당뇨 이력이 없는 약 173만 명의 건강 상태를 의료 기록을 기반으로 평균 8년 반 동안 추적 조사했다. 또 미국환경청(EPA)이 조사한 이들의 거주지별 초미세먼지(PM2.5) 농도와 미국항공우주국(NASA)이 인공위성으로 측정한 주변 2 ~ 12km 지역의 초미세먼지 농도 데이터를 이용해 초미세먼지가 당뇨병 발병에 미치는 영향을 통계적으로 분석했다.

연구 결과 대기질 속 미세먼지는 $1m^3$ 공간에 10마이크로그램씩 증가할 때마다 당뇨병 발병 위험을 15% 늘리는 것으로 드러났다. 특히 2.4마이크로그램만 존재하는 아주 낮은 농도 때부터 당뇨병 발병 위험이 높아지기 시작했다. 위험은 PM2.5가 증가함에 따라 급격히 치솟았다. $1m^3$에 5 ~ 10마이크로그램 존재할 때에는 발병 위험이 21% 증가했고 11.9 ~ 13.6마이크로그램일 때에는 24% 증가했다. 뒤부터는 추가 증가세 없이 비슷한 발병 위험 수준을 유지했다. 연구팀은 발병 이유도 추정했는데, 미세먼지 등 대기오염물질이 몸 안에서 인슐린 분비를 줄이고 염증을 유발해 혈당을 에너지로 전환하는 과정을 방해하기 때문으로 결론 내렸다.

연구팀은 2016년 한 해 동안 초미세먼지에 의해 당뇨병에 걸린 환자가 전 세계적으로 320만 명에 이르는 것으로 추정했다. 전체 신규 환자의 14%다. 10만 명마다 약 40명의 당뇨 환자가 발생하는 비율이다. 연구팀은 세계 194개국의 발병률도 비교했다. 초미세먼지에 의한 당뇨 환자 발생 수는 중국과 인도, 미국이 각각 60만, 59만, 15만 명으로 1 ~ 3위를 차지했다. 10만 명당 발병률(이론상 최소위해 노출수준(TMREL) 초과 초미세먼지에 의한 신규 당뇨 환자 발병률)은 파키스탄이 약 73명으로 가장 높았고 인도와 방글라데시가 뒤이었다. 한국 역시 약 10만 명마다 40명 전후로 당뇨 환자가 나타나 비교적 당뇨병 발병률이 높은 나라로 꼽혔다.

연구팀은 초미세먼지가 주요 기구가 정한 권고치보다 낮은 농도에서도 병을 일으킬 수 있는 만큼 초미세먼지 관리기준을 (㉠)해야 한다고 주장했다. 현재 WHO가 정한 초미세먼지 연평균 농도 권고기준은 $1m^3$ 당 10마이크로그램, EPA 권고기준은 12마이크로그램이다. 한국은 오랫동안 25마이크로그램을 유지해 오다 지난 3월 말부터 15마이크로그램으로 기준을 (㉠)했다.

① 강화   ② 약화   ③ 차감   ④ 권고

02. 다음 글에 대한 이해로 적절하지 않은 것은?

초·중·고교는 생리일에 결석이 인정되는 생리공결제가 운영된다. 지난 2006년 국가인권위원회의 권고로 시작됐으니 15년째다. 생리 때문에 등교나 수업이 불가능한데 병결이나 병조퇴로 처리되는 것은 여학생의 인권 침해라는 논리였다. 이제는 뿌리를 내릴 만도 하건만 번번이 논쟁의 불씨가 댕겨지는 것은 학교마다 제각각인 운영 방식 때문이다. 한 달에 한 번 생리 결석이나 조퇴를 신청할 수 있으나 병원 진단서를 요구하는 학교가 대부분이다. 조퇴나 결석을 하고도 힘들게 내과를 찾아 사실상 소용없는 내복약을 형식적으로 처방받는 일이 비일비재하다. 산부인과 진단서를 특정해 요구하는 학교도 있다. "생리통으로 힘든 학생은 굳이 산부인과를 가야 한다는 발상 자체가 현실을 무시한 행정 편의주의"라고 학부모들은 꼬집는다.

이러한 생리공결제 불씨가 대학으로 튀었다. 한국외대가 생리공결을 전산등록제로 바꾸려는 과정에서 여학생들에게 월경 시작일을 전산망에 기록하게 한 탓이다. 학교와 학생회는 허위 신청 방지 및 편의 제공 차원이라지만 여학생들은 개인정보 침해라며 거세게 맞선다. 학교 측은 "정보를 유출할 것도 아닌데 반발을 이해할 수 없다."는 반응이다. 생리공결제는 잊힐 만하면 논란의 도마에 오른다. 얼마 전에는 학칙으로 제정했던 생리공결제를 편법 활용 등의 이유로 도로 없애려다 호된 역풍을 맞은 대학도 있었다.

① 생리공결제는 운영방식과 편법 등의 논란이 있으므로 운영방식에 대한 논의가 필요하다.

② 생리공결제를 악용하는 사례가 많은 학교의 경우 진단서 등 증빙서류를 요구할 필요가 있다.

③ 생리공결을 전산등록제로 바꾼 것은 상황에 대한 이해보다 형식만 중시한 사례이므로 부적절하다.

④ 개인 정보를 유출하지 않을 것이라는 말은 생리 시작일 전산 등록을 정당화시킬 논리가 되지 못한다.

03. 다음 글에서 설명하는 '적정기술'을 규정하는 표현으로 거리가 먼 것은?

최근 들어 적정기술은 지속적인 이용과 관리, 사용자들의 생계 또는 경제적 자립을 강조하고 장기적인 관점에서 수익성 또는 비즈니스와 연관하여 추진되는 경향이 더 강해지고 있다. 진정한 적정기술이 되려면 목적에 적합한 다양한 기술 선택지에 대한 지식, 지역사람과 자연환경에 대한 주의 깊은 분석, 대안적 선택 사항에 대한 규범적 평가, 정의적이고 기술적인 선택 실천 등이 전제되어야 한다. 적정기술은 단순히 실질적인 기술적 인공물(협의의 적정기술)이 아니라 보다 넓은 의미로 적정기술과 관련된 운동, 혁신 전략, 기술-실천 방식 등을 총칭하는 용어로 이해되어야 할 것이다.

① 실질적인 기술적 인공물

② 목적에 적합한 다양한 기술에 대한 지식

③ 혁신 전략

④ 기술-실천 방식

1회 기출예상 2회 기출예상 3회 기출예상 4회 기출예상 5회 기출예상 6회 기출예상 인성검사 면접가이드

04. 토의와 토론의 차이점에 대한 설명으로 적절하지 않은 것은?

① 토의는 이미 해답이 나와 있으므로 설득하는 데 중점을 두고 토론은 주어진 문제에 대하여 해답을 찾아내는 데 의미가 있다.

② 토의는 의논과 협의를 통해 해결책을 찾아내고자 하는 시도이고 토론은 자신의 해결책을 상대편과 제3자에게 납득시키고자 하는 시도이다.

③ 토의는 서로 협력을 통해 의논하면서 생각을 넓혀 나가는 것이고 토론은 찬성과 반대로 서로 대립하면서 자신의 의견을 주장해 나가는 것이다.

④ 토의는 일종의 집단사고이지만 토론은 의견 대립이 먼저 존재하고 대립된 의견에서 반전을 꾀하고자 하는 변증법적 사고이다.

05. 다음 상황에서 드러난 의사소통의 방해 요인은?

> A 씨는 직장 동료 B 씨에게 "당신은 직장의 동료와 대화하는 능력이 부족해요. 아무리 생각해도 당신을 위해서 고칠 필요가 있는 것 같아요. 당신의 성격을 개선하기 위해 직장에서 시행하는 스피치 연수 프로그램을 신청해서 들어봐요."라고 자꾸 권유하고 있다. 서로 공감하고 대화를 나누면서 일하고자 해도 이런 상황이 반복된다면 상대방은 무시당하고 이해받지 못한다고 생각하여 마음의 문을 닫아 버리게 된다.

① 짐작하기　　　　　　　② 걸러내기
③ 조언하기　　　　　　　④ 판단하기

06. 다음은 ○○공사 A 사원이 정부 부처에서 발표한 보도자료를 정리한 내용이다. 적절하지 않은 것을 모두 고르면?

'우리 과일' 시장 안착 위해 연구기관 · 업계 뭉친다

-30일 비대면 업무협약… 신품종 생산 · 유통 · 가공 · 수출 협력-

□ 농촌진흥청(청장 김△△)은 우리 과수 신품종의 안정적인 시장 정착을 돕고자 생산자, 유통 · 가공 · 수출업체와 힘을 합친다.

- 국립원예특작과학원은 30일 생산자연합회, 12개 민간업체와 '과수 신품종 시장 인큐베이팅(지원) 프로젝트' 추진에 관한 업무협약을 맺었다. 협약식은 코로나19 확산을 막기 위해 서울과 제주, 나주 등 전국 4곳을 화상회의시스템으로 연결해 비대면 방식으로 진행했다.

□ 이번 협약에 따라 업체와 생산자연합회는 앞으로 신품종 과일의 생산 · 유통 · 가공 · 수출과 브랜딩 · 마케팅에 힘을 보탤 계획이다.

> **〈주요 추진 내용〉**
>
> – 국립원예특작과학원은 프로젝트 책임 기관으로 푸드 브랜딩, 마케팅 전문가와 함께 시장 평가와 각 업체의 원활한 업무 협력 진행을 원조
>
> – 유통 · 수출 과정에서 품질이 유지될 수 있도록 환경 모니터링 진행
>
> – 생산자연합회는 생과일과 가공용 냉동 과일을 제공, 유통 · 가공업체에서 과일 구매 후 주스 등 가공품 개발을 추진, 판매업체는 가공 제품을 판매, 수출업체는 해외 구매상을 발굴하고 수출과 해외 시장에 대한 평가 진행
>
> – ○○공사는 국내 과일의 약 50%가 유통되는 도매시장에서 경매사, 중도매인을 대상으로 우리 품종을 알리는 교육 · 홍보 진행

ㄱ. 농촌진흥청이 우리 과수 신품종의 안정적인 시장 정착을 돕기 위해 독자적으로 진행한다.

ㄴ. 협약식은 코로나19의 확산을 막기 위해 비대면 방식으로 진행되었다.

ㄷ. 이번 협약의 내용에는 제공, 가공, 판매, 수출의 과정이 모두 포함되어 있다.

ㄹ. ○○공사 직원들은 국내 품종의 우수함에 대한 교육을 받아야 한다.

① ㄱ, ㄴ 　　　　　　　② ㄱ, ㄹ

③ ㄴ, ㄷ 　　　　　　　④ ㄷ, ㄹ

[07 ~ 08] 다음 글의 흐름에 따라 문장을 순서대로 바르게 나열한 것을 고르시오.

07.

> (가) 자신의 이름을 따 상트페테르부르크로 도시명을 정한 그는 1712년 이곳으로 수도를 옮길 정도로 애착과 기대가 컸다.
>
> (나) 그는 발트해 연안의 이곳을 '유럽으로 향한 항'으로 삼기로 하고 새로운 도시건설에 착수하였다.
>
> (다) 지금도 학술, 문화, 예술 분야를 선도하며 그러한 위상에는 변함이 없다.
>
> (라) 제정 러시아의 표트르 1세는 스웨덴이 강점하고 있던 네버 강 하구의 습지대를 탈환하였다.
>
> (마) 이렇게 시작된 이 도시는 이후 발전에 발전을 거듭하여 러시아 제2의 대도시가 되었다.

① (다) – (가) – (라) – (나) – (마) ② (라) – (나) – (가) – (마) – (다)
③ (라) – (나) – (다) – (가) – (마) ④ (다) – (나) – (가) – (라) – (마)

08.

> (가) 침팬지와 인류의 유전적 차이는 고작 1.6%에 지나지 않는다.
>
> (나) 〈제3의 침팬지〉에 따르면 인류는 600만 ~ 700만 년 전 침팬지와 갈라져 독자적인 길을 걷게 된다.
>
> (다) 10만 년 전 호모 사피엔스가 출현하면서 마침내 인류는 지구에서 먹이사슬의 정점으로 뛰어오른다.
>
> (라) 우리 인류의 DNA 중 98.4%는 침팬지의 DNA와 같다.
>
> (마) 그 1.6%의 차이가 인류와 침팬지의 진화 과정에서 결정적인 차이를 만들었다.

① (나) – (가) – (마) – (다) – (라) ② (나) – (라) – (가) – (마) – (다)
③ (라) – (나) – (다) – (가) – (마) ④ (라) – (가) – (마) – (나) – (다)

09. ○○공항은 최근 모든 보안 검색대를 문형 검색대에서 멀티미터파 전신 검색대로 교체하였다. 이에 대한 설명과 〈○○공항 보안검색요원 지침〉의 일부 내용을 참고할 때, 보안검색요원 K가 해야 할 행동은?

〈멀티미터파 전신 검색대〉

멀티미터파 전신 검색대는 X-ray를 사용하는 문형 검색대와 다르게 멀티미터파라는 초음파를 이용한다. 승객이 기계 내부에 서면 회전하는 2개의 송신기가 초음파를 만들어 옷은 통과하고 피부와 위험 물체들에 반사되면서 그 이미지가 화면에 표시된다.

멀티미터파는 스마트폰으로 10분 동안 통화했을 때 발생하는 전자파의 1,000만 분의 1을 발생시키기 때문에 X-ray에 비해 신체에 가해지는 유해성이 낮다. 또한, 모니터에는 승객의 신체가 보이는 것이 아니라 신체 모양의 그림에 감지된 물품의 위치만 표시되어 사생활 침해 위험이 낮다. 자동 판독 기능도 있기 때문에 별도로 신체 접촉을 하지 않아도 된다.

〈○○공항 보안검색요원 지침〉

가. 승객에게 검색대에 들어가서 2 ~ 3초간 손을 들고 서 있으라고 지시할 것
　　1) 손을 들기 어려운 승객(노인, 장애인, 유아 등)은 검색대에 들어가지 않고 별도로 검사할 것
나. 보안 검색대의 내용과 상관없이 3명 이상의 보안검색 요원이 특정 승객에게 수상한 낌새가 느껴진다고 동의하면 폭발물 흔적탐지기(ETD) 검색 및 소지품 정밀 검사를 요청할 것
　　1) 검색대에 들어가기 전에 불안함을 보이는 사람
　　2) 검색대에 들어가기 전에 몸을 만지면서 무언가 숨기려고 시도하는 사람
　　3) 기타 눈에 띄는 행동을 하는 사람
다. 전자발찌를 한 경우 : 별도의 출국금지 요청이 없더라도 해당 기관과 연결 후 통과시킬 것

---

① 유아의 보호자에게 유아와 함께 검색대에 들어가도록 안내한다.
② 검색대를 통과하였으나 수상한 낌새가 있는 승객은 검색대가 발견하지 못한 물품 확인을 위해 별도로 검사를 실시할 수 있다.
③ 눈에 띄게 땀을 흘리면서 몸을 웅크리는 승객을 보면 지체 없이 폭발물 흔적탐지기(ETD) 검색 및 소지품 정밀 검사를 요구한다.
④ 전자발찌를 착용한 승객의 경우 출국금지 요청 여부를 먼저 확인한다.

10. 다음 글의 맥락에 맞거나 ㉠ ~ ㉣에 들어갈 적절한 단어는?

> 부모-자녀 관계는 가장 기본적인 인간관계로서 의사소통을 통해 직접적으로 영향을 주고받는 ㉠ 조력 / 주력관계라 할 수 있는데, 가정 내 부모와 자녀의 의사소통은 가족 간 정보공유와 감정의 이해 및 부모-자녀 관계를 강화 혹은 약화시키는 중요한 ㉡ 매개체 / 촉매제이며, 인간관계의 핵심적인 요소이다. 부모와 자녀의 절대적인 대화 시간의 부족과 역기능적 의사소통은 부모와 자녀 간 ㉢ 불응 / 갈등을 일으키고 자녀의 인성과 정서적 발달에 장애를 가져오는 중요한 원인이 된다. 그런데 청소년기의 자녀와 부모는 예전의 잘못을 들추어내고 서로의 잘못으로 미루며 속마음과 다르게 말하는 등 역기능적인 대화양식으로 의사전달을 하여 의사소통의 어려움을 겪고 있는데, 이러한 역기능적 의사소통 방식은 청소년기의 공격성과 정서조절 능력에 ㉣ 집요 / 밀접하게 관련이 있다.

	㉠	㉡	㉢	㉣		㉠	㉡	㉢	㉣
①	조력	매개체	갈등	밀접	②	조력	촉매제	불응	밀접
③	주력	매개체	불응	집요	④	주력	촉매제	갈등	밀접

[11 ~ 12] 다음 자료를 읽고 이어지는 질문에 답하시오.

> 2019년 기준 난방 설비가 20년 이상으로 오래된 세대수의 비율이 30% 수준으로 파악됨에 따라, 공사는 이러한 노후 설비에 따른 고객 불편 해소를 위해 에너지진단서비스를 실시하였습니다. 설비가 노후화되며 난방 공급의 품질이 저하되는 등 고객의 불편이 증가되어 에너지진단시스템을 통해 무상설비점검, 난방용수 정밀 분석, 열 교환기 및 난방 배관 점검 등 다양한 진단 활동을 수행하였습니다. 2017년에는 총 8개 단지 약 1만 7천 세대를 대상으로 에너지 진단 서비스를 실시하여 고객 불편 사항에 대한 선제적 예방 점검을 실시하였고 전문적 기술을 지원하였습니다. 향후 에너지진단서비스를 온라인상에 구축함으로써 이용 편의를 제공하고 더 나아가 원격 서비스를 구현하는 등 에너지진단서비스의 효율성을 제고하고자 합니다. 공사는 〈에너지이용합리화법〉에 따라 에너지 절약, 에너지 이용효율 향상 등 에너지 수요의 합리적 감축을 위해 고객의 노후 난방배관 교체 지원사업을 추진하고자 합니다. 이를 통해 (㉠)으로 기대합니다. 2019년부터 3년간 시범사업을 추진할 예정이며, 이를 위해 2018년 10월부터 공사 고객 중 난방배관 교체가 필요한 단지를 대상으로 신청을 접수하였고 심의위원회의 심의를 거쳐 교체 지원대상 단지를 선정하였습니다. 선정된 세대를 대상으로 2019년부터 노후 난방배관 교체가 실시될 예정이며, 이를 통해 난방 설비의 개선과 난방비용 절감 등 지역난방에 대한 고객의 만족도가 향상될 것입니다.

난방 설비의 효율적 운영을 위해 설비 관리자의 전문역량 강화를 위한 기술교육 서비스를 제공하고 있습니다. 자체 개발한 교육 콘텐츠를 통해 온라인 과정을 개설하여 운영 중이며, 타 집단에너지 사업자에게 교육과정을 무상으로 공유화함으로써 전국 지역난방 설비관리자가 이용 가능한 교육 환경을 제공하고 있습니다. 또한 사업장 중심으로 기술 워크숍을 실시하여 온라인상에서 제한될 수 있는 상담 및 기술 공유 기회를 제공하여 소통의 장을 마련하고 있습니다. 공사는 다양한 교육적 필요성을 충족시키기 위하여 교육서비스를 지속적으로 개선 중에 있으며, 2019년에는 교육콘텐츠 신규 개발 및 과정 개편을 통해 난방 설비관리자의 효율적인 설비운영을 위한 교육서비스를 더욱 체계화할 예정입니다.

11. 윗글의 제목으로 가장 적절한 것은?

① 고객 중심의 문화조성 사업안
② 고객 설비 에너지 이용효율화 방안
③ 효율적이고 안정적인 에너지공급 방향
④ 고객 설비 효율 향상을 위한 에너지진단서비스 시행 안내

12. ㉠에 들어갈 내용으로 적절한 것은?

① 사용자의 에너지 이용효율을 높여 에너지 공급시설의 확충 부담을 경감시킬 것
② 에너지 공급자가 공급을 제한하여 에너지 사용량을 감소시킬 수 있을 것
③ 난방설비를 교체하여 하도급업체와의 상생 관계를 구축할 수 있을 것
④ 실전에서 활용되는 기술을 축적하고 이를 교육하여 실무에 적용할 수 있을 것

[13 ~ 14] 다음 지문을 읽고 이어지는 질문에 답하시오.

(가) 도덕적 해이는 자금 공급을 한 후에 나타나는 정보의 비대칭성 문제다. 조달한 자금을 원래의 자금조달 목적과 상관없는 다른 용도로 사용하거나 낭비적인 지출에 사용하는 것이 대표적인 예다. 자금의 소유자와 관리자가 분리되어 있는 경우에는 이와 같은 주인-대리인 관계에 따른 도덕적 해이가 나타나기 마련이다. 도덕적 해이를 줄이기 위해서 자금운용을 감시할 수 있는 체제를 마련하면 되지만 완벽한 감시를 위해서는 지나치게 높은 비용이 소요된다는 문제가 있다.

(나) (A) 정보의 비대칭성은 거래 당사자 간 정보의 양이 상이한 상태를 의미하며, 금융시장에서는 기업의 상황 및 가치에 대해 우월한 정보를 가진 경영자가 상대적으로 정보가 적은 투자자들로부터 자금을 유치하고자 할 때 나타난다. 금융거래에서 정보의 비대칭성은 역선택의 문제와 도덕적 해이의 문제를 야기시킨다.

(다) 먼저 역선택의 문제는 어떤 기업이 우수한 기업인지 구별하기 어려울 때 발생한다. 투자대상 기업을 차별화할 수 있다고 하더라도 차별화를 위한 선별비용이 지나치게 높으면 역선택의 문제는 여전히 발생할 것이다. 투자대상 기업의 차별화가 어려울 경우 투자자들은 우수하지 않은 기업에 자금을 공급함에 따른 손실을 대비하여 더 높은 수익률이나 이자율을 요구할 것이다. 그러나 이 경우 유망한 기업들은 오히려 자금조달을 포기하고 위험성이 높은 투자계획을 가진 기업만 자금을 수요하는 레몬 현상이 발생할 것이다.

(라) 결국 정보의 비대칭성으로 인한 역선택이나 도덕적 해이는 금융시장에서 자금의 공급이 최적 규모에 비해 과소하게 이루어지는 시장실패를 가져온다. 정보의 비대칭성으로 인한 시장실패는 금융시장에서 일반적으로 나타나는 현상이다. 그러나 투자대상이 벤처기업과 같은 기술개발 중심의 초기기업인 경우, 또는 중견기업인 경우에도 기술개발을 위한 자금조달의 과정에서는 정보의 비대칭성이 더욱 심각하게 나타날 가능성이 높다. 비용구조가 비교적 잘 알려진 생산설비투자와 달리 기술개발을 위한 투자는 성공 가능성, 자금 소요액, 지출의 필요성 등에 있어서 투자자와 기업 간 정보의 비대칭성이 더욱 크기 때문이다. 따라서 기술개발을 위한 자금조달에서 정보의 비대칭성으로 인한 시장실패의 가능성이 일반 기업 활동을 위한 자금조달에 비해 더욱 높다.

13. 다음 중 글의 흐름에 따라 순서가 올바르게 정렬된 것은?

① (나) – (다) – (가) – (라)　　　② (다) – (가) – (나) – (라)
③ (라) – (나) – (가) – (다)　　　④ (라) – (가) – (나) – (다)

14. 다음 중 밑줄 친 (A)의 특징으로 적절하지 않은 것은?

① 금융시장 밖에서도 적용될 수 있다.
② 역선택의 문제와 도덕적 해이의 문제를 야기시킨다.
③ 금융시장에서 자금의 공급이 최적 규모에 비해 적게 이루어지는 문제를 가져온다.
④ 시장 스스로의 대응에 의해 해결되기도 한다.

[15 ~ 16] 다음 글을 읽고 이어지는 질문에 답하시오.

1일 건강보험심사평가원의 보건의료빅데이터에 따르면 골다공증으로 인한 건강보험 요양급여 비용은 20X3년 805억 6천만 원에서 20X7년 1,153억 1천만 원으로 4년간 43% 증가했다. 이 기간 골다공증으로 의료기관에서 진료를 받은 환자도 80만 5,304명에서 90만 6,631명으로 13% 증가했다. 남성은 5만 6,303명에서 5만 5,831명으로 약간 줄었지만, 여성은 74만 9,001명에서 85만 800명으로 13.6% 증가해 환자 증가분의 대부분을 차지했다.

의료계에서는 국내 골다공증 환자를 310만 명 이상으로 추정하고 있다. 20X5년 초음파를 이용해 실시된 한 지역사회 연구에서는 50대 이상 남성의 42.7%, 여성의 74.4%가 골다공증으로 진단 됐다. 골다공증은 중년기 이후 삶과 밀접한 질환이지만 치료율은 낮은 편이다. 골다공증 유병률이 포함된 마지막 대규모 조사였던 20X1년 국민건강영양조사에 따르면 50세 이상 골다공증 진단자 가운데 조사 당시 치료를 받고 있었던 사람은 여성 12.9%, 남성 4.2%에 불과했다. 대한골대사학회가 건강보험공단 통계를 분석한 자료를 살펴봐도 골다공증 환자의 치료율은 여성 36%, 남성 16%에 불과하다. 여자는 10명 중 7명, 남자는 10명 중 8명이 치료를 받지 않는다는 뜻이다.

골다공증이 위험한 것은 약해진 뼈가 부러지면서 영구적인 장애를 야기할 수 있기 때문이다. 이렇게 되면 의료비 지출이 급격하게 늘어난다. 고혈압 등 만성질환을 앓는 환자에게 골다공증까지 생겼을 때 치료비용이 얼마나 추가로 들어가는지 미국에서 연구한 결과, 의료비 지출은 최소 66%에서 최고 91%까지 늘어났다. 의료비 급증의 주요 원인은 골절이었다.

15. 윗글에서 말하고자 하는 주제로 적절한 것은?

① 골다공증을 방치하면 심각한 골절로 인해 건강에 치명적인 영향을 미칠 수 있다.

② 국내 골다공증 질환자는 급속히 증가하고 있다.

③ 골다공증 진단자들의 안이한 판단으로 골다공증 치료율은 계속 낮아지고 있다.

④ 골다공증을 제때 치료하지 못하면 골절 발생으로 인해 의료비가 급증할 수 있다.

16. ○○공단 B 과장은 윗글에서 제시된 문제점에 대한 대책을 세우기 위하여 다음 자료를 찾아보았다. B 과장이 제시할 수 있는 대책은?

> 세계골다공증재단(IOF)에 따르면 유럽에서의 골다공증 질환 부담은 대장암, 유방암, 위암, 간암보다 높았다. 장애보정생존연수(DALY ; Disability Adjusted Life Year)는 한 사람이 건강하게 살 수 있는 시간이 특정 질환으로 인해 얼마나 사라졌는지를 측정하는 것인데 유럽에서 한 해 대장암으로 인한 건강수명의 손실은 1,862DALY였고, 골다공증은 그보다 높은 2,006DALY에 달했다.

① 골다공증에 투입되는 의료비에 대한 국가적인 지원이 대폭 늘어날 수 있도록 제도를 확대해야 한다.

② 생애전환기 건강검진을 통해 암 진단과 비슷한 수준의 골다공증 검사 횟수가 보장되도록 검사 제도를 보완해야 한다.

③ 근육량과 골밀도 증가에 도움이 되는 운동법과 식이요법 등을 적극 홍보하는 정책을 펼쳐야 한다.

④ 높은 유병률을 보이는 폐경기 여성에 대한 골다공증 특별 검진제도를 실시하여 여성의 치료율 제고에 힘써야 한다.

[17 ~ 18] 다음 글을 읽고 이어진 질문지는 답하시오.

오늘날 인공지능은 글로벌 IT 산업의 핵심 화두로 부상하였다. 단순 작업을 넘어 회계나 법률, 진료 등 전문 영역까지 인공지능을 적용하는 사례도 늘고 있다. 미래에는 일상생활의 거의 모든 분야에 걸쳐 인공지능이 직간접적으로 활용될 것으로 보인다.

그러나 기존 IT 시스템으로는 지속적인 인공지능 발전이 어렵다는 인식도 커졌다. 이런 한계를 넘어서기 위하여 인공지능을 집중적으로 지원할 수 있는 프로세서가 필요하다는 주장이 힘을 얻게 되었다. 글로벌 IT 기업을 중심으로 CPU를 사용하는 대신 인공지능 알고리즘을 전담 처리하는 프로세서를 사용하여 각종 제품 및 서비스를 위한 고성능 인공지능을 구현하려는 움직임이 두드러지고 있다.

현재 인공지능 프로세서 개발 및 활용을 위한 다양한 접근이 이루어지고 있다. 멀티미디어 콘텐츠를 지원하기 위해 등장한 GPU는 현재 가장 주목 받는 인공지능 프로세서이다. 딥 러닝 등 인공지능 알고리즘을 효과적으로 처리할 수 있다는 사실이 알려지면서 폭발적 인기를 얻게 되었다. 또한 ASIC 기술을 활용하거나 용도에 맞게 하드웨어 특성을 변경할 수 있는 FPGA을 기반으로 각종 애플리케이션에 특화된 맞춤형 인공지능 프로세서를 만들려는 움직임도 늘고 있다. 나아가 인간 뇌의 신경망 구조와 작동 원리를 모방하여 만든 뉴로모픽 프로세서 역시 차세대 인공지능 프로세서로 각광받고 있다.

소프트웨어 중심의 인공지능 개발로는 지속적인 성능 고도화가 어렵다는 인식이 한층 커질 것으로 보인다. 혁신적인 인공지능을 만들기 위해서는 기존 IT 시스템에 대한 근본적 재검토가 필요하다는 의견이 많다. 소프트웨어는 물론 하드웨어, 특히 모든 IT 기기와 서비스의 중추를 이루는 반도체를 인공지능의 관점에서 접근하려는 노력이 미래 혁신의 원동력으로 부상할 전망이다.

인공지능 프로세서의 부상으로 IT 기업들의 반도체 진출 움직임이 심화될 가능성도 있다. 아직까지는 주력 사업의 인공지능 경쟁력 강화가 주된 목적이지만, 한편으로 인공지능 프로세서 개발이 새로운 사업 진출의 포석이 될 수 있다는 추측도 있다. 향후 많은 기업들이 자사의 인공지능 프로세서 역량을 어떻게 활용할지 미래 IT 산업의 주요 관심사로 떠오를 것이다.

인공지능 프로세서 전략은 각 기업 차원의 다각적 관점에서 수립되어야 한다. 인공지능의 활용 목적, 필요한 인공지능 구현 방법에 따라 인공지능 프로세서에 대한 접근 방식은 상이하다. 인공지능 프로세서가 미래 인공지능 트렌드에 어떤 변화를 가져올 수 있는지, 그리고 이런 변화가 사업 영역에 미칠 파급 효과를 면밀히 검토해야 한다.

17. 다음 중 윗글에서 알 수 없는 내용은?

① 사람 신체 일부의 작동 방식에 착안하여 개발한 인공지능 프로세서가 존재한다.

② 인공지능이 지속적으로 발전하기 위해서 현존하는 IT 시스템 대신 인공지능 알고리즘을 위한 프로세서는 필수적인 요소이다.

③ CPU는 소프트웨어 중심의 프로세서로 미래 혁신을 이끌어내기에는 부족함이 있다.

④ 새로운 IT 기술의 등장은 의료, 법률, 회계 등의 전문영역뿐 아니라 일상을 바꾸어놓을 수 있다.

18. 다음 중 윗글의 표제와 부제로 적절한 것은?

① 인공지능 프로세서의 부상 – 각 기업의 적절한 대응이 필요한 시점

② 인공지능이 가져온 변화 – 일상의 전반적인 변화가 예상되는 시점

③ 인공지능 알고리즘 개발의 필요성 – 글로벌 IT 산업 발전의 주축

④ 기존 IT 시스템에 대한 재검토의 필요성 – 인간 뇌 구조 특성에 적합한 방식으로

1회 기출예상
2회 기출예상
3회 기출예상
4회 기출예상
5회 기출예상
6회 기출예상
인성검사
면접가이드

[19 ~ 20] 다음 자료를 보고 이어지는 질문에 답하시오.

〈생애주기별 국가건강검진 실시체계〉

구분		대상		검진주기	비용부담
		일반검진	암		
영유아 (0 ~ 5세)	건강보험 가입자	만 0 ~ 5세 전체 영유아	–	4개월, 9개월, 18개월, 30개월, 42개월, 54개월, 66개월(총 7회)	본인부담 없음 * 건강보험 재정
	의료급여 수급권자				본인부담 없음 * 국고 및 지방비
학동기 (6 ~ 18세)	취학 학동기	만 6 ~ 18세 전 취학 학동	–	초등 1·4학년, 중등 1학년, 고등 1학년(총 4회)	
	비취학 학동기	만 9 ~ 18세 학교 밖 청소년	–	3년 1회	본인부담 없음
성인기 (19 ~ 64세)	건강보험 가입자	• 직장가입자 • 세대주인 지역 가입자 • 만 20세 이상 피부양자 및 세대원		2년 1회 (비사무직 1년 1회)	• 일반검진 : 본인부담 없음 * 건강보험 재정 • 암 검진 – 보험료 상위 50% : 본인부담 10% (자궁경부암, 대장암은 본인부담 없음) * 건강보험재정 : 90% – 보험료 하위 50% : 본인부담 없음
	의료급여 수급권자	• 만 19 ~ 64세 세대주 • 만 41 ~ 64세 세대원		2년 1회	본인부담 없음 * 국고 및 지방비
노년기 (65세 이상)	건강보험 가입자	• 성인기 건강보험 가입자와 동일		2년 1회 (비사무직 1년 1회)	• 일반검진 : 본인부담 없음 * 건강보험 재정 • 암 검진 – 보험료 상위 50% : 본인부담 10% (자궁경부암, 대장암은 본인부담 없음) * 건강보험재정 : 90% – 보험료 하위 50% : 본인부담 없음
	의료급여 수급권자	• 만 66세 이상 : 생애전환기 건강진단 * 만 65세 이상 일반 검진 – 노인복지법에 의해 시·군·구에서 실시		2년 1회	본인부담 없음 * 국고 및 지방비

19. 민원 안내실에서 근무하는 H 사원은 〈생애주기별 국가건강검진 실시체계〉와 관련한 전화 문의에 대하여 다음과 같이 응답하였다. H 사원이 응답한 내용 중 적절하지 않은 것은?

> Q. 안녕하세요? 저는 24개월 된 아이가 있는데요, 영유아 건강검진은 앞으로 몇 번을 더 해야 되는 건가요?
>
> A. ① 24개월이면 이미 3회 검진을 하셨을 테고요, 총 4회를 더 하시면 학생 검진으로 넘어가게 됩니다.
>
> Q. 저희 애는 17살인데요, 사정이 있어서 학생 신분이 아닙니다. 3년에 1번은 저희 애도 학생 검진에 해당이 된다고 알고 있는데요, 검진비용은 지원 혜택이 좀 없을까요?
>
> A. ② 네, 학생 검진에 해당되는 것 맞고요, 검진비용은 따로 부담하지 않으셔도 됩니다.
>
> Q. 수고하십니다. 저는 초등학생 아들이 있는데요, 작년에 입학해서 건강검진을 했습니다. 작년에 했으니 이제 중학교, 고등학교 모두 1학년 때 한 번씩, 총 3회만 건강검진을 하면 되는 거지요?
>
> A. ③ 네, 그렇습니다. 초 · 중 · 고등학교 1학년 때 총 3회 실시하면 취학 학동기 검진을 모두 마치게 되는 겁니다.
>
> Q. 안녕하세요? 49세 남성입니다. 건강보험 지역 가입자이고요, 대장암 검진을 하려고 하는데 본인부담금이 얼마나 되나요?
>
> A. ④ 대장암 검진의 경우에는 보험료 납부액 구분 없이 본인부담금이 없습니다.

20. 다음 중 〈생애주기별 국가건강검진 실시체계〉의 내용으로 적절하지 않은 것은?

① 사무직에 근로하지 않는 비사무직 보험 가입자인 경우 검진을 더 많이 받을 수 있도록 하고 있다.

② 비취학 학동기의 경우에도 검진을 받을 수 있도록 하고 있으나 취학 학동기와 대상 연령은 다르다.

③ 의료급여 수급권자는 건강보험 가입자보다 비용부담 기준이 더 까다롭다.

④ 20 ~ 30대 의료급여 수급권자가 세대원인 경우에는 검진 대상에 포함되지 않는다.

1회 기출예상

2회 기출예상

3회 기출예상

4회 기출예상

5회 기출예상

6회 기출예상

인성검사

면접가이드

21. Q 세균은 상온에서 6분에 1번씩 한 마리가 두 마리로 자체 분열한다. Q 세균 한 마리를 상온에 두었을 때, 1시간 후의 Q 세균 수는 42분 후의 Q 세균 수보다 몇 마리가 더 많아지겠는가?

① 896마리   ② 960마리

③ 992마리   ④ 1,008마리

22. 양떼 목장에 울타리를 만들기 위해 다음과 같은 일정한 규칙으로 나무 기둥을 세우려고 한다. 양이 36마리 일 때, 울타리를 만들기 위해 필요한 나무 기둥은 최소 몇 개인가?

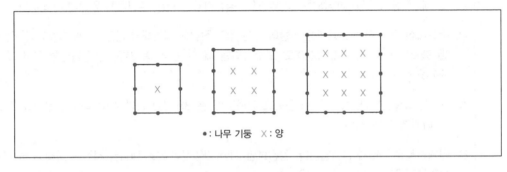

•: 나무 기둥 X : 양

① 16개   ② 20개

③ 24개   ④ 28개

23. A 기관의 B 부서에 근무하는 갑이 다음과 같은 상황에서 출장을 갈 확률은 몇 %인가?

> A 기관 B 부서는 지방 출장자 인원을 편성하기 위하여 다음의 지침을 만들었다.
>
> [지침] 지방 출장은 과장 1명, 대리 1명이 한 조를 이루어 이동한다.
> [상황 1] B 부서에는 과장 3명, 대리 4명이 있다.
> [상황 2] 갑은 대리이다.

① 75%   ② 50%

③ 25%   ④ 12.5%

24. ○○기업의 출근 시간은 오전 8시인데 B 대리가 8시 정각에 출근할 확률은 $\frac{1}{4}$이고, 지각할 확률은 $\frac{2}{5}$이다. B 대리가 이틀 연속 정해진 시간보다 일찍 출근할 확률은?

① $\frac{49}{400}$　　　　② $\frac{27}{144}$

③ $\frac{13}{200}$　　　　④ $\frac{64}{225}$

25. 삼각형 ABC의 면적이 32m²일 때, 삼각형 DBE의 면적은 몇 m²인가?

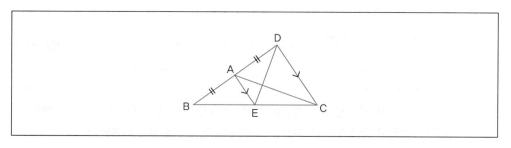

① 14m²　　　　② 18m²
③ 21m²　　　　④ 32m²

26. S 백화점 1층에서 엘리베이터에 탄 사람 중 $\frac{1}{3}$이 3층에서 내린 뒤 4명이 더 탔고 5층에서 $\frac{1}{4}$이 내린 뒤 2명이 더 탔으며 7층에서 모두 내렸다. 7층에서 내린 인원이 1층에서 탄 인원보다 4명이 적었다면 1층에서 탄 인원은 몇 명인가?

① 12명　　　　② 15명
③ 18명　　　　④ 21명

27. 다음은 산업 내 경쟁강도의 시기별 추이를 나타낸 것이다. 자료에 대한 설명으로 옳지 않은 것은?

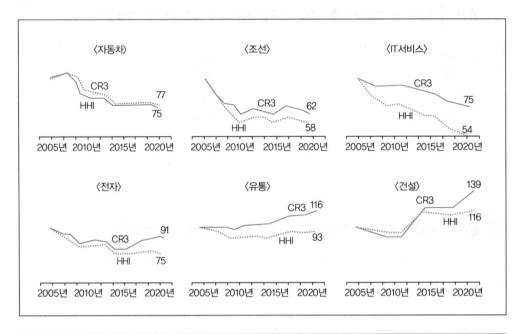

- HHI는 산업 내 각 기업들의 점유율의 제곱을 더한 값으로 산업집중도를 설명한다.
- CR3는 산업별 매출액 상위 3개사의 점유율의 합으로 독점도를 설명한다.
- 두 지표 모두 수치가 낮을수록 경쟁강도가 심하다는 것을 의미한다.
- 그래프의 모든 수치는 각 산업의 2005년 수치를 100으로 한 상댓값이다.

① 조선 산업 2005년 대비 2020년에 기업 간 경쟁이 심화되었다.

② IT서비스는 산업 내 경쟁자가 많아지고 점유율 수준이 비슷하게 분산되어 가는 추세다.

③ 경쟁이 치열할수록 기업들 발전에 긍정적인 영향을 준다고 할 때 가장 희망적인 산업은 건설이다.

④ CR3와 HHI가 모두 증가한다면 대형 기업들의 영향력이 확대되면서 상위업체들의 독점도가 높아진 것으로 추측할 수 있다.

28. 다음 Z 청소기의 판매량과 판매율에 대한 설명으로 옳은 것은 〈보기〉에서 모두 고르면?

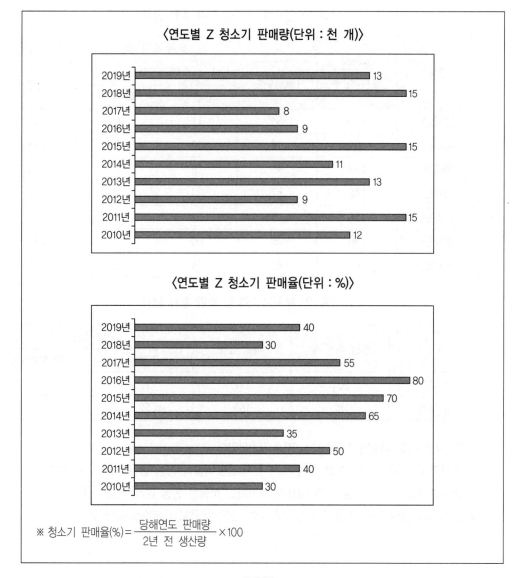

〈연도별 Z 청소기 판매량(단위 : 천 개)〉

연도	판매량
2019년	13
2018년	15
2017년	8
2016년	9
2015년	15
2014년	11
2013년	13
2012년	9
2011년	15
2010년	12

〈연도별 Z 청소기 판매율(단위 : %)〉

연도	판매율
2019년	40
2018년	30
2017년	55
2016년	80
2015년	70
2014년	65
2013년	35
2012년	50
2011년	40
2010년	30

$$\text{※ 청소기 판매율(\%)} = \frac{\text{당해연도 판매량}}{\text{2년 전 생산량}} \times 100$$

보기

ⓐ 2009년 Z 청소기 생산량은 2010년 Z 청소기 생산량의 2배 이상이다.
ⓑ 2008년 Z 청소기 생산량에 비해서 2016년 Z 청소기 생산량은 25% 증가하였다.
ⓒ 2013년 Z 청소기 생산량은 2만 개를 하회한다.
ⓓ 2008 ~ 2017년 중 Z 청소기 생산량이 가장 많은 연도는 2014년이다.

① ㉠, ㉡　　　　② ㉠, ㉢　　　　③ ㉡, ㉢, ㉣　　　　④ ㉠, ㉡, ㉣

29. 다음 자료에 대한 설명으로 옳은 것은?

〈표 1〉 연도별 개방형 직위 충원 현황

(단위 : 명)

구분	개방형 총 직위 수	충원 직위 수				
		내부 임용	외부 임용			합계
			민간인	타 부처		
20X3년	130	54	11	0		65
20X4년	131	96	14	5		115
20X5년	139	95	18	5		118
20X6년	142	87	33	4		124
20X7년	154	75	53	8		136
20X8년	156	79	60	7		146
20X9년	165	81	54	8		143

〈표 2〉 부처별 개방형 직위 충원 현황

(단위 : 명)

구분	충원 직위 수	내부 임용	외부 임용	
			민간인	타 부처
A 부처	201	117	72	12
B 부처	182	153	22	7

① 20X4년 이후 미충원 직위 수는 매년 감소하였다.

② 개방형 총 직위 수 중 충원 직위 수가 차지하는 비율이 가장 높은 해는 20X8년이다.

③ 연도별 충원 직위 수 중 내부 임용이 차지하는 비율은 항상 60% 이상이다.

④ B 부처의 내부 임용 비율이 A 부처의 내부 임용 비율보다 30%p 이상 높다.

[30 ~ 31] 다음 표를 보고 이어지는 질문에 답하시오.

〈20XX년 6월 27일 종목별 채권대차거래 현황〉

(단위 : 억 원)

종목명	전일잔량	금일거래	금일상환	금일잔량
04-3	9,330	0	0	9,330
04-6	27,730	419	[Ⅰ]	27,507
05-4	35,592	822	0	36,414
06-5	8,200	0	0	8,200
08-5	17,360	0	0	17,360
10-3	20,900	0	0	20,900
11-7	11,680	480	750	11,410
12-2	18,160	3,200	500	20,860
12-3	19,400	200	1,600	18,000
12-4	11,870	600	1,000	11,470
12-6	30,610	2,700	1,300	32,010
13-1	26,370	2,500	800	28,070
13-2	33,870	2,250	1,200	34,920
13-3	11,080	900	300	11,680
기타	68,042	1,350	3,530	65,862
합계	350,194	15,421	[Ⅱ]	353,993

30. 다음 중 [Ⅰ], [Ⅱ]에 각각 들어갈 숫자로 옳은 것은?

    [Ⅰ]   [Ⅱ]   [Ⅰ]   [Ⅱ]

①   0   10,980   ① 196   11,176

③ 223   11,203   ③ 642   11,622

31. 전일잔량에 비해 금일잔량이 가장 크게 증가한 종목은?

① 12-2   ② 12-6   ③ 13-1   ④ 13-2

32. 다음은 병원비 산정 시 환자가 부담해야 하는 금액에 관한 자료 및 A의 진료내역이다. 자료를 참고할 때, 외국인 임산부 A의 본인부담금은 얼마인가?

〈표 1〉 환자 본인부담금 산정방법

종합병원, 대학병원	내국인	$(병원비-약재비) \times \dfrac{35}{100} + 약재비 \times \dfrac{50}{100}$
	외국인	$(병원비-약재비) \times \dfrac{40}{100} + 약재비 \times \dfrac{50}{100}$
한방병원, 개인 산부인과	내국인	$(병원비-약재비) \times \dfrac{40}{100} + 약재비 \times \dfrac{50}{100}$
	외국인	$(병원비-약재비) \times \dfrac{30}{100} + 약재비 \times \dfrac{60}{100}$

〈표 2〉 A의 진료내역

		진료과목	병원비(원)	약재비(원)
H 병원	한방병원	초기임신 중 출혈	150,000	50,000
		한방침	50,000	–
		산후풍	210,000	70,000
A 병원	개인 산부인과	자궁경부암 검사	100,000	–
		양수검사	150,000	–
		철분주사	220,000	80,000
C 병원	대학병원	스케일링	15,000	–
		초음파	200,000	–
		임당검사	160,000	60,000
		제왕절개	280,000	30,000

1회 기출예상

2회 기출예상

3회 기출예상

4회 기출예상

5회 기출예상

6회 기출예상

인성검사

면접가이드

〈임산부 진료비 지원 혜택〉

임신, 출산한 임산부(외국인 포함) 중에서 임신, 출산과 관련된 진료에 대해 지원 혜택을 받을 수 있다.

- 지원 범위
  • 산부인과 : 산전검사(초음파, 양수검사, 임당검사), 분만비용(자연분만만 해당), 산후치료 (개인병원, 종합병원, 대학병원 포함)
  • 조산원 : 분만비용에 한해 지원
  • 한방병원 : 임신 중 과다구토, 태기불안, 초기임신 중 출혈, 분만 없는 조기진통, 산후풍

- 지원 금액
  임신 1회당 최대 30만 원 내에서 지원 범위에 해당하는 진료과목에 대해 본인부담금 50% 감면 혜택

① 595,000원 ② 555,000원

③ 480,000원 ④ 425,500원

33. 다음 상황에서 (가) 직원과 (나) 직원은 A 지점으로부터 몇 km 떨어진 지점에서 만나는가? (단, 소수점 아래 첫째 자리에서 반올림한다)

A 지역에서 B 지역까지의 거리는 150km이다. (가) 직원은 A 지역에서 출발하여 B 지역으로 이동하며, (나) 직원은 B 지역에서 출발하여 A 지역으로 이동하고 있다. (가) 직원은 시속 80km의 속도로 이동 중이고, (나) 직원은 시속 100km의 속도로 이동 중이다. (가) 직원이 출발한 지 30분 뒤에 (나) 직원이 출발하였다.

① 75km ② 81km

③ 89km ④ 97km

34. 자료와 관련된 그래프를 본문에 추가하고자 한다. 다음 중 추가하기에 적절하지 않은 것은?

〈자료 1〉

일본 건강기능식품 시장 분석

- 건강에 관심이 많은 계층이 늘어나면서 건강 지향성 제품을 구매하는 소비자가 증가, 새로운 비즈니스 기회가 확대
- 일본은 기능성 표시제도를 실시함에 따라 국내의 건강식품 수요가 꾸준히 증가, 기업들 역시 다양한 제품 개발로 시장에 접근하며 경쟁력을 키워옴
- 정년의 연장으로 건강하게 일할 수 있는 상태를 만들기 위해서 건강식품 섭취에 대한 필요성 인식
- 중년층의 안티에이징, 생활습관병 및 노화에 대응하는 수요 증가
- 청장년층의 피트니스 열풍, 미용에 대한 높은 관심
- 기존 인기 건강식품의 경우 이미 과열경쟁 상태이기에 새로운 아이템으로 시장에 도전하는 것이 적합
- 본국이나 다른 시장에서 이미 검증 받은 제품의 경우 비교적 진출이 용이

〈자료 2〉

익숙한 영양제는 레드오션.. 새로울수록 진입 쉬워

일본 건강식품 시장은 견조한 성장세를 보이고 있다. 2018년 건강식품의 시장 규모는 출하액 기준으로 8,614억 3,000만 엔으로 전년대비 1.9% 성장했다. 고령사회에 대한 대책으로 필수 영양소 섭취가 강조되면서 건강식품이나 보조식품에 대한 수요가 점점 확대될 것으로 보인다. 최근 TV 광고나 온라인 광고의 확대의 영향으로 남성 소비자층이 증가하고 있으며, 생활 습관병 예방이나 안티에이징에 관심이 높은 중년층뿐 만 아니라 몸 가꾸기 열풍 등 미용 목적을 위해 건강식품을 찾고 있는 청장년층의 수요도 확대되고 있다. 2018년에는 방일 외국인의 수요가 시장 성장에 기여한 측면도 있다. 해당 수요에 힘입어 2023년까지 시장 규모는 8,980억 엔으로 성장할 것으로 전망하고 있다.

2018년 기준으로 소재별 시장 규모를 보면 온라인 판매 수요가 높은 아오지루(녹즙)가 726억 엔으로 시장 규모가 가장 컸다. 그 뒤로는 단백질(643억 엔) 그리고 콜라겐(504억 7,000만 엔)으로 나타났다. 한편 2016년부터 2018년 동안 꾸준한 성장세를 보이는 소재는 유산균으로 261억 엔이었으며, 작년 동기비 성장률은 12%로 나타났다. 그 외에 프로틴(5.2%), 콜라겐, 간장수해물간장엑기스(7%), 이쵸우바(은행잎, 3.8%), 에코자임Q10(93억 5,000만엔) 등이 있었다.

한편 판매 경로를 살펴보면 온라인 판매는 온라인 쇼핑몰 벤처기업 등 디지털 마케팅을 중심으로 전개하는 기업들이 생기며 전반적으로 성장세를 보이고 있다. 아울러 패키지에 기능을 내세운 상품들의 선전하고 있으며 온라인 매장 외에도 드럭스토어나 약국을 통한 판매가 증가하고 있다. 또한 운동 붐이 일어나면서 피트니스센터나 건강 교실 등에서도 유통되는 경우도 늘고 있다.

단백질, 유아도 마시는 대세 영양소

일본인이 즐기는 소재 중 단백질은 최근 폭발적인 인기를 끌고 있다. 전 국민적으로 몸 키우기에 대한 관심이 늘어나면서 전문선수가 아닌 일반인들 사이에서 단백질 섭취가 유행처럼 번지고 있는 것이다. 단백질 권장 섭취량을 만족하기 위해서 식사 외용으로 다양한 상품들이 출시됐으며, 프로틴 드링크는 작년 한 해에 식품 시장에서 크게 히트를 쳤다. MEIJI의 건강식품 브랜드인 SAVAS는 유아용 프로틴, 미용 프로틴 등 다양한 제품군을 선보였다. 스포츠용 프로틴과 식사대용인 영양바, 서플리먼트도 시장에 대거 출시됐다. 2018년 시장 규모 643억 엔, 전년대비 5.2% 성장했다.

유산균, 면역력 강화로 다시 한번 붐

유산균이 장내환경을 개선시켜 미용과 건강에 좋다는 인식이 퍼지면서 2018년 유산균 건강식품 시장은 전년대비 12.0% 성장한 261억 엔을 기록했다. 건강식품을 포함한 전체 유산균 식품 시장 규모는 8,000억 엔에 달하는 거대 시장이며 요구르트가 62.7%, 유산균 음료가 26.8%, 건강식품이 4.3%, 식품이 1.9%를 점하고 있다. 최근 유산균 음료에서도 기능성 표기 승인을 받은 기능성 표기 식품 상품이 늘어나고 있다.

콜라겐, 미용에 대한 꾸준한 관심

2017년 일본 방송에 콜라겐이 소개된 이후 2018년까지 콜라겐 파우더가 크게 인기를 끌었다. 파생 수요는 잦아든 상황이나 인터넷 판매의 확대, 피부 관리에 대한 젊은 여성들의 관심 확대에 힘입어 약소 성장할 것으로 예상된다. 주요 판매 경로는 온라인 판매 44%, 약국 18%, 양판점 16%, 방문판매 7%, 편의점 2%, 온라인 기업용 도매 1%, 기타 12%로 나타났다.

① 2018년 기준 소재별 건강기능식품 시장규모

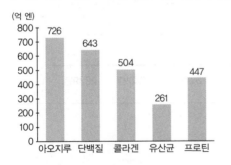

② 건강식품의 시장규모 추이

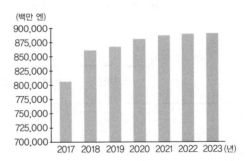

③ 콜라겐 제품의 주요 판매 경로

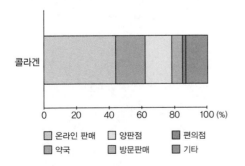

④ 주요 국가별 고령화 이후 초고령사회 진입 소요기간

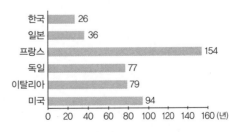

[35 ~ 36] 다음 자료를 보고 이어지는 질문에 답하시오.

〈우리나라의 연도별 석유 수입량〉

(단위 : 백만 배럴)

구분	20X4년	20X5년	20X6년	20X7년	20X8년	20X9년
이란	56.1	48.2	44.9	42.4	111.9	147.9
이라크	93.1	90.7	71.2	126.6	138.3	126.2
쿠웨이트	137.6	139.9	136.5	141.9	159.3	160.4
카타르	103.8	86.1	100.1	123.2	88.2	64.9
아랍에미리트	86.5	110.8	108.5	99.8	87.7	91.0
사우디아라비아	303.0	286.6	292.6	305.8	324.4	319.2

〈연도별 국제유가(WTI)〉

(단위 : 달러/배럴)

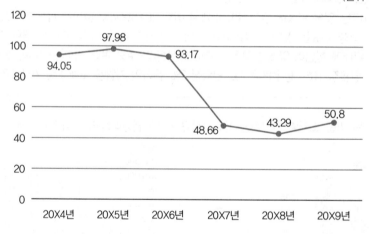

35. 다음 중 자료에 대한 설명으로 옳지 않은 것은?

① 매년 우리나라가 사우디아라비아로부터 수입한 석유의 양이 가장 많다.

② 20X6년 이후 우리나라가 쿠웨이트로부터 수입한 석유의 가격은 매년 상승한다.

③ 카타르와 아랍에미리트 중 우리나라가 석유를 더 많이 수입하는 국가는 20X5년 이후 2년 간격으로 바뀐다.

④ 국제유가가 전년 대비 가장 많이 감소한 해에 이란과 아랍에미리트를 제외한 모든 국가에 대한 석유 수입량이 전년 대비 증가하였다.

36. 주어진 국제유가를 기준으로 석유를 수입하고 제시된 국가들 외에 다른 국가에서는 석유를 수입하지 않는다고 할 때, 우리나라의 연도별 석유 수입 가격 그래프로 적절한 것은?

①
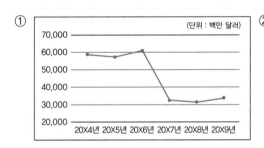

②
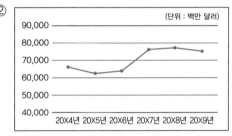

③
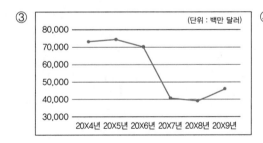

④
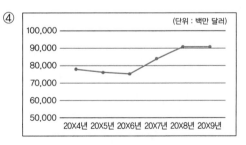

[37 ~ 38] 다음 자료를 보고 이어지는 질문에 답하시오.

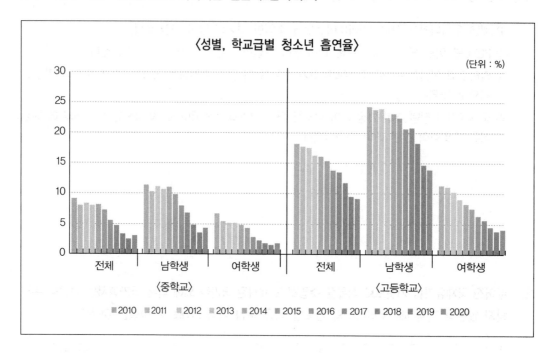

〈성별, 학교급별 청소년 흡연율〉

37. 다음 중 위의 막대그래프를 꺾은선 그래프로 올바르게 옮기지 못한 것은?

①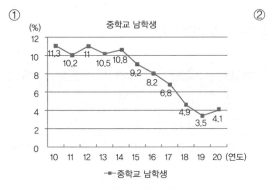

②

③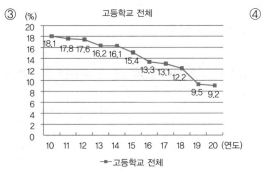

④

38. 37에 제시된 그래프에 근거한 중학교 남학생과 여학생의 2010년 대비 2020년의 흡연율 증감률은? (단, 소수점 아래 둘째 자리에서 반올림한다)

	남학생	여학생		남학생	여학생
①	−64.2%	−74.2%	②	−63.7%	−72.7%
③	−62.5%	−71.3%	④	−61.7%	−70.1%

www.gosinet.co.kr gosinet

1회 기출예상
2회 기출예상
3회 기출예상
4회 기출예상
5회 기출예상
6회 기출예상
인성검사
면접가이드

[39 ~ 40] 다음 자료를 보고 이어지는 질문에 답하시오.

〈자료 1〉 한국의 성별 기대수명

(단위 : 세)

구분	1985년	1990년	1995년	2000년	2005년	2010년	2015년	2020년
남자	61.89	64.60	67.46	69.70	72.35	74.89	76.84	78.96
여자	70.41	73.23	75.87	77.94	79.67	81.60	83.63	85.17
전체	66.15	68.91	71.66	73.81	76.01	78.24	80.24	82.06

* 기대수명은 연령별 사망률 통계를 기반으로 사람들이 평균적으로 얼마나 오래 살 것인지를 산출한 것으로, 흔히 현 시점에서 0세의 출생자가 향후 생존할 것으로 기대되는 평균 생존 연수

〈자료 2〉 주요국의 기대수명

(단위 : 세)

구분	1985년	1990년	1995년	2000년	2005년	2010년	2015년	2020년
중국	65.5	67.7	68.9	69.7	70.9	73.1	74.7	75.7
미국	73.3	74.4	74.9	75.7	76.5	77.2	78.2	78.9
영국	73.0	74.2	75.1	76.2	77.2	78.4	79.7	81.0
독일	72.3	73.6	75.0	76.0	77.3	78.6	79.7	80.4
프랑스	73.5	74.6	75.9	77.2	78.3	79.4	80.8	81.9
호주	73.6	75.1	76.2	77.7	78.8	80.3	81.5	82.3
스페인	74.4	76.1	76.9	77.6	78.8	79.9	81.2	82.5
스위스	75.2	76.1	77.2	77.9	79.2	80.5	81.8	82.7
이탈리아	73.5	74.9	76.4	77.5	78.8	80.3	81.5	82.3
일본	75.4	77.0	78.5	79.4	80.5	81.8	82.7	83.3

39. 제시된 자료를 이해한 내용으로 옳은 것은?

① 우리나라 여자의 기대수명은 ,남자보다 꾸준히 높게 나타났으며 성별 기대수명의 차이가 가장 크게 나타났던 해는 1995년이다.

② 기대수명이 가장 높은 국가부터 가장 낮은 국가까지 순위를 매길 때 1985년 11개국의 기대수명 순위는 2020년과 동일하다.

③ 2020년 기준 11개국 중 기대수명이 가장 높은 국가와 기대수명이 가장 낮은 국가의 기대수명은 8.6세 차이다.

④ 11개국 중 기대수명 80세를 넘는 국가는 2005년 1개국에서 2015년 7개국으로 증가하였다.

40. 11개국 중 1985년 대비 2020년 기대수명의 변화율이 가장 큰 국가와 가장 작은 국가를 순서대로 바르게 나열한 것은? (단, 소수점 아래 둘째 자리에서 반올림한다)

① 한국, 미국

② 한국, 영국

③ 호주, 미국

④ 호주, 스위스

41. 다음 글을 읽고 〈보기〉의 A ~ D가 권장 시기에 맞춰 정기검진을 받을 때, 첫 정기검진까지의 기간이 가장 적게 남은 사람부터 순서대로 나열한 것은? (단, A ~ D는 지금까지 건강검진을 받은 적이 없다)

암 검진은 암을 조기 발견하여 생존율을 높일 수 있기 때문에 매우 중요하다. 일반적으로 권장하는 정기검진의 시작 시기와 주기는 위암은 만 40세부터 2년 주기, 대장암은 만 50세부터 1년 주기, 유방암은 만 40세부터 2년 주기 등이다. 폐암은 흡연자인 경우 만 40세부터 1년 주기로, 비흡연자도 만 60세부터 검진을 받아야 한다. 간경변증을 앓고 있는 사람이거나 B형 또는 C형 간염 바이러스 보균자는 만 30세부터 6개월 간격으로 간암 정기검진을 받아야 한다.

그런데 많은 암환자들이 가족력을 가지고 있는 것으로 알려져 있다. 우리나라 암 사망 원인 1위인 폐암은 부모나 형제자매 가운데 해당 질병을 앓은 사람이 있으면 발병 확률이 일반인의 1.95배나 된다. 대장암 환자의 30%도 가족력이 있다. 부모나 형제자매 중에 한 명의 대장암 환자가 있으면 발병 확률은 일반인의 2 ~ 3배가 되고, 두 명이 있으면 그 확률은 4 ~ 6배로 높아진다. 우리나라 여성들이 많이 걸리는 유방암도 가족력이 큰 영향을 미친다. 따라서 가족력이 있으면 대장암은 검진 시기를 10년 앞당겨야 하며, 유방암도 검진 시기를 15년 앞당기고 검사 주기도 1년으로 줄여야 한다.

보기

- 매운 음식을 자주 먹는 만 38세 남성 A의 위암 검진
- 대장암 가족력이 있는 만 33세 남성 B의 대장암 검진
- 유방암 가족력이 있는 만 25세 여성 C의 유방암 검진
- 흡연자인 만 36세 여성 D의 폐암 검진

① A, B, C, D
② A, C, D, B
③ C, A, D, B
④ C, D, B, A

42. 4명 중 1명의 작업 실수로 지속적인 불량이 발생하였다. 직원 중 1명만 거짓을 말하고 있다면 이때 거짓을 말한 직원과 불량의 원인이 되는 작업을 담당한 직원을 차례로 나열한 것은?

> 직원 A는 포장 작업, B는 제품 실행, C는 색칠 작업, D는 원료 분류를 담당하고 있다.
> - 직원 A의 증언 : 포장 작업은 불량의 원인이 아닙니다.
> - 직원 B의 증언 : 원료를 잘못 분류했으니 불량이 나오는 것입니다.
> - 직원 C의 증언 : 색칠 작업에서는 불량이 나올 수가 없습니다.
> - 직원 D의 증언 : 제가 보기엔 포장 작업에서 불량이 나옵니다.

① 직원 A, 직원 A
② 직원 B, 직원 D
③ 직원 B, 직원 C
④ 직원 D, 직원 D

43. ○○기업 인사팀에서는 부서별로 직원들의 정신적 및 신체적 스트레스 지수를 조사하여 다음 표에 제시된 것과 같은 결과를 얻었다. 다음 중 표의 내용을 잘못 이해한 것은?

〈부서별 정신적 · 신체적 스트레스 지수〉

(단위 : 명, 점)

항목	부서	인원	평균점수
정신적 스트레스	생산	100	1.83
	영업	200	1.79
	지원	100	1.79
신체적 스트레스	생산	100	1.95
	영업	200	1.89
	지원	100	2.05

* 점수가 높을수록 정신적 · 신체적 스트레스가 높은 것으로 간주한다.

① 전 부서원(생산, 영업, 지원)의 정신적 스트레스 지수 평균점수와 전 부서원의 신체적 스트레스 지수 평균점수의 차이는 0.16점 이상이다.

② 세 부서 모두 정신적 스트레스보다 신체적 스트레스가 더 높은 경향을 보인다.

③ 신체적 스트레스가 가장 높은 부서는 지원 부서이며 그 다음으로는 생산, 영업 순이다.

④ 정신적 스트레스 지수 평균점수와 신체적 스트레스 지수 평균점수의 차이가 가장 큰 부서는 지원 부서이다.

1회 기출예상 2회 기출예상 3회 기출예상 4회 기출예상 5회 기출예상 6회 기출예상 인성검사 면접가이드

44. 1년 7개월 째 근무 중인 G 사원은 입사 후 5일의 휴가를 사용했다. 다음 회사의 〈휴가규정〉과 〈G 사원의 고려사항〉을 근거로 휴가계획서를 작성할 때, 이번 달에 신청 일수 (가)와 잔여 일수 (나)가 바르게 짝지어진 것은?

〈휴가규정〉

규정1. 근로자의 연차휴가는 1년 근무한 시점에 15일의 연차 휴가가 발생하며 입사 첫해 근무자가 사용한 연차휴가는 다음 해에 발생할 연차휴가 15일에서 공제된다.

규정2. 휴가계획서 작성은 아래 양식에 따르며, 작성 후 반드시 총무과에 제출하여야 한다.

규정3. 기 사용한 휴가 일수 및 잔여일수에 대한 사항은 총무과로 문의하여 확인하여야 한다.

〈G 사원의 고려사항〉

㉠ 반드시 이번 주에 휴가를 가기 위해 휴가계획서를 작성해야 한다.

㉡ 같은 업무를 수행하고 있는 A 과장 또는 C 대리도 이번 주에 휴가를 쓰지만 같은 날에는 휴가를 쓸 수 없다.

㉢ C 대리는 이번 주 월요일에 휴가를 쓴다.

㉣ A 과장님이 나에게 우선권을 주었다.

㉤ 이번 해외여행을 위해 필요한 휴가기간은 5일이다.

㉥ 이번 주 중 하루는 공휴일이고, 주중에 있다.

〈휴가계획서 양식〉

• 부서명 : 정보통신팀
• 신청인 : 3명

연번	직급	성명	휴가사유	전체 휴가일수	이번 달 신청일수	잔여 일수	비고
1	과장	A	정기휴가	29	1	28	
2	대리	C	정기휴가	16	1	15	
3	팀원	G	정기휴가	15	(가)	(나)	

	(가)	(나)			(가)	(나)
①	5	5		②	4	6
③	2	8		④	2	7

45. 다음은 도시재생뉴딜 시범사업에 대한 설명이다. 〈자료 1〉과 〈자료 2〉에 근거하여 판단한 내용으로 옳지 않은 것은?

〈자료 1〉 사업 유형 및 국비지원 방안

중앙정부 및 광역지자체에서 선정하는 도시재생 뉴딜사업은 그 성격과 규모 등에 따라 아래 다섯 가지 유형으로 구분되며, 각 유형별로 매년 총 50 ∼ 250억 원의 국비를 지원받을 수 있다.

구분	우리동네 살리기	주거지 지원형	일반 근린형	중심 시가지형	경제 기반형
대상지역	소규모 저층 주거밀집지역	저층 주거밀집지역	골목상권과 주거지 혼재	상업, 창업, 역사 관광, 문화예술 등	역세권 산업단지, 항만 등
특성	소규모 주거	주거	준주거	상업	산업
면적규모	5만m^2 이하	5 ∼ 10만m^2	10 ∼ 15만m^2	20만m^2	50만m^2
국비지원	50억 원	100억 원	100억 원	150억 원	250억 원

〈자료 2〉 대상지 선정 및 △△기업의 사업참여 현황

대상지 선정은 중앙정부 선정, 광역지자체 선정, 공공기관 제안 등 3가지 방식으로 이뤄지며, 각 유형에서 △△기업이 참여한 사업의 세부현황은 다음과 같다.

(단위 : 곳)

구분		중앙정부 선정		광역지자체 선정			공공기관 제안
		경제 기반형	중심 시가지형	일반 근린형	주거지 지원형	우리동네 살리기	
2019년	전체	–	15	14	15	15	9
	△△기업	–	9	4	6	5	8
2020년	전체	2	13	30	24	15	15
	△△기업	2	5	12	11	5	10

* 사업별 평균 국비지원 규모＝해당 유형 국비지원(원)÷해당 유형 사업 수(곳)

① 2019 ∼ 2020년 시범사업 대상지는 총 167곳이며, △△기업은 그중 77곳에 참여하였다.

② 2020년 △△기업은 역세권, 산업단지, 항만 등을 대상으로 하는 사업에 모두 참여하였다.

③ 광역지자체가 선정하는 사업 중 2019년 대비 2020년에 평균 국비지원 규모가 증가한 유형은 없다.

④ △△기업이 참여한 15만m^2 이하 규모 사업의 수는 2019년 대비 2020년에 2배 이상 증가하였다.

46. A ~ D가 안내에 따라 다음과 같이 농산물우수관리인증을 신청하였을 때 모든 안내 사항을 바르게 이해한 사람은?

- 신청자격 : 개별생산농가 및 생산자단체 등
- 신청기관 : 농산물품질관리원장이 지정한 농산물우수관리인증기관에 신청
- 신청시기 : 우수관리인증을 받으려는 자는 신청대상 농산물이 인증기준에 따라 생육 중인 농림 산물로 생육기간의 2/3가 경과되지 않은 경우에 신청(단, 동일 필지에서 인증기준에 따라 생육계획 중인 농업산물도 신청 가능)
- 인증의 유효기간 : 2년
  - 인삼류 및 약용을 목적으로 생산·유통하는 작물로 동일 재배포장에서 2년을 초과하여 생육하며 계속 재배한 후 수확하는 품목 : 3년
  - 위 품목과 일반 작물을 동일한 인증으로 신청한 경우의 유효기간 : 2년
- 대상품목 : 식용(食用)을 목적으로 생산·관리하는 농산물(축산물은 제외)
- 인증기준 : 농산물 우수관리의 기준에 의해 적합하게 생산·관리된 것
- 신청서 처리기간 : 신규 40일간, 갱신 1개월(공휴일 및 일요일 제외)
- 농산물우수관리인증 및 관리절차

신청인	인증신청서 제출	첨부서류	• 우수관리인증농산물의 위해요소관리계획서 • 기본교육 이수증
인증기관	신청서 접수	검토사항	신청서류 및 첨부서류 적정 여부
	상시일정 통보	심사반	• 심사계획 수립(심사원 편성, 일정확정, 심사대상 선정 등) • 일정은 사전 협의
	인증심사 (서류 및 현장)	심사사항	• 서류 및 현지심사 • 농산물우수관리기준 적정성 • 신청서 및 첨부서류 작성 적정성 등 • GAP 기본교육 이수 여부 • 농산물우수관리시설에서 처리 여부 • 이력추적관리 여부 등
	심사결과 보고		심사결과 보고서
	적합 → 인증서 발급 부적불 → 부적불 통보	인증농가	인증농산물 생산, 출하, 표시사항 표시
인증기관, 농관원	인증농가 사후관리		

- 인증비용

항목	신청수수료, 심사원 출장비, 토질 / 수질 / 잔류농약 분석비
비용	신규 인증 50,000원, 유효기간 연장 30,000원, 변경 신청 20,000원

〈농산물우수관리인증 신청 내역〉

신청인	신청 품종	생육기간 / 생육필요기간	신청 내용	인증비용
A	토마토	50일 / 90일	유효기간 연장	35,000원
B	배추	75일 / 90일	변경 신청	20,000원
C	감자	70일 / 120일	신규 인증	50,000원
D	소고기	1년 / 5년	신규 인증	50,000원

① A　　　　　　　　　　② B

③ C　　　　　　　　　　④ D

47. 주어진 상황을 바탕으로 〈보기〉에서 올바른 추론을 모두 고르면?

- 신입사원 선발 시 어학능력, 필기시험, 학점, 전공적합성을 상, 중, 하로 평가하여 A ~ D 네 명 중 평점의 합이 높은 사람부터 2명을 선발하기로 한다.
- 업무 전달의 실수로 인사 담당자에게 D의 평가 결과가 알려지지 않았다.
- D는 각 평가 항목에서 상, 중, 하의 평점을 모두 받았다.

〈지원자 평가 결과〉

지원자	어학능력	필기시험	학점	전공적합성
A	중	상	중	중
B	상	중	상	상
C	하	하	상	상
D	?	?	?	?

※ 상 : 3점, 중 : 2점, 하 : 1점

보기

㉠ A와 B는 반드시 선발된다.
㉡ A ~ D 중 동점자가 나오는 경우는 없다.
㉢ D의 평점은 B의 선발에 영향을 주지 않는다.

① ㉠　　　　　　　　　　② ㉡

③ ㉢　　　　　　　　　　④ ㉡, ㉢

[48 ~ 49] 다음 자료를 읽고 이어지는 질문에 답하시오.

냉장고에 넣어 두는 것을 깜빡 잊고 밖에 두었던 우유가 심한 악취를 내며 상해 있는 것을 가끔 발견할 수 있다. 그런데 이러한 우유를 어떤 효소들과 함께 두어 특정한 작용이 일어나면 상하는 것이 아니라 맛있는 요구르트로 변한다. 둘 다 균의 증식 때문에 일어난 일인데, 어쩌면 이렇게 다를 수 있을까? 우유가 상하는 것을 부패라 하고 요구르트로 변하는 것을 발효라고 한다. 발효와 부패는 둘 다 균의 증식으로 일어나기 때문에 비슷해 보이지만 정확히 구분할 필요가 있다.

우선, 식품을 발효시키는 목적은 맛과 향 그리고 식품의 저장성을 높이기 위한 것이다. 따라서 이러한 발효의 결과 생성되는 물질은 요구르트, 김치, 치즈, 술과 같이 사람이 먹을 수 있는 음식이다. 그러나 부패균에 의해 음식물이 부패되면 아민과 황화수소라는 물질이 생겨 악취가 난다. 이렇게 부패된 음식을 먹으면 식중독을 일으키거나 심하면 죽음에 이르게 된다. 부패와 발효의 가장 큰 차이는 부패균은 유기 화합물이 자연 상태에 놓여 있을 때 거의 예외 없이 나타나지만 발효균은 일반적으로 특정한 조건과 환경을 갖추었을 때에만 나타난다는 사실이다. 예를 들어 요리하려고 사 온 배추를 오랫동안 그냥 방치해 두면 부패하여 썩지만 그 배추를 소금에 절여 용기에 담아 적당한 온도를 맞춰 보관하면 어디선가 생겨난 발효균에 의해 맛있는 김치가 된다.

적당한 농도의 소금물에 배추나 무를 절였다가 갖은 양념을 넣어 김치를 담그면 시간이 흐르면서 여러 가지 미생물이 재료 속에 든 당분을 분해한다. 이 과정에서 이산화탄소가 발생하여 배추 포기 속의 공기를 밀어내는데, 이때부터 공기(산소)를 싫어하는 유익한 유산균이 번식하기 시작하고 드디어 발효가 일어나면서 김치가 익는다. 유산균은 김치를 숙성시키고 부패균을 막아 주며 유산균의 작용으로 생긴 유산은 김치 특유의 상쾌하고 새콤한 맛과 향을 낸다.

발칸 반도의 남동부에 위치한 불가리아 사람들은 오래 사는 것으로 유명한데, 이것은 발효 식품인 요구르트를 많이 먹기 때문이라고 한다. 요구르트는 우유를 유산균으로 발효시켜 만든 것으로 산이 많이 들어 있어 새콤하고 상쾌한 맛이 난다. 또한 영양소가 풍부하고 장을 깨끗이 하는 작용과 항암 효과까지 있다. 그렇기 때문에 장수에 결정적인 역할을 하는 것으로 본다. 우유가 요구르트가 되기 위해서는 반드시 유산 발효 과정을 거쳐야 하는데, 유산 발효란 유산균(젖산균)이 당을 분해해서 유산을 만드는 것이다. 이렇게 발효 과정에서 생긴 유산은 신맛을 내고 pH를 낮춰 우유를 응고시키기 때문에 우유가 요구르트로 변하면 덩어리가 생긴다.

48. 윗글을 근거로 추론할 때, 〈보기〉에서 타당한 내용을 모두 고른 것은?

> 보기
>
> ㄱ. 냉장고 속 우유가 부패했다면 냉장고에 이산화탄소가 없다는 것이다.
> ㄴ. 메주를 소금에 절이는 것은 발효균의 팽창에 유리한 환경을 만들어 준다.
> ㄷ. 황화수소가 발생하면 발효가 실패했다고 볼 수 있다.
> ㄹ. 발효를 하기 위해서는 산소를 제거해야 하므로 밀폐하는 과정이 필요하다.
> ㅁ. 유산균의 발효작용에는 유산이 필요하므로 우선 pH를 높여 준다.

① ㄱ, ㄴ   ② ㄱ, ㄹ

③ ㄴ, ㄷ   ④ ㄷ, ㅁ

49. 윗글을 심층적으로 이해하기 위해서 김치의 발효과정에 대한 자료를 찾아보았다. 자료를 제대로 이해하지 못한 사람은?

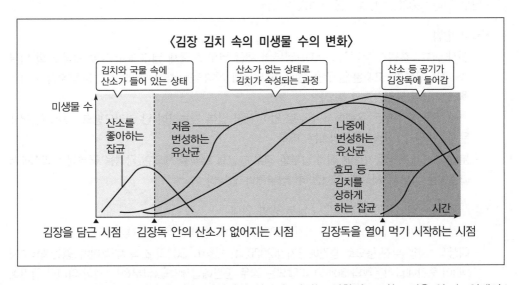

① A : 이 자료를 보니 김치의 발효 과정에서 산소가 미치는 영향이 크다는 것을 알 수 있겠어.

② B : 김장 김치의 맛을 오래 유지하려면 최대한 김치를 공기와 접촉하지 않게 하는 게 중요하겠구나.

③ C : 김장독 속 김치의 양이 많을수록 잡균으로 인한 부패를 방지할 수 있겠구나.

④ D : 김장을 담근 시점부터 한동안은 산소를 좋아하는 잡균의 비중이 높구나.

1회 기출예상   2회 기출예상   3회 기출예상   4회 기출예상   5회 기출예상   6회 기출예상   인성검사   면접가이드

[50 ~ 51] 국세청 종합소득세 담당 공무원 A는 종합소득세 중간예납 고지서를 작성하여 발송하는 업무를 담당하고 있다. 다음 자료를 보고 이어지는 질문에 답하시오.

중간예납세액은 직전 과세기간 종합소득세의 2분의 1로, 내년 종합소득세 확정 신고 시 납부할 세액에서 공제됩니다.

• 중간예납 납부 대상자

1. 종합소득이 있는 거주자 : 이자 · 배당 · 사업 · 근로 · 연금 · 기타소득이 있는 거주자*

2. 종합과세되는 비거주자 : 국내에 둔 사업장에 귀속되는 소득이나 국내에 있는 부동산 또는 부동산상의 권리 등에서 발생하는 일정한 소득이 있는 비거주자

   * 단, 이자 · 배당 · 사업 · 근로 등 원천징수되는 소득만 있는 납세자, 중간예납세액이 30만 원 미만인 납세자 등은 중간예납 대상자에서 제외됩니다.

• 중간예납 분납 대상자 : 이번에 고지된 중간예납세액이 1,000만 원을 초과하는 경우 2021년 2월 3일(월)까지 분납이 가능합니다.

1. 납부할 세액이 1,000만 원 초과 ~ 2,000만 원 이하인 경우 : 1000만 원 초과 금액

2. 납부할 세액이 2,000만 원 초과 : 세액의 50% 이하의 금액

• 납부 기간 : 2020. 11. 1. (금) ~ 12. 2. (월)

• 납부 방법

  – 전자 납부 : 홈텍스 누리집 > 신고/납부 > 세금 납부 > 국세 납부 > 납부할 세액 조회 납부 > 과세 구분이 '고지분'인 건을 선택 > '납부할 세액'을 '납부세액'에 입력 > 납부하기 클릭 후 전자납부(공인인증서 필요)

  – 가상계좌납부 : 모든 은행에서 수수료 없이 세금 납부 가능하며 단 카카오뱅크, K뱅크(인터넷은행), 증권사, 산림조합중앙회는 제외

  – 분납 대상자가 금융기관에 직접 납부할 경우 분납할 세액을 제외한 금액을 국세청 누리집에서 다운받은 납부서 서식에 기재한 후 납부해야 합니다.

• 중간예납추계액 신고 / 납부 기간 / 납부 방법 안내

  – 중간예납추계액 신고 및 납부 기간 : 2020. 11. 1. (금) ~ 12. 2. (월)

  – 대상자 : 사업 부진 등으로 중간예납기간(2020. 1. 1. ~ 6. 30.)의 소득 세액(이하 '중간예납추계액')이 중간예납기준액의 30%에 미달되는 경우 중간예납세액을 납부하는 것이 아니라 중간예납추계액을 12월 2일(월)까지 신고 및 납부하면 됩니다. 중간예납추계액이 30만 원 미만이라면 신고만 하고 납부는 하지 않습니다.

• 위 납부 기간 내에 납부하지 않으면 3%의 가산금이 붙게 됩니다.

---

50. 다음 중 담당 공무원 A가 고지서에 입력한 중간예납세액이 잘못 계산된 것은?

① 30만 원의 이자 소득만 있는 김갑수 씨 : 30만 원

② 국내 부동산의 임대 소득을 1,500만원 얻는 미국 거주자 최을수 씨 : 1,500만 원

③ 연금 소득에서 20만 원, 기타소득에서 20만 원의 중간예납세액이 발생한 박병자 씨 : 40만 원

④ 사업소득으로 중간예납세액이 3,000만 원이 발생한 이정기 씨 : 1,500만 원

51. 다음은 종합소득세 중간예납 고지서의 발송 절차이다. 납부 기간이 시작되기 전에 고지서가 도착하도록 할 때, 늦어도 언제 주소지별 분류가 시작되어야 하는가?

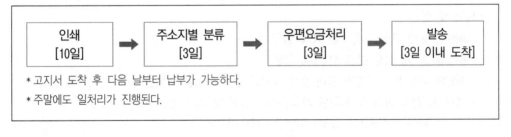

| 인쇄
[10일] | ➡ | 주소지별 분류
[3일] | ➡ | 우편요금처리
[3일] | ➡ | 발송
[3일 이내 도착] |

* 고지서 도착 후 다음 날부터 납부가 가능하다.
* 주말에도 일처리가 진행된다.

① 10월 13일   ② 10월 23일
③ 10월 26일   ④ 10월 31일

[52 ~ 53] △△기업은 회원들을 대상으로 컴퓨터 교육프로그램을 진행하고 있다. 다음을 참고하여 이어지는 질문에 답하시오.

• 교육프로그램

프로그램명	시간	요일	금액(원) (VAT 포함)	수강인원 (명)
인터넷 검색 활용	기초반 10 : 00 – 12 : 00	월, 수, 금	30,000	20
	심화반 16 : 00 – 18 : 00	화, 목	30,000	20
문서 작성	기초반 10 : 00 – 12 : 00	화, 목, 토	30,000	20
	심화반 15 : 00 – 17 : 00	수, 금	30,000	20
SNS활용과 온라인 마케팅	기초반 17 : 00 – 19 : 00	월 수, 금	40,000	30
	심화반 17 : 00 – 19 : 00	화, 목	50,000	30
소셜미디어를 활용한 블로그 마케팅	기초반 18 : 00 – 20 : 00	화, 목 금	40,000	30
	심화반 14 : 00 – 17 : 00	토, 일	50,000	30
사진과 영상편집	기초반 16 : 00 – 19 : 00	화, 목, 토	60,000	15
	심화반 14 : 00 – 17 : 00	토, 일	60,000	15

※ 각 교육프로그램은 신청 인원이 수강 인원의 50% 미만일 경우 폐강됨.

• 혜택 및 할인
 – 회원은 본인 포함 가족 1인 10% 할인
 – 수업을 두 개 이상 신청 시 10% 할인
 – 지인(비회원 포함) 1명과 함께 같은 시간의 같은 수업을 등록할 경우 각각 5% 할인
 – 폐강 시 전액 반환 및 폐강된 사람들에 한하여 타 교육 신청 시 5% 할인
 ※ 할인은 중복하여 적용할 수 있으며 최대 20%까지 가능함.

52. 회원 최 씨는 회원이 아닌 지인 권 씨와 함께 교육프로그램을 신청하려고 한다. 〈조건〉에 맞게 교육을 신청하려고 할 때, 두 사람이 신청할 교육은?

조건

- 최 씨의 근무시간은 월 ~ 금(08 ~ 16시)이며, 권 씨는 프리랜서로 근무시간이 정해져 있지 않다.
- 권 씨는 매주 금요일 18시에 동호회 정기 모임을 갖고 있으며 끝나는 시간은 일정하지 않다.
- 최 씨의 회사에서 교육장까지 40분이 걸린다.
- 권 씨는 '사진과 영상편집'을 수강하고 싶어 한다.
- 두 개의 교육프로그램을 신청할 것이며 월 청구액이 1인당 10만 원을 넘어서는 안 된다.

① SNS활용과 온라인 마케팅 심화반, 사진과 영상편집 심화반
② SNS활용과 온라인 마케팅 심화반, 소셜미디어를 활용한 블로그 마케팅 심화반
③ 인터넷 검색 활용 심화반, 사진과 영상편집 심화반
④ 인터넷 검색 활용 심화반, 소셜미디어를 활용한 블로그 마케팅 심화반

53. 회원 박 씨는 친구와 함께 교육 프로그램을 신청했으나 수강인원이 부족하여 폐강되었다는 연락을 받았다. 이와 관련하여 박 씨는 교육 접수처에 다음과 같은 문의를 했고 교육프로그램 접수를 담당하는 사원이 답변을 남겼다. ㉠ ~ ㉢에 들어갈 내용으로 옳은 것은?

박 씨 : 안녕하세요. 어제 제가 신청한 수업이 폐강되었다는 사실을 안내받고 문의 드립니다. 저는 친구와 함께 'SNS활용과 온라인 마케팅 심화반' 하나만 신청해서 (㉠)% 할인 받아 (㉡)원을 입금했는데 그럼 얼마를 돌려받는 건가요? 그리고 '소셜미디어를 활용한 블로그 마케팅 심화반'으로 다시 신청하고 싶은데 얼마를 내야 하나요? 친구도 함께 신청할 거예요.
사원 : 문의하신 내용에 대한 답변 드립니다. 이전에 입금하신 금액은 전액 반환될 예정입니다. 또 해당 수업을 등록하시기 위해서는 동일한 계좌로 (㉢)원 입금하시면 신청이 완료됩니다. 감사합니다.

	㉠	㉡	㉢		㉠	㉡	㉢
①	5	47,500	47,500	②	15	42,500	40,000
③	5	47,500	45,500	④	15	42,500	42,500

[54 ~ 55] 다음 자료를 보고 이어지는 질문에 답하시오.

 B 과장은 프랑스 파리의 협력사 담당자와 화상회의를 진행하기 위해 회의시간을 정하려고 한다. 회의와 관련된 정보는 다음과 같다.

- 서울과 파리의 시차는 7시간으로 서울이 파리보다 7시간 빠르다.
- B 과장의 근무시간은 오전 9시부터 오후 6시까지이고, 파리 협력사의 근무시간은 현지 시각으로 오전 9시 30분부터 오후 5시 30분까지이다.
- B 과장이 근무하는 회사와 파리의 협력사는 모두 현지 시각으로 오후 12시부터 1시까지 점심시간이고, 이 시간에는 회의를 진행할 수 없다.
- 회의는 근무시간 내에 진행하는 것을 원칙으로 하며 회의시간은 1시간으로 한다.

---

54. 제시된 정보를 고려했을 때, B 과장이 프랑스 파리의 담당자와 화상회의를 시작할 수 있는 시각은?

① 파리 시각 오전 10시 30분
② 파리 시각 오전 11시
③ 파리 시각 오후 1시
④ 서울 시각 오후 5시

55. B 과장은 화상회의를 마친 후 9월 10일 오전 9시에 출발하는 비행편을 이용하여 프랑스 파리의 협력사를 직접 방문하려고 한다. 비행시간은 12시간이며 입국수속에 걸리는 시간은 1시간, 파리 공항에서 협력사까지 이동하는 데 소요되는 시간은 30분일 때, B 과장이 파리 협력사에 도착하는 파리 현지 시각은?

① 9월 10일 오전 2시
② 9월 10일 오전 3시 30분
③ 9월 10일 오후 2시
④ 9월 10일 오후 3시 30분

[56 ~ 60] 다음 자료를 읽고 이어지는 질문에 답하시오.

〈건강보험 피부양자 취득안내〉

▶ 신고의무자
- 직장가입자는 사용자
- 직장피부양자는 직장가입자

▶ 신고기간

자격취득일로부터 14일 이내. 단, 직장가입자의 자격취득신고 또는 변동신고를 한 후에 별도로 피부양자 자격취득·신고를 한 경우에는 변동일로부터 90일 이내 신고 시 피부양자로 될 수 있었던 날로 소급인정

* 지역가입자가 피부양자로 자격전환 시 피부양자 취득일이 1일인 경우 피부양자 신고일이 속한 달부터 지역보험료가 부과되지 않으나 2일 이후 취득되는 경우 신고일이 속한 달까지는 지역보험료를 납부하셔야 합니다.

▶ 직장가입자의 자격취득(변동)일자

구분	자격취득(변동)일
근로자	건강보험적용사업장에 사용된 날
	신규 건강보험적용사업장의 경우에는 사업장적용 신고일
사용자	건강보험적용사업장의 사용자가 된 날
	신규 건강보험적용사업장의 경우에는 사업장적용 신고일
공무원	공무원으로 임용된 날
	선거에 의하여 취임하는 공무원은 그 임기가 개시된 날
교직원	해당 학교에 교원으로 임용된 날(교원)
	해당 학교 또는 그 학교 경영기관에 채용된 날(직원)
일용 근로자	건강보험적용사업장에 1월을 초과하여 사역결의된 자는 사역결의된 날
	건강보험적용사업장에 최초사역일 1개월 이내의 기간을 정하여 계속사역결의되는 자는 최초 사역일로부터 1개월을 초과하는 날
단시간 근로자	건강보험적용사업장에 1개월 이상 근무하고 소정근로시간이 월 60시간 이상인 단기간 근로자는 근로(고용) 개시일
	근로(고용) 개시일
외국인 및 재외국민	외국인 등록을 한 외국인 또는 국내거소신고를 한 재외국민이 건강보험적용사업장에 사용(임용·채용)된 날
	직장가입자 적용사업장에 근무하는 외국인 및 재외국민 근로자는 2006. 01. 01.부터 건강보험직장가입자로 당연적용됨. 단, 비전문취업(E-9) 외국인 근로자는 2004. 08. 17.부터 적용됨

▶ 피부양자 대상

• 직장가입자에 의하여 주로 생계를 유지하는 자

  – 직장가입자의 배우자, 직계존속(배우자의 직계존속 포함), 직계비속(배우자의 직계비속 포함) 및 그 배우자, 형제·자매(배우자의 직계비속, 형제·자매는 미혼이어야 부양 인정이 되나 이혼·사별한 경우에는 미혼으로 간주함)

  – 부양요건에 충족하는 자

  – 재산과표가 5.4억 원 이하인 경우 인정 또는 재산과표가 5.4억 원을 초과하면서 9억 원 이하인 경우는 연간소득 1천만 원 이하이면 인정

  – 형제·자매는 재산과표 1.8억 원 이하이면 인정(단, 65세 이상, 30세 미만, 장애인, 국가유공·보훈보상상이자만 인정)

• 보수 또는 소득이 없는 자

---

56. 직장가입자의 자격취득(변동)일자에 대한 대화 내용으로 옳지 않은 것은?

① "단시간근로자에 해당되는 근로자는 근로를 개시한 날부터 바로 자격이 부여되는구나."

② "선거에 의해 공무원이 된 사람은 당선과 동시에 자격이 부여되는군."

③ "학교 행정실 직원으로 근무하게 되면 채용일자가 자격취득일이군."

④ "일용근로자가 1개월 근로 직후, 3개월 근로계약을 맺게 되면 계약을 맺은 날이 자격취득일이 되는 거네."

---

57. 다음 중 피부양자 대상이 될 수 있는 사람은?

① 직장가입자의 미혼 처남으로 직장가입자에 의해 생계를 유지하는 자

② 직장가입자의 동생으로 직장가입자에 의해 생계를 유지하며 재산과표가 2억 원인 자

③ 직장가입자의 기혼 여동생으로 지적장애가 있으며 재산과표가 1억 원인 자

④ 직장가입자에 의해 생계를 유지하는 배우자로 재산과표가 7억 원이면서 연소득이 8백만 원인 자

58. 다음 중 위 자료를 올바르게 이해한 설명이 아닌 것은?

① 본인이 직장가입을 하게 되면 피부양자 취득 신고의무자는 본인이 아닌 사용자가 되는 것이다.

② 2월 10일에 직장가입자 자격취득신고를 하였고 3월 20일에 별도로 A에 대한 피부양자 자격취득 신고를 추가 진행한 경우, A는 2월 10일 기준으로 피부양자 자격취득일이 소급된다.

③ 실업자로서 지역가입자인 B가 5월 3일부로 피부양자 자격을 취득하였다면, 지역가입 보험료의 마지막 납부 월은 4월이다.

④ 학교에서 근무하는 교원과 직원은 자격취득 기준일이 동일하지 않다.

59. 윗글을 통해 알 수 있는 내용이 아닌 것은?

① 지역가입자가 피부양자로 자격전환 시 2일 이후 취득되어 신고된 경우 다음 달부터 지역보험료가 부과되지 않는다.

② 변동신고 후 별도로 피부양자 자격취득 및 신고를 한 경우 변동일부터 90일 이내 신고 시 피부양자로 될 수 있었던 날로 소급 인정된다.

③ 소득이나 보수가 없는 사람은 피부양자 대상자가 된다.

④ 재산과표가 5억 4천만 원을 초과할 경우 피부양자 대상에서 제외된다.

60. 직장가입자의 자격취득(변경)일자로 옳은 것은?

① 근로자 – 근로(고용) 개시일

② 사용자 – 신규 건강보험적용사업장의 경우 사업장적용 신고일

③ 교직원 – 교원으로 임용된 날

④ 일용근로자 – 사역결의된 날

1회 기출예상

2회 기출예상

3회 기출예상

4회 기출예상

5회 기출예상

6회 기출예상

인성검사

면접가이드

01. 다음 글에서 언급한 내용과 일치하지 않는 것은?

노년의 건강을 좌우하는 요소로 전문가들은 흔히 '신진대사(新陳代謝)'를 꼽는다. 신진대사는 외부에서 섭취한 영양물질을 몸 안에서 분해하여 생체 성분이나 생명 활동에 필요한 물질이나 에너지를 생성하고 필요하지 않은 물질을 몸 밖으로 내보내는 작용을 말한다.

신진대사가 원활해야 신체는 건강을 유지하게 되는데, 만약 그렇지 못하면 이른바 성인병으로 불리는 대사증후군으로 고생하게 된다. 복부비만은 물론 혈당과 중성지방 그리고 콜레스테롤 수치들이 높게 형성되면서 모든 질병의 원인을 제공하게 된다.

그런데 최근 들어 노인 건강 분야에서 대사증후군만큼이나 중요한 요소로 거동장애를 꼽는 전문가들이 많아지고 있다. 거동장애란 말 그대로 몸을 자유롭게 움직일 수 있는 능력에 문제가 생긴다는 뜻이다. 거동이 불편하면 우선 운동량이 감소하면서 근력과 관절에 이상이 발생한다. 또한 근력과 관절에 문제가 생기니 대부분 앉거나 누워서 지내게 되고, 그러다 보니 노화 진행 속도가 급격히 빨라지는 악순환이 생긴다는 것이 전문가들의 주장이다.

이에 대해 대한노인의학회의 관계자는 "노인이 자유롭게 거동할 수 있는 능력은 보통 근육의 양과 뼈의 강도 등에 따라 결정되는데, 예전에는 이런 근육과 뼈의 상태가 노인이 앓는 질환과는 별개의 것으로 생각했다."라고 밝히며 "그러나 '거동장애증후군'이란 새로운 주장이 등장하면서 노인의 근육과 뼈에서 발생하는 문제를 통합적 질병으로 보는 시각이 생겨나기 시작했다."라고 말했다.

실제로 미 질병예방통제센터(CDC)가 1,757명의 노인을 대상으로 2년간 조사한 결과에 따르면 거동장애증후군 환자의 사망률이 건강한 사람에 비해 11.3배나 높았고 거동장애증후군을 막 앓기 시작한 초기 환자의 사망률도 8.7배나 높은 것으로 드러났다.

이 같은 결과에 대해 CDC의 관계자는 "거동장애증후군 환자들은 주로 나이가 많고 비만이며 근육량이 적고 골밀도가 낮다는 공통점을 갖고 있었다."라고 설명하며 "거동장애는 신진대사와 함께 노인의 건강을 파악하는 지표가 될 것"이라고 강조했다.

① 노인의 건강을 파악하는 중요한 기준으로 운동량과 거동장애를 꼽을 수 있다.

② 대사증후군과 거동장애를 앓는 사람의 공통점으로 비만을 꼽을 수 있다.

③ 거동장애를 앓게 되면 그렇지 않은 사람보다 노화가 더 빨리 진행된다.

④ 신진대사가 원활하지 못할 경우 대사증후군을 앓게 될 확률이 커지게 된다.

02. 법무지원팀 김 대리는 '담배소송' 안내문을 인터넷 홈페이지에 게재하게 되었다. 다음 중 문서의 수정 사항으로 알맞지 않은 것은?

제목	담배소송 국제심포지엄 개최		
담당부서	법무지원팀		
등록일	20XX-08-22	조회수	422
첨부	🔲 △△호텔 오시는 길.hwp(162.5K)		

우리 공단이 진행하고 있는 담배소송에 대한 큰 관심과 지지에 감사드립니다.

우리 공단과 보건의료단체, 전문학회가 공동으로 WHO의 후원을 받아 담배소송 국제심포지엄을 개최합니다.

이번 국제심포지엄은 '담배소송, 담배회사에 책임을 묻다'라는 주제로, 캐나다에서 담배소송 승소를 이끌었던 변호사와 법정에서 증언했던 전문가를 비롯하여 현재 담배소송을 준비 중인 일본 관계자와 국내 전문가들이 함께합니다.

> (캐나다) 담배회사 대상으로 156억 달러(한화 약 13조 6천억 원)의 손해배상소송 승소 국가
> (한국) 현재 537억 원 규모의 담배소송을 진행 중인 국가
> (일본) 담배소송을 준비 중인 국가

이번 국제 심포지엄은 담배소송을 진행하거나 준비하는 국가들 간의 협력체계 구축을 위한 마중물의 역할을 하게 될 것입니다.

관심 있는 국민 여러분들의 많은 참석 바랍니다.

감사합니다.

- 일시 : 20XX. 08. 30.(화요일)
- 장소 : △△호텔(서울 서초구 소재)

① WHO에 따옴표를 붙이고 괄호를 사용하여 국제기구의 한글 명칭을 함께 써 주어야 한다.

② 항목화된 간결한 안내가 아닌 풀어쓰기 형식의 안내인 점이 아쉬우므로 간결한 문체로 수정한다.

③ 행사 안내문이므로 해당 조직의 책임자 서명란을 추가한다.

④ 읽는 이의 이해를 돕기 위하여 참석하는 전문가의 간략한 프로필과 소송 진행 건의 원고, 피고 등의 기본 내용을 좀 더 보완한다.

03. 다음 글의 마지막에 이어질 문장으로 가장 적절한 것은?

위키피디아가 놀랍게도 잘 굴러 가는 이유는 각 주제마다 그 주위에 소셜 네트워크가 생겨나기 때문이다. 그러한 네트워크에는 '협력자(편향되지 않은 새로운 정보를 올리는 사람)'와 '무임 승차자(다른 사람들이 확립한 정보의 신뢰성을 자기 목적을 위해 이용하길 원하는 사람들)'가 포함되어 있다. 만약 이 두 부류의 사람들만 존재한다면 누구나 위키피디아의 미래는 싹수가 노랗다고 생각할 것이다. 그렇지만 '응징자'라는 세 번째 부류의 사람들이 있다. 수천 명의 자경단원이 위키피디아를 순찰하면서 악의적인 편집을 원래 상태로 되돌리고, 그것을 저지른 사용자의 모든 페이지에 개인적 메모를 남긴다. 심지어 서로 힘을 합쳐 일부 사용자가 추가로 내용을 변경하지 못하게 막기도 한다. 그래서 인류 문명의 여명기에 일어났을지도 모르는 일이 놀랍게도 지금 온라인에서 일어나고 있다. 사람들은 국가나 중앙집권적인 권위가 강요해서 서로 협력하는 게 아니라는 것이다.

① 누군가 어느 한 사람이 전문성을 가지게 되면 그 사람의 전문성에 의존하여 협력의 의지가 발생한다.

② 우리가 서로 협력하면서 살아가는 능력은 서로 연결된 운명과 공동 목적을 가진 집단을 형성하는 사람들의 분권화된 행동에서 자연 발생적으로 나타난다.

③ 협력은 가변적인 것이어서 일어날 때도 있고 그렇지 않을 때도 있는데, 어떤 것도 이 변수를 통제할 수 없다.

④ 가끔은 중앙집권적인 권위가 협력을 강요하기도 하는데, 이러한 과정에서 나타나는 협력이 가장 우수한 성과를 보여 준다.

04. 다음 글의 '그레타'에 관한 설명으로 옳지 않은 것은?

> 그레타네 반 수업 시간에 해양오염 문제를 다룬 영화를 보여준 적이 있었다. 태평양 남쪽에 멕시코보다 더 큰 크기의 쓰레기더미가 섬을 이룬 채 떠다니는 장면이 영화에 나왔다. 그레타는 영화를 보다가 눈물을 터뜨렸다고 한다. 반 아이들도 충격을 받은 표정이었다.
>
> 영화를 본 날 급식 메뉴는 햄버거였다. 그레타는 도저히 먹을 수가 없었다. 학교 급식실 안은 비좁고 후끈후끈한데다가 귀청이 떨어져 나갈 정도로 시끄러웠다. 접시에 놓인 기름진 고깃덩어리는 그레타에게 더 이상 음식이 아니었다. 감정을 느끼고 의식과 영혼을 가진 어느 생명체의 짓이겨진 근육이었다. 그레타의 망막에 쓰레기 섬이 깊이 새겨져 있었다. 그레타는 울기 시작했다. 집에 가고 싶지만 갈 수 없었기 때문이다.
>
> (중략)
>
> 그레타가 아스퍼거 증후군 진단을 받은 것은 사실이지만 그렇다고 해서 그레타의 생각은 틀렸고 우리가 옳다고 생각할 수는 없다. 우리에게는 아주 쉬운 방정식, 즉 일상이 원활하게 돌아가도록 해주는 입장권 같은 방정식이 그레타에게는 아주 어려운 문제였다. 그레타가 아무리 애를 써도 방정식은 풀 수 없을 것이다. 왜냐하면 우리가 외면하려는 것들이 그레타의 눈에는 보이기 때문이다. 그레타는 맨눈으로 이산화탄소를 알아차릴 수 있는 극소수의 사람이다. 그레타는 우리의 굴뚝에서 뿜어져 나오는 온실가스가 바람을 타고 하늘로 올라가 보이지 않는 거대한 오염층을 만드는 것을 볼 수 있다. 어쩌면 그레타는 「벌거벗은 임금님」 이야기 속 어린아이고, 우리는 임금님일지 모른다. 우리는 모두 벌거벗고 있다.

① 일반 사람들에게는 쉬운 상식이 그레타에게는 이해가 되지 않았다.

② 육식에 대한 부정적 반응을 보이고 있다.

③ 그레타의 인식은 잘못되었으며, 이에 대한 교육이 필요하다.

④ 환경오염의 원인이 그레타에게는 시각적으로 다가왔다.

05. 다음 글의 ⊙ ~ @ 중 맞춤법이 틀린 것을 모두 고르면?

사람이 잠을 안자고 계속 깨어 있으면서 ⊙끊임없이 일을 할 수 있는가? 경제학자들은 잠을 시간과 생산성 낭비로 간주한다. 각성제와 스테로이드를 투입하면서 어떻게든 우리가 잠을 자지 않고 계속 생산성을 발휘하도록 만들려고 한다. 이런 것이 어떤 결과를 가져올까? 이런 방법을 얼마간 계속 사용하면 우리는 온갖 각성제에도 불구하고 잠에 빠져들기 ⓒ십상 이다. 유기체적 프로세스는 잠을 회복과 재조정, 정화, 혁신, 창조적 해결 방법으로 본다.

궁극적으로 어떤 기업과 사람이 성공할까? 내 경험, 특히 ⓒ기업가로써의 경력을 돌아보 건대 큰 리스크를 짊어지는 사람, 역설적이지만 성공과 실패를 가장 많이 해 본 사람이다. 우리는 성공과 성장을 통해서만 배우는 것이 아니다. 그런 사람이나 기업들은 점점 더 자기 과신에 빠지게 되어 엄청난 실수를 @저질르거나 위험과 기회를 직시하지 못하게 된다. 파괴 적인 혁신과 기업가 정신 그리고 경제적 도전이 없으면 어떤 기업, 국가, 사람 그리고 어떤 생물의 종도 효과적으로 성장하고 진화할 수 없다.

① ⊙, ⓒ
② ⓒ, ⓒ
③ ⓒ, @
④ ⓒ, ⓒ, @

06. 다음 에너지저장시스템에 관한 글을 읽고 파악한 내용으로 적절하지 않은 것은?

전기는 우리가 사용하는 에너지의 형태 중 그 편리함 덕분에 가장 광범위하게 사용되고 있으나, 생산과 동시에 소비가 이루어져야 하고 저장이 어려운 특성을 가지고 있다. 기존 중 앙 집중형 송배전시스템은 전력 수요-공급의 불일치로 에너지 관리의 효율성에 문제를 발생 시키고 있으며, 신재생에너지(태양광, 풍력 등)에서 생산되는 전기는 품질 문제로 전력망의 안정성과 신뢰도를 저하시키고 있다. 또한 여름과 겨울의 급격한 전력 수요로 인해 대규모 정전 사고가 빈번해지고 있는 상황이다. 전력망의 안정성과 신뢰도를 개선시키고, 신재생에 너지의 간헐적인 출력 특성을 해결하여 효율적인 전력 활용, 고품질의 전력 확보, 안정적인 전력 공급이라는 목표를 달성하기 위해 스마트그리드 에너지저장시스템(ESS)은 그 필요성이 증대되고 있으며 미래 유망 사업 중에 하나이다.

전력계통에서 요구되는 에너지저장시스템(ESS)은 다양한 출력과 저장시간에 따라 적용되 는 분야가 크게 장주기용 ESS와 단주기용 ESS로 분류된다. 장주기용 ESS는 기저부하의 유 효전력을 이용함으로써, 전력계통의 효율적 운영 및 안정성을 증대시키기 위한 Energy management용으로 이용되며, 리튬이온배터리(Lithium-ion Battery), RFB(Redox Flow Battery), NaS배터리(Sodium-Sulfur Battery) 및 CAES(Compressed Air Energy Storage) 시스템 등이 있다. 단주기용 ESS은 스마트그리드의 순간 정전 방지 및 신재생에 에너지원의 출력 변동 완화를 위한 전력 품질 개선용으로 이용되며, 초고용량 커패시터와 FESS(Flywheel Energy Storage System) 등이 있다. 향후 신재생에너지의 보급 확대 및 전기자동차 시장 확대로 중대형 ESS 시장은 급격히 증대될 것으로 예상되며, 전기자동차용 전력공급용 시장, 신재생에너지 및 차익거래용 시장으로 구분되어 형성될 것으로 전망된다. 용량별로는 50MW 이하는 리튬 이온배터리 및 NaS, RFB 등의 전지 산업으로, 50MW 이상은 CAES 및 양수발전시스템과 같은 대형 발전 산업으로 시장을 형성할 것으로 예상된다.

리튬이온배터리(LIB ; Lithium Ion Battery)를 이용한 2차 전지 시장은 전기자동차(EV ; Electric Vehicle) 분야뿐만 아니라 에너지 저장시스템(ESS ; Energy Storage System) 분야에서도 크게 각광 받고 있다. 2차 전지를 이용한 대용량 전력저장시스템은 크게 배터리 시스템, 전력변환시스템(PCS ; Power Conditioning System) 및 ESS 계통운용시스템(PMS ; Power Management System)으로 구성된다.

리튬이온배터리의 대용량화를 위해서는 배터리 셀의 열화 예측, 수명계산 및 배터리 보호 등을 위한 BMS(Battery Management System)가 필요하며, 리튬이온배터리와 BMS를 합쳐 하나의 배터리시스템을 구성한다. 배터리시스템과 전력계통 사이의 전력 변환을 담당하는 PCS는 대용량의 인버터/컨버터를 통해 배터리의 DC시스템과 전력계통의 AC시스템을 연계하여 배터리의 충/방전을 가능하게 하며, 배터리시스템의 제어를 위해 BMS와 PMS 사이에서 매개 역할을 수행한다. ESS 계통운용시스템(PMS)은 부하평준화 알고리즘 및 신재생 에너지원의 출력 개선 알고리즘 등을 이용하여 전력저장장치의 충/방전을 결정하고, ESS의 상태를 감시하는 역할을 하여 대용량 전력저장장치시스템의 전체적인 제어를 한다.

① 기존 방식으로 생산되는 전기는 에너지 관리의 효율성 측면에서, 신재생에너지에서 생산되는 전기는 안정성 측면에서 문제를 발생시키고 있다.

② 스마트그리드 에너지 저장시스템은 전력망의 안정성과 신뢰도를 개선시키고, 효율적인 전력 활용, 안정적인 전력 공급 등을 위해 필요성이 증대되고 있다.

③ 장주기용 ESS는 전력계통의 효율적 운영 및 안정성을 증대시키기 위해 이용되며, 단주기용 ESS은 스마트그리드의 순간 정전 방지 및 신재생에 에너지원의 출력 변동 완화를 위한 전력 품질 개선용으로 이용된다.

④ ESS시장은 용량별로 50MW 이상은 리튬 이온배터리 및 NaS, RFB 등의 전지 산업으로, 50MW 이하는 CAES 및 양수발전시스템과 같은 대형 발전 산업으로 시장을 형성할 것으로 예상된다.

1회 기출예상
2회 기출예상
3회 기출예상
4회 기출예상
5회 기출예상
6회 기출예상
인성검사
면접가이드

07. 다음 제안서에 대한 평가로 적절하지 않은 것은?

제안서			
제출처	총무부	제안일	20XX년 X월 9일
제안명	㉠		
제안자	소속	영업3팀	성명 ○○○(인)
제안 목적	회의실과 응접실의 사용을 예약제로 함으로써 고객과의 상담과 각 부서의 회의를 원활하게 한다.		
현재 상황	현재 1층과 2층에 위치한 회의실과 응접실은 각 부서의 영업사원이 필요할 때 사용신청서를 제출한 후 이용하고 있다. 그러나 최근 고객들과의 상담이 늘어나고 각 부서의 긴급한 회의가 증가하여 사용 중일 때가 많다. 따라서 시간을 약속해 놓아도 상담할 공간이 없어 자리가 빌 때까지 손님과 함께 기다리거나 주변의 다른 장소로 이동하여 상담을 하는 경우가 늘어 불필요한 경비와 시간을 낭비하게 된다.		
제안 내용	• 회의실 및 응접실의 사용을 예약제로 한다. • 사용자는 예약 신청서에 사용 목적, 사용 시간을 기입하여 총무부에 제출한다. • 예약 관리를 총무부가 하며 사내 게시판에 알린다. • 본 예약제도는 20XX년 X월 24일부터 시행한다.		
개선 효과	사내 회의실과 응접실 사용에 예약 제도를 도입하면 고객에게 회사의 인지도를 높일 수 있다.		
첨부 서류	회의실과 응접실 구조도		

① 제안 내용에 불필요한 부분이 포함되어 있다.
② 제안 목적과 제안 내용이 일치하고 있다.
③ 개선 효과를 제안 목적과 관련하여 수정하여야 한다.
④ 첨부 서류를 현재 상황의 문제점이 잘 드러날 수 있는 자료로 바꾸어야 한다.

08. 제시된 글의 내용을 보강한다고 할 때, 삽입될 수 있는 내용으로 적절하지 않은 것은?

2016년 다보스포럼을 맞아 스위스글로벌금융그룹(UBS)에서 4차 산업혁명과 관련된 백서를 내놓았다. 그 이름은 '자동화와 연결성의 극단 : 4차 산업혁명의 국제적 · 지역적 · 투자적 함의'로, 4차 산업혁명의 의의와 영향에 대해 설명하고 있다. 그간의 산업 혁명은 기술 및 동력원의 발전을 통해 자동화(Automation)와 연결성(Connectivity)을 발전시켜 온 과정으로 축약될 수 있다.

1차 산업혁명은 기계의 발명으로 인한 자동화의 탄생 그리고 증기기관의 발명을 통한 국가 내의 연결성 강화를 이루었다. 2차 산업혁명은 전기 등의 에너지원의 활용과 작업의 표준화를 통해 기업 간 · 국가 간 노동부문의 연결성을 강화하고 대량생산체제를 성공적으로 수립하였다. 3차 산업혁명은 전자장치 · ICT를 통하여 급진적인 정보처리 능력의 발전을 이루었으며, 이를 바탕으로 정교한 자동화를 이루고 사람, 환경, 기계를 아우르는 연결성을 강화하였다. 그리고 4차 산업혁명은 인공지능에 의해 자동화와 연결성이 극대화되는 단계로 오늘날 우리 곁에 모습을 드러내고 있다.

4차 산업혁명은 정보통신 기술을 바탕으로 한 3차 산업혁명의 연장선에 위치하면서도 기존 산업혁명들과 차별화된다. 1차, 2차, 3차 산업혁명은 손과 발을 기계가 대체하여 자동화를 이루고 연결성을 강화하여 온 과정이었다. 그에 비해 4차 산업혁명은 인공지능의 출현으로 사람의 두뇌를 대체하는 시대의 도래를 포함하기 때문이다. 이는 경제적으로나 사회적으로 심각한 변화를 가져오는 전환점이 될 것으로 전망되며, 많은 기대와 우려를 낳고 있다.

이와 관련하여 작년 세계경제포럼에서는 4차 산업혁명이 일자리에 미칠 영향에 대한 '미래고용보고서'를 발표하였다. 이에 따르면 향후 5년간 선진국 및 신흥시장 15개국에서 일자리 710만 개가 사라질 것으로 전망하였으며, 반복적 업무를 수행하는 사무직 475만 개가 없어질 것으로 보았다. 4차 산업혁명을 통해 창출될 수 있는 일자리는 210만 개에 불과한 것으로 나타나 수치상으로 500만 개의 일자리가 감소할 것으로 전망했다. 비교적 단기적 미래인 5년의 전망이기 때문에 인공지능의 발전으로 저숙련 단순 노동뿐 아니라 중급 수준의 숙련이 필요한 반복 업무 영역들도 점차 로봇이 대체할 가능성이 높다.

① 3차 산업과 4차 산업의 공통점과 차이점
② 자동화 대체 확률이 높은 직업군
③ 국가별 4차 산업에 대비하기 위한 전략
④ 4차 산업혁명에 따른 신기술 · 서비스 사례

09. 다음 개요의 밑줄 친 부분에 해당하는 내용은?

> Ⅰ. 서론 : 말의 역할
> Ⅱ. 본론
> 　1) 말의 중요성
> 　2) 말의 필요성
> 　3) <u>말과 침묵의 관계</u>
> 　4) 거짓말에 대한 견해
> 　5) 험담에 대한 생각
> Ⅲ. 결론 : 정담(情談)의 소중함 재인식

① 나는 거짓말을 싫어한다. 그러나 이야기를 재미있게 하기 위해서는 거짓말을 약간 하는 것은 그리 나쁜 일은 아니다.

② 이야기를 하노라면 자연히 남의 이야기를 하게 된다. 남의 이야기를 한다는 것은 재미있는 일이요, 이해관계 없이 남의 험담을 한다는 것은 참으로 재미있는 일이다.

③ 지금 사람들은 대개는 첫 번 만날 때 있는 말을 다 털어 놓는다. 남의 말을 정성껏 듣는 것도 말을 잘하는 방법인데 남이 말할 새 없이 자기 말만 하여서 얼마 되지 않아 바닥이 빨리 더 드러나는 것이다.

④ 나는 이야기를 좋아한다. 초대를 받았을 때 우선 그 주인과 거기에 나타날 손님을 미루고 보아 그 좌석에서 전개될 이야기를 상상한다. 좋은 이야기가 나올 법한 곳이면 아무리 바쁜 때라도 가고, 그렇지 않을 것 같으면 비록 성찬이 기다리고 있다 하더라도 아니 가기로 한다.

[10 ~ 11] 다음 〈규칙〉에 따라 제시된 정보에 대한 사실 여부를 순서대로 판단한 것으로 옳은 것을 고르시오.

> ### 규칙
>
> A : 제시된 정보에 근거하여 명백한 사실일 경우
> B : 제시된 정보에 근거하여 명백한 사실이 아닐 경우
> C : 제시된 정보에 근거하여 논리적으로 타당하지 않거나 더 많은 정보 없이는 사실여부의 판단이 불가능한 경우

10.

직장인의 생활은 업무와 비업무로 나눌 수 있다. 그들이 속해있는 단체나 그들이 알고 있는 사람들은 직장 이외의 사회활동이 반드시 주요 원인이 되는 것은 아니다. 그러나 업무를 통해서 형성된 자아개념과 사회적인 영감은 반드시 비업무적인 활동과 대인관계로 전이된다.

1. 사람들이 자신의 업무 위치에서 자신을 관찰하는 시각은 일반적으로도 자신을 보는 시각에 영향을 준다.
2. 업무에서의 행동은 직장 이외의 행동에 영향을 주지 않는다.
3. 개인생활에서 하고자 하는 것은 업무에서 경험한 것으로 인하여 영향을 받는다.
4. 업무에서 사귄 친구는 또한 여가생활에도 친구가 될 것이다.

① A – B – A – C 　　　　② A – C – B – A
③ B – A – C – B 　　　　④ B – C – A – C

11.

치안본부는 지역 마약 전담반을 편성해서 이제까지 마약 수사를 담당했던 지역 경찰서 형사반과 병행 운영할 것을 검토하고 있다. 그리고 앞으로 형사반은 일반 범죄가 마약과 관계된 경우에 다룰 것이다. 한편 세관은 마약의 국내 반입 장소까지 계속 추적하고 조사할 예정이다.

1. 이제 마약 범죄 소탕에서 두드러진 성과를 기대할 수 있을 것이다.
2. 경찰은 마약거래 소탕을 위한 새 전담반을 편성하였다.
3. 이 나라 밖에서의 마약 활동에 대해서는 그 어떤 국가도 관계치 않는다.
4. 과거에는 지역 경찰에서는 불법마약을 단속하지 않았다.

① A – B – C – B 　　　　② A – C – B – C
③ B – A – C – A 　　　　④ B – C – A – B

[12 ~ 13] 다음 글을 읽고 이어지는 질문에 답하시오.

(가) 전문 세탁소의 세탁이 가정에서 하는 세탁과 가장 다른 점은 물빨래가 아니라 대개 드라이클리 닝으로 세탁을 한다는 것이다. '드라이'는 물을 사용하지 않는다는 뜻으로 물빨래에 대비되 는 말이다. 물빨래가 물과 세제를 사용한다면, 드라이클리닝은 드라이클리닝 용제와 드라이클 리닝 세제를 사용한 세탁 방식이다.

(나) 드라이클리닝은 물 대신 드라이클리닝 용제를, 일반 세제 대신 드라이클리닝 세제를 이용해서 세탁한다. 드라이클리닝 세제가 섞여 있는 드라이클리닝 용제가 세탁조 안에 들어가 의류와 함께 회전하면서 세탁이 이루어진다. 극성이 없는 드라이클리닝 용제를 사용함으로 기름 성분 의 오염 물질을 녹여 없앨 수 있고, 물을 사용하지 않으므로 물로 세탁할 경우 쉽게 손상되는 모나 견섬유의 세탁에 유리하다. 또한 같은 부피의 물과 드라이클리닝 용제의 무게를 비교하 면 물이 훨씬 무거우므로 드라이클리닝의 경우, 드럼이 돌 때 세탁물이 떨어지면서 가해지는 힘이 물에 비해 매우 작기 때문에 의류의 변형이 작다.

(다) 드라이클리닝은 19세기 중반에 한 프랑스인이 등유가 떨어진 테이블보가 깨끗하게 되는 것을 관찰한 것이 그 출발이 되었다. 초기에 드라이클리닝 용제로 사용한 것은 테레빈유, 벤젠, 나 프타 등이었다. 이러한 용제는 인화성이 커 화재 또는 폭발의 위험성이 높아 사고가 빈번했기 때문에 1928년에 이보다 인화성과 악취가 적은 스토다드 용제가 개발되었다. 1930년대 중반 에 퍼크로라고 불리는 퍼클로로에틸렌을 드라이클리닝 용제로 사용하기 시작했다. 퍼크로는 안전하고 불에 타지 않으며 동시에 강한 세척력을 가지고 있어 뛰어난 용제로 인정받고 있다. 그러나 퍼크로는 국제암연구소(IARC)에 의해 인체 발암 추정물질로 구분되어 있어 퍼클로로 에틸렌을 사용하는 작업장의 노동자가 증기에 노출되어 중독된 사례가 보고된 바 있다. 또한 드라이클리닝에 한번 사용한 용제는 비교적 고가이므로 용제가 오염되지 않도록 청결하게 관 리하며 재사용해야 한다.

(라) 드라이클리닝 용제는 무극성이므로 땀이나 악취 등 물과 친화력이 높은 수용성 오염 물질과 친화력이 매우 낮아 쉽게 제거할 수 없다. 수용성 오염을 없애고 세탁 효율을 높이기 위해서 사용하는 첨가제는 '드라이소프'라고 하는 드라이클리닝 세제이다. 드라이클리닝 세제는 물에 서 친수성 부분이 섬유와 오염 물질을 향하고, 소수성 부분이 드라이클리닝 용제방향으로 향 하게 되어 용제와 오염 물질이 반응할 수 있도록 섞어주는 역할을 함으로써 보다 효과적으로 오염 물질을 제거하게 해준다. 물빨래에서 사용하는 비누의 역할과 같다.

　　드라이클리닝의 세척 후 탈용제 단계에서는 빠른 속도로 세탁조를 회전시켜 빨랫감에 남아있는 용제를 제거한 후 건조를 시킨다. 가끔 세탁소에서 받았을 때 특유의 냄새가 나는 경우가 있는데 이는 미량의 드라이클리닝 용제가 섬유 내부에 남아서일 수 있으므로 며칠간 통풍이 잘 되는 곳에 걸어 놓아 냄새가 없어진 후 입는 것이 좋다.

12. 다음 중 각 문단의 중심 내용으로 적절하지 않은 것은?

① (가) 드라이클리닝의 정의
② (나) 드라이클리닝의 특징과 장점
③ (다) 드라이클리닝의 기원과 용제의 변천
④ (라) 드라이클리닝 세탁의 한계

13. 윗글을 바탕으로 드라이클리닝에 대해 이해한 내용으로 적절하지 않은 것은?

① 물과 친화력이 강한 수용성 오염은 드라이클리닝만으로는 완전히 제거하기 어렵다.
② 드라이클리닝에 사용한 용제는 재사용을 위해 청결하게 관리해야 한다.
③ 기름 성분의 오염 물질을 녹여 없애는 것이 드라이클리닝의 원리이다.
④ 드라이클리닝은 물을 사용하지 않으므로 모나 견섬유의 세탁에 유리하다.

1회 기출예상

2회 기출예상

3회 기출예상

4회 기출예상

5회 기출예상

6회 기출예상

인성검사

면접가이드

14. 다음 신문 기사를 읽고 알 수 있는 내용을 모두 고르면?

신종 코로나바이러스 감염증 사태가 은행권 영업환경도 바꾸고 있다. 사람들이 외출을 자제하면서 은행 내방고객이 크게 줄고 비대면 거래가 증가하는 모습이다. 고객들이 지점에 가기보다 인터넷이나 모바일을 통해 거래하면서 대면접촉을 최소화하는 현실이 반영된 셈이다.

26일 금융권에 따르면 코로나19가 대구·경북 지역을 중심으로 기하급수적으로 확산된 지난 2월 16일부터 22일까지 국민·신한·우리·하나·농협 등 5개 시중은행의 인터넷뱅킹과 모바일뱅킹 이체 건수는 3,295만 8,643건에 달한다. 지난해 같은 기간 이들 5개 은행에서 발생한 비대면 거래 이체 건수(3,101만 3,348건)와 견주어 6.3%(194만 5,295건) 늘어난 수치다. 은행별로는 농협은행의 비대면 거래가 지난해보다 13.3% 늘어 증가율이 가장 높았으며, 거래 건수가 가장 많았던 곳은 국민은행으로 915만 5,756건이었다.

코로나19가 빠르게 확산되면서 단기간에 비대면 거래가 증가했다. 한 시중은행 디지털그룹 관계자는 "코로나19 영향에도 이달 초까지 비대면 거래에 큰 변화가 없었지만 지난주부터 급증하는 양상"이라며 "대출 등의 급한 업무가 아닌 이상 은행에 직접 와서 거래하는 빈도가 현저하게 줄어들고 있다"고 말했다. 다른 시중은행의 한 관계자도 "코로나19 확진자가 늘어난 지난주부터 지점 방문손님이 30% 이상 줄었다"며 "이체와 같은 기본적인 업무는 거의 비대면으로 처리하는 추세"라고 말했다.

은행권에서 새로운 성장 먹거리로 삼았던 '포터블 브랜치' 영업도 개점휴업 상태다. 단말기를 들고 다니면서 고객을 만나 통장을 개설해 주는 '이동형 점포'라는 특징 덕분에 고령층 고객으로부터 좋은 호응을 받았지만 최근에는 업무를 접었다. 시중은행 관계자는 "경로당 등에서 아예 오지 말라고 연락이 오는 경우가 많다"며 "대면영업에 비상이 걸렸다"고 말했다.

ㄱ. 코로나19로 은행권 영업환경이 영향을 받고 있다.

ㄴ. 지난 16일부터 22일까지 5개 시중은행의 비대면 거래 이체 건수는 전년 대비 약 200만건 가까이 줄어들었다.

ㄷ. 코로나19 확진자가 늘어난 이후, 이체와 같은 기본적인 업무를 제외하고는 거의 비대면으로 처리하는 추세이다.

ㄹ. '포터블 브랜치' 영업은 고령층 고객들로부터 호의적 반응을 얻었지만, 코로나19 이후에는 기피하는 대상이 되었다.

---

① ㄱ, ㄴ
② ㄱ, ㄹ
③ ㄴ, ㄷ
④ ㄴ, ㄹ

15. 다음 글에서 알 수 있는 내용을 모두 고르면?

현재 기상이변의 규모는 점점 더 증가하고 있다. 이 진행속도가 점점 빨라질 경우 머지않아 지구촌 곳곳에서 대가뭄과 폭염, 슈퍼 태풍과 허리케인의 발생 빈도와 규모가 더욱 증가하고 그에 따른 물 부족, 수질 오염, 홍수 피해 확산 등 물 관리는 점점 어렵게 될 것이다. 따라서 인공지능, 사물인터넷, 빅데이터 등 4차 산업혁명의 자동화·정보화·지능화 기술을 활용하는 기술융합을 통해 기후변화에 대응하는 물 관리체계의 고도화가 필요해지고 있다.

물 복지 실현을 위해서는 국가적 측면에서의 접근이 필요하다. 우선, 전국방방 곳곳에 마실 수 있는 깨끗한 물이 차질 없이 공급돼야 한다. 이를 위해 도서산간지역을 중심으로 비상공급 대책을 수립하고 상수도 시설을 확충해야 하며 물 순환을 위해 빗물이용과 저영향 개발기법을 실천해야 한다. 물 관리를 위해 기후변화에 적응할 수 있도록 물 환경 여건변화 및 적응 대책을 마련하고 관련된 역량을 강화해야 하며 생태하천의 복원과 함께 하구생태계의 복원도 시행돼야 한다.

지난 2012년 7월 스마트워터그리드 연구단이 출범되고 차세대 물 관리 기술로서 주목받는 스마트워터그리드 기술은 물 부족지역에 있는 지하수, 우수, 해수 등 한정된 수자원을 이용해 가장 경제적인 수 처리(수자원 간 조합, 수질개선 등)를 함으로써 활용목적에 맞는 수자원을 확보하고, ICT를 활용해 실시간으로 물 수요를 분석·예측해 물 관리를 효율적으로 하는 토탈 물 관리 시스템이다. 수자원 계획부터 관리까지 물 관리 전 과정에 ICT를 융합, 수자원 효율을 극대화하는 것을 목적으로 하고 있으며, 지금까지 물 관리가 취수원에서 소비자에게 물이 잘 흐르도록 만드는 것이었다면, 스마트 물관리(SWMI ; Smart Water Management Initiative)는 과학적으로 판단하고 자유롭게 소통하는 물 순환 전 영역 통합관리모델이다.

또한 드론시스템을 활용한 실시간 홍수관리 통합감시체계 구축이 추진되고 있다. 댐, 보, 하천을 대상으로 드론 수집정보를 이용한 영상분석시스템을 개발해 수계단위로 홍수상황을 실시간으로 통합 감시함으로써 수문운영 의사결정을 한층 높이게 될 것이다. 아울러 가뭄 장기화 등 기후변화로 인해 심화되고 있는 수질문제에 대응하기 위해 드론을 이용한 녹조 감시체계도 도입하고 있다.

ㄱ. 최근 전 세계는 기후변화로 인해 곳곳에서 홍수와 가뭄 등으로 고통받고 있다.
ㄴ. 물 복지 실현을 위해서는 국가적 측면에서의 물 관리체계의 고도화가 필요하다.
ㄷ. 스마트워터그리드 기술은 ICT를 활용해 물의 생산과 소비 정보를 실시간으로 체크하면서 효율적으로 물을 관리하는 시스템이다.
ㄹ. 정부는 드론시스템을 활용한 물 관리 시스템도 도입 추진 중에 있다.

① ㄱ, ㄴ
② ㄴ, ㄷ
③ ㄱ, ㄷ, ㄹ
④ ㄱ, ㄴ, ㄷ, ㄹ

[16 ~ 17] 다음 제시된 글을 읽고 이어지는 질문에 답하시오.

빅데이터에 관한 새로운 협약을 체결한 B사의 홍보부는 이번 사보에 관련 글을 싣기로 했고, K 대리는 사보에 실을 빅데이터에 관련된 글을 작성했다.

A

디지털 경제의 확산으로 규모를 파악하기 힘들 정도로 많은 정보와 데이터가 생산되는 '빅데이터(Big Data)' 시대가 도래했다. 사람들은 빅데이터가 다양한 가치를 만들어 내자 빅데이터를 원유에 비유하기 시작했다. 기름이 없으면 산업화 시대의 기계가 돌아가지 않듯 빅데이터 없이 정보시대를 보낼 수 없다는 의미에서다. 미국의 시장 조사기관 가트너(Gartner, Inc.)는 '데이터는 미래 경쟁력을 좌우하는 21세기 원유'라며 "기업들은 다가오는 데이터 경제시대를 이해하고 이에 대비해야 한다."라고 강조했다. 21세기 기업에게 가장 중요한 자산은 데이터이고 이를 관리하며 가치를 이끌어 내지 못하면 경쟁에서 살아남을 수 없다는 뜻이다.

(가) 가트너는 빅데이터의 주된 특징으로 크기(Volume), 다양성(Variety), 속도(Velocity) 등을 꼽았다. 크기(Volume)는 기업 데이터, 웹데이터, 센서 데이터 등 페타바이트(PB, Petabyte) 규모로 확장된 데이터를 말한다. 다양성(Variety)은 데이터의 형태를 말한다. 빅데이터는 과거에는 다룰 수 없었던 데이터까지 포함하기 때문에 이를 다루는 기술이 필요하다. 빅데이터의 중요한 특징으로도 꼽히는 속도(Velocity)는 곧 데이터 처리 능력을 말한다. 데이터를 수집, 가공, 분석하는 일련의 과정을 실시간 또는 일정 주기에 맞춰 처리할 수 있어야 한다. 단순히 데이터양이 많다고 해서 빅데이터라고 부를 수 있는 건 아니라는 말이다.

(나) 빅데이터는 '빅(Big)+데이터(Data)' 식의 단순 합성어가 아니다. 빅데이터를 '어마어마하게 많은 데이터'라는 식으로 받아들이면 본질적인 의미와 가치를 놓치게 된다. 기존의 기업 환경에서 사용되는 '정형화된 데이터'는 물론 메타정보의 센서 데이터, 공정 제어 데이터 등 미처 활용하지 못하고 있는 '반정형화된 데이터', 여기에 사진, 이미지, 영상처럼 지금까지 기업에서 활용하기 어려웠던 멀티미디어 데이터인 '비정형 데이터'를 모두 포함하는 것이 빅데이터이다.

(다) 정리해 보면 빅데이터는 단순히 대용량 데이터 그 자체만을 지칭하는 것이 아니라 데이터를 효과적으로 처리하고 분석할 수 있는 기술에 더 초점을 둔 용어라고 할 수 있다. 기업의 관점에서는 '가치를 생성할 수 있는 데이터'를 빅데이터라고 해석하기도 한다.

(라) 또 다른 시장조사기관 IDC는 빅데이터를 다음과 같이 정의하고 있다. "빅데이터 기술은 다양한 형태로 구성된 방대한 크기의 데이터로부터 경제적으로 필요한 가치를 추출할 수 있도록 디자인된 차세대 기술이다."

16. K 대리는 작성한 글을 편집하던 중 일부 순서가 뒤섞인 것을 발견했다. 다음 중 글의 흐름에 따라 순서가 바르게 정렬된 것은?

① (나) – (가) – (라) – (다)
② (나) – (라) – (가) – (다)
③ (다) – (나) – (가) – (라)
④ (다) – (라) – (나) – (가)

17. K 대리는 글의 소제목을 작성하려 한다. A에 들어갈 소제목으로 가장 적절한 것은?

① 빅데이터 플랫폼 전략
② 과거의 빅데이터와 오늘의 빅데이터
③ 빅데이터의 정의와 특징
④ 빅데이터의 활용과 빅데이터 과학자의 필요성

1회 기출예상 / 2회 기출예상 / 3회 기출예상 / 4회 기출예상 / 5회 기출예상 / 6회 기출예상 / 인성검사 / 면접가이드

[18 ~ 20] 다음은 중앙부처에서 발표한 경제 살리기 및 일자리 창출을 위한 특별훈령이다. 이어지는 질문에 답하시오.

제1조(㉠   ) 이 규정은 공무원 등이 ○○시 예산의 조기 집행 및 중소기업 지원업무를 능률적이고 적극적으로 처리할 수 있는 여건을 마련함으로써 지역경제 살리기와 일자리 창출 등에 이바지함을 목적으로 한다.

제2조(예산배정) 조기 집행대상 사업예산은 「○○시 재무회계규칙」 제9조에 불구하고 조기 집행할 수 있다.

제3조(건설기술심의) 「○○시 건설기술심의위원회 조례 시행규칙」 제7조 제1항 본문에 불구하고 건설기술심의소위원회는 심의요청을 받은 날부터 10일 이내에 심의 결과를 심의 요청자에게 통보하도록 한다. 다만, 부득이한 사유가 발생할 때에는 5일의 범위에서 심의 기간을 연장할 수 있다.

제4조(계약심사) 「○○시 계획심사업무 처리규칙」 제7조 제1항 본문에 불구하고 계약심사는 심사 요청을 받은 날부터 5일 이내에 심사결과를 통보하도록 한다. 다만, 예산의 조기 집행을 위하여 예정금액이 다음 각 호의 어느 하나에 해당하는 사업은 20XX년 3월 31일까지 계약심사에서 제외한다.

    1. 10억 원 미만의 공사, 다만, 조경 · 전기 · 통신 및 설비공사는 5억 원 미만

    2. 3억 원 미만의 용역, 다만, 학술연구용역 및 일반용역은 2억 원 미만

    3. 1천5백만 원 미만의 물품의 제조 · 구매

제5조(입찰) 예산의 조기 집행을 위하여 상반기 중 발주하는 모든 입찰 대상 사업은 특별한 사유가 없는 한 긴급 입찰로 시행한다.

– 중략 –

제9조(중소기업육성자금 지원)

① 중소기업육성자금 총액 중 70% 이상을 상반기 내에 지원한다.

② 업체당 3천만 원까지는 무담보로 대출해 줄 수 있다.

③ 중소기업육성자금 대출 금리를 다음 각 호의 비율로 인하한다.

    1. 금융위기로 극심한 타격을 입은 업종에 대한 1,000억 원 지원사업의 경우에는 5%에서 4%로 인하

    2. 저소득층에 대한 100억 원 지원사업의 경우에는 4%에서 2%로 인하

제10조(㉡   ) 신용보증 한도를 130%까지 확대하고, 신용보증 비율을 조정할 수 있다.

    1. 3천만 원 이하의 경우에는 85%에서 100%로 상향

    2. 3천만 원을 초과하면 85%에서 95%로 상향

제11조(㉢   )

① 업체당 창업자금 지원 규모를 5천만 원에서 8천만 원으로 확대한다.

② 해당분야 선봉 청년창업 및 소자본 기술창업자금을 5천만 원에서 1억 원으로 확대한다.

③ 창업자금 신청자에 대하여 창업 및 임차보증금을 5천만 원 한도 내에서 지원할 수 있다.

제12조(ㄹ   )

　① 상시 종업원 수가 전년도보다 증가한 기업에 대하여는 융자 우선 대상기업으로 선정할 수 있다.

　② 제1항에 따라 신청된 융자 우선 대상기업에 대하여는 신용보증 한도를 100%에서 150%로 확대하고 보증료를 1%에서 0.5% 인하한다.

제13조(공공구매) 중소기업제품 공공구매 비용을 50%에서 90%로 확대한다.

제14조(면책) 공무원 등(「감사원훈령」 제331호 적극행정 면책제도운영규칙 제5조 따른 면책 대상자를 말한다)이 예산의 조기 집행 및 중소기업 지원 업무를 적극적으로 처리하는 과정에서 발생한 부분적 절차상 하자 또는 비효율, 손실 등과 관련하여 고의 또는 중대한 과실이 없는 경우에는 면책한다.

부칙(20XX년 1. 22.)

제1조(시행일) 이 훈령은 발령한 날부터 시행한다.

제2조(유효기간) 이 훈령은 20XX년 12월 31일까지 효력을 가진다.

18. 위 문서는 다음 중 어느 문서로 분류될 수 있는가?

① 법규문서　　　　　② 민원문서　　　　　③ 지시문서　　　　　④ 일반문서

19. 위 문서의 ㉠ ~ ㉣에 들어갈 조문 제목으로 적절한 것은?

	㉠	㉡	㉢	㉣
①	기본원칙	일자리 창출 기업지원	신용보증 지원	창업자금 지원
②	목적	신용보증 지원	창업자금 지원	일자리 창출 기업지원
③	목적	일자리 창출 기업지원	창업자금 지원	면책
④	기본원칙	신용보증 지원	일자리 창출 기업지원	창업자금 지원

20. 위 훈령의 내용과 일치하지 않는 것은?

① 「○○시 재무회계규칙」 제9조보다 이 훈령이 우선 적용된다.

② 계약심사에서 예외 조항을 둔 것은 예산의 조기 집행을 위해서이다.

③ 공무원이 이 훈령과 관련된 업무를 적극적으로 처리하는 과정에서 발생한 부분적인 절차상 하자는 고의 또는 중대한 과실이 없는 경우에는 면책한다.

④ 중소기업육성자금 총액 중 최소 30%는 하반기 집행을 위해 남겨두어야 한다.

21. 폭 12m 벽에 세로 18cm, 가로 30cm인 도화지를 가로로 16장 붙인다. 도화지의 간격은 일정하게 하고 양 끝은 도화지 간격의 2.5배의 간격으로 할 때, 도화지의 간격은 몇 cm인가?

① 31cm   ② 32cm

③ 34cm   ④ 36cm

22. S는 신제품 발표회에 참석한 250개 고객사에 전화를 걸어 감사 인사를 전하는 중이며 현재까지 30% 통화를 완료하였다. 하루에 22통씩 가능하다고 할 때, 며칠 더 전화를 해야 하는가?

① 6일   ② 7일

③ 8일   ④ 9일

23. A 공기업의 폐수 처리장에서 폐수를 정화할 때 처음에는 적은 비용으로도 효과를 볼 수 있지만 어느 정도 정화되면 처음보다 훨씬 많은 비용이 들어간다. 폐수 1톤을 x% 정화시키는 데 들어가는 비용이 y만 원일 때 다음 관계식을 만족한다. 이 폐수 처리장에서 80% 정화된 폐수 1톤을 90% 정화시킬 때 추가적으로 발생하는 비용은 얼마인가? (단, $0 \leq x < 100$이다)

$$y = \frac{5x}{100 - x}$$

① 20만 원   ② 25만 원

③ 30만 원   ④ 35만 원

24. 다음 (ㄱ)에 들어갈 식은?

> 이자율을 적용하는 방식에는 단리 방식과 복리 방식이 있다. 단리 방식은 고정된 원금에 지속적으로 동일한 이자율을 더하는 것이다. 예를 들어, 원금 100만 원을 10년 동안 예금해 두고 이자율이 5%라고 하자. 10년 뒤의 잔고는 1년 동안의 이자인 5만 원에 10(년)을 곱하여 50만 원의 이자에 원금 100만 원을 더한 150만 원이 된다.
>
> 반면에, 복리 방식은 매해 더해지는 이자가 새로운 원금이 되어 새로운 원금에 이자율을 적용하게 된다. 마찬가지로 원금 100만 원을 10년 동안 예금해 두고 이자율이 5%라고 하자. 1년 후의 잔고는 단리 방식의 1년 후 잔고와 동일하다. 100만 원에 1년 동안의 이자인 5만 원을 더하면 된다. 그러나 2년 후에는 105만 원에 이자율 5%를 적용하여 이자가 5만 원이 아닌 5만 2,500원이 된다.
>
> 이런 방식으로 10년 후의 잔고를 계산하면 ___(ㄱ)___ 만 원이 된다.

① $100 \times (1 + 0.05) \times 10$

② $100 \times 0.05 \times 10$

③ $100 \times (1 + 0.05)^{10}$

④ 100×0.05^{10}

25. 다음 표를 참고할 때, 공적장기요양 보호율의 2015 ~ 2020년 증감 추이를 올바르게 분석한 것은? (단, 소수점 아래 셋째 자리에서 반올림한다)

(단위 : 명)

구분	공적장기요양서비스 이용자			65세 이상 노인 수
	소계	장기요양서비스	노인돌봄종합서비스	
2015년	325,970	288,242	37,728	5,700,972
2016년	338,140	300,869	37,271	5,980,060
2017년	373,807	331,525	42,282	6,250,986
2018년	411,355	364,596	46,759	6,520,607
2019년	443,189	399,761	43,428	6,775,101
2020년	487,112	442,819	44,293	6,995,652

* 공적장기요양 보호율=(65세 이상 장기요양서비스 이용자+노인돌봄종합서비스 이용자)÷65세 이상 노인 수×100

① 매년 꾸준한 증가세를 보이고 있다.

② 2017년까지 감소하다가 2018년부터 꾸준히 증가하였다.

③ 2018년까지 증가하다가 2019년 이후 감소세로 전환되었다.

④ 2016년에 다소 감소한 이후 꾸준히 증가하였다.

26. 다음은 중국의 화장품 수입국 현황을 정리한 자료이다. 아래의 보고 내용 중 사실과 다른 것은?

〈중국 화장품 주요 수입국 현황〉

(단위 : 천만 달러)

순위	국가명	수입액			2019년 비중(%)	2019 / 2018년 성장률(%)
		2017년	2018년	2019년		
1	한국	31.08	32.76	49.84	34.51	52.1
2	미국	13.16	15.96	16.1	11.88	0.9
3	프랑스	10.99	10.64	14.77	10.89	38.8
4	영국	7.97	11.79	14.07	10.35	2.0
5	일본	7.56	10.71	11.06	8.19	3.3
6	폴란드	4.9	6.51	8.61	6.3	32.3
7	이탈리아	3.78	3.5	5.67	4.14	62.0
8	캐나다	3.78	4.34	5.6	4.14	29.0
9	호주	1.82	4.42	8.73	3.42	97.5
10	태국	1.75	2.45	3.01	2.25	22.9

〈중국 화장품 주요 수입 현황 보고서〉

　최근 2019년도 중국의 한국 화장품 수입액은 ① 2018년도에 비해 약 50% 이상이 증가한 상태입니다. ② 프랑스 화장품 수입액은 2018년도 소폭 하락하였으나 2019년도에는 다시 35% 이상의 증가세를 보이고 있습니다. ③ 일본 제품의 수입액은 꾸준히 상승하고 있으며, 호주 제품은 매년 전년 대비 2배 이상의 수입액 현황을 보이고 있습니다. ④ 꾸준히 수입액이 늘고 있는 나라는 2개국을 제외한 나머지 국가들입니다.

27. 다음 도표를 분석한 〈보기〉의 ㉠ ~ ㉣ 중 옳지 않은 것은?

〈초혼 부부의 연령차별 혼인 구성비〉

(단위 : %, %p)

구분		2012년	2014년	2016년	2018년	2019년	전년 대비 증감
계		100.0	100.0	100.0	100.0	100.0	–
남자 연상	소계	69.1	68.2	67.7	67.7	67.2	-0.5
	1 ~ 2세	26.1	26.3	26.2	25.5	25.3	-0.2
	3 ~ 5세	27.3	27.2	27.1	27.0	26.6	-0.4
	6 ~ 9세	10.1	10.1	10.5	11.0	10.8	-0.2
동갑		16.0	16.2	16.1	15.9	15.9	0.0
여자 연상	소계	14.9	15.6	16.2	16.4	16.9	0.5
	1 ~ 2세	10.8	11.3	11.5	11.6	11.7	0.1
	3 ~ 5세	3.2	3.4	3.7	3.9	4.0	0.1
	6 ~ 9세	0.7	0.7	0.8	0.9	1.0	0.1

※ 연령차 미상 포함, 10세 이상 자료 합계에 미포함.

> **보기**
>
> 2019년 ㉠초혼 부부 중 남자 연상 부부는 67.2%, 여자 연상 부부는 16.9%, 동갑 부부는 15.9%를 차지하였다. 이 중 남자 연상 부부 비중은 전년보다 0.5%p 감소한 반면, ㉡여자 연상 부부 비중은 전년보다 0.5%p 증가하였으며, ㉢동갑 부부 비중은 15.9%로 전년과 동일 하게 나타났다.
>
> 2019년 연령차별 혼인 비중은 남자 3 ~ 5세 연상(26.6%)이 가장 많고, 남자 1 ~ 2세 연상 (25.3%), 동갑(15.9%), 여자 1 ~ 2세 연상(11.7%) 순으로 높게 나타났다.
>
> 연령차별 혼인 구성비는 여자 연상 부부가 지속적으로 감소 없이 상승을 이어가는 추세를 보이고 있으며, 이 중 ㉣2012년 대비 2019년의 구성비 증가폭이 가장 큰 연령차는 3 ~ 5세 로 나타났다.

① ㉠

② ㉡

③ ㉢

④ ㉣

28. 다음은 A 씨의 보수 지급 명세서이다. 이에 대한 설명으로 옳은 것을 〈보기〉에서 모두 고르면?

〈보수 지급 명세서〉

보수		공제	
보수항목	보수액(원)	공제항목	공제액(원)
기본급	2,530,000	소득세	160,000
직무급	150,000	지방소득세	16,000
시간 외 수당	510,000	일반기여금	284,000
급식비	130,000	건강보험료	103,000
직급보조비	250,000	장기요양보험료	7,000
보수총액	( )	공제총액	( )
실수령액 : ( )			

※ 실수령액＝보수총액－공제총액

보기

ㄱ. '일반기여금'이 15% 증가하면 '공제총액'은 60만 원 이상이 된다.
ㄴ. '실수령액'은 '기본급'의 1.3배 이상이다.
ㄷ. '건강보험료'는 '장기요양보험료'의 15배 이하이다.
ㄹ. '공제총액'에서 '일반기여금'이 차지하는 비중은 '보수총액'에서 '직급보조비'가 차지하는 비중의 6배 이상이다.

① ㄱ, ㄴ, ㄷ
② ㄱ, ㄷ, ㄹ
③ ㄴ, ㄷ, ㄹ
④ ㄱ, ㄴ, ㄹ

29. 다음은 소나무재선충병 발생지역에 관한 자료이다. 제주의 고사한 소나무 수는 거제의 고사한 소나무 수의 약 몇 배인가? (단, 소수점 아래 둘째 자리에서 반올림한다)

〈소나무재선충병 발생지역별 소나무 수〉

(단위 : 천 그루)

구분	거제	경주	제주	청도	포항
소나무 수	1,590	2,981	1,201	279	2,312

〈소나무재선충병 발생지역별 감염률 및 고사율〉

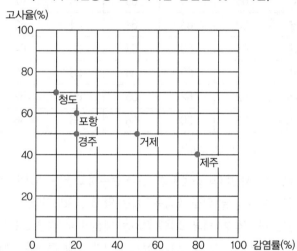

$$※ \ 감염률(\%) = \frac{발생지역의 \ 감염된 \ 소나무 \ 수}{발생지역의 \ 소나무 \ 수} \times 100$$

$$고사율(\%) = \frac{발생지역의 \ 고사한 \ 소나무 \ 수}{발생지역의 \ 감염된 \ 소나무 \ 수} \times 100$$

① 0.5배   ② 1.0배

③ 1.5배   ④ 2.0배

30. 다음은 2013 ~ 2019년 우리나라 주요 도시의 도로변 주거지역 소음 크기를 측정해 나타낸 자료이다. 이에 대한 설명으로 옳지 않은 것은?

(단위 : dB)

구분		2013년	2014년	2015년	2016년	2017년	2018년	2019년
서울	낮	69	69	68	68	68	68	68
	밤	66	65	65	64	65	65	65
부산	낮	68	68	68	67	67	67	67
	밤	63	63	63	63	63	62	62
대구	낮	68	68	69	68	67	67	68
	밤	62	63	64	64	63	62	63
광주	낮	65	66	63	63	64	64	63
	밤	60	60	59	58	59	59	58
대전	낮	62	62	63	62	62	61	61
	밤	56	56	56	56	56	55	55

※ 소음환경기준은 낮 65dB, 밤 55dB이다.

① 조사 기간 동안 낮 시간대의 소음환경기준을 준수하고 있는 도시는 대전뿐이다.

② 조사 기간 동안 부산의 낮 평균 소음측정치는 약 67.43dB이다.

③ 조사 기간 동안 대구의 밤 평균 소음측정치는 대전의 낮 평균 소음측정치보다 낮다.

④ 조사 기간 중 광주에서 낮과 밤 소음측정치 차이가 가장 큰 해는 2014년이다.

31. 다음은 A 기업의 기업경쟁력 평가에 관한 자료이다. 이에 대한 〈보기〉의 설명 중 옳은 것은?

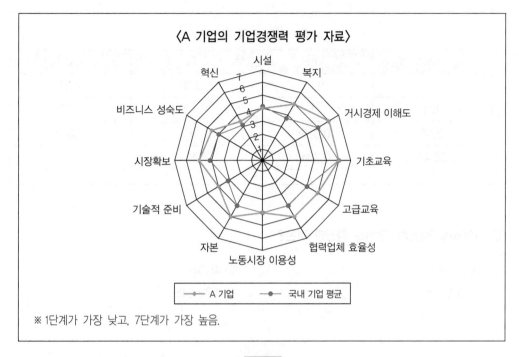

〈A 기업의 기업경쟁력 평가 자료〉

※ 1단계가 가장 낮고, 7단계가 가장 높음.

보기

ㄱ. A 기업과 국내 기업평균 간의 기업경쟁력 차이는 복지 부문보다 노동시장 이용성 부문에서 더 작게 나타난다.

ㄴ. 시장확보 부문에서 국내 기업의 평균 기업경쟁력 수준은 A 기업보다 높다.

ㄷ. A 기업의 12개 부문 중 기업경쟁력이 가장 낮게 평가된 분야는 혁신이다.

ㄹ. A 기업은 12개 부문 모두 국내 기업의 평균보다 높은 기업경쟁력을 보이고 있다.

① ㄱ, ㄴ ② ㄱ, ㄷ

③ ㄴ, ㄷ ④ ㄴ, ㄹ

1회 기출예상
2회 기출예상
3회 기출예상
4회 기출예상
5회 기출예상
6회 기출예상
인성검사
면접가이드

[32 ~ 33] 다음은 SI(국제단위체제) 길이 단위 환산표이다. 이어지는 질문에 답하시오.

〈SI 길이 단위 환산표〉

cm	m	in	ft
1	0.01	0.39	0.03
100	1	39.37	3.28
2.54	0.0254	1	0.083
30.48	0.3048	12	1

32. 120m를 in(인치) 단위로 환산한 것은?

① 3.6in

② 46.8in

③ 393.6in

④ 4,724.4in

33. 100ft는 100in의 몇 배인가?

① 7배

② 12배

③ 13배

④ 15배

[34 ~ 35] 다음 자료를 보고 이어지는 질문에 답하시오.

1회 기출예상
2회 기출예상
3회 기출예상
4회 기출예상
5회 기출예상
6회 기출예상
인성검사
면접가이드

〈특성별 인플루엔자 예방접종률〉

(단위 : %)

구분	전체	연령별						거주지역별		소득수준별			
		19 ~ 29세	30 ~ 39세	40 ~ 49세	50 ~ 59세	60 ~ 69세	70세 이상	동	읍면	하	중하	중상	상
20X0	28.3	16.8	22.9	15.0	34.1	55.6	74.0	26.8	34.3	25.9	28.6	28.6	30.7
20X1	28.0	14.0	20.3	17.7	32.3	60.5	76.1	26.9	32.1	25.3	29.1	28.2	29.4
20X2	26.2	12.9	18.5	16.2	28.8	55.5	78.4	25.4	28.7	24.3	26.4	25.9	28.1
20X3	28.2	16.6	25.4	16.9	23.5	55.5	80.6	28.1	27.5	26.0	29.7	37.0	30.4
20X4	30.9	18.0	26.9	21.2	27.0	61.0	81.1	30.8	30.7	31.0	30.0	31.2	31.7
20X5	31.6	18.0	29.5	21.7	28.6	58.7	80.9	31.3	33.1	31.7	30.3	32.0	33.0
20X6	–	–	–	–	–	–	–	–	–	–	–	–	–
20X7	30.6	16.2	29.0	20.1	26.7	57.4	83.6	30.8	29.6	30.7	27.5	32.7	31.5
20X8	32.1	16.4	33.8	20.7	27.7	58.4	83.4	32.2	32.1	30.7	32.2	30.9	34.6
20X9	33.7	14.8	34.3	22.0	33.1	63.7	87.0	33.3	36.3	34.5	31.6	34.2	34.4

34. 다음 중 20X0 ~ 20X5년 동안 인플루엔자 예방접종률 증감 추이가 인구 전체의 증감 추이와 동일한 연령대는?

① 30 ~ 39세   ② 40 ~ 49세
③ 50 ~ 59세   ④ 60 ~ 69세

35. 다음 중 위의 자료를 올바르게 분석하지 못한 것은?

① 소득수준이 높을수록 인플루엔자 예방접종률은 항상 높은 수치를 보이고 있다.
② 20X9년 인플루엔자 예방접종률은 70세 이상이 가장 높고, 19 ~ 29세가 가장 낮다.
③ 20X7년 이후의 인플루엔자 예방접종률 증감 추이가 읍면 지역과 같은 패턴을 보이는 소득수준 계층은 없다.
④ 거주지역이나 소득수준별 차이는 연령별 차이보다 훨씬 작다.

[36 ~ 37] 다음 자료를 보고 이어지는 질문에 답하시오.

〈표 1〉 국가건강검진 전체 사업비 지원

(단위 : 천 원)

구분	합계	국고보조금	지방비
서울	1,154,358	577,179	577,179
부산	746,849	597,479	149,370
대구	568,579	454,863	113,716
인천	462,963	370,370	92,593
합계	8,402,893	6,376,000	2,026,893

〈표 2〉 국가건강검진 일반검진비 지원

(단위 : 천 원)

구분	합계	국고보조금	지방비
서울	920,952	460,476	460,476
부산	642,131	513,705	128,426
대구	501,120	400,896	100,224
인천	367,024	293,619	73,405
합계	6,927,860	5,266,000	1,661,860

〈표 3〉 국가건강검진 영유아검진비 지원

(단위 : 천 원)

구분	합계	국고보조금	지방비
서울	147,190	73,595	73,595
부산	64,609	51,687	12,922
대구	43,059	34,447	8,612
인천	63,314	50,651	12,663
합계	898,949	675,000	223,949

* 위의 자료는 일부 지역에 대한 자료이며, 합계 금액은 '기타 지역'을 포함한 전국에 해당하는 금액임.

36. 다음 중 위의 표를 올바르게 해석하지 못한 것은?

① 서울은 국고보조금이 해당 검진당 총 지원금액의 50%이다.

② 국고보조금과 지방비의 합이 많은 지역 순서는 주어진 세 가지 자료에서 모두 동일하다.

③ 영유아검진비의 지방비 지원 금액은 대구가 전국의 5%에 못 미친다.

④ 일반검진비와 영유아검진비의 전국 국고보조금 지원액의 합이 전체 건강검진 사업비의 국고보조금에서 차지하는 비중은 지방비의 경우보다 근소하게 높다.

37. 인천의 영유아검진비 국고보조금이 '기타 지역'의 국고보조금에서 차지하는 비율은? (단, 소수점 아래 둘째 자리에서 반올림한다)

① 10.2% ② 10.5%

③ 10.9% ④ 11.4%

[38 ~ 39] 국가기술자격제도는 국가에서 기업이 필요로 하는 기술·기능 수준을 객관적으로 평가해 주는 제도이다. 다음 2019 ~ 2020년 국가지술자격시험 응시자와 취득자 현황을 나타낸 표를 보고 이어지는 질문에 답하시오.

〈국가기술자격 응시자 현황〉

(단위 : 명)

구분	20X1년	20X2년
기술사	57	74
기능장	102	116
기사	2,305	2,321
산업기사	1,536	1,383
기능사	6,200	6,412
계 (전년 대비, %)	10,200 (2)	10,306 (1)

〈국가기술자격 취득자 현황〉

(단위 : 명)

구분	20X1년	20X2년
기술사	4	3
기능장	15	17
기사	626	618
산업기사	171	196
기능사	1,224	1,108
계 (전년 대비, %)	2,040 (2)	1,942 (-5)

38. 위의 자료를 분석한 내용으로 바르지 않은 것은?

① 20X1년에는 기술사 응시자 57명 중 단 4명만 기술사를 취득하였다.

② 20X2년 기능사 취득자 수는 전체 국가기술자격 취득자 수의 절반 이상을 차지한다.

③ 20X2년에는 20X1년 대비 전체 국가기술자격 응시자 수는 늘어났으나 전체 국가기술자격취득자 수는 줄어들었다.

④ 20X2년에 20X1년 대비 응시자 수는 늘었으나 취득자 수가 줄어든 국가기술자격과 응시자 수가 줄었으나 취득자 수가 늘어난 국가자격기술의 수는 같다.

39. 20X1년 국가자격기술 응시자 전체의 취득률은 몇 %인가?

$$취득률(\%) = \frac{취득자의\ 수}{응시자의\ 수} \times 100$$

① 20%　　　　　　　　　　② 21%

③ 22%　　　　　　　　　　④ 23%

40. 다음 연도별 주요 대기오염물질 배출량을 나타낸 자료를 가장 적절하게 나타낸 그래프는?

(단위 : 톤)

구분	계	황산화물	일산화탄소	질소산화물	미세먼지	휘발성 유기화합물질
20X0년	3,327,867	408,462	788,917	1,306,724	67,343	756,421
20X1년	3,410,348	446,488	829,938	1,274,969	64,795	794,158
20X2년	3,372,152	402,525	808,862	1,187,923	98,143	874,699
20X3년	3,135,398	417,980	703,661	1,045,104	110,797	857,856
20X4년	3,174,921	387,727	817,979	1,014,318	103,735	851,162
20X5년	3,212,386	401,741	766,269	1,061,210	116,808	866,358
20X6년	3,196,803	433,959	718,345	1,040,214	131,176	873,108
20X7년	3,227,740	417,645	703,586	1,075,207	119,980	911,322
20X8년	3,227,092	404,660	696,682	1,090,614	121,563	913,573
20X9년	3,077,079	343,161	594,454	1,135,743	97,918	905,803

①

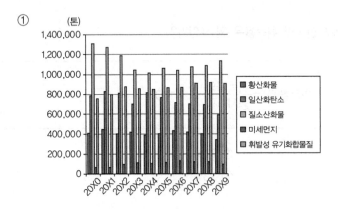

②

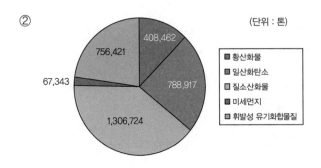

③
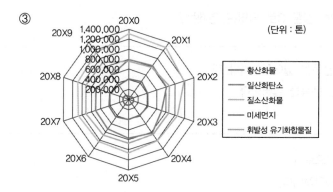

(단위 : 톤)

황산화물
일산화탄소
질소산화물
미세먼지
휘발성 유기화합물질

④
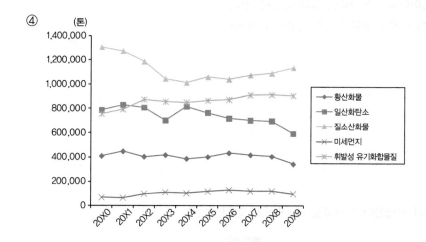

황산화물
일산화탄소
질소산화물
미세먼지
휘발성 유기화합물질

41. 다음 A, B 두 명제가 참일 때, 결론 C로 알맞은 명제는?

> A. 게으르지 않은 사람은 운동을 싫어하지 않는다.
> B. 긍정적이지 않은 사람은 운동을 싫어한다.
> C. 그러므로 (   )

① 긍정적이지 않은 사람은 게으르다.
② 운동을 싫어하는 사람은 긍정적이다.
③ 운동을 싫어하지 않는 사람은 긍정적이지 않다.
④ 긍정적이지 않은 사람은 운동을 싫어하지 않는다.

42. 다음 〈조건〉이 성립한다고 가정할 때, 반드시 참인 것은?

조건

> • 매뉴얼에 기초한 것만 사용 가능하다.
> • 사용이 불가능한 것은 적용이 불가능하다.
> • 적용이 불가능한 것은 사용하는 것도 불가능하다.

① 적용할 수 있는 것은 사용할 수 없다.
② 사용 가능한 것은 매뉴얼에 기초하지 않은 것이다.
③ 적용 가능하지 않은 것은 매뉴얼에 기초하지 않은 것이다.
④ 매뉴얼에 기초하지 않은 것은 적용이 가능하다.

43. 다음 명제가 모두 참일 때, 반드시 참인 진술은?

> - 물리와 도덕을 좋아하는 사람은 생물도 좋아한다.
> - 물리도 영어도 좋아하지 않는 사람은 도덕이나 역사를 좋아한다.
> - 영어를 좋아하는 사람은 생물도 역사도 좋아하지 않는다.

① 물리를 좋아하는 사람은 영어를 좋아한다.

② 물리를 좋아하는 사람은 생물을 좋아한다.

③ 역사를 좋아하는 사람은 영어를 좋아하지 않는다.

④ 생물을 좋아하는 사람은 영어를 좋아한다

44. A ~ E 다섯 그루의 나무가 아래 〈조건〉에 따라 심어져 있을 때, 다음 중 항상 옳은 진술은?

조건

> (가) C는 D보다 오른쪽에 위치한다.
> (나) A는 왼쪽에서 네 번째에 위치한다.
> (다) B는 A보다 왼쪽에 위치한다.
> (라) D는 C와 붙어 있다.

① B는 중앙에 위치한다.

② C는 중앙 기준 왼쪽에 위치한다.

③ D는 가장 왼쪽에 위치한다.

④ E는 가장 오른쪽에 위치한다.

45. ○○기업에 다니는 A와 B는 회사 구내식당에서 점심을 먹고 계단 오르기 게임을 했다. 아래 내용을 토대로 할 때, 〈보기〉에서 항상 옳은 것은?

- A와 B는 10번째 계단에서 가위바위보 게임을 시작했다.
- 가위바위보를 하여 이기는 사람은 3계단을 오르고 진 사람은 1계단을 내려가기로 하였다.
- A와 B는 가위바위보를 10번 하였고 비기는 경우는 없었다.

보기

가. A가 가위바위보에서 3번 졌다면 B보다 16계단 위에 있을 것이다.

나. B가 가위바위보에서 6번 이겼다면 A보다 8계단 위에 있을 것이다.

다. B가 가위바위보에서 10번 모두 이겼다면 30번째 계단에 있을 것이다.

---

① 가   ② 나

③ 다   ④ 가, 나

46. ○○기업 A 팀장은 다음 자료를 분석하여 '기상현상과 그에 따른 대책'을 논의하는 내용의 보고 서를 작성하려고 한다. 다음 중 그 내용으로 적절하지 않은 것은?

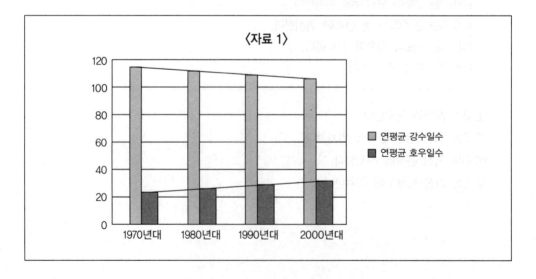

〈자료 1〉

연평균 강수일수

연평균 호우일수

〈자료 2〉 계절별 강수량 추이

(단위 : mm)

구분	봄	여름	가을	겨울	합계
1980년대	287	630	219	111	1,247
1990년대	239	718	260	97	1,314
2000년대	272	732	262	88	1,354
2010년대	247	795	268	95	1,405

〈자료 3〉

　전문가 인터뷰 내용 : 70년대까지만 해도 하루에 비가 30mm 이상은 오지 않을 것이라 예상했지만 하루 500mm 이상 쏟아지는 경우도 있다.

• 강수 : 비, 눈, 우박 등으로 지상에 내린 물

• 호우 : 줄기차게 내려 퍼붓는 비

① 〈자료 1〉과 관련하여 강수일은 줄어들고 호우일은 늘어나고 있으니 강수 쏠림 현상에 대비해야 함을 지적한다.

② 〈자료 2〉와 관련하여 1980년대와 2010년대를 비교했을 때 전체 강수량이 늘어났음에도 봄철 강수량이 상대적으로 줄어들었다는 점에서 봄철 가뭄에 대한 대책을 세워야 함을 지적한다.

③ 〈자료 1〉, 〈자료 3〉과 관련하여 단시간에 집중호우가 내릴 수 있음에 대비하여 기상청의 정확한 예측 시스템이 중요해졌음을 지적한다.

④ 〈자료 1〉, 〈자료 2〉와 관련하여 강수일은 줄어들고 있는 반면 강수량이 늘어나고 있다는 점에서 지구 온난화에 대한 대비가 필요함을 지적한다.

47. 다음은 △△공단의 H 대리가 ○○센터로부터 받은 회의장 예약 현황이다. H 대리는 본부 직원 100명이 참석하기로 예정되어 있는 다음 달 회의를 위해 회의장을 예약하려 한다. 회의 시간은 2시간으로 예정되어 있으며, 오후 2시에 시작해야 한다. H 대리가 회의 일자로 선택할 수 없는 날은?

〈○○센터 회의장 예약 현황〉

일	월	화	수	목	금	토
			1 B홀 13 : 00	2 A홀 14 : 30	3 B홀 10 : 00 C홀 15 : 00	4
5	6 C홀 10 : 00 A홀 09 : 30	7 A홀 11 : 20	8 B홀 13 : 30	9 B홀 14 : 20 C홀 14 : 40	10 A홀 17 : 00 B홀 10 : 30	11
12	13 ~ 15 센터 내부 수리			16 A홀 11 : 30 B홀 12 : 40	17 B홀 13 : 40	18
19	20 A홀 16 : 00 B홀 15 : 20	21 C홀 09 : 30	22 B홀 10 : 40 C홀 14 : 40	23 A홀 10 : 20 C홀 15 : 20	24 A홀 15 : 30	25
26	27 B홀 17 : 00	28 A홀 16 : 30 B홀 11 : 00	29 C홀 10 : 30	30 B홀 15 : 30 C홀 16 : 00		

* 센터 이용시간은 09 : 00 ~ 18 : 00임.
* 총 3개 회의장이 구비되어 있으며, 시설은 모두 동일함.
  (수용 인원은 A, B홀 100명, C홀 70 ~ 80명)
* 센터 마감 시간 전 이용가능시간은 최대 2시간이며, 회의장 사용 전과 후 20분씩은 청소 및 정리 시간임.

① 10일 ② 20일
③ 23일 ④ 28일

48. 다음 글에 나타난 논리적 오류와 가장 유사한 오류를 범하고 있는 것은?

> 인터넷 기술의 발달로 외국에 나가지 않아도 외국산 제품을 쉽게 구매할 수 있는 시대가 되었다. 너도나도 외국산 제품을 구매하려고 안달이다. 생활용품에서부터 명품까지 외국산 제품 구입 열풍의 손길이 미치지 않는 곳이 없다. 이는 우리나라의 아버지 세대, 할아버지 세대가 땀 흘려 일구어 놓은 대한민국의 자본을 자발적으로 팔아버리는 것으로 매국과 다르지 않다. 우리나라의 토양 위에서 만들어진 국내산 제품을 애용하여 애국을 실천해야 한다.

① 저 사람은 의사니까 영어를 잘 하겠지.
② 모두들 복제물을 사용하니 나도 복제물을 사용해도 되겠군.
③ 넌 나랑 헤어지는 데 슬퍼하지 않니? 날 더 이상 사랑하지 않는구나.
④ 연속으로 다섯 번이나 주사위에서 5가 나왔기 때문에 다음 번에도 5가 나오겠지.

49. 다음 중 〈심사 기준〉에 맞는 기기를 모두 고른 것은?

> **〈심사 기준〉**
> 1. 잡음 레벨이 10dB 이하이어야 한다.
> 2. 성능과 A/S 점수의 합이 10점 이상이어야 한다.
> 3. 150만 원 이하이어야 한다.
>
> **〈음향기기 심사평가 점수〉**
>
> | 제품 | 가격(원) | 성능(점) | A/S(점) | 잡음레벨(dB) |
> |---|---|---|---|---|
> | A | 190,000 | 5 | 2 | 14 |
> | B | 428,000 | 7 | 3 | 9 |
> | C | 863,000 | 8 | 1 | 4 |
> | D | 3,472,000 | 10 | 5 | 5 |
> | E | 1,156,200 | 9 | 5 | 3 |
> | F | 784,000 | 6 | 3 | 5 |
> | G | 1,350,000 | 10 | 4 | 5 |
>
> ※ 성능은 10점 만점을 기준으로 하고 A/S는 5점 만점을 기준으로 한다.

① A, B, E   ② B, C, D   ③ B, E, G   ④ E, F, G

[50 ~ 51] 다음 자료를 바탕으로 이어지는 질문에 답하시오.

〈자료 1〉

202X년 서울 하프마라톤 대회를 개최하기 위해 3월 21일(토) 오전 중 일부 도로의 교통통제가 있을 예정이다. 코스는 1코스, 2코스 총 2가지로 필요한 범위 내에서 최소한으로 교통을 통제할 것이며, 1코스는 2코스와 겹치는 구간을 제외하고 한강변을 따라 조성된 한강공원을 통해 이동하므로 별도의 교통통제가 필요하지 않다.

	구간	교통통제	교통해제
1	코엑스사거리 ~ 영동대교 북단교차로	07 : 50	09 : 00
2	영동대교 북단교차로 ~ 잠실대교 북단교차로	08 : 09	09 : 22
3	잠실대교 북단교차로 ~ 잠실대교 남단삼거리	08 : 17	09 : 42
4	잠실대교 남단삼거리 ~ 잠실종합운동장 동문	08 : 24	10 : 10

〈자료 2〉

▷ 1코스(1,000명) : 21.098km

코엑스(출발) ~ 영동대교 ~ 잠실대교 남단삼거리 ~ 한강공원 ~ 광나루 한강공원(반환점) ~ 잠실종합운동장 호돌이광장(골인)

▷ 2코스(2,000명) : 10km

코엑스(출발) ~ 영동대교 ~ 잠실대교 남단삼거리(반환) ~ 잠실종합운동장(동문) ~ 잠실종합운동장 호돌이광장(골인)

〈자료 3〉

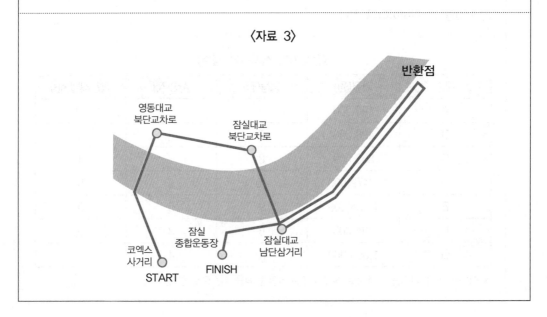

50. 위 자료를 바탕으로 교통통제 안내도를 작성하고자 한다. 다음 〈조건〉에 가장 부합하는 안내도는?

조건

• 교통통제 시간이 다른 구간을 구별해서 표시하도록 한다.
• 마라톤 코스에 나온 도로명(지역명)이 어디인지 알기 쉽게 한다.
• 우회가능한 주변 교량과 도로를 표기한다.

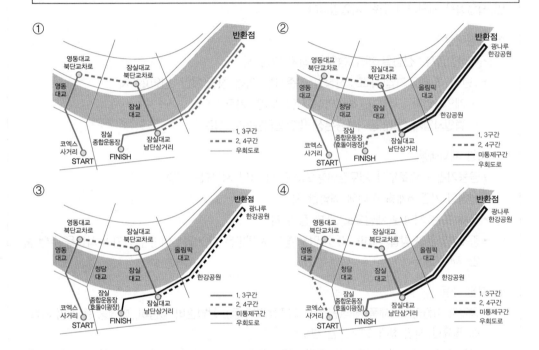

51. 마라톤 코스에 일정 거리마다 부스를 설치하여 생수, 간식, 스펀지를 비치하고자 한다. 생수는 코스 시작 후 5km부터 2.5km마다, 간식은 시작 후 7.5km마다 비치하고 스펀지는 시작 후 5km 마다 비치된다. 1코스와 2코스가 갈라지는 잠실대교 남단삼거리가 시작 후 8km 지점에 해당한 다면 각각 비치되는 물품의 수량은? (단, 비치되는 물품은 모든 참가자가 매 부스마다 사용할 수 있는 수량을 비치하며, 결승점에는 비치하지 않는다)

번호	생수(개)	간식(개)	스펀지(개)
①	11,000	4,000	6,000
②	11,000	5,000	6,000
③	13,000	5,000	8,000
④	13,000	6,000	8,000

[52 ~ 53] 다음 상황을 보고 이어지는 질문에 답하시오.

창업지원센터에서 근무하는 T는 새로 시작하는 창업지원사업의 전반을 맡아 진행하고 있다.

〈20△5년 창업지원사업 안내〉

'창업지원사업'이란, 우수한 아이디어와 기술을 보유한 창업자 및 창업 초기기업을 발굴, 체계적인 사업화를 지원하기 위한 사업입니다.

◈ 신청대상
- 예비창업자 : 신청일 현재 창업을 하지 않은 자
- 1년 이내 창업기업 대표 : 신청일 기준 1년 이내 창업(개인, 법인)한 자
  - 개인사업자 : 사업자등록증명상 사업개시일 기준
  - 법인사업자 : 법인등기부등본상 법인설립등기일 기준

◈ 지원 제외대상
- 금융기관 등으로부터 채무불이행으로 규제 중인 자 또는 기업
- 신청일 기준 6개월 이내에 폐업한 자
- 국세 또는 지방세 체납으로 규제 중인 자
- 중소기업청의 창업사업화 지원사업을 통해 지원받은 자(기업), 이미 선정되어 사업을 수행 중인 자(기업)

◈ 지원 내용
- 창업자 지원금 : 시제품 제작(인건비, 외주용역비 등), 창업준비 활동비, 마케팅 등 창업사업화에 필요한 자금(최대 5천만 원 한도)
- 창업 프로그램 : 회계, 법률 등 교육 프로그램과 멘토링, 창업 단계별 맞춤형 특화 프로그램 지원

◈ 신청 및 접수
- 신청기간 : 20△5년 4월 1일(화) ~ 4월 22일(화) 17 : 00까지
- 신청방법 : 창업넷(www.changup.net)을 통해 신청

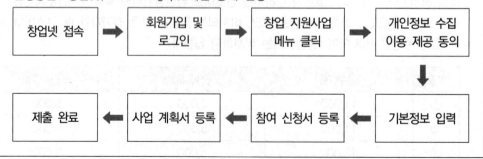

52. 다음 중 위 자료에 따른 창업지원 대상이 아닌 자는?

① 세금 체납 이력이 없는 자

② 법인등기부등본상 20△3년 10월에 폐업한 기업

③ 법인등기부등본의 법인설립등기일이 20△4년 1월인 법인의 대표자

④ 개인 또는 법인 창업 이력이 없는 자

53. T는 상사의 지시를 받고 다음과 같이 보도 자료를 작성했다. 다음 중 잘못 정리된 것은?

> 창업넷에서는 우수한 아이디어와 기술을 보유한 창업자 및 창업기업을 발굴하고 이를 지원하기 위한 '20△5년 창업지원사업'을 진행한다. 선정된 창업자 및 창업기업에게는 시제품 제작 및 창업준비 활동비, 마케팅 등 ① 창업 사업화에 필요한 자금을 최대 5천만 원 한도까지 지원하며, ② 회계·법률 등 교육 프로그램과 창업단계별 특화 프로그램 지원을 통해 체계적인 창업활동을 지원할 방침이다. ③ 신청대상은 예비창업자 및 신청일 기준 1년 이내 창업한 자이며, 오는 4월 1일부터 22일까지 ④ 창업넷 홈페이지(www.changup.net)을 통해 별도의 회원가입 없이 신청이 가능하다.

[54 ~ 55] 다음 자료를 보고 이어지는 질문에 답하시오.

〈금융교육프로그램〉

1. 프로그램 개요
   - 수혜 대상 및 운영 기간
     - 수혜 대상 : 전국의 초등학교 저학년(1 ~ 3학년) 및 고학년 학생(4 ~ 6학년), 중학생, 고등학생
     - 예산 운영 기간 : 20XX년 9월 4일 화요일 ~ 9월 27일 목요일
     - 교육 시간 및 장소 : 매주 화, 수, 목요일 오전 9 : 30 ~ 12 : 30 청소년금융교육센터
     - 신청 기간 : 20XX년 7월 3일 오전 9시 ~ 20XX년 7월 13일 오후 9시

   - 선정 학교 관련
     - 선정 결과 : 20XX년 7월 19일 이후 선정 학교 순차적으로 유선 통보
     - 선정 기준 : 선착순 모집

       > ‣ 선정 기간 내 전산신청 후 3일 이내 신청서를 팩스나 인터넷으로 신청하지 않을 경우 신청 취소
       > ‣ 한 시간(60분)당 직원 2명, 자원봉사자 1명 배정(시간단위별 인력 공개)
       > ‣ 반드시 분류 대상에 맞는 프로그램을 신청해야 전산상으로 신청등록 가능
       > ‣ 교육기부 프로그램이므로 프로그램의 진행에 사용되는 모든 비용은 주최 측에서 부담
       > ‣ 예상 인원이 정원의 90% 이상이어야 신청 가능

2. 프로그램 주요 내용 및 기타사항
   - 프로그램 주요 내용

분류	정원	내용
어린이 금융 체험교실(저학년)	20명	은행, 카드, 증권, 보험 및 소비활동을 다양한 미션 수행을 통해 체험함으로써 저축의 중요함과 금융에 대한 올바른 이해를 도모
어린이 금융 체험교실(고학년)		
진로직업체험교육 (중등 / 고등)	35명	실제 은행과 동일한 환경의 체험관에서 은행업무 및 금융기관 이해를 도모

   ※ 학생 체험교육 동안 교사, 학부모님께 각각 한국금융사박물관 도슨트, △△은행관리본부 강의를 제공합니다.

   - 기타사항
     - 교육 신청 접수기간 중 교육희망일이 모두 신청될 경우 접수가 조기에 마감될 수 있음.
     - 교육 일시 변경 불가(신청 일시에 진행 불가한 경우 반드시 담당자에게 미리 연락)
     - 교육 내용은 대상자 수준에 맞추어 조정 가능(초등학생에 한함)

54. 다음은 사원 Z가 7월 14일에 확인한 금융교육프로그램 신청 현황이다. 신청 현황과 안내문을 참고하여 대상학교를 선정하려고 할 때, Z가 선정할 수 있는 학교를 모두 고르면?

학교명	교육 대상	신청 프로그램	인원	신청일시	교육 희망일자	신청서 제출일시
A 초등학교	1학년	어린이금융체험교실 (저학년)	18	7월 3일 13 : 00	9월 4일	7월 8일 12 : 00
B 고등학교	2학년	진로직업체험교육	33	7월 10일 15 : 00	9월 26일	7월 11일 15 : 00
C 초등학교	5학년	어린이금융체험교실 (고학년)	20	7월 3일 21 : 00	9월 7일	7월 4일 14 : 00
D 중학교	3학년	진로직업체험교육	31	7월 7일 12 : 00	9월 11일	7월 10일 10 : 00
E 고등학교	1학년	진로직업체험교육	34	7월 4일 16 : 00	9월 11일	7월 5일 16 : 00
F 초등학교	3학년	진로직업체험교육	35	7월 13일 09 : 00	9월 11일	7월 14일 09 : 00
G 중학교	1학년	진로직업체험교육	30	7월 6일 12 : 00	9월 26일	7월 8일 15 : 00

① A 초등학교, C 초등학교   ② B 고등학교, E 고등학교

③ C 초등학교, E 고등학교   ④ D 중학교, B 고등학교

55. 다음 지시에 따라 작성할 내용으로 적절하지 않은 것은?

> 지시사항 : 사업을 진행하면서 자주 있었던 질문들을 정리해서 다음 공고에 첨부하면 좋겠습니다. 관련된 내용을 정리해서 업로드해 주세요.

금융교육프로그램 Q&A
[질문 1] 저는 ○○중학교 경제 교사입니다. 수업과 연계하여 저희 학교 학생들을 대상으로 금융기관직업체험 교육을 진행하고 싶습니다. 총 35명의 남학생들을 데리고 할 텐데, 프로그램이 진행되는 동안 은행 주최 측에서 모든 아이들을 관리할만한 인력을 제공하는 건지 궁금합니다.

답변	① 한 프로그램이 진행되는 동안 원활한 수업진행을 위해 총 9명이 투입됩니다. 따라서 ② 그동안 선생님은 자유롭게 쉬시거나 원하신다면 한국금융사박물관의 도슨트 프로그램을 들으실 수 있습니다.

[질문 2] 저는 섬에 있는 초등학교 4학년 학생들의 담임교사입니다. 아이들이 아직 금융 관련된 지식을 접해보지 못해서 고학년 프로그램을 들을 수 있을지 걱정이 되어 저학년 교실 프로그램으로 신청해도 될지 궁금합니다. 또, 가장 큰 문제는 금융교육을 신청하여 선정이 된다고 해도 교통이 아주 불편해서 오전에 도착하기가 어려울 것 같은데 진행할 수 있을까요?

답변	③ 대상의 수준에 맞추어 어린이금융체험교실(저학년)을 신청하시는 것도 가능합니다. ④ 다만, 안내문에 제시된 일시(오전) 외에는 교육 신청이 어려우며 이 부분은 조정이 불가합니다.

[56 ~ 60] 다음 글을 읽고 이어지는 질문에 답하시오.

　　빠르면 3년 후쯤에는 영화에서나 보던 하늘을 나는 자동차를 일상에서 탈 수 있게 된다고 한다. '스카이카(Sky Car)', '플라잉카(Flying Car)'라고 불리는 하늘을 나는 자동차는 단순히 도로와 하늘에서 모두 운행이 가능한 운송수단을 넘어 우리 삶에 다양한 변화를 가져올 것으로 기대되고 있다. 항공기와 자동차의 기능을 결합해 반경 10m의 좁은 공간에서 이·착륙이 가능한 스카이카는 현재 항공기와 충돌을 막기 위해 고도 8,000m 이상은 비행할 수 없도록 제한되고 있다. 스카이카 운전자는 운전면허와 비행면허 두 가지를 모두 가지고 있어야 한다.

　　스카이카는 교통 문제를 해결하고, 나아가 인류의 생활을 보다 발전시키기 위한 미래 교통수단이다. 일반 자동차처럼 도로 위를 마음껏 달리면서도 필요하면 얼마든지 자유롭게 하늘을 날아서 빠르게 목적지까지 이동할 수 있다. 다시 말해 스카이카는 누구나 한 번 쯤은 꿈꿔봤을 미래의 모습을 현실로 만들어주는 드림머신(Dream Machine)이다. 이러한 성공적인 스카이카 개발 사례들은 21세기에 접어들면서 등장하기 시작했다.

　　1926년 '자동차의 왕' 헨리 포드가 1인용 스카이카 '스카이 플라이버'를 만든 이후 하늘을 나는 자동차의 가능성을 발견한 인류는 끊임없이 스카이카 제작에 매달렸다. 1937년 에어로빌사에서 제작한 'Whatsit'와 1949년에 개발된 '테일러 에어로카' 등은 달리는 추진력을 이용하여 고안된 것으로 이때부터 비행기와 자동차 중간쯤으로 보이는 스카이카들이 나타나기 시작했다.

　　처음에는 주로 소재와 기술의 한계를 시험하거나 단순한 호기심에서 시작한 것이었지만 현재는 부자들의 럭셔리한 운송수단 정도로 여겨지고 있으며, 시간이 흐를수록 점점 속도도 빨라지고 연비도 좋아졌으며 무엇보다 안전한 스카이카들이 속속 등장하고 있다.

　　미국 테라퓨지아(Terrafugia)에서 만든 '트랜지션(Transition)'은 2009년 비공개 시험비행에 성공하고 2013년 공개된 시험비행을 통해 10분 비행 인증을 받은 스카이카이다. 도로에서는 100km/h, 도로 주행 중 이륙 후에는 비행속도 180km/h로 날 수 있다. 이것은 당시 사전예약판매 열기가 뜨거웠을 정도로 관심을 모았다. 또한 지난해 구글이 투자한 미국 기업 키티 호크는 1인승 비행 자동차 '키티 호크 플라이어(Kitty Hawk Flyer)'를 개발했는데, 아직 도로를 달리지는 못하지만 활주로 없이도 프로펠러를 이용한 수직 이착륙이 가능하여 레저용으로 판매되고 있다. '우버(Uber)'와 '벨 헬리콥터(Bell Helicopter)'가 공동으로 개발하고 있는 '우버에어(Uber Air)'는 말 그대로 하늘을 나는 택시이다. 2023년 상용화를 목표로 현재 개발 중이며 특정 빌딩의 옥상 헬리콥터장 등 이·착륙이 가능한 장소에서 비행 택시를 호출하는 서비스가 곧 이루어지게 된다고 한다. 뿐만 아니라 네덜란드 회사인 PAL-V의 '리버티(Liberty)'는 세계 최초의 생산 비행 차량이며, 유럽항공 안전국과 미연방 항공국의 인증을 받아 우버에어와 같은 상업용 비행 차량으로 활용될 예정이다.

　　현재까지의 스카이카의 비행 방식은 크게 두 가지로 나눌 수 있는데, 자동으로 펼쳐지고 접을 수 있는 날개를 이용해 일반 비행기와 같이 날아다니는 CTOL 형태와 장착된 회전 날개를 이용해 수직이착륙이 가능한 VTOL이다. CTOL은 이륙을 위해 활주로가 꼭 필요하기 때문에 장소에 많은 제약을 받는다. 착륙 시에도 마찬가지로 활주로가 필요하므로 아무 장소에서나 비행을 하기는 어

1회 기출예상

2회 기출예상

3회 기출예상

4회 기출예상

5회 기출예상

6회 기출예상

인성검사

면접가이드

럽디. 따라서 실질적인 스카이카로서의 실용성은 수직이착륙이 가능해 아무 장소에서나 자유롭게 비행할 수 있는 VTOL이 더 높은 편이다. 하지만 VTOL은 CTOL에 비해 속도가 느리고 효율이 나쁜 단점이 있다.

56. 다음 중 위의 글을 참고로 스카이카에 대하여 판단할 수 있는 내용으로 적절하지 않은 것은?

① 스카이카의 등장은 운송수단으로서의 개념을 넘어 삶에 획기적인 변화를 몰고 올 것이다.
② 진정한 스카이카의 의미는 지상을 달리는 기능과 하늘을 나는 기능이 모두 있어야 한다.
③ 스카이카의 개발이 진행되면서 현재는 가격도 대중화 단계에 접어들었다.
④ 활주로가 없어도 비행이 가능한 방식은 VTOL 방식이다.

57. 다음 중 스카이카의 상용화를 위한 선결과제라고 볼 수 없는 것은?

① 기후 변화와 같은 위험에 대한 대처능력을 개발해야 한다.
② 대중화를 위해 소재 개발과 개발비 인하가 이루어져야 한다.
③ 저층 건물의 옥상에도 이·착륙 시설을 확충해야 한다.
④ 소음, 환경 문제 등을 규제하고 관리할 법과 제도를 확립해야 한다.

58. 다음 중 위의 글에서 언급된 스카이카의 모델과 비행 방식이 올바르게 연결된 것은?

① 키티 호크 플라이어 – CTOL   ② 리버티 – CTOL
③ 트랜지션 – VTOL   ④ 우버에어 – VTOL

59. 각 스카이카의 특징으로 가장 적절한 것은?

① 헨리 포드가 만든 '스카이 플라이버'를 시작으로 사람들은 스카이카 제작에 매달리기 시작했다.

② 2009년 공개 시험비행에 성공한 스카이카는 미국 테라퓨지아에서 만든 '트랜지션'으로 이후 2013년에 있었던 시험비행으로 비행 인증을 받았다.

③ 프로펠러를 통한 수직 이착륙이 가능한 '키티 호크 플라이어'는 당시에 사전예약판매 열기가 매우 뜨거웠다.

④ '리버티'는 세계 최초의 생산 비행 차량으로 도로 주행 시 100km/h, 이륙 후 비행 속도는 180km/h가 된다.

60. 다음 스카이카에 대한 대화 중 적절하지 않은 발언을 한 사람은?

> A : 스카이카를 운전하려면 운전면허뿐만 아니라 비행면허도 취득해야 해.
> B : 날개가 고정되어 있는 것보다 접을 수 있는 스카이카의 속도가 더 빨라.
> C : 스카이카가 생활에서 활용되기 위해서는 주유 문제나 연비 개선 등의 기술개발이 이루어져야 할 거야.
> D : 유럽항공 안전국이나 미연방 항공국의 인증을 받았다면 우리나라에서도 활용될 수 있어.

① A   ② B

③ C   ④ D

01. 다음 신문을 읽고 나눈 대화로 가장 적절한 것은?

▲▲일보

○○일보 제12333호1 I 20◇◇년 ○○월 ○○일 화요일   안내전화 02-000-0000 I http://www.○○○○.com

대한민국은 지금 '욜로(YOLO)' 열풍

　최근 젊은 세대를 중심으로 '어차피 한 번뿐인 인생, 즐기며 살자.'며 현재의 행복감을 중시하는 YOLO(You Only Live Once)가 대중적인 트렌드로 자리 잡고 있다. 먼 미래를 준비하기보다는 현재 자신이 누릴 수 있는 최대한의 소비를 통해 만족감을 얻는 모습이다. 예를 들어 주택마련, 노후 준비 같은 먼 미래의 목적보다는 지금 당장 누릴 수 있는 취미생활이나 여행에 아낌없이 소비하며 살아간다. 저성장, 청년실업 등 미래를 기대하기 힘든 사회의 분위기 탓에 유행하는 풍조일 것이라는 분석이다.

　이외에도 '탕진잼'이나 '탕감비용' 같은 신조어도 나오고 있는 상황이다. 일정 금액을 정해놓고 필요 여부에 관계없이 막 써버리는 과정에서 재미를 느끼거나 스트레스가 쌓였을 때 필요 이상 비싼 물건을 사는 등 감정적인 소비를 해버린다. 소비를 통해 일상에서 받은 스트레스를 해소하는 모습으로 나타나는 것이다.

　일부 사람들은 '욜로족'에 따가운 눈초리를 보내기도 한다. 하지만 욜로족의 소비는 단순히 이런 물건에 대한 욕구를 채우는 것을 넘어 삶의 질을 높이려는 이상을 실현하는 과정이라는 점에서 과소비와는 다르다. 가장 대표적인 여가 비용은 여행이다. 최근 해외 여행족이 큰 폭으로 증가한 것도 욜로의 확산과 무관하지 않다. 과거 많은 사람이 미래를 위한 저축에 큰 가치를 두었다면 최근에는 돈이 아닌 경험을 하는 것에 더 큰 가치를 두는 부류가 증가한 것이다.

---

① 욜로는 그저 과소비를 조장하는 문화에 지나지 않아.

② 욜로족에 대해서 찬성하는 의견과 반대하는 의견이 동시에 나타나고 있어.

③ 사람들은 '욜로'라는 과소비 문화에 빠지게 한 사회 현실을 바꾸기 위해 노력해야 해.

④ 욜로는 '현재를 즐기자'는 말을 몸소 실천하는 전 세대에 걸쳐 유행하고 있는 주목할 만한 큰 흐름이야.

02. 제시된 글의 제목으로 가장 적절한 것은?

지금도 관심 영역에 속해 있는 바이오연료는 화석연료의 대체 에너지로 향후 10년간 엄청난 관심을 불러일으킬 것이다. 태양광 에너지나 핵융합 에너지도 시장의 관심을 받기는 하겠지만 기술적인 문제가 해결되지 않는 한 화석연료와 같이 재료를 비교적 쉽게 구할 수 있는 바이오연료가 가장 먼저 주목받게 될 것이다. 따라서 에탄올, 프로판올, 뷰탄올, 바이오디젤, 바이오메스 및 유기 석유계 화합물 등의 바이오 에너지가 초반 대체 에너지 시장을 주도할 것이다.

대체 에너지 수요는 20X8년을 기점으로 급증할 것으로 전망된다. 에탄올 생산은 효율성과 가격 탓에 지금도 상승과 하락을 오락가락하고 있지만 화석연료의 고갈이 다가올수록 상승세를 이어 20X7년 350억 달러에서 20X8년에는 그 가치가 1,000억 달러를 돌파하며 세계가 바이오원료를 원하게 된다. 이에 따라 에탄올 제조를 위한 옥수수 생산량은 약 760억 리터로 증가할 것이다. 에너지 전문가들은 20X8년 에탄올이 1,000억 달러 시장으로 성장하면서 화석연료 사용량을 능가할 수도 있다고 이야기한다. 한편 20X2년 미세조류(micro-algae)로 수입 원유의 17%를 대체하겠다는 발표 이후 미세조류를 원료로 한 에너지 시장도 급성장할 것으로 보인다.

EU 국가들은 현재 연료 사용의 약 10%를 바이오연료로 충당하고 있다. EU는 브라질에 이어 바이오연료의 두 번째 생산지이며 세계 산림의 약 22%를 보유한 러시아는 선도적인 바이오메스 생산국이다. 국제적 기업들은 아프리카의 모잠비크, 탄자니아에서 바이오연료를 수출하는데, 자트로파이(생낙엽수의 일종으로 검은 씨앗에서 나오는 기름이 바이오디젤의 원료로 사용된다) 재배로 매년 4만 톤 이상의 바이오디젤을 생산한다. 인도와 중국도 바이오연료 생산을 늘리고 있다. 하지만 바이오연료는 논쟁의 여지가 있다. 생산에 필요한 토지는 식량 생산과 경쟁하는 탓에 에탄올 생산량이 증가할수록 수많은 농산물 가격 역시 상승한다. 또한 토양 침식, 삼림 벌채, 물 부족 문제도 수면에 떠오를 것이다.

해수 농업이 여기에 해결책이 되어줄 수 있다. 유전자 변형 등의 개량을 통해 농산물을 바닷물로 생산하는 해수 농업 기술이 개발되면 담수가 부족한 지역에서도 농작물 생산이 가능해지며, 식물을 생산하는 과정에서 이산화탄소를 흡수해 온실가스로 인한 지구 온난화 문제에도 해결책이 되어줄 것이다. 지구의 물 가운데 97%를 차지하는 바닷물은 지구에서는 흔치 않게 무한한 자원이다. 해수 농업이 가능해진다면 에너지는 물론 기후 변화와 식량 부족의 대안이 될 수도 있다. 현재 해수를 통한 작물 재배 방법이 전 세계적으로 활발하게 연구되고 있다.

① 바이오연료로 안정적인 에탄올

② 대체에너지의 해결책인 해수 농업

③ 핵융합 에너지의 안전평가

④ 바이오연료 시장의 급속한 성장가능성

03. 보고서를 작성할 때 자주 사용하는 문장들을 수정하고자 한다. 다음 중 가장 적절하게 수정된 것은?

① 타 부서 및 타 기관의 요청에 대하여 신속 및 정확한 대응 및 방안을 제시한다.

　　→ 타 부서와 타 기관의 요청에 신속하고 정확하게 대응하고 방안을 제시한다.

② 마케팅 계획 및 전략 수립 시 영업부서의 의견을 반영하도록 한다.

　　→ 마케팅 계획과 전략 수립 시 영업부서의 의견을 반영할 수 있다.

③ 적절한 담당자의 도움을 받아 연구 및 프로젝트 수행을 할 수 있다.

　　→ 적절한 담당자의 도움으로 연구와 프로젝트 수행을 할 것이다.

④ 프로젝트 진행 과정 판단 미숙으로 문제 발생 확률 예측 실패야기 가능성을 점검한다.

　　→ 프로젝트 진행을 잘못 판단하여 문제가 발생할 확률을 예측하지 못하는 일이 발생하지 않도록 점검한다.

04. 다음 글의 ⊙과 ⓒ에 들어갈 말로 가장 적절한 것은?

> 옛날에는 단순하고 노골적인 방식으로 이루어지는 검열방법을 사용하였는데, 체제에 도전하는 서적들을 간행하지 못하게 하는 방법이 그것이었다. 그러나 오늘날에는 검열의 양상이 사뭇 달라졌다. 이제는 정보를 (　　⊙　　) 검열한다. 오히려 이 방법이 한층 효과적이기 때문이다.
>
> 홍수처럼 쏟아져 나오는 무의미한 정보들 속에서 사람들은 정작 중요한 정보가 어떤 것인지 갈피를 잡지 못한다. 텔레비전 채널이 늘어나고 한 달에 수천 종의 소설이 쏟아져 나오며, 온갖 종류의 비슷한 음악들이 어느 곳에서나 퍼져 나가는 상황에서 혁신적인 움직임이란 나타날 수 없다. 설령 새로운 움직임이 출현한다 해도 대량 생산되는 정보들 속에서 묻혀 버리고 만다.
>
> 결국 이 거대한 진창 속에서는 대중매체가 만들어 낸 상품들만이 살아남는 것이다. 사람들은 그 상품들이 가장 인기가 있다는 점 때문에 마음 놓고 소비한다. 텔레비전에서는 게임과 쇼, 문학에서는 자전적 이야기, 음악에서는 '수려한 육체를 지닌' 사람들이 단순한 선율에 담아 제시하는 사랑 노래들이 판을 치고 있다.
>
> 과잉은 창조를 익사시키고 비평은 마땅히 이 예술적 범람을 걸러 낼 책임을 져야 함에도 불구하고 (　　ⓒ　　) 앞에 주눅이 들어 버린다. 이 모든 것이 빚어내는 결과는 자명하다. 기성 체제에 도전하는 새로운 것이 전혀 나타나지 않게 되는 것이다. 결국 그토록 많은 에너지를 소모하고 있음에도 변하는 것은 아무것도 없는 셈이다.

　　　　　⊙　　　　　　　　　ⓒ　　　　　　　　　　　⊙　　　　　　　　　ⓒ

① 범람시킴으로써　　정보의 홍수　　　① 범람시킴으로써　　검열의 장벽

③ 선별함으로써　　　정보의 바다　　　③ 선별함으로써　　　검열의 그림자

05. 다음 ㉠ ~ ㉢에 들어갈 말의 조합으로 가장 적절한 것은?

최근 잇따른 원자력발전소의 고장으로 올 여름 전력대란 위기가 조기에 가시화되고 있는 가운데 정부가 관련 대책 마련에 부심하고 있습니다. 31일 정부가 올 여름 전력비상수급 대책을 발표할 예정인 가운데 하나의 방안으로 보다 강력한 '선택형피크 요금제' 시행을 검토하고 있는 것으로 알려졌습니다.

선택형피크 요금제는 대규모 산업용·일반용 기업을 대상으로 전력피크를 줄여 전력수요 절감을 (㉠)하기 위해 마련된 제도입니다. 전력피크 발생일과 시간대에 상대적으로 높은 할증 요금을 부과하는 대신, 부하가 낮은 일자와 시간대에는 낮은 할인 요금을 부과하는 방식입니다. 피크일과 피크시간대에 발생하는 전력부하를 다른 시간대로 이전을 유도하는 데 목적이 있으며, 이미 미국·프랑스·대만 등 외국에서도 널리 활용되고 있습니다. 국내에서도 지난해 겨울 동계전력비상수급대책의 일환으로 이 제도를 도입, 평상시 요금을 할인하는 대신 피크일 및 피크시간대에 3 ~ 5배의 할증요금을 부과하도록 했었습니다.

이미 전력요금은 대상에 따라 기존 계절별 요금제에서 지난해부터 계시별(계절·시간대별 차등) 요금제까지 적용되는 등 절전을 유도하는 방향으로 강화되고 있습니다. 이 달부터는 합리적인 전력 사용을 유도하기 위해 기존 일반용·산업용 계약전력 300kW 이상에 적용했던 계시별 요금제를 일반용·산업용 고압 사용자 전체로 확대한 상태입니다. 정부는 선택형피크 요금제가 현재 적용 중인 계시별 요금제의 차등률이 보다 확대 적용되는 것이라고 설명하고 있습니다.

정부는 현재 타 수요관리제도와 연계해 가입대상 및 차등률 등을 검토하고 있으며, 6월 중 희망 기업을 모집한 후 7 ~ 8월 중 적용할 계획입니다. 현재 하계 중 시간대별 차등요금 차등률(경부하시간대 전력량요금 대비 최대부하시간대 전력량요금 비율)은 3.2 ~ 3.3배 수준으로 올 여름에는 보다 강력한 수요관리 대책이 요구되는 만큼 이보다 (㉡) 수준에서 책정될 가능성이 큽니다. 산업통상자원부는 전력사용자의 부하절감 노력에 따라 전기요금 부담이 경감될 수 있다면서 전기소비자의 전력사용패턴, 부하절감 여력 등에 따라 스스로 가입 여부를 판단할 수 있도록 할 것이라고 밝히고 있습니다.

전문가들은 현재 시행되고 있는 계시별 요금제를 시간대별로 요금을 다르게 적용하는 선택형 피크 요금제로 전환하면, 시간대별 가격 수준을 통해 소비자의 수요 반응을 유도할 수 있어 보다 합리적인 전력소비가 가능하다는 의견을 내놓고 있습니다. 현재 전력대란 위기가 여름이나 겨울철 모두 특정시간대 최대수요가 많이 발생하는 점에 착안한 것이라고 할 수 있습니다. 특정시간대에만 수요 조절이 이뤄질 수 있으면 현재와 같은 전력위기는 충분히 극복할 수 있다는 분석입니다.

그러나 이보다 중요한 문제는 참여율이라고 할 수 있습니다. 지난해 겨울에도 정부는 동계 전력비상수급 대책의 일환으로 선택형 피크요금제를 실시했었지만 기업들의 저조한 참여로 당초 기대에 미치지 못한 바 있습니다. 많은 기업들이 이 제도를 통해 받을 수 있는 전력요금 할인 혜택이 (㉢) 판단해 적극적으로 나서지 않은 탓입니다. 이 때문에 당시 정부는 이 제도를 통해 평균 전력수요를 약 20만kW 줄이겠다는 목표를 세웠지만 달성이 쉽지 않았습니다.

정부가 잇따른 원전 고장으로 전력위기 경보가 조기에 발동된 이 시점에서 선택형 피크요금제의 요금체계와 지원혜택을 어떻게 개선해 참여율을 제고할 수 있을지 주목되고 있습니다.

	㉠	㉡	㉢		㉠	㉡	㉢
①	강제	높은	크다고	①	강제	낮은	크지 않다고
③	유도	높은	크지 않다고	③	유도	낮은	크다고

1회 기출예상
2회 기출예상
3회 기출예상
4회 기출예상
5회 기출예상
6회 기출예상
인성검사
면접가이드
www.gosinet.co.kr gosinet

06. A 공사 총무기획팀 B 대리는 신규 사업과 관련된 아래의 이메일을 전달받았다. 다음 중 B 대리가 이를 이해한 내용으로 가장 적절하지 않은 것은?

발신 : 홍보팀 K 과장

수신 : 총무기획팀 B 대리

제목 : "빈집 재생 프로젝트" 2차 기획 회의

"빈집 재생 프로젝트" 시행을 위한 2차 기획 회의와 관련하여 다음과 같이 안내하오니 참고하시어 제반 사항을 진행해 주시기 바랍니다.

1. 프로젝트 2차 기획 회의 개요
   - 참석자 : 홍보팀, 총무기획팀, 전략기획팀 각 2인 이상(대리급 이상 실무 담당자)
   - 장소 : 본사 제2회의실(1002호)
   - 일시 : 2021년 2월 19일(금) 13 ~ 15시

2. 프로젝트 2차 기획 회의 내용
   - "빈집 재생 프로젝트" 시행 진행상황 점검(1차 회의 시 작성한 체크리스트 활용)
   - 프로젝트 대상지역 선정 조사 결과를 반영하여 기획보고서 초안 수정 및 보완
   - 프로젝트의 성공 가능성, 사업의 기대효과에 대한 논의
   - 향후 진행 일정 점검 및 부서별 업무 분장 확립

기타 문의사항은 홍보1팀 Y 대리에게 문의해 주시기 바랍니다.

〈첨부〉 1) 빈집 재생 프로젝트 기획보고서 초안 1부
      2) 프로젝트 1차 회의 회의록 1부

– 끝 –

---

① 이번 회의의 참석 대상자는 기획, 홍보팀의 대리급 이상 실무담당자들이니 참석 규모를 6 ~ 10명 정도로 예상하면 되겠어.

② 2차 회의의 목적은 신규 사업인 "빈집 재생 프로젝트"의 진행상황을 확인하고 향후 일정을 점검하는 것이군.

③ 회의 진행에 대해서 문의하려면 전략기획1팀의 Y 대리와 연락을 해봐야겠어.

④ 이번 2차 회의에서는 "빈집 재생 프로젝트"의 가능성 여부와 대상지역, 사업의 기대효과에 대해서 논하게 되겠구나.

07. ○○공사에서 근무하는 A 사원이 정부 부처에서 발표한 다음의 보도 자료를 정리한 내용으로 적절한 것을 모두 고르면?

여름철 감염병 예방·관리를 위한 비상방역체계 운영
−A형 간염 예방을 위해 안전성이 확인된 조개젓만 섭취, 조개류 익혀 먹기−

▫ 질병관리청(청장 정△△)은 수인성·식품매개감염병 증가에 대비하여 본격적으로 하절기가 시작되는 5월 1일부터 10월 4일까지 전국 시·도 및 시·군·구 보건소와 함께 비상방역 근무 체계를 운영한다고 밝혔다.

▫ 질병관리청은 올해 A형 간염 환자 발생이 20X1년에 비해 크게 감소하였으나 최근 발생이 증가하고 있어 A형 간염 예방 및 전파 차단을 위해 안전성이 확인된 조개젓만 섭취하고, 조개류는 익혀 먹는 등 A형 간염 예방수칙을 준수할 것을 권고하였다.

> ### 〈A형 간염 예방 수칙〉
> − 안전성이 확인된 조개젓 섭취
> − 조개류 익혀 먹기
> − 요리 전, 식사 전, 화장실 다녀온 후 비누로 30초 이상 손 씻기
> − 안전한 물 마시기
> − 채소나 과일은 깨끗하게 씻어 껍질 벗겨 먹기
> − A형 간염 예방접종 권고(2주 이내 A형 간염 환자와 접촉한 사람 및 만성간질환 환자 등 고위험군)

ㄱ. 이 비상방역체계는 20X2년 전반기 수인성 감염병 증가에 대비하여 운영될 것이다.

ㄴ. A형 간염을 예방하기 위해서는 채소나 과일을 깨끗하게 씻어 껍질째로 먹는 것이 좋다.

ㄷ. A형 간염은 전염성을 가진 질병이다.

ㄹ. 조개류는 익혀 먹는 것을 권장하지만 안전성이 확인된 조개젓이라면 섭취해도 좋다.

---

① ㄱ, ㄴ

② ㄱ, ㄷ

③ ㄷ, ㄹ

④ ㄴ, ㄷ, ㄹ

08. 다음 글의 제목으로 가장 적절한 것은?

> 본격적인 여름이 시작되기 전 우리를 잊지 않고 찾아오는 불청객이 있다. 바로 우리의 목과 눈을 괴롭히는 오존(Ozone)이다. 오존은 특유의 냄새가 나고, 눈을 자극해서 따갑고, 호흡기 질환도 일으키기 때문에 오존량이 많은 날엔 노약자, 어린이는 외출을 자제해야 할 정도로 인체에 해로운 물질이다.
>
> 그러나 오존이라고 해서 모두 나쁜 것은 아니다. 기후변화와 관련된 이야기를 할 때면 항상 언급되는 것이 오존층 파괴다. 오존층은 지구 표면에서 약 10 ~ 50km 상공의 성층권에 존재하여 인류를 포함해 지구상에 생명체가 존재할 수 있도록 태양의 자외선을 차단하는 필터 역할을 하여 피부암, 피부노화 등을 막아준다.
>
> 지구에서 2번째로 강한 살균력을 자랑하는 오존은 적절히만 사용하면 우리에게 더 없이 유익하다. 더러운 하수를 살균하고 악취를 제거하는 기능을 물론이고 농약 분해, 중금속 제거, 유해물질 분해, 세균 사멸, 면역 반응 증진 등에도 오존이 활용된다. 또 고도의 청결을 요하는 반도체 생산공정에도 오존이 사용되고 최근엔 오존이 세포에 산소를 공급해 면역력을 높인다는 사실이 밝혀져 의료 분야에도 응용된다.
>
> 반면 대기오염 부산물로 발생하는 오존은 인체를 비롯한 생명체에 치명적이다. 자동차 배기가스, 공장 매연으로 인한 대기 오염이 오존 생성을 촉진한다. 특히 바람 한 점 없는 무더운 날에는 오존이 더욱 잘 생성된다.
>
> 오존은 자극성 및 산화력이 강한 기체이기 때문에 감각기관이나 호흡기관에 민감한 영향을 미친다. 오존으로 가장 치명적인 손상을 입는 기관은 호흡기다. 호흡기를 통해 체내에 들어온 고농도 오존은 기도나 폐포 등과 접촉하게 된다. 이 조직들은 여러 물질들을 함유한 액체의 막으로 덮여 있는데, 이 막이 얇은 경우에는 오존에 의해 조직이 직접 손상을 받을 수 있다. 막이 두꺼운 경우에도 오존이 액체와 반응하는 과정에서 2차적으로 반응성이 강한 물질들을 만들어 내 조직에 손상을 줘서 폐 기능을 약화시킬 수 있다.

① 강력한 살균기, 오존　　　　　　② 오존의 발생원인
③ 오존층이 지구에 주는 영향　　　④ 오존의 두 얼굴

09. 다음 안내문의 항목을 적절한 순서로 배열한 것은?

〈제7회 비만예방의 날 기념 정책세미나 개최 안내〉

가	주제	• 소아 · 청소년 비만의 사회적 요인 해결 방안 • 소아 · 청소년 비만예방을 위한 보험자의 역할 제언
나	발제 · 토론자	• 좌장 : 문○○(공단 비만대책위원장, 차의과학대학교 일반대학원장) • 발제자 : 박○○ 교수(서울대학교병원 소아청소년과) 　　　　　 오○○ 교수(동국대학교 일산병원 가정의학과) • 토론자 : 유○○(대한비만학회 이사장) 　　　　　 이○○(제주특별자치도교육청 학생건강증진센터 몸건강팀장) 　　　　　 허○○(부산광역시 남구 보건소장) 　　　　　 신○○(△△일보 부국장) 　　　　　 조○○(국민건강보험공단 건강증진부장)
다	일시, 장소	20XX. 01. 14. (금) 14 : 00 ~ 16 : 30, 한국프레스센터 19층 기자회견장
라	문의처	국민건강보험공단 건강보험정책연구원 연구행정부 ※ Tel : (033)736-2801, 2802 / Fax : (033)736-6300
마	주요 내용	• 소아 비만 증가 요인과 문제점, 해결 방안 등 • 소아 · 청소년 비만이 의료비 증가에 미치는 영향 및 예방을 위한 보험자의 역할 등

① 가 – 다 – 라 – 나 – 마　　　　　② 다 – 마 – 가 – 나 – 라

③ 가 – 다 – 나 – 마 – 라　　　　　④ 다 – 가 – 마 – 나 – 라

[10 ~ 11] 다음 글을 읽고 이어지는 질문에 답하시오.

블록체인 기술로 실시간 정산, 투명한 거래가 가능해지면서 에너지 시장도 본격 개방될 날이 머지않아 보인다. 1일 IT업계에 따르면 세계 각국에서 신재생 에너지 사업에 블록체인 기술을 도입하는 사례가 등장하고 있다.

현재 호주는 주 단위의 소유 기업에 의해 발전, 송전, 배전이 수직 통합된 독점 체제로 운영되고 있어 전기 요금이 비싸다. 가격 경쟁이 없다보니 수시로 전기 요금을 올렸기 때문이다. 이에 호주에서는 P2P 태양열 에너지 거래 플랫폼인 'PowerLedger(파워렛저)'가 등장했다. 지붕 위 태양광 등으로 전기를 생산하고 남는 전기를 개인 간에 거래할 수 있다. 파워렛저는 블록체인을 통해 에너지 거래 네트워크를 형성하고, P2P 에너지 거래를 싸고 쉽게 할 수 있는 코인을 발급해 태양열 에너지 사용을 활성화 시켜 지역 사회에 전력 서비스를 지원하는 것을 목표로 한다. 특히 에너지 생산·소비·판매 절차에 블록체인을 적용해 투명성을 보장하고, P2P 에너지 거래 시장을 활성화 시켜 전기 요금의 안정화를 추구한다. 파워렛저는 2016년 8월 호주 서부의 버셀턴(Busselton)에서 호주 최초로 P2P 에너지 거래 네트워크를 개발하고 시연했다. 이후 Vector NZ, Western Power WA 등 호주의 전력회와 파트너십을 체결했으며, P2P 블록체인을 지원하는 에너지 거래 플랫폼으로 발전했다.

이 같은 P2P 에너지 거래 플랫폼은 독일, 싱가포르뿐 아니라 우리나라에서도 진행되고 있다. 독일에서는 2016년 10월부터 블록체인 기반의 P2P 에너지 거래 시범 사업을 진행하고 있으며, 싱가포르에는 에너지 소비의 투명성과 보안 문제를 해결하는 P2P 전력 거래 플랫폼인 'Electrify(일렉트리파이)'가 있다.

우리나라에서는 과학기술정보통신부와 한국전력공사(한전)가 '블록체인 기반 이웃 간 전력거래 및 전기차 충전 서비스'를 구축했다. 2016년부터 전력거래가 가능한 기준을 마련하고 실증사업을 추진 중이다. 우리 정부가 구축한 블록체인 기반 전력거래 플랫폼은 실시간으로 최적의 프로슈머(지붕 위 태양광 등을 통해 전기를 생산하고 소비하는 사람)와 소비자를 매칭하고 '에너지포인트'로 즉시 거래할 수 있게 한다. 보유한 '에너지포인트'는 전기요금 납부 외에도 현금으로 환급받거나, 전기차 충전소에서 지급결제수단으로 활용할 수 있다. 우리 정부는 지난해 12월부터 한전의 인재개발원 내 9개 건물과 서울 소재 2개 아파트 단지를 대상으로 시범 서비스를 운영하고 있으며 관련 성과를 바탕으로 실증 지역을 점차 확대할 계획이다.

우리나라 기업 중에선 KT가 블록체인과 인공지능(AI) 기술을 결집한 '전력중개사업 시스템' 개발을 완료하고, 소규모 전력중개사업 진출을 앞두고 있다. 전력중개사업은 중개사업자가 1MW 이하의 신재생에너지, 에너지저장장치, 전기차 등에서 생산하거나 저장한 전기를 모아 전력시장에서 거래를 대행하는 사업이다. KT는 2016년 전력중개 시범사업자로 선정됐다. KT가 자체 개발한 블록체인 기술을 활용해 고객사와 발전량을 투명하게 공유하고, 수익을 실시간으로 정산할 수 있다. 기존에는 발전사업자와 중개사업자 각자가 저장한 발전량 장부를 대조하는 방식으로 정산액을 산출했기 때문에 일주일또는 한 달 단위로 정산할 수밖에 없었다. 또한 만약 서로의 장부가 일치하지 않을 경우 어느 쪽의 데이터가 옳은지를 밝혀내기도 쉽지 않았다. 하지만 KT는 발전량, 발전시간,

SMP(전력가격, System Marginal Price) 등 정산에 필요한 정보들을 블록체인화 해 고객사와 공유하기 때문에 실시간으로 정산이 가능하다. 게다가 위·변조가 사실상 불가능하기 때문에 복잡하고 반복적인 정산, 검증 없이 스마트 컨트랙트만으로 정산을 진행할 수 있다. KT는 소규모 전력중개 사업을 시작으로 향후 수요반응(DR) 등 다양한 스마트 에너지 상용 서비스에 블록체인 기술을 적용할 예정이다.

10. 윗글의 표제와 부제로 가장 적절한 것은?

① 아직도 갈 길 먼 '블록체인' – 위험성과 신뢰성이 검토되어야
② 세계 각국의 '블록체인' 활용법 – 호주와 독일 사례를 중심으로
③ '블록체인' 에너지 시장 개방 – '전기' 개인 간 거래 가능해져
④ '블록체인'으로 구현한 에너지 거래 – 정부 주도의 사업 선보여

11. 윗글에 대한 내용으로 적절하지 않은 것은?

① 호주에서는 에너지 생산·소비·판매 절차에 블록체인을 적용해 투명성을 보장하고 있다.
② 'PowerLedger(파워렛저)'는 호주 최초로 P2P 에너지 거래 네트워크를 개발하고 시연했다.
③ 우리 정부가 구축한 블록체인 기반 전력거래 플랫폼은 보유한 '에너지포인트'로 전기요금을 납부, 지급결제수단으로의 활용 외에도 현금으로 환급받을 수 있다.
④ 전력중개사업은 발전사업자가 신재생에너지, 에너지저장장치, 전기차 등에서 생산하거나 저장한 전기를 모아 전력시장에서 거래하는 사업을 말한다.

1회 기출예상
2회 기출예상
3회 기출예상
4회 기출예상
5회 기출예상
6회 기출예상
인성검사
면접가이드

12. 다음은 '과학 기술자의 책임과 권리'에 대한 개요이다. 본론 중 아래 〈참고자료〉 (ㄱ), (ㄴ)을 활용하여 수정하거나 추가할 항목은?

I. 서론 : 과학 기술의 사회적 영향력에 대한 인식

II. 본론

  1. 과학 기술자의 책임

    가. 과학 기술 측면 : 과학 기술 개발을 위한 지속적인 노력

    나. 윤리 측면 : 사회 윤리 의식의 실천

  2. 과학 기술자의 권리

    가. 연구의 자율성을 보장받을 권리

    나. 비윤리적인 연구 수행을 거부할 권리

III. 결론 : 과학 기술자의 책임 인식과 권리 확보의 중요성

〈참고자료〉

(ㄱ) A 신문에 실린 기사

    ○○연구소에서 일어난 실험실 폭발 사고는 우리나라 젊은 과학 기술자들이 얼마나 열악한 환경에서 연구하고 있는지를 잘 보여 준 사례이다. 연구소의 연구원을 대상으로 조사한 결과, 응답자의 약 40%가 실험실에서 안전사고를 겪은 경험이 있다고 답변했다.

(ㄴ) 과학 기술자의 처우 개선과 권리신장에 관한 설문조사 결과

개선 희망 사항	응답률
경제적 처우 개선	42%
연구 환경 개선	35%
사회 · 문화적 인식 개선	11%
중년 이후에도 일할 권리	6%
기타	6%

---

① 'II-1-가'에 '위험 요소를 줄일 수 있는 과학 기술 개발'을 추가한다.

② 'II-1-나'에 '실험실 안전사고에 대한 윤리적 책임'을 추가한다.

③ 'II-2-가'에 '위험한 실험을 거부할 수 있는 권리'를 추가한다.

④ 'II-2'의 하위 항목으로 '안전하게 개선된 환경에서 연구할 수 있는 권리'를 추가한다.

13. 다음 글을 읽고 나눈 〈보기〉의 대화에서 밑줄 친 ⑦ ~ ② 중 글의 내용에 부합하지 않는 것은?

> 유엔 안보리와 미국이 현재의 대북제재를 해제하지 않는 한 남북경협 추진은 매우 어려울 것으로 보인다. 개성공단 사업은 북한 노동자의 신규 취업허가와 북한과의 합작사업 설립, 유지, 운영을 금지시킨 유엔 안보리의 대북제재 결의안 2375호에 저촉된다. 개성공단 운영 관련 북한 노동자들에 대한 임금을 비롯해 토지임대료, 기업소득세 등 북측으로의 현금 유입은 미국을 비롯해 유엔 안보리도 금지하고 있는 사안이다. 금강산 관광 역시 관광의 대가로 대규모 현금이 북측에 전달되어야 하므로 이 역시 유엔 안보리와 미국의 제재 대상이 되고 있다. 단순위탁가공이나 수산물, 농산품의 교역도 금지대상이다. 유엔 안보리 대북제재 결의안 2397호는 북한산 식품, 농산품, 기계류, 전자기기, 토석류, 목재, 선박 수입을 전면 금지시키고 있다. 이렇듯 현재의 대북제재는 그 대상과 폭이 2000년대 초반 금강산 관광과 개성공단 사업을 추진했던 시기와 현저히 다르다. 현재의 제재가 해제되지 않는 한 개성공단 사업을 비롯해 과거에 추진했던 단순위탁가공이나 농수산물 교역도 어려운 상황이다.
>
> 그렇다고 미국이 제재를 해제할 때까지 마냥 손놓고 기다릴 수만은 없는 일이다. 따라서 우리로서는 북한의 완전한 비핵화가 최대한 빠른 기간 내에 이행될 수 있도록 북한을 독려하고 향후 제재가 풀릴 때를 대비해 한반도 신경제구상 등 남북협력사업에 대한 구체적 계획을 마련하는 것이 바람직해 보인다. 또한 기존의 남북경협에서 발생했던 여러 문제들을 보완하고 제도화할 수 있는 준비를 서둘러야 한다. 뿐만 아니라 북한의 비핵화 과정과 속도를 고려하여 유엔 안보리를 비롯해 미국과 남북경제협력 사안별로 예외적 조치를 협의해야 할 것이다. 또한 유엔제재위원회의 별도 검토를 통해 승인을 얻으면 비영리 공공인프라 사업 등은 추진이 가능할 수도 있다. 한반도 신경제구상에서 제안하고 있는 일부 사업들이 그 대상이 될 수 있다. 그러나 유엔제재위원회에서 승인을 얻어 남북을 잇는 철도·도로 물류망이 활용될 수 있다 하더라도 유엔 안보리와 미국의 포괄적인 대북제재 해제가 전제되지 않는 한 남북 간 의미 있는 경제협력을 추진하기 어렵다. 결론적으로 북한의 신속하고 완전하며 검증 가능한 비가역적인 비핵화만이 남북경협과 북한경제의 회생을 위한 국제협력을 가능하게 할 것이다.

─ 보기 ─

A : 지난 북미정상회담이 극적인 반전을 이루어 낸 세계사적인 이벤트임은 분명해.

B : 맞아. 헌데 말이야, 우리에게 중요한 건 빨리 남북 경제협력 사업이 구체적으로 이루어져야 한다는 거지.

A : 하지만 ⑦<u>미국이 대북제재를 해제하지 않는 한 우리로서도 무조건 경협을 진행할 순 없지</u> 않겠나.

B : 개성공단 가동 등 본격 사업은 안 되겠지만 일단 ⓒ<u>소규모 원자재나 농산물에 대한 교역을 먼저 시작하면 될 텐데 규모가 크지 않아 의미가 없겠지</u>.

A : ⓒ<u>금강산 관광이라도 먼저 시작해 보면 좋을 텐데 그것마저 안 되고 있지 않은가</u>.

B : ②<u>유엔 승인이 된다면 비영리사업 쪽에서 우선 추진할 수 있는 일이 없지는 않을 거야</u>.

A : 그러게 말이야. 아무튼 북한의 비핵화 의지가 얼마나 진실성을 갖고 있는지가 매우 중요한 시점인 것만은 분명하니까 우리도 관심을 갖고 지켜보세.

① ⑦   ② ⓒ   ③ ⓒ   ④ ②

[14 ~ 15] 다음은 A 씨가 ○○공단 신입직원을 대상으로 강의한 글의 일부이다. 이어지는 질문에 답하시오.

우리는 사물을 어떻게 볼 수 있는 것일까요? 우리가 큰 것을 판단하는 속도는 얼마나 빠를까요? 오늘 저의 강의는 지각의 속도에 관한 것입니다. 그러니까 우리가 어떤 사물을 보았을 때, 그것이 무엇인지를 어떻게 그리고 얼마나 빨리 알아볼 수 있는지에 대한 내용이지요. 먼저 동영상을 보기로 합시다.

이것은 아프리카 초원에서 치타가 가젤을 쫓고 있는 장면입니다. 가젤의 삶과 죽음이 결정되는 긴박한 상황이지요. 치타는 포유류 중에서 단거리를 가장 빠른 속도로 달릴 수 있는 동물입니다. 사냥할 때 치타의 속도는 시속 120킬로미터에 이릅니다. 우리나라 고속도로의 제한 속도가 대부분 시속 110킬로미터 미만인 것을 감안하면 정말 빠른 속도입니다. 그러니까 치타는 1초 사이에 33미터를 갈 수 있을 정도로 빠른 것입니다.

가젤은 시속 80킬로미터로 달릴 수 있습니다. 이것도 빠른 속도임에는 틀림이 없지만 달리는 속도로만 보면 치타를 피해 가젤이 살아남기는 힘들 것입니다. 따라서 가젤이 살아남기 위해서는 다른 전략이 필요합니다. 가장 중요한 전략은 주변을 경계하여 치타의 접근을 미리 알아채는 것입니다. 초원에서 움직이는 물체가 바람에 날리는 풀인지 치타인지 식별하는 속도가 빠를수록 가젤이 살아남을 가능성이 높아지지요. 이렇게 물체를 탐지하여 식별하는 지각 속도는 생존을 결정하기도 합니다. 그렇기 때문에 가젤뿐 아니라 인간을 포함한 많은 동물들에게 지각은 중요한 기능입니다.

14. A 씨가 이와 같은 강의를 하는 목적으로 가장 적절한 것은?

① 객관적인 정보를 제공한다.
② 문제 해결 방안을 제시한다.
③ 자신의 오랜 연구 결과를 공개한다.
④ 강연자로서의 생각과 주장을 전달한다.

15. A 씨가 위 강의에서 다음과 같은 내용을 얻기 위해 활용한 방법으로 적절하지 않은 것은?

> • 강의 내용에 대하여 청중의 이해를 돕고 흥미를 유발함.
> • 강의 내용에 대하여 청중의 관심을 계속 환기함.
> • 강의 주제에 대하여 청중이 자연스럽게 접근할 수 있도록 함.

① 시청각 매체를 보조 자료로 활용하였다.
② 청중에게 질문을 하면서 강의 내용을 설명하였다.
③ 설명하는 핵심 대상을 다른 사물에 비유하여 제시하였다.
④ 어려운 전문 용어를 쉬운 언어로 풀어서 설명하였다.

1회 기출예상
2회 기출예상
3회 기출예상
4회 기출예상
5회 기출예상
6회 기출예상
인성검사
면접가이드

[16 ~ 17] 다음은 국민건강보험공단의 건강보험 해외통신원 모집 공고이다. 이어지는 질문에 답하시오.

〈2021년도 건강보험 해외통신원 모집 공고〉

대한민국 국민건강보험공단은 해외 건강보험, 노인장기요양보험 및 보건 의료복지분야의 정책동향을 신속하게 수집하고 파악하여 국내 정책 결정 및 제도 발전에 활용하고자 아래와 같이 건강보험 해외통신원 모집을 공고합니다.

〈모집 개요〉

- 모집국가 : 11개국 12명(독일(2명), 대만, 일본, 프랑스, 벨기에, 스웨덴, 네덜란드, 영국, 호주, 캐나다, 미국)

- 위촉기간 : 2021. 1. 1. ~ 2021. 12. 31.(12개월)

- 지원자격 및 선발기준
  - 모집국가 거주자로서 모집국가 언어와 한국어에 능통하고 보고서(한글) 작성이 가능한 자
  - 보건 의료복지분야 종사자(연구소 등) 및 동 분야 대학원 이상 재학 · 졸업자 우대
  - 거주 국가 및 한국의 보건 의료복지분야에 관심과 식견이 있는 자
  - 일정 기간(1년 이상) 활동이 가능한 자

- 활동 내용
  - 기본활동 : 월 2회 정기과제(지정 양식)와 연 1회 지정과제 제출
  - 수시활동 : 연중 수시과제 제출, 해외출장 지원(기관섭외, 통역) 등

- 활동 수당
  - 통신원 기본활동비(700,000원/월) 및 수시활동에 대한 추가활동비(회당 지급, 최대 700,000원/월) 지급
  - 임직원 국외출장 시 현지수행 지원(통역, 가이드 등) 별도 지급

16. 국민건강보험공단 내에는 매년 해외통신원을 선발하기보다 해외지사를 설립하여 주재원을 상시 파견하자는 의견이 있다. 다음 중 해외지사 설립보다 해외통신원 모집이 더 효율적이라고 할 수 없는 근거는?

① 인건비, 사무실 경비 등 추가적인 고정비용을 절약할 수 있다.

② 지사 설립 시 전체 해외 조직의 관리 시스템을 추가로 도입해야 하는 수고로움이 생긴다.

③ 현지의 오랜 거주 경험으로 터득한 언어와 문화 습관으로 인하여 주재원 활용의 경우보다 탁월한 과제 수행 능력과 책임감을 기대할 수 있다.

④ 지사 설립 시 업무 활동이 필요하지 않은 기간이 과할 경우 인력 및 예산 낭비를 초래할 수 있다.

17. 위의 〈모집 개요〉에 이어질 내용으로 보기 어려운 것은?

① 기타사항 문의 연락처

② 정기과제 및 지정과제 세부내용 안내

③ 합격자 발표 일정

④ 지원서 접수 기간 및 접수 방법

1회 기출예상
2회 기출예상
3회 기출예상
4회 기출예상
5회 기출예상
6회 기출예상
인성검사
면접가이드

[18 ~ 19] 다음 강연 자료를 보고 이어지는 질문에 답하시오.

〈금융산업 내 4차 산업혁명〉

4차 산업혁명이란 정보통신기술(ICT)이 다양한 산업과 결합하여 지금까지는 볼 수 없던 새로운 형태의 제품과 서비스 비즈니스를 만들어 내는 것을 말한다. 다양한 경제주체들의 요구와 대응이 맞물려 금융산업에서는 4차 산업혁명이 이미 본격화되었다. 이에 따라 세계 각국의 정부는 핀테크 혁신을 위한 각종 지원제도들을 확충하고 규제 완화 방안들을 마련하고 있다.

4차 산업혁명의 빅데이터라고 할 만큼 빅데이터는 4차 산업혁명을 주도하고 있는 기술 중 하나 이다. 빅데이터에서 한 단계 더 나아가 D&A란 빅데이터를 바탕으로 분석한 자료를 토대로 인사이 트를 제시하는 것을 의미한다. 특히 금융산업 내 빅데이터는 데이터 보유량이 많고 그 증가 속도가 빠르다는 특징을 가지고 있다. 이와 같이 금융산업에서 D&A의 활용은 높은 생산성 향상 및 새로 운 돌파구를 제공할 것으로 기대하고 있다. 이러한 빅데이터는 금융산업에서 수집된 정보를 기반 으로 서비스 기능 제고 등의 상품 개발 보험사기, 신용카드 도용 등 금융 관련 부정행위 방지 SNS, GPS 등을 활용하여 고객 맞춤형 서비스 및 마케팅 활용 전사적 리스크 관리(ERM) 등 다양한 분야 에 걸쳐 활용되며 금융산업 내 4차 산업혁명을 이끈 주요 기술로 꼽히고 있다.

인공지능 AI는 주식, 채권, 외환 등에 대한 투자 결정뿐만 아니라 대출 승인, 자산 배분, 금융 컨설팅 등 주요 의사 결정까지 인간의 영역을 대체하고 있다. 이미 해외의 선진 금융사들은 인공지 능을 도입하여 새로운 기회를 모색하고 있다. 현재 금융산업은 인공지능 AI를 바탕으로 투자자문 및 트레이딩, 신용평가, 개인금융 비서, 챗봇 등의 분야에서 활용되고 있다. 인공지능 AI는 비용 절감, 생산성 증대, 리스크 감소, 맞춤 서비스 강화 등과 같이 금융산업에 긍정적인 효과를 가져올 것으로 기대하고 있다. 향후 인공지능의 딥러닝(Deep Learning) 기술 개발은 보험의 언더라이팅, 콜센터 대체 등 고도화된 지식기반의 서비스가 가능할 것으로 전망된다.

블록체인(Block Chain)은 거래정보를 기록한 특정기관의 중앙서버가 아닌 P2P네트워크에 분산시 켜 참여자들이 공동으로 관리하는 기술이다. 블록체인에 참여한 모든 구성원이 네트워크를 통해 서로 데이터를 검증하고 저장함으로써 특정인의 임의적인 조작이 어렵도록 설계되어 저장 플랫폼이라 할 수 있다. 현재 은행과 같은 금융기관의 중앙서버의 참여자들이 공동으로 투자하고 관리하는 데이터 를 서로 검증하고 인증, 결제, 해외송금 등의 분야에서 블록체인 기술을 활용하기 위한 시도가 일어나 고 있다.

최근 모바일 금융거래가 보편화되고 핀테크가 확산되면서 금융분야에서 비대면 거래가 급증하 는 추세이다. 비대면 거래의 인증방법으로 그간 널리 사용되던 공인인증서와 일회용 비밀번호, 보 안카드를 생체인증기술이 대체할 것이다. 생체인증기술은 인간의 고유한 신체적, 행동적 특징에 대한 생체정보를 자동화된 장치로 추출하여 개인을 식별하거나 인증하는 기술이다. 현재 전자상거 래 및 ATM 및 금융기관 영업점에서 거래 당사자가 본인임을 확인하기 위해 생체인증기술을 활용 하고 있다. 머지않아 금융권에서 이와 같은 생체인증기술을 활용한 계좌개설, 자금이체, 출금 등 소액 지급결제서비스의 혁신이 예상된다.

18. 다음은 K와 동기들이 강연을 듣고 논의한 내용이다. 강연의 내용을 바르게 이해하지 못한 사람은?

① A : 데이터가 많은 것뿐만 아니라 많은 데이터로부터 인사이트를 얻게 해주는 D&A는 4차 산업을 이끌 핵심기술이라고 할 수 있겠군.

② B : 정보통신기술이 금융산업에 교차 활용되면서 금융산업의 패러다임 변화를 불러왔다는 것이 금융산업 내 4차 산업혁명의 의의라고 할 수 있어.

③ C : 금융산업에서 4차 산업혁명을 이끌어 나갈 핵심 기술은 빅데이터 분석, 인공지능, 블록체인, 비대면거래 확산 이렇게 4가지로 정리할 수 있겠군.

④ D : 4차 산업혁명은 전통적인 금융기관의 역할 해체와 금융종사자의 역할 변화를 가져올 금융투자업에 새로운 미래를 가져다 줄 수 있겠구나.

19. K는 위의 내용을 바탕으로 현재 은행이 4차 산업혁명에 어떻게 대응하고 있는지 실제 사례를 정리해보려고 한다. 다음 중 K가 찾아볼 내용으로 가장 적절하지 않은 것은?

① 🔍 △△은행, 셀프뱅킹 스마트라운지 정맥인증으로 출금까지

② 🔍 4차 산업혁명 신기술지원 新 성장산업 특화대출 상품

③ 🔍 엠폴리오(M Folio) 로봇이 추천하는 고객자산 맞춤형 포트폴리오

④ 🔍 원 뷰 · 원 보이스(One View · One Voice) 프로젝트, 빅데이터 기반 고객서비스 개선

1회 기출예상
2회 기출예상
3회 기출예상
4회 기출예상
5회 기출예상
6회 기출예상
인성검사
면접가이드

20. 다음 글의 내용과 일치하지 않는 것은?

> 카페인은 주의력을 높이고 피로를 줄이는 역할도 하지만 다량 섭취 시(매일 400mg 이상) 심장과 혈관에 악영향을 미친다. 카페인이 들어있는 식품으로는 대표적으로 커피를 꼽을 수 있으며, 콜라와 초콜릿에도 포함되어 있다. 녹차의 경우 1잔(티백 1개 기준)에 15mg 정도의 적은 양의 카페인이 들어 있으며, 이는 약 70mg이 들어 있는 커피의 1/4 수준도 안 되는 분량이다. 일반적으로 카페인은 높은 온도에서 보다 쉽게 용출되는데, 커피는 보통 높은 온도에서 제조하지만 녹차는 이보다 낮은 온도에서 우려내기 때문에 찻잎의 카페인 성분이 60 ~ 70%만 우러나오게 된다. 이러한 연유로 녹차를 통해 1일 섭취 기준치 이상의 카페인을 섭취하기 위해서는 하루 평균 20잔 이상을 마셔야 한다.
>
> 더불어 녹차에 들어 있는 카페인은 녹차에 들어있는 다른 성분인 카테킨에 의해 체내 흡수가 잘 되지 않으며, 녹차에만 들어있는 아미노산의 일종인 데아닌 성분에 의해 뇌에서 작용하는 것 또한 억제가 된다. 이 때문에 사람들은 카페인이 함유되어 있는 녹차를 마시더라도 오히려 흥분을 일으키기보다는 혈압이 낮아지고 마음이 가라앉는 기분을 느낄 수 있게 되는 것이다. 적정량의 카페인은 신체에 도움을 주므로 카페인이 주는 장점만을 취하고자 한다면 커피보다 훨씬 유리한 녹차를 선택하는 것이 좋다.

① 카페인 다량 섭취의 기준은 400mg 이상이다.
② 녹차는 커피보다 높은 온도에서 우려내야 한다.
③ 녹차의 데아닌 성분은 아미노산의 일종이다.
④ 적정량의 카페인은 주의력을 높이는 역할을 한다.

21. 빈칸에 들어갈 내용으로 알맞은 것은?

> 토끼와 거북이가 달리기 경주를 한다. 토끼는 10km/h의 일정한 속력으로 30분을 달리고 30분을 쉬는 과정을 반복하며, 거북이는 5km/h의 일정한 속력으로 쉬지 않고 달린다. 토끼와 거북이가 동시에 출발한 후 140분이 지나면(도) (   )

① 토끼는 거북이를 앞서고 있을 것이다.
② 토끼는 거북이보다 뒤처지고 있을 것이다.
③ 토끼와 거북이는 같은 거리를 달리고 있을 것이다.
④ 토끼와 거북이는 한 번도 만나지 않을 것이다.

22. 133과 20을 동시에 인쇄하려면 1, 3, 3, 2, 0과 같이 5개의 활자가 필요하다. 1에서 100까지의 자연수를 동시에 인쇄할 때 필요한 활자의 수는?

① 162개

② 174개

③ 184개

④ 192개

23. K사는 동일한 제품을 갑 공장과 을 공장에서 각각 전체 생산량의 6 : 4 비율로 생산하며 두 공장의 불량률은 각각 1%, 2%이다. 임의로 선택한 제품이 불량품일 때, 갑 공장에서 생산된 불량품일 확률은?

① 약 42.9%

② 약 43.5%

③ 약 44.3%

④ 약 45.2%

24. W 은행은 월 이자율이 1%, 1년 만기인 새로운 적금상품을 출시했다. 월초 입금, 월말 이자지급 상품이라고 할 때, 1년 만기 시 환급금액이 120만 원이 되려면 매월 은행에 얼마를 납입해야 하는가? (단, 소수점 아래 첫째 자리에서 반올림한다)

$a_n = a_1 \times r^{n-1}$	a_n : 등비수열의 n번째 항
$S_n = \dfrac{a_1 \times (1-r^n)}{1-r}$	r : 공비
$(1.01)^{12} = 1.127$	S_n : a_1부터 a_n까지의 합

① 약 93,553원

② 약 94,553원

③ 약 95,553원

④ 약 96,553원

25. ○○회사는 사내 체육대회에서 팀을 이뤄 축구 경기를 할 예정이다. 16개 팀을 4개 조로 나누어 리그전을 치르고, 각 조의 1위와 2위가 다시 토너먼트를 치러 최종 우승 팀을 결정할 때, 리그전과 토너먼트전에서 각각 몇 번의 축구 경기를 해야 하는가?

1조 : A팀, B팀, C팀, D팀   2조 : E팀, F팀, G팀, H팀

3조 : I팀, J팀, K팀, L팀   4조 : M팀, N팀, O팀, P팀

- 리그전 : 경기에 참가한 모든 팀이 조별로 서로 한 번씩 겨루어 성적에 따라 순위를 결정하는 방식이다. 참가한 모든 팀이 평등하게 시합할 수 있는 기회가 주어진다는 것이 리그전 방식의 장점이다.
- 토너먼트전 : 경기를 거듭할 때마다 진 팀은 탈락하고 이긴 팀끼리 겨루어 최후에 남은 두 팀이 우승을 가리는 방식이다. 참가자가 많은 게임에서도 비교적 단시간에 성적을 결정할 수 있는 것이 토너먼트전의 장점이다.

	리그전	토너먼트전		리그전	토너먼트전
①	17경기	4경기	②	19경기	5경기
③	21경기	6경기	④	24경기	7경기

26. B사는 신약 개발에 따라 다음과 같이 임상 실험을 실시하였다. 임상 1상에서 별다른 문제점을 보이지 않았던 사람을 대상으로 임상 2상을 실시하였다면, 임상 1상을 통과하지 못한 사람의 비율이 가장 높은 항목은?

(단위 : 명)

실험항목	임상 1상			임상 2상		
	남성	여성	소계	남성	여성	소계
혈액검사	1,784	1,350	3,134	635	424	1,059
소변검사	269	953	1,222	55	54	109
알레르기 반응	150	121	271	110	52	162

① 남성의 혈액검사 항목

② 여성의 혈액검사 항목

③ 여성의 소변검사 항목

④ 남성의 소변검사 항목

[27 ~ 28] 다음은 20X1 ~ 20X5년 근로소득세와 법인세의 실효세율 추이를 비교한 표이다. 이어지는 질문에 답하시오.

〈근로소득세 · 법인세의 실효세율 추이 비교〉

(단위 : %)

구분	20X1년	20X2년	20X3년	20X4년	20X5년
근로소득세	10.59	10.77	11.00	11.14	11.30
법인세	19.59	16.56	16.65	16.80	15.99

27. 법인세의 실효세율이 가장 낮았던 해에 대하여 전년 대비 근로소득세 실효세율의 증가율은?

① 0.54%
② 1.44%
③ 1.70%
④ 2.14%

28. 다음 중 자료에 대한 설명으로 옳지 않은 것은?

① 전년 대비 근로소득세 실효세율의 증감률이 가장 낮은 해는 20X4년이다.
② 20X2년 대비 20X4년 법인세 실효세율의 증가율은 약 1.45%이다.
③ 20X3년 대비 20X4년 세금 실효세율의 증감률은 법인세가 근로소득세보다 높았다.
④ 근로소득세의 실효세율은 20X1년부터 20X5년까지 매년 증가하는 추세를 보인다.

29. 다음은 1차 에너지 소비와 관련된 자료이다. 이에 대한 설명으로 옳은 것을 〈보기〉에서 모두 고르면?

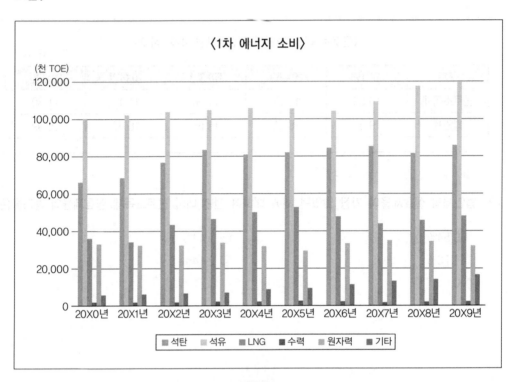

〈1차 에너지 소비〉

(천 TOE)

■ 석탄　■ 석유　■ LNG　■ 수력　■ 원자력　■ 기타

보기

⊙ 20X0년부터 20X9년까지 석탄 에너지 소비량은 1번 감소한다.
ⓒ 매년 1차 에너지 소비량의 차이가 가장 작은 두 에너지 종류는 LNG와 원자력이다.
ⓒ 석탄, 석유, LNG, 원자력의 경우, 20X0년부터 20X9년까지 1차 에너지 소비량 순위에 변화가 없다.
ⓔ 20X3년부터 20X9년까지 매년 석탄 소비량은 원자력 소비량의 2배 이상이다.
ⓜ 20X0년부터 20X9년까지 매년 수력 에너지 소비량이 가장 적다.

① ⊙, ⓒ　　　　　　　　　② ⓒ, ⓔ
③ ⓒ, ⓔ　　　　　　　　　④ ⓒ, ⓜ

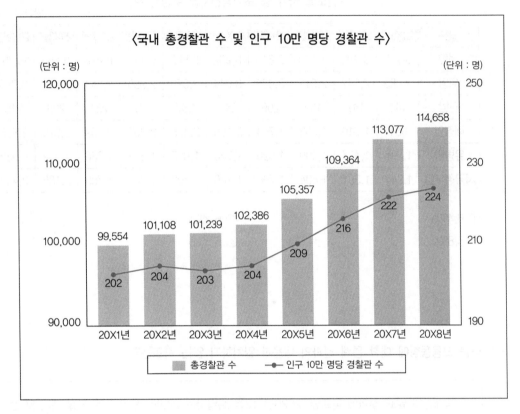

30. 20X9년 총경찰관 수의 전년 대비 증가율이 20X2년 인구 10만 명당 경찰관 수의 전년 대비 증가율과 같다면, 20X9년 국내 총경찰관 수는? (단, 모든 계산은 소수점 아래 첫째 자리에서 반올림한다)

〈국내 총경찰관 수 및 인구 10만 명당 경찰관 수〉

(단위 : 명)

120,000
110,000
100,000
90,000

(단위 : 명)

250
230
210
190

99,554 101,108 101,239 102,386 105,357 109,364 113,077 114,658

202 204 203 204 209 216 222 224

20X1년 20X2년 20X3년 20X4년 20X5년 20X6년 20X7년 20X8년

■ 총경찰관 수   ●— 인구 10만 명당 경찰관 수

① 114,773명
③ 116,212명
② 115,805명
④ 116,239명

1회 기출예상
2회 기출예상
3회 기출예상
4회 기출예상
5회 기출예상
6회 기출예상
인성검사
면접가이드

31. 다음 자료를 참고할 때, 20X0년과 20X9년의 전체 암 수검자 중 위암 수검자가 차지하는 비중의 차이는 몇 %p인가? (단, 소수점 아래 둘째 자리에서 반올림한다)

<연도별 국가 암 조기검진사업 수검자 수>

(단위 : 천 명)

구분	20X0년	20X1년	20X2년	20X3년	20X4년	20X5년	20X6년	20X7년	20X8년	20X9년
전체	5,752	6,493	7,120	8,619	8,902	9,525	9,122	8,878	9,868	10,702
위암	2,085	2,347	2,511	3,033	3,044	3,079	2,995	2,844	3,074	3,255
간암	141	147	152	206	241	267	247	251	208	216
대장암	984	1,210	1,552	1,764	2,165	2,465	2,367	2,359	2,579	2,885
유방암	1,295	1,427	1,499	1,820	1,746	1,822	1,692	1,636	1,822	1,939
자궁경부암	1,244	1,361	1,404	1,794	1,706	1,892	1,821	1,788	2,185	2,408

① 6.4%p
② 6.2%p
③ 5.8%p
④ 5.5%p

32. 다음 고용동향에 대한 통계 결과의 내용과 일치하지 않는 자료는?

통계청의 발표 결과에 따르면, 2020년 12월 취업자는 24,962천 명으로 전월 대비 56만 8천 명 줄어들었다. 이에 따라 2020년 5월 이후 전년 동월 대비 취업자 증감률이 계속 증가하고 있었으나, 12월을 기준으로 0.1%p가량 최초로 하락하였다.

또한, 실업자 수와 실업률은 전월 대비 증가하였다. 2020년 12월 실업자 수는 77만 4천 명, 실업률은 3.0%를 기록하면서 전월 대비 각각 7만 4천 명, 0.3%p 증가하였으며, 전년 동월 대비 각각 3만 7천 명, 0.1%p 증가하였다. 이는 전년 12월과 비교했을 때 50대 이상 실업자의 수가 크게 감소한 반면, 40대 이하의 실업자 수는 전부 증가하였기 때문으로 보인다.

반면, 2020년 12월 OECD 비교기준에 의한 15 ~ 64세 고용률은 64.6%로 전년 동월 대비 0.9%p 상승하였다. 이로써 2020년 우리나라의 15 ~ 64세 고용률은 8월과 12월에 일시적으로 감소한 것을 제외하면 지속적으로 증가해 왔으나, 미국, 일본, 호주 등 주요 국가의 고용률에는 계속해서 못 미치고 있다.

① 〈취업자 및 취업자 증감률〉

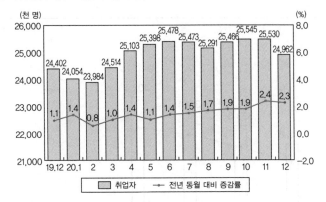

② 〈전체 실업자 수 추이〉

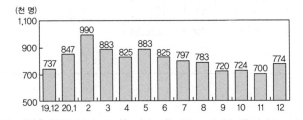

③ 〈실업률 추이〉

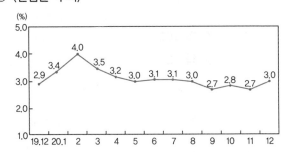

④ 〈연령계층별 실업자 수〉

(단위 : 천 명)

구분	2019. 12.	2020. 11.	2020. 12.
15 ~ 19세	30	16	44
20 ~ 24세	124	108	132
25 ~ 29세	150	185	179
30 ~ 39세	160	154	158
40 ~ 49세	117	108	119
50 ~ 59세	100	87	87
60세 이상	55	42	54

www.gosinet.co.kr gosinet

1회 기출예상

2회 기출예상

3회 기출예상

4회 기출예상

5회 기출예상

6회 기출예상

인성검사

면접가이드

[33 ~ 34] 다음은 보험회사의 자산현황 추이를 나타낸 그래프이다. 이어지는 질문에 답하시오.

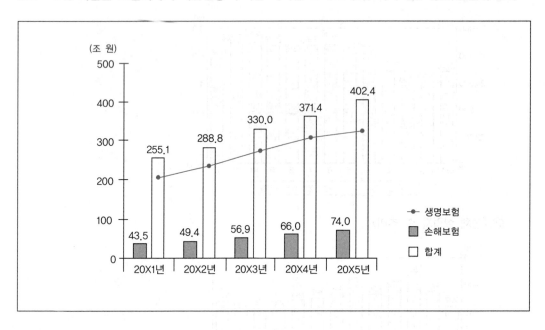

33. 20X5년의 손해보험 자산은 20X4년에 비해 몇 % 증가했는가? (단, 소수점 아래 첫째 자리에서 반올림한다)

① 약 9%   ② 약 10%
③ 약 11%   ④ 약 12%

34. 20X4년의 생명보험 자산은 20X2년 생명보험 자산의 몇 배인가? (단, 소수점 아래 셋째 자리에서 반올림한다)

① 약 0.95배   ② 약 1.19배
③ 약 1.23배   ④ 약 1.28배

35. 다음은 소비자 피해 구제 접수 현황에 대한 자료이다. 이를 바탕으로 20X7년 각 유형별 소비자 피해구제 접수 비율을 그래프로 바르게 나타낸 것은? (단, 소수점 아래 둘째 자리에서 반올림한다)

(단위 : 건수)

구분	20X1년	20X2년	20X3년	20X4년	20X5년	20X6년	20X7년
방문 · 전화 권유 판매	111	184	181	220	144	115	91
다단계 판매	180	71	52	29	30	35	51
사업 권유 거래	123	69	40	33	35	24	18
전자상거래	27	61	34	37	45	79	140
기타	11	27	79	200	238	249	207

①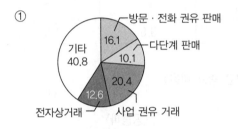

②

③

④

[36 ~ 38] 다음 자료를 바탕으로 이어지는 질문에 답하시오.

○○회사 마케팅 부서에 근무하는 A는 신제품 출시를 앞두고 TV 광고 효과에 대해 조사하였다.

〈저녁 시간대별 시청률〉

(단위 : %)

구분	프로그램 시청률		광고 시청률	
	지상파	공중파	지상파	공중파
6시	4.8	0.4	3.6	0.2
7시	5.6	0.6	4.9	0.4
8시	8.4	0.8	7.2	0.32
9시	10.5	1.4	10	0.7
10시	12.1	1.8	11	1.2
11시	10.8	2.1	9.6	1.5

〈저녁 시간대별 평균 광고 비용〉

(단위 : 억 원)

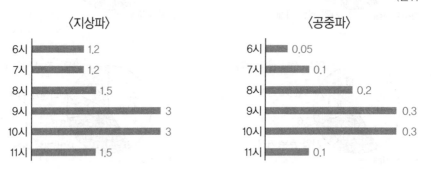

〈지상파〉		〈공중파〉	
6시	1.2	6시	0.05
7시	1.2	7시	0.1
8시	1.5	8시	0.2
9시	3	9시	0.3
10시	3	10시	0.3
11시	1.5	11시	0.1

〈광고 투자 관련 자료〉

광고 투자에 따른 수익을 추정하는 것은 매우 어려운 일이지만, 대부분 광고 제품군과 해당 채널의 시청률을 바탕으로 대략적인 수치를 파악할 수 있다. 특정 시간대의 광고 수익은 해당 광고 제품군의 시청률 1%p당 평균 수익과 해당 시간대의 광고 시청률(%)을 곱하여 추정한다. 일반적으로 시청률 0.1%p당 5백만 원의 광고 수익을 올리는 것으로 알려져 있다.

36. A는 보고서에 다음과 같은 표를 추가하려고 한다. 다음 중 계산이 잘못된 것은? (단, 소수점 아래 셋째 자리에서 반올림한다)

〈저녁 시간대별 프로그램 시청률 대비 광고 시청률〉

구분	6시	7시	8시	9시	10시	11시
지상파	0.75	0.88	0.86	0.95	③ 0.91	0.89
공중파	0.5	① 0.64	0.4	② 0.5	0.67	④ 0.71

37. 다음 중 자료에 대한 설명으로 옳지 않은 것은?

① 저녁 시간대 중 지상파와 공중파의 광고 시청률 차이가 가장 큰 시간대는 10시이다.

② 모든 저녁 시간대에서 지상파 프로그램 시청률은 공중파 프로그램 시청률의 5배 이상이다.

③ 저녁 시간대 중 공중파 프로그램 시청률 대비 지상파 프로그램 시청률이 가장 높은 시간대는 11시이다.

④ 시간에 따른 지상파의 프로그램 시청률 증감 추이와 광고 시청률 증감 추이는 동일하다.

38. A는 자료를 바탕으로 시간대별 광고 수익을 산정하였다. 다음 중 옳은 것을 모두 고르면? (단, '광고 순이익＝광고 수익－광고 비용'이다)

ㄱ 지상파의 광고 수익이 가장 높은 시간대는 11시이다.
ㄴ 공중파의 광고 수익이 가장 높은 시간대는 11시이며, 그 다음은 10시이다.
ㄷ 지상파의 광고 순이익이 가장 낮은 시간대는 광고 수익이 가장 낮은 시간대와 일치한다.
ㄹ 공중파의 광고 순이익이 가장 낮은 시간대는 광고 수익이 가장 낮은 시간대와 일치한다.
ㅁ 지상파와 공중파 모두 광고 순이익이 높은 시간대 순서와 광고 수익이 높은 시간대 순서가 일치하지 않는다.

① ㄱ, ㄴ, ㄷ
② ㄱ, ㄷ, ㄹ
③ ㄴ, ㄷ, ㅁ
④ ㄴ, ㄹ, ㅁ

[39 ~ 40] 다음은 시중 은행에서 제시한 이틀간의 주요 통화의 외국환율 고시표이다. 이어지는 질문에 답하시오.

〈11월 12일〉

(단위 : 원)

국가명	통화명	현찰		매매 기준율
		고객이 살 때	고객이 팔 때	
미국	달러	1,139.19	1,100.01	1,119.60
일본	100엔	1,004.80	970.24	987.52
유럽	유로	1,330.45	1,278.55	1,304.40

〈11월 13일〉

(단위 : 원)

국가명	통화명	현찰		매매 기준율
		고객이 살 때	고객이 팔 때	
미국	달러	1,139.70	1,100.50	1,120.10
일본	100엔	1,002.68	968.20	985.44
유럽	유로	1,331.96	1,280.00	1,305.98

※ 매매 기준율 : 은행에서 환매수수료를 부과하기 전에 사용되는 기준율로 고객들은 이 기준율로 거래할 수 없다.

39. 11월 12일에 100유로를 사들였다가 11월 13일에 100유로를 판 사람은 얼마의 손해를 보았는가?

① 3,378원
② 4,015원
③ 4,632원
④ 5,045원

40. 두 사람이 일본 여행 후에 쓰고 남은 8만 5천 엔을 각각 가지고 있다. 이를 11월 13일에 원화로 환전하는 사람은 11월 12일에 원화로 환전하는 사람보다 얼마의 손해 혹은 이익을 보는가?

① 1,734원 이익
② 1,734원 손해
③ 2,765원 손해
④ 2,765원 이익

41. 세 명의 사원들 중 한 명의 진술은 거짓이고 나머지 두 명의 진술은 참이라고 했을 때, 거짓을 말하는 사람과 범인을 순서대로 바르게 짝지은 것은?

○○기업은 경쟁사에 기밀을 유출한 용의자를 3명으로 추렸다. 진술은 다음과 같다.

사원 A : 저는 거짓말을 하지 않습니다. 제가 유출하지 않았습니다.
사원 B : 저는 정직합니다. A가 유출했고 거짓말을 하고 있습니다.
사원 C : 저는 사실을 말하고 있습니다. B가 거짓을 말하고 있으므로 B가 범인입니다.

① 사원 A – 사원 B
② 사원 B – 사원 A
③ 사원 B – 사원 B
④ 사원 C – 사원 B

42. 5명(철호, 회현, 광영, 현택, 현우)이 ○○기업의 입사시험에 응시하였는데 그중 한 명이 합격했다. 다음에 나오는 4명(철호, 회현, 광영, 현택)의 이야기를 듣고 입사시험에 합격한 사람은? (단, 4명 중 한 명만이 진실을 말하고 있다)

- 철호 : 광영이가 입사시험에 합격했습니다.
- 회현 : 입사시험에 합격한 사람은 광영 또는 현우입니다.
- 광영 : 회현이가 한 말은 거짓입니다.
- 현택 : 철호, 회현, 현우 중에서 한 명이 입사시험에 합격했습니다.

① 철호
② 회현
③ 광영
④ 현택

1회 기출예상 2회 기출예상 3회 기출예상 4회 기출예상 5회 기출예상 6회 기출예상 인성검사 면접가이드

43. 한 회사에 A 사원이 신입사원으로 들어왔다. A 사원의 출신지는 서울, 부산, 광주 중 하나이다. 다음 세 가지 진술 중 하나는 거짓이고 적어도 하나는 참일 때 A 사원의 출신지는?

(가) A 사원은 서울 출신이 아니다.

(나) A 사원은 부산 출신이거나 광주 출신이다.

(다) A 사원은 광주 출신이다.

---

① 서울

② 부산

③ 광주

④ 서울 혹은 부산

44. 다음의 자료를 바탕으로 추론한 내용으로 적절한 것을 〈보기〉에서 모두 고르면?

어떤 경비 업체는 보안 점검을 위탁받은 한 건물 내에서 20개의 점검 지점을 지정하여 관리하고 있다. 보안 담당자는 다음 〈규칙〉에 따라 20개 점검 지점을 방문하여 이상 여부를 기록한다.

규칙

- 첫 번째 점검에서는 1번 지점에서 출발해 20번 지점까지 차례로 전 지점을 방문한다.
- 두 번째 점검에서는 2번 지점에서 출발하여 한 개 지점씩 건너뛰고 점검한다. 즉 2번 지점, 4번 지점, …, 20번 지점까지 방문한다.
- 세 번째 점검에서는 3번 지점에서 출발하여 두 개 지점씩 건너뛰고 점검한다. 즉 3번 지점, 6번 지점, …, 18번 지점까지 방문한다.
- 이런 식으로 방문이 이루어지다가 20번째 점검에서 모든 점검이 완료된다.

보기

ㄱ. 20번 지점은 총 6회 방문하게 된다.

ㄴ. 2회만 방문한 지점은 총 8개이다.

ㄷ. 한 지점을 최대 8회 방문할 수 있다.

---

① ㄱ

② ㄷ

③ ㄱ, ㄴ

④ ㄱ, ㄴ, ㄷ

45. 구매팀, 영업팀, 재무팀, 총무팀이 사용할 사무실을 배정하려고 한다. 각 사무실마다 크기와 조건, 모양이 다르기 때문에 각 팀의 기호를 조사하였다. 아래 조건에 따라 모두가 최대한 만족하도록 사무실을 배정할 때, 다음 중 잘못된 것은?

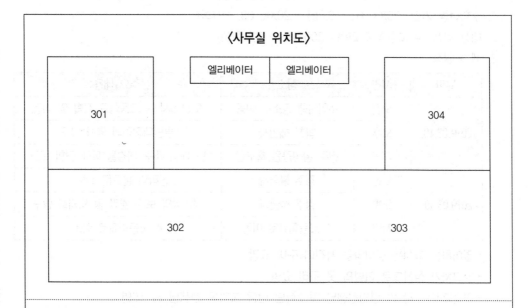

⟨사무실 위치도⟩

- 영업팀은 팀원이 가장 많기 때문에 가장 큰 사무실을 원한다.
- 구매팀은 충돌이 잦은 재무팀과 떨어진 사무실을 원한다.
- 재무팀은 협력관계에 있는 총무팀과 접한 사무실을 원한다.
- 총무팀은 교류가 가장 활발한 영업팀과 접한 사무실을 원한다.

① 영업팀의 사무실은 재무팀의 사무실과 떨어져 있다.
② 303호는 구매팀의 사무실과 접해있다.
③ 총무팀은 자신들이 원하던 사무실에 배치되었다.
④ 재무팀의 사무실은 구매팀의 사무실과 마주보고 있다.

1회 기출예상 2회 기출예상 3회 기출예상 4회 기출예상 5회 기출예상 6회 기출예상 인성검사 면접가이드

[46 ~ 48] 다음 A 고등학교의 수학여행 계획을 보고 이어지는 질문에 답하시오.

〈수학여행 일정〉

1. 수학여행 기간 : 20XX. 03. 18.(월) ～ 20XX. 03. 19.(화)
2. 대상 학생 : A 고등학교 2학년 200명(1 ～ 8반 학생)
3. 세부 일정

날짜	시간	장소	주요 내용
2019.03.18.	오전	수학여행 장소로 이동	오전 8시 A 고등학교 집합 및 이동
	오후	합천 해인사	팔만대장경의 역사 탐구
	저녁	경주 황성공원 축구장	반 대항 축구 대결을 통해 단합 도모
2019.03.19.	오전	경주 불국사	신라의 불교문화 탐구
	오후	경주 석굴암	석굴암의 보존 원리 및 의의를 탐구
	저녁	A 고등학교로 이동	A 고등학교로 이동

- 멀미하는 학생은 상비약을 사전에 구비 요망
- 일교차가 심하므로 여벌의 옷 구비 요망
- 인솔교사는 각 반 담임선생님 및 2학년 담당 교과목 선생님 총 15명

〈수학여행 안내 책자 제작 계획〉

항목	내용
안내 책자 제작	• 인쇄업체는 평일에만 영업하므로 14일(목)까지 작성
책자 작성 교사 명단	• 사회 교과 – 김영희(2-1), 박철수(3-5) 선생님 • 역사 교과 – 이승한(1-2), 최세영(2-3) 선생님 • 과학 교과 – 정동수(2-6) 선생님 ※ 괄호는 (학년-반) 담임선생님임
안내 책자 제작 권고사항	• 해인사, 불국사. 석굴암 세 파트로 나눠서 작성 • 파트의 마지막 부분에 퀴즈를 넣기. • 시각 자료 첨부하기.

46. 다음 계획을 확인한 A 고등학교 선생님의 반응으로 적절하지 않은 것은?

① 이번 수학여행은 1박 2일이라서 인솔 스트레스를 덜 받겠어.

② 3월 날씨는 예측할 수가 없어. 그래서 우리 2학년 2반 학생들에게 따뜻한 외투를 챙기라고 해야지.

③ 박철수 선생님은 3학년 업무도 많으실 텐데, 이번 안내 책자 제작에 또 참여하시네. 정말 열정이 넘치시는 선생님이야.

④ 수학여행 시즌만 되면 사회, 역사 교과목 선생님들만 고생이야. 수학이나 과학 교과목 선생님들도 안내 책자에 참여할 수 있는 분야가 있으면 좋을 텐데.

47. 이번 수학여행 기간 저녁에는 반 대항 축구대결이 계획되어 있다. 규칙이 다음과 같을 때, 승패가 잘못 기록된 것은?

A 고등학교 수학여행 반 대항 축구 대결 규칙	
경기 시간	남자 : 전후반 각각 15분, 여자 : 전후반 각각 10분
1승 1패 발생 시	득실차를 고려하고 득실차가 0일 경우 여자 경기에서 이긴 반이 승리한 걸로 한다.
두 경기에서 무승부 발생 시	여자 학생끼리 멀리차기 진행
멀리차기 규칙	중간 볼 지점에 공을 두고 대표 선수 1명이 공을 찬다. 차여진 공이 중간 볼 지점에서 첫 번째로 땅바닥에 닿은 지점까지의 거리가 더 먼 팀이 이긴다.
매너 점수	남자 경기든 여자 경기든 1명이라도 퇴장 조치를 당하면 그 반은 패배 처리

① 2학년 1반 VS 2학년 2반 결과 : 남자 경기 - 4 : 1, 여자 경기 - 2 : 3 → 2학년 1반 승리

② 2학년 3반 VS 2학년 4반 결과 : 멀리 차기 결과 15m : 25m → 2학년 4반 승리

③ 2학년 5반 VS 2학년 6반 결과 : 남자 경기 - 1 : 0, 여자 경기 - 1 : 2 → 2학년 5반 승리

④ 2학년 7반 VS 2학년 8반 결과 : 남자 경기 - 5 : 0, 여자 경기 - 1 : 0 (7반 1명 퇴장) → 2학년 8반 승리

48. A 고등학교 교장 선생님은 다음과 같은 예산안을 보고 받았다. 수학여행을 위해 필요한 예산은 총 얼마인가? (단, 아래의 자료에 제시된 것 외의 필요한 비용은 고려하지 않는다)

구분		금액		비고
입장료	합천 해인사	1인당	성인 : 3,000원 청소년 : 1,500원	
	경주 불국사		성인 : 6,000원 청소년 : 4,000원	
	경주 석굴암		성인 : 6,000원 청소년 : 3,500원	
교통비 (1일 기준)	버스 대절	1대당 400,000원		하루에 8대 대절
기타경비	식대	• (학생) 1인당 3,000원 • (교사) 1인당 4,000원		아침 1회, 점심 2회, 저녁 1회 식사
	장소 대관	• 경주 유스 호스텔 : 5,000,000원 • 경주 황성공원 축구장 : 50,000원		

① 16,115,000원　　　　　　　② 16,215,000원

③ 16,315,000원　　　　　　　④ 16,415,000원

49. 다음은 △△공단 본사 홍보관에 대한 설명이다. 아래의 〈안내문〉을 읽고 방문 계획을 세운다고 할 때, 가장 적절한 것은?

〈안내문〉

- 관람 전 안내사항
  - 자유관람은 별도 예약신청 없이 자유롭게 이용 가능합니다.
  - 10명 이상 단체견학은 온라인 견학신청을 해 주시기 바랍니다.
  - 안전한 관람을 위하여 바퀴 달린 신발, 인라인 스케이트, 킥보드 등의 착용 및 휴대를 삼가 주시기 바랍니다.
  - 홍보관 내에서는 시각장애 안내견 이외의 애완동물의 출입은 금지되어 있습니다.

- 관람정보
  - 관람운영일 : 매일 오전 9시 ~ 오후 6시(오후 5시 입장마감)
  - ※ 휴관일 : 1월 1일, 설 · 추석연휴

- 홍보관 해설 시간
  - 매주 화요일 ~ 일요일 오전 11시 / 오후 2시 / 오후 4시 (총3회), 회당 40명 이내
  - 해설코스 : 홍보관 1층 로비(회사소개 영상관람) → 홍보관 → 특별전시
  - 해설 소요시간 : 40분(회사소개 영상 10분, 해설 30분)
  - 참여방법 : 홍보관 1층 데스크에서 선착순 접수, 방문기념품 제공
  - ※ 해당 시간 단체견학이 있을 경우 동반 해설 진행
  - ※ 외국인 대상 영어 해설 : 관람 4일 전까지 유선 신청(☎ 054-704-8114)
  - ※ 관람 입장시간 및 관람 소요시간은 당일 신청인원과 홍보관 내부 사정에 따라 지연 · 변경될 수 있습니다.

- 자체제작 애니메이션 상영 안내
  - 애니메이션명 : 네버랜드를 구하라(20분), 트러스트(8분) 총 2편
  - 매일 오전 10시 30분 / 오후 1시 30분 / 오후 3시 30분 총 3회, 홍보관 로비 멀티비전

---

① 영탁 : 홍보관 관람을 위해서는 바퀴 달린 신발을 신고 가는 것뿐만 아니라 소지하는 것도 안 되겠구나. 또한 모든 애완동물의 출입이 금지되므로 시각장애인 친구와 함께 방문하는 것은 어렵겠어.

② 호중 : 이번주 일요일에 아이들과 함께 방문하여 관련 애니메이션을 볼 수 있겠어. 이 애니메이션은 일반 극장에서도 쉽게 볼 수 있겠구나.

③ 영웅 : 외국인 친구와 함께 방문할 때에는 미리 인터넷 홈페이지에서 영어 해설을 신청하는 것이 좋겠구나.

④ 동원 : 반 친구들 8명과 함께 단체 견학을 하려고 하는데 별도의 예약신청은 필요 없겠구나. 홍보관 해설도 들으려면 일찍 가서 홍보관 1층 데스크에서 신청하는 게 필요하겠어.

50. 여러 콘덴서를 연결한 전하를 축적하는 합성 정전용량(C)을 아래와 같이 구할 수 있을 때, 다음 회로의 콘덴서의 합성 정전용량(C)은?

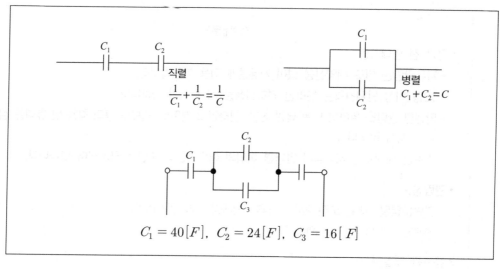

$$\frac{1}{C_1} + \frac{1}{C_2} = \frac{1}{C}$$ 직렬

$$C_1 + C_2 = C$$ 병렬

$$C_1 = 40[F], \ C_2 = 24[F], \ C_3 = 16[F]$$

① 10[F]   ② 16.8[F]   ③ 18.9[F]   ④ 20[F]

51. H 자동차 생산업체의 경영기획팀 K 대리는 수출 및 판매 전략 회의를 위하여 다음과 같이 회의 자료를 정리하고 있다. K 대리가 작성한 자료를 근거로 팀원들이 제시할 수 있는 전략으로 적절하지 않은 것은?

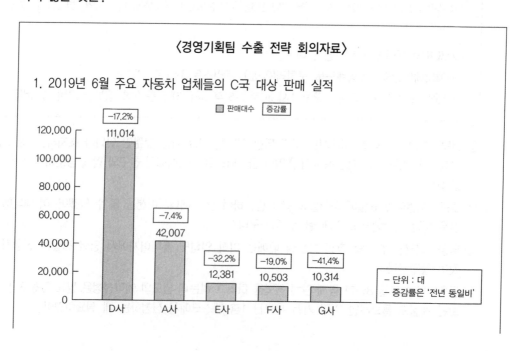

〈경영기획팀 수출 전략 회의자료〉

1. 2019년 6월 주요 자동차 업체들의 C국 대상 판매 실적

- 단위 : 대
- 증감률은 '전년 동일비'

2. C국 자동차제조협회에 따르면, 지난 6월 자동차 판매량(상용차 제외)은 22만 5,732대로 전년 동기 대비 17.5% 줄었다. 세계 3위 자동차 시장으로 도약할 것이라는 전망이 나올 정도로 급성장하던 C국 자동차 시장이 8개월 연속 감소세를 보인 것이다. 올 2분기 판매율도 지난해보다 18.0% 감소하며, 2000년 4분기 이후 최대 낙폭을 기록했다.

3. C국 정부는 자국 내 모든 전기차에 대한 상품서비스세(GST)를 기존 12%에서 5%로 낮췄고, 충전요금 관련 세금도 기존 18%에서 5%로 하향 조정하였다. 또한 C국은 전기차 인센티브를 제공한다고 밝혔다. 지난 4월 1일 국가개조위원회(니티 아요그)의 아미타브 칸트 회장의 주재로 열린 부처간 운영위원회에서는 앞으로 자동차 제조사들이 전기차 촉진 정책인 'FAME-Ⅱ'의 인센티브 혜택을 수령하거나 정부가 발주하는 각종 사업에 참여하기 위해 최소 50%의 부품 로컬 소싱 비율을 충족해야 할 것으로 결정하였다.

4. D 자동자 제조사의 C국 현지공장은 연간 30만 대의 생산능력을 보유하고 있다. D사는 2년 안에 생산능력을 70만 대로 늘리고 생산 차량 종류를 확대할 계획이었으나, 단기간에 한 생산라인에서 여러 차종을 함께 생산하는 데에는 기술적인 한계가 있었다. 따라서 현재 이곳에서는 차량 1종만 생산 중이며 생산시설의 상당부분은 활용되지 못하고 있다.

① C국 대상 판매 자동차 수가 전년 동월 대비 감소하긴 했지만, 그 감소폭은 줄고 있네요. 여기에는 여러 이유가 있을 테니 추가 조사가 필요해 보입니다.
② D 자동차는 현지공장에 현재 활용하지 않는 생산시설을 보유하고 있고 C국의 자동차 시장 침체가 이어지고 있으니, 당분간 우리 회사의 제품을 위탁 생산하면 위험 부담을 줄일 수 있을 거예요.
③ 전기차 수출량을 더 늘리기 위해서 C국 정부의 세제혜택을 반영하여 판매가격을 인하하면 가격적인 측면에서 우위를 점할 수 있겠군요.
④ C국의 전기차 인센티브를 수령하려면 우리나라 공장에서 생산하여 현지 공장으로 보내는 부품이 전체의 과반을 넘어서는 안 되겠어요.

[52 ~ 53] 다음 상황을 보고 이어지는 질문에 답하시오.

○○기업의 교육부서에 근무하는 B 사원은 이번 달에 실시할 신입사원 대상 교육 프로그램을 분석하는 업무를 담당하게 되었다.

• 개발되는 교육 프로그램
 – 주제 : 사내 인트라넷을 활용하여 서류 결재, 회의 준비, 업무 공유하기
 – 대상 : 20XX년 8월 이후 ○○기업에 입사한 모든 사원
 – 일시 : 20XX년 9월 12, 13일(둘 중 택1하여 참석) 14시 ○○기업 4층 대회의실

• 교육 대상

성명	부서	성명	부서
A	회계	F	교육
B	교육	G	영업
C	회계	H	영업
D	마케팅	I	마케팅
E	마케팅	J	영업

• 부서별 신입사원 일정

부서	일정	시간
회계	부서 전체 회의	9월 12일 9시 ~ 10시, 13일 14시
교육	하반기 본사 교육 로드맵 작성	9월 12일 9시 ~ 11시, 13일 13시 ~ 15시
영업	계약 관련 외부 출장	9월 11일 출발 ~ 12일 15시 도착
마케팅	시장조사 보고서 작업	9월 10일 ~ 13일 12시 예정

교육 프로그램 일정과 부서별 일정이 겹칠 경우 부서별 일정을 우선한다.

• 오프라인 교육에 참석하는 인원수에 맞춰 다과를 준비할 것
• 교육 1주일 전 해당 교육의 참석 대상에게 장소, 시간 등을 알리는 메일을 보낼 것
• 오프라인 교육을 이수하지 못한 교육 대상에게는 오프라인 교육 종료 후 온라인 교육 이수 대상 임을 알릴 것

52. 주어진 지문을 참고했을 때 B 사원이 해야 할 일로 적절하지 않은 것은?

① 9월 12일에 필요한 4인분의 다과를 준비한다.

② 9월 5일에 회계부서 사원에게 12일의 교육 일정을 알리는 메일을 보낸다.

③ 9월 6일에 영업부서 사원에게 13일의 교육 일정을 알리는 메일을 보낸다.

④ 9월 6일에 교육, 마케팅부 사원에게 13일의 교육 일정을 알리는 메일을 보낸다.

53. 온라인 교육을 이수하는 데 필요한 계정을 1인당 1개씩 생성해야 할 때, B 사원이 생성해야 하는 온라인 계정의 개수는?

① 0개   ② 1개

③ 2개   ④ 3개

[54 ~ 55] 다음은 제습기 사용설명서의 일부이다. 내용을 보고 질문에 답하시오.

〈서비스 신청 전 확인사항〉

증상	확인사항	조치방법
전원 버튼을 눌러도 작동하지 않아요.	• 물통이 올바르게 들어가 있습니까? • 물통의 물이 만수로 되어있지 않습니까?	• 물통을 다시 바르게 넣어주세요. • 물통의 물을 버려주세요.
제습이 잘 되지 않아요.	• 방의 온도 및 습도가 낮아져 있지 않습니까? • 희망 습도가 실내 습도보다 높게 설정되어 있지 않습니까? • 공기 흡입구나 공기 토출구가 막혀 있지 않습니까? • 압축기는 정지되어 있고 송풍팬만 동작합니까?	• 희망/현재 습도를 확인하세요. • 겨울철 건조한 곳에는 제습량이 적어집니다. • 장애물을 치워주세요. • 냉각기에 생긴 성에를 제거하는 운전 중입니다. 잠시 기다리시면 성에 제거가 끝나고 압축기가 다시 동작하여 정상적인 제습운전이 됩니다.
제습운전을 해도 좀처럼 습도가 내려가지 않아요.	• 문이나 창문이 열려있지 않습니까? • 방이 너무 넓지 않습니까? • 가습기 등 수증기가 나오는 물건이 있지 않습니까?	• 문이나 창문을 닫아주세요. • 적당한 제습 가능 면적에 맞춰 사용하세요. • 다른 기구와 같이 사용하지 마세요.
동작과 정지를 반복해요.	• 실내온도가 너무 낮거나(18℃ 이하), 높지(32℃ 이상) 않습니까?	• 실내온도가 낮거나 높으면 제품 보호를 위해 동작과 정지를 반복합니다.

〈고장수리 안내〉

피해유형	보상기준	
	품질 보증 기간 이내	품질 보증 기간 이후 (제품 구입 후 약 1년)
정상적인 사용상태에서 발생한 성능, 기능성 하자		
1) 하자 발생 시	무상	유상
2) 수리 불가능 시	교환 또는 환불	유상
3) 교환 불가능 시	환불	유상
4) 동일 하자에 대해 2회까지 고장 발생 시	무상	유상
5) 동일 하자에 대해 3회까지 고장 발생 시	교환 또는 환불	유상
6) 여러 부위의 고장으로 4회 수리 후 5회째 발생 시	교환 또는 환불	유상
교환한 제품이 1개월 이내에 중요한 수리를 요하는 불량 발생 시	환불	유상
기간 내 수리할 부품을 보유하고 있지 않을 경우		
1) 정상적인 사용 상태에서 성능, 기능상의 하자로 인해	교환 또는 환불	정액감가상각한 잔여금에 구입가의 5%를 가산하여 환급
2) 소비자의 고의, 과실로 인한 고장 발생 시	유상수리금액 징수 후 교환	정액감가상각한 잔여금에 구입가의 5%를 가산하여 환급

54. H 씨는 ⊙ 제습기의 제습이 잘 되지 않아 제품설명서를 확인한 뒤 희망 습도를 더 낮게 설정한 후 ⓒ 문제없이 사용하던 중 갑자기 제습기가 동작을 멈췄다. 이후 전원 버튼을 재차 눌러도 제습기가 동작하지 않았다. 제습기에서 문제가 발생한 원인을 차례로 바르게 나열한 것은?

	⊙	ⓒ
①	실내 온도가 너무 높아서	물통에 물이 가득 차서
②	실내 온도가 너무 높아서	물통이 바르게 들어가 있지 않아서
③	실내 습도보다 희망 습도가 낮아서	물통이 물이 가득 차서
④	실내 습도보다 희망 습도가 높아서	물통에 물이 가득 차서

55. 다음은 제습기 A/S 센터에 근무하는 B가 작성한 작업일지이다. B가 작성한 사항 중 규정에 따른 처리가 아닌 것은?

제품 구매일	고장 신고일	증상	처리결과
① 2017. 05. 23.	2017. 11. 01.	모터 고장	무상수리
② 2017. 01. 16.	2017. 08. 29.	물통 누수	부품 무상수리
③ 2017. 12. 07.	2018. 04. 21.	고객이 실수로 제품을 높은 곳에서 떨어뜨려 공기 흡입구 파손(부품 보유하고 있지 않음)	무상수리
④ 2017. 06. 01.	2018. 07. 16.	압축기 고장으로 제습이 되지 않음 (동일 증상 2회 수리-2017. 08. 13., 2018. 05. 02.)	유상수리

1회 기출예상
2회 기출예상
3회 기출예상
4회 기출예상
5회 기출예상
6회 기출예상
인성검사
면접가이드

[56 ~ 58] 다음은 장애인 보장용구 취급업체인 K사의 제품 A/S 요청 현황 및 수리 일정에 관한 자료이다. 이어지는 질문에 답하시오.

〈팀별 A/S 요청 현황〉

팀명	제품	수량(개)	작업 소요일	수리 공정 시 필요부품 내역
CS 1팀	휠체어	12	3일	앞바퀴 3개, 뒷바퀴 7개
CS 2팀	지팡이	8	1일	지팡이 완제품 4개
CS 3팀	전동 휠체어	10	5일	배터리 장치 4개
CS 4팀	전동 스쿠터	15	7일	브레이크 부품 3개, 핸들용품 5개

〈K사 창고 보유 부품 현황〉

자재명	수량(개)	자재명	수량(개)
휠체어용 앞바퀴	2	배터리 장치	1
휠체어용 뒷바퀴	5	전동 스쿠터용 브레이크 부품	2
지팡이 완제품	2	전동 스쿠터용 핸들용품	3

〈부품 구입 단가 및 예상 납기〉

자재명	단가(원/개)	납기	최소발주수량(개)
휠체어용 앞바퀴	22,000	발주 후 6일	20개
휠체어용 뒷바퀴	23,000		20개
지팡이 완제품	34,000	발주 후 7일	30개
배터리 장치	54,000	발주 후 4일	5개
전동 스쿠터용 브레이크 부품	86,000	발주 후 3일	제한 없음
전동 스쿠터용 핸들용품	47,000		

56. 4개의 CS 팀이 A/S 요청된 제품을 모두 수리하기 위해 구매해야 할 총 부품의 구매 비용은 얼마인가?

① 2,250,000원   ② 2,315,000원

③ 2,335,000원   ④ 2,370,000원

57. CS 1 ~ 4팀은 각 팀에서 필요한 부품을 각각 7월 2일, 5일, 3일, 7일에 발주하였다. 이 경우, A/S 요청 받은 수량을 완료하는 팀이 빠른 순서대로 올바르게 나열된 것은? (단, 주말과 평일은 구분하지 않는다)

① CS 1팀 − CS 3팀 − CS 2팀 − CS 4팀   ② CS 1팀 − CS 2팀 − CS 3팀 − CS 4팀

③ CS 1팀 − CS 3팀 − CS 4팀 − CS 2팀   ④ CS 3팀 − CS 1팀 − CS 2팀 − CS 4팀

58. 다음 중 위의 자료를 이해한 내용으로 옳지 않은 것은?

① K사 창고에 배터리 장치가 3개 더 있다면 발주를 하지 않아도 된다.

② 전동 스쿠터용 브레이크 부품이나 핸들용품은 추가로 필요한 수량만큼만 발주 가능하다.

③ A/S 요청된 휠체어 바퀴를 수리하고 난 다음 남은 바퀴로 다른 휠체어의 바퀴를 모두 교체한다면 10개의 휠체어의 바퀴를 교체할 수 있다.

④ 창고 보유 부품을 감안하여 최소발주수량에 따라 부품을 구입하였을 때 비용이 가장 적게 드는 품목은 전동 스쿠터용 브레이크 부품이다.

[59 ~ 60] 다음 글을 읽고 이어지는 질문에 답하시오.

〈20X2년도 한국국학연구원 연구직 채용공고〉

1. 모집분야 및 채용인원

직종	직급	모집분야	채용 인원	응시자격
연구직	부연구위원급 이상	경제학, 경영학, 통계학, 에너지자원 관련 분야	4명	모집분야 박사학위 소지자 (20X2년 상반기 취득예정자 포함)
연구직	전문연구원	경제학, 경영학, 통계학, 에너지자원 관련 분야, 국제협상 및 국제관계 관련 분야	6명	모집분야 석사학위 소지자 (20X2년 2월 취득예정자 포함)

2. 임용기간 및 조건 : 1년 근무 후 평가를 통해 정규직 임용(본원의 운영규칙 적용)

3. 전형방법
   - 부연구위원급 이상
     1차 시험 : 서류 전형(블라인드 심사), 2차 시험 : 세미나(논문 또는 연구 발표), 면접
   - 전문연구원

전형	시행방법
1. 서류	블라인드 입사지원서 심사
2. 직업기초능력 및 직무수행능력 평가	○○시험을 통한 직업기초능력 평가
3. 논술	논술 시험을 통한 직무수행능력 평가
4. 블라인드 면접	모집분야 관련 주제 세미나
5. 신원조사	신원조사, 신체검사, 비위면직자 조회

4. 응시 제출서류
   – 모든 제출 서류에 학교명을 삭제하며 각 1부씩 온라인 접수 시 첨부
   - 부연구위원 : 응시원서 및 자기소개서, 박사논문 요약문과 전문, 최근 4년 이내 연구실적목록(학위논문 제외), 박사학위증 또는 졸업(예정) 증명서
   - 전문연구원 : 응시원서 및 자기소개서, 석사논문 요약문과 전문, 공인어학성적증명서, 최종학력 성적증명서
   - 공통 적용사항 : 취업지원대상자증명서 등 가점 관련 증명서, 재직/경력증명서는 해당자의 경우 제출

5. 응시원서 접수 기간 및 제출방법 : 20X1. 11. 1. ~ 20X1. 11. 30. 본원 홈페이지 온라인 접수

6. 기타사항
   - 국가유공자 등 예우 및 지원에 관한 법률, 장애인 고용촉진 및 직업재활법 해당자는 법령에 의하여 우대함.
   - 비수도권 지역 인재, 기초생활수급자, 연구원 소재지 지역 인재의 경우 서류전형 단계에서 가점 부여. 단, 가점 등 우대혜택이 중복되는 경우 증명서 검토 후 가점이 제일 높은 항목 한 개만 적용함.

59. 다섯 사람이 위 채용공고 내용을 참고하여 지원서를 제출하였다. 채용공고에 맞게 지원한 사람은?

- 박○○ : 경제학 박사학위를 20X1년 8월에 취득하며, 부연구위원에 지원한다. 박사학위 논문을 연구실적으로 제출하였다.
- 김◇◇ : 학사 과정에서 경영학과 통계학을 전공하였다. 학사졸업 후 경제개발 관련 연구소에서 5년 동안 근무했다. 이 경력을 살려 전문연구원에 지원했다.
- 정◎◎ : 연구원 소재지에 거주하며 기초생활수급자이다. 둘 중 더 높은 가점을 받기 위해 이 두 가지 부분에 대한 관련 증명서를 제출하였다.
- 류□□ : 20X1년 2월에 에너지관리학 석사학위를 취득하였으며, 최종학력성적증명서에 출신학교를 삭제한 뒤 전문연구원에 지원하였다.
- 채△△ : 20X1년 2월 국제관계학 박사학위를 받았다. 학위증명서와 각종 연구실적 목록을 준비하여 부연구위원 채용에 지원하였다.

---

① 박○○, 정◎◎

② 김◇◇, 채△△

③ 정◎◎, 류□□

④ 류□□, 채△△

60. 〈보기〉의 내용은 국제협상 및 국제관계 연구직 채용자에게 요구되는 필요지식이다. 이에 해당하는 연구원을 선발하기 위해 지원 서류를 심사하는 과정에서 담당자가 떠올릴 수 있는 생각으로 적절하지 않은 것은?

보기

- 에너지 국제협력 또는 개발 선행연구에 대한 지식, 관련 분야
- 사업성 분석 및 경영전략에 대한 이해
- 고객 데이터 수집, 관리 및 분석, 처리 방법에 대한 이해
- 영어 등 외국어 구사 및 활용 능력

---

① 국제협상 및 국제관계 분야의 연구원을 채용하는 것이지만, 에너지자원에 대한 관심도와 직무수행과 관련된 데이터 처리능력에 대한 지식을 확인하며 심사해야 한다.

② 국제협상 및 국제관계 분야 연구직으로 채용되었더라도 사업과 경영전략에 대한 이해 능력에 두각을 보이면 근무 평가 이후 업무 분야를 변경할 수 있음을 고려하여 채용한다.

③ 논술, 면접 전형에서 에너지자원 문제의 동향을 얼마나 이해하고 있는지 확인한다.

④ 공인어학성적증명서를 통해 영어 등 외국어 구사 및 활용 능력을 일차적으로 검증하고 면접 과정에서 외국어 활용 능력을 확인해 본다.

1회 기출예상 / 2회 기출예상 / 3회 기출예상 / 4회 기출예상 / 5회 기출예상 / 6회 기출예상 / 인성검사 / 면접가이드

국민건강보험공단 NCS

인성검사란? 개개인이 가지고 있는 사고와 태도 및 행동 특성을 정형화된 검사를 통해 측정하여 해당 직무에 적합한 인재인지를 파악하는 검사를 말한다.

국민건강보험공단

파트 2 인성검사

인성검사의 이해

1 인성검사, 왜 필요한가?

채용기업은 지원자가 '직무적합성'을 지닌 사람인지를 인성검사와 직무능력검사를 통해 판단한다. 인성검사에서 말하는 인성(人性)이란 그 사람의 성품, 즉 각 개인이 가지는 사고와 태도 및 행동 특성을 의미한다 할 것이다. 사람의 인성은 사람의 생김새처럼 저마다 다르기 때문에, 몇 가지 유형으로 분류하고 이에 맞추어 판단한다는 것 자체가 억지스럽고 어불성설일지 모른다. 그럼에도 불구하고 기업들의 입장에서는 입사를 희망하는 사람이 어떤 성품을 가졌는지 정보가 필요하다. 그래야 해당 기업의 인재상과 적합하고 담당할 업무에 적격한 인재를 채용할 수 있기 때문이다.

지원자의 성격이 외향적인지 아니면 내향적인지, 어떤 직무와 어울리는지, 조직에서 다른 사람과 원만하게 생활할 수 있는지, 업무 수행 중 문제가 생겼을 때 어떻게 대처하고 해결할 수 있는지에 대한 전반적인 개성은 자기소개서를 통해서나 면접을 통해서도 어느 정도 파악할 수 있다. 그러나 이것들만으로 인성을 충분히 파악할 수 없기 때문에, 객관화되고 정형화된 인성검사로 지원자의 성격을 판단하고 있다.

채용기업은 직무적성검사를 높은 점수로 통과한 지원자라 하더라도, 해당 기업과 거리가 있는 성품을 가졌다면 탈락시키게 된다. 일반적으로 직무적성검사 통과자 중 인성검사로 탈락하는 비율이 10% 내외가 된다고 알려져 있다. 물론 인성검사를 탈락하였다 하더라도 특별히 인성에 문제가 있는 사람이 아니라면 절망할 필요는 없다. 자신을 되돌아보고 다음 기회를 대비하면 되기 때문이다. 탈락한 기업이 원하는 인재상이 아니었다면 맞는 기업을 찾으면 되고, 맞는 경쟁자가 많았기 때문이라면 자신을 다듬어 경쟁력을 높이면 될 것이다.

2 인성검사의 특징

우리나라 대다수의 채용기업은 인재개발 및 인적자원을 연구하는 한국행동과학연구소(KIRBS), 에스에이치알(SHR), 한국사회적성개발원(KSAD), 한국인재개발진흥원(KPDI) 등 전문기관에 인성검사를 의뢰하고 있다.

이 기관들의 인성검사 개발 목적은 비슷하지만 기관마다 검사 유형이나 평가 척도는 약간의 차이가 있다. 또 지원하는 기업이 어느 기관에서 개발한 검사지로 인성검사를 시행하는지는 사전에 알 수도 없다. 그렇지만 공통으로 적용하는 척도와 기준에 따라 구성된 여러 형태의 인성검사지로 사전 테스트를 해보고 자신의 인성이 어떻게 평가되는가를 미리 알아보는 것은 가능하다.

인성검사는 필기시험 당일 직무능력평가와 함께 실시하는 경우와 직무능력평가 합격자에 한하여 면접과 함께 실시하는 경우가 있다. 인성검사의 문항은 100문항 내외에서부터 최대 500문항까지 다양하다. 인성검사에 주어지는 시간은 문항 수에 비례하여 30~100분 정도가 된다.

문항 자체는 단순한 질문으로 어려울 것은 없지만, 제시된 상황에서 본인의 행동을 정하는 것이 쉽지만은 않다. 문항 수가 많을 경우 이에 비례하여 시간도 길게 주어지지만, 단순하고 유사하며 반복되는 질문에 방심하여 집중하지 못하고 실수하는 경우가 있으므로 컨디션 관리와 집중력 유지에 노력하여야 한다. 특히 같거나 유사한 물음에 다른 답을 하는 경우가 가장 위험하다.

1회 기출예상

2회 기출예상

3회 기출예상

4회 기출예상

5회 기출예상

6회 기출예상

인성검사

면접가이드

3 인성검사 척도 및 구성

❶ 미네소타 다면적 인성검사(MMPI)

MMPI(Minnesota Multiphasic Personality Inventory)는 1943년 미국 미네소타 대학교수인 해서웨이와 매킨리가 개발한 대표적인 자기 보고형 성향 검사로서, 오늘날 가장 대표적으로 사용되는 객관적 심리검사 중 하나이다. MMPI는 약 550여 개의 문항으로 구성되며, 각 문항을 읽고 '예(YES)' 또는 '아니오(NO)'로 대답하게 되어 있다.

MMPI는 4개의 타당도 척도와 10개의 임상척도로 구분된다. 500개가 넘는 문항들 중 중복되는 문항들이 포함되어 있는데 내용이 똑같은 문항도 10문항 이상 포함되어 있다. 이 반복 문항들은 응시자가 얼마나 일관성 있게 검사에 임했는지를 판단하는 지표로 사용된다.

구분	척도명	약자	주요 내용
타당도 척도 (바른 태도로 임했는지, 신뢰할 수 있는 결론인지 등을 판단)	무응답 척도 (Can not say)	?	응답하지 않은 문제와 복수로 답한 문제들의 총합으로, 빠진 문제를 최소한으로 줄이는 것이 중요하다.
	허구 척도 (Lie)	L	자신을 좋은 사람으로 보이게 하려고 고의적으로 정직하지 못한 답을 판단하는 척도이다. 허구 척도가 높으면 장점까지 인정받지 못하는 결과가 발생한다.
	신뢰 척도 (Frequency)	F	검사 문제에 빗나간 답을 한 경향을 평가하는 척도로, 정상적인 집단의 10% 이하의 응답을 기준으로 일반적인 경향과 다른 정도를 측정한다.
	교정 척도 (Defensiveness)	K	정신적 장애가 있음에도 다른 척도에서 정상적인 면을 보이는 사람을 구별하는 척도로, 허구 척도보다 높은 고차원으로 거짓 응답을 하는 경향이 나타난다.
임상척도 (정상적 행동과 그렇지 않은 행동의 종류를 구분하는 척도로, 척도마다 다른 기준으로 점수가 매겨짐)	건강염려증 (Hypochondriasis)	Hs	신체에 대한 지나친 집착이나 신경질적 혹은 병적 불안을 측정하는 척도로, 이러한 건강염려증이 타인에게 어떤 영향을 미치는지도 측정한다.
	우울증 (Depression)	D	슬픔·비관 정도를 측정하는 척도로, 타인과의 관계 또는 본인 상태에 대한 주관적 감정을 나타낸다.
	히스테리 (Hysteria)	Hy	갈등을 부정하는 정도를 측정하는 척도로, 신체 증상을 호소하는 경우와 적대감을 부인하며 우회적인 방식으로 드러내는 경우 등이 있다.
	반사회성 (Psychopathic Deviate)	Pd	가정 및 사회에 대한 불신과 불만을 측정하는 척도로, 비도덕적 혹은 반사회적 성향 등을 판단한다.
	남성-여성특성 (Masculinity-Feminity)	Mf	남녀가 보이는 흥미와 취향, 적극성과 수동성 등을 측정하는 척도로, 성에 따른 유연한 사고와 융통성 등을 평가한다.

편집증 (Paranoia)	Pa	과대망상, 피해망상, 의심 등 편집증에 대한 정도를 측정하는 척도로 열등감, 비사교적 행동, 타인에 대한 불만과 같은 내용을 질문한다.
강박증 (Psychasthenia)	Pt	과대 근심, 강박관념, 죄책감, 공포, 불안감, 정리정돈 등을 측정하는 척도로 만성 불안 등을 측정한다.
정신분열증 (Schizophrenia)	Sc	정신적 혼란을 측정하는 척도로 자폐적 성향이나 타인과의 감정 교류, 충동 억제불능, 성적 관심, 사회적 고립 등을 평가한다.
경조증 (Hypomania)	Ma	정신적 에너지를 측정하는 척도로 생각의 다양성 및 과장성, 행동의 불안정성, 흥분성 등을 나타낸다.
사회적 내향성 (Social Introversion)	Si	대인관계 기피, 사회적 접촉 회피, 비사회성 등의 요인을 측정하는 척도로 외향성 및 내향성을 구분한다.

❷ 캘리포니아 성격검사(CPI)

CPI(California Psychological Inventory)는 캘리포니아 대학의 연구팀이 개발한 성검사로 MMPI와 함께 세계에서 가장 널리 사용되고 있는 인성검사 툴이다. CPI는 다양한 인성 요인을 통해 지원자가 답변한 응답 왜곡 가능성, 조직 역량 등을 측정한다. MMPI가 주로 정서적 측면을 진단하는 특징을 보인다면, CPI는 정상적인 사람의 심리적 특성을 주로 진단한다.

CPI는 약 480개 문항으로 구성되어 있으며 다음과 같은 18개의 척도로 구분된다.

구분	척도명	주요 내용
제1군 척도 (대인관계 적절성 측정)	지배성(Do)	리더십, 통솔력, 대인관계에서의 주도권을 측정한다.
	지위능력성(Cs)	내부에 잠재되어 있는 내적 포부, 자기 확신 등을 측정한다.
	사교성(Sy)	참여 기질이 활달한 사람과 그렇지 않은 사람을 구분한다.
	사회적 자발성(Sp)	사회 안에서의 안정감, 자발성, 사교성 등을 측정한다.
	자기 수용성(Sa)	개인적 가치관, 자기 확신, 자기 수용력 등을 측정한다.
	행복감(Wb)	생활의 만족감, 행복감을 측정하며, 긍정적인 사람으로 보이고자 거짓 응답하는 사람을 구분하는 용도로도 사용된다.
제2군 척도 (성격과 사회화, 책임감 측정)	책임감(Re)	법과 질서에 대한 양심, 책임감, 신뢰성 등을 측정한다.
	사회성(So)	가치 내면화 정도, 사회 이탈 행동 가능성 등을 측정한다.
	자기 통제성(Sc)	자기조절, 자기통제의 적절성, 충동 억제력 등을 측정한다.
	관용성(To)	사회적 신념, 편견과 고정관념 등에 대한 태도를 측정한다.
	호감성(Gi)	타인이 자신을 어떻게 보는지에 대한 민감도를 측정하며, 좋은 사람으로 보이고자 거짓 응답하는 사람을 구분한다.
	임의성(Cm)	사회에 보수적 태도를 보이고 생각 없이 적당히 응답한 사람을 판단하는 타당성 척도로도 사용된다.

제3군 척도 (인지적, 학업적 특성 측정)	순응적 성취(Ac)	성취동기, 내면의 인식, 조직 내 성취 욕구 등을 측정한다.
	독립적 성취(Ai)	독립적 사고, 창의성, 자기실현을 위한 능력 등을 측정한다.
	지적 효율성(Le)	지적 능률, 지능과 연관이 있는 성격 특성 등을 측정한다.
제4군 척도 (제1~3군과 무관한 척도의 혼합)	심리적 예민성(Py)	타인의 감정 및 경험에 대해 공감하는 정도를 측정한다.
	융통성(Fx)	개인적 사고와 사회적 행동에 대한 유연성을 측정한다.
	여향성(Fe)	남녀 비교에 따른 흥미의 남향성 및 여향성을 측정한다.

❸ SHL 직업성격검사(OPQ)

OPQ(Occupational Personality Questionnaire)는 세계적으로 많은 외국 기업에서 널리 사용하는 CEB 사의 SHL 직무능력검사에 포함된 직업성격검사이다. 4개의 질문이 한 세트로 되어 있고 총 68세트 정도 출제되고 있다. 4개의 질문 안에서 '자기에게 가장 잘 맞는 것'과 '자기에게 가장 맞지 않는 것'을 1개씩 골라 '예', '아니오'로 체크하는 방식이다. 단순하게 모든 척도가 높다고 좋은 것은 아니며, 척도가 낮은 편이 좋은 경우도 있다.

기업에 따라 척도의 평가 기준은 다르다. 희망하는 기업의 특성을 연구하고, 채용 기준을 예측하는 것이 중요하다.

척도	내용	질문 예
설득력	사람을 설득하는 것을 좋아하는 경향	- 새로운 것을 사람에게 권하는 것을 잘한다. - 교섭하는 것에 걱정이 없다. - 기획하고 판매하는 것에 자신이 있다.
지도력	사람을 지도하는 것을 좋아하는 경향	- 사람을 다루는 것을 잘한다. - 팀을 아우르는 것을 잘한다. - 사람에게 지시하는 것을 잘한다.
독자성	다른 사람의 영향을 받지 않고, 스스로 생각해서 행동하는 것을 좋아하는 경향	- 모든 것을 자신의 생각대로 하는 편이다. - 주변의 평가는 신경 쓰지 않는다. - 유혹에 강한 편이다.
외향성	외향적이고 사교적인 것을 좋아하는 경향	- 다른 사람의 주목을 끄는 것을 좋아한다. - 사람들이 모인 곳에서 중심이 되는 편이다. - 담소를 나눌 때 주변을 즐겁게 해준다.
우호성	친구가 많고, 대세의 사람이 되는 것을 좋아하는 경향	- 친구와 함께 있는 것을 좋아한다. - 무엇이라도 얘기할 수 있는 친구가 많다. - 친구와 함께 무언가를 하는 것이 많다.
사회성	세상 물정에 밝고 사람 앞에서도 낮을 가리지 않는 성격	- 자신감이 있고 유쾌하게 발표할 수 있다. - 공적인 곳에서 인사하는 것을 잘한다. - 사람들 앞에서 발표하는 것이 어렵지 않다.

겸손성	사람에 대해서 겸손하게 행동하고 누구라도 똑같이 사귀는 경향	– 자신의 성과를 그다지 내세우지 않는다. – 절제를 잘하는 편이다. – 사회적인 지위에 무관심하다.
협의성	사람들에게 의견을 물으면서 일을 진행하는 경향	– 사람들의 의견을 구하며 일하는 편이다. – 타인의 의견을 묻고 일을 진행시킨다. – 친구와 상담해서 계획을 세운다.
돌봄	측은해 하는 마음이 있고, 사람을 돌봐주는 것을 좋아하는 경향	– 개인적인 상담에 친절하게 답해준다. – 다른 사람의 상담을 진행하는 경우가 많다. – 후배의 어려움을 돌보는 것을 좋아한다.
구체적인 사물에 대한 관심	물건을 고치거나 만드는 것을 좋아하는 경향	– 고장 난 물건을 수리하는 것이 재미있다. – 상태가 안 좋은 기계도 잘 사용한다. – 말하기보다는 행동하기를 좋아한다.
데이터에 대한 관심	데이터를 정리해서 생각하는 것을 좋아하는 경향	– 통계 등의 데이터를 분석하는 것을 좋아한다. – 표를 만들거나 정리하는 것을 좋아한다. – 숫자를 다루는 것을 좋아한다.
미적가치에 대한 관심	미적인 것이나 예술적인 것을 좋아하는 경향	– 디자인 감각이 뛰어나다. – 미술이나 음악을 좋아한다. – 미적인 감각에 자신이 있다.
인간에 대한 관심	사람의 행동에 동기나 배경을 분석하는 것을 좋아하는 경향	– 다른 사람을 분석하는 편이다. – 타인의 행동을 보면 동기를 알 수 있다. – 다른 사람의 행동을 잘 관찰한다.
정통성	이미 있는 가치관을 소중히 하고, 익숙한 방법으로 사물을 행하는 방법을 좋아하는 경향	– 실적이 보장되는 확실한 방법을 취한다. – 낡은 가치관을 존중하는 편이다. – 보수적인 편이다.
변화 지향	변화를 추구하고, 변화를 받아들이는 것을 좋아하는 경향	– 새로운 것을 하는 것을 좋아한다. – 해외여행을 좋아한다. – 경험이 없는 것이라도 시도해보는 것을 좋아한다.
개념성	지식욕이 있고, 논리적으로 생각하는 것을 좋아하는 경향	– 개념적인 사고가 가능하다. – 분석적인 사고를 좋아한다. – 순서를 만들고 단계에 따라 생각한다.
창조성	새로운 공부를 더하는 것을 좋아하는 경향	– 새로운 것을 추구한다. – 독창성이 있다. – 신선한 아이디어를 낸다.
계획성	앞을 생각해서 사물을 예상하고, 계획적으로 실행하는 것을 좋아하는 경향	– 과거를 돌이켜보며 계획을 세운다. – 앞날을 예상하며 행동한다. – 실수를 돌아보며 대책을 강구하는 편이다.

치밀함	정확한 순서를 세워서 진행하는 것을 좋아하는 경향	– 사소한 실수는 거의 하지 않는다. – 정확하게 요구되는 것을 좋아한다. – 사소한 것에도 주의하는 편이다.
꼼꼼함	꼼꼼하게 마지막까지 어떤 일을 마무리 짓는 경향	– 맡은 일을 마지막까지 해결한다. – 마감 시한은 반드시 지킨다. – 시작한 일은 중간에 그만두지 않는다.
여유	평소에 릴렉스하고, 스트레스에 강한 경향	– 감정의 회복이 빠르다. – 분별 없이 함부로 행동하지 않는다. – 스트레스에 잘 대처한다.
근심 · 걱정	어떤 일이 잘 진행되지 않으면 불안을 느끼고, 중요한 약속이나 일의 앞에는 긴장하는 경향	– 예정대로 잘 되지 않으면 근심 걱정이 많다. – 신경 쓰이는 일이 있으면 불안하다. – 중요한 만남 전에는 기분이 편하지 않다.
호방함	사람들이 자신을 어떻게 생각하는지를 신경 쓰지 않는 경향	– 사람들이 자신을 어떻게 생각하는지 그다지 신경 쓰지 않는다. – 상처받아도 동요하지 않고 아무렇지 않은 태도를 취한다. – 사람들의 비판을 신경 쓰지 않는다.
억제	감정을 표현하지 않는 경향	– 쉽게 감정적이 되지 않는다. – 분노를 억누른다. – 격분하지 않는다.
낙관적	사물을 낙관적으로 보는 경향	– 낙관적으로 생각하고 일을 진행시킨다. – 문제가 일어나도 낙관적으로 생각한다.
비판적	비판적으로 사물을 생각하고, 이론 · 문장 등의 오류에 신경 쓰는 경향	– 이론의 모순을 찾아낸다. – 계획이 갖춰지지 않음이 신경 쓰인다. – 누구도 신경 쓰지 않는 오류를 찾아낸다.
행동력	운동을 좋아하고, 민첩하게 행동하는 경향	– 동작이 날렵하다. – 여가를 활동적으로 보낸다. – 몸을 움직이는 것을 좋아한다.
경쟁성	지는 것을 싫어하는 경향	– 승부를 겨루게 되면 지는 것을 싫어한다. – 상대를 이기는 것을 좋아한다. – 싸워보지 않고 포기하는 것을 싫어한다.
출세 지향	출세하는 것을 중요하게 생각하고, 야심적인 목표를 향해 노력하는 경향	– 출세 지향적인 성격이다. – 어려운 목표도 달성할 수 있다. – 실력으로 평가받는 사회가 좋다.
결단력	빠르게 판단하는 경향	– 답을 빠르게 찾아낸다. – 문제에 대한 빠른 상황 파악이 가능하다. – 위험을 감수하고도 결단을 내리는 편이다.

📧 4 인성검사 합격 전략

❶ 포장하지 않은 솔직한 답변

"다른 사람을 험담한 적이 한 번도 없다.", "물건을 훔치고 싶다고 생각해 본 적이 없다."

이 질문에 당신은 '그렇다', '아니다' 중 무엇을 선택할 것인가? 채용기업이 인성검사를 실시하는 가장 큰 이유는 '이 사람이 어떤 성향을 가진 사람인가'를 효율적으로 파악하기 위해서이다.

인성검사는 도덕적 가치가 빼어나게 높은 사람을 판별하려는 것도 아니고, 성인군자를 가려내기 위함도 아니다. 인간의 보편적 성향과 상식적 사고를 고려할 때, 도덕적 질문에 지나치게 겸손한 답변을 체크하면 오히려 솔직하지 못한 것으로 간주되거나 인성을 제대로 판단하지 못해 무효 처리가 되기도 한다. 자신의 성격을 포장하여 작위적인 답변을 하지 않도록 솔직하게 임하는 것이 예기치 않은 결과를 피하는 첫 번째 전략이 된다.

❷ 필터링 함정을 피하고 일관성 유지

앞서 강조한 솔직함은 일관성과 연결된다. 인성검사를 구성하는 많은 척도는 여러 형태의 문장 속에 동일한 요소를 적용해 반복되기도 한다. 예컨대 '나는 매우 활동적인 사람이다'와 '나는 운동을 매우 좋아한다'라는 질문에 '그렇다'고 체크한 사람이 '휴일에는 집에서 조용히 쉬며 독서하는 것이 좋다'에도 '그렇다'고 체크한다면 일관성이 없다고 평가될 수 있다.

그러나 일관성 있는 답변에만 매달리면 '이 사람이 같은 답변만 체크하기 위해 이 부분만 신경 썼구나'하는 필터링 함정에 빠질 수도 있다. 비슷하게 보이는 문장이 무조건 같은 내용이라고 판단하여 똑같이 답하는 것도 주의해야 한다. 일관성보다 중요한 것은 솔직함이다. 솔직함이 전제되지 않은 일관성은 허위 척도 필터링에서 드러나게 되어 있다. 유사한 질문의 응답이 터무니없이 다르거나 양극단에 치우치지 않는 정도라면 약간의 차이는 크게 문제되지 않는다. 중요한 것은 솔직함과 일관성이 하나의 연장선에 있다는 점을 명심하자.

❸ 지원한 직무와 연관성을 고려

다양한 분야의 많은 계열사와 큰 조직을 통솔하는 대기업은 여러 사람이 조직적으로 움직이는 만큼 각 직무에 걸맞은 능력을 갖춘 인재가 필요하다. 그래서 기업은 매년 신규채용으로 입사한 신입사원들의 젊은 패기와 참신한 능력을 성장 동력으로 활용한다.

기업은 사교성 있고 활달한 사람만을 원하지 않는다. 해당 직군과 직무에 따라 필요로 하는 사원의 능력과 개성이 다르기 때문에, 지원자가 희망하는 계열사나 부서의 직무가 무엇인지 제대로 파악하여 자신의 성향과 맞는지에 대한 고민은 반드시 필요하다. 같은 질문이라도 기업이 원하는 인재상이나 부서의 직무에 따라 판단 척도가 달라질 수 있다.

❹ 평상심 유지와 컨디션 관리

역시 솔직함과 연결된 내용이다. 한 질문에 오래 고민하고 신경 쓰면 불필요한 생각이 개입될 소지가 크다. 이는 직관을 떠나 이성적 판단에 따라 포장할 위험이 높아진다는 뜻이기도 하다. 긴 시간 생각하지 말고 자신의 평상시 생각과 감정대로 답하는 것이 중요하며, 가능한 건너뛰지 말고 모든 질문에 답하도록 한다. 300~400개 정도 문항을 출제하는 기업이 많기 때문에, 끝까지 집중하여 임하는 것이 중요하다.

특히 적성검사와 같은 날 실시하는 경우, 적성검사를 마친 후 연이어 보기 때문에 신체적·정신적으로 피로한 상태에서 자세가 흐트러질 수도 있다. 따라서 컨디션을 유지하면서 문항당 7~10초 이상 쓰지 않고, 문항 수가 많을 때는 답안지에 바로 바로 표기하도록 하자.

02 인성검사 연습

📩 1 국민건강보험공단_인성검사의 대표 출제유형

국민건강보험공단의 인성검사는 본 공단이 추구하는 인재상인 '약속을 지키기 위해 책임을 다하는 인재, 열린 마음으로 소통을 하기 위해 서로를 신뢰하는 인재, 더 나은 가치를 만들기 위해 열정을 쏟는 인재, 최고의 전문가가 되기 위해 끊임없이 성장하는 인재'와 같은 지원자를 찾기 위해 가치관과 태도를 측정한다.

인성검사의 질문 내용은 지원자의 사고와 태도·행동 특성 등을 알 수 있는 단순한 유사 질문이 반복되고, 특별하게 정해진 답은 없는 유형이다. 하지만 지원자 개인의 특성이 반복되는 질문들의 거짓말 척도 등을 통해 판단되므로 일관성을 가지고 솔직하게 답하는 것이 매우 중요하다.

📩 2 '가장 가깝다(M)' 또는 '가장 멀다(L)' 선택형 + 개별 항목 체크형

4개의 A 문항군으로 구성된 검사지에 자신이 동의하는 정도에 따라 '전혀 아니다, 아니다, 그렇다, 매우 그렇다' 중 해당되는 것을 표시한 후 체크한 문항들 중 자신과 가장 가까운 것과 가장 먼 것 하나를 선택하는 유형이다.

인성검사 Tip

1. 직관적으로 솔직하게 답한다.
2. 모든 문제를 신중하게 풀도록 한다.
3. 비교적 일관성을 유지할 수 있도록 한다.
4. 평소의 경험과 선호도를 자연스럽게 답한다.
5. 각 문항에 너무 골똘히 생각하거나 고민하지 않는다.
6. 지원한 분야와 나의 성격의 연관성을 미리 생각하고 분석해본다.

1회 기출예상
2회 기출예상
3회 기출예상
4회 기출예상
5회 기출예상
6회 기출예상
인성검사
면접가이드

🚇 3 모의 연습

| 01~50 | • 다음의 4문항 중 자신의 모습과 가장 멀다(L)고 생각되는 문항과 가장 가깝다(M)고 생각되는 문항을 각각 1개씩 표시하여 주십시오. 또한 각각의 문항에 대해서 자신이 동의하는 정도를 1점에서 4점으로 표시하여 주십시오.
• 1(전혀 아니다) ~ 4(매우 그렇다) : 오른쪽 '답안체크 예시'를 참조해 주세요.

01
1.1 나는 운동화를 좋아한다.
1.2 나는 꽃을 좋아한다.
1.3 나는 콜라를 좋아한다.
1.4 나는 비를 좋아한다.

L 가장 멀다 / M 가장 가깝다
1 (전혀 아니다) / 4 (매우 그렇다)

	L	M	1	2	3	4
1.1	○	○	○	○	○	○
1.2	○	○	○	○	○	○
1.3	○	○	○	○	○	○
1.4	○	○	○	○	○	○

[답안체크 예시]

	L	M	1	2	3	4
1.1	○	○	○	○	○	●
1.2	○	●	○	○	○	●
1.3	○	○	○	○	●	○
1.4	●	○	○	●	○	○

01
1.1 내 분야에서 전문성에 관한 한 동급 최강이라고 생각한다.
1.2 규칙적으로 운동을 하는 편이다.
1.3 나는 사람들을 연결시켜주거나 연결해달라는 부탁을 주변에서 많이 받는 편이다.
1.4 다른 사람들이 생각하기에 관련 없어 보이는 것을 통합하여 새로운 아이디어를 낸다.

L 가장 멀다 / M 가장 가깝다
1 (전혀 아니다) / 4 (매우 그렇다)

	L	M	1	2	3	4
1.1	○	○	○	○	○	○
1.2	○	○	○	○	○	○
1.3	○	○	○	○	○	○
1.4	○	○	○	○	○	○

02
2.1 모임을 주선하게 되는 경우가 자주 있다.
2.2 나는 학창시절부터 리더역할을 많이 해 왔다.
2.3 새로운 아이디어를 낸다.
2.4 변화를 즐기는 편이다.

L 가장 멀다 / M 가장 가깝다
1 (전혀 아니다) / 4 (매우 그렇다)

	L	M	1	2	3	4
2.1	○	○	○	○	○	○
2.2	○	○	○	○	○	○
2.3	○	○	○	○	○	○
2.4	○	○	○	○	○	○

03

3.1 혼자서 생활해도 밥은 잘 챙겨먹고 생활리듬이 많이 깨지 않는 편이다.

3.2 다른 나라의 음식을 시도해 보는 것이 즐겁다.

3.3 나 스스로에 대해서 높은 기준을 제시하는 편이다.

3.4 "왜?"라는 질문을 자주 한다.

L 가장 멀다 / M 가장 가깝다
1 (전혀 아니다) / 4 (매우 그렇다)

	L	M	1	2	3	4
3.1	○	○	○	○	○	○
3.2	○	○	○	○	○	○
3.3	○	○	○	○	○	○
3.4	○	○	○	○	○	○

04

4.1 대화를 주도한다.

4.2 하루에 1~2시간 이상 자기 계발을 위해 시간을 투자한다.

4.3 나 스스로에 대해서 높은 기준을 세우고 시도해보는 것을 즐긴다.

4.4 나와 다른 분야에 종사하는 사람들을 만나도 쉽게 공통점을 찾을 수 있다.

L 가장 멀다 / M 가장 가깝다
1 (전혀 아니다) / 4 (매우 그렇다)

	L	M	1	2	3	4
4.1	○	○	○	○	○	○
4.2	○	○	○	○	○	○
4.3	○	○	○	○	○	○
4.4	○	○	○	○	○	○

05

5.1 자신감 넘친다는 평가를 주변으로부터 듣는다.

5.2 다른 사람들의 눈에는 상관없어 보일지라도 내가 보기에 관련이 있으면 활용해서 할 수 있는 일에 대해서 생각해본다.

5.3 다른 문화권 중 내가 잘 적응할 수 있다고 생각하는 곳이 있다.

5.4 한 달 동안 사용한 돈이 얼마인지 파악할 수 있다.

L 가장 멀다 / M 가장 가깝다
1 (전혀 아니다) / 4 (매우 그렇다)

	L	M	1	2	3	4
5.1	○	○	○	○	○	○
5.2	○	○	○	○	○	○
5.3	○	○	○	○	○	○
5.4	○	○	○	○	○	○

06

6.1 내 분야의 최신 동향 혹은 이론을 알고 있으며, 항상 업데이트 하려고 노력한다.

6.2 나는 설득을 잘하는 사람이다.

6.3 현상에 대한 새로운 해석을 알게 되는 것이 즐겁다.

6.4 새로운 기회를 만들기 위해서 다방면으로 노력을 기울인다.

L 가장 멀다 / M 가장 가깝다
1 (전혀 아니다) / 4 (매우 그렇다)

	L	M	1	2	3	4
6.1	○	○	○	○	○	○
6.2	○	○	○	○	○	○
6.3	○	○	○	○	○	○
6.4	○	○	○	○	○	○

07 **7.1** 한 달 동안 필요한 돈이 얼마인지 파악하고 있다.

7.2 업무나 전공 공부에 꼭 필요한 분야가 아니더라도 호기심이 생기면 일정 정도의 시간을 투자하여 탐색해 본다.

7.3 어디가서든 친구들 중에서 내가 제일 적응을 잘하는 편이다.

7.4 대개 어떤 모임이든 나가다 보면 중심 멤버가 돼 있는 경우가 많다.

L 가장 멀다 / M 가장 가깝다
1 (전혀 아니다) / 4 (매우 그렇다)

	L	M	1	2	3	4
7.1	○	○	○	○	○	○
7.2	○	○	○	○	○	○
7.3	○	○	○	○	○	○
7.4	○	○	○	○	○	○

08 **8.1** 어떤 모임에 가서도 관심사가 맞는 사람들을 금방 찾아낼 수 있다.

8.2 잘 모르는 것이 있으면 전문서적을 뒤져서라도 알아내야 직성이 풀린다.

8.3 나와 함께 일하는 사람들을 적재적소에서 잘 이용한다.

8.4 상대방의 욕구를 중요하게 생각하며 그에 맞추어 주려고 한다.

L 가장 멀다 / M 가장 가깝다
1 (전혀 아니다) / 4 (매우 그렇다)

	L	M	1	2	3	4
8.1	○	○	○	○	○	○
8.2	○	○	○	○	○	○
8.3	○	○	○	○	○	○
8.4	○	○	○	○	○	○

09 **9.1** 극복하지 못할 장애물은 없다고 생각한다.

9.2 생활패턴이 규칙적인 편이다.

9.3 어디에 떨어트려놓아도 죽진 않을 것 같다는 소리를 자주 듣는다.

9.4 내 분야의 전문가가 되기 위한 구체적인 계획을 가지고 있다.

L 가장 멀다 / M 가장 가깝다
1 (전혀 아니다) / 4 (매우 그렇다)

	L	M	1	2	3	4
9.1	○	○	○	○	○	○
9.2	○	○	○	○	○	○
9.3	○	○	○	○	○	○
9.4	○	○	○	○	○	○

10 **10.1** 누구보다 앞장서서 일하는 편이다.

10.2 내가 무엇을 하면 처져있을 때 기분이 전환되는지 잘 알고 있다.

10.3 일어날 일에 대해서 미리 예상하고 준비하는 편이다.

10.4 동문회에 나가는 것이 즐겁다.

L 가장 멀다 / M 가장 가깝다
1 (전혀 아니다) / 4 (매우 그렇다)

	L	M	1	2	3	4
10.1	○	○	○	○	○	○
10.2	○	○	○	○	○	○
10.3	○	○	○	○	○	○
10.4	○	○	○	○	○	○

11 11.1 알고 싶은 것이 생기면 다양한 방법을 동원해서 궁금증을 풀어
보려 노력한다.

11.2 같은 과 친구들을 만나면 행동만으로도 기분을 눈치챌 수 있다.

11.3 혼자서 일하는 것보다 팀을 이루어서 일하는 것이 더 좋다.

11.4 예상 외의 일이 생겨도 상황에 적응하고 즐기는 편이다.

L 가장 멀다 / M 가장 가깝다
1 (전혀 아니다) / 4 (매우 그렇다)

	L	M	1	2	3	4
11.1	○	○	○	○	○	○
11.2	○	○	○	○	○	○
11.3	○	○	○	○	○	○
11.4	○	○	○	○	○	○

12 12.1 내 분야에 관한 한 전문가가 되기 위해 따로 시간투자를 한다.

12.2 일단 마음먹은 일은 맘껏 해봐야 직성이 풀리는 편이다.

12.3 상대방의 기분을 세심하게 살핀다.

12.4 위기는 기회라는 말에 동의한다.

L 가장 멀다 / M 가장 가깝다
1 (전혀 아니다) / 4 (매우 그렇다)

	L	M	1	2	3	4
12.1	○	○	○	○	○	○
12.2	○	○	○	○	○	○
12.3	○	○	○	○	○	○
12.4	○	○	○	○	○	○

13 13.1 팀 내에서 업무적인 대화만큼 개인적인 고민에 대한 대화 역시
필요하다.

13.2 컨디션이 좋지 않아도 계획한 일은 예정대로 하는 편이다.

13.3 내 몸의 컨디션에 대해서 잘 파악하는 편이다.

13.4 내가 주선하는 모임에는 사람들의 출석률이 높은 편이다.

L 가장 멀다 / M 가장 가깝다
1 (전혀 아니다) / 4 (매우 그렇다)

	L	M	1	2	3	4
13.1	○	○	○	○	○	○
13.2	○	○	○	○	○	○
13.3	○	○	○	○	○	○
13.4	○	○	○	○	○	○

14 14.1 나는 계획을 세울 때면 그것을 잘 실행할 수 있을 것이라는 확
신이 넘친다.

14.2 교통질서를 잘 지킨다.

14.3 내가 무엇을 하면 즐거워지는지 정확하게 알고 있다.

14.4 다른 나라의 문화에 대해서 알게 되는 것은 즐거운 일이다.

L 가장 멀다 / M 가장 가깝다
1 (전혀 아니다) / 4 (매우 그렇다)

	L	M	1	2	3	4
14.1	○	○	○	○	○	○
14.2	○	○	○	○	○	○
14.3	○	○	○	○	○	○
14.4	○	○	○	○	○	○

1회 기출예상
2회 기출예상
3회 기출예상
4회 기출예상
5회 기출예상
6회 기출예상
인성검사
면접가이드

15
15.1 모임에서 갈등 상황이 생기면 나서서 해결하거나 중재하는 역할을 하는 편이다.
15.2 과제를 수행하기 위해서 미리 준비하는 편이다.
15.3 하고 싶은 일이 생기면 남들보다 몰입하는 편이다.
15.4 불편함을 감수하고서라도 규칙은 지키는 편이다.

L 가장 멀다 / M 가장 가깝다
1 (전혀 아니다) / 4 (매우 그렇다)

	L	M	1	2	3	4
15.1	○	○	○	○	○	○
15.2	○	○	○	○	○	○
15.3	○	○	○	○	○	○
15.4	○	○	○	○	○	○

16
16.1 자기개발에 도움이 되는 것들을 꾸준히 찾아서 한다.
16.2 어떠한 결론을 내리느냐 만큼 어떠한 과정을 거쳤는지가 중요하다고 생각한다.
16.3 모임에서 새로운 사람들과 잘 어울린다.
16.4 친구의 고민 상담을 잘 해주는 편이다.

L 가장 멀다 / M 가장 가깝다
1 (전혀 아니다) / 4 (매우 그렇다)

	L	M	1	2	3	4
16.1	○	○	○	○	○	○
16.2	○	○	○	○	○	○
16.3	○	○	○	○	○	○
16.4	○	○	○	○	○	○

17
17.1 처음 경험하는 일이라도 빠르게 파악하고 적응하는 편이다.
17.2 새로운 모임에 가도 잘 적응하는 편이다.
17.3 예상치 않는 일이 생겨도 일 전체를 포기하기보다 계획을 현실적으로 조정하여 마무리 짓는다.
17.4 새로운 정보나 지식을 팀원들과 공유한다.

L 가장 멀다 / M 가장 가깝다
1 (전혀 아니다) / 4 (매우 그렇다)

	L	M	1	2	3	4
17.1	○	○	○	○	○	○
17.2	○	○	○	○	○	○
17.3	○	○	○	○	○	○
17.4	○	○	○	○	○	○

18
18.1 나는 항상 활기차게 일하는 사람이다.
18.2 목표를 이루기 위해서는 포기해야 하는 부분이 있다고 생각한다.
18.3 내가 부탁을 하면 주변 사람들은 거의 부탁을 들어주는 편이다.
18.4 어떤 상황이든 정직하게 행동하는 것을 우선적으로 선택해왔다.

L 가장 멀다 / M 가장 가깝다
1 (전혀 아니다) / 4 (매우 그렇다)

	L	M	1	2	3	4
18.1	○	○	○	○	○	○
18.2	○	○	○	○	○	○
18.3	○	○	○	○	○	○
18.4	○	○	○	○	○	○

19
19.1 다양한 문화를 인정하는 것은 중요하다.

19.2 부지런하다는 평가를 많이 듣는다.

19.3 혼자 일하는 것보다 팀으로 일하면서 배우는 것이 더 많다고 생각한다.

19.4 나는 장점이 많은 사람이라고 생각한다.

L 가장 멀다 / M 가장 가깝다
1 (전혀 아니다) / 4 (매우 그렇다)

	L	M	1	2	3	4
19.1	○	○	○	○	○	○
19.2	○	○	○	○	○	○
19.3	○	○	○	○	○	○
19.4	○	○	○	○	○	○

20
20.1 친구를 사귀는 것은 어렵지 않다.

20.2 나는 좀 어려운 과제도 내가 할 수 있다는 긍정적인 생각을 많이 한다.

20.3 내 성격을 잘 알고 있다.

20.4 적응을 잘 하는 편이다.

L 가장 멀다 / M 가장 가깝다
1 (전혀 아니다) / 4 (매우 그렇다)

	L	M	1	2	3	4
20.1	○	○	○	○	○	○
20.2	○	○	○	○	○	○
20.3	○	○	○	○	○	○
20.4	○	○	○	○	○	○

21
21.1 꾸준하다는 평가를 받는다.

21.2 의리가 나에게는 매우 중요한 덕목이다.

21.3 상대방의 기분에 따른 대응을 잘하는 편이다.

21.4 내 분야에서 최고가 되기 위해서 노력한다.

L 가장 멀다 / M 가장 가깝다
1 (전혀 아니다) / 4 (매우 그렇다)

	L	M	1	2	3	4
21.1	○	○	○	○	○	○
21.2	○	○	○	○	○	○
21.3	○	○	○	○	○	○
21.4	○	○	○	○	○	○

22
22.1 기분 나쁜 말을 전해야 할 때는 상대방의 기분을 고려하여 부드러운 말로 바꾸어 표현하는 편이다.

22.2 나와 다른 관점이 있다는 것을 인정한다.

22.3 규칙을 잘 지킨다.

22.4 일에 우선 순위를 잘 파악하여 행동하는 편이다.

L 가장 멀다 / M 가장 가깝다
1 (전혀 아니다) / 4 (매우 그렇다)

	L	M	1	2	3	4
22.1	○	○	○	○	○	○
22.2	○	○	○	○	○	○
22.3	○	○	○	○	○	○
22.4	○	○	○	○	○	○

23
23.1 팀을 이루어 성취한 후 느끼는 쾌감이 크다.
23.2 내 성과로 직결되지 않는 일이라도 조직에 필요한 일은 묵묵히 하는 편이다.
23.3 나는 내 자신에 대해 긍정적인 태도를 갖고 있다.
23.4 우리 회사(학교, 동아리) 사람들은 나를 좋아한다.

L 가장 멀다 / M 가장 가깝다
1 (전혀 아니다) / 4 (매우 그렇다)

	L	M	1	2	3	4
23.1	○	○	○	○	○	○
23.2	○	○	○	○	○	○
23.3	○	○	○	○	○	○
23.4	○	○	○	○	○	○

24
24.1 내가 공금을 맡으면 사람들이 안심하고 맡기는 편이다.
24.2 친절하다는 말을 많이 듣는다.
24.3 미래의 성공을 위하여 지금의 어려움은 견뎌낼 수 있다.
24.4 사람들과 어울리는 것이 좋다.

L 가장 멀다 / M 가장 가깝다
1 (전혀 아니다) / 4 (매우 그렇다)

	L	M	1	2	3	4
24.1	○	○	○	○	○	○
24.2	○	○	○	○	○	○
24.3	○	○	○	○	○	○
24.4	○	○	○	○	○	○

25
25.1 팀원들과의 관계는 늘 좋았던 편이다.
25.2 나는 실패를 극복할 만한 의지를 가진 사람이라고 생각한다.
25.3 다양한 가치가 존중받을 수 있는 사회가 바람직하다고 생각한다.
25.4 어떤 장소에 가더라도 그 곳에서 요구하는 규칙을 잘 지키는 편이다.

L 가장 멀다 / M 가장 가깝다
1 (전혀 아니다) / 4 (매우 그렇다)

	L	M	1	2	3	4
25.1	○	○	○	○	○	○
25.2	○	○	○	○	○	○
25.3	○	○	○	○	○	○
25.4	○	○	○	○	○	○

26
26.1 회의를 할 때 독특한 아이디어를 많이 내 놓는 편이다.
26.2 어느 집단에 소속되면 주로 리더의 역할을 맡게 된다.
26.3 주변 사람들에게 분위기 메이커라는 소리를 듣는다.
26.4 나는 돈 관리를 잘하는 편이어서 적자가 나는 법이 없다.

L 가장 멀다 / M 가장 가깝다
1 (전혀 아니다) / 4 (매우 그렇다)

	L	M	1	2	3	4
26.1	○	○	○	○	○	○
26.2	○	○	○	○	○	○
26.3	○	○	○	○	○	○
26.4	○	○	○	○	○	○

27

27.1 휴가를 가게 되면 새로운 장소에서 재미있는 놀잇감을 금방 찾아내곤 했다.

27.2 학창시절 반장이나 동아리 회장 등을 하곤 했다.

27.3 무언가를 새롭게 창조하는 것을 좋아한다.

27.4 어떤 환경에서 집중을 잘 할 수 있는지 알고 있으며 되도록 그 시간대를 공부를 위해서 비워놓기 위해 노력한다.

L 가장 멀다 / M 가장 가깝다
1 (전혀 아니다) / 4 (매우 그렇다)

	L	M	1	2	3	4
27.1	○	○	○	○	○	○
27.2	○	○	○	○	○	○
27.3	○	○	○	○	○	○
27.4	○	○	○	○	○	○

28

28.1 목표를 세우면 거기에 모든 것을 거는 편이다.

28.2 상황에 대한 내 감정을 잘 설명한다.

28.3 주변 사람들은 나를 개방적이라고 평가한다.

28.4 같이 해온 일이 흐지부지될 거 같아 나서서 비전을 제시하고 팀원들의 사기를 북돋아 추진한 적이 여러 번 있다.

L 가장 멀다 / M 가장 가깝다
1 (전혀 아니다) / 4 (매우 그렇다)

	L	M	1	2	3	4
28.1	○	○	○	○	○	○
28.2	○	○	○	○	○	○
28.3	○	○	○	○	○	○
28.4	○	○	○	○	○	○

29

29.1 갑작스럽게 일이 생겨도 해결할 수 있도록 미리 준비하는 편이다.

29.2 궁금한 것이 있으면 답을 알기 위해서 백방으로 노력한다.

29.3 내가 하고자 하는 일이 있으면 잠을 못 잘 정도로 몰두한다.

29.4 상대방의 표정이나 몸짓(비언어적 요소들)만으로 상대방 마음을 잘 알아차린다.

L 가장 멀다 / M 가장 가깝다
1 (전혀 아니다) / 4 (매우 그렇다)

	L	M	1	2	3	4
29.1	○	○	○	○	○	○
29.2	○	○	○	○	○	○
29.3	○	○	○	○	○	○
29.4	○	○	○	○	○	○

30

30.1 어떻게 하면 내 화가 풀리는지 알고 있다.

30.2 일을 성취하기 위해서 공식적인 활동 이외의 노력을 기울인다.

30.3 나는 목표를 달성하기 위해 방식을 현실적으로 조정해가면서 일을 한다.

30.4 주변 사람들로부터 준비성이 많다는 평가를 받는 편이다.

L 가장 멀다 / M 가장 가깝다
1 (전혀 아니다) / 4 (매우 그렇다)

	L	M	1	2	3	4
30.1	○	○	○	○	○	○
30.2	○	○	○	○	○	○
30.3	○	○	○	○	○	○
30.4	○	○	○	○	○	○

31
31.1 나는 호기심이 풍부한 사람이다.

31.2 팀으로 일하는 것이 좋다.

31.3 하나의 사안에 대해서 다양한 관점이 있다는 것을 흥미롭게 생각한다.

31.4 일을 마치기 위해 즐거움을 잠시 미루는 것이 어렵지 않다.

L 가장 멀다 / M 가장 가깝다
1 (전혀 아니다) / 4 (매우 그렇다)

	L	M	1	2	3	4
31.1	○	○	○	○	○	○
31.2	○	○	○	○	○	○
31.3	○	○	○	○	○	○
31.4	○	○	○	○	○	○

32
32.1 아이디어가 풍부하다.

32.2 내 감정이나 행동의 근본적인 이유를 찾기 위해서 노력한다.

32.3 한 가지에 빠지면 주변의 악조건에는 상관없이 몰두하는 편이다.

32.4 외국인 친구와 교류하면서 외국문화를 알게 되는 것이 즐겁다.

L 가장 멀다 / M 가장 가깝다
1 (전혀 아니다) / 4 (매우 그렇다)

	L	M	1	2	3	4
32.1	○	○	○	○	○	○
32.2	○	○	○	○	○	○
32.3	○	○	○	○	○	○
32.4	○	○	○	○	○	○

33
33.1 나는 책임감이 강한 사람이다.

33.2 현상의 원인에 대해서 궁금해 한다.

33.3 나는 감정 조절을 잘하는 편이다.

33.4 도전적인 목표를 좋아한다.

L 가장 멀다 / M 가장 가깝다
1 (전혀 아니다) / 4 (매우 그렇다)

	L	M	1	2	3	4
33.1	○	○	○	○	○	○
33.2	○	○	○	○	○	○
33.3	○	○	○	○	○	○
33.4	○	○	○	○	○	○

34
34.1 기분이 우울하거나 화가 날 때 스스로를 달래는 방법을 알고 있다.

34.2 나는 친구들 중에서 책임감이 강한 편에 속하는 사람이다.

34.3 믿을 수 있는 사람이 되고 싶다.

34.4 나는 에너지가 넘친다.

L 가장 멀다 / M 가장 가깝다
1 (전혀 아니다) / 4 (매우 그렇다)

	L	M	1	2	3	4
34.1	○	○	○	○	○	○
34.2	○	○	○	○	○	○
34.3	○	○	○	○	○	○
34.4	○	○	○	○	○	○

35

35.1 굳이 말로 하지 않아도 행동을 보면 그 사람의 기분을 잘 파악할 수 있다.

35.2 의리를 지키는 것은 중요하다고 생각한다.

35.3 다른 나라에 가서 새로운 경험을 하는 것은 즐거운 일이다.

35.4 이루고자 하는 목표가 뚜렷한 편이다.

L 가장 멀다 / M 가장 가깝다
1 (전혀 아니다) / 4 (매우 그렇다)

	L	M	1	2	3	4
35.1	○	○	○	○	○	○
35.2	○	○	○	○	○	○
35.3	○	○	○	○	○	○
35.4	○	○	○	○	○	○

36

36.1 자신의 이미지에 대해 신경을 쓰고 관리한다.

36.2 사람들 사이의 신의를 지키기 위해서 노력한다.

36.3 일을 성취하기 위해서 최대한의 방법을 동원한다.

36.4 비난보다는 칭찬을 많이 하는 편이다.

L 가장 멀다 / M 가장 가깝다
1 (전혀 아니다) / 4 (매우 그렇다)

	L	M	1	2	3	4
36.1	○	○	○	○	○	○
36.2	○	○	○	○	○	○
36.3	○	○	○	○	○	○
36.4	○	○	○	○	○	○

37

37.1 창의적이라는 평가를 자주 듣는다.

37.2 나 스스로의 한계에 도전하는 일을 좋아한다.

37.3 나는 늘 책임감이 강한 편에 속했다.

37.4 실력을 쌓을 수 있는 기회이면 일이 어려워도 자원해서 한다.

L 가장 멀다 / M 가장 가깝다
1 (전혀 아니다) / 4 (매우 그렇다)

	L	M	1	2	3	4
37.1	○	○	○	○	○	○
37.2	○	○	○	○	○	○
37.3	○	○	○	○	○	○
37.4	○	○	○	○	○	○

38

38.1 다른 사람들이 생각해 내지 못하는 아이디어를 자주 낸다.

38.2 나의 장점은 강한 책임감이다.

38.3 인상이 좋다는 말을 자주 듣는다.

38.4 직장생활에서 도덕성은 갈수록 중요한 덕목이 될 것이라고 생각한다.

L 가장 멀다 / M 가장 가깝다
1 (전혀 아니다) / 4 (매우 그렇다)

	L	M	1	2	3	4
38.1	○	○	○	○	○	○
38.2	○	○	○	○	○	○
38.3	○	○	○	○	○	○
38.4	○	○	○	○	○	○

1회 기출예상
2회 기출예상
3회 기출예상
4회 기출예상
5회 기출예상
6회 기출예상
인성검사
면접가이드

39

39.1 팀 내에서 업무적인 대화 이외의 개인적인 상호작용도 중요하다고 생각한다.

39.2 상대방이 편안하게 느낄 수 있도록 배려해야 마음이 놓인다.

39.3 문제를 해결하는 데에는 다양한 가능성이 있다고 생각한다.

39.4 내 실수에 대해서는 스스로 책임을 진다.

L 가장 멀다 / M 가장 가깝다
1 (전혀 아니다) / 4 (매우 그렇다)

	L	M	1	2	3	4
39.1	○	○	○	○	○	○
39.2	○	○	○	○	○	○
39.3	○	○	○	○	○	○
39.4	○	○	○	○	○	○

40

40.1 나와 다른 의견을 가진 사람과 대화를 나누는 일은 흥미롭다.

40.2 다른 사람의 입장을 이해하려고 노력한다.

40.3 내가 할 일을 남에게 미루지 않는다.

40.4 줄을 설 때 새치기를 하지 않는 편이다.

L 가장 멀다 / M 가장 가깝다
1 (전혀 아니다) / 4 (매우 그렇다)

	L	M	1	2	3	4
40.1	○	○	○	○	○	○
40.2	○	○	○	○	○	○
40.3	○	○	○	○	○	○
40.4	○	○	○	○	○	○

41

41.1 나는 상대방을 잘 배려하는 사람이다.

41.2 나의 장점은 성실함이다.

41.3 나는 주어진 일은 잘 해낼 수 있다고 생각한다.

41.4 내가 신세 진 사람에게는 꼭 은혜를 갚는다.

L 가장 멀다 / M 가장 가깝다
1 (전혀 아니다) / 4 (매우 그렇다)

	L	M	1	2	3	4
41.1	○	○	○	○	○	○
41.2	○	○	○	○	○	○
41.3	○	○	○	○	○	○
41.4	○	○	○	○	○	○

42

42.1 일단 맡은 일은 책임지고 해낸다.

42.2 어떤 조직이든 신뢰는 매우 중요한 가치라고 생각한다.

42.3 외국 문화에 흥미를 가지고 있다.

42.4 나는 상대방의 이야기를 잘 들어준다.

L 가장 멀다 / M 가장 가깝다
1 (전혀 아니다) / 4 (매우 그렇다)

	L	M	1	2	3	4
42.1	○	○	○	○	○	○
42.2	○	○	○	○	○	○
42.3	○	○	○	○	○	○
42.4	○	○	○	○	○	○

43
43.1 국제단체에서 일하게 되면 재미있게 일할 수 있을 거 같다.

43.2 내가 목표로 잡은 일은 여러 번 도전을 해서라도 해내야 직성이 풀린다.

43.3 일을 하다가 모르는 것이 있으면 나중에라도 찾아본다.

43.4 난 참 괜찮은 사람 같다.

L 가장 멀다 / M 가장 가깝다
1 (전혀 아니다) / 4 (매우 그렇다)

	L	M	1	2	3	4
43.1	○	○	○	○	○	○
43.2	○	○	○	○	○	○
43.3	○	○	○	○	○	○
43.4	○	○	○	○	○	○

44
44.1 주어진 일은 책임지고 끝낸다.

44.2 나는 신뢰감을 주는 사람이다.

44.3 상냥하다는 말을 많이 듣는다.

44.4 나는 스스로 세운 목표는 끝까지 잘 달성한다.

L 가장 멀다 / M 가장 가깝다
1 (전혀 아니다) / 4 (매우 그렇다)

	L	M	1	2	3	4
44.1	○	○	○	○	○	○
44.2	○	○	○	○	○	○
44.3	○	○	○	○	○	○
44.4	○	○	○	○	○	○

45
45.1 현장에서 닥치면 잘 해결하는 편이라서 긴 준비를 선호하지 않는다.

45.2 상황에서 느껴지는 직감에 따라 결정을 내린다.

45.3 스케줄에 맞추기 위해서 무리하게라도 일을 진행하는 편이다.

45.4 학창시절 내가 기획했던 공연이나 행사를 치러본 적이 있다.

L 가장 멀다 / M 가장 가깝다
1 (전혀 아니다) / 4 (매우 그렇다)

	L	M	1	2	3	4
45.1	○	○	○	○	○	○
45.2	○	○	○	○	○	○
45.3	○	○	○	○	○	○
45.4	○	○	○	○	○	○

46
46.1 앞으로 유행할 물건이나 경향에 대해 빨리 파악하는 편이다.

46.2 자료를 찾는 시간에 사람을 만나 물어보는 방식이 더 잘 맞는다.

46.3 작은 부분까지 꼼꼼하게 살피는 편이다.

46.4 신문에서 나오는 기사들이 나와 내가 소속한 집단(가족, 학교, 회사) 등에 어떤 영향을 미칠지 적절하게 파악할 수 있다.

L 가장 멀다 / M 가장 가깝다
1 (전혀 아니다) / 4 (매우 그렇다)

	L	M	1	2	3	4
46.1	○	○	○	○	○	○
46.2	○	○	○	○	○	○
46.3	○	○	○	○	○	○
46.4	○	○	○	○	○	○

47
47.1 정보가 많아도 중요한 몇 가지에만 집중해서 처리한다.
47.2 새로운 일을 직접 기획해보고 기획안을 만드는 것을 좋아한다.
47.3 주변 사람들로부터 논리적이라는 평가를 듣는 편이다.
47.4 정리정돈을 좋아한다.

L 가장 멀다 / M 가장 가깝다
1 (전혀 아니다) / 4 (매우 그렇다)

	L	M	1	2	3	4
47.1	○	○	○	○	○	○
47.2	○	○	○	○	○	○
47.3	○	○	○	○	○	○
47.4	○	○	○	○	○	○

48
48.1 사무실에서 조사하는 것보다 현장에서 파악하는 것이 편하다.
48.2 나는 다른 사람들보다 넓은 시각으로 상황을 파악하는 것 같다.
48.3 문제가 생기면 상대방 마음부터 챙기면서 일을 풀어가는 타입니다.
48.4 주변 사람들로부터 꼼꼼한 성격이라는 평가를 받는다.

L 가장 멀다 / M 가장 가깝다
1 (전혀 아니다) / 4 (매우 그렇다)

	L	M	1	2	3	4
48.1	○	○	○	○	○	○
48.2	○	○	○	○	○	○
48.3	○	○	○	○	○	○
48.4	○	○	○	○	○	○

49
49.1 당장 눈앞에 일을 하기 보다는 일의 추이에 대한 예상을 하고 방향성을 가지고 일을 한다.
49.2 필요한 일들을 미리 체크하고 준비한다.
49.3 메일을 보내는 것보다 만나서 말로 설득하는 것을 선호한다.
49.4 미리 계획을 세우고 일한다.

L 가장 멀다 / M 가장 가깝다
1 (전혀 아니다) / 4 (매우 그렇다)

	L	M	1	2	3	4
49.1	○	○	○	○	○	○
49.2	○	○	○	○	○	○
49.3	○	○	○	○	○	○
49.4	○	○	○	○	○	○

50
50.1 일을 처리할 때 웬만하면 직접 사람을 만나 얘기하는 것을 선택한다.
50.2 나에게 정확한 일 처리는 중요하다.
50.3 약속 장소에 가기 위한 가장 빠른 교통 수단을 미리 알아보고 출발하는 편이다.
50.4 정보를 수집하면서 얻게 되는 내용에 따라 연관 분야의 정보도 탐색하여 최적의 자료를 만들려고 노력한다.

L 가장 멀다 / M 가장 가깝다
1 (전혀 아니다) / 4 (매우 그렇다)

	L	M	1	2	3	4
50.1	○	○	○	○	○	○
50.2	○	○	○	○	○	○
50.3	○	○	○	○	○	○
50.4	○	○	○	○	○	○

공기업 NCS · 대기업 인적성

응용수리만점 위드 류준상

기초에서 완성까지

- 응용수리 모든 유형을 경험하다 -

국민건강보험공단 NCS

면접이란? 지원자가 보유한 직무 관련 능력 및 직무적합도와 더불어 인품, 언행 등을 직접 만나 평가하는 것을 말한다.

국민건강보험공단

파트 3 면접가이드

NCS 면접의 이해

※ 능력중심 채용에서는 타당도가 높은 구조화 면접을 적용한다.

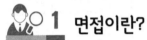

1 면접이란?

일을 하는 데 필요한 능력(직무역량, 직무지식, 인재상 등)을 지원자가 보유하고 있는지를 다양한 면접 기법을 활용하여 확인하는 절차이다. 자신의 환경, 성취, 관심사, 경험 등에 대해 이야기하여 본인이 적합하다는 것을 보여 줄 기회를 제공하고, 면접관은 평가에 필요한 정보를 수집하고 평가하는 것이다.

- 지원자의 태도, 적성, 능력에 대한 정보를 심층적으로 파악하기 위한 선발 방법
- 선발의 최종 의사결정에 주로 사용되는 선발 방법
- 전 세계적으로 선발에서 가장 많이 사용되는 핵심적이고 중요한 방법

2 면접의 특징

서류전형이나 인적성검사에서 드러나지 않는 것들을 볼 수 있는 기회를 제공한다.

- 직무수행과 관련된 다양한 지원자 행동에 대한 관찰이 가능하다.
- 면접관이 알고자 하는 정보를 심층적으로 파악할 수 있다.
- 서류상의 미비한 사항과 의심스러운 부분을 확인할 수 있다.
- 커뮤니케이션, 대인관계행동 등 행동·언어적 정보도 얻을 수 있다.

3 면접의 평가요소

❶ 인재적합도

해당 기관이나 기업별 인재상에 대한 인성 평가

❷ 조직적합도

조직에 대한 이해와 관련 상황에 대한 평가

❸ 직무적합도

직무에 대한 지식과 기술, 태도에 대한 평가

4 면접의 유형

구조화된 정도에 따른 분류

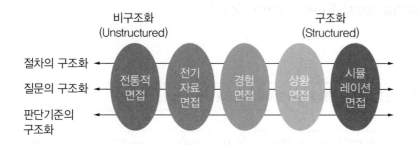

비구조화
(Unstructured)

구조화
(Structured)

절차의 구조화

질문의 구조화

판단기준의
구조화

전통적
면접

전기
자료
면접

경험
면접

상황
면접

시뮬
레이션
면접

❶ 구조화 면접(Structured Interview)

사전에 계획을 세워 질문의 내용과 방법, 지원자의 답변 유형에 따른 추가 질문과 그에 대한 평가역량이 정해져 있는 면접 방식(표준화 면접)

> • 표준화된 질문이나 평가요소가 면접 전 확정되며, 지원자는 편성된 조나 면접관에 영향을 받지 않고 동일한 질문과 시간을 부여받을 수 있음.
> • 조직 또는 직무별로 주요하게 도출된 역량을 기반으로 평가요소가 구성되어, 조직 또는 직무에서 필요한 역량을 가진 지원자를 선발할 수 있음.
> • 표준화된 형식을 사용하는 특성 때문에 비구조화 면접에 비해 신뢰성과 타당성, 객관성이 높음.

❷ 비구조화 면접(Unstructured Interview)

면접 계획을 세울 때 면접 목적만 명시하고 내용이나 방법은 면접관에게 전적으로 일임하는 방식(비표준화 면접)

> • 표준화된 질문이나 평가요소 없이 면접이 진행되며, 편성된 조나 면접관에 따라 지원자에게 주어지는 질문이나 시간이 다름.
> • 면접관의 주관적인 판단에 따라 평가가 이루어져 평가 오류가 빈번히 일어남.
> • 상황 대처나 언변이 뛰어난 지원자에게 유리한 면접이 될 수 있음.

※ 능력중심 채용에서는 타당도가 높은 구조화 면접을 적용한다.

 ## 1 경험면접(Behavioral Event Interview)

면접 프로세스

안내 ⟩ 지원자는 입실 후, 면접관을 통해 인사말과 면접에 대한 간단한 안내를 받음.

▼

질문 ⟩ 지원자는 면접관에게 평가요소(직업기초능력, 직무수행능력 등)와 관련된 주요 질문을 받게 되며, 질문에서 의도하는 평가요소를 고려하여 응답할 수 있도록 함.

▼

세부질문 ⟩ • 지원자가 응답한 내용을 토대로 해당 평가기준들을 충족시키는지 파악하기 위한 세부질문이 이루어짐.
• 구체적인 행동·생각 등에 대해 응답할수록 높은 점수를 얻을 수 있음.

• **방식**
해당 역량의 발휘가 요구되는 일반적인 상황을 제시하고, 그러한 상황에서 어떻게 행동했었는지(과거 경험)를 이야기하도록 함.

• **판단기준**
해당 역량의 수준, 경험 자체의 구체성, 진실성 등

• **특징**
추상적인 생각이나 의견 제시가 아닌 과거 경험 및 행동 중심의 질의가 이루어지므로 지원자는 사전에 본인의 과거 경험 및 사례를 정리하여 면접에 대비할 수 있음.

• **예시**

지원분야		지원자		면접관		(인)

경영자원관리 조직이 보유한 인적자원을 효율적으로 활용하여, 조직 내 유·무형 자산 및 재무자원을 효율적으로 관리한다.
주질문
A. 어떤 과제를 처리할 때 기존에 팀이 사용했던 방식의 문제점을 찾아내 이를 보완하여 과제를 더욱 효율적으로 처리했던 경험에 대해 이야기해 주시기 바랍니다.
세부질문
[상황 및 과제] 사례와 관련해 당시 상황에 대해 이야기해 주시기 바랍니다. [역할] 당시 지원자께서 맡았던 역할은 무엇이었습니까? [행동] 사례와 관련해 구성원들의 설득을 이끌어 내기 위해 어떤 노력을 하였습니까? [결과] 결과는 어땠습니까?

기대행동	평점
업무진행에 있어 한정된 자원을 효율적으로 활용한다.	① - ② - ③ - ④ - ⑤
구성원들의 능력과 성향을 파악해 효율적으로 업무를 배분한다.	① - ② - ③ - ④ - ⑤
효과적 인적/물적 자원관리를 통해 맡은 일을 무리 없이 잘 마무리한다.	① - ② - ③ - ④ - ⑤

척도해설

1 : 행동증거가 거의 드러나지 않음	2 : 행동증거가 미약하게 드러남	3 : 행동증거가 어느 정도 드러남	4 : 행동증거가 명확하게 드러남	5 : 뛰어난 수준의 행동증거가 드러남

관찰기록 :

총평 :

※ 실제 적용되는 평가지는 기업/기관마다 다름.

2 상황면접(Situational Interview)

면접 프로세스

안내
지원자는 입실 후, 면접관을 통해 인사말과 면접에 대한 간단한 안내를 받음.

질문
- 지원자는 상황질문지를 검토하거나 면접관을 통해 상황 및 질문을 제공받음.
- 면접관의 질문이나 질문지의 의도를 파악하여 응답할 수 있도록 함.

세부질문
- 지원자가 응답한 내용을 토대로 해당 평가기준들을 충족시키는지 파악하기 위한 세부질문이 이루어짐.
- 구체적인 행동·생각 등에 대해 응답할수록 높은 점수를 얻을 수 있음.

- **방식**
  직무 수행 시 접할 수 있는 상황들을 제시하고, 그러한 상황에서 어떻게 행동할 것인지(행동의도)를 이야기하도록 함.
- **판단기준**
  해당 상황에 맞는 해당 역량의 구체적 행동지표
- **특징**
  지원자의 가치관, 태도, 사고방식 등의 요소를 평가하는 데 용이함.

1회 기출예상 2회 기출예상 3회 기출예상 4회 기출예상 5회 기출예상 6회 기출예상 인성검사 면접가이드

• 예시

지원분야			지원자		면접관		(인)

유관부서협업
타 부서의 업무협조요청 등에 적극적으로 협력하고 갈등 상황이 발생하지 않도록 이해관계를 조율하며 관련 부서의 협업을 효과적으로 이끌어 낸다.

주질문

당신은 생산관리팀의 팀원으로, 2개월 뒤에 제품 A를 출시하기 위해 생산팀의 생산 계획을 수립한 상황입니다.

그러나 원가가 곧 실적으로 이어지는 구매팀에서는 최대한 원가를 줄여 전반적 단가를 낮추려고 원가절감을 위한 제안을 하였으나, 연구개발팀에서는 구매팀이 제안한 방식으로 제품을 생산할 경우 대부분이 구매팀의 실적으로 산정될 것이므로 제대로 확인도 해보지 않은 채 적합하지 않은 방식이라고 판단하고 있습니다. 당신은 어떻게 하겠습니까?

세부질문

[상황 및 과제] 이 상황의 핵심적인 이슈는 무엇이라고 생각합니까?

[역할] 당신의 역할을 더 잘 수행하기 위해서는 어떤 점을 고려해야 하겠습니까? 왜 그렇게 생각합니까?

[행동] 당면한 과제를 해결하기 위해서 구체적으로 어떤 조치를 취하겠습니까? 그 이유는 무엇입니까?

[결과] 그 결과는 어떻게 될 것이라고 생각합니까? 그 이유는 무엇입니까?

척도해설

1 : 행동증거가 거의 드러나지 않음	2 : 행동증거가 미약하게 드러남	3 : 행동증거가 어느 정도 드러남	4 : 행동증거가 명확하게 드러남	5 : 뛰어난 수준의 행동증거가 드러남
관찰기록 :				
총평 :				

※ 실제 적용되는 평가지는 기업/기관마다 다름.

3 발표면접(Presentation)

면접 프로세스

안내
• 입실 후 지원자는 면접관으로부터 인사말과 발표면접에 대해 간략히 안내받음.
• 면접 전 지원자는 과제 검토 및 발표 준비시간을 가짐.

∨

발표
• 지원자들이 과제 주제와 관련하여 정해진 시간 동안 발표를 실시함.
• 면접관은 발표내용 중 평가요소와 관련해 나타난 가점 및 감점요소들을 평가하게 됨.

∨

질문응답
• 발표 종료 후 면접관은 정해진 시간 동안 지원자의 발표내용과 관련해 구체적인 내용을 확인하기 위한 질문을 함.
• 지원자는 면접관의 질문의도를 정확히 파악하여 적절히 응답할 수 있도록 함.
• 응답 시 명확하고 자신있게 전달할 수 있도록 함.

- 방식

  지원자가 특정 주제와 관련된 자료(신문기사, 그래프 등)를 검토하고, 그에 대한 자신의 생각을 면접관 앞에서 발표하며, 추가 질의응답이 이루어짐.

- 판단기준

  지원자의 사고력, 논리력, 문제해결능력 등

- 특징

  과제를 부여한 후, 지원자들이 과제를 수행하는 과정과 결과를 관찰·평가함. 과제수행의 결과뿐 아니라 과제수행 과정에서의 행동을 모두 평가함.

 ## 4 토론면접(Group Discussion)

면접 프로세스

안내
- 입실 후, 지원자들은 면접관으로부터 토론 면접의 전반적인 과정에 대해 안내받음.
- 지원자는 정해진 자리에 착석함.

▼

토론
- 지원자들이 과제 주제와 관련하여 정해진 시간 동안 토론을 실시함(시간은 기관별 상이).
- 지원자들은 면접 전 과제 검토 및 토론 준비시간을 가짐.
- 토론이 진행되는 동안, 지원자들은 다른 토론자들의 발언을 경청하여 적절히 본인의 의사를 전달할 수 있도록 함. 더불어 적극적인 태도로 토론면접에 임하는 것도 중요함.

▼

마무리 (5분 이내)
- 면접 종료 전, 지원자들은 토론을 통해 도출한 결론에 대해 첨언하고 적절히 마무리 지음.
- 본인의 의견을 전달하는 것과 동시에 다른 토론자를 배려하는 모습도 중요함.

- 방식

  상호갈등적 요소를 가진 과제 또는 공통의 과제를 해결하는 내용의 토론 과제(신문기사, 그래프 등)를 제시하고, 그 과정에서의 개인 간의 상호작용 행동을 관찰함.

- 판단기준

  팀워크, 갈등 조정, 의사소통능력 등

- 특징

  면접에서 최종안을 도출하는 것도 중요하나 주장의 옳고 그름이 아닌 결론을 도출하는 과정과 말하는 자세 등도 중요함.

1회 기출예상 / 2회 기출예상 / 3회 기출예상 / 4회 기출예상 / 5회 기출예상 / 6회 기출예상 / 인성검사 / 면접가이드

5 역할연기면접(Role Play Interview)

- 방식
  기업 내 발생 가능한 상황에서 부딪히게 되는 문제와 역할을 가상적으로 설정하여 특정 역할을 맡은 사람과 상호작용하고 문제를 해결해 나가도록 함.
- 판단기준
  대처능력, 대인관계능력, 의사소통능력 등
- 특징
  실제 상황과 유사한 가상 상황에서 지원자의 성격이나 대처 행동 등을 관찰할 수 있음.

 6 집단면접(Group Activity)

- 방식
  지원자들이 팀(집단)으로 협력하여 정해진 시간 안에 활동 또는 게임을 하며 면접관들은 지원자들의 행동을 관찰함.
- 판단기준
  대인관계능력, 팀워크, 창의성 등
- 특징
  기존 면접보다 오랜 시간 관찰을 하여 지원자들의 평소 습관이나 행동들을 관찰하려는 데 목적이 있음.

03 면접 최신 기출 주제

🔍 1 2021 하반기 실제 기출 주제

행정직

❶ 경험행동면접

1. 30초 동안 자기소개를 하시오.
2. 다른 사람에게 받은 나에 대한 긍정적 평가와 부정적 평가는?
3. 민원응대에 있어서 본인이 가장 중요하다고 생각하는 것은 무엇인가?
4. 기준에 어긋난 업무를 처리한 경험에 대해 이야기하시오.
5. 조직 내에서의 적응이 어려웠던 경험과 이를 해결하는 본인만의 방법에 대해 이야기하시오.
6. 주변 동료나 상사들은 본인을 어떠한 사람으로 표현하는가?
7. 내가 가진 특별한 능력으로 주변으로부터 주목받았던 경험에 대해 이야기하시오.

❷ 상황면접

1. 중증장애인의 건강검진을 위한 장애친화적 시설 부족과 낮은 건강검진 수검률에 대한 해결방안을 제시하시오.
2. 국민건강보험공단이 주최하는 금연교육의 참여율을 증진시키기 위한 방안을 제시하시오.
3. 코로나로 인해 시행하지 못하고 있는 치매요양보호사를 위한 오프라인 실무교육을 추진할 방법을 제시하시오.
4. 보건 관련 종사자들이 겪는 폭언·폭행을 조사하기 위해 당사자들에게 답변을 들을 방안을 제시하시오.
5. 국민건강보험공단이 지원하는 코로나 재정지원을 중단하면서 요양기관이 방역인력 구성을 거부할 때 이를 긍정적인 방향으로 유도할 방법을 제시하시오.
6. 전문직 근로자인 요양보호사가 가사도우미로 인식되고 있는 가운데 건강보험의 실무자로서 이러한 인식을 개선하기 위한 방안을 제시하시오.

요양직

❶ 경험행동면접

1. 30초 동안 자기소개를 하시오.
2. 요양직에 필요한 역량은 무엇이라고 생각하는가?
3. 나는 국민들에게 어떤 직원으로 비춰지고 싶은가?
4. 다른 사람과의 협업으로 성과를 낸 경험에 대해 이야기하시오.

❷ 상황면접

국민건강보험공단의 직원으로 지역경제 활성화를 위해 할 수 있는 사업을 제시하시오.

1회 기출예상 / 2회 기출예상 / 3회 기출예상 / 4회 기출예상 / 5회 기출예상 / 6회 기출예상 / 인성검사 / 면접가이드

👨‍💼🔍 2 2021 상반기 실제 기출 주제

❶ 토론면접

포스트 코로나시대의 비만문제에 대한 해결 방안에 대해 논하시오.
글로벌 UHC(보편적 건강보장)의 확산을 위한 방안에 대해 논하시오.

❷ 경험행동면접

1. 1분 동안 자기소개를 하시오.
2. 팀 활동을 하면서 힘들었던 경험에 대해 이야기하시오.
3. 내가 가진 습관으로 부정적인 피드백을 받은 경험에 대해 이야기하시오.
4. 시간이 많이 걸려도 원칙을 지켜 업무를 처리한 경험에 대해 이야기하시오.
5. 직업윤리에서 청렴 이외에 중요하다고 생각하는 것과 그 이유에 대해 이야기하시오.
6. 상대방의 의도를 파악하고 미리 대처한 경험에 대해 이야기하시오.
7. 본인은 리더형인가? 아니면 팔로워형인가? 그 이유와 함께 답변하시오.

👨‍💼🔍 3 2020 하반기 실제 기출 주제

요양직

❶ 토론면접

조직 내의 소통 활성화 방안

❷ 경험행동면접

1. 30초 동안 자기소개를 해보시오.
2. 지원 동기와 요양직 업무에서 중요하다고 생각하고 키운 전문성은?
3. 사회복지 관련 경험과 지식이 있다면?
4. 성실하다고 들어본 경험이 있다면?
5. 누군가를 감동시켰던 경험이 있는가?
6. 알고 있는 국민건강보험공단의 사업은?
7. 업무하면서 힘들었던 경험과 그 스트레스를 해소하는 방법은?
8. 직장에서 말하는 자신의 장단점은?

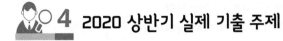

4 2020 상반기 실제 기출 주제

요양직

❶ 토론면접

노인학대 예방 방안 및 조기 발견 후 대처방안

❷ 경험행동면접

1. 1분 동안 자기소개를 해보시오.
2. 요양직을 수행하려면 전문성이 중요한데 어떤 업무를 하는지, 본인에게 어떤 전문성이 있고 그 전문성을 어떻게 활용할 것인지 말해보시오.
3. 정말 위급하고 긴박한 상황에서 본인이 일을 잘해서 문제를 해결한 경험이 있다면?
   3-1. 그 상황에서 배운 점은?
   3-2. 만약 그 상황으로 다시 돌아간다면 어떤 행동을 하겠는가?
4. 친화력 좋다는 말을 들은 경험이 있는지? 있다면 상황과 친화력을 위한 본인만의 노하우는?
   4-1. 본인의 노하우로 친화력 있게 다가갔는데 실패했던 경험은?
5. 본인이 가지고 있는 자격증에는 무엇이 있는가?

5 역대 출제 주제

요양직

1. 모임에서 잘 적응한 경험은?
2. 기대 이상의 성과를 낸 경험은?
3. 원칙을 지킨 사례가 있는가?
4. 요양직에서 가장 중요하다고 생각하는 것에 대해 말해보시오.
5. 협업을 통하여 어떠한 일을 성공시킨 경험이 있는가?
6. 혁신적인 아이디어를 내서 이를 실천한 경험은?
7. 본인이 요양직 업무에 적합한 이유에 대해 말해보시오.
8. 다른 사람이 평가하는 본인의 단점은 무엇인가?
9. 어떤 사람이 되고 싶은가?
10. 노인장기요양보험은 무엇인가?

11. 고령화시대에서 국민건강보험공단이 수행해야 할 역할은 무엇인가?

12. 공기업의 사회적 책임과 사기업의 사회적 책임이 차이에 대해 말해보시오.

13. 최근에 인상 깊게 보았던 기사는 무엇인가?

14. 존경하는 인물을 국내/국외 한명씩 꼽아본다면?

15. 전문성 향상을 위해 노력하고 있는 사례가 있는가?

16. 조직에 필요한 요소 3가지에 대해 설명하시오.

17. 본인의 성향이 외향적인가, 내향적인가?

18. 상사와 의견이 일치하지 않을 때 어떻게 할 것인가?

19. 국민건강보험공단에 대해 아는 것을 말해보시오.

20. 소통이란 무엇인가?

21. 입사 후 포부는 무엇인가?

22. 체계적으로 계획해서 이뤄낸 경험이 있다면?

23. 법과 질서를 잘 지키는 사람임을 나타내는 경험을 이야기해보시오.

국민건강보험공단

기출예상문제_연습용

감독관 확인란

성명표기란

수험번호

(주민등록 앞자리 생년제외) 월일

직업기초능력 응용모듈

수험생 유의사항

※ 답안은 반드시 컴퓨터용 사인펜으로 보기와 같이 바르게 표기해야 합니다.
〈보기〉 ① ② ③ ❹ ⑤
※ 성명표기란 위 칸에는 성명을 한글로 쓰고 아래 칸에는 성명과 일치하게 표기하십시오.
※ 수험번호/월일 위 칸에는 아라비아 숫자로 쓰고 아래 칸에는 숫자와 일치하게 표기하십시오.
※ 월일은 반드시 본인 주민등록번호의 생년을 제외한 월 두 자리, 일 두 자리를 표기하십시오.
(예) 2002년 4월 1일 → 0401

문번	답란	문번	답란	문번	답란
1	①②③④	21	①②③④	41	①②③④
2	①②③④	22	①②③④	42	①②③④
3	①②③④	23	①②③④	43	①②③④
4	①②③④	24	①②③④	44	①②③④
5	①②③④	25	①②③④	45	①②③④
6	①②③④	26	①②③④	46	①②③④
7	①②③④	27	①②③④	47	①②③④
8	①②③④	28	①②③④	48	①②③④
9	①②③④	29	①②③④	49	①②③④
10	①②③④	30	①②③④	50	①②③④
11	①②③④	31	①②③④	51	①②③④
12	①②③④	32	①②③④	52	①②③④
13	①②③④	33	①②③④	53	①②③④
14	①②③④	34	①②③④	54	①②③④
15	①②③④	35	①②③④	55	①②③④
16	①②③④	36	①②③④	56	①②③④
17	①②③④	37	①②③④	57	①②③④
18	①②③④	38	①②③④	58	①②③④
19	①②③④	39	①②③④	59	①②③④
20	①②③④	40	①②③④	60	①②③④

잘라서 활용하세요.

gosi net (주)고시넷

국민건강보험공단

기출예상문제_연습용

직업기초능력 응용모듈

gosinet
(주)고시넷

감독관 확인란

수험번호

| ⓪①②③④⑤⑥⑦⑧⑨ |
| ⓪①②③④⑤⑥⑦⑧⑨ |
| ⓪①②③④⑤⑥⑦⑧⑨ |
| ⓪①②③④⑤⑥⑦⑧⑨ |
| ⓪①②③④⑤⑥⑦⑧⑨ |
| ⓪①②③④⑤⑥⑦⑧⑨ |
| ⓪①②③④⑤⑥⑦⑧⑨ |
| ⓪①②③④⑤⑥⑦⑧⑨ |
| ⓪①②③④⑤⑥⑦⑧⑨ |

성명표기란

주민등록 앞자리 생년제외 월일

| ⓪①②③④⑤⑥⑦⑧⑨ |
| ⓪①②③④⑤⑥⑦⑧⑨ |
| ⓪①②③④⑤⑥⑦⑧⑨ |
| ⓪①②③④⑤⑥⑦⑧⑨ |

수험생 유의사항

※ 답안은 반드시 컴퓨터용 사인펜으로 보기와 같이 바르게 표기해야 합니다.
〈보기〉 ① ② ③ ❹ ⑤
※ 성명표기란 위 칸에는 성명을 한글로 쓰고 아래 칸에는 성명을 정확하게 표기하십시오, 앤 왼쪽
칸부터 표기하며 성과 이름은 붙여 씁니다)
※ 수험번호/월일 위 칸에는 아라비아 숫자로 쓰고 아래 칸에는 숫자와 일치하게 표기하십시오,
※ 월일은 반드시 본인 주민등록번호의 생년을 제외한 월 두 자리, 일 두 자리를 표기하십시오.
〈예〉 2002년 4월 1일 → 0401

문번	답란	문번	답란	문번	답란	문번	답란
1	① ② ③ ④	21	① ② ③ ④	41	① ② ③ ④		
2	① ② ③ ④	22	① ② ③ ④	42	① ② ③ ④		
3	① ② ③ ④	23	① ② ③ ④	43	① ② ③ ④		
4	① ② ③ ④	24	① ② ③ ④	44	① ② ③ ④		
5	① ② ③ ④	25	① ② ③ ④	45	① ② ③ ④		
6	① ② ③ ④	26	① ② ③ ④	46	① ② ③ ④		
7	① ② ③ ④	27	① ② ③ ④	47	① ② ③ ④		
8	① ② ③ ④	28	① ② ③ ④	48	① ② ③ ④		
9	① ② ③ ④	29	① ② ③ ④	49	① ② ③ ④		
10	① ② ③ ④	30	① ② ③ ④	50	① ② ③ ④		
11	① ② ③ ④	31	① ② ③ ④	51	① ② ③ ④		
12	① ② ③ ④	32	① ② ③ ④	52	① ② ③ ④		
13	① ② ③ ④	33	① ② ③ ④	53	① ② ③ ④		
14	① ② ③ ④	34	① ② ③ ④	54	① ② ③ ④		
15	① ② ③ ④	35	① ② ③ ④	55	① ② ③ ④		
16	① ② ③ ④	36	① ② ③ ④	56	① ② ③ ④		
17	① ② ③ ④	37	① ② ③ ④	57	① ② ③ ④		
18	① ② ③ ④	38	① ② ③ ④	58	① ② ③ ④		
19	① ② ③ ④	39	① ② ③ ④	59	① ② ③ ④		
20	① ② ③ ④	40	① ② ③ ④	60	① ② ③ ④		

국민건강보험공단

기출예상문제_연습용

감독관
확인란

성명표기란

| (ㄱ) | (ㄲ) | (ㄴ) | (ㄷ) | (ㄸ) | (ㄹ) | (ㅁ) | (ㅂ) | (ㅃ) | (ㅅ) | (ㅆ) | (ㅇ) | (ㅈ) | (ㅉ) | (ㅊ) | (ㅋ) | (ㅌ) | (ㅍ) | (ㅎ) | (ㅘ) |

수험번호

| ⓪ | ① | ② | ③ | ④ | ⑤ | ⑥ | ⑦ | ⑧ | ⑨ |

수험생 유의사항

※ 답안은 반드시 컴퓨터용 사인펜으로 보기와 같이 바르게 표기해야 합니다.
〈보기〉 ① ② ③ ❹ ⑤

※ 성명표기란 위 칸에는 성명을 한글로 쓰고 아래 칸에는 성명을 정확하게 표기하십시오. (맨 왼쪽
칸부터 표기하며 성과 이름은 붙여 씁니다)

※ 수험번호/월일 위 칸에는 숫자로 쓰고 아래 칸에는 숫자와 일치하게 표기하십시오.

※ 월일은 반드시 본인 주민등록번호의 생년을 제외한 월 두 자리, 일 두 자리를 표기하십시오.
(예) 2002년 4월 1일 → 0401

직업기초능력 응용모듈

문번	답란	문번	답란	문번	답란
1	① ② ③ ④	21	① ② ③ ④	41	① ② ③ ④
2	① ② ③ ④	22	① ② ③ ④	42	① ② ③ ④
3	① ② ③ ④	23	① ② ③ ④	43	① ② ③ ④
4	① ② ③ ④	24	① ② ③ ④	44	① ② ③ ④
5	① ② ③ ④	25	① ② ③ ④	45	① ② ③ ④
6	① ② ③ ④	26	① ② ③ ④	46	① ② ③ ④
7	① ② ③ ④	27	① ② ③ ④	47	① ② ③ ④
8	① ② ③ ④	28	① ② ③ ④	48	① ② ③ ④
9	① ② ③ ④	29	① ② ③ ④	49	① ② ③ ④
10	① ② ③ ④	30	① ② ③ ④	50	① ② ③ ④
11	① ② ③ ④	31	① ② ③ ④	51	① ② ③ ④
12	① ② ③ ④	32	① ② ③ ④	52	① ② ③ ④
13	① ② ③ ④	33	① ② ③ ④	53	① ② ③ ④
14	① ② ③ ④	34	① ② ③ ④	54	① ② ③ ④
15	① ② ③ ④	35	① ② ③ ④	55	① ② ③ ④
16	① ② ③ ④	36	① ② ③ ④	56	① ② ③ ④
17	① ② ③ ④	37	① ② ③ ④	57	① ② ③ ④
18	① ② ③ ④	38	① ② ③ ④	58	① ② ③ ④
19	① ② ③ ④	39	① ② ③ ④	59	① ② ③ ④
20	① ② ③ ④	40	① ② ③ ④	60	① ② ③ ④

잘라서 활용하세요.

gosi net
(주)고시넷

국민건강보험공단

기출예상문제_연습용

직업기초능력 응용모듈

감독관
확인란

성명표기란

수험번호

(주민등록 앞자리 생년제외) 월일

수험생 유의사항

※ 답안은 반드시 컴퓨터용 사인펜으로 보기와 같이 바르게 표기해야 합니다.
  〈보기〉 ① ② ③ ❹ ⑤
※ 성명표기란 위 칸에는 성명을 한글로 쓰고 아래 칸에는 성명을 정확하게 표기하십시오. (맨 왼쪽
  칸부터 표기하며 성과 이름은 붙여 씁니다)
※ 수험번호/월일 위 칸에는 아라비아 숫자로 쓰고 아래 칸에는 숫자와 일치하게 표기하십시오.
※ 월일은 반드시 본인 주민등록번호의 생년월일을 제외한 월 두 자리, 일 두 자리를 표기하십시오.
  (예) 2002년 4월 1일 → 0401

문번	답란	문번	답란	문번	답란	문번	답란
1	① ② ③ ④	21	① ② ③ ④	41	① ② ③ ④
2	① ② ③ ④	22	① ② ③ ④	42	① ② ③ ④
3	① ② ③ ④	23	① ② ③ ④	43	① ② ③ ④
4	① ② ③ ④	24	① ② ③ ④	44	① ② ③ ④
5	① ② ③ ④	25	① ② ③ ④	45	① ② ③ ④
6	① ② ③ ④	26	① ② ③ ④	46	① ② ③ ④
7	① ② ③ ④	27	① ② ③ ④	47	① ② ③ ④
8	① ② ③ ④	28	① ② ③ ④	48	① ② ③ ④
9	① ② ③ ④	29	① ② ③ ④	49	① ② ③ ④
10	① ② ③ ④	30	① ② ③ ④	50	① ② ③ ④
11	① ② ③ ④	31	① ② ③ ④	51	① ② ③ ④
12	① ② ③ ④	32	① ② ③ ④	52	① ② ③ ④
13	① ② ③ ④	33	① ② ③ ④	53	① ② ③ ④
14	① ② ③ ④	34	① ② ③ ④	54	① ② ③ ④
15	① ② ③ ④	35	① ② ③ ④	55	① ② ③ ④
16	① ② ③ ④	36	① ② ③ ④	56	① ② ③ ④
17	① ② ③ ④	37	① ② ③ ④	57	① ② ③ ④
18	① ② ③ ④	38	① ② ③ ④	58	① ② ③ ④
19	① ② ③ ④	39	① ② ③ ④	59	① ② ③ ④
20	① ② ③ ④	40	① ② ③ ④	60	① ② ③ ④

gosinet (주)고시넷

(주)고시넷

고용보건복지_NCS

SOC_NCS

금융_NCS

저마다의 일생에는,

특히 그 일생이 동터 오르는 여명기에는

모든 것을 결정짓는 한 순간이 있다.

그 순간을 다시 찾아내는 것은 어렵다.

그것은 다른 수많은 순간들의 퇴적 속에

깊이 묻혀있다.

– 장 그르니에, 섬 LES ILES

직업기초능력평가

2022

고시넷 NCS

국민건강
보험공단

기출예상모의고사

[**행정직/요양직/기술직**]

PSAT형 응용모듈_60문항/6회분 수록

의사소통능력/수리능력/문제해결능력

정답과 해설

gosinet
(주)고시넷

신개념 통합·선택 전공 수험서
직무수행능력평가

경제 · 경영 신이론과 최신기출
꼭 나오는 문제와 이론 빈출테마 ———

동영상
강의
진행중

■ 676쪽   ■ 정가_30,000원

| 경제학 **한원용** 교수 |

고시넷 경제학 대표 강사

- 고려대학교 정경대학 경제학과 학사
- 고려대학교 대학원 경제학과 석사
- 고려대학교 대학원 경제학과 박사과정
- 고려대, 연세대, 숙명여대, 서울여대, 숙명여대, 서울여대, 성균관대, 한국외국어대, 성신여대, 카톨릭대, 중앙대_경제학 강의

■ 752쪽   ■ 정가_30,000원

| 경영학 **김경진** 교수 |

고시넷 공기업 경영학 대표 강사

- 서울대학교 경영학과 경영학 석사, 재무관리 전공
- Texas Tech University, Master of Economics
- Washington University in St.Louis MBA
- 금융투자분석사, 재무위험관리사, 투자자산운용사, CFA 특강 교수

직업기초능력평가

2022

고시넷 NCS
국민건강
보험공단
기출예상모의고사

[**행정직/요양직/기술직**
PSAT형 응용모듈_60문항/6회분 수록
의사소통능력/수리능력/문제해결능력]

정답과 해설

gosinet
(주)고시넷

근거로 당뇨병 환자는 수면의 질에 영향을 주는 당뇨병성 신경병증을 특히 경계해야 한다는 논지를 강화하였다.

| 오답풀이 |

① 당뇨병 환자와 당뇨병성 신경병증을 앓고 있는 환자들에 대한 일반적인 증상과 그 통계자료를 제시하고 있으나 이에 관한 특정 환자들의 구체적인 사례는 제시되지 않았다.

② 각 증상을 대등하게 나열하였으며, 증상 간의 비교 분석을 하였다고 볼 수 없다.

④ 본문에서 의학의 전문가 소견으로 논지를 강화한 부분은 나타나 있지 않다.

1회 기출예상문제

문제 16쪽

01	③	02	③	03	④	04	③	05	③
06	④	07	③	08	③	09	④	10	②
11	②	12	②	13	③	14	③	15	①
16	③	17	②	18	①	19	②	20	②
21	①	22	④	23	④	24	①	25	②
26	①	27	③	28	④	29	④	30	④
31	③	32	③	33	①	34	④	35	②
36	③	37	③	38	②	39	①	40	①
41	②	42	④	43	④	44	③	45	①
46	②	47	③	48	①	49	②	50	②
51	③	52	③	53	④	57	④	55	③
56	②	57	①	58	③	59	③	60	③

---

01 문서작성능력 글의 흐름에 맞게 내용 추가하기

| 정답 | ③

| 해설 | 단락 (다)의 말미에서는 당뇨병성 신경병증의 가장 큰 문제로 피부 감각이 둔해져 상처를 입어도 잘 모르는 점을 지적하고 있으며, 그에 따라 당뇨병 환자는 진단받은 시점부터 정기적으로 감각신경·운동신경 검사를 받아야 한다고 밝히고 있다. 따라서 '대다수가 앓고 있는 제2형 당뇨병의 경우는 발병 시점이 명확하지 않기 때문에 당뇨병을 얼마나 앓았는지 모르는 경우가 많아 정기 진찰을 받아야 한다.'는 주장이 자연스럽게 연결되기에 적절한 위치는 단락 (다)의 마지막 부분이라고 볼 수 있다.

---

02 문서작성능력 논지 전개 방식 이해하기

| 정답 | ③

| 해설 | 당뇨병성 신경병증을 앓고 있는 환자들의 수면장애와 관련한 통계와 당뇨병의 유행기간에 따른 당뇨병성 신경병증 발병률에 대한 일반화된 정보를 추출하였고, 이를

---

03 문서작성능력 흐름에 맞게 문단 배열하기

| 정답 | ④

| 해설 | 전체 글의 내용은 인구고령화와 생산가능인구의 감소에 대한 것임을 알 수 있다. 문두에 위치한 접속어의 유무, 개념이나 용어의 정의, 개념의 설명 등의 관점에서 볼 때, 첫 번째 단락으로 가장 적절한 것은 (다) 단락이 될 것이다. (다)에서 인구고령화 현상을 개괄적으로 소개하였다면, 이러한 인구고령화 문제가 야기할 수 있는 또 다른 문제점인 생산가능인구의 감소 및 그에 따른 노동 공급의 하락을 언급하고 있는 (가)가 바로 이어지는 것이 자연스러운 논리의 흐름으로 볼 수 있다. 생산가능인구의 감소라는 문제는 이어지는 (나)에서 구체적 수치를 통하여 더욱 구체화되고 있으며, 그에 따른 사회적 파급 영향이 (라)에서 언급되며, 말미에서는 대응방안 마련의 필요성도 제기되고 있다. 따라서 도입(다)−발전(가)/(나)−결론(라)의 논점 전개 방식을 취하고 있는 글로 파악할 수 있다.

---

04 문서이해능력 문맥과 무관한 문장 찾기

| 정답 | ③

| 해설 | ㉢은 고령화 정도를 어떻게 판단하는지에 대한 기준을 설명하는 문장이다. (다) 단락은 인구고령화 현상을

설명하고 있으며, 전체 글의 방향은 고령 인구의 증가보다 생산가능인구의 감소에 초점을 맞추고 있다. 따라서 고령화 정도를 나타내는 기준을 설명하는 문장은 글이 제공하고자 하는 정보의 방향성과 어울리지 않고, 뒤에 이어지는 문장과의 연계성 역시 찾아볼 수 없다.

| 오답풀이 |

① 노동 공급의 하락과 더불어 인구고령화로 인해 나타나는 경제학적인 영향에 관한 내용에 관한 내용이므로 적절하다.

② 생산가능인구의 감소 현상과 관련된 각 연령대별 통계자료로 적절하게 제시되었다.

④ 미래 인구추계에 있어서의 일부 상향조정되는 통계의 원인을 설명한 것으로 역시 적절하게 쓰인 문장이라고 볼 수 있다.

05 문서이해능력 글을 바탕으로 추론하기

| 정답 | ③

| 해설 | 틱 증상이 심할수록 틱을 더 많이 줄이려 노력한 결과, 움직임을 통제하는 인지 기능과 연관된 뇌 영역이 발달한다고 언급되어 있으므로 틱 증상이 심하면 심할수록 전조 충동에 대한 억제 능력이 현저히 떨어진다고 판단할 수는 없다. 또한 심한 틱 증상이 나타날 때 심리적 불편감이 더 크게 해소된다는 근거 역시 찾아볼 수 없다.

| 오답풀이 |

① 뚜렛 증후군의 긍정적인 부분은 청소년기를 지나면서 대부분 증상이 사라진다는 점이며, 또한 약물 치료, 정신 치료, 인지행동 치료로도 증상의 많은 호전을 기대할 수 있다고 한 대목을 통해 추론할 수 있다.

② 뚜렛 증후군은 여러 가지 근육 틱이나 음성 틱이 1년 이상 장기간 나타나는 것을 의미하며, 틱이란 내 의지와는 상관없이 신체의 일부분을 빠르게 반복적으로 움직이거나 이상한 소리를 내는 것을 의미한다고 하였으므로 뚜렛 증후군의 증상으로 소개된 근육 틱과 음성 틱이 이러한 증세를 의미하는 것으로 추론할 수 있다.

④ 시각을 이용한 문제 풀기, 문법에서 오류 찾기, 시간을 인식하고 조절하기처럼 인지 기능을 요하는 과제에서 뚜렛 증후군 환자가 일반인보다 더 뛰어난 것으로 알려졌다는 내용을 통해 추론 할 수 있다.

06 문서이해능력 세부내용 이해하기

| 정답 | ④

| 해설 | 2문단을 보면 천식 환자는 기온이 낮을 때 야외운동을 하면 차갑고 건조한 공기가 들어오면서 기도가 좁아져 천식이 더 심해질 수 있다고 서술하고 있다. 따라서 겨울보다 여름에 득보다 실이 더 많다는 설명은 적절하지 않다.

| 오답풀이 |

① 2문단을 보면 저체온증이 나타날 때 가열기구로 몸을 직접 덥혀서는 안 되고 젖은 옷을 벗고 두꺼운 담요로 몸을 감싸야 된다고 하였으므로 적절하다.

② 마지막 문단을 보면 살을 뺄 때에는 더운 날씨보다 추운 날씨가 유리하다고 하였으므로 적절하다.

③ 1문단을 보면 기온이 높을 때 열이 체내에서 충분히 빠져나가지 못하면 열사병에 걸릴 위험이 있으므로 열이 체내에서 충분히 빠져나갈 수 있도록 해야 하므로 적절하다.

07 문서작성능력 단어의 의미 파악하기

| 정답 | ③

| 해설 | ③에서의 '미치다'는 '영향이나 작용 따위가 대상에 가하여지다. 또는 그것을 가하다.'라는 뜻으로, ㉠의 '미치다'와 가장 가까운 의미로 쓰였다.

| 오답풀이 |

①, ②, ④ '공간적 거리나 수준 따위가 일정한 선에 닿다.'는 뜻으로 쓰였다.

08 문서이해능력 세부내용 이해하기

| 정답 | ③

| 해설 | 글에서는 프로바이오틱스를 이용한 제품과 그 섭취법에 대해서는 제시하고 있으나, 프로바이오틱스가 많이 함유된 식품에 대해서는 구체적으로 언급하고 있지 않다.

1회 기출예상

2회 기출예상

3회 기출예상

4회 기출예상

5회 기출예상

6회 기출예상

09 문서이해능력 글을 바탕으로 추론하기

| 정답 | ④

| 해설 | 프리바이오틱스는 잘 소화되지 못하고 프로바이오틱스가 위치한 장까지 도달하여 프로바이오틱스의 먹이가 된다는 점을 통해 프리바이오틱스는 프로바이오틱스와 달리 위산에 강한 성질을 가지고 있음을 추론할 수 있다.

10 문서이해능력 기사문을 토대로 유추하기

| 정답 | ②

| 해설 | 평균 택배 단가가 약간 낮아졌음에도 불구하고 매출이 올라 택배업 자체의 매출규모가 성장했음을 알 수 있지만, 택배 단가가 낮아진 이유가 코로나바이러스의 확산 때문인지에 대해서는 유추할 수 없다.

| 오답풀이 |

① 택배물류업이 코로나19 여파로 인한 '언택트(비대면)' 라이프스타일 및 소비트렌드의 확산과 최근 '스마트 물류센터 인증제' 도입 법안 의결로 인해 장기적으로 지속 성장할 것이라는 전망을 제시하고 있다.

③ 2019년 4분기 온라인 시장 거래액 약 37조 2천억 원 중 인터넷쇼핑몰의 거래액은 약 12조 8천억 원, 모바일쇼핑몰 거래액은 약 24조 3천억 원이다.

④ 전자상거래의 확산에 따라 물류창고는 더 이상 단순 보관시설이 아닌, 소비자의 물류 수요와 물품별 특성에 따라 입고에서부터 출고까지 물류 전 과정을 효율적으로 수행할 수 있어야 하는 필요성이 대두되었음을 제시하고 있다.

11 문서이해능력 세부내용 이해하기

| 정답 | ②

| 해설 | 독일 자유주의자들은 장애인이나 가난한 이들에 대한 구휼 정책을 위해 국가가 강제로 개인에게 세금을 거두는 것을 자유의 침해이자 노동의 강요로 보고 이를 반대하였으나, 개인이 자발적으로 사회적 약자들을 돕는 것은 적극 권장하는 입장을 취했다고 설명하고 있다.

| 오답풀이 |

① 공동체적 가치를 강조하여 추진된 독일의 복지 정책은 그 실행 과정에서 이를 위한 조세정책에 대한 독일 자유주의자의 반대 여론 등 정파들 간의 논쟁과 갈등이 발생하였다고 서술하고 있다.

③ 독일의 사회보장 정책은 독일 내의 사회주의자들을 견제하기 위한 목적이 포함된 독일 보수주의자의 제안으로 추진되었다.

④ 독일 보수주의자들이 추진한 복지 정책을 위한 비용 부담 방식이 자유의 침해와 강요된 노동으로 볼 수 있다는 내용은 독일 자유주의자의 주장이며, 사회보장 정책의 시행 결과 실제로 노동 강도가 높아졌는지 등의 여부에 관한 내용은 나타나 있지 않다.

12 문서이해능력 글의 세부내용 이해하기

| 정답 | ②

| 해설 | 4문단에 제시된 장기요양서비스 확대는 경증 치매 환자도 장기요양보험의 대상자가 될 수 있도록 한다는 내용으로 새롭게 등급을 받은 환자들에게 제공되는 서비스 등을 말한다. 또한 치매 안심형 시설에 관한 내용이 관련되어 있으며 장기요양시설 지정 갱신제 도입, 장기요양 종사자 처우 개선 등을 통해 서비스 질 관리와 종사자 전문성 강화도 추진된다는 내용이다.

13 문서작성능력 보도자료 작성하기

| 정답 | ③

| 해설 | 4문단을 보면 증상 복약 지도 등을 위한 간호사 방문 서비스가 제공되는 것은 새롭게 등급을 받은 경증 치매 환자이므로 적절하지 않다.

14 문서이해능력 세부내용 이해하기

| 정답 | ③

| 해설 | 앱 이용자가 입원하여 진료받은 병원의 병원명은 병원 진료이력에 해당하는 정보로, 해당 건강정보는 질병관리청이 아닌 국민건강보험공단이 보유하여 '나의 건강기록' 앱을 통해 제공하고 있다.

www.gosinet.co.kr **gosinet**

1회 기출예상

2회 기출예상

3회 기출예상

4회 기출예상

5회 기출예상

6회 기출예상

15 문서이해능력 글을 통해 추론하기

| 정답 | ①

| 해설 | 업무 협약을 통해 사용자가 보유한 카카오와 네이버 아이디를 통해 '나의 건강기록' 앱에 로그인할 수 있는 기능을 제공할 예정이라는 내용은 제시되어 있으나, '나의 건강기록' 앱을 통해 간편하게 카카오나 네이버에 가입할 수 있도록 하는 기능을 추가한다는 내용은 나타나 있지 않다.

| 오답풀이 |

② 보도자료에서 사용자의 혈압, 혈당, 운동량 등의 개인 신체정보를 활용할 수 있도록 하는 의료데이터 생태계 조성 계획을 바탕으로 '나의 건강기록' 앱을 통해 개인 신체정보를 기록하고 관리할 수 있도록 하는 기능이 추가될 수 있음을 유추할 수 있다.

③ '나의 건강기록' 앱 후기에서 앱 권한 설정 단계에서의 실행 오류로 앱을 활용하지 못하고 있다는 내용을 통해 향후 해당 문제를 개선한 버전으로 업데이트될 것임을 유추할 수 있다.

④ '나의 건강기록' 앱 후기를 통해 건강검진 관련 정보나 예방접종 이력을 확인할 수 있음을 알 수 있고, 보도자료에서 '나의 건강기록' 앱의 사용자 기능을 개선할 계획이라는 내용을 통해 해당 내용들을 더욱 간편하게 열람할 수 있도록 기능을 개선할 계획임을 유추할 수 있다.

16 문서이해능력 문맥과 무관한 문단 찾기

| 정답 | ③

| 해설 | (가)에서의 논지 제시에 따라 이어지는 단락들에서는 달에서의 물(수산기)의 생성 가능성과 그에 따라 물을 만들어 쓸 수 있는 화학적 과정의 일부에 관한 언급이 이어져야 할 것이다. 그러나 (다) 단락에서는 물의 생성과 관련한 화학적 과정보다는 달 표면 토양에 붙은 물 분자의 '이동'에 대한 규명을 연구하는 내용을 다루고 있으므로 전체 글의 내용과 부합하지 않는 단락으로 볼 수 있다.

| 오답풀이 |

① (가)에서는 전체 글의 주제인 달에 있는 재료로 물을 생성하는 방법에 대해 구체적으로 설명하고 있다.

② (나)에서는 물의 성분이 어떻게 생겨나는지를 밝혀낸 것의 의미를 언급하고 있다.

④ (라)에서는 물 성분 생성을 이해하게 됨에 따라 수소의 존재 위치를 알 수 있게 되었다는 내용이 소개되고 있다.

17 문서이해능력 문단별 중심내용 파악하기

| 정답 | ②

| 해설 | (나) 문단은 건강검진항목을 주기적으로 재평가하는 전문연구센터 지정, 건강검진기관의 평가항목 개선 및 우수검진기관 선정을 통해 건강검진의 신뢰성 제고를 위한 건강검진항목 관련 제도의 개선에 대한 내용으로, 건강검진 홍보매체 확대에 대한 내용은 제시되어 있지 않으므로 소제목으로 적절하지 않다.

| 오답풀이 |

① (가) 문단은 수검행태 실태조사를 바탕으로 건강검진을 받는 데 현실적인 문제가 있는 취약계층, 요양시설 입소자, 도서벽지 거주자를 대상으로 하는 건강검진 사각지대 해소를 통해 건강검진에 대한 접근성을 향상시키는 제도 마련을 내용으로 하고 있다.

③ (다) 문단은 검진결과를 활용한 건강보험 제공서비스의 다양화와 검진 이력정보 조회 및 활용 지원과 건강검진 결과를 바탕으로 하는 건강생활실천지원금제 시범사업 추진으로 건강검진 데이터를 활용한 건강생활실천을 지원하는 정책 추진을 그 내용으로 하고 있다.

④ (라) 문단은 국가건강검진 관련 조직 정비와 운영방식 개선을 위한 사무국 신설, 참여기관 확대 및 대국민 의견 수렴 채널 마련으로 국가건강검진의 관리체계를 강화하는 제도 마련을 내용으로 하고 있다.

18 문서이해능력 자료 이해하기

| 정답 | ①

| 해설 | △△부는 올해 1월부터 보호종료아동에게 자립수당과 주거지원 통합서비스를 확대 지원하여 보호종료아동의 경제적 부담을 완화하고자 한다.

| 오답풀이 |

② 주거지원 통합서비스 지원대상은 보호종료 5년 이내 아동이나, 자립수당 지원대상은 보호종료 3년 이내 아동에 한정된다.

③ 자립수당의 지급대상 확대로 인해 지원을 받게 되는 아동은 지난해 5,000여 명에서 올해 7,800여 명으로, 2,800여 명 더 많은 보호종료아동이 자립수당을 지원받게 된다.

④ 자립수당은 보호종료아동의 주민등록 주소지 읍·면·동 주민센터를 방문하여 신청할 수 있으며, 주거지원 통합서비스는 보호종료아동이 거주를 원하는 지역의 담당 수행기관에 방문 또는 우편으로 신청할 수 있다.

19 문서이해능력 자료를 바탕으로 문의 답변하기

| 정답 | ②

| 해설 | 보호종료아동 자립수당은 지급 대상 조건에만 해당되면 모두 지급되는 제도이다. 따라서 지급 경쟁률과 관련된 문의는 적절한 질문으로 볼 수 없다.

20 문서작성능력 보도자료 수정하기

| 정답 | ②

| 해설 | 자립수당과 주거지원 통합서비스의 지원 확대에 대한 내용은 이미 충분히 설명되어 있으므로 더 추가할 필요는 없으며, 서비스 지원 확대에 따른 신청과 관련된 사항을 좀 더 구체적으로 설명해야 한다.

21 도표분석능력 자료를 바탕으로 수치 계산하기

| 정답 | ①

| 해설 | 거주 형태에 대한 조사 결과에서 자가를 제외한 전·월세 또는 지인과 동거 중이라고 응답한 사람은 $2,000 \times (0.384 + 0.11 + 0.088) = 1,164$(명)이므로, 향후 2년 내에 내 집 마련 계획이 있다고 응답한 사람은 $1,164 \times 0.25 = 291$(명)이다.

22 기초연산능력 거리·속력·시간 활용하기

| 정답 | ④

| 해설 | A와 B가 떨어져 있던 거리는 A가 이동한 거리와 B가 이동한 거리의 합으로 구할 수 있다. 속력$=\dfrac{거리}{시간}$이므로 A의 속력은 $\dfrac{1}{6}$ km/분, B의 속력은 $\dfrac{1}{4}$ km/분이다.

A와 B가 처음 만나는 데까지 걸린 시간은 3분 36초이므로 $3 + \dfrac{36}{60} = \dfrac{18}{5}$(분)이다. 따라서 A가 이동한 거리는 $\dfrac{1}{6} \times \dfrac{18}{5} = 0.6$(km), B가 이동한 거리는 $\dfrac{1}{4} \times \dfrac{18}{5} = 0.9$ (km)이다.

단위를 m으로 바꿔서 A와 B가 이동한 거리를 합하면 $600 + 900 = 1,500$(m)이며 A와 B가 떨어져 있던 거리를 작은 값으로 한다고 하였으므로 $2,000 - 1,500 = 500$(m)이다.

23 기초연산능력 최대 개수 구하기

| 정답 | ④

| 해설 | 의자를 가로 한 줄에 x개씩, 세로 한 줄에 y개씩을 배치한다고 하면 다음과 같은 식이 성립한다.

$2x + 2(y-2) = 56$ ……… ㉠

$xy \geq 200$ ………………… ㉡

㉠을 정리하여 좌변에 y만 남기면 $y = 30 - x$이다. 이를 ㉡에 대입하면,

$x(30-x) \geq 200$

$x^2 - 30x + 200 = \leq 0$

$(x-10)(x-20) \leq 0$

$\therefore 10 \leq x \leq 20$

따라서 가로 한 줄에 배치할 수 있는 의자의 최대 개수는 20개이다.

24 도표분석능력 자료의 수치 분석하기

| 정답 | ①

| 해설 | ㉠ 15세 미만 총인구는 6,682,752명으로 55세 이상 65세 미만 총인구인 7,509,931명 보다도 적다.

㉣ 55 ~ 59세의 연령에서는 여성의 비율이 더 높다.

25 도표분석능력 그래프 분석하기

|정답| ②

|해설| 20X4년 막걸리 출하량은 20X1년 막걸리 출하량의 약 $\frac{443,778}{140,167}$ ≒ 3.2(배)이다.

|오답풀이|

③ 20X1 ∼ 20X4년 중 전년 대비 막걸리 출하량의 증감률이 가장 큰 해는 20X3년으로, 80.6%를 기록하였다.

④ 20X0 ∼ 20X5년 중 막걸리 출하량이 가장 많았던 해는 443,778kl를 기록한 20X4년이고, 가장 적었던 해는 134,406kl를 기록한 20X0년이다.

26 도표분석능력 자료의 수치 분석하기

|정답| ①

|해설| (가) 아시아 인구 중 한국이 차지하는 비중은 1970년 $\frac{32}{2,142}$ × 100 ≒ 1.5(%)에서 2019년 $\frac{52}{4,601}$ × 100 ≒ 1.1(%)로 낮아졌다.

(나) 세계 인구 중 아프리카의 인구가 차지하는 비중을 구하기 위해 우선 세계 인구를 구하면 2019년이 4,601 +1,308+747+648+367+42=7,713(백만 명), 2067년은 5,238+3,189+673+763+450+64= 10,377(백만 명)이 된다.

따라서 아프리카 인구의 비중은 2019년 $\frac{1,308}{7,713}$ × 100 ≒ 17.0(%)에서 2067년 $\frac{3,189}{10,377}$ × 100 ≒ 30.7 (%)로 높아진다.

|오답풀이|

(다) 북아메리카는 1970년 200백만 명에서 2067년 450백만 명으로 2배가 조금 넘게 변하나, 오세아니아는 1970년 20백만 명에서 2067년 64백만 명으로 3배가 넘는 수치 변동을 보이고 있다. 2067년의 1970년 대비 인구 증가율을 계산해 보면 다음과 같다.

• 북아메리카 : $\frac{450-200}{200}$ × 100 = 125(%)

• 오세아니아 : $\frac{64-20}{20}$ × 100 = 220(%)

(라) 2067년의 유럽의 인구는 673백만 명으로 2019년 747 백만 명에서 74백만 명 감소하였으므로 전 대륙의 인구가 증가한 것이 아니다.

27 도표분석능력 그래프 분석하기

|정답| ②

|해설| 20X0년을 기준으로 각 선택지의 내용에 해당하는 값은 다음과 같다.

① $\frac{825}{1,304}$ × 100 ≒ 63.3(%)

② $\frac{526}{1,304}$ × 100 ≒ 40.3(%)

③ $\frac{526}{825}$ × 100 ≒ 63.8(%)

④ $\frac{1,304+825+526}{16,364}$ × 100 = $\frac{2,655}{16,364}$ × 100 ≒ 16.2(%)

따라서 선택지 중 추세선 (A)의 값에 부합하는 것은 ②이다.

28 도표분석능력 자료의 수치 분석하기

|정답| ①

|해설| 건강상태가 '보통' 이상인 사람들은 '좋다'와 '보통이다'로 응답한 경우를 합한 수치로 이들의 비중은 20X6년 47.1+37.8=84.9(%), 20X8년 48.8+36.1=84.9(%)로 동일하다.

|오답풀이|

② 20X2년과 20X6년의 음주율은 2년 전에 비해 증가하였다.

③ 20X4년에는 성별 음주율에 대한 수치가 제시되지 않아 여자의 음주율을 확인할 수 없다.

④ 20X8년의 20X0년 대비 음주율의 증감률은 $\frac{65.2-68.4}{68.4}$ × 100 ≒ -4.7(%)이며, 흡연율의 증감률은 $\frac{20.3-24.7}{24.7}$ × 100 ≒ -17.8(%)이므로 흡연율의 감소율이 더 크다.

1회 기출예상
2회 기출예상
3회 기출예상
4회 기출예상
5회 기출예상
6회 기출예상

29 도표분석능력 그래프를 분석하고 이해하기

| 정답 | ④

| 해설 | 20X1년 이후 전년 대비 무역규모가 감소한 해는 20X9년으로, 전년 대비 수출액은 4천억 달러에서 약 4천2백억 달러로 증가하였으나, 수입액이 약 3천9백억 달러에서 3천3백억 달러로 감소하였다.

| 오답풀이 |

① '각주 1) 무역규모=수출액+수입액'에 따라 그래프에서 수입액과 수출액의 합계를 계산해 보면 무역규모가 가장 큰 해는 20X8년(약 7천9백억 달러)이고, 가장 작은 해는 20X1년(약 2천8백억 달러)이다.

② 수출액 대비 수입액의 비율은 그래프에서 각 해당 연도를 원점에 직선으로 이었을 때 기울기 값이 되므로, 기울기 값이 가장 큰 연도가 수출액 대비 수입액의 비율이 가장 높은 해가 된다. 따라서 기울기 값이 가장 큰 20X3년이 수출액 대비 수입액의 비율이 가장 높은 해가 된다.

③ 그래프에서 대각선으로 연결된 선은 무역수지가 0이 되는 지점으로, 왼쪽은 수입액이 더 크므로 무역수지 적자, 오른쪽은 수출액이 더 크므로 무역수지 흑자를 의미하며, 대각선에서 멀리 위치할수록 그 폭이 커진다. 따라서 무역수지 적자폭이 가장 큰 해는 20X3년이며, 흑자폭이 가장 큰 해는 20X7년이다.

30 도표분석능력 자료의 수치 분석하기

| 정답 | ④

| 해설 | ㄴ. A국의 건강보험 진료비는 20X2년부터 20X5년까지 계속해서 증가한 반면 약국의 직접조제 진료비는 전년대비 감소하거나 일정하였으므로, 약국의 직접조제 진료비의 비중은 매년 감소하였다.

ㄷ. A국의 건강보험 진료비 중 모든 본인부담액이 의료기관의 입원진료비에서 나왔다고 가정할 때, 의료기관의 입원진료비에서 각 연도별 본인부담액의 차액이 공단이 의료기관의 입원진료비로 부담하는 최소 금액이 된다. 각 연도별로 의료기관의 입원진료비에서 본인부담액을 뺀 값은 다음과 같다.

연도	20X1	20X2	20X3	20X4	20X5
금액 (억 원)	41,638	39,545	50,603	54,076	61,069

따라서 의료기관의 입원진료비 중 공단이 부담한 금액은 매년 3조 8천억 원 이상이다.

ㄹ. B국의 20X0년 건강보험 진료비를 1이라고 할 때, 20X1년의 건강보험 진료비는 1.163, 20X2년의 건강보험 진료비는 1.163×1.036≒1.204로 1.2를 초과한다.

| 오답풀이 |

ㄱ. 20X4년 A국의 건강보험 진료비 전년대비 증가율은 $\frac{544,250-509,552}{509,552}×100≒6.8(\%)$, C국은 12.1%로 C국이 A국보다 크다.

31 도표분석능력 건강보험료 산정하기

| 정답 | ③

| 해설 | 30만 원을 건강보험료로 납부하므로 보수월액은 30÷0.03=1,000(만 원)이다.

| 오답풀이 |

① 보수월액이 6,500만 원을 초과하는 가입자의 가입자부담 건강보험료는 6,500×0.03=195(만 원)이므로 총 건강보험료는 그 2배인 390만 원이다.

② 공립학교 교직원은 공무원에 해당하므로 국가부담 건강보험료는 가입자부담 건강보험료와 동일한 300×0.03 =9(만 원)이다.

④ 12만 원을 건강보험료로 납부하는 사립학교 교직원의 사용자인 학교에서 부담하는 건강보험료는 $12×\frac{2}{3}=8$ (만 원)이다.

32 도표분석능력 자료의 수치 분석하기

| 정답 | ③

| 해설 | 20X1년의 전체 중·장년층 인구수는 19,518천 명이며, 4개 주요시도의 중·장년층 인구수 합은 10,982천 명이다. 따라서 19,518-10,982=8,536(천 명)이 4개 주요시도 이외의 지역 중·장년층 인구수이다.

같은 방식으로 20X2년의 경우를 계산하면 19,664-11,055 =8,609(천 명)이 되므로 4개 주요시도 이외의 지역 중·장년층 인구수 역시 전년보다 더 증가하였음을 확인할 수 있다.

www.gosinet.co.kr gosinet

1회 기출예상

2회 기출예상

3회 기출예상

4회 기출예상

5회 기출예상

6회 기출예상

| 오답풀이 |

① 20X1년은 45 ~ 49세, 55 ~ 59세, 40 ~ 44세의 순으로 중·장년층 인구가 많게 분포되어 있으나, 20X2년은 45 ~ 49세, 55 ~ 59세에 이어 50 ~ 54세 연령대가 다음 순위로 분포되어 있음을 알 수 있다.

② 20X1년 : 서울 중·장년층(3,671천 명)＞전국 60 ~ 64세(3,010천 명)

경기 중·장년층(4,792천 명)＞전국 60 ~ 64세(3,010천 명)

20X2년 : 서울 중·장년층(3,644천 명)＞전국 60 ~ 64세(3,175천 명)

경기 중·장년층(4,897천 명)＞전국 60 ~ 64세(3,175천 명)

④ 서울 : $\frac{2,195}{3,671} \times 100 ≒ 59.8(\%)$ →

$\frac{2,211}{3,644} \times 100 ≒ 60.7(\%)$ 로 증가

부산 : $\frac{805}{1,378} \times 100 ≒ 58.4(\%)$ →

$\frac{808}{1,363} \times 100 ≒ 59.3(\%)$ 로 증가

인천 : $\frac{698}{1,141} \times 100 ≒ 61.2(\%)$ →

$\frac{715}{1,151} \times 100 ≒ 62.1(\%)$ 로 증가

경기 : $\frac{3,014}{4,792} \times 100 ≒ 62.9(\%)$ →

$\frac{3,125}{4,897} \times 100 ≒ 63.8(\%)$ 로 증가

33 도표분석능력 증가율 구하기

| 정답 | ①

| 해설 | 4개 주요시도의 증감률은 다음과 같다.

• 서울 : $(2,211-2,195) \div 2,195 \times 100 = 0.7(\%)$
• 부산 : $(808-805) \div 805 \times 100 = 0.4(\%)$
• 인천 : $(715-698) \div 698 \times 100 = 2.4(\%)$
• 경기 : $(3,125-3,014) \div 3,014 \times 100 = 3.7(\%)$

따라서 경기＞인천＞서울＞부산의 순으로 증가율이 큰 것을 알 수 있다.

34 도표분석능력 자료의 수치 분석하기

| 정답 | ④

| 해설 | 제시된 자료에서 20X2년 하반기 실업률이 0.7%p씩 증가한 도시는 경기 과천시(4.8%→5.5%)와 전북 군산시(2.5%→3.2%)이다. 이들의 고용률은 경기 과천시가 52.3%, 전북 군산시가 53.1%로 군산시가 0.8%p 더 높다. 따라서 (A)에는 과천시, (B)에는 군산시가 들어가게 된다.
한편 20X2년 하반기 도별 실업률에서 가장 높은 실업률을 기록한 도시는 7.1%를 기록한 경남 거제시이다. 그러나 경남 지역의 고용률 측면에서 20X2년 가장 낮은 고용률을 기록한 곳은 거제시가 아닌 55.9%의 진주시이다. 따라서 (C)에는 거제시, (D)에는 진주시가 들어가게 된다.

35 도표분석능력 자료의 수치 분석하기

| 정답 | ②

| 해설 | 20X1년 하반기 도별 실업률 상위 지역 중 가장 높은 실업률을 보이는 3개 지역은 거제시, 과천시, 원주시이나, 20X2년 하반기에는 거제시, 과천시, 구미시로 바뀌었다.

| 오답풀이 |

① 20X2년 하반기 시·군별 실업률 상위 각 5개 지역 중 실업률이 하락한 지역은 3.4%에서 3.1%로 하락한 충북 음성군이 유일하다.

③ 20X2년 각 도별 고용률의 상·하위지역의 편차를 구하면 다음과 같다.

지역	상위 지역 고용률(%)	하위 지역 고용률(%)	편차(%p)
경기	65.2	52.3	12.9
강원	68.6	57.2	11.4
충북	70	60.2	9.8
충남	75.8	61.7	14.1
전북	76.2	53.1	23.1
전남	79.7	54.9	24.8
경북	82.7	57.4	25.3
경남	70.8	55.9	14.9
제주	71	66.6	4.4

따라서 지역 간 고용률 편차가 가장 큰 3개 지역은 순서대로 경북, 전남, 전북이다.

④ 20X2년 하반기 강원도에서 가장 높은 실업률을 보이는 지역은 2.8%인 원주시이다. 한편 〈시·군별 실업률 상위 지역〉에서 20X2년 경기 과천시, 안산시, 동두천시의 실업률이 각각 5.5%, 5.3%, 5.1%로, 해당 경기도 3개 지역의 실업률은 강원도의 모든 시군 지역보다 높다는 것을 알 수 있다.

36 　도표분석능력　자료의 수치 분석하기

| 정답 | ③

| 해설 | 20X1년과 20X4년 '갑'구 전체의 공영주차장 1개소당 평균 주차면수는 각각 $\frac{3,951}{89} ≒ 44.4$(면)과 $\frac{3,727}{130} ≒ 28.7$(면)이다. 따라서 20X1년 대비 20X4년 평균 주차면수의 증감률은 $\frac{28.7-44.4}{44.4} \times 100 ≒ -35.4$(%)이므로 감소율은 40% 미만이다.

| 오답풀이 |

① 공용주차장의 개수가 매년 증가한 동은 16→18→19→22개소의 H동이다.

② 20X4년 주차면수가 가장 많은 동은 534면의 D동이며, D동의 공영주차장 1개소 당 평균 주차면수는 연도별 81.7면, 62.3면, 60.3면, 38.1면으로 매년 감소하였다.

④ '갑'구 전체 대비 H동의 공영주차장 개수의 비중은 각 연도별로 18.0%, 15.9%, 16.5%, 16.9%로 매 시기 '갑'구 전체의 15% 이상이다.

37 　도표분석능력　자료의 수치 계산하기

| 정답 | ④

| 해설 | 해당 연도의 주차면수는 전년도의 주차면수에서 해당 연도의 '증설'을 더한 후 '감소'를 뺀 값이다. 20X3년과 20X4년의 주차면수가 각각 3,859면과 3,727면이므로, 3,859+㉠-㉡=3,727이 되어야 한다. 따라서 선택지 중 ㉠-㉡의 값이 -132인 선택지 ④가 정답이 된다.

38 　도표분석능력　자료의 수치 계산하기

| 정답 | ②

| 해설 | 서울시 전체가 아닌 자료에 제시된 10개의 행정구에 대한 1개 구당 평균 행정동의 개수를 묻고 있으므로 주어진 10개 구의 행정동 수를 모두 더하여 10으로 나누면 199÷10=19.9(개)이다.

39 　도표분석능력　자료 이해하기

| 정답 | ①

| 해설 | 세대수 상위 3개 지역은 P구, G구, S구이며, 행정동 수 상위 3개 지역은 P구, N구, G구이다. 따라서 서로 동일하지 않다.

| 오답풀이 |

② P구가 S구보다 인구수는 더 많은 데 비해 면적이 더 좁으므로 인구밀도가 더 높다.

③ G구를 제외한 나머지 지역에서는 모두 여자 인구가 남자 인구보다 더 많다.

④ 9,729,107÷605.24≒16,075(명)이므로 서울시에는 km^2당 16,000명 이상이 거주한다.

40 　도표작성능력　그래프 작성하기

| 정답 | ①

| 해설 | 선택지를 보면 수치가 주어지지 않은 그래프이므로 세로축과 막대의 높이를 참고하여 각 구별 근사치와 대소관계를 올바르게 비교할 수 있으면 된다. 각 구별 인구밀도는 다음과 같다.

P구	S구	N구	W구	G구
19,958	14,281	13,802	15,037	16,912
E구	Y구	B구	K구	C구
16,157	26,316	18,016	17,734	9,170

따라서 적절한 그래프는 ①이다.

41 　문제처리능력　자료 분석하기

| 정답 | ②

| 해설 | 경력기간에서의 배점 8점의 차이는 해당 항목의 환산 전 항목의 평가 점수 차이이며, 이 차이는 점수 환산단계에서 5분의 1로 줄어들게 된다.

1회 기출예상

2회 기출예상

3회 기출예상

4회 기출예상

5회 기출예상

6회 기출예상

| 오답풀이 |

① 1차와 2차 평가 항목에서는 책임건축사와 건축회사 모두의 수행 경력을 평가기준으로 삼고 있다.

③ 협력회사의 평가 기준상 착수~고시완료까지의 실적을 인정하는 것으로 명시되어 있다.

④ 계약회사에 대한 평가 배점은 30점, 협력회사에 대한 평가 배점은 20점이므로 계약회사의 수행 실적과 경력이 더 중요함을 알 수 있다.

---

42 문제처리능력 환산점수 계산하기

| 정답 | ④

| 해설 | 다음과 같이 항목별 점수를 계산할 수 있다.

(단위 : 점)

구분		A 업체	B 업체
책임 건축사	경력기간	16	12
	실적	25	30
계약 회사	건수	12	9
	면적	9	12
협력 회사	정비계획	10	8
	지하 공간	6	8
계		78	79

따라서 환산점수는 A 업체가 $78 \div 100 \times 20 = 15.6$(점)이며, B 업체가 $79 \div 100 \times 20 = 15.8$(점)이 된다.

---

43 문제처리능력 코로나19 규정사항 이해하기

| 정답 | ④

| 해설 | 제시된 자료에서는 확진환자 격리해제 요건으로 임상경과기준 또는 검사기준의 충족을 제시하였다. 검사기준에서는 증상이 있는 환자와 없는 환자 모두 'PCR 검사 결과 24시간 이상의 간격으로 2회 연속 음성이 확인되어야 합니다'라는 규정이 포함되어 있다.

| 오답풀이 |

① 확진환자와 접촉하지 않았다면 의사환자 대상에서 제외될 뿐, 코로나19 임상증상이 나타나면 관리대상자 중 조사대상 유증상자에 포함된다.

② 의사환자의 검사결과가 음성일 경우에는 14일의 격리기간 후 격리가 해제되지만, 조사대상 유증상자의 검사결과가 음성일 경우에는 보건교육과 격리가 함께 적용된다.

③ 생활치료센터에서 치료를 받는 확진자는 중등도 이상의 중증도를 경험하지 않은 사람(병원 치료가 필요하지 않다고 분류된 경우)뿐 아니라, 입원환자 중 임상증상이 호전된 사람도 포함한다.

---

44 문제처리능력 요금 규정 이해하기

| 정답 | ③

| 해설 | 만일 2개 이상의 요금 감면사유에 해당할 경우 감면율이 높은 하나만 적용이 되며, 3자녀 다둥이 행복카드 소지자와 저공해 차량은 모두 50%의 감면 혜택이 있으므로 둘 중 한 가지 감면혜택만이 적용된다.

| 오답풀이 |

① 1회 주차와 1일 주차, 월 정기요금을 비교하기 위해 1급지에서 승용차를 30일 동안 주차했을 때 각 요금제별로 24시간 주차에 사용되는 주차요금을 구하면 다음과 같다.

• 1회 주차 : $\{500 + (200 \times 3) + (200 \times 6 \times 23)\} \times 30 = 861,000$(원)

• 1일 주차 : $6,000 \times 30 = 180,000$(원)

• 월 정기요금 : 85,000(원)

따라서 주차 요금은 월 정기권, 1일 요금, 1회 요금 순으로 경제적이다.

② 〈요금안내〉에 따르면 동일한 조건 하에 모든 요금제에서 1급지보다 주차하는 것보다 2급지에서 주차하는 것이 더 저렴하다.

④ 1급지에서 대형 승합차를 1회 주차요금으로 주차할 경우의 주차요금은 최초 1시간은 $1000 + (400 \times 3) = 2,200$(원), 이후 시간당 $400 \times 6 = 2,400$원씩 7시간 동안 주차하여 총 주차요금은 $2,200 + 2,400 \times 7 = 19,000$(원)이다. 이때 5.18 민주유공 부상자 감면규정이 적용되어 최초 1시간 주차요금은 면제, 나머지 주차요금은 50% 감면 적용되므로 지불해야 할 주차요금은 $2,400 \times 7 \times \frac{1}{2} = 8,400$(원)이다.

45 문제처리능력 선호도로 방안 제시하기

| 정답 | ①

| 해설 | 각 영업본부장들의 선호도 순위를 파악하여 자신이 원하는 방안이 선정되도록 전략을 세울 수 있다. P사 영업본부장의 주장은 '기존 방안'이 선정되는 것이다.

만일 방안 B를 '새로운 방안'으로 제시하면 1단계에서 12 대 9로 방안 B가 선정되고, 2단계에서 12 대 9로 '기존 방안'이 최종 방안으로 결정된다.

	선호도1	선호도2	선호도3	선호도4	선호도5	선호도6
7명		방안 B			방안 A	
5명	방안 A					방안 B
5명	방안 B			방안 A		
4명		방안 A			방안 B	
(방안 A) 9 : 12 (방안 B)						

	선호도1	선호도2	선호도3	선호도4	선호도5	선호도6
7명	기존 방안	방안 B				
5명				기존 방안		방안 B
5명	방안 B				기존 방안	
4명					방안 B	기존 방안
(방안 B) 9 : 12 (기존 방안)						

| 오답풀이 |

② 방안 C를 새로운 방안으로 제시하면 1단계에서 14 대 7로 방안 A가 선정되고, 2단계에서 14 대 7로 방안 A가 최종 방안으로 결정된다.

	선호도1	선호도2	선호도3	선호도4	선호도5	선호도6
7명			방안 C		방안 A	
5명	방안 A				방안 C	
5명				방안 A		방안 C
4명		방안 A	방안 C			
(방안 A) 14 : 7 (방안 C)						

	선호도1	선호도2	선호도3	선호도4	선호도5	선호도6
7명	기존 방안				방안 A	
5명	방안 A			기존 방안		
5명				방안 A		
4명		방안 A				기존 방안
(방안 A) 14 : 7 (기존 방안)						

③ 방안 D를 새로운 방안으로 제시하면 1단계에서 12 대 9로 방안 D가 선정되고, 2단계에서 14 대 7로 방안 D가 최종 방안으로 결정된다.

	선호도1	선호도2	선호도3	선호도4	선호도5	선호도6
7명				방안 D	방안 A	
5명	방안 A		방안 D			
5명				방안 D	방안 A	
4명		방안 A		방안 D		
(방안 A) 9 : 12 (방안 D)						

	선호도1	선호도2	선호도3	선호도4	선호도5	선호도6
7명	기존 방안				방안 D	
5명			방안 D	기존 방안		
5명			방안 D		기존 방안	
4명				방안 D		기존 방안
(방안 D) 14 : 7 (기존 방안)						

④ 만일 아무런 '새로운 방안'도 제시하지 않으면 방안 A와 '기존 방안'과의 다수결 투표에서 14 대 7로 방안 A가 최종 방안으로 결정된다.

46 문제처리능력 자료 분석하기

| 정답 | ②

| 해설 | 금요일에는 엑셀 일반강좌가 13:00 ~ 14:50에 개설되어 있으므로 A와 B가 함께 수강할 수 있다.

1회 기출예상

2회 기출예상

3회 기출예상

4회 기출예상

5회 기출예상

6회 기출예상

| 오답풀이 |

① 일상생활 중국어 기초반은 월, 수요일과 화, 목요일에 개설되어 있으며, 목요일 시간은 19:00 ~ 20:50으로 저녁시간이 된다.

③ 중국어는 중급이므로 월, 수요일 10:00 ~ 11:50, 영어는 초급이므로 월, 수요일 13:00 ~ 14:50에 각각 개설되어 있다.

④ 3개월 수강료는 중국어 중급이 45,000원, 영어 초급이 40,000원으로 총 85,000원이다.

47 문제처리능력 자료 분석하기

| 정답 | ③

| 해설 | 컴퓨터(동영상편집)은 화요일 또는 목요일 10 : 00 ~ 11 : 50에 개설되어 있어 오전 수강이 가능하며, 통기타(기타를 통한 음악의 접근)는 목요일 15 : 00 ~ 16 : 50에 개설되어 있어 오후 수강이 가능하다.

| 오답풀이 |

① 오카리나(운지법 등 기초 배우기)는 목요일 오전에 개설되어 있다.

② 하모니카(응용곡 배우기)는 화요일 오전에 개설되어 있다.

④ 중국어(일상생활 중국어 기초 배우기)는 오후에 개설되어 있다.

48 문제처리능력 예산 책정하기

| 정답 | ①

| 해설 | 각 정책의 통과 여부를 정리하면 다음과 같다.

정책	계획의 충실성	계획 대비 실적	성과지표 달성도
A	통과	통과	미통과
B	통과	미통과	통과
C	통과	통과	통과
D	통과	미통과	미통과
E	통과	통과	미통과
F	통과	통과	통과

모든 영역이 통과로 판단된 정책에만 전년도와 동일한 금액을 편성한다고 하였으므로 C, F 2개의 정책만 모두 통과로 판단된다.

49 문제처리능력 예산 감액해야 하는 경우 파악하기

| 정답 | ②

| 해설 | '성과지표 달성도' 영역에서 '통과'로 판단된 정책은 B, C, F지만 정책 B는 '계획 대비 실적'이 '미통과'이므로 전년대비 15% 감액하여 편성된다.

50 문제처리능력 대결 전략 선택하기

| 정답 | ②

| 해설 | ㄱ. 총 3번의 대결을 하면서 각 대결에서 승리할 확률이 가장 높은 전략을 순서대로 선택한다면, 사람은 C 전략 1회(90%) → B 전략 1회(70%) → A 전략 1회(60%) 순서로 세 전략을 각각 1회씩 사용해야 한다.

ㄷ. 사람이 1개의 전략만을 사용할 때 각 전략별로 총 3번의 대결을 하여 3번 모두 승리할 확률을 구하면 다음과 같다.

• A 전략 : $(0.6 \times 0.5 \times 0.4) \times 100 = 12(\%)$

• B 전략 : $(0.7 \times 0.3 \times 0.2) \times 100 = 4.2(\%)$

• C 전략 : $(0.9 \times 0.4 \times 0.1) \times 100 = 3.1(\%)$

따라서 승리할 확률이 가장 높은 A 전략을 사용해야 한다.

| 오답풀이 |

ㄴ. 총 5번의 대결을 하면서 각 대결에서 승리할 확률이 가장 높은 전략을 순서대로 선택한다면, 사람은 C 전략 1회(90%) → B 전략 1회(70%) → A 전략 1회(60%) → A 전략 2회(50%) → C 전략 2회 혹은 A 전략 3회(40%) 순서대로 사용해야 한다. 즉 5번째 대결에서 사람은 A 전략 혹은 C 전략을 선택해야 한다.

ㄹ. 사람이 1개의 전략만을 사용할 때 각 전략별로 총 2번의 대결을 하여 2번 모두 패배할 확률을 구하면 다음과 같다.

• A 전략 : $(0.4 \times 0.5) \times 100 = 20(\%)$

• B 전략 : $(0.3 \times 0.7) \times 100 = 21(\%)$

• C 전략 : $(0.1 \times 0.6) \times 100 = 6(\%)$

따라서 패배할 확률이 가장 낮은 C 전략을 선택해야 한다.

51 문제처리능력 회의 날짜 정하기

| 정답 | ③

| 해설 | 경영전략 프로젝트는 가와 라이므로 A 과장, B 대리, C 주임이 모두 참석할 수 있는 때에 회의를 진행해야한다. 점심시간이 오후 1시부터 오후 2시까지이므로, 오후 12시 ~ 오후 6시 중 2시간 동안 회의를 진행할 수 있는 시간대는 오후 2시 ~ 오후 6시이다. 따라서 〈12월 첫째 주 ~ 둘째 주 일정〉을 참고할 때 A 과장, B 대리, C 주임이 모두 참석할 수 있는 가장 빠른 회의 날짜는 4일 14:00 ~ 16:00이다.

| 오답풀이 |

① 15:00 ~ 18:00에 프로젝트 나의 일정이 있으므로 B 대리, C 주임이 참석할 수 없다.

② 14:00 ~ 17:00에 프로젝트 라의 일정이 있으므로 A 과장, B 대리가 참석할 수 없다.

④ 16:00 ~ 17:00에 프로젝트 나의 일정이 있으므로 B 대리, C 주임이 참석할 수 없다.

52 문제처리능력 업무보고 날짜 추론하기

| 정답 | ③

| 해설 | 일정 진행 장소가 고객사일 경우에만 업무보고를 한다고 했으므로, 프로젝트 나와 프로젝트 다의 업무보고 담당자인 E 사원은 5일 일정, 9일 일정에 관하여 보고를 해야 한다. 업무보고는 해당 일정 종료 후 최대 이틀을 넘겨서는 안 된다고 했는데, 선택지에 10일부터 제시되어 있으므로 9일 일정(B 대리에게 보고)에 대해서만 업무보고 가능 여부를 파악하면 된다. 11일 12:00에는 B 대리의 일정이 없어 업무보고를 할 수 있다.

| 오답풀이 |

①, ② B 대리의 일정이 있어 업무보고를 할 수 없다.

④ 12일은 9일 일정이 종료된 지 3일째 되는 날이므로 업무보고를 할 수 없다.

53 문제처리능력 공고문 파악하기

| 정답 | ④

| 해설 | • 과장 B : 조달청 입찰참가자격 등록은 개찰일 전일인 5월 31일까지 해야 한다.

• 대리 D : 입찰등록 시 입찰보증금을 내는 것은 모든 입찰자가 아니라 낙찰자로 선정된 입찰자이다.

54 문제처리능력 공고문을 바탕으로 답변하기

| 정답 | ④

| 해설 | 공사기간은 제시되어 있지만 공사 시작일은 제시되어 있지 않다.

| 오답풀이 |

① '2. 입찰참가자격 가, 나'에 따라 건설산업기준법에 의한 기계설비공사업 면허를 보유하고 조달청 나라장터(G2B) 시스템 이용자 등록을 필한 업체는 참가 가능하다.

② 전자입찰서 개찰일은 2021년 6월 1일 11시로 입찰담당관 PC에 낙찰자 결정 직후 온라인에 게시된다.

③ 이번 공사의 추정가격은 ₩21,500,000(부가세 별도)이다.

55 문제처리능력 자료를 바탕으로 의견 판단하기

| 정답 | ③

| 해설 | 기존에 나라장터에 입찰참가 등록이 된 자는 참가자격을 자동으로 충족하지만 사업에 참가하기 위해서는 그와 별도로 이 사업에 대한 참가신청서를 반드시 제출해야 한다.

| 오답풀이 |

① 구체적인 조달예정 품목은 공고문에 첨부된 조달예정 품목 목록을 통해 확인할 수 있다.

② 참가 신청시 영어로 된 제품 설명 카탈로그를 필수로 첨부해야 한다고 명시하고 있다.

④ 평가기준에 관하여는 별첨2 '분야별 심사항목 및 배점기준'을 통해 확인할 수 있다.

56 문제처리능력 자료를 바탕으로 민원 응대하기

|정답| ②

|해설| 서류 제출시 만일 서류가 사본일 경우 "사실과 상위 없음"을 확인 · 날인하여 제출해야 한다고 명시하고 있다는 내용을 통해 제출서류는 사본으로도 제출할 수 있음을 유추할 수 있다.

|오답풀이|

① 인터넷으로 접수할 수 없다면 직접 혹은 우편접수가 가능하며, 이 경우 접수 마감 일시까지 도착한 것에 한한다고 명시하고 있다.

③ 공고문에서는 납품일자를 구체적으로 지정하지는 않았으나, 신청일 기준으로 세부품목 목록에 대한 납품이 가능해야 한다고 명시하고 있다.

④ 제출서류가 접수 기한 내에 접수되지 않을 경우 참가신청이 무효 처리된다는 내용을 통해 기한을 초과하여 제출된 서류는 인정되지 않음을 알 수 있다.

57 문제처리능력 자료를 참고하여 결과 추론하기

|정답| ①

|해설| 성적순위별, 부문별 상금내역과 수상자별 상금내역을 비교하면 바, 사가 70만 원을 받았는데 성적순위별 상금에서 가장 적은 금액이 70만 원이므로 바, 사는 부문별 상금내역은 받지 못하고 성적순위별 상금만 받아 6, 7위이다. 한편 바, 사가 6, 7위이므로 마는 5위로 성적순위별 상금 100만 원을 받았음을 알 수 있다.

한편 가 ~ 사에게 지급된 총 상금은 1,320만 원이므로 다와 라가 받은 상금의 합은 380만 원이다. 만일 성적순위별 상금 중 2위 상금인 250만 원을 다, 라 중 한 명이 받게 될 경우 남은 금액은 130만 원인데, 다 혹은 라의 순위는 최소 4위이므로 성적순위별 상금 150만원을 받아야 한다. 즉 다, 라는 2위 이상이 될 수 없으므로 3, 4위 상금을 수령했음을 추론할 수 있다.

성적순위	1위	2위	3위	4위	5위	6위	7위
성적상금	300	250	200	150	100	70	70
대상자	가 혹은 나		다 혹은 라		마	바 혹은 사	

특별상금	50	100	50, 30, 20, 0	0	0	0
총 상금	350	350	250 ~ 200	200 ~ 150	100	70	70

따라서 가, 나는 1위 혹은 2위가 되므로 (a)는 옳다.

|오답풀이|

(b) 성적순위 7위는 바 혹은 사가 될 수 있으므로 성적순위 7위가 사인지 여부는 알 수 없다.

(c) 다의 성적순위는 3위 혹은 4위이므로 다가 4위를 할 수 있다.

(d) 상금이 30만 원인 '미' 부문의 특별상을 나가 수상할 경우 나의 총 상금이 350만 원이 되기 위해서는 '양' 부문의 특별상까지 나가 수상하고 성적 순위가 1위가 되어야 한다. 따라서 이 경우 '양' 부문의 수상자는 나가 된다.

(e) 상금이 50만 원인 '우'를 다른 특별상과 함께 수상할 경우, 총 상금이 350만 원인 사람이 두 명이 나오는 경우가 존재하지 않으므로 옳지 않다.

만일 성적순위 2위가 우, 미, 양을 동시에 수상하여 2위 성적상금 250만 원과 특별상금이 100만 원을 합하여 총 350만 원을 획득하더라도 그 외의 수상자의 상금이 특별상을 포함하여 350만 원이 될 수 있는 경우는 존재하지 않는다.

성적순위	1위	2위	3위	4위
성적상금	300	250	200	150
특별상금	100 혹은 0	20+30+50	100 혹은 0	100 혹은 0
총 상금	400 혹은 300	350	300 혹은 200	250 혹은 150

혹은 성적순위 4위가 모든 특별상금을 다 받아 350만 원을 획득하더라도 그 외의 수상자의 총 상금이 350만 원이 될 수 있는 경우는 존재하지 않는다.

성적순위	1위	2위	3위	4위
성적상금	300	250	200	150
특별상금	0	0	0	100+50+30+20
총 상금	300	250	200	350

58 문제처리능력 자료 읽고 추론하기

| 정답 | ③

| 해설 | 여행자는 영사콜센터를 통해 신속해외송금서비스의 상담을 연중무휴 24시간 제공받을 수 있으나, 신속해외송금서비스를 통한 현금 지급은 현지 재외공관 근무시간 중에서만 가능하다.

| 오답풀이 |

① 영사콜센터의 상담서비스에는 긴급 통역서비스가 포함되어 있다.

② 여행자는 신속해외송금서비스를 통해 현금을 지급받기 위해서는 현지 재외공관에 직접 방문하여 현금을 수령하여야 한다.

④ 영사콜센터의 신속해외송금서비스는 국내에 있는 연고자에게 송금을 요청하고 이를 현금으로 지급받는 서비스이므로 이를 위해서는 여행자에게 송금을 해 줄 국내 연고자가 있음을 요구한다.

59 문제처리능력 자료 읽고 추론하기

| 정답 | ③

| 해설 | 신속해외송금서비스 지원 대상 항목에서 해당 서비스는 마약, 도박 등 불법 또는 탈법 목적(ⓔ), 상업적 목적(ⓜ), 정기적 송금 목적(ⓖ)으로는 이용할 수 없다고 명시하고 있다.

60 문제처리능력 자료 해석하기

| 정답 | ③

| 해설 | 해외에 있는 신청자가 신속해외송금서비스를 같은 해외에 있는 ⓐ에게 신고한다는 점에서 ⓐ에 들어갈 주체는 재외공관임을 알 수 있다. 또한 국내에서 연고자에게 입금사실을 통보받은 후, 국외의 재외공관에게 입금 사실을 통보하는 관계에 있다는 점에서 ⓑ에 들어갈 주체는 영사콜센터가 적절하다.

국내 연고자와 영사콜센터 간의 절차는 연고자가 영사콜센터에 송금 절차 문의 → 영사콜센터가 연고자에게 계좌정보 및 입금액 안내 → 연고자가 은행에 입금 후 영사콜센터에 입금 사실을 통보 순서로 진행된다는 점에서 ⓒ에 들어갈 절차는 송금 절차 문의가 적절하다.

그리고 재외공관과 신청자와의 절차는 여행자가 재외공관에 긴급 경비 지원 신청 → 재외공관의 신청 승인 및 절차 안내 → 입금 확인 후 재외공관이 여행자에게 긴급 경비 지급 순서로 진행된다는 점에서 ⓓ에 들어갈 절차는 긴급 경비 지급이 적절하다.

1회 기출예상
2회 기출예상
3회 기출예상
4회 기출예상
5회 기출예상
6회 기출예상

2회 기출예상문제

문제 74쪽

01	②	02	①	03	③	04	④	05	②
06	④	07	②	08	②	09	③	10	①
11	①	12	④	13	①	14	③	15	④
16	④	17	④	18	①	19	③	20	②
21	③	22	②	23	④	24	③	25	②
26	③	27	①	28	③	29	④	30	④
31	③	32	③	33	③	34	①	35	④
36	③	37	③	38	①	39	②	40	④
41	③	42	②	43	④	44	④	45	④
46	④	47	④	48	②	49	③	50	②
51	③	52	③	53	③	57	④	55	③
56	①	57	④	58	③	59	②	60	④

01 문서이해능력 글의 주장 이해하기

| 정답 | ②

| 해설 | 제시된 글은 향후 기업의 미래를 짊어질 밀레니얼 세대가 직장에 나타나면서 기업들은 이들을 포용하기 위해 기업의 모습을 바꾸고 있음을 내용으로 삼고 있다. 따라서 가장 적절한 슬로건은 ②이다.

02 문서이해능력 세부내용 이해하기

| 정답 | ①

| 해설 | 귀국 후 잠복기(7 ~ 21일) 이내에 의심 증상(발열, 발진 등)이 나타날 경우 바로 의료 기관에 방문하는 것이 아니라 의료 기관 내 전파 방지를 위해 먼저 관할 보건소에 문의해야 한다.

03 문서작성능력 보충 자료 추가하기

| 정답 | ③

| 해설 | 글에서는 비트코인의 미래를 판단할 때 여러 가지 사항을 고려한 뒤 존폐 여부를 판단해야 한다는 것을 설명하고 있다. ③은 신규계좌 개설이 막힘과 동시에 패닉으로 급락한 암호화폐의 사례를 들며 무조건적으로 비트코인을 규제해야 함을 주장하고 있으므로 보충 자료로는 적절하지 않다.

04 문서이해능력 발표 내용 파악하기

| 정답 | ④

| 해설 | 두 번째 문단 '인간을 유도하는 방법으로는 크게 당근과 채찍이 있다. 즉 인간은 기본적으로 보상이 있다면 뛰어들고 처벌이 있다면 꺼린다. 그러나 그 외에 이 넛지를 활용할 수도 있는데 간단히 설명하면 넛지는 사람들이 어려워하는 것을 은연 중에 좋은 방향으로 이끌어 주는 것'에서 담뱃갑 경고 그림은 넛지라고 볼 수 없다는 것을 알 수 있다. 경고 그림은 일종의 채찍으로 공포심과 혐오감을 통한 억제책이기 때문이다. 넛지는 긍정적인 방향으로의 자극을 통한 행동 유도이다.

05 문서이해능력 질문을 바탕으로 자료 추가하기

| 정답 | ②

| 해설 | 구매 가능 모델 개수와 모델명만으로는 하이패스 통신방법인 적외선과 주파수에 대한 정보를 알 수 없다.

06 문서이해능력 글을 바탕으로 추론하기

| 정답 | ④

| 해설 | 제20조의3은 통신판매중개업자가 통신판매업자의 의무를 대신하는 것이다. 구체적으로 앱마켓 사업자가 직접 콘텐츠를 제작·판매를 하지 않더라도 통신판매업자(앱 개발사)가 이행하지 않은 의무를 통신판매중개업자(앱마켓 사업자)가 대신 이행하도록 앱마켓 사업자의 책임을 강화하는 목적으로 봐야 한다.

| 오답풀이 |

② 앱마켓 사업자의 경우 자신의 이름을 표시하여 통신판매에 관한 정보의 제공이나 청약의 접수 등 통신판매의 일부를 수행하기 위해 법으로 정하는 전기통신의 방법으로 거래 당사자 간의 통신판매를 알선하는 행위를 하므로 "통신판매중개업"을 한다고 할 수 있다.

③ 모바일 인앱 결제의 계약관계에서 '대체적으로 앱 개발사와 소비자 간 계약이 체결되면 앱 개발사는 상세거래조건과 청약철회조건을 고지하고 소비자가 대금을 앱마켓 사업자에게 지급한다.'를 통해 알 수 있다.

현장 시험 운영계획을 반드시 포함하고, 최종 결과물에 대한 검증방법을 제시해야 함을 알 수 있다.

④ '특이사항'에 따르면 공격접종을 통한 DB 구축 및 개발한 감지 알고리즘 검증 연구를 하는 데 1억 원 내외로 연구비가 지급됨을 알 수 있다.

07 문서이해능력 세부내용 이해하기

| 정답 | ②

| 해설 | '특이사항'에 따르면 '과제 선정 이후 수요 기관(농림축산검역본부 등)과의 협의를 통해 연구(성과)목표, 연구내용 및 실증계획 등이 변경될 수 있음.'을 통해서 협의의 대상이 농림축산검역본부만이 아니라는 것을 알 수 있다.

| 오답풀이 |
① '추진배경'을 통해 확인할 수 있다.
③, ④ '연구목표'의 첫 번째 사항을 통해 확인할 수 있다.

08 문서이해능력 글을 바탕으로 추론하기

| 정답 | ②

| 해설 | '특이사항'에 따르면 과제를 수행하고자 하는 연구기관에서는 6개월 이상의 양돈현장 시험 운영계획을 반드시 포함해야 하며 최종 결과물에 대한 검증방법도 제시해야 한다는 것을 확인할 수 있다.

| 오답풀이 |
① '특이사항'의 마지막 사항을 통해 추론할 수 있다.
③ '연구목표'의 두 번째 사항을 통해 확인할 수 있다.
④ '특이사항'의 네 번째 사항을 통해 확인할 수 있다.

09 문서이해능력 글의 내용에 맞는 답변 파악하기

| 정답 | ③

| 해설 | 알고리즘을 검증하기 위한 연구비는 '특이사항' 따르면 총 연구비 5억 원 가운데 알고리즘 검증 연구비 1억 원이 포함되어 있음을 알 수 있다.

| 오답풀이 |
① '특이사항'에 따르면 연구비는 10개월마다 지급되는 것을 알 수 있다.
② '특이사항'에 따르면 연구계획서에는 6개월 이상의 양돈

10 문서이해능력 글을 바탕으로 사례 추론하기

| 정답 | ①

| 해설 | A는 짝꿍이 개념을 설명해주는 등의 직접적인 도움을 제공한 것이 아닐뿐더러 짝꿍의 노트 필기 전체로 학습하였다. 따라서 처음부터 끝까지 짝꿍에게 의존한 공부이기 때문에 비계설정의 사례로 적절하지 않다.

11 문서작성능력 글의 전개방식 파악하기

| 정답 | ①

| 해설 | 글쓴이는 재난으로 고통 받고 있는 아이들에 대한 다양한 사례를 들어 독자들의 감정을 자극하면서, 마술 지팡이처럼 아동이 신체적, 지적, 정신적, 도덕적, 사회적 발달에 맞는 생활수준을 누리고 있는지 귀 기울이고 지켜봐야 한다며 의견에 대한 공감을 이끌어 내고 있다.

12 문서작성능력 올바른 맞춤법 쓰기

| 정답 | ④

| 해설 | '매 때마다'라는 뜻의 '번번이'가 맞는 표현이다.

| 오답풀이 |
① 이미 있는 상태 그대로 있다는 뜻으로 '−은/는 채'의 구성으로 쓰인다.
② 동사 '조이다'에 어미 '−어'가 붙어 이루어진 말로 '조이어' 또는 '죄어'로 나타난다.
③ 이것저것 따지고 가려 말하지 아니함을 뜻한다.

13 문서이해능력 중심내용 요약하기

| 정답 | ①

| 해설 | (가)에서는 코로나19 사태에 대한 미국 정부의 대처 방법보다는 이에 대한 트럼프 대통령의 자기평가를 주된 내용으로 한다. 따라서 (가)의 중심내용은 '코로나19 사태와 기후변화에서 보이는 트럼프의 자세'가 가장 적절하다.

14 문서작성능력 글에 보충 자료 추가하기

| 정답 | ③

| 해설 | 윗글은 코로나19 사태와 기후변화를 대하는 미국 트럼프 대통령의 자세를 지적하며 이러한 환경의 변화에 적절하게 대응하지 않았을 경우 인류가 감당해야 할 대가에 대해 경고하는 내용이다. ③은 코로나19의 확산에 따라 환경이 긍정적으로 변화하고 있다는 내용이므로 윗글의 보충 자료로는 적절하지 않다.

15 문서이해능력 세부내용 이해하기

| 정답 | ④

| 해설 | 아산화질소는 영국의 과학자 험프리 데이비에 의해 파티의 흥을 돋우는 오락용 물질로 연구되었으며, 미국의 치과의사 웰즈에 의해 발치에 사용되기도 하였다. 또다른 치과의사 모튼은 에테르를 이용하여 무통 발치에 성공하였고, 목의 종양 제거에도 성공을 거두었다. 또한 외과의사인 심프슨은 에테르의 단점인 부작용을 극복하기 위하여 클로로포름 사용한 무통분만법을 제시하였다.

16 문서이해능력 세부내용 이해하기

| 정답 | ④

| 해설 | 일명 '웃음가스'인 아산화질소는 연구 중 나타난 반응에 의해 파티의 흥을 돋우어 주는 오락용으로 사용되었으며, 이후 웰즈에 의해 의료용으로 사용되었다.

| 오답풀이 |

① 에테르의 부작용 때문에 클로로포름이 등장하게 되었다.

② 아산화질소를 처음 연구하게 된 데이비는 의사가 아닌 과학자였다.

③ 데이비와 웰즈에 의해 아산화질소(웃음가스)가 연구되었고 이를 본 모튼이 에테르를 이용한 마취제 연구를 하

여 에테르가 널리 이용되었다. 하지만 에테르는 부작용이 상당하였고 이를 대체하기 위해 심프슨은 클로로포름을 마취제로 사용하는 실험을 성공적으로 마쳐 무통분만에 이용하였다.

17 문서이해능력 빈칸에 들어갈 내용 고르기

| 정답 | ④

| 해설 | '일렉트론'이 주목받은 이유는 두 개의 문단으로 설명되고 있다. 세 번째 문단에서는 전기모터로 에너지를 공급하는 신개념 로켓엔진을 장착했다는 점을, 네 번째 문단에서는 3D프린터로 출력한 부품으로 엔진을 만들었다는 점을 강조하고 있다. 따라서 이 두 가지가 '일렉트론' 시험 발사가 주목받는 이유가 되어야 한다.

18 문서이해능력 글을 바탕으로 내용 추론하기

| 정답 | ①

| 해설 | 3D프린터로 출력한 엔진 부품은 그 성능이 성공적이라고 판단할 단계는 아니다. 획기적인 시도였고 개발 가능성이 충분하지만 네 번째 문단에 따라 검증이 필요하므로 곧 양산 체제에 들어갈지 여부는 알 수 없다.

19 문서이해능력 세부내용 이해하기

| 정답 | ③

| 해설 | 20 ~ 30대의 설문조사 결과만 주어져 있으며 그중 43.3%만이 독학으로 과반수를 넘지 못한다.

| 오답풀이 |

① 1문단에서 20 ~ 30대는 어학, 경제 · 경영학, 중년층은 트렌드, 조직관리를 위한 인문학 등을 공부한다고 나와 있다.

② 1문단에서 직장인들이 하는 공부는 크게 업무 역량 강화를 위한 공부와 자기계발 및 개인적인 목표를 위한 공부로 나눌 수 있다고 하였으며, 1문단에서는 업무 전문성을 높이기 위한 공부에 대해 말하고 2문단에서는 자기계발과 개인적인 목표를 위한 공부에 대해 제시하고 있다.

④ 집, 백화점 문화센터 등 다양하다.

20 문서작성능력 효과적인 전달방법 파악하기

| 정답 | ②

| 해설 | 샐러던트의 공부 방향에 관한 정보를 제시한 후 효과적이고 성공적인 공부를 위한 두 가지 방안을 제시하고, 더 나아가 괴테의 말을 인용하여 공부의 필요성을 역설하고 있다. 그러나 필자가 미래지향적인 방향을 제시하고 있다고 보기는 어렵다.

21 도표분석능력 자료의 수치 분석하기

| 정답 | ③

| 해설 | 20X0년 1분기 대비 4분기 증가율을 구하면 다음과 같다.

• 예금은행의 주택담보대출 :

$$\frac{533,966.4-501,292.6}{501,292.6}\times100 \fallingdotseq 6.5(\%)$$

• 예금은행의 기타대출 :

$$\frac{233,752.3-217,452.5}{217,452.5}\times100 \fallingdotseq 7.5(\%)$$

따라서 예금은행의 기타대출의 증가율이 더 크다.

| 오답풀이 |

① '비은행예금취급기관 중 상호금융'과 '기타금융기관 등 중 주택담보대출'의 가계대출 증감 방향은 증가−감소−증가로 같다.

② 판매신용의 비율은 다음과 같다.

• 1분기 : $\frac{88,177.9}{1,539,900.4}\times100 \fallingdotseq 5.7(\%)$

• 2분기 : $\frac{88,703.9}{1,556,726.5}\times100 \fallingdotseq 5.7(\%)$

• 3분기 : $\frac{91,091.7}{1,572,540.9}\times100 \fallingdotseq 5.8(\%)$

• 4분기 : $\frac{95,695.9}{1,600,132.2}\times100 \fallingdotseq 6.0(\%)$

따라서 판매신용은 매분기 가계신용의 5% 이상을 차지한다.

22 도표분석능력 자료를 바탕으로 수치 계산하기

| 정답 | ②

| 해설 | 재산세 과세표준이 15,200만 원이므로 납부해야 할 재산세는 195,000원에 15,000만 원의 초과금액인 200만 원의 0.25%인 5,000원을 더한 200,000원이다. 따라서 지방교육세는 200,000원의 20%인 40,000원이다.

| 오답풀이 |

① 주택공시가격이 11,000만 원이라면 과세표준은 50%인 5,500만 원으로, 세율 0.3%가 적용된다. 따라서 재산세는 5,500만 원의 0.3%인 165,000원, 지방교육세는 165,000원의 20%인 33,000원, 도시지역분은 과세표준인 5,500만 원의 0.14%인 77,000원이다. 따라서 총 납부할 세금은 165,000+33,000+77,000=275,000(원)이다.

③ 지방교육세가 20,400원이면 재산세액은 20,400÷0.2 =102,000(원)이다. 세율 0.3%가 적용되었다면 과세표준은 102,000÷0.003=34,000,000(원)이므로 주택공시가격은 6,800만 원이다.

④ 도시지역분 268,800원은 과세표준의 0.14%이므로 과세표준은 19,200만 원이다. 따라서 재산세는 195,000원에 15,000만 원의 초과분 4,200만 원의 0.25%인 105,000원을 더한 300,000원으로, 실질적으로는 $\frac{300,000}{192,000,000}\times100=0.15625(\%)$, 즉 약 0.16%의 세율이 적용된 것이다.

23 도표분석능력 자료의 수치 분석하기

| 정답 | ③

| 해설 | 20X0년 27.39+29.88=57.27(%), 20X1년 29.99+28.03=58.02(%), 20X2년 29.19+27.74=56.93(%)로 호주와 인도네시아의 석탄 수출량 합은 세계 석탄 수출량의 55% 이상이다.

| 오답풀이 |

① 20X2년 세계 주요 석탄 생산국의 수출 규모는 1,333.5백만 톤으로 20X1년 대비 1.9% 증가하였다.

② 러시아는 20X2년 1억 7,110만 톤을 수출하며 호주, 인도네시아에 이어 석탄 수출량 3위에 머물렀다.

④ 20X2년에 남아공, 콜롬비아, 몽골의 석탄 수출량은 각각 전년 대비 1.3%, 7.1%, 77.9% 증가한 반면, 미국의 석탄 수출량은 18.5% 감소하였다.

24 도표분석능력 | 자료의 수치 분석하기

| 정답 | ③

| 해설 | 괄호는 순위를 나타낸다고 하였으므로 제시된 자료는 전 세계 GDP 순위 1~11위의 지표이다.

| 오답풀이 |

① 아프리카, 오세아니아의 국가는 GDP가 제시되어 있지 않다.

② 독일, 영국, 프랑스, 이탈리아 가운데 가장 많은 GDP를 기록한 나라는 독일이다.

④ 한국과 브라질의 GDP 차이는 $19,094-16,556=2,538$(억 달러), 독일과 일본의 GDP 차이는 $50,709-40,291=10,418$(억 달러)로 독일과 일본의 GDP 차이가 더 크다.

25 도표분석능력 | 자료를 바탕으로 수치 계산하기

| 정답 | ②

| 해설 | • 가로 ㉠ : 경북지역의 도서 인구밀도는 $\dfrac{10,702}{73.00}$ ≒146.6(명/km²)이다.

• 가로 ㉡ : 전북지역의 무인도서 수는 $3,012-(42+111+3+41+32+221+1,923+45+461+55)=3,012-2,934=78$(개)이고 전북지역의 유인도서 수는 $490-(3+39+0+5+0+34+296+4+76+8)=25$(개)이므로 전북지역의 도서 수는 $78+25=103$(개)이다.

• 가로 ㉣ : 전국 도서 수의 총합은 $490+3,012=3,502$(개)이다.

• 세로 ㉠ : 도서 인구밀도$=\dfrac{도서\ 인구}{도서\ 면적}$이므로 도서인구= 도서 인구밀도×도서 면적이다. 따라서 부산지역의 도서 인구는 $3,613.8\times41.90=151,418.22$(명), 즉 약 1,514백 명이다.

• 세로 ㉢ : 충남지역의 도서당 평균 면적은 $\dfrac{164.26}{255}$ ≒0.6442(km²)이다.

즉, A=4, B=3, C=4, D=5이므로 A×B-C+D=4×3-4+5=13이다.

26 도표분석능력 | 자료의 수치 분석하기

| 정답 | ③

| 해설 | ㄴ. 전체 매출 중 동민이가 차지하는 비중은 $40\times0.25=10$(%)로 10% 이상이다.

ㄹ. 전체 매출 중 성수가 차지하는 비중은 $40\times0.4=16$(%)로 13%인 대구보다 많다.

| 오답풀이 |

ㄱ. 전체 매출 중 광현이가 차지하는 비중은 $40\times0.35=14$(%)로 13% 이상이다.

ㄷ. 전체 매출 중 광현이와 동민이가 차지하는 비중은 $40\times(0.35+0.25)=24$(%)로 대구와 대전의 매출 비중 합인 $13+11=24$(%)와 같다.

27 도표분석능력 | 자료를 바탕으로 수치 계산하기

| 정답 | ①

| 해설 | 전년 대비 혼인건수의 변화를 구하면 다음과 같다.

• 20X2년 : $312-330=-18$(백 건)
• 20X3년 : $328-312=16$(백 건)
• 20X4년 : $333-328=5$(백 건)
• 20X5년 : $329-333=-4$(백 건)
• 20X6년 : $323-329=-6$(백 건)
• 20X7년 : $308-323=-15$(백 건)

따라서 전년 대비 혼인건수의 변화가 가장 큰 해는 20X2년이다.

28 도표분석능력 | 자료의 수치 분석하기

| 정답 | ③

| 해설 | 현재 전체 전기차 등록 수 대비 제주의 전기차 등록 수의 비는 $\dfrac{7,244}{13,680}\times100$ ≒ 53(%)이다.

| 오답풀이 |

① 경기와 대구의 전기차 등록 수의 합은 $1,162+1,125=2,287$(대)로 서울의 전기차 등록 수인 2,327대보다 적다.

② 대구의 전기차 등록 수는 1,125대로 부산의 전기차 등록 수인 478대의 $\dfrac{1,125}{478}$ ≒ 2.4(배)이다.

1회 기출예상 2회 기출예상 3회 기출예상 4회 기출예상 5회 기출예상 6회 기출예상

④ 전기차 등록 수가 1,000대가 안 되는 지역은 경남, 전남, 부산으로 이 지역의 평균 전기차 등록 수는 $\frac{743+601+478}{3} ≒ 607$(대)이다.

29 도표분석능력 자료를 바탕으로 수치 계산하기

| 정답 | ④

| 해설 | • 전년도 대비 20X5년도 전기차 등록 증가율

$$\frac{6,105-2,776}{2,776} \times 100 ≒ 120(\%)$$

• 전년도 대비 20X3년도 전기차 등록 증가율

$$\frac{1,505-860}{860} \times 100 = 75(\%)$$

따라서 차이는 $120-75=45$(%p)이다.

30 도표작성능력 표를 그래프로 변환하기

| 정답 | ④

| 해설 | • 20X7년의 전년 대비 이송건수 증가율 :

$$\frac{1,748-1,707}{1,707} \times 100 ≒ 2.4(\%)$$

• 20X8년의 전년 대비 이송건수 증가율 :

$$\frac{1,777-1,748}{1,748} \times 100 ≒ 1.7(\%)$$

31 도표분석능력 조건별 포인트 정산하기

| 정답 | ③

| 해설 | 봄이네의 포인트를 계산하면 다음과 같다.

• 수도 : $10m^3$ 절약해서 이산화탄소 $10 \times 300 = 3,000$(g) 감소

• 전기 : 50kWh 절약해서 이산화탄소 $50 \times 400 = 20,000$(g) 감소

• 도시가스 : $10m^3$ 절약해서 이산화탄소 $10 \times 3,000 = 30,000$(g) 감소

따라서 이산화탄소를 총 53,000g 감소시켰으므로 5,300 포인트를 획득하며, 이를 환산하면 $5,300 \times 3 = 15,900$(원)이 된다.

32 도표작성능력 자료를 그래프로 변환하기

| 정답 | ②

| 해설 | 러시아의 2019년 동물 백신류 수입액 증가율은 25.39%였다. 따라서 2018 ~ 2019년 동물 백신류 수입액 중 2019년 수입액이 $\frac{1.2539}{1.2539+1} \times 100 ≒ 55.63$(%)의 비중을 차지하며 그래프는 이와 부합한다.

| 오답풀이 |

① 수입액 상위 5개국에 한국은 포함되지 않는다.

③ 한국의 백신류 수입액에 관해서는 주어진 자료를 통해 알 수 없다. 자료의 수입액은 러시아의 수입액을 의미함에 유의한다.

④ 자료에는 동물의약품 수입 증가율에 관한 사항만 언급되어 있다. 따라서 러시아의 백신류 전체 수입액 증가율과 한국 백신류 수입액 증가율은 알 수 없다.

33 도표분석능력 자료의 수치 분석하기

| 정답 | ③

| 해설 | '그렇다'라고 답한 응답자 비율이 가장 낮은 직업은 사무종사자이고, 가장 높은 직업은 기능원 및 관련기능종사자이다. 사무종사자 중 '그렇다'라고 답한 응답자 수는 $9,496 \times 0.083 ≒ 788$(명)이고, 기능원 및 관련기능종사자 중 '그렇다'라고 답한 응답자 수는 $4,870 \times 0.629 ≒ 3,063$(명)이다. 따라서 응답자 수의 차이는 약 2,275명으로 2,600명보다 적다.

| 오답풀이 |

① 전체 응답자 수는 $7,709+2,998+37,132+2,162+204=50,205$(명)이다.

④ 서비스종사자 중 '그렇다'라고 답한 응답자는 $6,020 \times 0.296 ≒ 1,782$(명), '아니다'라고 답한 응답자는 $6,020 \times 0.703 ≒ 4,232$(명)이다.

34 도표분석능력 자료를 바탕으로 수치 계산하기

| 정답 | ①

| 해설 | ㉠ 단순노무종사자 4,653명이 모두 임금근로자로 분류된다고 가정하면 긍정 응답을 한 임금근로자의 수는 $37,132 \times 0.287 ≒ 10,657$(명)이고, 이 중 단순노무종

사자의 수는 $4,653 \times 0.447 = 2,080$(명)이다. 따라서 긍정 응답을 한 임금근로자 중 단순노무종사자의 비율은 $\frac{2,080}{10,657} \times 100 = 20$(%)이다.

ⓛ 서비스종사자 중 긍정 응답을 한 응답자는 $6,020 \times 0.296 = 1,782$(명), 판매종사자 중 긍정 응답을 한 응답자는 $6,623 \times 0.091 = 603$(명)이다. 따라서 두 직업에서 긍정 응답을 한 응답자는 약 $1,782 + 603 = 2,385$(명)이고, 비율은 $\frac{2,385}{6,020 + 6,623} \times 100 = 19$(%)이다.

ⓒ 무급가족종사자의 50%인 1,081명이 모두 사무종사자로 분류된다고 가정하자. 이때, 무급가족종사자 전체 중 부정 응답 비율이 50% 이상이므로, 사무종사자로 분류된 무급가족종사자 모두가 부정 응답을 한 경우 사무종사자 중 부정 응답을 한 무급가족종사자의 비율이 최대가 된다. 따라서 비율의 최댓값은 $\frac{1,081}{9,496} \times 100 = 11$(%)이다.

따라서 ㄱ=20, ㄴ=19, ㄷ=11이므로 ㄱ > ㄴ > ㄷ이다.

35 도표분석능력 자료를 바탕으로 수치 계산하기

| 정답 | ④

| 해설 | A는 본인부담의료비가 100만 원 이하이므로 지원 대상에서 제외되고, B는 소득액이 200만 원으로 소득구간은 50% 초과 70% 이하에 해당하는데 건강보험료(직장)가 72,130원 초과이므로 지원 대상에서 제외된다. C, D는 건강보험료 기준을 충족하고 본인부담의료비가 의료비 부담 수준을 모두 초과한다. C, D의 재난적 의료비 지원금액을 계산하면 다음과 같다.

구분	소득구간	지원금액
C	85% 초과 100% 이하	$(450-10) \times 0.5 = 220$ (만 원)
D	85% 초과 100% 이하	$(550-60) \times 0.5 = 245$ (만 원)

따라서 재난적 의료비 지원금액이 가장 많은 사람은 D이다.

36 도표분석능력 자료를 바탕으로 수치 계산하기

| 정답 | ③

| 해설 | 본인부담의료비에서 외부 지원금을 제한 금액의 50%를 재난적 의료비로 지원해주는 것이므로 최종적으로 본인이 부담해야 하는 의료비는 재난적 의료비 지원금액과 동일하다. 따라서 앞 문항에서 확인하였듯이 D가 최종적으로 부담해야 하는 의료비는 재난적 의료비 지원금액인 245만 원이다.

37 도표분석능력 자료의 수치 분석하기

| 정답 | ②

| 해설 | A. 〈PB 제품 개선 필요사항〉에서 두 번째로 많은 53.6%가 PB 제품의 제조업체에 대한 신뢰감 제고가 필요하다고 응답하였다.

D. 〈PB 제품 개선 필요사항〉을 보면 품질은 PB 제품 개선 필요 부분에서 64.7%로 1위이다. 또한 〈PB 제품에 대한 소비자 인식 평가〉를 보면 품질 부분에서 고객들이 기존 브랜드를 가장 선호하는 것을 확인할 수 있다.

| 오답풀이 |

B. 〈PB 제품 개선 필요사항〉을 보면, 좀 더 다양한 유통채널을 필요로 한다는 의견이 28.6%로 유통채널의 편중은 지양되어야 한다.

C. PB 제품이 기존 브랜드에 비해 경제성 측면에서 선호되지만 여전히 가격이 현재보다 개선될 필요가 있다고 대답한 응답자 비율은 49.5%이다.

38 도표작성능력 자료를 그래프로 변환하기

| 정답 | ①

| 해설 | PB 제품 구매 현황을 보면, 연령대별 대형할인마트 구매 비율은 20대 77%, 30대 81.2%, 40대 91.4%, 50대 85.5%이다. 그런데 가로막대 그래프를 보면 30대(81.2% → 70%)와 50대(85.5% → 50%)의 수치가 잘못 표현되어 있는 것을 확인할 수 있다.

39 도표분석능력 **자료의 수치 분석하기**

|정답| ②

|해설| ㉠ X 기업의 7개 국가에 대한 석유제품 수출량은 $520+350+560+225+200+155+100=2,110$(톤)이고, 수출량 상위 3개 국가는 B, C, D국으로 이들 국가에 대한 수출량의 합은 $520+350+560=1,430$(톤)이다. 이는 전체 수출량 합의 $\frac{1,430}{2,110}\times100\fallingdotseq67.77$(%)이다.

㉣ E국에 대한 수출량은 X 기업이 225톤, Y 기업이 450톤으로 Y 기업이 더 많다. 이 추세가 지속된다면 E국에서 Y 기업의 향후 석유제품 수출량이 상대적으로 우위를 점하게 될 것이라고 예상할 수 있다.

|오답풀이|

㉡ 제시된 자료에는 석유제품의 수출량이 몇 톤인지에 대한 정보만 나타나 있으므로 금액에 대해서는 알 수 없다.

㉢ Y 기업의 7개 국가에 대한 석유제품 수출량은 $180+220+300+450+280+120+50=1,600$(톤)으로 X 기업에 비해 $2,110-1,600=510$(톤) 적고, 수출량 상위 3개 국가에 대한 수출량 합도 $300+450+280=1,030$(톤)으로 X 기업에 비해 적다.

40 도표작성능력 **자료를 그래프로 변환하기**

|정답| ④

|해설| X 기업이 Y 기업보다 석유제품 수출량의 우위를 점하고 있는 국가는 C, D, G, H국이다. 이 국가들의 수출량 점유 비율을 구하면 다음과 같다.

• C국 : $\frac{350}{350+220}\times100\fallingdotseq61.4$(%)

• D국 : $\frac{560}{560+300}\times100\fallingdotseq65.1$(%)

• G국 : $\frac{155}{155+120}\times100\fallingdotseq56.4$(%)

• H국 : $\frac{100}{100+50}\times100\fallingdotseq66.7$(%)

따라서 옳게 나타낸 그래프는 ④이다.

41 문제처리능력 **지침 이해하기**

|정답| ③

|해설| 전날 18시 이후로 쓰레기를 문 앞에 내놓는 행위는 가능하므로 토요일 밤 10시에 쓰레기를 문 앞에 내놓고 일요일 오후 3시에 갖다버린 행위는 적절하다.

|오답풀이|

① 부탄가스는 구명을 뚫은 후 배출해야 한다.

② 냉장고를 무상으로 버리기 위해서는 폐가전제품 배출예약시스템에 문의해야 한다.

④ 러닝머신을 제외한 운동기구는 무상수거가 불가하므로 덤벨은 무상수거가 되지 않는다.

42 문제처리능력 **보기를 바탕으로 추론하기**

|정답| ②

|해설| 〈정보〉를 보았을 때 사원번호는 다음과 같은 규칙을 갖는다.

S	09	001
팀	입사년도	부여받은 번호

이에 따라 추론하면 가장 최근에 입사한 직원이 홍보팀 문 사원이고 문 사원은 2020년에 입사한 것을 알 수 있다. 가장 최근에 입사한 직원이 총 4명인데 홍보팀의 문 사원 1명, 재무팀의 권 사원과 다른 직원 2명(사원번호는 순차적으로 부여받으므로 7번을 받은 직원은 권 사원과 입사동기여야 한다)이다. 영업팀은 8명이지만 직원 명단에는 2명이 빠져있다. 그 중에 1명은 2020년에 입사한 직원 중 남은 1명이므로 사원번호는 순서에 따라 S20008을 부여받는다.

|오답풀이|

① 직원 명단이 직급순으로 나열되어 있으므로 영업팀의 사원은 전체 8명 중 보이지 않는 직원 2명을 포함하여 총 5명이고 이와 마찬가지로 재무팀의 사원은 4명이다. 홍보팀의 사원 수는 보이는 것과 같이 3명이다. 따라서 사원이 가장 많은 팀은 영업팀이다.

③ 2018년에 입사한 직원은 영업팀 민◇◇ 사원, 재무팀 이◇◇ 사원, 홍보팀 정◇◇사원이다.

④ 세 번째와 네 번째 〈보기〉를 바탕으로 남은 직원의 사원번호는 F20007이라는 것을 알 수 있다.

43 문제처리능력 예약 현황 파악하기

| 정답 | ④

| 해설 | 〈회의실 예약 조건〉에 따라 회의에 참여할 수 있는 요일을 나타내면 다음과 같다.

	월	화	수	목	금
김 부장	재택근무	○	○	휴가	○
유 과장	휴가	휴가	휴가	○	○
이 대리	○	○	○	○	○
박 대리	○	출장	출장	출장	출장
최 사원	○	○	출장	출장	○

〈회의실 예약 현황〉을 참고하여 예약할 수 있는 요일과 시간대를 나타내면 다음과 같다.

	월	화	수	목	금
9:00~10:00		///		///	
10:00~11:00		///		///	
11:00~12:00		///		///	
점심 시간					
14:00~15:00	///				///
15:00~16:00	///				///
16:00~17:00	///				///
17:00~18:00	///				///

회의 시간은 끊이지 않고 3시간으로 진행하여야 한다는 조건에 따라 월요일 오전과 수요일 오후, 목요일 오후, 금요일 오전 시간대에 회의실을 예약할 수 있다. 하지만 수요일 오후와 목요일 오후에 회의에 참여할 수 있는 사람이 2명이므로 회의를 진행할 수 없다. 월요일 오전과 금요일 오전 가운데 가장 많은 인원이 참여할 수 있는 요일은 금요일이므로 금요일 오전(09 : 00 ~ 12 : 00)에 회의실을 예약할 수 있다.

44 문제처리능력 매뉴얼 파악하기

| 정답 | ④

| 해설 | 주민에 대한 보호조치는 '적색비상'이 발령된 경우에 해당하는 대응 조치로, 안전상태로의 복구기능이 저하되어 원자력 시설의 주요 안전기능에 큰 손상이 추가적으로 발생한 상태인 '청색비상'에는 해당하지 않는다.

| 오답풀이 |
③ '청색비상' 시 백색비상 대응조치를 수행하므로 원자력 사업자 비상대응 시설을 운영할 수 있다.

45 문제처리능력 운임 비용 구하기

| 정답 | ②

| 해설 | 두 사람의 대화를 통해 S 과장의 출장 일정을 유추해 보면, 화요일에 김포공항에서 울산으로 비행기를 타고 가서 공장을 방문한 다음, 화요일 밤에 심야 노선으로 광주에 도착하여 수요일에 거래처 직원을 만나 업무를 본 뒤에, 저녁 비행기로 김포공항으로 돌아오는 일정이다.

이에 운임 비용을 계산해 보면, 김포－울산 비행기 비용은 화요일이라 할인 운임이 적용되어 69,000원인데, 부가세 10%를 포함해야 하므로 75,900원이 되고, 울산－광주 고속버스 비용은 밤 11시 40분의 심야 노선으로 23,200원, 광주－김포 비행기 비용은 마찬가지로 할인 운임 61,000원에 부가세를 포함한 67,100원이 된다. 따라서 이를 모두 합한 총 운임 비용은 75,900＋23,200＋67,100＝166,200(원)이다.

46 문제처리능력 문제해결의 관점 이해하기

| 정답 | ④

| 해설 | (다)에서는 유튜브의 유행 주기가 짧다는 문제점에, 인기 주제로 촬영을 했을 경우 영상을 바로 올려야 한다는 답변을 제시하여 '시기'가 중요하다는 것을 말하고 있다.

| 오답풀이 |
③ 영상에 붙이는 광고에 대해 이야기하고 있으므로 '시청자 유인 요인'에 대해 말한다고 보기 어렵다.

47 문제처리능력 업체별 할인율 구하기

| 정답 | ④

| 해설 | 모든 업체에서 구매해야 할 품목과 개수가 같으므로 할인율이 가장 높은 업체는 총 금액이 가장 저렴한 업체일 것이다. 이를 통해 업체별 총금액을 산정해보면 다음과 같다.

A : 76,950+90,000+36,000=202,950원

B : 90,000+76,000+36,000=202,000원

C : 72,000+90,000+38,000=200,000원

D : 80,000+88,000+31,000=199,000원

따라서, D 업체의 전체 할인율이 가장 높다.

48 문제처리능력 할인 조건 파악하기

| 정답 | ②

| 해설 | B 업체의 총금액은 202,000원, 가장 할인율이 큰 D 업체의 총금액은 199,000원이다. 따라서 B 업체의 총금액을 3,000원 이상을 감소시킬 조건이 필요하다.
〈품목별 권장소비자가격〉에서 USB의 단가가 가장 비싸므로 USB 4% 할인을 추가적으로 적용하면 기존 금액에서 3,600원 더 할인된 198,400원이 된다.

| 오답풀이 |

① 기존 금액에서 1,800원이 더 할인된다.

③ 기존 금액에서 2,400원이 더 할인된다.

④ 기존 금액에서 2,000원이 더 할인된다.

49 문제처리능력 자료를 적용하여 추론하기

| 정답 | ①

| 해설 | '산림공원 내 시설 확장' 계획을 보면 주차장, 도로 확장, 공용 편의시설, 건축물 시공이 가능해야 한다. 이 조건에 맞는 건설사는 병과 정이다. '한지체험박물관'의 조건에 맞는 건설사는 을, 병, 정이다. '도시외곽체육시설'의 수상스포츠 및 암벽장 시공이 가능한 건설사는 정이다. 따라서 참여하지 않는 건설사는 갑이다.

50 문제처리능력 우선순위 파악하기

| 정답 | ②

| 해설 | '산림공원 내 시설 확장'에 적절한 부지는 산림공원 내에 위치하는 것이 좋다. 또 동쪽에 있는 숲을 최대한 보존하기를 원하므로 동쪽에 대나무 숲이 있어야 한다. 따라서 B 부지가 가장 적절하다.

'한지체험박물관'은 산림공원 및 대나무 숲과 인접해야 하며 주민들이 쉽게 접근할 수 있도록 주거지역에 인접한 것이 좋다. 따라서 D 부지가 가장 적합하다.
'도시 외곽 체육시설'은 도시 외곽에 위치하며 수상 스포츠 시공을 필요로 하므로 강 등의 물이 가깝고 자연 암벽장을 시공할 수 있는 곳이어야 한다. 따라서 E 부지가 적합하다.
이를 정리하면 건설 계획에 우선순위가 가장 낮은 부지는 A, C 부지이다.

51 문제처리능력 일정 파악하기

| 정답 | ③

| 해설 | A, G, I, J, L 사업장은 모두 전 사원 담당이며, A, G 사업장을 오전에, I, J, L 사업장을 오후에 점검하면 된다. 따라서 가장 바르게 작성된 일정이다.

| 오답풀이 |

① E, K 사업장은 오후, B, C 사업장은 오전에 점검 가능하므로 적절하지 않다.

② G 사업장은 전 사원 담당이다.

④ F 사업장은 윤 사원 담당이다.

52 문제처리능력 출장 여비 계산하기

| 정답 | ③

| 해설 | 윤 사원은 D, F, H, M, N 사업장을 점검해야 한다.

사업장	점검 가능 시간대	비고
D	오후	4시 이후
F	오후	2시 이전
H	오후	3시 이전
M	오후	3시 이전
N	오후	

점검 가능 시간대를 벗어나지 않으면서 가장 짧은 경로로 안전실태 점검을 하는 방법은 다음과 같다.

구분	이동시간	점검 시간
본부 → H 사업장	오전 11시 40분 ~ 오후 12시	오후 12시 ~ 오후 12시 10분

H 사업장 → M 사업장	오후 12시 10분 ~ 오후 12시 30분	오후 12시 30분 ~ 오후 12시 40분
M 사업장 → N 사업장	오후 12시 40분 ~ 오후 1시	오후 1시 ~ 오후 1시 10분
N 사업장 → F 사업장 (N → I → F로 이동)	오후 1시 10분 ~ 오후 1시 50분	오후 1시 50분 ~ 오후 2시
F 사업장 → D 사업장	오후 3시 40분 이후에 20분간 이동	오후 4시 이후에 10분간 점검
D 사업장 → 본부	D 사업장 점검 후 20분간 이동	

따라서 윤 사원이 받게 될 출장 여비는 $7,000 + 140(\text{km}) \div 20(\text{km/L}) \times 1,500(\text{원/L}) = 17,500(\text{원})$이다.

53 문제처리능력 보험 상품 이해하기

| 정답 | ③

| 해설 | 동물등록증 인증 방식으로 가입된 경우가 아니라면, 동물병원 진료 당일 포함 3일 이내에 보험 가입된 반려견 또는 반려묘의 코 근접사진을 3장 촬영하여 GH 보험사에 제출하여야 한다.

| 오답풀이 |

① 장례비 지원은 월 24,000원의 유형 C에만 해당한다.

② 월 납입액 21,000원 상품은 모든 수술에 대하여 보험금을 지급하므로 반려묘도 슬개골 및 고관절 관련 질환 수술비를 보장받을 수 있으나 1회 최대 지급액은 1,500,000원이다.

④ 배상 책임은 보험 상품에 가입한 반려견 및 반려묘가 다른 동물 및 사람의 신체에 손해를 끼쳤을 경우에 지급된다.

54 문제처리능력 보험 금액 구하기

| 정답 | ④

| 해설 | 고객 갑은 3일간 통원치료로 매일 5만 원씩 지출하였고 이는 1일 15만 원 한도 범위 내에 해당된다. 이때 병원에서 부담한 비용의 한도금액 내에서 실비 지급이 원칙이므로 통원치료비에 해당되는 총 $50,000(\text{원}) \times 3(\text{일}) = 150,000(\text{원})$을 수령할 수 있다.

고객 을은 다른 반려견을 물어서 상해를 입혔으므로 배상 책임으로 1건당 800만 원 한도 내에서 보험금 수령이 가능하다. 이때 한도금액 내에서 병원에서 부담한 비용의 실비 지급이 원칙이므로 총 $200,000(\text{원}) + 300,000(\text{원}) = 500,000(\text{원})$을 수령할 수 있다.

55 문제처리능력 제품 보증기간 이해하기

| 정답 | ③

| 해설 | 에어컨의 보증기간은 2년이지만 기숙사의 경우 제품사용 빈도가 많은 장소이므로 보증기간이 절반으로 단축된다. 따라서 기숙사 복도에 놓은 구매한지 1년 2개월된 에어컨은 보증기간인 1년이 초과하였으므로 무상수리가 불가능하다.

| 오답풀이 |

① 선풍기의 보증기간은 2년이므로 무상수리가 가능하다.

② 냉장고의 보증기간은 1년으로 선박에 탑재하여 사용되는 경우 절반인 6개월로 단축되며 18주는 기간 이내이므로 무상수리가 가능하다.

④ TV의 보증기간은 1년으로 치킨전문점에서 사용하는 경우 절반인 6개월로 단축되며 5개월은 기간 이내이므로 무상수리가 가능하다.

56 문제처리능력 A/S 규정 이해하기

| 정답 | ①

| 해설 | 운송비 부담은 제품 초기불량일 경우에만 제외되며, 이외에는 운송비를 부담하여야 한다.

57 문제처리능력 A/S 비용 산출하기

| 정답 | ④

| 해설 | A/S가 필요한 항목을 정리하면 다음과 같다.

- 네트워크 연결 불량 : 20,000원
- 27인치 모니터 : 270,000원
- 하드디스크 기능점검 : 10,000원
- SSD 카드(250G) 추가 장착 : 50,000원

따라서 지불해야 할 A/S 비용은 350,000원이다.

1회 기출예상 2회 기출예상 3회 기출예상 4회 기출예상 5회 기출예상 6회 기출예상

58 문제처리능력 A/S 비용 산출하기

|정답| ③

|해설| A/S를 실시한 항목을 정리하면 다음과 같다.

- 메인보드 교체 : 10,000+85,000=95,000(원)
- 8G 메모리카드 교체 : 30,000원
- HDMI 선 교체 : 5,000원

따라서 청구해야 할 A/S 비용은 130,000원이다.

59 문제처리능력 분쟁 해결하기

|정답| ②

|해설| 〈비고〉에 따르면 품질보증기간 이내에 동일 하자에 대해 2회까지 수리하였으나 하자가 재발하는 경우에는 수리 불가능한 것으로 본다. 3.-2)에 의할 때 품질보증기간 이내에 수리 불가능한 문제가 발생하면 제품 교환 또는 구입가 환급만 가능하므로 무상수리는 적절하지 않다.

|오답풀이|

① 구입 후 1개월 이내에 정상적인 사용상태에서 하자가 발생하여 중요한 수리를 요하면 제품 교환 또는 무상수리가 가능하다.

③ 3.-6)에 해당하는 교환된 제품이 1개월 이내에 중요한 수리를 요하는 경우이므로 구입가 환급이 가능하다. 따라서 미준은 80만 원을 환불받을 수 있다.

④ 〈비고〉에서 제조사가 리퍼부품을 활용하여 수리한 경우, 수리한 날로부터 1년 이내에 소비자가 정상적으로 사용하는 과정에서 그 수리한 부분에 고장이 재발하면 무상으로 수리한다고 규정되어 있다.

60 문제처리능력 환급금액 구하기

|정답| ④

|해설| 라임이는 스마트폰을 2019년 1월 27일 구매했으므로 품질보증기간(1년)이 지났다는 것을 알 수 있다. 또한 라임이가 구매한 스마트폰의 부품보유기간은 제조월이 2017년 3월 31일이라는 것을 고려하여 2021년 3월 31일이라는 것을 알 수 있다. 라임이는 〈분쟁해결기준〉 5.-2)의 내용을 참고하여 2018년 2월 28일 이후 구매한 제품의 정액감가상각한 잔여 금액에 구입가의 10%를 가산하여 환급

받을 수 있다. 라임이의 스마트폰의 사용연수는 1년이고 내용연수는 3년이므로 감가상각비와 감각상각 잔여금은 〈비고〉의 공통에서 제시한 기준으로 구하면 다음과 같다.

- 감가상각비 $=\dfrac{1}{3} \times 72$(만 원)=24(만 원)
- 정액감가상각 잔여금=72(만 원)-24(만 원)=48(만 원)

라임이는 서비스 센터가 부품보유기간 이내에 수리용 부품을 보유하고 있지 않기 때문에 피해를 입고 있으므로 정액감가상각 잔여금액에 구입가의 10%인 7만 2천 원을 더한 55만 2천 원을 환급받을 수 있다.

3회 기출예상문제

문제 138쪽

01	②	02	④	03	③	04	④	05	②
06	④	07	④	08	①	09	③	10	②
11	③	12	②	13	①	14	③	15	④
16	④	17	④	18	④	19	②	20	①
21	①	22	①	23	④	24	③	25	④
26	②	27	④	28	④	29	③	30	④
31	④	32	④	33	②	34	③	35	③
36	①	37	④	38	②	39	①	40	④
41	③	42	②	43	①	44	②	45	③
46	④	47	④	48	④	49	②	50	④
51	②	52	④	53	④	54	③	55	③
56	①	57	③	58	④	59	④	60	③

01 문서이해능력 세부내용 이해하기

| 정답 | ②

| 해설 | 항공기의 날개와 지상의 거리가 먼 경우 대피 중 심한 부상을 입을 수 있으므로 대피계단이 날개를 벗어난 곳에 놓이는 것이 좋다.

| 오답풀이 |

① 상황에 따라 관제탑과 협력하여 항공기의 주파수가 변경되도록 요청할 수 있다.

③ 다른 곳으로 화재가 번질 수 있으므로 소방 요원은 우선 항공기 출입문을 열지 않고 육안으로 연기나 열을 점검한다.

④ 착륙 전에 승무원은 소방 요원에게 소방 활동과 관련된 정보를 주어야 한다.

02 문서이해능력 세부내용 이해하기

| 정답 | ④

| 해설 | 설문조사 결과 에너지 빈곤층에서는 에너지바우처 지원을 가장 선호하는 것으로 나타났으며, 에너지시민연대에서도 여름철 에너지복지제도에 대한 추가 정책이 필요함을 언급하고 있으므로 여름철 에너지바우처 지원 정책이 정부가 취해야 할 정책이다.

03 의사표현능력 고객 응대 시 적절한 의사표현하기

| 정답 | ③

| 해설 | 모든 확인 사항에 이상이 없을 경우, 과오납 환급금을 입금받을 계좌번호를 지정하여야 하며 사업장 계좌번호와는 무관하다.

04 문서이해능력 세부내용 이해하기

| 정답 | ④

| 해설 | 마지막 문단의 첫 번째 문장을 보면 '사물놀이에 대한 우려는 그것이 창조적 발전을 거듭하지 못한 채 타성에 젖어들고 있다는 측면에서도 제기된다.'고 나와 있다.

| 오답풀이 |

① 두 번째 문단에 '징·꽹과리의 쇳소리와 북·장구가 내는 가죽 소리의 절묘한 어울림을 통해 음양(陰陽) 조화의 원리를 구현했다.'고 나와 있다.

② 세 번째 문단을 보면 사물놀이는 춤과 발림, 소리가 한데 어우러지는 열린 마당에서 벗어나 무대에서의 '앉은 공연'을 선택하였으며, 이는 성공적이었음을 알 수 있다.

③ 네 번째 문단에 '사물놀이는 리듬악이라는 좁은 세계에 안착함으로써 풍물놀이 본래의 예술적 다양성과 생동성을 약화시켰다'고 나와 있다.

05 문서작성능력 글의 전개방식 파악하기

| 정답 | ②

| 해설 | 제시된 글에서 ②와 같은 전개방식을 찾아볼 수 없다.

| 오답풀이 |

① 1문단에서 한국 사회에서 발생하는 구체적인 사례를 들어 한국 가정 내 실태를 보여 주며 읽는 이로 하여금 집중력을 유발시키고 있다.

③ 2문단에서 수신, 제가, 치국, 평천하 등의 개념을 정의하여 설명하고 있다.

④ 4문단에서 '인성의 실현'이라는 최종적인 목표를 위한 과정을 순차적으로 설명하고 있다.

1회 기출예상 2회 기출예상 3회 기출예상 4회 기출예상 5회 기출예상 6회 기출예상

06 문서작성능력 올바른 개요 작성하기

| 정답 | ④

| 해설 | 마지막 문단에서 예약판매를 전혀 하지 않는 점포가 있으므로 점포가 직접 판매 촉진품의 종류를 선택하도록 하는 방식도 생각해 봐야 함을 제시하였다. 따라서 예약판매 신규적용 점포에 대해 예약구입자 특전 방식을 적용하는 것은 올바른 개요가 아니다.

| 오답풀이 |

① 1 ~ 4문단의 주제는 '판매 촉진의 종류'로 진열 장식품, 예약구입자 특전, 첫 회 구입자 특전을 소개하고 있다.

② 5문단에서 신제품 발매 시 따라 신장되는 구제품 전체의 매출에 대해 이야기하고 있으므로 올바른 개요이다.

③ 6문단에서 예약구입자 특전과 첫 회 구입자 특전의 선호 경향이 다르다는 것에 대해 이야기하고 있으므로 효과 비교는 올바른 개요이다.

07 문서이해능력 보고서 내용 이해하기

| 정답 | ④

| 해설 | 1문단에서 2013년 대비 2017년의 조현병 환자 수는 약 7%가 증가하였으며 이는 다른 정신 질환 환자 수가 늘어난 것에 비해 큰 수치로 늘어났음을 알 수 있으므로 미미한 차이라고 보기 어렵다. 따라서 2013년과 2017년 상황이 같다고 판단할 수 없다.

| 오답풀이 |

① 4문단의 '조현병은 조기에 진단해서 치료를 받으면 별다른 장애 없이 사회로 복귀가 가능한 질병이다.'라는 문장에서 유추할 수 있다.

② 4문단에 '조현병 환자들은 정상인에 비해 15년 정도 기대수명이 짧은 것으로 알려져 있으며 이로 인해 고령층에서 조현병 환자가 적은 것'이라고 제시되어 있다.

③ 2문단의 '조현병의 유병률은 지리, 문화적 차이와 관계 없이 전 세계적으로 인구의 1% 정도로 일정하게 나타나고 있으며'라는 문장에서 유추할 수 있다.

08 문서이해능력 세부내용 이해하기

| 정답 | ①

| 해설 | 추간판탈출증의 통증은 수핵의 수분 감소 및 신경근이 반응 등으로 시간의 경과에 따라 통증이 감소되는 생체적 특성이 있다.

| 오답풀이 |

② 요통이 수술 전 주된 증상일 경우 수술 요법을 시행해도 증상이 크게 호전되지 않는다고 언급되어 있다.

③ 급성 증상이 있는 경우 수술 전까지가 아닌 일주일이 넘지 않는 범위 내에서 절대 안정을 취하면 도움이 된다고 나와 있다.

④ 보조기를 장기간 착용할 경우 근육이 위축될 수 있음을 언급하고 있다.

09 문서이해능력 세부내용 이해하기

| 정답 | ③

| 해설 | 확진 환자와 접촉한 지 14일 넘게 지났고 해외 방문력이 있는 것이 아니며 의사의 소견에서 코로나19가 의심되는 것도 아니다. 따라서 코로나19 선제검사 제외 대상이 아니므로 관할 보건소 선별진료소가 아닌 서울시 시립병원 7개소 중 한 곳에서 검사를 받을 수 있다.

10 문서이해능력 글의 주장 파악하기

| 정답 | ②

| 해설 | 글쓴이는 지속성 있는 제품의 생산을 주장하고 있다. 그러나 1문단을 보면 재사용 과정이 까다롭고 어려운 제품은 꼭 필요한 경우에만 판매할 수 있도록 제한해야 한다고 하였다. 따라서 사람에게 꼭 필요한 음식이나 의약품도 생산을 금지해야 한다는 설명은 옳지 않다.

| 오답풀이 |

① 글쓴이는 오늘날 재활용은 원래의 가치보다 떨어지는 물건으로 활용되는 일이기 때문에 문제가 있다고 지적하고 있다.

③, ④ 일회용품을 줄이고 내구성 높은 물건을 생산해서 중고로 판매하거나 기부를 통해 돌려씀으로써 환경을 보존하자는 주장을 하고 있다.

11 문서이해능력 글의 내용에 맞는 사례 파악하기

| 정답 | ③

| 해설 | ㉮ 1문단에서 글쓴이는 재활용에는 뚜렷한 제약이 있으므로 플라스틱과 같은 제품은 금지되는 편이 맞다고 주장하였다.

㉯, ㉰ 3문단에서 완전한 재활용 사회를 만드는 첫걸음은 지속성 있는 제품을 생산하는 것이라고 하였다.

㉱ 4문단에서 신발 한 켤레가 다른 것보다 가격이 비싸다면 소액금융재단을 통해 구매 시에는 합리적 가격을 지불하고 이후 그 신발을 신는 동안 소액결제로 나머지 금액을 채우는 식으로 처리할 것을 주장하고 있다.

| 오답풀이 |

㉯ 1문단에서 글쓴이는 병이나 캔이 가치 있게 재활용되지 않는다고 언급하며 재활용보다는 생산을 금지하거나 줄일 것을 주장하고 있다.

12 문서이해능력 글의 주제 파악하기

| 정답 | ②

| 해설 | 자료는 장애인 거주시설에서 의사표현이 어려운 지적장애인에게 응급상황이 발생했으나 미흡한 응급조치로 인해 피해자가 다음날 사망에 이른 사건에 대해 서술하고 있다. 따라서 글의 주제는 장애인 거주 시설에 응급상황 발생 시의 체계화된 응급체계가 마련되어야 한다는 것이 가장 적절하다.

13 문서작성능력 문맥에 맞게 문장 재배열하기

| 정답 | ①

| 해설 | 피해자의 사망 당일 일어난 사실 관계를 시간의 흐름에 따라 ㉢-㉣-㉠으로 설명한 후 그에 따른 피진정시설의 판단 과정을 ㉡에서 요약하고 있다. 따라서 이에 맞는 순서는 ㉢-㉣-㉠-㉡이다.

14 문서이해능력 세부내용 이해하기

| 정답 | ③

| 해설 | 5문단에서 "BBA는 □□공사에 대해, 열악한 조건을 극복하고 공정추진을 원활히 이끌고 있는 점을 높이 평

가했다."를 통해서 알 수 있다.

| 오답풀이 |

① 시공은 차이나 메이저브릿지와 시노하이드로가 담당한다.

② □□공사에서 사업제안서를 제출하면 협상이 본격적으로 진행되어 빠르면 올해 말 계약 체결이 가능할 것으로 보인다고 하였다.

④ 영업소 요금징수, 도로·구조물 유지보수, 순찰 및 재난관리 등 파드마대교 운영·유지관리에 대한 업무는 약 1천억 원 규모의 사업이다.

15 문서이해능력 보도자료의 목적 파악하기

| 정답 | ④

| 해설 | 1문단에서 □□공사는 방글라데시 교량청과 양해각서(MOU)를 체결했으며 협약의 내용을 밝히고 있고, 2문단 말미에 "협상이 본격적으로 진행되어 빠르면 올해 말 계약 체결이 가능할 것으로 보인다."를 통해서 아직 정식 계약이 이루어 지지 않았다는 것을 알 수 있다.

따라서 보도자료의 배포 목적은 정식 계약을 맺기 전 타결된 사전협약의 내용을 알리기 위함이다.

16 경청능력 올바른 사례 찾기

| 정답 | ④

| 해설 | 본문에 따르면 '공감적 듣기'는 귀와 눈 그리고 마음으로 듣는 자세다. 강 대리는 신입사원의 얘기를 들으며 마음으로 함께 공감해주고 있으므로 '공감적 듣기'의 사례로 가장 적절하다.

17 문서작성능력 문단 배열하기

| 정답 | ④

| 해설 | 첫 문장을 고려했을 때 앞에는 대화가 원활히 이뤄지지 않는 상황이 제시되어야 한다. (라)를 보면 앞 문단에는 남의 말을 듣기보다 자신의 말을 하는 데 주력하여 대화가 원활히 이뤄지지 않는 경우가 제시되어 있고, 뒷 문단에는 '이러한 것' 즉 제시된 문단에서 언급된 '공감적 듣기'의 장점을 알면서도 하지 않는 경우에 대해 말하고 있다. 따라서 문맥상 (라)에 들어가는 것이 가장 적절하다.

1회 기출예상 2회 기출예상 3회 기출예상 4회 기출예상 5회 기출예상 6회 기출예상

18 문서이해능력 일치하지 않는 내용 찾기

| 정답 | ④

| 해설 | 우리나라의 대학 도서관에서는 DDC를 많이 쓰고, 한글로 된 책이 많은 공공도서관에서는 DDC를 우리나라의 특징에 맞게 고친 한국 십진분류법(KDC)을 사용한다.

19 문서이해능력 적합하지 않은 내용 파악하기

| 정답 | ②

| 해설 | (ㄴ)의 앞부분은 세계에서 가장 널리 쓰이는 책 분류 방법인 DDC에 대해 설명하고 있으며, (ㄴ)은 미국에서 가장 많이 쓰이는 책 분류법인 LDC 방법에 대해 말하고 있다. 그러므로 이어지는 문장에는 이에 대한 설명이 나와야 한다. 그러나 (ㄴ) 뒤에 이어지는 문장에는 DDC 방법을 우리나라 특징에 맞게 고친 KDC 방법에 관한 내용이 서술되고 있다. 따라서 (ㄴ)은 해당 위치에 적합하지 않은 문장이다.

20 문서이해능력 문맥상의 의미 파악하기

| 정답 | ①

| 해설 | 제시문의 밑줄 친 ⓐ의 '난다'와 ①의 '나다'는 '어떤 작용에 따른 효과, 결과 따위의 현상이 이루어져 나타나다'의 의미이다.

| 오답풀이 |

② '이름이나 소문 따위가 알려지다'는 의미이다.

③ '철이나 기간을 보내다'의 뜻을 나타낸다.

④ '길, 통로, 창문 등이 생기다'는 의미이다.

21 도표분석능력 자료의 수치 분석하기

| 정답 | ①

| 해설 | 2020년의 태양열에너지 공급량은 2019년에 비하여 감소하였다.

| 오답풀이 |

② 자료에 제시된 전체 신재생에너지의 공급량은 2018년부터 순서대로 9,543.1toe, 11,092.5toe, 13,015toe이다. 따라서 매년 신재생에너지의 전체 공급량은 증가하였다.

22 도표분석능력 자료의 수치 분석하기

| 정답 | ①

| 해설 | ㄱ. 중형차를 보유하고 있는 직원은 350×0.34＝119(명)이므로 100명 이상이다.

| 오답풀이 |

ㄴ. 소형차를 보유하고 있는 직원은 350×0.5=175(명)이므로 총 교통비용은 175×30=5,250(만 원)이다.

ㄷ. 집단별로 총 교통비용을 구하면 다음과 같다.

- 소형차 : 350×0.5×30=5,250(만 원)
- 중형차 : 350×0.34×45=5,355(만 원)
- 대형차 : 350×0.16×55=3,080(만 원)

따라서 차량의 크기가 큰 집단일수록 총 교통비용 또한 많은 것은 아니다.

23 도표분석능력 자료의 수치 분석하기

| 정답 | ④

| 해설 | 20X9년 2분기 다중채무자이면서 저신용이고 저소득인 차주(C)의 대출규모는 12.8조 원이고, 취약차주(A+B+C)의 대출규모는 85.1조 원이다. 85.1×0.14≒11.9이므로 14% 이상임을 알 수 있다.

| 오답풀이 |

② 20X0 ~ 20X7년은 금융위기 이후를 의미하며 〈주요국 가계부채 증가속도〉에 따르면 한국의 격차는 3.1, OECD 평균 격차는 0.4이므로 7배 이상이다.

③ 다중채무자이면서 저신용 차주(A)의 대출규모는 20X5 ~ 20X8년에 지속적으로 감소하고 있다.

24 도표분석능력 자료의 수치 분석하기

| 정답 | ③

| 해설 | ㉠ 그래프에 제시된 국가 중 2019년 모든 분기에서 인도산 쌀의 가격이 가장 낮다.

㉢ 2020년 1월 국내산 쌀은 중국산 쌀과 품종과 등급이 동일하지만 가격은 더 높다. 따라서 국내산 쌀의 수출 경쟁력을 높이기 위해서는 이외의 다른 강점을 부각해야 한다.

| 오답풀이 |

ⓒ 2020년의 쌀 수출 및 생산량을 유추할 근거는 제시되지 않았다.

ⓒ 태국의 2018년 쌀 가격이 보합세를 유지하다 2019년 4월 이후 약보합세(가격 감소 후 유지)를 하였다고 제시되어 있으므로, 2019년 1분기 태국의 쌀 가격은 일시적인 변동이 아닌 2018년부터 유지되어 온 가격으로 유추할 수 있다.

ⓔ 2020년 인도 정부가 쌀 생산량을 늘리기 위해 태국과 MOU를 체결할 근거는 제시되지 않았다.

25 도표분석능력 그래프 해석하기

| 정답 | ④

| 해설 | 같은 수의 국공립대학, 사립대학, 정부출연기관, 기타 공공연구기관을 대상으로 조사한 것이므로 건수가 많은 기관의 비율이 가장 높다. 따라서 특허권을 10 ~ 20건 등록한 기관 중 비율이 가장 높은 것은 정부출연기관이다.

| 오답풀이 |

① 국공립대학은 특허권을 2건 미만 등록한 대학의 비율이 가장 높다.

② 사립대학은 특허권을 2 ~ 4건 등록한 대학의 비율이 가장 높다.

③ 정부출연기관은 특허권을 20 ~ 50건 등록한 기관의 비율이 가장 높다.

26 도표분석능력 그래프 해석하기

| 정답 | ②

| 해설 | 2월 9일과 2월 11일 사이에 완치자는 3명에서 4명으로 1명 늘어났는데 치료 중인 환자 수는 동일하므로 1명의 추가 확진자가 발생했음을 알 수 있다.

| 오답풀이 |

① 2월 12일에 치료 중인 환자 수는 21명, 누적 완치자 수는 7명이므로 2월 12일까지 총 28명의 환자가 발생했음을 알 수 있다.

④ 2월 11일에 치료 중인 환자 수는 24명, 누적 완치자 수는 4명으로 누적 확진자 수는 24+4=28(명)이다. 다음날인 2월 12일에는 완치자가 3명 증가하고 환자 수는 3명 감소했으므로 추가로 확진자가 발생하지 않았다.

27 도표작성능력 자료를 그래프로 변환하기

| 정답 | ④

| 해설 | 2017년에 비해 2018년과 2019년의 그래프가 더 낮게 작성되어야 하며, 2020년에 발전용으로 소비된 무연탄은 1,917천 톤이므로, 2,000천 톤 아래로 그래프를 작성해야 한다.

| 오답풀이 |

② 2019년에 소비된 무연탄의 총량은 2,424+1,833=4,257(천 톤)이므로, 연탄용으로 $\frac{2,424}{4,257} \times 100 ≒ 56.9$ (%), 발전용으로 $\frac{1,833}{4,257} \times 100 ≒ 43.1$ (%) 사용되었다.

③ 전년 대비 정부 비축량은 2018년에는 1,142-1,308=-166(천 톤), 2019년에는 1,080-1,142=-62(천 톤), 2020년에는 924-1,080=-156(천 톤) 변화하였다.

28 도표작성능력 자료를 그래프로 변환하기

| 정답 | ④

| 해설 | 스킨케어 제품의 수입국 비중에 관한 내용은 제시문에 언급되어 있지 않다. 따라서 제시문과 관련된 그래프로 추가하기에 적절하지 않다.

| 오답풀이 |

① '네일아트 제품'을 보면 러시아의 네일아트 시장은 수입의존도가 74%라고 하였으므로 그래프는 옳게 작성되었다.

② '헤어 제품'을 보면 모발염색 제품 시장은 빠른 속도로 성장할 것으로 예상되고 있으므로 그래프는 옳게 작성되었다.

③ 자료의 서두에서 러시아 화장품 시장을 세분화한다면 스킨케어 제품이 19%, 향수가 18%, 색조화장품이 15%, 헤어 제품(헤어케어, 모발염색)이 15%, 샤워 제품이 9%, 바디케어 제품이 5%라고 하였으므로 그래프는 옳게 작성되었다.

29 도표분석능력 자료의 수치 분석하기

| 정답 | ③

| 해설 | 〈세부 용도별 변화 추이〉 자료를 보면 농림어업의 경우 전력 판매량이 매년 증가했음을 알 수 있다.

| 오답풀이 |

④ 서비스업이 6,237, 제조업이 6,155만큼 각각 증가하였으므로, 서비스업이 가장 큰 폭으로 증가하였다.

30 도표분석능력 자료의 수치 분석하기

| 정답 | ④

| 해설 | 우선 전체 전력 판매량의 전년 대비 증가율이 가장 높은 해는 20X8년이다. 세부 계산 없이 그래프를 통해서도 알 수 있다. 20X8년 전력 판매량의 세부용도별 전년대비 증가율은 다음과 같다.

• 가정용 : $\dfrac{70,687-66,517}{66,517}\times100 ≒ 6.3(\%)$

• 공공용 : $\dfrac{24,569-23,605}{23,605}\times100 ≒ 4.1(\%)$

• 서비스업 : $\dfrac{147,189-140,952}{140,952}\times100 ≒ 4.4(\%)$

• 농림어업 : $\dfrac{17,126-15,981}{15,981}\times100 ≒ 7.2(\%)$

따라서 20X8년 전년 대비 전력 판매량의 증가율이 가장 높은 세부용도는 농림어업이다.

31 도표분석능력 자료의 수치 분석하기

| 정답 | ④

| 해설 | 생활체육에 매일 참여하는 사람은 연령대가 높아질수록 참여율도 높아졌다.

| 오답풀이 |

① 70.5 → 71.1로 0.6%p 증가하였다.

② 규칙적으로 생활체육에 참여하는 59.2%의 국민 중 주 2 ~ 3회가 27.2%로 가장 많다.

③ 남자가 75.1%, 여자가 67.2%로 남자가 여자보다 7.9%p 높다.

32 도표작성능력 적절한 그래프 찾기

| 정답 | ④

| 해설 | 꺾은선형 그래프는 각 값들의 증가 또는 감소 등의 추이를 알아보기 위해 유용하게 사용되는 그래프이다. 그러나 10대의 생활체육 참여율은 한 주의 생활체육 횟수의 추이를 알아보기 위한 자료가 아니므로 적절하지 않다. 나머지 그래프 형태는 몇 회의 생활체육 횟수가 가장 많은지, 전체에서 차지하는 비중이 얼마나 되는지를 알아보기 위한 그래프 형태로 적절하다고 할 수 있다.

33 도표분석능력 특허 심사청구·처리 건수 분석하기

| 정답 | ②

| 해설 | 조사기간 동안 심사청구 특허 건수는 매년 증가하고 있으나 심사처리 특허 건수는 증가하다가 20X8년에 약간 감소하였다.

| 오답풀이 |

① 조사기간 동안 심사청구 특허 건수는 매년 증가하고 있다.

③ 심사처리 특허 건수와 심사처리 상표 건수 모두 증가하다가 20X8년에 약간 감소하고 있다.

④ 막대그래프의 크기를 비교해 보면 가장 많이 증가한 심사처리 사안은 심사처리 특허이다.

34 도표분석능력 손익분기점 매출액과 판매 수량 구하기

| 정답 | ③

| 해설 | • 손익분기점 매출액

$= \dfrac{67,500,000}{1-\dfrac{50,000}{100,000}} = \dfrac{6,750,000,000,000}{50,000}$

$= 135,000,000(원)$

• 손익분기점 판매 수량

$= \dfrac{67,500,000}{100,000-50,000} = \dfrac{67,500,000}{50,000} = 1,350(개)$

35 | 도표분석능력 | 목표 매출액 달성하기 위한 수량 구하기

|정답| ③

|해설| 34에서 계산한 값은 연 단위이므로 월 단위로 나눠 계산하면 월간 손익분기점 판매 수량은 112.5개이다. 이를 바탕으로 월간 목표 매출액 3천만 원을 달성하기 위한 수량을 구하면 30,000,000÷100,000＝300(개)를 판매해야 한다. 따라서 월간 손익분기점보다 188개를 더 판매해야 목표 매출액을 달성할 수 있다.

36 | 도표분석능력 | 자료를 바탕으로 수치 계산하기

|정답| ①

|해설| • 새 기계설비를 구매할 때의 비용(1년) :
20,000,000＋1,500,000＝21,500,000(원)

• 1년간 기계설비 임대비용 :
50,000×365＝18,250,000(원)

• 새 기계의 1일당 유지비용 : $\frac{1,500,000}{365}$ ≒ 4,110(원)

1년 동안은 새 기계설비를 구매할 경우에 기계설비를 임대할 때보다 3,250,000원의 비용이 더 들어간다. 새 기계설비를 구입하는 것이 임대 설비를 사용하는 것보다 비용 측면에서 유리해지는 시기를 구하면 다음과 같다.

$50,000x > 3,250,000 + 4,110x$

$45,890x > 3,250,000$

$x > 70.82\cdots$

따라서 1년으로부터 71일 뒤인 436일째부터 설비를 구입하는 것이 임대 설비를 사용하는 것보다 비용 측면에서 유리해진다.

37 | 도표분석능력 | 환율 계산하기

|정답| ④

|해설| 현재일 기준으로 전일 대비 중국 간 환율이 0.11원 떨어졌으므로 전일 매매기준율은 168.23＋0.11＝168.34(원)이 된다.

$$등락률 = \frac{변동\ 매매기준율 - 기준\ 매매기준율}{기준\ 매매기준율} \times 100$$

$$\therefore \frac{-0.11}{168.34} \times 100 = -0.0653 \cdots ≒ -0.07(\%)$$

38 | 도표분석능력 | 송금 금액 산출하기

|정답| ②

|해설| 우선 캐나다 달러를 원화로 환전하면, 350×866.19＝303,166.5(원)이다. 이 금액의 절반을 호주로 송금한다고 하였으므로, A로부터 C가 받게 될 금액은 151,583.25÷831.59≒182(달러)이다.

39 | 도표분석능력 | 자료의 수치 분석하기

|정답| ①

|해설| 목욕하기가 중증 장애인 54.5%, 경증 장애인 89.8%로 전체 동작 중 가장 낮은 완전자립도를 나타내고 있다.

|오답풀이|

② 중증 장애인의 완전자립도가 가장 높은 동작은 86.7%인 대변 조절하기이며, 체위 변경하기와 소변 조절하기는 모두 86.2%이다.

③ 경증 장애인은 세수나 양치질 동작에서 각각 부분도움이 필요한 사람이 1.7%, 1.5%인데, 식사하기 동작에서 부분도움이 필요한 사람은 2.2%로 더 높다.

④ 중증 장애인에게 부분도움이나 완전도움이 가장 필요한 동작은 31.2%와 14.2%를 나타내고 있는 목욕하기 동작이다.

40 | 도표분석능력 | 항목별 자료 분석하기

|정답| ③

|해설| 보호자나 간병인의 도움이 필요하다는 것은 부분도움, 완전도움에 속하는 경우를 의미한다. 즉, 보호자나 간병인의 도움이 필요한 중증 장애인의 비율은 부분도움과 완전도움의 비율을 합한 값이므로 완전자립의 비율이 높은 동작을 찾으면 된다. 따라서 도움이 필요한 중증 장애인의 비율이 가장 낮은 동작부터 나열하면 대변 조절하기(86.7%), 소변 조절하기(86.2%), 체위 변경하기(86.2%)이다.

41 문제처리능력 사이트 개편하기

| 정답 | ③

| 해설 | ⓒ B 부서의 의견에 따르면 GO-TV가 제공하고 있는 실시간 인기 영상을 '로그인/회원가입' 탭의 상단이 아니라 하단에 노출해야 한다.

| 오답풀이 |

㉠ A 부서의 의견에 따라 회사 로고는 페이지 좌측 상단에 배치하였다.

ⓛ B 부서의 의견에 따라 검색창 하단에 메일, 카페, 블로그, 지식 채널과 더불어 GO-TV를 배치하였다.

ⓔ D 부서의 의견에 따라 뉴스 탭에서 이용자들이 주로 선호하는 언론사를 상단에 위치할 수 있도록 '인기순 정렬' 기능을 추가하였다.

ⓜ E 부서의 의견에 따라 메인 페이지 하단에 정보성 게시글을 나타내었다.

42 문제처리능력 SWOT 분석 활용하기

| 정답 | ②

| 해설 | 경기침체 및 소득 양극화(T)로 인하여 저렴한 가격을 강조하는 것은 좋은 전략일 수 있으나, 동시에 일부 해외관광 산업이 위축(T)되고 있는 상황이므로 현재는 관광상품의 지역 불균형(W) 문제를 해결하기에 적절한 시기가 아니라고 볼 수 있다.

| 오답풀이 |

① 동북아 관광시장 개편 분위기가 조성되고 있으므로 (O) 국내·외 네트워크(S)를 활용하여 기회를 이용해야 한다.

③ 남북 화해 분위기(O)와 글로벌 관광마케팅 전문 인력 및 노하우(S)를 활용하여 외국인을 대상으로 국내 관광 홍보를 할 수 있다.

④ 개별 외국인 관광객이 증가하고 있으므로(O) 이들의 특성을 파악하여 상품을 개발할 수 있다.

43 문제처리능력 자료 활용하기

| 정답 | ①

| 해설 | 업체정보에 따라 점수를 확인하면 다음과 같다.

구분		A	B	C	D
기존 DB	기상정보 종류	6	10	6	3
	수집기간	4	7	15	1
관측기술		15	5	15	25
재난대응정책		10	5	20	10
관측정확도		35	20	5	20

2순위 업체가 기상정보정류를 늘린다 하더라도 6점이 오르기 때문에 순위 변동에 영향을 미치지 못한다.

44 문제처리능력 주의사항 이해하기

| 정답 | ②

| 해설 | 겨울철 전동제품 관리는 M 업체가 요구한 카테고리가 아니라 Q 사원이 별도로 작성한 부분이다.

| 오답풀이 |

③ 관리 및 유지보수 부분에 작성된 내용이다.

45 문제처리능력 채용공고 이해하기

| 정답 | ③

| 해설 | 4. 채용 시 우대제도에 따를 때, 비수도권 및 본사 이전지역 출신 인재는 1차전형(서류전형)에서 2% 또는 3%의 가점을 얻을 수 있으나 면접 단계에서 가점을 받을 수 있는 것은 아니다.

| 오답풀이 |

① 정규직 전환 대상직무 기간제 근로자는 채용절차에서 2020.4.12.로부터 3년 이내 지원 횟수제한 없이 가점을 받을 수 있다.

② 우대내용이 중복되는 경우 최상위 1개만 인정된다.

④ 2. 채용조건의 외국어 항목에 따라 고급자격증 보유자는 외국어성적 면제된다.

46 문제처리능력 채용공고 이해하기

| 정답 | ④

| 해설 | 금고 이상의 형 또는 선고유예 등을 선고받은 것이 아니라 단순히 학교폭력 징계로 전학처분을 받은 경우는

결격사유 규정에 제시되어 있지 않다. 따라서 결격사유가
아니다.

| 오답풀이 |

① 15호에 따라 집행유예기간이 경과한 경우에도 결격사유
에 해당한다.

② 8호에 따라 형이 확정된 후 2년이 지나지 않았기에 결
격사유에 해당한다.

③ 13호에 따라 채용 취소된 후 5년이 지나지 않았기에 결
격사유에 해당한다.

47 사고력 게임 규칙 이해하기

| 정답 | ④

| 해설 | 甲이 5시 32분에 기상하고 乙이 6시 4분에 기상한
다면 乙이 이기게 되므로 반드시 甲이 이긴다는 것은 옳지
않다.

| 오답풀이 |

① 甲이 5시 정각에 기상하면 합산된 수는 5로, 기상시간
에 따라 나올 수 있는 수 중 가장 작은 수이다. 따라서
반드시 지게 된다.

② 6시 59분은 기상시간에 따라 나올 수 있는 수 중 가장
큰 수이므로 乙이 6시 59분에 기상하면 반드시 이긴다.

③ 甲이 오전 5시 30분에 기상한다고 했으므로 합산한 수
는 8로 고정된다. 이때 乙의 기상시간 수의 합이 8보
다 적거나(오전 6시 정각 등) 동일할 경우(오전 6시 20
분 등) 甲이 이기게 된다. 만약 乙이 오전 6시 4분에
기상한다면 乙이 이기게 된다. 따라서 乙이 오전 6시
30분 전에 기상한다면 누가 이길지는 불분명하다.

48 문제처리능력 파견 인원 파악하기

| 정답 | ②

| 해설 | ㉠ 본부별 이동 인원은 영업본부, 회계본부, 지원본
부 각각 37명, 19명, 28명으로 영업본부가 가장 많다.

㉣ K 지점으로 파견을 간 총인원은 28명으로 지원본부에
서 이동한 직원 수와 같다.

㉭ J 지점으로 파견된 직원 중에서 회계본부 출신 직원이
차지하는 비율은 $\frac{5}{23} \times 100 ≒ 21.7(\%)$이므로 영업본

부 출신 파견 직원 중 J 지점으로 파견된 직원이 차지하
는 비율인 $\frac{10}{37} \times 100 ≒ 27(\%)$보다 적다.

| 오답풀이 |

㉡ 본부별 B 지점 인원 파견 비율은 영업본부, 회계본부,
지원본부 각각 약 40.5%, 42.1%, 35.7%로 회계본부
가 가장 높다.

㉢ 지점별 영업본부 출신 직원 비율은 K 지점, B 지점,
J 지점 각각 42.9%, 45.5%, 43.5%로 B 지점이 가장
높다.

㉤ B 지점으로 파견된 인원은 총 33명이고 전체 파견인원
은 28+33+23=84(명)으로 39.3%이다.

49 문제처리능력 회의 날짜 파악하기

| 정답 | ②

| 해설 | 2월 회의 안건별 가능한 회의 일자와 참여 부서를
분석하면 다음과 같다.

• 고객상담 대응 매뉴얼 수정 : 2월 8일 이전에 홍보부는
모두 참여 가능하나 영업부는 2월 1일 또는 2일에만 가능
하다. 또한 최소 세 개 이상의 부서가 참여해야 하는데,
재무부는 '사내 법인카드 사용내역 감사로 인하여 참여가
불가능하지만 기획부는 1일 또는 2일에 가능하다. 따라서
2월의 첫 부서회의는 1일 또는 2일에 진행되고 회의 참여
부서는 영업부, 홍보부, 기획부이다.

• 신제품 제조업체 선정 : 2월 1~2일 이후, 15일 이전 각
부서의 참여 가능일은 기획부는 3~7일과 14, 15일, 재
무부는 6~15일, 영업부는 9~15일이므로 필수 참여 부
서가 모두 참여할 수 있는 날짜는 14일 또는 15일이다.

• A사 제품 광고계약 : 2월 14~15일 이후 각 부서의 참여
가능일은 재무부는 16일, 21~23일, 홍보부는 17일, 20
~23일이므로 필수 참여 부서가 모두 참여할 수 있는 날
짜는 21일, 22일, 23일이다. 최소 세 개 이상의 부서가
참여해야 하는데 기획부가 해당 날짜에 참석이 모두 가능
하다. 따라서 2월의 세 번째 부서회의는 21일, 22일, 또
는 23일에 진행되고 회의 참여 부서는 재무부, 홍보부,
기획부이다.

따라서 부서회의가 열릴 수 없는 날은 2월 16일이다.

www.gosinet.co.kr gosinet

1회 기출예상

2회 기출예상

3회 기출예상

4회 기출예상

5회 기출예상

6회 기출예상

50 　문제처리능력 　알고리즘 파악하기

| 정답 | ②

| 해설 | 〈규칙〉을 보면 입력 받은 글자가 한글 코드인지 아스키 코드인지 구분한 후 코드에 맞는 데이터를 설정해야 한다고 하였으므로 ㉠은 적절함을 알 수 있다. 그 후 글자 수와 반복 횟수를 파악하여 같을 경우 한글은 2개의 데이터를, 아스키 코드는 1개의 데이터를 지운다고 하였으므로 ㉢도 적절하다. 하지만 글자 수와 반복 횟수가 다를 경우엔 처음 단계로 돌아간다고 하였는데, ㉡은 처음 단계인 한글 코드인지 아스키 코드인지를 구분하는 곳으로 돌아간 것이 아니라 아스키 코드로 돌아가고 있으므로 적절하지 않다.

51 　문제처리능력 　자료 분석으로 문제해결하기

| 정답 | ②

| 해설 | 수요일은 강의실 A의 세미나 수는 4개, 강의실 B의 세미나 수는 5개로 처음으로 강의실 B의 세미나 수가 더 많다.

52 　문제처리능력 　자료 분석으로 문제해결하기

| 정답 | ④

| 해설 | 목요일은 2시간 30분의 일정한 간격으로 세미나가 열린다.

53 　사고력 　과제 추론하기

| 정답 | ④

| 해설 | 일곱 번째 조건에 의해 1차 평가에서 1, 2점은 없고, 다섯 번째 조건에 의해 2차 평가에 1점은 없으며 2점은 1항목만 해당한다. 또한 여덟 번째 조건에 의해 2차 평가에 3점은 ◉를 포함한 2항목이 있으며 세 번째 조건에 의해 2차 평가에서 5점을 받은 항목은 판단력(나) 뿐이고 1차 평가에서는 책임감(마)을 포함한 2항목이므로 책임감(마), 판단력(나)임을 알 수 있다.

↑ 1차 평가 점수	5점	✕	✕			나
	4점	✕	A	◉	✕	✕
	3점	✕	B	✕	✕	✕
	2점	✕	✕	✕	✕	✕
	1점	✕	✕	✕	✕	✕
		1점	2점	3점	4점	5점

2차 평가점수 →

여섯 번째 조건에서 1차 점수가 2차 점수보다 높은 항목은 책임감(마), 기획 및 창의력(다), 대인관계(바)인데, 대인관계는 2차에서 유일한 2점이므로(다섯 번째 조건) A 또는 B에 해당한다. 기획 및 창의력은 2차 점수에서 3 또는 4점을 받고 1차에서는 2차보다 높은 4 또는 5점을 받아야하는데 1차에서 5점은 책임감과 판단력뿐이므로 4점을 받고 2차에서는 4점보다 낮은 3점을 받는다. 따라서 ◉에 들어갈 수 있는 항목은 기획 및 창의력이다.

54 　사고력 　점수의 합 산출하기

| 정답 | ③

| 해설 | 판단력(나)의 1차 평가점수는 5점으로 제시되어 있다. 54의 해설을 참고하면 대인관계는 A 또는 B에 위치하므로 두 번째 조건에 제시된 총합을 통해 구해야 한다. 1차 평가점수의 총합은 28점이며 대인관계를 제외한 나머지 항목의 1차 평가점수 총합은 24점이므로 대인관계 점수는 4점이 된다. 따라서 판단력과 대인관계의 1차 평가점수의 합은 9점이다.

55 　문제처리능력 　조건에 맞는 결과 찾기

| 정답 | ③

| 해설 | 먼저 세 번째 조건인 책상과 침대가 모두 있어야 한다는 조건은 2, 6, 14, 19번 모두 충족한다. 이 중에서 네 번째 조건인 부엌과 생활공간이 분리된 곳은 2, 14번 뿐이다. 마지막으로 2, 14번 중에서 여섯 번째 조건인 2층 이상의 방이라는 조건을 충족시키는 것은 14번이다.

56 문제처리능력 조건에 맞는 결과 찾기

| 정답 | ①

| 해설 | 두 번째 조건을 보면 매년 지급받는 정부 지원금 1,000만 원으로 거주할 수 있어야 한다고 하였으므로 보증금, 1년 월세, 관리비를 합한 금액이 1,000만 원이 넘지 않아야 한다. 5, 9, 17번이 이 조건에 충족된다. 부모님이 차량을 가지고 자주 방문하실 예정이라고 하였으므로 주차장을 확인해 보면 5, 9, 17번 모두 해당되며 따라서 지하철역이 가까운 방을 선택하면 가장 적합한 방은 5번이다.

57 문제처리능력 사회통합프로그램 이해하기

| 정답 | ③

| 해설 | 결혼이민자는 4 ~ 5단계를 면제받으며, 유학생은 6단계를 면제받는다. 따라서 사전평가에서 90점 이상을 받게 되면 사회통합프로그램 과정을 이수할 필요가 없으므로 유학생 기준을 선호할 것이다.

| 오답풀이 |

①, ②, ④ 해당 내용은 본문에 언급되어 있지 않다.

58 문제처리능력 교육시간 총합 구하기

| 정답 | ②

| 해설 | 결혼이민자 면제제도에 해당하는 사람은 B, F, 유학생 단기 거주 제도에 해당하는 사람은 A, F이며 각 이민자들이 이수해야 할 과정을 표로 정리하면 다음과 같다.

사람	A	B	C	D	E	F
나이	21세	38세	30세	42세	37세	25세
체류 목적	유학	동포	유학	난민	외국인 근로자	유학
사전 평가 점수	60점	65점	90점	45점	100점	90점
한국인과의 결혼 여부	X	O	X	X	X	O
국내 거주기간	2년	3년	1년	2년	7년	1년
이수해야 할 과정	4 ~ 5단계	3, 6단계	6단계	3 ~ 6단계	6단계	–

따라서 이수시간은 A : 300시간, B : 100시간, C : 50시간, D : 400시간, E : 50시간, F : 0시간으로 총 900시간이다.

59 문제처리능력 제시문 이해하기

| 정답 | ④

| 해설 | 피상속인의 배우자는 직계존·비속이 있는 경우 이들과 동순위가 되며, 없는 경우에는 형제자매에 앞서는 단독상속인이 된다.

| 오답풀이 |

① 태아는 상속순위에 관하여는 이미 출생한 것으로 본다고 규정되어 있다.

② 상속인은 상속의 승인이 있어야 확정된다.

③ 직계비속이라도 피상속인의 상속에 관한 유언 또는 유언의 철회를 방해한 자인 경우 상속인이 될 수 없다.

60 문제처리능력 상속 순위 파악하기

| 정답 | ③

| 해설 | 상속인의 순위는 다음과 같은 기준으로 결정되며 동순위의 상속인이 여러 명일 경우

1. 피상속인의 직계비속
2. 피상속인이 직계존속
3. 피상속인의 형제자매
4. 피상속인의 4촌 이내의 방계혈족

그리고 배우자가 있을 경우 가장 우선순위인 상속인과 동순위로 공동상속인이 된다. 따라서 피상속인의 직계존속인 외조모와 배우자가 공동으로 선순위가 된다. 그다음 4촌 이내의 방계혈족인 막냇동생, 아버지의 형제가 차례로 상속인이 된다.

1회 기출예상 2회 기출예상 3회 기출예상 4회 기출예상 5회 기출예상 6회 기출예상

고시넷

4회 기출예상문제

문제 198쪽

01	①	02	②	03	①	04	①	05	③
06	②	07	②	08	④	09	②	10	①
11	②	12	①	13	①	14	①	15	④
16	②	17	③	18	①	19	③	20	③
21	①	22	④	23	②	24	①	25	④
26	③	27	③	28	①	29	③	30	④
31	①	32	④	33	③	34	④	35	②
36	③	37	④	38	②	39	④	40	①
41	③	42	④	43	①	44	④	45	④
46	③	47	③	48	①	49	③	50	④
51	②	52	①	53	②	54	④	55	④
56	②	57	④	58	③	59	④	60	②

01 문서작성능력 빈칸에 알맞은 단어 찾기

| 정답 | ①

| 해설 | 연구팀은 초미세먼지가 현재 권고치보다 낮은 농도에서도 병을 일으킬 수 있다고 하였으므로 초미세먼지 관리기준을 강화해야 한다고 주장하는 것이 자연스럽다. 또한 한국이 25마이크로그램을 유지해 오다 15마이크로그램으로 기준을 변경한 것은 기준을 강화한 것이다. 따라서 ㉠에 공통으로 들어갈 단어는 '강화'이다.

02 문서이해능력 세부내용 이해하기

| 정답 | ②

| 해설 | 마지막 문장을 통해 생리공결제를 편법으로 활용하는 경우가 있다는 것을 알 수 있으나, 전체적인 글의 내용을 보면 생리공결제를 사용하기 위해 병원 진단서를 처방받아야 하는 것은 현실은 무시한 행정 편의주의라고 비판하고 있다. 따라서 생리공결제 악용 사례가 있다고 해서 진단서 등 증빙서류를 요구해야 한다는 내용은 옳지 않다.

| 오답풀이 |

④ 개인 정보가 유출되지 않을 것이니 생리 시작일을 전산에 등록해도 된다는 것은 논리상의 오류에 해당한다.

03 문서이해능력 세부내용 이해하기

| 정답 | ①

| 해설 | 제시된 글은 적정기술을 목적에 적합한 다양한 기술에 대한 지식, 혁신 전략, 기술─실천 방식 등과 같은 넓은 의미에서 규정하고 있다. '실질적인 기술적 인공물'은 좁은 의미에서의 적정기술을 의미하므로 적절하지 않다.

04 의사소통능력 토의와 토론 이해하기

| 정답 | ①

| 해설 | 토의는 한 주제를 가지고 각자의 의견을 조합하여 가장 바람직한 방법으로 해답을 찾아내는 것이며, 토론은 주어진 문제에 대해 찬성과 반대의 의견을 가지는 사람들이 상대방을 설득하는 데 중점을 두는 것이다.

05 의사소통능력 의사소통의 방해 요인 파악하기

| 정답 | ③

| 해설 | 제시된 지문에서 A 씨는 다른 사람의 문제를 본인이 해결해 주려고 한다. 지나친 조언은 올바른 의사소통을 방해하는 요인이 된다.

| 오답풀이 |

① 짐작하기 : 상대방의 말을 믿고 받아들이기보다 자신의 생각에 들어맞는 단서들을 찾아 자신의 생각을 확인하는 것을 말한다.

② 걸러내기 : 상대의 말을 듣기는 하지만 상대방의 메시지를 온전하게 듣는 것이 아닌 경우이다.

④ 판단하기 : 상대방에 대한 부정적인 판단 때문에 또는 상대방을 비판하기 위해 상대방의 말을 듣지 않는 것을 말한다.

06 문서이해능력 보도자료 이해하기

| 정답 | ②

| 해설 | ㄱ. 농촌진흥청이 우리 과수 신품종의 안정적인 시장 정착을 돕고자 생산자, 유통·가공·수출업체와 힘을 합치는 협약에 관련된 내용이다.

ㄹ. ○○공사 직원들이 국내 품종의 우수함에 대한 교육을

받아야 하는 것이 아니라, 도매시장에서 경매사, 중도매인을 대상으로 우리 품종을 알리는 교육·홍보를 진행해야 한다.

| 오답풀이 |

ㄴ. 협약식은 코로나19 확산을 막기 위해 서울과 제주, 나주 등 전국 4곳을 연결해 비대면 방식으로 진행하였다.

ㄷ. 생산자연합회의 제공, 유통·가공업체의 가공, 판매업체의 판매, 수출업체의 수출의 과정이 모두 포함되어 있다.

07 문서작성능력 문장의 순서 배치하기

| 정답 | ②

| 해설 | (나)에서 '그는'이라고 시작되므로 (나) 이전에는 인물에 대해 이야기 하는 문장이 와야 한다. (라)에서 표트르 1세에 대해 이야기하고 있으므로 (라) 다음에 (나)가 오는 것이 자연스럽다. (가)에서 자신의 이름을 따서 도시명을 정했다고 하므로 (나)에 나온 도시건설에 대한 부연설명임을 알 수 있다. 그러므로 (라)-(나)-(가)의 순서대로 문단이 배치된다. 다음으로 (마)에서 '이 도시는'이 나오는데 이는 앞서 말한 상트페테르부르크에 대한 설명이므로 (가) 뒤에는 배치된다. (마)에서 이후 발전 상황에 대해 이야기 하고 (다)는 이러한 위상이 지금까지 이어진다고 했으므로 (마) 뒤에 (다)가 위치한다. 따라서 글의 순서는 (라)-(나)-(가)-(마)-(다)이다.

08 문서작성능력 문장의 순서 배치하기

| 정답 | ④

| 해설 | 우선 (라)를 통해 우리 인류의 DNA와 침팬지의 DNA가 같다고 화두를 제시한다. 이후 (가)를 통해 부연설명을 하고 (마)를 통해 진화 과정에 대한 이야기를 하고 있다. 그러므로 (라)-(가)-(마) 순으로 문단을 배치할 수 있다. 이후 (나)에서는 앞서 나온 진화 과정에 대한 설명과 함께 근거를 들어 인류와 침팬지가 독자적인 길을 걷게 된 시기를 설명하고 있고 (다)를 통해 이를 부연설명하고 있다. 따라서 글의 순서는 (라)-(가)-(마)-(나)-(다)이다.

09 문서이해능력 지침 내용 이해하기

| 정답 | ②

| 해설 | 보안 검색대의 내용과 상관없이 특정 승객에게 수상한 낌새가 느껴지면 별도로 폭발물 흔적탐지기(ETD) 검색 및 소지품 정밀 검사를 요청할 수 있다.

| 오답풀이 |

① 손을 들기 어려운 승객(노인, 장애인, 유아 등)은 검색대에 들어가지 않고 별도로 검사한다.

③ 3명 이상의 보안검색 요원이 특정 승객에게 수상한 낌새가 느껴진다고 동의해야 한다.

④ 전자발찌를 한 경우 별도의 출국금지 요청이 없더라도 해당 기관과 연결 후 통과시킨다.

10 문서이해능력 맥락에 맞는 단어 파악하기

| 정답 | ①

| 해설 | 문맥상 적절한 단어의 쓰임은 다음과 같다.

㉠ 부모-자녀 관계는 의사소통을 통해 직접적인 영향을 주고받으며 돕는 관계에 있으므로 '힘을 써 도와줌'이라는 뜻의 '조력'이 적절하다.

㉡ 의사소통은 부모와 자식의 관계를 강화 또는 약화시키는 '매개체'로서의 역할을 한다.

㉢ 대화 시간의 부족과 역기능적 의사소통으로 부모와 자녀 간에 '갈등'이 일어나는 것이다.

㉣ 아주 가깝게 맞닿아 있다는 의미의 '밀접'이 적절하며, '집요'는 몹시 고집스럽고 끈질기다는 의미이므로 부적절하다.

11 문서이해능력 글의 제목 파악하기

| 정답 | ②

| 해설 | 1문단을 보면 노후 설비에 따른 고객 불편을 해소하기 위해 에너지진단서비스를 실시한다고 하였으며, 2문단에서는 에너지 절약, 에너지 이용효율 향상을 위해 노후 난방배관 교체 지원사업을 추진한다고 하였다. 또한 마지막 문단에서는 난방 설비의 효율적 운영을 위해 기술교육 서비스를 제공한다고 하였다. 이는 모두 고객 설비 에너지 이용의 효율성을 높이기 위한 방법이라고 할 수 있다. 따라서

1회 기출예상 2회 기출예상 3회 기출예상 4회 기출예상 5회 기출예상 6회 기출예상

이 글의 제목으로 '고객 설비 에너지 이용효율화 방안'이 가장 적절하다.

12 [문서작성능력] 빈칸에 알맞은 문장 쓰기

| 정답 | ①

| 해설 | ㉠의 앞 문장에서는 에너지 절약, 에너지 이용효율 향상 등 에너지 수요의 합리적 감축을 위해 고객의 난방배관 교체 지원사업을 추진한다고 하였으며, 이를 통해 ㉠을 기대한다고 나와있다. 따라서 ㉠에는 '사용자의 에너지 이용효율을 높여 에너지 공급시설의 확충 부담을 경감시킬 것'이 들어가야 한다.

| 오답풀이 |

② 에너지의 절약을 통해 사용량을 감소시킨다는 내용은 맞지만 에너지 공급자의 공급을 제한하여 감소시킨다는 내용은 아니다.

③ 하도급업체와의 상생 관계를 구축하기 위해 난방설비를 교체하는 것이 아니다.

④ 기술교육에 관한 것은 마지막 문단에 언급한 내용이다.

13 [문서작성능력] 글의 흐름에 맞게 문단 배열하기

| 정답 | ①

| 해설 | (다)는 '먼저', (라)는 '결국'으로 시작하므로 앞에 다른 문단이 있어야 한다. (가)와 (나)를 살펴보면 (가)는 도덕적 해이에 대한 내용이고, (나)는 정보의 비대칭성을 말하며 마지막 문장에서 '역선택의 문제와 도덕적 해이의 문제를 야기시킨다.'고 말하고 있다. 따라서 (나)가 첫 문단으로 적절하며, 역선택의 문제에 대한 (다)와 도덕적 해이의 문제에 대한 (가) 중에 '먼저'로 시작하는 (다)가 우선으로 와야 한다. 따라서 문단을 순서대로 배열하면 (나)-(다)-(가)-(라) 순이 된다.

14 [문서이해능력] 세부내용 파악하기

| 정답 | ④

| 해설 | 시장 스스로의 대응에 의해 해결된다는 내용은 찾아볼 수 없다.

| 오답풀이 |

① (나) 문단에서 '금융시장에서는'이라고 한정하고 있으므로 정보의 비대칭성이 금융시장 밖에서도 적용될 수 있음을 추론할 수 있다.

② (나) 문단의 마지막 문장에서 확인할 수 있다.

③ (라) 문단의 첫 문장에서 확인할 수 있다.

15 [문서이해능력] 주제 파악하기

| 정답 | ④

| 해설 | 골다공증 치료율을 높이지 않으면 향후 골절 환자가 늘어나 막대한 건강보험 재정 부담으로 돌아올 수 있다는 것이 글의 핵심 내용이자 주제이다.

16 [문서이해능력] 글의 내용을 바탕으로 상황 판단하기

| 정답 | ②

| 해설 | 글에서 제기된 문제점을 해결하기 위해서는 골다공증의 진단율과 치료율을 높여야 한다. 이것은 장애보정생존연수에 의해서도 증명되듯 골다공증이 암보다 더 건강한 삶의 시간을 단축시키므로 결국 암 진단과 비슷한 수준의 골다공증 검사 횟수가 건강검진으로 보장되도록 하는 제도적 보완책이 가장 적절하다.

| 오답풀이 |

①, ③, ④ 골다공증의 방지와 의료 지원에 대한 근본적인 대책이라고 볼 수 있으나, 진단율과 치료율을 높여야 한다는 주제에는 부적절하다.

17 [문서이해능력] 세부내용 이해하기

| 정답 | ③

| 해설 | 두 번째 문단에 글로벌 IT 기업들이 CPU 대신 인공지능 알고리즘을 전담 처리하는 프로세서를 사용한다고만 나와 있을 뿐 CPU가 소프트웨어 중심의 프로세서인지는 알 수 없다.

| 오답풀이 |

① 뉴로모픽 프로세서에 관한 설명이다.

② 2문단에 제시된 내용이다.

④ 1문단에 제시된 내용이다.

18 문서이해능력 **표제와 부제 작성하기**

| 정답 | ①

| 해설 | 필자는 제시문을 통해 지속적인 인공지능 발전을 위한 인공지능 프로세서의 중요성을 언급하며 인공지능 프로세서의 개발과 활용이 주목받고 있다고 말한다. GPU, FPGA 기반의 맞춤형 인공지능 프로세서, 뉴로모픽 프로세서 등을 소개하며 글의 마지막 부분에서는 각 기업이 인공지능 프로세서 전략을 자사에 맞는 방식으로 수립할 필요가 있음을 언급한다.

| 오답풀이 |

③ 인공지능 알고리즘 자체가 아닌 인공지능 알고리즘을 처리하는 데 필요한 프로세서에 관한 내용이다.

19 문서이해능력 **적절한 전화 응대 내용 찾기**

| 정답 | ③

| 해설 | 취학 학동기 건강검진은 초등학교 1학년과 4학년, 중학교 1학년, 고등학교 1학년 총 4회에 걸쳐 실시하도록 되어 있다.

| 오답풀이 |

① 영유아 건강검진은 총 7회이며, 24개월 된 영유아는 향후 30개월, 42개월, 54개월, 66개월에 총 4번 추가 검진을 실시하면 된다.

② 비취학 학동기에 해당되며 학교 밖 청소년의 경우 3년에 1회 본인부담 없이 검진을 실시할 수 있다.

④ 암 검진의 경우 보험료 상·하위 50% 구분에 따라 본인부담금이 발생할 수 있으나 대장암의 경우에는 보험료 구분 없이 본인부담금이 없는 것으로 명시되어 있다.

20 문서이해능력 **세부내용 이해하기**

| 정답 | ③

| 해설 | 의료급여 수급권자는 보험료가 없어 상·하위 보험료 구분이 없으므로 모든 본인부담금이 없다. 따라서 의료급여 수급권자는 건강보험 가입자보다 비용부담 기준이 덜 까다롭다고 할 수 있다.

| 오답풀이 |

① 비사무직 근로자의 검진주기는 1년 1회로 더 짧다.

② 비취학 학동기는 만 9 ~ 18세 대상, 취학 학동기는 만 6 ~ 18세 대상이다.

④ 의료급여 수급권자가 세대원인 경우에는 만 41 ~ 64세만 검진 대상에 해당된다.

21 기초연산능력 **세균의 수 구하기**

| 정답 | ①

| 해설 | 1시간 동안 Q 세균은 10번 분열하므로 그때의 Q 세균 수는 $1 \times 2^{10} = 1,024$(마리)이다. 또 42분 동안은 7번 분열하므로 그때의 Q 세균 수는 $1 \times 2^7 = 128$(마리)이다. 따라서 1시간 후 Q 세균의 수는 42분 후 Q 세균의 수보다 896마리 더 많다.

22 기초연산능력 **기둥의 수 구하기**

| 정답 | ④

| 해설 | 그림과 같이 양이 x^2마리일 때 나무 기둥의 수는 $4(x+2) - 4 = 4x + 4$(개)이다. $x^2 = 36$일 때 $x = 6$이므로 필요한 나무 기둥의 수는 28개이다.

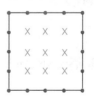

23 기초통계능력 **확률 구하기**

| 정답 | ③

| 해설 | 지방 출장은 대리 4명 중 1명이 가야 하므로 출장을 가게 되는 확률은 $\frac{1}{4} \times 100 = 25$(%)이다.

1회 기출예상 2회 기출예상 3회 기출예상 4회 기출예상 5회 기출예상 6회 기출예상

24 기초연산능력 확률 계산하기

|정답| ①

|해설| B 대리가 정각에 출근하거나 지각할 확률은 $\dfrac{1}{4}$ $+\dfrac{2}{5}=\dfrac{13}{20}$이므로, 정해진 출근 시간보다 일찍 출근할 확률은 $1-\dfrac{13}{20}=\dfrac{7}{20}$이다. 따라서 이틀 연속 제시간보다 일찍 출근할 확률은 $\dfrac{7}{20}\times\dfrac{7}{20}=\dfrac{49}{400}$가 된다.

25 기초연산능력 삼각형의 면적 계산하기

|정답| ④

|해설|

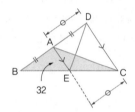

△ABC와 △DBE 중 △ABE는 공통된 부분으로 속해 있다. △ACE와 △ADE는 밑변이 같고, $\overline{AE}$와 $\overline{DC}$가 평행하므로 높이도 같다. 그러므로 '삼각형의 면적 = $\dfrac{1}{2}$×밑변의 길이×높이'에 의해 △ACE와 △ADE의 면적은 같다.
따라서 △ABC와 △DBE의 면적은 서로 같아 △ABC= △DBE=32m²이 된다.

26 기초연산능력 방정식 활용하기

|정답| ③

|해설| 1층에서 탄 인원을 x명으로 놓고 조건에 따라 정리하면 다음과 같다.

• 3층에서 남아 있는 인원: $x\times\dfrac{2}{3}+4$

• 5층에서 남아 있는 인원: $\left(\dfrac{2x}{3}+4\right)\times\dfrac{3}{4}+2$

이때 인원이 1층에서 탄 인원보다 4명이 적다고 했으므로 다음 식이 성립한다.

$$\left(\dfrac{2x}{3}+4\right)\times\dfrac{3}{4}+2=x-4$$

$$\dfrac{x}{2}+3+2=x-4$$

$$\dfrac{x}{2}=9$$

$$\therefore x=18(\text{명})$$

27 도표분석능력 자료의 수치 분석하기

|정답| ③

|해설| HHI, CR3 모두 수치가 낮을수록 경쟁강도가 심함을 의미한다. 건설의 경우 HHI, CR3 수치가 모두 증가했기 때문에 상대적으로 경쟁강도는 낮아졌다고 볼 수 있다.

28 도표분석능력 청소기 생산량 비교하기

|정답| ①

|해설| 각주에 주어진 청소기 판매율 공식을 활용하여 2008 ~ 2017년의 Z 청소기 생산량을 구하면 다음과 같다.

• 2008년 : $\dfrac{1,200}{30}=40$(천 개)

• 2009년 : $\dfrac{1,500}{40}=37.5$(천 개)

• 2010년 : $\dfrac{900}{50}=18$(천 개)

• 2011년 : $\dfrac{1,300}{35}\fallingdotseq37.1$(천 개)

• 2012년 : $\dfrac{1,100}{65}\fallingdotseq16.9$(천 개)

• 2013년 : $\dfrac{1,500}{70}\fallingdotseq21.4$(천 개)

• 2014년 : $\dfrac{900}{80}\fallingdotseq11.2$(천 개)

• 2015년 : $\dfrac{800}{55}\fallingdotseq14.5$(천 개)

• 2016년 : $\dfrac{1,500}{30}=50$(천 개)

• 2017년 : $\dfrac{1,300}{40}=32.5$(천 개)

⊙ 2009년 Z 청소기 생산량(37.5천 개)은 2010년 생산량 (18천 개)의 2배 이상이다.

ⓒ $\frac{50-40}{40} \times 100 = 25(\%)$ 증가했다.

| 오답풀이 |

ⓒ 2013년 Z 청소기 생산량은 약 21.4천 개이다.

ⓔ 2008 ∼ 2017년 중 Z 청소기 생산량이 가장 많은 연도 는 2016년이다.

---

29 도표분석능력 | 연도별 수치 비교하기

| 정답 | ②

| 해설 | 개방형 총 직위 수 중 충원 직위 수가 차지하는 비율은 다음과 같다.

- 20X3년 : $\frac{65}{130} \times 100 = 50(\%)$

- 20X4년 : $\frac{115}{131} \times 100 = 87.8(\%)$

- 20X5년 : $\frac{118}{139} \times 100 = 84.9(\%)$

- 20X6년 : $\frac{124}{142} \times 100 = 87.3(\%)$

- 20X7년 : $\frac{136}{154} \times 100 = 88.3(\%)$

- 20X8년 : $\frac{146}{156} \times 100 = 93.6(\%)$

- 20X9년 : $\frac{143}{165} \times 100 = 86.7(\%)$

따라서 개방형 총 직위 수 중 충원 직위 수가 차지하는 비율이 가장 높은 해는 20X8년이다.

| 오답풀이 |

① 미충원 직위 수는 개방형 총 직위 수에서 충원 직위 수를 제외하면 된다. 20X4년 이후 미충원 직위 수는 20X4년 16명, 20X5년 21명, 20X6년 18명, 20X7년 18명, 20X8년 10명, 20X9년 22명이므로 매년 감소했다는 것은 옳지 않다.

③ 내부 임용의 비율은 20X7년에 $\frac{75}{136} \times 100 = 55.1(\%)$,

20X8년에 $\frac{79}{146} \times 100 = 54.1(\%)$, 20X9년에 $\frac{81}{143} \times 100$ $= 56.6(\%)$로 60% 이하이다.

④ 내부 임용 비율은 A 부처가 $\frac{117}{201} \times 100 = 58.2(\%)$, B 부처가 $\frac{153}{182} \times 100 = 84.1(\%)$이므로 B 부처가 약 25.9%p 더 높다.

---

30 도표분석능력 | 자료를 토대로 상환액 구하기

| 정답 | ④

| 해설 | 다른 종목들을 살펴보면 '전일잔량+금일거래−금일 상환=금일잔량'임을 알 수 있다. 여기에 04−6 종목을 적용 해보면 다음과 같다.

27,730+419−[Ⅰ]=27,507(억 원)

[Ⅰ]는 27,730+419−27,507=642(억 원)

[Ⅱ]는 모든 종목의 금일상환의 합계이므로,

0+642+0+0+0+0+750+500+1,600+1,000+1,300 +800+1,200+300+3,530=11,622(억 원)이다.

---

31 도표분석능력 | 자료를 활용하여 증가량 구하기

| 정답 | ①

| 해설 | 전일잔량에 비해 금일잔량이 감소하거나 변함없는 종목 (04−3, 04−6, 06−5, 08−5, 10−3, 11−7, 12− 3, 12−4, 기타)은 제외하고 계산한다.

- 05−4 : 36,414−35,592=822(억 원)

- 12−2 : 20,860−18,160=2,700(억 원)

- 12−6 : 32,010−30,610=1,400(억 원)

- 13−1 : 28,070−26,370=1,700(억 원)

- 13−2 : 34,920−33,870=1,050(억 원)

- 13−3 : 11,680−11,080=600(억 원)

따라서 12−2 종목이 가장 크게 증가하였다.

1회 기출예상 2회 기출예상 3회 기출예상 4회 기출예상 5회 기출예상 6회 기출예상

32 기초연산능력 본인 부담금 산정하기

| 정답 | ④

| 해설 | 병원별 외국인 임산부의 본인부담금과 진료비 감면내역을 정리하면 다음과 같다.

구분	본인부담금 (임산부 진료비 지원 혜택 적용 전)	임산부 진료비 감면내역
H 병원	$(410,000-120,000)\times$ $\dfrac{30}{100}+120,000\times\dfrac{60}{100}$ $=159,000(원)$	• 초기임신 중 출혈, 산후풍 $\left\{(360,000-120,000)\times\right.$ $\dfrac{30}{100}+120,000\times\dfrac{60}{100}\left.\right\}$ $\times\dfrac{50}{100}=72,000(원)$
A 병원	$(470,000-80,000)\times$ $\dfrac{30}{100}+80,000\times\dfrac{60}{100}$ $=165,000(원)$	• 양수검사 $150,000\times\dfrac{30}{100}\times\dfrac{50}{100}$ $=22,500(원)$
C 병원	$(655,000-90,000)\times$ $\dfrac{40}{100}+90,000\times\dfrac{50}{100}$ $=271,000(원)$	• 초음파, 임당검사 $\left\{(360,000-60,000)\times\right.$ $\dfrac{40}{100}+60,000\times\dfrac{50}{100}\left.\right\}$ $\times\dfrac{50}{100}=75,000(원)$
합계	595,000원	169,500원

따라서 외국인 임산부 A의 본인부담금은 595,000－169,500 ＝425,500(원)이다.

33 기초연산능력 거리·속력·시간 활용하기

| 정답 | ③

| 해설 | (가) 직원과 (나) 직원이 만나게 되는 지점이 A 지역으로부터 $x$km 떨어진 지점이라고 하면, 30분 일찍 출발한 (가) 직원은 $(x-40)$km, (나) 직원은 $(150-x)$km를 같은 시간 동안 이동한 것이 된다. (가) 직원은 시속 80km, (나) 직원은 시속 100km의 속도로 이동하므로 다음과 같은 식이 성립한다.

$$\frac{x-40}{80}=\frac{150-x}{100}$$

$$80(150-x)=100(x-40)$$

$$12,000-80x=100x-4,000$$

$$180x=16,000$$

$$\therefore x ≒ 89(km)$$

따라서 (가) 직원과 (나) 직원이 만나게 되는 지점은 A 지역으로부터 약 89km 떨어진 지점이다.

34 도표작성능력 도표를 이용하여 정보 제시하기

| 정답 | ④

| 해설 | 본문은 일본의 건강기능식품 시장에 대한 분석이다. 일본이 고령사회에 대한 대책으로 필수영양소 섭취를 강조함에 따라 건강기능식품 수요가 증대함이 본문에 언급되어 있으나 이는 노인들의 건강기능식품에 대한 수요가 존재함을 간접적으로 나타낼 뿐이다. 따라서 주요 국가별 초고령사회 진입 속도에 차이가 난다는 그래프는 본문의 내용과 연관성이 없다.

| 오답풀이 |

② 건강기능식품에 대한 수요가 증대하면서 향후 시장규모가 증가할 것을 보여준다.

35 도표분석능력 자료의 수치 분석하기

| 정답 | ②

| 해설 | 20X6년 이후 우리나라가 쿠웨이트로부터 수입한 석유의 가격은 다음과 같다.

• 20X6년 : $136.5\times93.17=12,717.705$(백만 달러)
• 20X7년 : $141.9\times48.66=6,904.854$(백만 달러)
• 20X8년 : $159.3\times43.29=6,896.097$(백만 달러)
• 20X9년 : $160.4\times50.8=8,148.32$(백만 달러)

따라서 20X6년 이후 쿠웨이트로부터 수입한 석유의 양은 매년 증가하나, 국제유가를 고려한 석유 수입 가격은 20X7년에 오히려 감소하였다.

| 오답풀이 |

① 6개년 모두 우리나라가 사우디아라비아로부터 수입한 석유의 양이 가장 많다.

③ 카타르와 아랍에미리트 중 우리나라가 석유를 더 많이 수입하는 국가는 20X5년 이후 아랍에미리트 두 번, 카타르 두 번으로 2년 간격으로 바뀌고 있다.

④ 국제유가가 전년 대비 가장 많이 감소한 20X7년에는 이란과 아랍에미리트를 제외한 모든 국가에서 석유 수입량이 전년 대비 증가했다.

36 [도표작성능력] 그래프 작성하기

| 정답 | ③

| 해설 | 연도별 석유 수입량의 합과 전체 석유 수입 가격은 다음과 같다(단, 수입 가격은 소수점 아래 첫째 자리에서 반올림한다).

(단위 : 백만 배럴, 백만 달러)

구분	20X4년	20X5년	20X6년	20X7년	20X8년	20X9년
석유 수입량	780.1	762.3	753.8	839.7	909.8	909.6
석유 수입 가격	780.1× 94.05≒ 73,368	762.3× 97.98≒ 74,690	753.8× 93.17≒ 70,232	839.7× 48.66≒ 40,860	909.8× 43.29≒ 39,385	909.6× 50.8≒ 46,208

따라서 ③이 가장 적절한 그래프이다.

37 [도표작성능력] 그래프 변환하기

| 정답 | ④

| 해설 | 고등학교 여학생의 흡연율은 2010 ~ 2019년까지 지속적으로 감소하다가 2020년에 증가한 패턴을 보이고 있다. 그러나 ④의 그래프는 지속적으로 감소하고 있지 않으므로 고등학교 여학생의 흡연율과는 다른 모습을 보이고 있다.

38 [도표분석능력] 자료를 바탕으로 수치 계산하기

| 정답 | ②

| 해설 | 2010년 대비 2020년의 흡연율 증감률을 구하면 다음과 같다.

• 남학생 : $\dfrac{4.1-11.3}{11.3}\times100 ≒ -63.7(\%)$

• 여학생 : $\dfrac{1.8-6.6}{6.6}\times100 ≒ -72.7(\%)$

39 [도표분석능력] 자료의 수치 분석하기

| 정답 | ④

| 해설 | 11개국 중 기대수명 80세를 넘는 국가는 2005년 1개국(일본)에서 2015년 7개국(한국, 프랑스, 호주, 스페인, 스위스, 이탈리아, 일본)으로 증가하였다.

| 오답풀이 |

① 〈자료 1〉을 보면 우리나라 여자의 기대수명은 남자보다 꾸준히 높게 나타났으며, 성별 기대수명의 차이가 가장 크게 나타났던 해는 1990년 8.63(=73.23-64.60)세이다. 1995년은 8.41(=75.87-67.46)세 차이이다.

② 기대수명이 가장 높은 국가부터 가장 낮은 국가까지 순위를 매길 때, 1985년 11개국 중 한국의 기대수명 순위는 66.15세로 10위인 반면, 2020년 한국의 기대수명 순위는 82.06세로 6위이다.

※ 1위 일본, 2위 스위스, 3위 스페인, 4위 호주, 8위 영국, 9위 독일, 11위 중국은 같으나, 나머지 이탈리아(5위/4위), 프랑스(5위/7위), 미국(7위/10위), 한국(10위/6위)의 순위는 다르다.

③ 2020년 기준 11개국 중 기대수명이 가장 높은 국가(일본)와 기대수명이 가장 낮은 국가(중국)의 기대수명은 7.6세(=83.3-75.7) 차이이다.

40 [도표분석능력] 기대수명 변화율 구하기

| 정답 | ①

| 해설 | 1985년 대비 2020년 기대수명의 변화율을 구하면 다음과 같다.

• 한국 : $\dfrac{82.06-66.15}{66.15}\times100 ≒ 24.1(\%)$

• 중국 : $\dfrac{75.7-65.5}{65.5}\times100 ≒ 15.6(\%)$

• 미국 : $\dfrac{78.9-73.3}{73.3}\times100 ≒ 7.6(\%)$

• 영국 : $\dfrac{81.0-73.0}{73.0}\times100 ≒ 11.0(\%)$

• 독일 : $\dfrac{80.4-72.3}{72.3}\times100 ≒ 11.2(\%)$

• 프랑스 : $\dfrac{81.9-73.5}{73.5}\times100 ≒ 11.4(\%)$

• 호주 : $\dfrac{82.3-73.6}{73.6}\times100 ≒ 11.8(\%)$

• 스페인 : $\dfrac{82.5-74.4}{74.4}\times100 ≒ 10.9(\%)$

• 스위스 : $\dfrac{82.7-75.2}{75.2}\times100 ≒ 10.0(\%)$

- 이탈리아 : $\dfrac{82.3-73.5}{73.5}\times100 ≒ 12.0(\%)$

- 일본 : $\dfrac{83.3-75.4}{75.4}\times100 ≒ 10.5(\%)$

따라서 1985년 대비 2020년 기대수명의 변화율이 가장 큰 국가는 한국, 가장 작은 국가는 미국이다.

41 사고력 자료를 근거로 배열하기

| 정답 | ③

| 해설 | 제시된 글에 따라 정기검진의 시작 시기와 주기를 정리하면 다음과 같다.

구분		정기검진 시작 시기 (가족력)	정기검진 주기 (가족력)
위암		만 40세	2년
대장암		만 50세 (만 40세)	1년
유방암		만 40세 (만 25세)	2년 (1년)
폐암	흡연자	만 40세	1년
	비흡연자	만 60세	1년
간암(간경변증 환자, B형 또는 C형 간염 바이러스 보균자)		만 30세	6개월

- A의 정기검진까지의 기간 : 만 40세-만 38세=2년
- B의 정기검진까지의 기간 : 만 40세-만 33세=7년
- C의 정기검진까지의 기간 : 만 25세-만 25세=0년
- D의 정기검진까지의 기간 : 만 40세-만 36세=4년

∴ A∼D 중 첫 정기검진까지의 기간이 가장 적게 남은 사람부터 순서대로 나열하면 C-A-D-B가 된다.

42 사고력 참·거짓 구분하기

| 정답 | ④

| 해설 | A와 D의 증언이 상충하므로 둘 중 한 명이 거짓말을 하고 있음을 알 수 있다. 따라서 A의 증언이 거짓말일 경우와 D의 증언이 거짓말일 경우로 나누어 생각해 본다.

- A의 증언이 거짓말일 경우 : B, C, D의 증언이 진실이 된다. 그러나 B의 증언 "원료 분류 작업에서 불량이 나온

다."와 D의 증언 "포장 작업에서 불량이 나온다."에 의해 불량의 원인이 되는 작업을 담당한 직원이 2명이 된다. 이는 조건에 맞지 않는다. 따라서 A는 거짓말을 하지 않았다.

- D의 증언이 거짓말일 경우 : A, B, C의 증언이 진실이 되며 이들의 증언은 서로 상충하지 않는다. 따라서 B의 증언에 따라 불량의 원인이 되는 작업을 담당한 직원은 원료 분류를 담당한 D이며, 거짓을 말한 사람도 D이다.

43 도표분석능력 자료 이해하기

| 정답 | ①

| 해설 | 부서별로 인원수가 다르므로 전체 평균 계산 시 가중치를 고려하여야 한다.

- 전 부서원의 정신적 스트레스 지수 평균점수 :

$$\dfrac{1\times1.83+2\times1.79+1\times1.79}{4}=1.8(점)$$

- 전 부서원의 신체적 스트레스 지수 평균점수 :

$$\dfrac{1\times1.95+2\times1.89+1\times2.05}{4}=1.945(점)$$

따라서 두 평균점수의 차이는 0.145(점)이므로 0.16(점) 미만이다.

44 문제처리능력 휴가 신청일수 구하기

| 정답 | ③

| 해설 | C 대리가 이번 주 월요일에 휴가를 쓰기 때문에 공휴일은 화, 수, 목, 금요일 중 하나이다.

- 공휴일이 화요일인 경우

	월	화	수	목	금	토	일
C 대리		공휴일	휴가	휴가	휴가	휴일	휴일

- 공휴일이 수요일인 경우

	월	화	수	목	금	토	일
C 대리			공휴일	휴가	휴가	휴일	휴일

- 공휴일이 목요일인 경우

	월	화	수	목	금	토	일
C 대리			휴가	공휴일	휴가	휴일	휴일

• 공휴일이 금요일인 경우

월	화	수	목	금	토	일
C 대리		휴가	휴가	공휴일	휴일	휴일

이때 공휴일이 화요일인 경우, 5일의 휴가기간이 필요한 G 사원이 수, 목, 금요일에 모두 휴가를 쓰게 되어 A 과장이 이번 주에 휴가를 쓸 수 없게 된다. 그러므로 A 과장도 휴가를 가기 위해서는 G 사원의 휴가기간에 주말과 공휴일이 포함되어야 한다. 따라서 화요일은 A 과장이 휴가를 쓰고 공휴일은 수, 목, 금요일 중에 있기 때문에 G 사원은 이번 달에 휴가를 2일(가) 사용할 수 있고 남은 연차는 8일(나)이다.

45 도표분석능력 자료 이해하기

| 정답 | ④

| 해설 | 15만m² 이하 규모 사업에 해당되는 것은 일반 근린형, 주거지 지원형, 우리동네 살리기이고, 해당 사업 중 △△기업이 참여한 사업의 수는 2019년 15곳, 2020년 28곳으로 그 증가 규모가 2배 미만이다.

| 오답풀이 |
① 〈자료 2〉에 따르면 2019 ~ 2020년 시범사업 대상지는 총 167곳이며, △△기업은 그중 77곳에 참여하였다.
② 역세권, 산업단지, 항만 등을 대상으로 하는 것은 중앙정부선정 유형 중 경제 기반형에 해당되며, 2020년 △△기업은 해당 지역 2곳 중 2곳 모두에 참여하였다.
③ 유형별 총 국비지원 금액은 매년 동일하며, 2019년 대비 2020년의 광역지자체 선정 사업 수는 일반근린형이 14 → 30곳, 주거지 지원형이 15 → 24곳, 우리동네 살리기가 15 → 15곳으로 증가하거나 동일하였다. 따라서 사업별 평균 국비지원 규모는 감소하거나 동일하다.

46 문제처리능력 자료를 바탕으로 사례 적용하기

| 정답 | ③

| 해설 | C는 생육기간의 2/3가 경과하지 않은 상태로 신규 인증비용 50,000원을 예상하고 있으므로 안내 사항을 올바르게 이해한 경우이다.

| 오답풀이 |
① 생육기간의 2/3가 경과하지 않았으나 유효기간 연장에 따르는 인증비용은 30,000원이다.

② 배추의 생육기간이 90일의 2/3인 60일을 초과하였으므로 신청시기에 부합한다.
④ 소고기는 축산물이므로 대상품목에서 제외된다.

47 사고력 자료를 바탕으로 결과 추론하기

| 정답 | ③

| 해설 | 각 지원자의 총점을 계산해 보면 다음과 같다.

지원자	어학 능력	필기 시험	학점	전공 적합성	계
A	2	3	2	2	9
B	3	2	3	3	11
C	1	1	3	3	8
D	?	?	?	?	1+2+3+?

ⓒ D는 각 평가 항목에서 상, 중, 하의 평점을 모두 받았으므로 세 평가 항목의 합은 1+2+3=6(점)이 되어 나머지 한 항목이 하를 받은 경우 최저점으로 7점, 상을 받은 경우 최고점으로 9점이 된다. B는 11점을 받았으므로 D의 평점은 B의 선발에 영향을 주지 않는다.

| 오답풀이 |
㉠, ㉡ D의 최고점이 9점이므로 A와 동점이 되어 A는 반드시 선발된다고 할 수 없다.

48 문제처리능력 자료를 읽고 추론하기

| 정답 | ③

| 해설 | ㄴ. 메주를 소금에 절이면 미생물이 당분을 분해하여 이산화탄소가 발생한다. 발효균(유산균)의 팽창은 이산화탄소가 메주 속의 공기를 밀어낸 후에 발생하므로 메주를 소금에 절이는 것은 발효균의 팽창에 유리한 환경을 만들어 준다고 볼 수 있다.
ㄷ. 부패균에 의해 음식물이 부패되면 아민과 황화수소가 발생하여 악취가 난다. 따라서 황화수소가 발생하면 이미 부패가 진행된 것이므로 발효에 실패한 것으로 볼 수 있다.

| 오답풀이 |
ㄱ. 냉장고가 아니라 우유에 이산화탄소가 발생하지 못했기 때문이다.

ㄹ. 발효 과정에 밀폐가 필수 과정인지 나와 있지 않다. 또한 이산화탄소가 공기를 밀어내므로 산소를 제거하지 않아도 된다.

ㅁ. 유산 발효 과정을 거친 후 생긴 유산이 우유의 pH를 낮춘다고 하였다. 따라서 pH는 유산균이 당을 분해한 후에 낮아지는 것임을 알 수 있다.

49 문제처리능력 | 자료를 바탕으로 내용 파악하기

| 정답 | ③

| 해설 | 김치의 양과 발효 과정 사이의 상관관계는 나타나 있지 않다.

| 오답풀이 |

① 김치와 국물 속에 산소가 있는 시점과 없는 시점을 기점으로 그래프가 변화하므로 김치의 발효 과정에 산소가 미치는 영향이 크다는 것을 알 수 있다.

② 김장독을 연 후부터 유산균이 감소하므로 최대한 공기와 접촉하지 않는 것이 김치의 맛을 유지하는 데 좋음을 알 수 있다.

④ 김장을 담근 직후 산소를 좋아하는 잡균이 증가하였음을 알 수 있다.

50 문제처리능력 | 고지서 작성하기

| 정답 | ④

| 해설 | 중간예납세액이 3,000만 원 발생한 이정기 씨의 경우 분납 대상자에 해당한다. 그러나 담당 공무원 A가 발송하는 고지서상에는 3,000만 원의 세액이 입력되어야 한다. 분납을 원하는 경우 이정기 씨가 직접 전자 납부를 통해 1,500만 원만 납부하거나 납부 서식에 1,500만 원을 기재한 후 금융기관을 통해 납부하여야 한다.

| 오답풀이 |

① 30만 원 미만일 경우 중간예납세액 납부대상자에서 제외되나 30만 원일 경우 대상자에 해당하므로 고지서를 발송해야 한다.

② 대상자 중 '2. 종합과세 되는 비거주자'에 해당한다.

③ 종합소득세이므로 모든 부문에서 발생한 세액을 합산해야 한다.

51 문제처리능력 | 기간 내에 업무 완료하기

| 정답 | ②

| 해설 | 인쇄, 주소지별 분류, 우편요금처리에 소요되는 기간은 총 16일로 확정되고, 발송은 3일 이내 도착하므로 최장 소요기간은 19일이다. 주소지별 분류가 시작되는 것은 인쇄 시작 후 10일 후이므로, 주소지별 분류부터 최장 9일이 걸려 고지서가 도착한다. 11월 1일 금요일부터 납부 기간이 시작되므로 전날인 10월 31일까지 도착하여야 한다. 따라서 주소지별 분류가 시작되어야 하는 날짜는 10월 23일이다.

52 문제처리능력 | 조건에 맞는 교육 신청하기

| 정답 | ①

| 해설 | 최 씨는 평일 근무시간이 08 ~ 16시이며 회사에서 교육장까지 40분이 걸리므로 16시 40분 이후의 과목을 수강할 수 있다. 또한 권 씨는 금요일 18시 이후에는 정기 모임을 가지고 있다. 따라서 최 씨와 권 씨가 시간상 가능한 프로그램은 SNS 활용과 온라인 마케팅 심화반, 소셜미디어를 활용한 블로그 마케팅 심화반, 사진과 영상편집 심화반이다. 최 씨는 회원이고 권 씨는 회원이 아니므로 최 씨는 15% 할인, 권 씨는 5% 할인이 가능하다. 또한 수업을 두 개 이상 신청하므로 최 씨, 권 씨 모두 추가로 10%를 더 할인 받을 수 있다. 최대 20%까지 가능하므로 최 씨 20%, 권 씨 15% 할인을 받을 수 있다. 따라서 수강 가능한 프로그램 어느 2개를 선택하여도 10만 원을 넘기지 않는다. 토, 일요일에는 권 씨가 수강하고 싶어하는 사진과 영상편집을 선택하게 되므로 나머지 한 과목은 SNS 활용과 온라인 마케팅이다.

53 문제처리능력 | 수강금액 계산하기

| 정답 | ②

| 해설 | 박 씨는 회원이므로 10% 할인을 받을 수 있으며, 지인 1명과 같은 수업의 같은 시간을 등록하였으므로 5% 추가 할인을 받아 총 15(㉠)%를 할인받았다. 따라서 SNS 활용과 온라인 마케팅 심화반이 50,000원이므로 15% 할인받은 금액인 42,500(㉡)원에 등록하였음을 알 수 있다. 소셜미디어를 활용한 블로그 마케팅 심화반의 수강 금액은

www.gosinet.co.kr

gosinet

1회 기출예상

2회 기출예상

3회 기출예상

4회 기출예상

5회 기출예상

6회 기출예상

50,000원인데 이전에 신청한 교육이 폐강되어 다시 신청한 것이므로 5% 할인이 추가된다. 따라서 총 20%를 할인받아 40,000(ⓒ)원을 입금해야 한다.

54 문제처리능력 회의시간 정하기

| 정답 | ④

| 해설 | 서울=파리+7시간이므로 시차를 표로 정리하면 다음과 같다.

구분	서울 시간	파리 시간
B 과장 근무시간	9:00 ~ 18:00 (점심시간: 12:00 ~ 13:00)	2:00 ~ 11:00 (점심시간: 5:00 ~ 6:00)
협력사 근무시간	16:30 ~ 00:30 (점심시간: 19:00 ~ 20:00)	9:30 ~ 17:30 (점심시간: 12:00 ~ 13:00)

④ 서울이 오후 5시면 파리는 오전 10시이다. 1시간 동안 회의를 진행하여도 서울은 오후 6시, 파리는 오전 11시이기 때문에 근무시간에 벗어나지 않는다. 또한 점심시간과 겹치지도 않으므로 화상회의 시간으로 가장 적절하다.

| 오답풀이 |

① 파리가 오전 10시 30분이면 서울은 오후 5시 30분이다. 회의 시간이 1시간이므로 B 과장의 근무시간이 지난 오후 6시 30분에 회의가 끝나게 되어 적절하지 않다.

② 파리가 오전 11시면 서울은 오후 6시이다. 회의 시간이 1시간이므로 B 과장의 근무시간이 지난 오후 7시에 회의가 끝나게 되어 적절하지 않다.

③ 파리가 오후 1시면 서울은 오후 8시이다. B 과장의 근무는 6시에 끝나므로 적절하지 않다.

55 문제처리능력 도착 시간 계산하기

| 정답 | ④

| 해설 | 서울 시각으로 9월 10일 오전 9시 출발(비행기 탑승) → (비행 12시간) → 서울 시각 9월 10일 오후 9시 도착 따라서 B 과장이 프랑스에 도착하였을 때의 현지 시각은 9월 10일 오후 2시이다. 파리 공항에서 입국수속 1시간, 협력사 이동 30분이 소요되므로 B 과장은 9월 10일 오후 3시 30분에 파리 협력사에 도착하게 된다.

56 문제처리능력 직장가입자 자격취득일자 파악하기

| 정답 | ②

| 해설 | 선거에 의해 공무원이 된 사람은 공무원이 임기가 개시된 날이 자격취득 기준일이 되므로 당선과 동시에 자격이 부여되지는 않는다.

| 오답풀이 |

① 단시간근로자의 경우 근로(고용) 개시일부터 자격이 부여된다.

③ 학교의 직원이므로 채용된 날이 자격취득일이 된다.

④ 일용근로자가 1개월을 초과하여 사역결의가 되었으므로 사역결의된 날인 3개월 근로계약일이 자격취득일이 된다.

57 문제처리능력 피부양자 대상자 추론하기

| 정답 | ④

| 해설 | 직장가입자의 배우자로, 재산과표가 9억 원 이하이며 연소득이 1천만 원 이하이므로 피부양자 대상에 해당된다.

| 오답풀이 |

① 배우자의 형제는 피부양자 대상이 아니다.

② 직장가입자에 의해 생계를 유지하는 직장가입자의 형제, 자매인 경우에는 재산과표가 1.8억 원 이하여야 인정 기준을 충족한다.

③ 기혼이므로 피부양자 대상이 아니다.

58 문제처리능력 자료의 내용 파악하기

| 정답 | ③

| 해설 | B의 피부양자 자격 취득일이 5월 1일이었다면 마지막 지역가입 보험료 납부 월은 4월이 된다. 그러나 5월 2일 이후부터 피부양자 자격을 취득하였다면 5월까지는 지역가입 보험료를 납부하여야 하므로 마지막 납부 월은 5월이다.

| 오답풀이 |

① 직장가입자는 사용자, 직장피부양자는 직장가입자가 신고의무자가 된다.

② 자격취득신고일로부터 90일이 경과하지 않았으므로 A가 피부양자가 될 수 있었던 날인 2월 10일로 소급 적용될 수 있다.

④ 교원은 임용일, 직원은 채용일이 기준이다.

59 문제처리능력 자료 이해하기

|정답| ④

|해설| 재산과표가 5억 4천만 원을 초과하면서 9억 원 이하인 경우는 연간소득 1천만 원 이하이면 피부양자 대상으로 인정된다.

60 문제처리능력 자료 이해하기

|정답| ②

|해설| 사용자의 자격취득(변동)일은 건강보험적용사업장의 사용자가 된 날, 신규 건강보험적용사업장의 경우에는 사업장적용 신고일이다.

|오답풀이|

① 근로자 – 건강보험적용사업장에 사용된 날, 신규 건강보험적용사업장의 경우에는 사업장적용 신고일

③ 교직원 – 해당 학교에 교원으로 임용된 날(교원), 해당 학교 또는 그 학교 경영기관에 채용된 날(직원)

④ 일용 근로자 – 사역결의 기간에 따라 사역결의된 날 또는 최초 사역일로부터 1개월을 초과하는 날

5회 기출예상문제 문제 246쪽

01	①	02	③	03	②	04	③	05	③
06	④	07	①	08	①	09	③	10	①
11	①	12	④	13	①	14	②	15	④
16	①	17	③	18	③	19	②	20	④
21	④	22	③	23	②	24	③	25	④
26	④	27	④	28	②	29	②	30	③
31	②	32	④	33	②	34	①	35	①
36	②	37	③	38	④	39	①	40	④
41	①	42	③	43	③	44	④	45	④
46	④	47	③	48	③	49	③	50	②
51	①	52	③	53	②	54	②	55	①
56	③	57	③	58	④	59	①	60	④

01 문서이해능력 세부내용 이해하기

|정답| ①

|해설| 건강 상태를 측정하는 요소로 신진대사의 중요함을 언급한 뒤, 그에 못지않게 중요한 요소로 거동장애를 설명하고 있다. 따라서 신진대사와 거동장애가 노인 건강 파악의 가장 중요한 두 가지 기준이 된다.

|오답풀이|

② 대사증후군은 복부비만은 물론 혈당과 중성지방 그리고 콜레스테롤 수치들이 높게 형성된다고 하였으며, 거동장애증후군 환자들은 주로 나이가 많고 비만이며 근육량이 적고 골밀도가 낮다고 나와 있다.

02 문서작성능력 올바른 문서작성방법 파악하기

|정답| ③

|해설| 행사 안내문이나 공지사항 등의 문서는 조직의 책임자가 사전 확인을 하는 것이 원칙이나 책임자의 서명을 함께 공지할 필요는 없다.

|오답풀이|

① 국제기구의 경우 'WHO(세계보건기구)'와 같이 기재하는 것이 올바른 표현이다.

② 항목화시킨 안내문이 훨씬 알아보기 쉽고 기억에도 오래 머무를 수 있다.

④ 전문가의 프로필이나 원고, 피고 등의 자세한 사항은 읽는 이로 하여금 행사 참석을 유도할 수 있는 좋은 방법이 될 수 있다.

03 　문서작성능력　글의 흐름에 맞게 내용 추가하기

|정답| ②

|해설| 응징자가 존재할 수 있는 이유에 대해 중앙집권적인 권위를 부정하며 글을 전개하고 있다. 응징자의 역할은 반드시 필요하지만 강요에 의해 협력하지 않는다는 것이다. 따라서 이어질 문장으로 협력의 자연 발생적 형성을 제시하는 ②가 적절하다.

04 　문서이해능력　세부내용 이해하기

|정답| ③

|해설| 그레타는 아스퍼거 증후군으로 인해 일반 사람들이 쉽게 풀 수 있는 방정식을 이해할 수 없지만, 우리가 직접 볼 수 없어 외면하고 있는 이산화탄소를 맨눈으로 알아차릴 수 있는 극소수의 사람이다. 마지막 문단을 보면 '그레타의 생각은 틀렸고 우리가 옳다고 생각할 수는 없다.'고 나와 있다. 즉, 우리와 생각이 조금 다르게 흘러간다고 해서 그레타의 인식이 잘못되었다고 판단할 수는 없다.

05 　문서작성능력　올바른 맞춤법 고르기

|정답| ③

|해설| ⓒ 기업가로써 → 기업가로서 : '-로써'는 수단, 방법, 도구를 나타낼 때 쓰이는 조사이며, '-로서'는 신분, 자격, 지위, 관계 따위를 나타내는 조사이다. 글에서는 기업가라는 신분을 나타내므로 '-로서'가 쓰여야 한다.

ⓔ 저질르거나 → 저지르거나 : '저지르다'는 '죄를 짓거나 잘못이 생겨나게 행동하다'는 의미로 '저지르거나'가 옳은 표현이다.

|오답풀이|

㉠ 끊임없이 : 계속하거나 이어져 있던 것이 끊이지 아니하게

㉡ 십상 : 열에 여덟이나 아홉 정도로 거의 예외가 없음을 뜻하는 말(=십상팔구(十常八九))

06 　문서이해능력　세부내용 이해하기

|정답| ④

|해설| 두 번째 문단 마지막 부분에 "용량별로는 50MW 이하는 리튬 이온배터리 및 NaS, RFB 등의 전지 산업으로, 50MW 이상은 CAES 및 양수발전시스템과 같은 대형 발전 산업으로 시장을 형성할 것으로 예상된다."고 나와 있으므로 ④는 적절하지 않다.

07 　문서작성능력　제안서 작성하기

|정답| ①

|해설| 제안 내용에는 회의실 및 응접실 사용의 예약제 절차, 알림, 시행일 등이 포함되어 있으며 불필요한 부분은 없다.

08 　문서작성능력　적절한 내용 보강하기

|정답| ①

|해설| 제시문은 4차 산업혁명의 특성, 예상 변화 등을 설명하는 글이다. 2 ~ 3문단에서 서술된 1 ~ 3차 산업혁명은 4차 산업혁명을 설명하기 위해 비교 대상으로 활용된 것이지 중심주제로 등장하는 것은 아니다. 그러므로 4차 산업혁명의 파생 내용이 아닌 ①로 보강할 필요는 없다.

09 　문서이해능력　개요에 해당하는 내용 찾기

|정답| ③

|해설| 선택지는 피천득의 수필 〈인연〉 중에서 '이야기' 속의 내용을 일부 발췌한 것이다. 이 중 ③은 말과 침묵의 관계에 대한 내용이다.

|오답풀이|

① 거짓말에 대한 견해와 관련된 내용이다.

② 험담에 대한 생각과 관련된 내용이다.

④ 이야기의 즐거움에 대한 내용이다.

10 문서이해능력 정보로 사실여부 판단하기

|정답| ①

|해설| 1. 제시된 정보에서 업무를 통해 형성된 자아개념은 자신의 업무위치에서 자신을 관찰하는 시각이다. 이는 반드시 대인관계로 전이된다고 하였으므로 옳다. (A)

2. 제시된 정보에는 업무를 통해 형성된 자아개념은 비업무적인 활동으로 전이된다고 하였으므로 옳지 않다. (B)

3. 제시된 정보에서 업무를 통해 형성된 자아개념과 영감은 비업무적인 활동과 대인관계로 전이된다고 나와 있다. (A)

4. 업무에 관련된 사람들이 여가생활에서도 친구가 될 것이라는 진술은 제시된 정보만으로는 판단이 불가능하다. (C)

따라서 답은 A−B−A−C이다.

11 문서이해능력 정보로 사실여부 판단하기

|정답| ①

|해설| 1. 치안본부에서 지역 마약 전담반을 편성해서 지역 경찰서 형사반과 병행 운영할 것이라고 밝혔으므로 마약 범죄 소탕에 있어서 성과를 기대할 수 있을 것이다. (A)

2. 경찰이 새 전담반을 편성한 것이 아니라 지역 경찰서 형사반과 병행운영할 것을 검토하고 있다고 하였다. (B)

3. 이 나라 밖에서의 마약 활동에 대해서 그 어떤 국가도 관계치 않는다는 내용은 제시된 정보만으로는 사실여부 판단이 불가능하다. (C)

4. 제시된 정보를 보면 '이제까지 마약 수사를 담당했던 지역 경찰서 형사반'이라고 나와 있으므로 과거에도 지역 경찰서에서 마약 단속을 했던 것으로 볼 수 있다. (B)

따라서 답은 A−B−C−B이다.

12 문서이해능력 중심내용 이해하기

|정답| ④

|해설| (라)는 드라이클리닝 용제와 함께 사용되며, 물빨래에서의 비누 역할을 하는 '드라이클리닝 세제'에 대해 소개하는 문단이다. 드라이클리닝 세탁의 한계를 언급하는 내용은 없다.

13 문서이해능력 세부내용 이해하기

|정답| ①

|해설| (라) 문단에서 물과 친화력 강한 수용성 오염을 효율성으로 없애기 위해 '드라이소프'라는 드라이클리닝 세제를 사용한다고 언급하고 있다.

14 문서이해능력 세부내용 이해하기

|정답| ②

|해설| ㄱ. 첫 번째 문단을 보면 '신종 코로나바이러스 감염증 사태가 은행권 영업환경도 바꾸고 있다'고 나와 있다.

ㄹ. 마지막 문단을 보면 단말기를 들고 다니면서 고객을 만나 통장을 개설해 주는 '포터블 브랜치' 영업은 고령층 고객으로부터 좋은 호응을 받았으나, 코로나19가 확산된 최근에는 경로당 등에서 오지 말라고 연락이 오는 경우가 많다고 하였다.

|오답풀이|

ㄴ. 두 번째 문단을 보면 지난 16일부터 22일까지 5개 시중은행의 비대면 거래 이체 건수는 3,295만 8,643건으로 지난해 같은 기간 3,101만 3,348건과 비교하여 약 200만 건 가까이 늘어났다고 하였다.

ㄷ. 세 번째 문단의 마지막 문장을 보면 코로나19 확진자가 늘어난 시점부터 이체와 같은 기본적인 업무는 거의 비대면으로 처리하는 추세라고 하였다.

15 문서이해능력 세부내용 이해하기

|정답| ④

| 해설 | ㄱ. 첫 번째 문단을 보면 지구촌 곳곳에서 기상이변의 발생 빈도가 점점 증가하고 있어 고통받고 있음을 알 수 있다.

ㄴ. 두 번째 문단을 보면 물 복지 실현을 위해 국가적 측면에서의 접근이 필요하다며 국가적 측면에서의 물 관리 체계 방안이 제시되어 있다.

ㄷ. 세 번째 문단을 보면 스마트워터그리드 기술은 'ICT를 활용해 실시간으로 물 수요를 분석·예측해 물 관리를 효율적으로 하는 토탈 물 관리 시스템'이라고 나와 있다.

ㄹ. 마지막 문단을 보면 드론시스템을 활용한 홍수관리 통합감시체계, 녹조 감시체계를 도입 중에 있음을 알 수 있다.

16 문서작성능력 글의 순서 배열하기

| 정답 | ①

| 해설 | 먼저 빅데이터가 '빅(big)＋데이터(data)'의 단순 합성어가 아닌 '반정형·비정형 데이터'를 포함하는 개념임을 알리고 있는 (나)가 오고, 빅데이터의 주된 특징을 나열하며 단순히 데이터양이 많다고 해서 빅데이터라고 부를 수 있는 건 아님을 다시 정리한 (가)가 이어진다. 다음으로 또 다른 빅데이터의 정의를 소개하고 있는 (라)가 이어지고, (라)의 개념을 다시 정리한 (다)가 마지막에 온다. 따라서 올바른 순서는 (나)-(가)-(라)-(다)이다.

17 문서작성능력 알맞은 소제목 고르기

| 정답 | ③

| 해설 | 제시문은 빅데이터의 본질적인 정의와 특징을 설명하는 글로, 플랫폼 전략이나 과거 기술과의 비교, 과학자의 필요성 등은 언급되어 있지 않다.

18 문서작성능력 문서 종류 파악하기

| 정답 | ③

| 해설 | 문서는 문자, 부호 또는 도화에 의하여 의사 또는 관념을 표시한 것으로서 정부 공문서 규정상의 문서에 국

한할 경우 문서의 종류는 크게 공문서와 사문서로 나뉘며 공문서는 법규문서, 영달문서(지시문서), 공고문서, 일반문서로 나뉜다.

이 중 지시문서는 훈령·지시·예규·일일명령 등 행정기관이 하급기관이나 소속공무원에게 일정한 사항을 지시하는 문서를 말한다.

| 오답풀이 |

① 법규문서는 법률·대통령령·총리령·부령·조례 및 규정 등에 관한 문서를 말한다.

④ 일반문서는 법규문서, 영달문서, 공고문서 이외의 문서를 말한다.

19 문서작성능력 알맞은 조문 제목 고르기

| 정답 | ②

| 해설 | ㉠ 제1조는 맨 마지막 줄에 '～ 을 목적으로 한다.'로 마무리되고 있으므로 목적이 적절하다.

㉡ 신용보증 한도를 130%까지 확대하고 비율을 조정할 수 있다고 하였으므로 신용보증 지원이 가장 적절하다.

㉢ 창업자금과 관련된 내용이므로 창업자원 지원이 가장 적절하다.

㉣ 종업원 수가 증가한 기업에게 융자 우선 대상기업 선정의 기회와 신용보증 한도가 상향되는 등의 혜택이 주어지는 내용이므로 일자리 창출 기업지원이 가장 적절하다.

20 문서이해능력 훈령 내용 이해하기

| 정답 | ④

| 해설 | 제9조 제1항에서 중소기업육성자금 총액 중 70% 이상을 상반기 내에 지원한다고 되어 있으므로 하반기를 위해 남겨 두어야 하는 자금은 총액 중 최대 30%이다.

21 기초연산능력 간격 구하기

| 정답 | ④

| 해설 | 벽에 16장의 도화지를 가로로 붙이면 도화지 사이 간격은 15개가 된다. 도화지의 간격을 x로 두면 양 끝의

간격은 2.5배이므로 $2.5x$이다. 단위를 cm로 통일하여 식을 세우면 다음과 같다.

$1,200 = 30 \times 16 + 15x + 2 \times 2.5x$

$1,200 = 480 + 20x$, $720 = 20x$

$\therefore x = 36$

따라서 도화지의 간격은 36cm이다.

22 기초연산능력 필요한 날짜 구하기

|정답| ③

|해설| 250개 고객사 중 30%에게 통화를 완료하였으므로 남은 고객사는 $250 \times (1-0.3) = 250 \times 0.7 = 175$(개)이다. 하루에 22통씩 한다면 $175 \div 22 = 7.95 \cdots$(일)이므로 8일이 더 필요하다.

23 기초연산능력 관계식을 바탕으로 비용 계산하기

|정답| ②

|해설| 80% 정화된 폐수 1톤을 90% 정화시킬 때 추가적으로 발생하는 비용은 (90% 정화시키는 데 들어가는 비용)－(80% 정화시키는 데 들어가는 비용)으로 구할 수 있다. 따라서 $\dfrac{5 \times 90}{100-90} - \dfrac{5 \times 80}{100-80} = 25$(만 원)이 추가적으로 발생한다.

24 기초연산능력 복리 이해하기

|정답| ③

|해설|
• 1년 후의 잔고 : $100 \times (1+0.05)^1$

• 2년 후의 잔고 : 1년 후의 잔고가 원금이 되므로
  $100 \times (1+0.05)^2$

• 3년 후의 잔고 : 2년 후의 잔고가 원금이 되므로
  $100 \times (1+0.05)^3$
  ⋮

• 10년 후의 잔고 : $100 \times (1+0.05)^{10}$

25 도표분석능력 자료의 수치 분석하기

|정답| ④

|해설| 주어진 계산식에 의해 공적장기요양 보호율을 구하면 다음과 같다.

(단위 : 명)

구분		2015년	2016년	2017년
공적 장기요양 서비스 이용자	소계	325,970	338,140	373,807
	장기요양 서비스	288,242	300,869	331,525
	노인돌봄 종합 서비스	37,728	37,271	42,282
65세 이상 노인 수		5,700,972	5,980,060	6,250,986
공적장기요양 보호율(%)		5.72	5.65	5.98

(단위 : 명)

구분		2018년	2019년	2020년
공적 장기요양 서비스 이용자	소계	411,355	443,189	487,112
	장기요양 서비스	364,596	399,761	442,819
	노인돌봄 종합 서비스	46,759	43,428	44,293
65세 이상 노인 수		6,520,607	6,775,101	6,995,652
공적장기요양 보호율(%)		6.31	6.54	6.96

따라서 ④의 '2016년에 다소 감소한 이후 꾸준히 증가하였다'는 올바른 분석이 된다.

26 도표분석능력 표와 보고서의 내용 비교하기

|정답| ③

|해설| 일본 화장품의 수입액은 꾸준히 상승하고 있지만, 호주의 2019년 수입액은 2018년 수입액의 2배(8.84)보다 적으므로 전년 대비 2배 이상의 수입액 현황을 보인다고 볼 수 없다.

|오답풀이|
① 2018년 32.76천만 달러에서 2019년 49.84천만 달러로 약 52.1% 증가했다.

② 2017년 10.99천만 달러에서 2018년에 10.64천만 달러로 소폭 하락하였으나 다음해인 2019년에는 14.77천만 달러로 약 38.8% 증가하였다.

④ 2개국은 프랑스와 이탈리아로, 2018년에 화장품 수입액이 소폭 줄었다가 2019년에 다시 증가했다. 그 외 국가들은 꾸준히 수입액이 늘고 있다.

27 도표분석능력 자료의 수치 분석하기

|정답| ④

|해설| 여자 연상 부부의 연령차별 2012년 대비 2019년의 구성비 증가폭을 구하면 다음과 같다.

• 1 ~ 2세 : $11.7 - 10.8 = 0.9(\%p)$

• 3 ~ 5세 : $4.0 - 3.2 = 0.8(\%p)$

• 6 ~ 9세 : $1.0 - 0.7 = 0.3(\%p)$

따라서 구성비 증가폭이 가장 큰 연령차는 1 ~ 2세이다.

28 기초연산능력 보수 지급 명세서 분석하기

|정답| ②

|해설| 빈칸에 들어갈 수를 계산하면 보수총액은 3,570,000원, 공제총액은 570,000원, 실수령액은 3,000,000원이다.

ㄱ. 일반기여금이 15% 증가하면 $284,000 \times 0.15 = 42,600$(원) 증가하게 되므로, 공제총액은 $570,000 + 42,600 = 612,600$(원)이 된다.

ㄷ. 건강보험료는 장기요양보험료의 $\dfrac{103,000}{7,000} ≒ 14.7$(배)이다.

ㄹ. 공제총액에서 일반기여금이 차지하는 비중은 $\dfrac{284,000}{570,000} \times 100 ≒ 49.8(\%)$, 보수총액에서 직급보조비가 차지하는 비중은 $\dfrac{250,000}{3,570,000} \times 100 ≒ 7.0(\%)$로, $\dfrac{49.8}{7.0} ≒ 7.1$(배)이다.

|오답풀이|

ㄴ. 실수령액은 기본급의 $\dfrac{3,000,000}{2,530,000} ≒ 1.19$(배)이다.

29 도표분석능력 자료의 수치 계산하기

|정답| ②

|해설| 거제의 소나무 수는 1,590천 그루이고 감염률은 50%이므로 거제의 감염된 소나무 수는 $1,590 \times 0.5 = 795$ (천 그루)이다. 감염된 소나무 795천 그루 중 50%가 고사했으므로 $795 \times 0.5 = 397.5$(천 그루)가 고사했음을 알 수 있다.

제주의 소나무 수는 1,201천 그루이고 감염률은 80%이므로 감염된 소나무 수는 $1,201 \times 0.8 = 960.8$(천 그루)이다. 감염된 소나무 960.8천 그루 중 40%가 고사했으므로 $960.8 \times 0.4 = 384.32$(천 그루)가 고사했음을 알 수 있다. 따라서 제주의 고사한 소나무 수는 거제의 고사한 소나무 수의 $\dfrac{384.32}{397.5} ≒ 1.0$(배)이다.

30 도표분석능력 자료의 수치 분석하기

|정답| ③

|해설| 대구의 밤 평균 소음측정치는

$\dfrac{62 + 63 + 64 + 64 + 63 + 62 + 63}{7} = 63(dB)$,

대전의 낮 평균 소음측정치는

$\dfrac{62 + 62 + 63 + 62 + 62 + 61 + 61}{7} ≒ 61.86(dB)$이므로 대구의 밤 평균 소음측정치는 대전의 낮 평균 소음측정치보다 높다.

|오답풀이|

① 대전은 조사 기간 동안 낮 소음환경기준인 65dB을 지키고 있다.

② 부산의 낮 평균 소음측정치는 $\dfrac{(68 \times 3) + (67 \times 4)}{7}$ $= 67.4285 \cdots ≒ 67.43(dB)$이다.

④ 광주에서 낮과 밤 소음측정치의 차이가 가장 큰 해는 $66 - 60 = 6(dB)$의 차이를 보인 2014년이다.

31 도표분석능력 레이더 차트 분석하기

|정답| ②

|해설| ㄱ. A 기업과 국내 기업평균을 나타내는 점이 노동 시장 이용성 부문에서는 같고 복지 부문에서는 한 칸보다 조금 더 떨어져 있으므로 옳다.

ㄷ. 12개 부문 중 A 기업을 나타내는 점이 가장 안쪽에 위치하는 것은 혁신이므로 옳다.

| 오답풀이 |

ㄴ. 시장확보 부문에서 A 기업의 점이 국내 기업 평균보다 더 바깥쪽에 있으므로 옳지 않다.

ㄹ. 시설 부문에서는 국내 기업 평균이 더 바깥쪽에 위치하며, 기초교육과 노동시장 이용성 부문은 동일한 수준이므로 옳지 않다.

32 기초연산능력 단위 환산하기

| 정답 | ④

| 해설 | 1m＝39.37in이므로, 120m를 인치로 환산하면 120×39.37＝4,724.4(in)이다.

33 기초연산능력 단위 환산하기

| 정답 | ②

| 해설 | 1ft＝12in이므로 100ft＝1,200in이다. 따라서 100ft는 100in의 12배이다.

34 도표분석능력 증감 추이가 동일한 항목 찾기

| 정답 | ①

| 해설 | 인구 전체의 인플루엔자 예방접종률 증감 추이는 20X2년까지 감소한 후 20X3년부터 증가세를 보이고 있다. 따라서 이와 동일한 증감 추이를 보이는 연령대는 30 ～ 39세이다.

35 도표분석능력 자료의 수치 분석하기

| 정답 | ①

| 해설 | 대체적으로 소득수준이 높을수록 예방접종률도 높게 나타나고 있으나 항상 높은 수치를 나타내고 있지는 않다. 특히 20X9년의 경우, 소득수준 '상'이 34.4%이며, 소득수준 '하'가 34.5%를 나타내고 있다.

| 오답풀이 |

② 70세 이상이 87.0%로 가장 높고, 19 ～ 29세가 14.8%로 가장 낮다.

③ 해당 기간 읍면 지역은 지속 상승 추이를 보이고 있으나 같은 추이를 보이는 소득수준별 계층은 없다.

④ 거주지역이나 소득수준별 예방접종률은 20 ～ 30%대로 작은 차이를 보이고 있으나 연령대별로는 10%대에서 70 ～ 80%대의 큰 차이를 보이고 있다.

36 도표분석능력 자료의 수치 분석하기

| 정답 | ②

| 해설 | 〈표 1〉과 〈표 2〉에서는 국고보조금과 지방비의 합이 서울, 부산, 대구, 인천의 순으로 많으나 〈표 3〉의 수치는 서울, 부산, 인천, 대구의 순으로 많음을 알 수 있다.

| 오답풀이 |

① 서울은 세 가지 자료에서 모두 국고보조율이 50%이다.

③ $\frac{8,612}{223,949} \times 100 ＝ 3.8(\%)$로 5%에 못 미친다.

④ 일반검진비와 영유아검진비의 전국 국고보조금 지원액의 합은 5,266,000＋675,000＝5,941,000이므로 이 경우는 $\frac{5,941,000}{6,376,000} \times 100 ＝ 93.18(\%)$가 된다.

지방비의 경우는 1,661,860＋223,949＝1,885,809가 되어 $\frac{1,885,809}{2,026,893} \times 100 ＝ 93.04(\%)$가 되므로 올바른 설명이 된다.

37 도표분석능력 비율 계산하기

| 정답 | ③

| 해설 | 인천의 영유아검진비 국고보조금은 50,651천 원이며, '기타 지역'의 국고보조금은 675,000－(73,595＋51,687＋34,447＋50,651)＝464,620(천 원)이다.

따라서 $\frac{50,651}{464,620} \times 100 ＝ 10.9(\%)$이다.

38 도표분석능력 자료의 수치 분석하기

| 정답 | ④

| 해설 | 응시자 수는 늘었으나 취득자 수가 줄어든 것은 기술사, 기사, 기능사로 총 세 개이나, 응시자 수가 줄었으나 취득자 수가 늘어난 것은 산업기사 한 개이다.

| 오답풀이 |

① 자료를 통해 20X1년 기술사 응시자 수는 57명이고, 그 중 4명이 자격증을 취득하였음을 알 수 있다.

② 20X2년 기능사 취득자 수는 1,108명으로, 전체 취득자 수인 1,942명의 절반 이상을 차지한다.

③ 응시자 수는 10,200명에서 10,306명으로 증가하였으나, 취득자 수는 2,040명에서 1,942명으로 감소하였다.

39 도표분석능력 관계식을 바탕으로 비율 구하기

| 정답 | ①

| 해설 | 20X1년 국가자격기술 응시자 전체의 취득률은 주어진 취득률 식에 대입하면 $\frac{2,040}{10,200} \times 100 = 20(\%)$이다.

40 도표작성능력 표를 그래프로 변환하기

| 정답 | ④

| 해설 | 대기오염물질의 연도별 자료라는 특성을 감안할 때, 각 오염물질의 연도별 변화 추이를 보기 쉽게 나타내는 것이 핵심이라고 볼 수 있다. 따라서 ④와 같은 꺾은선 그래프가 가장 적절하다.

41 사고력 명제 추리하기

| 정답 | ①

| 해설 | A의 대우 명제는 참이므로 '운동을 싫어하는 사람은 게으르다'도 참이다. B 명제와 A의 대우 명제를 순서대로 삼단논법에 의하여 정리하면 '긍정적이지 않은 사람은 게으르다'라는 명제가 참임을 알 수 있다.

42 사고력 참인 명제 찾기

| 정답 | ③

| 해설 |
• A : 매뉴얼에 기초하다.
• B : 사용 가능하다.
• C : 적용 가능하다.

라고 했을 때, 첫 번째 조건은 A → B, 두 번째 조건은 ~ B → ~ C, 세 번째 조건은 ~ C → ~ B로 성립한다.

두 번째와 세 번째 조건에서 B ↔ C이므로 A → B=C이다. 이를 첫 번째 조건에 적용하면 A → C이고 대우명제인 ~ C → ~ A가 성립한다. 따라서 ③은 참이다.

43 사고력 참, 거짓 판별하기

| 정답 | ③

| 해설 | 각 명제를 도식화한 후 대우 명제를 만들어 보면 다음과 같다.
• 물리∩도덕 → 생물
  대우 : ~ 생물 → ~ 물리∪ ~ 도덕
• ~ 물리∩ ~ 영어 → 도덕∪역사
  대우 : ~ 도덕∩ ~ 역사 → 물리∪영어
• 영어 → ~ 생물∩ ~ 역사
  대우 : 생물∪역사 → ~ 영어

따라서 마지막 조건에 의해 생물 또는 역사를 좋아하는 사람은 영어를 좋아하지 않는 사람이라고 말할 수 있다.

44 사고력 조건으로 진술 판별하기

| 정답 | ④

| 해설 | A는 조건 (나)를 통해 왼쪽에서 네 번째로 위치가 고정되었으므로 이를 기준으로 하여 생각한다.

			A	

조건 (가)와 (라)를 종합하면 C와 D의 순서는 D-C가 되며 두 그루의 나무는 붙어 있으므로 E의 위치가 확정되어 다음과 같은 두 가지의 경우가 가능해진다.

B	D	C	A	E
D	C	B	A	E

1회 기출예상 2회 기출예상 3회 기출예상 4회 기출예상 5회 기출예상 6회 기출예상

두 가지의 경우에서 E는 항상 가장 오른쪽에 위치하므로 답은 ④가 된다.

45 　사고력　항상 옳은 것 고르기

| 정답 | ④

| 해설 | 〈보기〉의 내용을 표로 나타내면 다음과 같다.

구분	A	B	결과
가	• 7번 이기고 3번 짐 $(7 \times 3) - (3 \times 1)$ $= 18$	• 3번 이기고 7번 짐 $(3 \times 3) - (7 \times 1)$ $= 2$	• A가 B보다 16계단 위에 있다. $(18 - 2 = 16)$
나	• 4번 이기고 6번 짐 $(4 \times 3) - (6 \times 1)$ $= 6$	• 6번 이기고 4번 짐 $(6 \times 3) - (4 \times 1)$ $= 14$	• B가 A보다 8계단 위에 있다. $(14 - 6 = 8)$
다	• 10번 모두 짐 $(0 \times 3) - (10 \times 1)$ $= -10$	• 10번 모두 이김 $(10 \times 3) - (0 \times 1)$ $= 30$	• 10번째 계단에서 게임을 시작했으므로 B는 40번째 계단에 올라가 있을 것이다.

따라서 항상 옳은 것은 가, 나이다.

46 　문제처리능력　자료 분석하기

| 정답 | ④

| 해설 | 〈자료 1〉을 보면 연평균 강수일수는 줄어들었지만 호우일수는 늘어나고 있고, 〈자료 2〉에 따르면 강수량은 늘어나고 있다. 하지만 이 수치가 지구 온난화와 어떠한 연관성을 가지는지에 대해서는 조사된 내용이 없으므로 ④는 적절하지 않다.

47 　문제처리능력　회의 일정 선택하기

| 정답 | ②

| 해설 | 참석 인원이 100명이므로 A홀이나 B홀을 예약할 수 있다. 20일은 B홀은 오후 3시 20분에 예약 내역이 있으므로 예약할 수 없으며 A홀이 오후 4시부터 예약되어 있으나 회의장 사용 전, 청소 및 정리 시간을 포함하면 오후 3시 40분부터 예약이 되어있으므로 A홀도 예약할 수 없다.

48 　사고력　논리적 오류 파악하기

| 정답 | ③

| 해설 | 글에서는 외국산 제품의 구매는 매국으로 보고 국내산 제품 애용은 애국으로 보고 있다. 이는 모든 문제를 양극단으로만 구분하여 추론할 때 생기는 흑백논리의 오류로 ③이 가장 유사하다.

49 　문제처리능력　기준에 따라 기기 선정하기

| 정답 | ③

| 해설 | 〈심사 기준〉 '1'에서 A가 제외되고 '2'에서 C, F가 제외되며 '3'에서 D가 제외된다. 따라서 모든 조건을 만족하는 것은 B, E, G이다.

50 　문제처리능력　자료를 바탕으로 지도 그리기

| 정답 | ②

| 해설 | 조건 3가지를 모두 만족하는 지도는 ②번이다.

| 오답풀이 |

① 구간의 표기가 잘못되어 있으며 미통제 구간의 표기가 없다. 또한 마라톤 코스에 나온 도로명이 확실히 표기되지 않았다.

③ 구간의 표기가 잘못되어 있으며 미통제 구간의 표기가 없다.

④ 구간의 표기가 잘못되어 있다.

51 　문제처리능력　자료를 바탕으로 수량 계산하기

| 정답 | ①

| 해설 | 생수를 배치해야 하는 5km와 7.5km지점은 공통 구간이므로 1코스와 2코스 참가자 모두가 사용할 수 있도록 3,000개씩 비치하여야 한다. 이후로는 1코스 참가자 1,000명만 사용하므로 10km, 12.5km, 15km, 17.5km, 20km 구간에 1,000개씩 비치한다. 따라서 생수의 필요 수량은 모두 $2 \times 3,000 + 5 \times 1,000 = 11,000$(개)이다.

간식은 7.5km 지점에 3,000개, 15km 지점에 1,000개 비치하여 총 4,000개가 필요하다.

스펀지는 5km 지점에 3,000개, 10km, 15km, 20km 지점에 각 1,000개를 비치하여 3,000+3×1,000=6,000(개)가 필요하다.

52 문제처리능력 자료를 바탕으로 대상 선정하기

|정답| ③

|해설| 창업지원사업의 신청대상은 신청일 현재 창업을 하지 않은 예비창업자와 신청일 기준 1년 이내 창업(개인, 법인)한 자이며, 법인사업자의 경우 법인등기부등본상 '법인설립등기일'을 기준으로 한다. ③의 경우 법인설립등기일은 '20△4년 1월'이고 창업지원사업의 신청일은 '20△5년 4월'이므로 신청일 기준 1년 이내 창업한 자에 해당되지 않는다. 따라서 신청대상에서 제외된다.

|오답풀이|

① 금융기관 등으로부터 채무불이행으로 규제 중인 자 또는 기업, 국세 또는 지방세 체납으로 규제 중인 자는 지원 제외대상이므로 세금 체납 이력이 없는 자는 신청대상에 해당된다.

② 신청일 기준으로 6개월 이내에 폐업한 자는 지원 제외대상이지만 20△3년 10월에 폐업한 경우 신청일로부터 약 2년 전이므로 신청대상에 해당된다.

④ 개인 또는 법인 창업 이력이 전혀 없는 예비창업자로서 신청대상에 해당된다.

53 문제처리능력 자료를 바탕으로 보도 자료 작성하기

|정답| ④

|해설| 창업지원사업 안내 중 신청 및 접수 부분을 보면 창업넷 홈페이지에 접속하여 회원가입 및 로그인을 반드시 해야 하며, 그 후로 참여 신청서 등록 및 사업 계획서 등록 등의 절차를 순서대로 진행할 수 있다.

54 문제처리능력 자료 이해하기

|정답| ②

|해설| 신청 프로그램과 교육일시, 신청일시, 신청서 제출일시 등이 모두 적합한 것은 B 고등학교, E 고등학교이다.

|오답풀이|

• A 초등학교 : 전산신청 후 3일 이내 신청서를 제출해야 하지만 7월 3일에 신청하고, 7월 8일에 제출하여 신청이 취소된다.

• C 초등학교 : 교육 희망일자가 9월 7일로 이는 금요일이다. 교육은 매주 화, 수, 목이므로 선정되지 않는다.

• D 중학교 : 인원이 정원의 90%(88.6%)가 되지 않아 선정되지 않는다.

• F 초등학교 : 초등학교 3학년의 신청 프로그램은 어린이금융체험교실(저학년)이므로 적합하지 않다.

• G 중학교 : 인원이 정원의 90%(85.7%)가 되지 않아 선정되지 않는다.

55 문제처리능력 자료 이해하기

|정답| ①

|해설| 한 시간당 직원 2명, 자원봉사자 1명을 배정하고 시간단위별로 인력을 공개하므로 총 9명이 투입되는지 알 수 없다.

|오답풀이|

② 학생 체험교육 동안 교사, 학부모는 각각 한국금융사박물관 도슨트, △△은행관리본부 강의를 들을 수 있다.

③ 교육내용은 대상자 수준에 맞추어 조정 가능하므로 어린이금융체험교실(저학년)을 신청하는 것도 가능하다.

④ 교육 일시는 변경이 불가능하다.

56 문제처리능력 자료를 바탕으로 판단하기

|정답| ③

|해설| 4문단에서 스카이카는 아직까지는 부자들만의 럭셔리한 운송수단 정도로 여겨지고 있다고 언급되어 있다.

|오답풀이|

④ CTOL 방식은 자동으로 날개를 펼치고 접을 수 있으나 활주로가 필요하며, VTOL 방식은 장착된 회전 날개가 있어 활주로 없이 수직이 착륙이 가능한 방식이다.

www.gosinet.co.kr gosinet

1회 기출예상

2회 기출예상

3회 기출예상

4회 기출예상

5회 기출예상

6회 기출예상

57 문제처리능력 선결과제 판단하기

| 정답 | ③

| 해설 | 스카이카는 지상을 달리는 기능과 하늘을 나는 기능이 결합된 자동차이다. 또한 스카이카는 반경 10m의 좁은 공간에서 이·착륙이 가능하며, VTOL 방식은 아무 장소에서나 수직 이착륙이 가능하다고 하였다. 따라서 건물 옥상에 이·착륙 시설을 확충할 필요가 없다.

58 문제처리능력 자료 이해하기

| 정답 | ④

| 해설 | 우버에어는 특정 빌딩의 옥상 헬리콥터장 등 이·착륙이 가능한 장소에서 비행 택시를 호출하는 서비스를 목표로 하고 있으므로 활주로가 필요 없는 VTOL 비행 방식이다.

59 문제처리능력 자료 이해하기

| 정답 | ①

| 해설 | 3문단을 통해 헨리 포드가 만든 '스카이 플라이버' 이후로 사람들은 하늘을 나는 자동차의 가능성을 발견하였고 끊임없이 스카이카 제작에 매달렸다는 것을 알 수 있다.
| 오답풀이 |
② '트랜지션'은 2009년에 비공개 시험비행에 성공하고 그 후 2013년에 공개 시험비행을 통해 10분 비행 인증을 받았다.
③ 사전예약판매 열기가 뜨거웠던 스카이카는 '트랜지션'이다.
④ '리버티'의 도로 주행 및 비행 속도는 알 수 없으며 도로 주행 시 100km/h, 이륙 후 비행 속도는 180km/h가 되는 것은 '트랜지션'이다.

60 문제처리능력 자료 읽고 추론하기

| 정답 | ④

| 해설 | 유럽항공 안전국이나 미연방 항공국의 인증을 받았다고 해서 우리나라에서도 활용 가능한지에 대해서는 주어진 자료만으로 알 수 없다.

6회 기출예상문제 문제 296쪽

01	②	02	②	03	①	04	①	05	③
06	③	07	③	08	④	09	④	10	③
11	④	12	④	13	②	14	④	15	③
16	③	17	③	18	④	19	②	20	②
21	①	22	④	23	①	24	①	25	④
26	③	27	④	28	③	29	③	30	②
31	③	32	④	33	④	34	③	35	④
36	①	37	③	38	③	39	④	40	②
41	③	42	④	43	②	44	④	45	②
46	④	47	③	48	①	49	④	50	④
51	①	52	④	53	③	57	③	55	③
56	④	57	①	58	③	59	③	60	②

01 문서이해능력 기사 내용 이해하기

| 정답 | ②

| 해설 | 욜로족에 대한 시선은 미래에 대한 대비없이 소비해 버리는 모습에 따가운 시선을 보내는 경우도 있지만 삶에 질을 높이려는 이상을 실현하는 과정이라고 보는 긍정적인 시선도 있다.
| 오답풀이 |
①, ③ 욜로는 과소비를 조장하는 문화도 있지만 삶의 질을 높이려는 이상을 실현하는 과정이라는 점도 있다.
④ 욜로는 젊은 세대가 중심이고 전 세대에 걸친 유행은 아니다.

02 문서이해능력 적절한 제목 찾기

| 정답 | ②

| 해설 | 이 글에서는 바이오연료는 화석연료의 대체 에너지로 각광받고 있지만 바이오연료의 경우 식량이 줄어들어 농산물 가격이 상승하게 되고 토양 침식, 삼림 벌채, 물 부족 현상 등을 초래할 수 있다고 보고 있다. 때문에 이러한 현상의 해결책이 될 수 있는 것으로 해수 농업을 제안하며, 이 해수 농업 기술은 기후 변화와 식량 부족의 대안도 될

수 있다고 말하고 있다. 따라서 제목으로 '② 대체 에너지의 해결책인 해수 농업'이 가장 적절하다.

03 문서작성능력 문장 수정하기

| 정답 | ①

| 해설 | 깔끔한 문장을 위해서는 가능한 한 '및'을 사용하지 않는 것이 좋다.

| 오답풀이 |

② 마케팅 계획 및 전략 수립 시 영업부서의 의견을 반영하도록 한다.
  → 마케팅 계획과 전략을 수립할 때 영업부서의 의견을 반영한다.

③ 적절한 담당자의 도움을 받아 연구 및 프로젝트를 수행을 할 수 있다.
  → 적절한 담당자의 도움을 받아 연구와 프로젝트를 수행한다.

④ 프로젝트 진행 과정 판단 미숙으로 문제 발생 확률 예측 실패야기 가능성을 점검한다.
  → 프로젝트 진행을 잘못 판단하여 문제가 발생할 확률을 예측하지 못하는지 점검한다.

04 문서작성능력 문맥에 맞는 내용 넣기

| 정답 | ①

| 해설 | 제시문은 과잉 정보가 오히려 효과적인 검열 방법으로 작동하는 현대의 모습을 설명한다. 범람하는 정보 속에서 갈피를 잃은 현대인은 정보를 걸러내는 능력을 잃어 가고 비평가들마저 대량으로 쏟아지는 정보 앞에서 적절한 정보를 선별하지 못하는 상황을 전달하는 글이므로, 맥락을 통해 빈칸에 알맞은 표현을 추론할 수 있다. 따라서 ㉠에는 '범람시킴으로써', ㉡에는 '정보의 홍수'가 들어가는 것이 가장 적절하다.

05 문서작성능력 문맥에 맞는 단어 넣기

| 정답 | ③

| 해설 | 선택형피크 요금제는 소비자들이 요금에 따라 전력량을 선택할 수 있도록 유도하는 정책이므로 ㉠에는 '유도'가 들어가는 것이 적절하다. 또한 여름에는 기존보다 강력한 정책이 요구되어 차등률은 기존보다 강한 수준에서 결정될 것이므로 ㉡에는 '높은'이 들어가는 것이 적절하다. ㉢에는 기업들이 절감 효과가 크지 않다고 생각했기 때문에 참여율이 낮게 나타났을 것이다. 따라서 '크지 않다고'가 들어가는 것이 적절하다.

06 문서이해능력 이메일 내용 이해하기

| 정답 | ③

| 해설 | 회의 진행에 대한 문의사항은 홍보1팀 Y 대리에게 문의해야 한다.

| 오답풀이 |

① 3개 팀에서 각 2인 이상 참석해야 하므로, 참석 규모를 6인 이상으로 보면 된다.

② 2차 회의의 목적은 신규 사업인 "빈집 재생 프로젝트"의 진행상황을 확인하고 향후 일정을 점검하는 것이다.

④ '2. 프로젝트 2차 기획 회의 내용'을 보면 이번 2차 회의에서는 "빈집 재생 프로젝트"의 가능성 여부와 대상 지역, 사업의 기대효과 등에 대해서 논할 예정이다.

07 문서이해능력 보도 자료 이해하기

| 정답 | ③

| 해설 | ㄷ. 2주 이내 A형 간염 환자와 접촉한 사람은 고위험군으로 분류되므로 A형 간염은 전염성을 지닌 질병이다.

ㄹ. 조개류는 익혀 먹는 것을 권장하지만 안전성이 확인된 조개젓의 섭취 또한 예방 수칙에서 권고하고 있다.

| 오답풀이 |

ㄱ. 이 비상방역체계는 20X2년 하반기 여름철 수인성 감염병 증가에 대비해 운영될 것이다.

ㄴ. A형 간염을 예방하기 위해서는 채소나 과일을 깨끗하게 씻어 껍질을 벗겨 먹는 것이 좋다.

08 문서이해능력 글의 제목 파악하기

| 정답 | ④

| 해설 | 주어진 글을 보면 오존은 태양으로부터 오는 강력한 자외선을 막아 주어 생명체가 살 수 있도록 해주는 등 적절히만 사용하면 우리에게 유익한 물질이지만, 반면 대기 오염의 부산물로 발생하는 오존은 생명체에 치명적인 손상을 입힘을 알려주고 있다. 따라서 이 글의 제목으로 '오존의 두 얼굴'이 가장 적절하다.

09 문서작성능력 적절하게 순서 배치하기

| 정답 | ④

| 해설 | 행사 안내문의 경우, 문서의 서두에 안내문의 간략한 개요를 싣고 나면 세부사항의 첫 번째 항목으로 행사의 일시와 장소를 안내한다. 그 다음으로 행사의 주제나 성격을 안내하고 그에 대한 하위 세부사항을 항목별로 기재한다. 안내할 내용이 간결하고 짧은 항목을 가급적 앞쪽에서 설명하고 긴 항목은 뒤쪽에 배치하며, 추가 지면이 필요한 경우 '붙임'을 이용한 첨부문서나 인터넷 사이트 링크로 안내할 수도 있다. 문의처, 문의사항, 기타 등의 항목은 마지막에 두고 안내문을 종료한다. 따라서 제시된 안내문의 경우에는 '일시, 장소(다) → 주제(가) → 주요 내용(마) → 발제 · 토론자(나) → 문의처(라)'의 순이 자연스러운 배열이다.

10 문서작성능력 글의 제목 작성하기

| 정답 | ③

| 해설 | '블록체인'으로 인해 에너지 시장이 개방되었다는 것이 핵심 내용이며 그 사례로 개인 간 '전기' 거래 사례를 제시하고 있으므로 ③이 적절하다.

| 오답풀이 |

④ '블록체인'으로 에너지 거래가 활성화된 것은 사실이나 민간의 기술을 활용하고 있다는 점에서 정부 주도의 사업이라고 보기 어렵다.

11 문서이해능력 세부내용 이해하기

| 정답 | ④

| 해설 | 전력중개사업은 '발전사업자'가 아니라 '중개사업자'가 신재생에너지, 에너지저장장치, 전기차 등에서 생산하거나 저장한 전기를 모아 전력시장에서 거래를 대행하는 사업을 말한다.

12 문서작성능력 개요 수정 및 보완하기

| 정답 | ④

| 해설 | (ㄱ), (ㄴ)의 내용은 모두 '과학자의 연구 환경 개선'과 관련이 있다.

13 문서이해능력 세부내용 이해하기

| 정답 | ②

| 해설 | 미국과 국제 사회의 대북제재에는 원자재, 농산물을 비롯한 모든 품목의 교역 금지가 포함되어 있으므로 적절한 판단이 아니다.

14 문서이해능력 글의 목적 추론하기

| 정답 | ④

| 해설 | A 씨는 가젤의 사례를 들어 '지각의 속도'에 대한 중요성을 강조하고 있다. 따라서 강연자로서의 생각과 주장을 전달한다는 ④가 가장 적절하다.

15 문서작성능력 서술 방식 파악하기

| 정답 | ③

| 해설 | A 씨는 강의를 시작하기에 앞서 질문을 통해 청중의 관심을 끌고 있다. 또한 치타와 가젤의 동영상 자료를 활용하여 청중이 강의 주제에 자연스럽게 접근하도록 유도하였으며, '지각 속도'라는 어려운 전문 용어를 '물체를 탐지하여 식별하는 속도'라는 쉬운 언어로 풀어서 설명하였다. 그러나 '지각 속도'를 다른 사물에 비유하여 설명하고 있지는 않다.

16 문서이해능력 자료를 바탕으로 추론하기

| 정답 | ③

| 해설 | 오랜 현지 거주 경험이 우수한 과제 수행 결과를 가져온다고 단정할 수는 없으며, 자칫 해외통신원의 책임감 결여로 인해 완벽한 과제 수행을 기대하기 어려울 수도 있다. 본사에서 오랜 기간 체계적인 교육 프로그램을 통하여 업무 수행 능력이 검증된 주재원이 보다 적절할 수 있다고 보아야 한다.

17 문서작성능력 제시문의 후속 내용 추론하기

| 정답 | ②

| 해설 | 모집 공고문은 응모자들이 알아야 할 최소한의 사항과 회사의 필요로 공지하는 사항을 실어야 한다. 정기과제 및 지정과제에 대한 세부 내용은 응모자의 결정을 위하여 회사가 제시해야 하는 필수 조건이라고 보기 어려우며 별도 문의 시 적절한 답변으로 처리할 수 있는 사항이다.

18 문서이해능력 세부내용 이해하기

| 정답 | ③

| 해설 | 본문에서 제시한 금융산업에서 4차 산업혁명을 이끌어 나갈 핵심 기술은 빅데이터 분석, 인공지능, 블록체인 그리고 비대면 거래가 증가하는 추세에 따른 비대면 거래의 인증방법인 생체인증기술이다.

19 문서이해능력 사례 이해하기

| 정답 | ②

| 해설 | 4차 산업혁명이란 정보통신기술이 다양한 산업과 결합하여 지금까지 볼 수 없던 새로운 형태의 제품과 서비스 비즈니스를 만들어 내는 것이다. 따라서 ②처럼 단순한 특화대출 상품은 4차 산업혁명에 대응하고 있는 것으로 보기 어렵다.

| 오답풀이 |

④ 원 뷰·원 보이스 (One View·One Voice) 프로젝트는 신한은행이 빅데이터 기반을 마련하기 위해 시행하는 프로젝트로 4차 산업혁명에 대응하는 적절한 사례로 볼 수 있다.

20 문서이해능력 세부내용 이해하기

| 정답 | ②

| 해설 | 1문단에서 녹차는 커피에 비해 낮은 온도의 물에서 제조되므로 카페인 성분이 $60 \sim 70\%$만 우려나온다고 설명하고 있다.

21 기초연산능력 거리·속력·시간 구하기

| 정답 | ①

| 해설 | 토끼와 거북이의 위치를 그래프로 나타내면 다음과 같다.

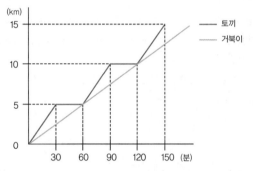

따라서 토끼와 거북이가 동시에 출발한 후 140분이 지나면 토끼는 거북이를 앞서고 있을 것이다.

| 오답풀이 |

④ 토끼와 거북이는 동시에 출발한 후 60분, 120분이 지난 시점에 만난다.

22 기초연산능력 자릿수의 합 구하기

| 정답 | ④

| 해설 | 1부터 100까지의 자릿수의 합을 구하면 된다.

• $1 \sim 9 : 1 \times 9 = 9$
• $10 \sim 99 : 2 \times 90 = 180$
• $100 : 3 \times 1 = 3$

따라서 1에서 100까지의 자연수를 동시에 인쇄할 때 필요한 활자의 수는 $9 + 180 + 3 = 192$(개)이다.

1회 기출예상

2회 기출예상

3회 기출예상

4회 기출예상

5회 기출예상

6회 기출예상

23 기초통계능력 확률 구하기

| 정답 | ①

| 해설 | 갑 공장과 을 공장에서 불량품이 나올 확률은 각각 $0.6 \times 0.01 = 0.006$과 $0.4 \times 0.02 = 0.008$이다. 또한, 전체 생산품 중 불량품이 나올 확률은 $0.006 + 0.008 = 0.014$이다. 따라서 임의로 선택한 제품이 불량품일 때, 갑 공장에서 생산된 불량품일 확률은 $\dfrac{0.006}{0.014} \fallingdotseq 0.429$로 약 42.9%이다.

24 기초연산능력 원리합계 구하기

| 정답 | ①

| 해설 | 매월 은행에 납입하는 금액을 a원이라 하면, 월 이자율이 1%, 월초 입금, 월말 이자지급이므로 다음과 같이 나타낼 수 있다.

1월	2월	3월	...	12월
a	$a \times 1.01$	$a \times 1.01^2$	...	$a \times 1.01^{12}$
	a	$a \times 1.01$		$a \times 1.01^{11}$
		a		$a \times 1.01^{10}$
				$\vdots$
				$a \times 1.01$

따라서 1년 만기 시 환급금액은 $(a \times 1.01) + \cdots + (a \times 1.01^{10}) + (a \times 1.01^{11}) + (a \times 1.01^{12})$이다. 문제에서 1년 만기 시 환급금액이 120만 원이라고 했으므로 다음과 같은 식이 성립한다.

$(a \times 1.01) + \cdots + (a \times 1.01^{11}) + (a \times 1.01^{12}) = 1,200,000$

좌변은 등비수열이므로 주어진 등비수열의 합 공식을 활용하여 계산할 수 있다.

첫째 항(a_1)은 $1.01a$, 공비(r)는 1.01이므로

$(a \times 1.01) + \cdots + (a \times 1.01^{10}) + (a \times 1.01^{11}) + (a \times 1.01^{12})$

$= \dfrac{1.01a \times (1 - 1.01^{12})}{1 - 1.01} = \dfrac{1.01a \times (1 - 1.127)}{-0.01}$

$= \dfrac{1.01a \times 0.127}{0.01} = 1,200,000$

$\therefore a = 1,200,000 \times 0.01 \div 0.127 \div 1.01 = 93,552.66 \cdots$

따라서 매월 은행에 납입해야 하는 금액은 약 93,553원이다.

25 기초통계능력 경기 횟수 구하기

| 정답 | ④

| 해설 |
• 조별 리그전에서 치르는 경기 횟수={(팀의 수)×(팀의 수−1)}÷2

16(팀)÷4(조)=4(팀)

조별 리그전 경기의 수={4×(4−1)}÷2=6(경기)

따라서 전체 리그전 경기의 수는 6×4=24(경기)이다.

• 토너먼트전에서 치르는 경기 횟수=팀의 수−1

팀의 수=4(조)×2(팀)=8(팀)

따라서 전체 토너먼트전 경기의 수는 8−1=7(경기)이다.

26 도표분석능력 비율 계산하기

| 정답 | ③

| 해설 | 임상 1상을 통과하지 못한 사람의 비율은 임상 1상 참여자 중 임상 2상에 참여하지 못한 사람의 비율을 의미하므로 다음과 같이 계산할 수 있다.

실험 항목	임상 1상 불통과자 비율	
	남성	여성
혈액 검사	$\dfrac{1,784 - 635}{1,784} \times 100$ $\fallingdotseq 64.4(\%)$	$\dfrac{1,350 - 424}{1,350} \times 100$ $\fallingdotseq 68.6(\%)$
소변 검사	$\dfrac{269 - 55}{269} \times 100$ $\fallingdotseq 79.6(\%)$	$\dfrac{953 - 54}{953} \times 100$ $\fallingdotseq 94.3(\%)$
알레르기 반응	$\dfrac{150 - 110}{150} \times 100$ $\fallingdotseq 26.7(\%)$	$\dfrac{121 - 52}{121} \times 100$ $\fallingdotseq 57.0(\%)$

따라서 임상 1상을 통과하지 못한 사람의 비율이 가장 높은 항목은 '여성의 소변검사'이다.

27 도표분석능력 증가율 구하기

| 정답 | ②

| 해설 | 법인세의 실효세율이 가장 낮은 해는 20X5년(15.99%)이다. 20X5년의 전년 대비 근로소득세 실효세율 증가율은 $\dfrac{11.30 - 11.14}{11.14} \times 100 \fallingdotseq 1.44(\%)$이다.

28 도표분석능력 | 자료의 수치 분석하기

| 정답 | ③

| 해설 | • 20X3년 대비 20X4년의 법인세 실효세율 증감률

$: \dfrac{16.80-16.65}{16.65} \times 100 ≒ 0.9(\%)$

• 20X3년 대비 20X4년의 근로소득세 실효세율 증감률

$: \dfrac{11.14-11.00}{11.00} \times 100 ≒ 1.27(\%)$

따라서 근로소득세 실효세율의 증감률이 더 높다.

| 오답풀이 |

① 전년 대비 근로소득세 실효세율의 증감률은 다음과 같다.

• 20X2년 : $\dfrac{10.77-10.59}{10.59} \times 100 ≒ 1.7(\%)$

• 20X3년 : $\dfrac{11.00-10.77}{10.77} \times 100 ≒ 2.1(\%)$

• 20X4년 : $\dfrac{11.14-11.00}{11.00} \times 100 ≒ 1.3(\%)$

• 20X5년 : $\dfrac{11.30-11.14}{11.14} \times 100 ≒ 1.4(\%)$

따라서 20X4년이 가장 낮다.

② 20X2년 대비 20X4년의 법인세 실효세율 증가율은

$\dfrac{16.80-16.56}{16.56} \times 100 ≒ 1.45(\%)$이다.

④ 근로소득세의 실효세율은 20X1년부터 10.59, 10.77, 11.00, 11.14, 11.30으로 매년 증가하는 추세이다.

29 도표분석능력 | 그래프 해석하기

| 정답 | ③

| 해설 | ⓒ 20X0년부터 20X9년까지 4가지 1차 에너지 소비량 순위는 석유-석탄-LNG-원자력 순으로 변함이 없다.

ⓔ 20X3년부터 20X9년까지 매년 석탄 소비량은 80,000천 TOE 이상이고, 원자력 소비량은 40,000천 TOE 이하이므로 옳은 설명이다.

| 오답풀이 |

㉠ 20X0년부터 20X9년까지 석탄 에너지 소비량은 20X4년과 20X8년, 총 2번 감소한다.

ⓛ 기타 내의 구성 비율을 알 수 없기 때문에 1차 에너지 소비량의 차이가 가장 작은 두 에너지 종류는 알 수 없다.

ⓜ 기타가 존재하기 때문에 매년 수력 에너지 소비량이 가장 적은지는 알 수 없다.

30 도표분석능력 | 조건을 바탕으로 수치 계산하기

| 정답 | ②

| 해설 | 20X2년 인구 10만 명당 경찰관 수의 전년 대비 증가율은 $\dfrac{204-202}{202} \times 100 ≒ 1(\%)$이므로, 20X9년 국내 총 경찰관 수는 $114,658 \times (1+0.01) ≒ 115,805$(명)이다.

31 도표분석능력 | 비중의 차이 계산하기

| 정답 | ③

| 해설 | 20X0년 위암 수검자의 비중은 $\dfrac{2,085}{5,752} \times 100 ≒ 36.2(\%)$이고, 20X9년 위암 수검자의 비중은 $\dfrac{3,255}{10,702} \times 100 ≒ 30.4(\%)$이다. 따라서 $36.2-30.4=5.8(\%p)$의 차이가 난다.

32 도표작성능력 | 자료를 바탕으로 그래프 작성하기

| 정답 | ④

| 해설 | 두 번째 문단에서 40대 이하 실업자 수가 모두 증가하였다고 하였으나, ④의 표에서 30~39세 실업자 수가 160천 명에서 158천 명으로 약 2천 명 감소한 것을 확인할 수 있다.

33 도표분석능력 | 자료를 바탕으로 수치 계산하기

| 정답 | ④

| 해설 | 20X5년의 손해보험 자산은 20X4년에 비해 $\dfrac{74.0-66.0}{66.0} \times 100 ≒ 12(\%)$ 증가했다.

34 도표분석능력 | 자료를 바탕으로 수치 계산하기

| 정답 | ④

| 해설 | • 2019년 생명보험 자산 : 371.4−66.0=305.4(조 원)
• 2017년 생명보험 자산 : 288.8−49.4=239.4(조 원)

따라서 $\dfrac{305.4}{239.4}≒1.28$(배)이다.

35 도표작성능력 | 표를 그래프로 변환하기

| 정답 | ④

| 해설 | 2020년 소비자 피해 구제 접수의 총 건수(507건)에 대한 각 유형별 비율은 다음과 같다.

• 방문·전화 권유 판매 : $\dfrac{91}{507}×100≒17.9(\%)$

• 다단계 판매 : $\dfrac{51}{507}×100≒10.1(\%)$

• 사업 권유 거래 : $\dfrac{18}{507}×100≒3.6(\%)$

• 전자상거래 : $\dfrac{140}{507}×100≒27.6(\%)$

• 기타 : $\dfrac{207}{507}×100≒40.8(\%)$

따라서 바르게 그려진 그래프는 ④이다.

36 도표분석능력 | 자료를 바탕으로 수치 계산하기

| 정답 | ①

| 해설 | 7시 공중파 채널의 프로그램 시청률 대비 광고 시청률은 $\dfrac{0.4}{0.6}≒0.67$이다.

37 도표분석능력 | 자료의 수치 분석하기

| 정답 | ③

| 해설 | 6시는 $\dfrac{4.8}{0.4}=12$(배), 7시는 $\dfrac{5.6}{0.6}≒9.3$(배), 8시는 $\dfrac{8.4}{0.8}=10.5$(배), 9시는 $\dfrac{10.5}{1.4}=7.5$(배), 10시는 $\dfrac{12.1}{1.8}≒6.7$(배), 11시는 $\dfrac{10.8}{2.1}≒5.1$(배)로 저녁 시간대 중 공중파

프로그램 시청률 대비 지상파 프로그램 시청률이 가장 높은 시간대는 6시이다.

| 오답풀이 |

① 시간대별 지상파와 공중파의 광고 시청률 차이는 다음과 같다.

• 6시 : 3.6−0.2=3.4(%p)
• 7시 : 4.9−0.4=4.5(%p)
• 8시 : 7.2−0.32=6.88(%p)
• 9시 : 10−0.7=9.3(%p)
• 10시 : 11−1.2=9.8(%p)
• 11시 : 9.6−1.5=8.1(%p)

따라서 저녁 시간대 중 지상파와 공중파의 광고 시청률 차이가 가장 큰 시간대는 10시이다.

② 공중파 프로그램 시청률의 5배는 6시부터 순서대로 2%, 3%, 4%, 7%, 9%, 10.5%이므로 모든 저녁 시간대에서 지상파 프로그램 시청률은 공중파 프로그램 시청률의 5배 이상이다.

④ 지상파의 프로그램 시청률 증감 추이와 광고 시청률 증감 추이는 증가−증가−증가−증가−감소로 동일하다.

38 도표분석능력 | 자료의 수치 분석하기

| 정답 | ③

| 해설 | 시간대별 지상파와 공중파의 광고 수익, 광고 순이익을 계산하면 다음과 같다.

(단위 : 천만 원)

구분	지상파			공중파		
	광고 수익	광고 비용	광고 순이익	광고 수익	광고 비용	광고 순이익
6시	5×3.6 =18	12	6	5×0.2 =1	0.5	0.5
7시	5×4.9 =24.5	12	12.5	5×0.4 =2	1	1
8시	5×7.2 =36	15	21	5×0.32 =1.6	2	−0.4
9시	5×10 =50	30	20	5×0.7 =3.5	3	0.5
10시	5×11 =55	30	25	5×1.2 =6	3	3
11시	5×9.6 =48	15	33	5×1.5 =7.5	1	6.5

ⓛ 공중파의 광고 수익이 가장 높은 시간대는 11시(7천5백만 원)이며, 그 다음은 10시(6천만 원)이다.

ⓒ 지상파의 광고 순이익이 가장 낮은 시간대는 6시로, 광고 수익이 가장 낮은 시간대와 일치한다.

ⓜ 지상파의 경우 광고 순이익은 11시-10시-8시-9시-7시-6시 순으로 높고, 광고 수익은 10시-9시-11시-8시-7시-6시 순으로 높다. 공중파의 경우 광고 순이익은 11시-10시-7시-6시와 9시-8시 순으로 높고, 광고 수익은 11시-10시-9시-7시-8시-6시 순으로 높다.

|오답풀이|

ⓐ 지상파의 광고 수익이 가장 높은 시간대는 10시이다.

ⓔ 공중파의 광고 순이익이 가장 낮은 시간대는 8시이고, 광고 수익이 가장 낮은 시간대는 6시이다.

39 도표분석능력 환율 변화에 따른 손익 계산하기

|정답| ④

|해설| • 11월 12일에 100유로를 살 때 :
  1,330.45×100=133,045(원)

• 11월 13일에 100유로를 팔 때 :
  1,280.00×100=128,000(원)

따라서 133,045-128,000=5,045(원) 손해를 보았다.

40 도표분석능력 환율 변화에 따른 손익 계산하기

|정답| ②

|해설| 엔화를 팔 때의 금액이 11월 12일이 더 높으므로 13일에 환전하는 사람이 손해를 보게 된다. 100엔을 원화로 환전할 때 970.24-968.20=2.04(원)의 손해를 보게 되므로 8만 5천 엔을 환전하면 2.04×850=1,734(원)의 손해를 본다.

41 사고력 진술의 참·거짓 판단하기

|정답| ③

|해설| 1) A의 진술이 거짓일 경우 : B와 C의 진술이 상충되므로 조건에 부합하지 않는다.

2) B의 진술이 거짓일 경우 : 모든 진술이 상충되지 않으므로 B가 범인이다.

3) C의 진술이 거짓일 경우 : A와 B의 진술이 상충되므로 조건에 부합하지 않는다.

따라서 거짓을 말하는 사람과 범인 모두 B이다.

42 사고력 진위 판단으로 문제해결하기

|정답| ④

|해설| 광영의 이야기를 중심으로 입사시험에 합격한 사람을 찾는다면 다음과 같다.

1) 광영의 이야기가 거짓일 경우 : 희현이는 거짓말을 하지 않았으므로 광영 또는 현우가 합격자이고, 철호의 이야기에 따라 광영이 합격자가 된다. 하지만 현택이는 철호와 희현, 현우 중에서 1명이 합격자라고 했으므로 모순이 생긴다. 또한 1명만이 진실을 말한다는 문제의 조건과도 어긋난다.

2) 광영의 이야기가 진실일 경우 : 희현의 이야기는 거짓이므로 광영과 현우 모두 합격하지 않았다. 또한 광영이 합격했다고 말한 철호의 이야기도 거짓이 된다. 현택이의 이야기도 문제의 조건에 따라 1명만이 진실을 말한다고 했으므로 철호, 희현, 현우 가운데 합격자가 있다는 것도 거짓이 된다. 따라서 현택이가 입사시험에 합격했다고 할 수 있다.

43 사고력 진술의 참·거짓 판단하기

|정답| ②

|해설| 각각의 진술이 거짓일 경우를 가정하여 검토한다.

1) (가)가 거짓일 경우 : A 사원은 서울 출신이다. 조건에 따라 (나)와 (다) 중 적어도 하나는 참이어야 하지만 두 진술이 충돌하는 모순에 빠진다.

2) (나)가 거짓일 경우 : A 사원은 서울, 부산, 광주 중 한 곳 출신이므로 부산과 광주를 제외하고 남은 서울 출신이 된다. 조건에 따라 (가)와 (다) 중 적어도 하나는 참이어야 하지만 두 진술이 충돌하는 모순에 빠진다.

3) (다)가 거짓일 경우 : A 사원은 광주 출신이 아니다. (가)와 (나)가 모두 참이거나 둘 중 하나는 반드시 참이어야 하기 때문에 경우를 나누어 보면 다음과 같은 결과를 얻

www.gosinet.co.kr gosinet

1회 기출예상
2회 기출예상
3회 기출예상
4회 기출예상
5회 기출예상
6회 기출예상

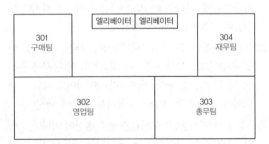

을 수 있다.

(가)	(나)		
참	참	→	부산 출신
참	거짓	→	모순
거짓	참	→	모순

따라서 A 사원의 출신지는 부산이다.

---

44 사고력 규칙에 따라 추론하기

| 정답 | ③

| 해설 | 각 지점의 숫자가 가진 양의 약수의 개수를 통해 접근하면 문제를 쉽게 해결할 수 있다.

ㄱ. 20번 지점은 1, 2, 4, 5, 10, 20번째 점검에서 방문하게 된다.

ㄴ. 2회만 방문한 지점은 양의 약수가 1과 자기 자신으로 두 개만 있는 경우인 소수에 해당하는 지점이므로 2, 3, 5, 7, 11, 13, 17, 19번째 지점으로 총 8개이다.

| 오답풀이 |

ㄷ. 최대 방문 지점은 12, 18, 20번 지점으로 총 6회 방문할 수 있다.

---

45 사고력 기호에 맞게 사무실 배정하기

| 정답 | ②

| 해설 | 영업팀은 가장 큰 사무실을 원하므로 302호, 재무팀은 총무팀과 접한 사무실을 원하므로 두 팀은 303호와 304호 중 각각 한 곳이다. 4번째 조건에서 총무팀은 영업팀과 접한 사무실을 원한다고 했으므로 총무팀을 303호로 배정하면 다음과 같은 결과를 얻을 수 있다.

〈사무실 위치도〉

따라서 303호는 구매팀의 사무실과 떨어져 있다.

---

46 문제처리능력 제시 상황 이해하기

| 정답 | ④

| 해설 | 과학 교과 선생님도 안내 책자 제작에 참여하므로 적절하지 않은 반응이다.

---

47 사고력 승패 결정하기

| 정답 | ③

| 해설 | 득실차를 고려하고 득실차가 0일 경우 여자 경기에서 이긴 반이 승리한 걸로 하기 때문에 2학년 5반 VS 2학년 6반은 2학년 6반의 승리이다.

---

48 문제처리능력 자료를 바탕으로 계산하기

| 정답 | ①

| 해설 | 합천 해인사 : 3,000×15+1,500×200=345,000원

경주 불국사 : 6,000×15+4,000×200=890,000원

경주 석굴암 : 6,000×15+3,500×200=790,000원

교통비 : 400,000×8×2 =6,400,000원

식대 : (3,000×200+4,000×15)×4=2,640,000원

장소대관 : 5,050,000원

총 합계 금액은 16,115,000원

---

49 문제처리능력 안내문 이해하기

| 정답 | ④

| 해설 | 단체 관람이 10명 이상일 때는 예약신청이 필요하나, 총 인원이 9명이므로 별도의 예약신청 없이 자유 관람이 가능할 것이다. 또한 홍보관 해설은 선착순으로 마감되므로 일찍 가서 홍보관 1층 데스크에서 신청하는 것이 필요하다.

| 오답풀이 |

① 시각장애인 안내견의 경우 출입이 가능하다.

② 애니메이션은 자체 제작 애니메이션으로 일반 극장에서 관람하는 것은 어려울 것이다.

③ 영어 해설의 경우 관람 4일 전까지 유선 전화로 신청해야 한다.

⑤ 입장 마감 시간이 오후 5시이므로 오후 5시 10분에 도착한다면 관람이 불가할 것이다.

50 문제처리능력 합성 정전용량 산출하기

| 정답 | ④

| 해설 | 먼저 병렬의 정전용량을 구하면 $24[F] + 16[F]$이므로 $40[F]$이다. C_1와 앞서 구한 $40[F]$의 합성 정전용량은 $\dfrac{1}{40} + \dfrac{1}{40} = \dfrac{2}{40}$이므로 합성 정전용량($C$)는 $20[F]$이다.

51 문제처리능력 자료를 통해 전략 제시하기

| 정답 | ①

| 해설 | 1번 자료에 따르면 2019년 6월의 총 판매량과 작년 동월 대비 감소폭을 알 수 있다. 하지만 이로부터 감소폭의 증감 여부는 알 수 없다.

| 오답풀이 |

② D 자동차는 현지공장에 현재 활용하지 않는 생산시설을 보유하고 있고 C국의 자동차 시장 침체가 이어지고 있으니, 회사의 제품을 위탁 생산하면 위험 부담을 줄일 수 있다.

③ C국 정부는 자국 내 모든 전기차에 대한 상품서비스세(GST)를 기존 12%에서 5%로 낮췄으므로 이를 반영하면 판매가격을 인하할 수 있다.

④ C국에서는 앞으로 자동차 제조사들이 전기차 촉진 정책인 'FAME-Ⅱ'의 인센티브 혜택을 수령하거나 정부가 발주하는 각종 사업에 참여하기 위해 최소 50%의 부품 로컬 소싱 비율을 충족해야 할 것으로 결정하였다.

52 문제처리능력 업무 파악하기

| 정답 | ④

| 해설 | 교육 부서는 12일에 교육 프로그램에 참석할 수 있으므로 9월 5일에 메일을 보낸다.

| 오답풀이 |

① 회계 부서는 13일 14시에 부서 전체 회의가 있으므로 12일에 교육에 참석(2명)하여야 하고, 교육 부서는 13

일 13시 ~ 15시에 부서 일정이 있으므로 12일에 교육에 참석(2명)하여야 한다. 영업과 마케팅 부서는 출장과 보고서 작업으로 인하여 13일에 교육을 받아야 하므로, 결과적으로 4인분의 다과를 준비하여야 한다.

② 회계 부서는 13일 14시에 자체 회의가 12일에 교육이 있어야 하므로 5일에 메일을 보낸다.

③ 영업 부서는 12일에 교육이 불가능하므로 13일 교육일정을 6일에 메일로 보낸다.

53 문제처리능력 생성할 계정 수 파악하기

| 정답 | ①

| 해설 | 회계 부서와 교육 부서는 12일, 영업과 마케팅 부서는 13일에 교육 프로그램을 받을 수 있으므로 온라인 계정은 필요없다.

54 문제처리능력 자료를 바탕으로 추론하기

| 정답 | ④

| 해설 | ㉠ 제습이 잘 되지 않을 때는 방의 온도와 습도가 낮지는 않은지 확인하여야 한다고 나와 있다. H 씨 역시 희망 습도를 더 낮춘 후에야 작동이 되었으므로 희망 습도가 방의 습도보다 높았기 때문에 제습이 잘 되지 않았음을 알 수 있다.

㉡ 전원 버튼을 눌러도 작동이 되지 않을 때는 물통이 올바르게 들어가 있지 않거나 물이 가득 차 있는 경우이다.

55 문제처리능력 자료를 바탕으로 추론하기

| 정답 | ③

| 해설 | 부품을 보유하고 있지 않으며 고객이 실수로 제품을 떨어뜨려 제품이 파손된 것이므로, '2) 소비자의 고의, 과실로 인한 고장 발생'에 해당한다. 제품 구매 후 1년이 지나지 않았으므로 유상수리금액 징수 후 교환이 이루어져야 한다.

1회 기출예상 2회 기출예상 3회 기출예상 4회 기출예상 5회 기출예상 6회 기출예상

56 문제처리능력 부품 구매 비용 계산하기

| 정답 | ④

| 해설 | 보유 부품 현황을 감안한 팀별 필요 부품과 비용을 구해 보면 다음과 같다.

- CS 1팀 : 앞바퀴 1개, 뒷바퀴 2개
  최소발주수량에 의해 $22,000 \times 20 + 23,000 \times 20$
  $= 900,000$(원)
- CS 2팀 : 지팡이 완제품 2개
  최소발주수량에 의해 $34,000 \times 30 = 1,020,000$(원)
- CS 3팀 : 배터리 장치 3개
  최소발주수량에 의해 $54,000 \times 5 = 270,000$(원)
- CS 4팀 : 브레이크 부품 1개, 핸들용품 2개
  최소발주수량에 의해 $86,000 + (47,000 \times 2) =$
  $180,000$(원)

따라서 총 구입 비용은 2,370,000원이 된다.

57 문제처리능력 작업 소요일 계산하기

| 정답 | ①

| 해설 | 부품 발주일과 납기일, 작업 소요일을 감안하여 도표로 정리하면 다음과 같다.

구분	발주일	납기일	작업 소요일	작업 완료일
CS 1팀	7월 2일	+6일	+3일	7월 11일
CS 2팀	7월 5일	+7일	+1일	7월 13일
CS 3팀	7월 3일	+4일	+5일	7월 12일
CS 4팀	7월 7일	+3일	+7일	7월 17일

따라서 CS 1팀 - 3팀 - 2팀 - 4팀의 순으로 작업이 완료된다.

58 문제처리능력 자료 분석하기

| 정답 | ③

| 해설 | A/S 요청된 휠체어 바퀴를 수리하고 난 다음 남은 바퀴는 앞바퀴가 19개, 뒷바퀴가 18개이다. 하나의 휠체어에 바퀴를 모두 교체하기 위해서는 앞바퀴 2개, 뒷바퀴 2개가 필요하므로 총 9개의 휠체어의 바퀴를 교체할 수 있다. 따라서 10개의 휠체어의 바퀴를 교체할 수 있다는 설명은 자료에 대한 이해로 적절하지 않다.

59 문제처리능력 자료 분석하기

| 정답 | ③

| 해설 |
- 정◎◎ : 기초생활수급자, 연구원 소재지 지역 인재의 경우 서류전형 단계에서 가점을 받는다. 이때 우대 혜택이 중복되는 경우 가점이 제일 높은 항목 한 개만 적용되므로 우선 해당되는 증명서를 모두 제출하는 것이 유리하다.
- 류□□ : 관련 분야 최종 학력 성적증명서에서 출신학교를 삭제하였으므로 적절하다.

| 오답풀이 |
- 박○○ : 부연구위원 응시 시 학위논문은 연구실적으로 인정하지 않는다.
- 김◇◇ : 전문연구원에 응시하기 위해서는 석사학위가 있어야 한다.
- 채△△ : 부연구위원급에서는 국제협상 및 국제관계 관련 분야 전공자를 모집하지 않는다.

60 문제처리능력 자료 읽고 추론하기

| 정답 | ②

| 해설 | 주어진 자료에 업무 분야 변경 가능 여부에 대한 언급은 없다.

모든유형 단기공략

응용수리 자료해석

기초에서 완성까지
문제풀이 시간단축
경이로운 계산테크닉

동영상 강의 진행중

WITH 류준상

응용수리만점

자료해석만점

■904쪽   ■정가_32,000원

고시넷 **응용수리만점** 위드 류준상

1. 사칙연산	13. 농도
2. 수적추리	14. 일률
3. 비와 비율	15. 금액
4. 기수법	16. 나이 · 날짜 · 시간
5. 방정식	17. 경우의 수
6. 부등식	18. 순열과 조합
7. 집합	19. 확률
8. 약수 · 배수	20. 통계
9. 간격[나무 심기]	21. 평면도형
10. 거리 · 속력 · 시간 기초	22. 입체도형
11. [열차 통과]	23. 사물(사람)의 이동
거리 · 속력 · 시간	
12. [흐르는 물]	
거리 · 속력 · 시간	

■440쪽   ■정가_22,000원

고시넷 **자료해석만점** 위드 류준상

1. 자료해석 기초지식

2. 그래프와 차트의 종류

3. 자료해석 레벨 업

4. 실전연습

국민건강보험공단 NCS
기출예상모의고사

고시넷
공기업 통합전공
최신기출문제집

■836쪽　　■정가_30,000원

www.gosinet.co.kr **gosi**net

gosinet
(주)고시넷

모듈형_NCS

코레일_NCS

철도공기업_NCS

에너지_NCS